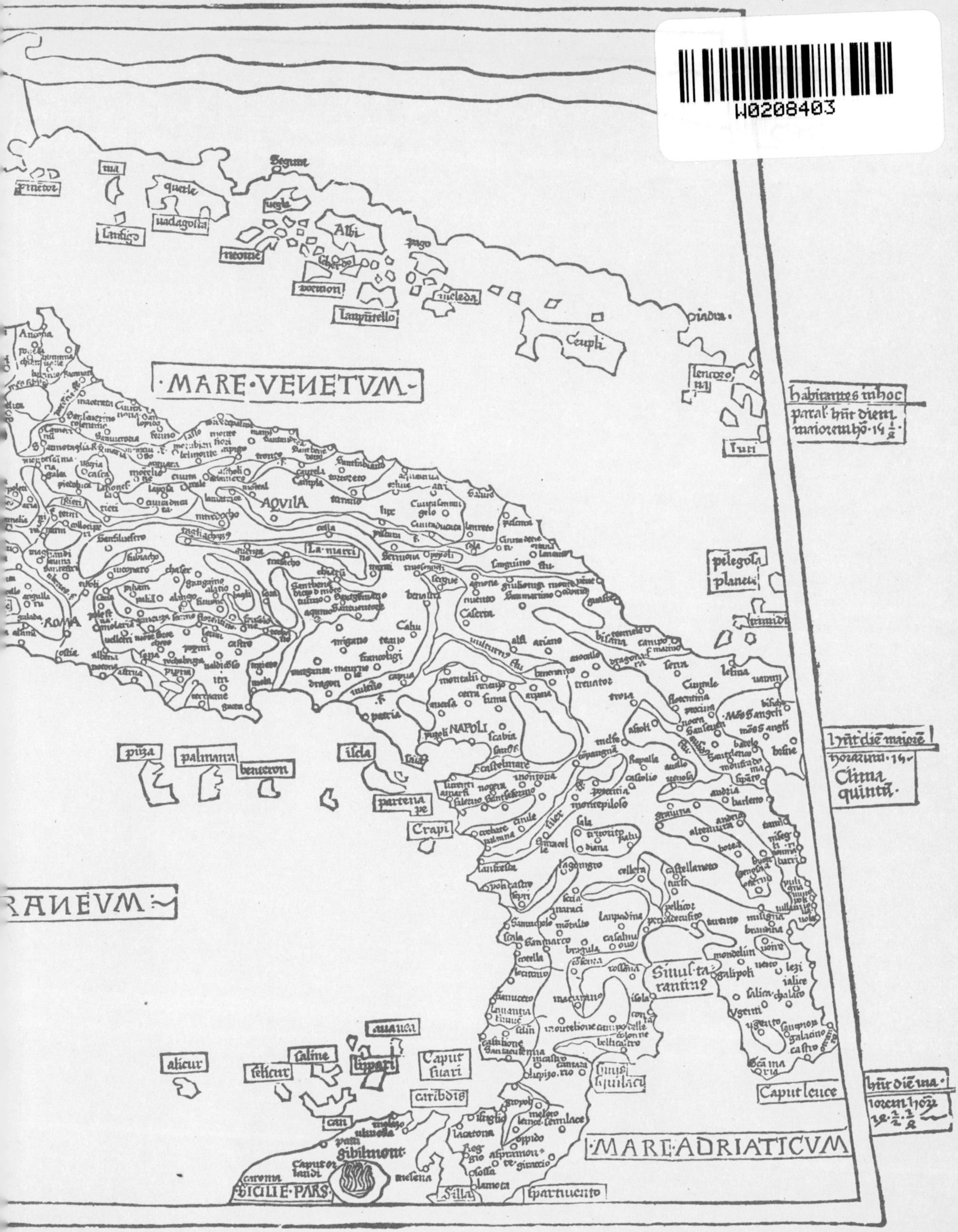
·MARE·VENETVM·
Albi
Ceupli
AQVILA
ROMA
NAPOLI
Crapi
ischa
piza
palmaria
RANEVM
Clima
quintū
Caput leuce
Caput
fuari
caribdis
liparí
saline
alicur
SICILIE·PARS
Silla
·MARE·ADRIATICVM

James Cleugh · Die Medici

James Cleugh

Die Medici

Macht und Glanz
einer europäischen Familie

Mit 300 Abbildungen

Bechtermünz Verlag

Aus dem Englischen von Ulrike von Puttkamer
Bildredaktion und Bildlegenden: Ingo F. Walther
Vorsatz vorne: Landkarte Italiens, um 1480/85, wahrscheinlich als Teil einer Europakarte im Auftrag Maximilians I. ausgeführt
Vorsatz hinten: Stammbaum der Familie Medici von U. Tontsch, D. Schwarzhaupt und K. Weiske. Grafik: Karl-Friedrich Schäfer

Die Originalausgabe erschien (ohne Bilder) unter dem Titel »The Medici. A Tale of Fifteen Generations« bei Doubleday & Company, Inc., New York 1975

Genehmigte Lizenzausgabe für
Bechtermünz Verlag im
Weltbild Verlag GmbH, Augsburg 1996

Einbandgestaltung: Norbert Gerstenberger
Gesamtherstellung: New Interlitho S.P.A.
Printed in Italy
ISBN 3-86047-155-4

Inhalt

1 Florenz und die frühen Medici (1291–1429)

Es gibt Worte, von denen ein beschwörender Zauber ausgeht. Man braucht nur das Wort »Florenz« auszusprechen, und schon erstrahlt vor uns der Glanz Italiens und die Pracht der Renaissance. Eine seltsame Wirkung, denn Florenz war nicht einmal in seiner Blütezeit im 15. und 16. Jahrhundert die bedeutendste Stadt Italiens. Und auch sonst besaß es keine besonderen Vorzüge, weder geographische noch andere. Die Königreiche von Sizilien und Neapel blickten auf ein reiches kulturelles und geistiges Erbe zurück. Rom konnte sich auf die Tradition des Kaiserreichs und auf eine Reihe ehrgeiziger und mächtiger Päpste stützen; es hatte lange Zeit um die Vorherrschaft nicht nur über Italien, sondern über ganz Europa gerungen und diese zeitweise auch besessen. Venedig und Mailand waren beide politisch und militärisch stärker als Florenz. Und trotzdem sollte gerade dort und nicht in einer der so überaus gesegneten Schwesterstädte der Ruhm der Renaissance aufgehen und Früchte tragen. Das ganze Panorama der italienischen Geschichte, das fast unentwirrbare Kaleidoskop untereinander verwobener Ereignisse in diesen zwei Jahrhunderten wirkt farblos und unbedeutend, wenn man es mit der ungeheuren Umwälzung vergleicht, die sich in dieser Stadt vollzog. In dieser Zeit, der Renaissance, konnte sich die Stadt der Medici über ganz Italien erheben und gilt seitdem – neben dem Athen des Perikles – als historisches Beispiel für menschliches Gelingen.

Das Wappen von Florenz ist die Lilie, ein Symbol, dessen Ursprünge im Dunkeln liegen. Vielleicht geht es auf das römische »Florentia« (»die Blühende«) zurück, eine Militärkolonie, die Julius Cäsar im Jahre 57 v. Chr. gründete. Druckermarke des Lucantonio Giunta aus Ovids »Metamorphoseos vulgare«, Venedig 1479.

Doch bei allem äußeren Glanz hat Florenz immer etwas Rätselhaftes begleitet. Daß noch niemand das Temperament dieser Stadt, ihre widersprüchliche Hingabe an den Genius wie an das Gold, an Freiheit wie an Gewalt, an Dauer wie an Wandel wirklich erfaßt hat, ist ein historischer Gemeinplatz. Der Schleier des Geheimnisses umgibt selbst die Anfänge der Stadt: Die frühe Geschichte von Florenz liegt im Nebel von Fabel und Legende verborgen. Nach einer alten Überlieferung soll die Stadt ursprünglich eine Kolonie der alten Etruskerstadt Fiesole gewesen sein. Eine andere, ebenso alte und

San Miniato in Florenz gilt als die schönste romanische Kirche der Stadt und als eine der schönsten Italiens. Sie liegt auf einem Hügel und bietet einen einzigartigen Blick auf die Stadt. Der ältere Bau geht wohl in die Anfänge des Christentums zurück und wird bereits zur Zeit Karls des Großen um 783 als seit langer Zeit bestehend erwähnt. Der Neubau, dem auch ein Kloster angegliedert wurde, begann 1013 und dauerte bis nach der Mitte des 11. Jahrhunderts.

ehrwürdige Tradition, die unter anderem von Machiavelli vertreten wurde, besagt, Florenz sei im 1. Jahrhundert v. Chr. von dem römischen Feldherrn Sulla gegründet worden. Die einleuchtendste Erklärung für den Ursprung von Florenz scheint zu sein, daß die Stadt einst aus Fiesole hervorgegangen ist. Villani, Historiker der Stadt im 14. Jahrhundert, berichtet, daß »die Leute von Fiesole dort einmal in der Woche ihren Markt abgehalten haben ... und daß es immer, von Anfang an, der Marktplatz der Fiesolener gewesen war; und so wurde es auch genannt, ehe die Stadt Florenz überhaupt existierte«. Nach seiner Theorie hat sich die Siedlung allmählich zu einer römischen Stadt und Provinzhauptstadt entwickelt. In der Blüte der römischen Kaiserzeit müßte Florenz also ein kleines Rom gewesen sein mit einem Marsfeld, einem Kapitol, einem Forum, mit den Aquädukten, Bädern und Theatern – alles in ehrfurchtsvoller Nachahmung der Ewigen Stadt erbaut. Spuren solcher Gebäude und Denkmäler finden sich tatsächlich noch heute in Florenz.

Auch die Deutung des Namens »Florenz« ist umstritten. Einige Florentiner Historiker sagen, daß ein römischer Prätor namens Florinus mit einem römischen Heer jenseits des Arno bei Fiesole ein Lager aufgeschlagen und dort zwei kleine Dörfer gegründet habe. Demnach solle Florentia (wie die Stadt in römischer Zeit hieß) seinen Namen von diesem sonst unbekannten Prätor erhalten haben. Es gibt allerdings eine Flut entgegengesetzter und widersprechender Überlieferungen, die den Namen von Florenz ebenso nebelhaft erscheinen lassen wie die Ursprünge der Stadt. Tausend Meinungen haben die Aufmerksamkeit der Historiker beansprucht und die Köpfe ihrer Leser beschwert, ohne beide wirklich zu erleuchten. Nach der beharrlichsten und vielleicht reizvollsten Legende soll der Name der Stadt auf die ungeheure Fülle von Blumen *(flores)* zurückgehen, die auf den Wiesen zwischen dem Arno und dem Mugnone wuchsen. Somit hieße Florentia einfach »der blühende Ort«. Anscheinend neigten zumindest die frühen Florentiner zu dieser Ansicht, denn sie nannten ihren Dom Santa Maria del Fiore und wählten die *giagiolo* oder Iris als stilisierte Lilie zum Wahrzeichen ihrer Stadt.

Wie auch immer Stadt und Name entstanden sind, Florenz existierte bereits im 1. Jahrhundert v. Chr. und bewies schon damals jenes Talent für Profit und Gewinn, das es später auszeichnen sollte; denn Cicero und Sallust sprechen beide vom »Reichtum der Florentiner«. Ebenso früh entwickelten die Menschen der Stadt jenen Geist stolzer Unabhängigkeit, wodurch sie tausend Jahre später abwechselnd zur Hoffnung und zur Verzweiflung Italiens werden sollten. Tacitus berichtet zum Beispiel, daß zu Zeiten des Kaisers Tiberius – der ein Despot war und Widerspruch in keiner Form duldete – eine florentinische Abordnung nach Rom kam, um gegen einen Plan zu protestieren, nach dem der Fluß Chiana in den Arno abge-

leitet werden sollte. Dieses Projekt, so erklärten sie voller Leidenschaft, werde ihrer Stadt den Untergang bringen. Sie trugen ihre Sache so überzeugend und beredt vor, daß der Senat die geplante Umleitung aufgab, während der gefürchtete Tiberius schweigend zuhörte.
Das antike Florenz blühte, bis das Weströmische Reich im 5. Jahrhundert zerfiel. Dann fiel die Stadt zusammen mit der übrigen Toskana unter die Herrschaft der Goten. Eine der beliebtesten Geschichten der Florentiner berichtet, daß im Jahre 405 eine Horde dieser Barbaren unter einem Anführer namens Radagasius gegen die Stadt losgestürmt sei. Aber die heilige Reparata habe eingegriffen und die Goten zurückgeschlagen. Reparata wurde daraufhin zur Schutzpatronin der Stadt, und ihr Heiligenfest wurde zur Erinnerung an diese Schlacht gefeiert, in der sie »mit einem roten Banner in der Hand« erscheinen soll, »auf das die Lilie, das Wahrzeichen der Jungfrau, gemalt war«.
Seit dieser Zeit aber hing das Geschick der Stadt wie das des übrigen Italien von der Laune der Barbaren ab, die im frühen Mittelalter immer wieder über die Halbinsel herfielen. Nachdem aber Karl der Große im 9. Jahrhundert seine Macht auf Italien ausgedehnt hatte, ging es mit der Stadt rasch bergauf. Um das Jahr 1000 war sie so gewachsen, daß ihre Grenzen an die von Fiesole stießen und die Tochter schließlich die Mutter verschlang. Die beiden Städte wurden zu einem Gemeinwesen vereint und fügten ihre Wappenbilder – die weiße Lilie auf rotem Grund von Florenz und den blauen Mond auf weißem Feld von Fiesole – zu einem gemeinsamen Banner in Rot und Weiß zusammen. Daß Florenz mit Gewalt Fiesole annektiert haben soll, ist, wie so manche der lebendigsten Passagen italienischer Geschichteschreibung, ein Produkt der Phantasie.
Der beherrschende Vorgang im politischen Leben Italiens während des Mittelalters war der dauernde und heftige Kampf zwischen dem Papsttum und dem Heiligen Römischen Reich um die Vorherrschaft. Als Florenz leidenschaftlich die Partei des Papstes ergriff, ging es der Stadt mehr darum, sich vor den Forderungen einer Reihe ungehobelter deutscher Kaiser zu schützen als um irgendwelche religiösen Motive: Florenz konnte mehr als einmal Päpsten Schutz bieten, die vor dem kaiserlichen Zorn fliehen mußten. Daß Florenz entschlossen auf Seiten der Guelfen stand (wie man die Parteigänger des Papsttums nannte) und nicht auf der der Ghibellinen (der Anhänger der kaiserlichen Partei), ist leicht verständlich. Eine starke Kaisermacht in Italien hätte unter anderem bedeutet, daß sich die autonomen Stadt-Staaten der Halbinsel einschließlich Florenz einer Politik hätten unterwerfen müssen, die jenseits der Alpen bestimmt worden wäre, und daß der Adel des Kaiserreiches (der meist germanischer Abstammung war) in Italien mehr zu sagen gehabt hätte als sie selbst. Die Päpste hingegen ließen den Städten

Orsanmichele (eigentlich: Santa Maria di Or San Michele) in Florenz. Der älteste Kirchenbau wurde schon 895 erwähnt und im Jahre 1239 abgerissen. Das jetzige Gebäude, als Getreidespeicher und als Aufstellungsort des wundertätigen Madonnenbildes errichtet, wurde zwischen 1339 und 1386 erbaut. Der Skulpturenschmuck der äußeren Bogenpfeiler entstand in der Hauptsache erst im 15. Jahrhundert.

FLORENTZ.

außerhalb des päpstlichen Gebietes ihre Freiheit. Außerdem waren sie, selbst wenn ihre Mittel ihrem manchmal zügellosen Ehrgeiz entsprachen, meist doch Italiener, mit denen sich reden ließ, während den deutschen Kaisern nach fester italienischer Überzeugung jedes menschliche Gefühl fremd war.

Dieser Drang nach staatsbürgerlicher Unabhängigkeit und persönlicher Freiheit steigerte sich in Florenz zu einer wahren Leidenschaft. Vielleicht war es dieser Passion vor allem zu verdanken, daß die Stadt zu solcher Größe gelangte. Gewiß, Florenz war genauso wankelmütig, launisch, unberechenbar, starrköpfig, undankbar und unzuverlässig wie jede andere italienische Republik jener Zeit. Trotzdem ließ die freie Verfassung der Stadt den Kaufleuten weiten Spielraum und gab den Bürgern die Möglichkeit, ihre individuellen Fähigkeiten persönlich zu nutzen. Nach Meinung der Florentiner stand einem Mann die Macht nicht deshalb zu, weil er einen vornehmen Namen trug oder weil er sehr reich war, sondern nur dann, wenn er soviel Autorität und Urteilskraft besaß, wie sie für eine gute Regierung notwendig waren. Mit anderen Worten: Ein Mann erhielt in Florenz die Macht, weil er ihrer würdig war. So sah das Ideal aus; die Wirklichkeit war allerdings anders. Die Florentiner hätten als erste zugegeben, daß sie gelegentlich selbst ihre besten Herrscher ungerecht behandelt, sie aus dem Amt und sogar aus der Stadt vertrieben haben: aus Eifersucht, Neid oder Langeweile. Aber auch in solchen Fällen, so wurde stets erklärt, hatte die Republik von den Diensten und vom Beispiel des abgesetzten Führers profitiert, so wenig würdig sie sich ihrer auch erwies.

Die Verfolgung dieses Ideals, die leidenschaftliche Unabhängigkeit und ihre angeborene Rastlosigkeit, ließ die Florentiner nach immer neuen Regierungsformen suchen. Von altersher war Florenz wie die anderen italienischen Städte nach römischer Weise durch zwei Konsuln regiert worden. Um das Jahr 100, zur Zeit der Vereinigung mit Fiesole, gab Florenz diesen Konsuln einen Senat von hundert Männern bei, die »unter den ehrbarsten Bürgern« gewählt wurden. Später änderte sich die Zahl der Konsuln, manchmal gab es bis zu einem Dutzend zugleich, die immer aus dem Adel der Stadt gewählt wurden. So lange die Stadt unabhängig und frei blieb, war ihr Amt entscheidend für die Stabilität der Florentiner Regierung. Man nannte sie Konsuln der *arti* (Handel), *anziani* (die Alten), *buon'uomini* (gute Männer) und *priori* (Prioren). Das Wesen ihres Amtes blieb sich immer gleich.

Inmitten all dieser Wandlungen der Form, wenn auch nicht des Wesens der Regierung, galt der deutsche Kaiser aufgrund seines Anspruchs auf den Thron des Heiligen Römischen Reiches (zu dem Italien theoretisch gehörte) als Oberlehnsherr der Stadt. Allerdings übte der Kaiser meist keinerlei wirkliche Macht aus. Die florentinische Politik war seit undenklichen Zeiten darauf ausgerichtet, ihn

Der deutsche Kartenstecher Johann Baptist Homann (1663–1724) aus Nürnberg gab 1716 seinen »Großen Atlas über die ganze Welt« mit 126 Blättern heraus. Darin ist auch diese Ansicht der Stadt Florenz enthalten. Sie zeigt im Vordergrund den Arno und die Stadtmauer, die bis zur Fortezza Belvedere heraufführt. Darunter sind der Palazzo Pitti und die Boboli-Gärten zu sehen, links davon der Palazzo Vecchio mit seinem Turm.

von vornherein daran zu hindern. Als zum Beispiel die norditalienischen Städte den Kaiser Friedrich Barbarossa besiegt hatten, gestand er ihnen im Frieden von Konstanz (1183) die Autonomie zu, die sie immer gefordert und schon so oft praktiziert hatten. Für sich behielt er nur formale Rechte der Souveränität über die Städte. Die Bürger konnten ihre Stadtverwaltung frei wählen und übten, abgesehen von unbedeutenden Ausnahmen, ihr eigenes Recht und bestimmten ihre Angelegenheiten selbst. Dafür waren die einzelnen Städte bereit, einen vom Kaiser bestallten Beamten als nominelles Oberhaupt, als *podestà,* anzuerkennen, der als Stellvertreter des Kaisers fungieren sollte. Ursprünglich hatte Barbarossa beabsichtigt, durch diese Gouverneure das Land besser kontrollieren zu können. Aber das kaiserliche Vorrecht der Ernennung kam außer Gebrauch, und bald wählten die Bürger von Florenz, ebenso wie die der anderen italienischen Städte, ihren *podestà* selbst. Dieser Beamte stand an der Spitze von Verwaltung und Militär und übernahm so die wichtigsten Funktionen der Konsuln. Er stammte immer aus dem Adel und wurde in der Hoffnung, lokale Vetternwirtschaft zu vermeiden, stets aus einer anderen Stadt gewählt. Natürlich nahmen die Florentiner immer einen Guelfen, und ebenso selbstverständlich wählte das ghibellinische Genua jedesmal einen Ghibellinen. Wenn der *podestà* sein Amt antrat und in die Stadt kam, brachte er seinen eigenen Stab mit – zwei Ritter, mehrere Richter, Ratsherren, Notare und verschiedene private und offizielle Diener –, um sich nicht dem Druck lokaler Voreingenommenheit gegen seine Familie auszusetzen. Nachdem er die Stadt betreten hatte, legte er auf der Piazza einen Eid ab und schwor, die örtlichen Gesetze zu befolgen, jedermann Gerechtigkeit willfahren zu lassen und niemanden zu kränken. Für seine Pflichten und sogar für sein Verhalten galten seltsame Bestimmungen. Manchmal durfte er kein anderes Haus betreten als das, das man ihm offiziell zugewiesen hatte. Damit sollte vermieden werden, daß ihn private Beziehungen zu den Einwohnern beeeinflußten. Selbst die Kleidung des *podestà* war streng geregelt: Er trug meist ein bodenlanges Gewand in Gelb, Weiß oder Goldbrokat und eine Kappe aus rotem Samt. Während seiner Amtszeit, die selten länger als sechs Monate oder ein Jahr dauerte, brauchte der *podestà* normalerweise von seinen Untergebenen weder Belästigungen noch Vorwürfe zu fürchten, nicht einmal von denen, die er ungerecht behandelt hatte. Wenn seine Zeit vorüber war, durfte er die Stadt allerdings nicht sofort verlassen; denn jeder, der eine berechtigte Klage vorzutragen hatte, sollte dies noch tun können. Es soll gelegentlich vorgekommen sein, daß ein *podestà* nicht mehr dazu kam, die Stadt, die er so kurz regiert hatte, lebend zu verlassen.

Um die Mitte des 13. Jahrhunderts waren die Bürger von Florenz dieser Form der Regierung müde geworden. Sie traten zusammen

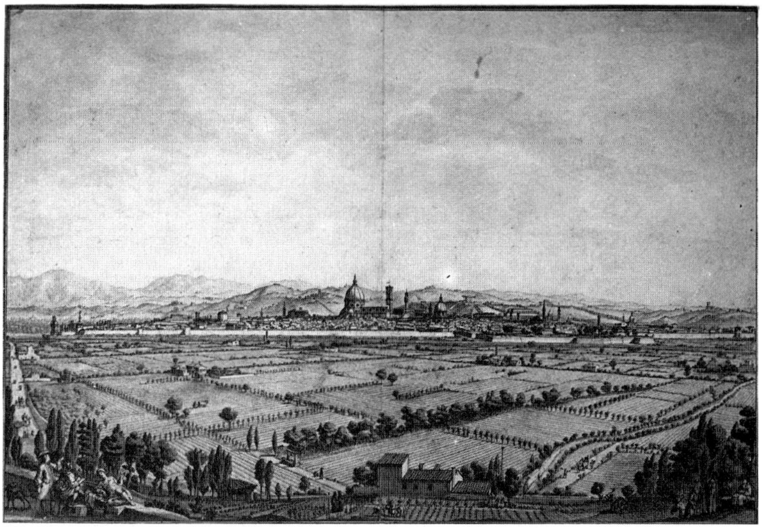

und teilten sich in eine Reihe von Gruppen. Jede Gruppe wählte ihren eigenen Führer. Diese Führer bildeten den regierenden Rat der Stadt und wählten statt des mittlerweile unpopulären *podestà* einen Stadtkommandanten. Die Bürger behielten dieses neue Amt zwar bei, setzten aber wenig später den *podestà* wieder ein und gaben dem Kommandanten und dem *podestà* je einen Gerichtshof, die sich gegenseitig überwachen sollten. Gleichzeitig teilte man die Stadt in sechs Bezirke auf, wobei jeder Teil von zwei *anziani* oder Älteren beaufsichtigt wurde. Die zwölf Älteren wurden auf nur zwei Monate gewählt und mußten während dieser Zeit im Stadthaus wohnen, essen und schlafen. Sie durften nicht allein durch die Stadt gehen, nicht einmal durch ihren eigenen Bezirk, sondern hatten den Palazzo nur in Gruppen zu verlassen. Zusammen nannte man diese Älteren die Signoria.

Um jene Zeit erhielt das Regierungssystem von Florenz die Form, die sich während des Aufstiegs der Medici und durch die Renaissance hindurch behauptete. So wurde die Regierung um immer mehr Räte oder Ausschüsse erweitert, die alle von der Signoria eingebrachten Gesetze billigen mußten, ehe sie verkündet werden konnten. Die staatlichen Organe nahmen immer demokratischere Formen an. Aber die Florentiner haßten die Beständigkeit ebenso, wie sie die Freiheit liebten. Von Zeit zu Zeit wurde ihnen die von der Volksherrschaft verbreitete Unruhe zuviel, und sie flüchteten in die Despotie – allerdings nur, um dieses selbstgewählte Joch bald wieder abzuwerfen. Im ganzen aber gab es Fortschritte, die unzweifelhaft in Richtung einer Selbstregierung der Bürger der Republik gingen. Doch die florentinische Demokratie war in sich begrenzt,

Blick auf Florenz vom Kapuzinerkloster in Montughi. Von links nach rechts sind die bedeutendsten Gebäude der Stadt zu erkennen: Der Dom, der Turm des Palazzo Vecchio, San Lorenzo, der Palazzo Pitti, Santo Spirito und San Frediano in Cestello. Die Mauer, die die Stadt umschließt, wurde zwischen 1284 und 1333 errichtet. Es war die dritte in der Geschichte der Stadt. Rechts neben der Mauer ist die etwas vorspringende Fortezza da Basso zu erkennen, eine Renaissancefestung, die noch heute gut erhalten ist.
Im Vordergrund links ist der Kupferstecher Giuseppe Zocchi (1711–1767) zu sehen, der sich von einer neben ihm stehenden Person die Ansicht erläutern läßt.

Wappen der Florentiner Metzgergilde von Luca della Robbia. Orsanmichele, Florenz.

denn nur ein kleiner Prozentsatz der Einwohner hatte auch Bürgerrechte: Selbst zur Blütezeit von Florenz waren es nicht mehr als 3000 bei einer Gesamtbevölkerung von etwa 90000. Um zu dieser begünstigten Klasse zu gehören, mußte die Familie des Kandidaten nicht nur seit mehreren Generationen in der Stadt ansässig sein, er selbst mußte auch beträchtlichen Wohlstand nachweisen. Der Grund dafür scheint gewesen zu sein, daß man sich nur bei einem Mann von erwiesener Treue und einigem Reichtum darauf verlassen konnte, daß er sich im Dienst der Regierung stets nur für die Interessen der Stadt einsetzen würde. Die übrigen Einwohner blieben jedoch nicht ganz ohne Stimme. In regelmäßigen Abständen wurde auf der Piazza ein *parlamento,* eine offizielle Versammlung aller einberufen, und die Menschen wurden aufgefordert, sich mündlich zustimmend oder ablehnend zu den Vorschlägen zu äußern, die die Stadt ihnen vorlegte.

Eine Art Demokratie also, die den Idealen und praktischen Bedürfnissen der Zeit angepaßt war. Und als solche wurde sie begründet und blühte in einer Atmosphäre materiellen Wohlstands. Vielleicht erfordert die Aufgabe der Selbstregierung, daß die Bürger so weit von praktischer Sorge befreit sind, daß sie politische Probleme objektiv sehen können; vielleicht verlangt eine leistungsfähige Demokratie nicht nur, daß die Bürger sich für Politik interessieren, sondern daß sie auch genügend freie Zeit haben, um sich mit ihr zu beschäftigen. Unter dem Aspekt des Wohlstandes erschien Florenz jedenfalls ein idealer Boden für eine demokratische Regierung zu sein. Die Quelle des Aufschwungs, auf den sich die politische Macht von Florenz gründete, war der Handel. Kaufleute und Handwerker spielten die erste Rolle im Staat. Es gab sieben »größere Gilden« – Richter und Notare, Wollhändler, Bearbeiter und Färber ausländischer Wolle, Seidenhändler, Geldwechsler, Ärzte und Apotheker, Pelzhändler – und vierzehn »kleinere Gilden«, zu denen die Metzger, Schuhmacher, Schreiner, Hufschmiede und andere gehörten. Jeder Freie, der nicht von Adel war, mußte zu einer der Gilden gehören, denn seine Mitgliedschaft verschaffte ihm nicht nur allgemeines Ansehen, sondern garantierte auch der Stadt, daß er ein tüchtiger Bürger war. Es gab sogar Aristokraten, die ihren Stand verließen und manchmal unter anderem Namen in die Gilden eintraten; denn allmählich wurde es für einen Edelmann ganz unmöglich, in Florenz ein öffentliches Amt zu bekleiden.

Einige dieser Kaufmannsgilden trieben ausgedehnte Geschäfte. So waren die Wollfärber und -veredler zum Beispiel besonders erfolgreich. Sie verdankten ihren Wohlstand einem glücklichen Zusammenwirken von Unternehmungsgeist, Phantasie und Glück. Sie hatten schon längst herausgefunden, daß die Wolle aus der Toskana von so schlechter Qualität war, daß sich kein gutes Tuch daraus weben ließ. Deshalb importierten sie Rohwolle aus Nordafrika,

Spanien, Flandern und England und machten feine und preiswerte Stoffe daraus, mit denen das Ausland nicht konkurrieren konnte. Bald verkauften sie ihre »florentinische Wolle« mit beträchtlichem Gewinn an die Länder zurück, aus denen das Rohmaterial stammte. Dabei war der Handel mit Europa weniger bedeutend als der mit dem Osten. Es war leichter und weniger kostspielig, die Ware übers Meer zu bringen als über die Alpen, und die Erzeugnisse des Orients waren als Handelsobjekte in vieler Hinsicht begehrenswerter als die Mittel- und Westeuropas. Also beluden die Florentiner die Galeeren in den Häfen von Genua, Venedig und Pisa mit Seide und Wolle, mit Öl, Wein, Pech, Teer und Metallen und schickten sie übers Mittelmeer. Wenn es keinen Sturm gab und keine Piraten, kehrten die Schiffe pünktlich aus Alexandria, Konstantinopel, Kleinasien und Syrien zurück: mit Perlen, Gold, Gewürzen, Zukker, orientalischen Seiden, Baumwolle, Ziegenhäuten und Färbemitteln – und nicht selten auch mit orientalischen Sklaven.
Das ausgedehnte internationale Handelsnetz erschöpfte bald die begrenzten Möglichkeiten des mittelalterlichen Europa für Tausch und Barzahlung, und man mußte ein Banksystem mit Kredit und Wechsel einrichten, um Industrie und Handel zu stützen und die Gewinne investieren zu können. Darin waren die schlauen Florentiner besonders geschickt. Bis zum Ende des 13. Jahrhunderts hatten die achtzig Bankhäuser von Florenz – von denen die Bardi, die Medici, die Peruzzi, die Pitti und die Strozzi die bedeutendsten waren – ein vollständiges System von Handelsbanken errichtet. Sie wechselten Schecks ein, tauschten Ware und Kredit, stellten Kreditbriefe aus und wurden so reich, daß Könige, Päpste und Kaiser sich Geld bei ihnen liehen. Eine Gruppe von Florentinern lieh einmal dem englischen König Edward III. über eine Million Florin – das entspricht heute etwa achtzig Millionen Mark. Aber ihr Stolz verwandelte sich in Entsetzen, als der glücklose Fürst die Summe nicht zurückzahlte, und sie praktisch ruiniert waren. Das geschah im Jahr 1345.
Als der Reichtum und damit die Macht der Kaufleute und Bankiers wuchs und der Einfluß des alten Adels schwand, bildete sich in Florenz eine neue Aristokratie. Diese Aristokratie gründete sich nicht mehr auf den Adel der Geburt, sondern auf materiellen Besitz und die Fähigkeit, Vermögen anzusammeln. Unter den Familien, die ihre Macht aus Handel und Gewerbe schöpften, war eine zu besonderer Größe bestimmt: die Medici.

Die erste öffentliche Persönlichkeit, die diesen Namen trug, war Chiarissimo de' Medici, der 1201 als Mitglied des Stadtrats von Florenz genannt wird und von dem man nichts weiter weiß, als daß es ihn gab und daß er an der Regierung teil hatte.

Florenz verdankte seinen wirtschaftlichen Aufschwung vor allem dem Handel. Kaufleute und Handwerker schlossen sich in Gilden zusammen, die nicht nur im Wirtschaftsleben, sondern auch in der Politik eine große Rolle spielten. Neben den sieben »größeren Gilden«, denen u. a. die Wollhändler, Geldwechsler, Ärzte und Apotheker angehörten, gab es noch 14 »kleinere Gilden«. Zu diesen gehörten u. a. die Schuhmacher, Schreiner, Hufschmiede und Metzger.
Wappen der Zimmermanns- und Steinmetzgilde. Glasiertes Terrakottarelief des Florentiners Luca della Robbia (1400–1482). Orsanmichele, Florenz.

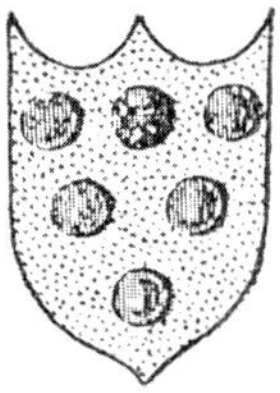

Das Wort medici *bedeutet »Ärzte«, aber es gibt keinen Nachweis für die Annahme, daß der medizinische Beruf jemals in der Familie verbreitet gewesen wäre oder daß die berühmten Kugeln im Wappen der Medici Pillen sind. Man könnte sich vorstellen, daß die frühen Medici sich dem Brauch entsprechend der Gilde der Ärzte angeschlossen haben, weil es ihnen um den politischen und wirtschaftlichen Einfluß ging, den eine solche Mitgliedschaft bedeutete.*

Die Ursprünge der Familie Medici sind im Dunkel der Geschichte verborgen. Wahrscheinlich geht sie auf einen gewissen Medico, Herrn von Petrone, zurück, der um 1100 lebte. Die erste öffentliche Persönlichkeit war Chiarissimo de' Medici, der 1201 als Mitglied des Stadtrats von Florenz erwähnt wird.
Aus dem sogenannten »redenden« Wappen der Familie hat sich die Legende entwickelt, die Medici stammten aus einem bürgerlichen, erst später geadelten Apothekergeschlecht, und die Kugeln in ihrem Wappen seien Pillen.

Danach entschwinden die Medici für mehrere Generationen aus dem Blickfeld der Geschichte. Sie tauchen erst Ende des 13. Jahrhunderts in der Person eines Ardingho de' Medici wieder auf, der 1291 Mitglied der Signoria war und als erster seiner Familie das Amt eines Priors innehatte. Unmittelbar vor, während und nach Ardinghos Amtszeit konsolidierte sich die politische Macht der florentinischen Kaufleute zuungunsten des Adels. 1289 hatten die Prioren die Leibeigenschaft abgeschafft, aus Gründen, die ebenso humanitär wie politisch waren: Man wollte die Macht der adeligen Grundbesitzer schwächen, indem man sie zwang, die Bauern für die Arbeit auf ihren Gütern zu bezahlen. Im gleichen Jahr schlossen die Prioren fünf der kleineren Gilden den größeren an, und so gelang es ihnen, den Einfluß des *popolo minuto* oder einfachen Volks zu stärken. Im Jahr 1291, als auch Ardingho auf der Liste der Signoria erscheint, wurden von dieser Körperschaft schwere Strafen über jeden Edelmann verhängt, der es wagte, aufgrund irgendeines päpstlichen, königlichen oder kaiserlichen – das heißt: ausländischen – Dispenses um Freistellung von der Zuständigkeit der städtischen Gerichte zu ersuchen. Gleichzeitig wurden die Bürgerrechte der *grandi* oder Adeligen durch die Forderung stark eingeschränkt, ein Mann, der sich für die Signoria bewirbt, müsse ein anerkanntes Gewerbe aktiv ausüben. Offenbar hatten zu viele *grandi* die bisherige Vorschrift umgangen, nach der ein Kandidat nur einer Gilde anzugehören brauchte.
Aus alledem läßt sich schließen, daß Ardingho de' Medici zu seiner Zeit ein Gewerbe betrieb und zudem in jeder Weise ein Mann seiner Klasse war und damit die Vorurteile, Sorgen und Ziele der anderen aufstrebenden Kaufleute von Florenz teilte. Dies wirkte sich übrigens auch auf die Rechte und Privilegien anderer Klassen aus. Zwischen 1289 und 1293 war Priestern das Tragen von Waffen jeglicher Art verboten. Kaufleute durften nicht versuchen, Handelsmonopole zu errichten, die Amtszeit des *podestà* wurde auf sechs Monate begrenzt, und die Prioren selbst konnten nach dem Ende ihrer Amtsperiode drei Jahre lang nicht wiedergewählt werden. Solche Veränderungen waren bezeichnend für die ideologische Entwicklung, die Ende des 13. Jahrhunderts die politischen und gesellschaftlichen Anschauungen ganz Europas beeinflußte. Dabei hatte Italien an der Spitze gestanden, und Florenz führte Italien. Rasches

wirtschaftliches Wachstum begünstigte eine eher elastische ökonomische denn starre theozentrische Führung. Aber trotz des zunehmend demokratischen Verhaltens von Florenz starb der Feudalismus nur langsam. Jahrhundertelang war adlige Geburt in Europa dic entscheidende Voraussetzung für politischen Fortschritt gewesen. Die *grandi* hatten innerhalb der guelfischen Partei in Florenz immer noch viel zu sagen. Sie wurden oft als Botschafter ausgesandt, und sie waren es, die im Krieg kommandierten. Im Schutz ihrer Paläste nahmen sie das Gesetz immer wieder selbst in die Hand. Dino Compagni (um 1260–1324) berichtet: »Die Familie Bostichi vollbrachte weiter viele Übeltaten. In ihren Häusern am Neuen Markt, mitten im Zentrum der Stadt, ließen sie Männer bei hellem Tageslicht fesseln und foltern.« Von solchen Praktiken, die die Täter kaum zu verbergen suchten, sprach ganz Florenz.

Unter diesen Umständen ließ sich im 13. Jahrhundert die zukünftige große Bedeutung der Stadt für Kunst und Literatur noch kaum voraussehen. Die Bewohner von Pisa und Siena zeigten viel mehr kulturelles Interesse als die fast ausschließlich kaufmännisch oder politisch orientierten streitsüchtigen und kriegerischen Florentiner.

Der Geist der Zeit und das Temperament der Florentiner zeigten sich 1298 weiterhin, als die berühmten *ordinamenti della giustizia* oder »Statuten der Gerechtigkeit« erlassen wurden. Diese Gesetzgebung war weitgehend den Bemühungen eines Giano della Bella zu verdanken, der als eine Art Renegat der Aristokratie aus persönlichen Gründen sein Los mit dem des gemeinen Volkes verband. Das Hauptziel war, mittels einer Reihe von Einschränkungen die immer noch zügellose Macht des alten Adels zu verringern.

Die *ordinamenti* schlossen nicht nur den Adel aus der Regierung aus, sie verschärften auch die Strafen für Verstöße der *grandi* gegen die Masse des Volks und stärkten den Einfluß der Gilden. Der Posten eines *gonfalonier* oder Bannerträgers wurde geschaffen, um Zuwiderhandlungen gegen die *ordinamenti* zu ahnden. Dieser Offizier wurde bald zur wichtigsten Figur im Staat. Ihm standen Truppen zur Verfügung, die schließlich eine Stärke von viertausend Mann erreichten. Er konnte Edelleute hinrichten, die des Mordes an einem *popolano* (einfacher Mann) überführt waren, und das Vermögen des Mörders einziehen. Es war allerdings Aufgabe des *podestà*, solche Verbrechen aufzuklären und den Übeltäter festzunehmen. Wenn im Fall eines geringeren Vergehens jemand seine Buße nicht zahlte, konnte es vorkommen, daß man ihm die rechte Hand abschlug.

Überhaupt trugen die »Statuten der Gerechtigkeit« Züge, die mehr mit Rache als mit Recht zu tun hatten. Zum Beispiel wurde bestimmt, daß geheime Vorwürfe gegen den Adel in Kästen an den Amtsgebäuden des *gonfalonier* und des *capitano*, des »Volkshauptmannes«, geworfen werden durften. Ein solches Verfahren mußte

Das Familienwappen der Medici von 1373 (oben) und 1465 (links). Der gelehnte, mit einer Krone versehene Schild zeigt sechs (3, 2, 1) rote Kugeln. Kleinod: ein wachsender schwarzer Rüde mit goldenem Halsband. Die Helmdecke (hier nicht zu sehen) ist innen mit Pelzwerk gefüttert und außen golden und mit roten Kugeln besät (siehe auch die Grafik auf dem Rücken des Schutzumschlags).

Ansicht der Stadt Florenz im Jahre 1493, kurz nach dem Tod Lorenzos des Prächtigen. Der Holzschnitt stammt aus der Schedelschen »Weltchronik«, die in Nürnberg gedruckt wurde.
Man sieht die von einer Mauer umschlossene Stadt, die der Arno durchfließt. Links sind die Hügel von Fiesole zu erkennen und oben der romanische Dom, der im 11. Jahrhundert begonnen und im 14. Jahrhundert erweitert wurde.
Der Holzschnitt ist offenbar von einem etwa zwanzig Jahre älteren Vorbild abhängig, das auf Seite 360/61 abgebildet ist.

natürlich zur wahllosen Verfolgung des Adels ermutigen. Es gab noch mehr krasse Beispiele für jenen rachsüchtigen Parteigeist, der die florentinische Innenpolitik seit hundert Jahren vergiftet hatte.
Man konnte unter diesen Umständen nicht erwarten, daß die *grandi* die gesetzliche Gewalt als Mittel zur Unterdrückung ihrer eigenen gesetzlosen Ausbrüche sanftmütig hinnehmen würden. Einer der Herren, der sich gegen die *ordinamenti* vergangen hatte, fragte mit zornigem Sarkasmus, ob man sein Haus einreißen wolle, falls sein Pferd einem *popolano* mit dem Schweif durchs Gesicht wischen oder zufällig Menschen in einem Gedränge anrempeln sollte. Andere riefen ungeduldig nach sofortiger, bewaffneter Vergeltung gegen das unverschämte Volk. Klügere Adlige schlossen ein Komplott, um Giano della Bella, der inzwischen Prior geworden war, aus seinem Amt und aus der Stadt zu verjagen. Della Bella seinerseits ließ sich überreden, drastische Schritte gegen seine angeblich korrupte und undisziplinierte Gefolgschaft zu unternehmen und sogar die Auflösung der guelfischen Partei zu fordern, zu der er selbst gehörte. Seine Begründung war, daß viele Mitglieder und Angehörige seiner früheren Gesellschaftsschicht die mächtige Organisation der Partei für persönliche Zwecke mißbrauchten. Ein weiterer Streit führte zur Vertreibung della Bellas.
In dieser wirren und beunruhigenden Lage wurde Ardingho de' Medici 1296 zum *gonfalonier* gewählt. Damit hatte zum erstenmal ein Mitglied seiner Familie den höchsten Posten der Republik inne. Während seiner Amtszeit war Ardingho besonderem Druck ausgesetzt, mit dem er nur schwer fertig wurde. Der Adel zeigte sich nach della Bellas Vertreibung ungemein aggressiv, und die Bevölkerung wehrte sich heftig gegen den Machtverlust der weniger privilegierten Bürger. Was Ardingho in seiner gesetzlich begrenzten Amtszeit von zwei Monaten erreichen konnte, ist schwer zu erkennen. Aber mag er – wie die meisten Medici – auch noch so großzü-

gig gewesen sein, so war es zu seiner Zeit unmöglich, die Demokratie in vollem Umfang in Florenz zu praktizieren. Sein angeborener Sinn für Realität und seine familiäre Verbindung mit der mächtigen Bankiersfamilie Bardi (er war mit Gemma de' Bardi verheiratet) öffneten sein Ohr für die Klagen der *grandi.* Auf jeden Fall wurden Ende des Jahres einige der unversöhnlichsten Paragraphen der *ordinamenti* Punkt für Punkt geändert. Die bedeutendste Korrektur war die Aufhebung der Vorschrift, nach der die nachweisbare Ausübung eines Gewerbes als wesentliche Bedingung für einen Sitz in der Signoria galt. Die Menschen warfen auf der Straße mit Steinen nach den Prioren, die für diese Aufhebung verantwortlich waren; aber es half nichts. Von einem kurzen Zwischenspiel im Jahr 1377 abgesehen – damals stellte sich ein Medici auf die Seite des Volkes – sollten die bürgerlichen Florentiner niemals wieder solche politischen Aufstiegschancen haben, wie della Bella sie ihnen verschafft hatte.

Trotz dieser Unruhen im Innern endete das 13. Jahrhundert für die Florentiner in äußerem Ruhmesglanz. Der übrigen Halbinsel und sogar dem Kontinent fiel die wachsende wirtschaftliche, politische und intellektuelle Bedeutung der Stadt auf, die inzwischen – bei einer Bevölkerung von etwa 80000 – die wichtigste in der Toskana geworden war.

Als das 14. Jahrhundert heraufzog, nannten sich die florentinischen Parteien immer noch Guelfen und Ghibellinen, obwohl die Stadt zu dieser Zeit hauptsächlich guelfisch war. Aber da kamen Namen in Umlauf, die noch viel schlimmere Feindseligkeiten erwecken konnten. Zuerst hörte man sie in Pistoia, etwa fünfzig Kilometer nordwestlich von Florenz. Die erste Familie Pistoias, die Cancellieri, erlebte gerade eine Fehde zwischen zweien ihrer Zweige; der eine stammte von einem gewissen Bianco ab und hieß deshalb Bianchi (Weiße), und der andere nannte sich Neri (Schwarze). Diese Bezeichnungen deuteten bereits die unversöhnliche Natur beider Parteien an. Die Zusammenstöße zwischen den kriegerischen Vettern häuften sich derart und wurden so blutig und heftig ausgetragen, daß die Stadtväter von Pistoia sich an Florenz um Hilfe wandten. Die Signoria von Florenz versuchte, den Streit zu schlichten, indem sie die Anführer der beiden Parteien nach Florenz brachte. Das wachsame Auge der Signoria – so hoffte man – werde weitere Zusammenstöße verhindern. Die Schuldigen begaben sich zögernd nach Florenz, wo man sie freundlich aufnahm. Leider ließ sich der Virus von Pistoia keineswegs dadurch in Schach halten, daß man ihn nach Florenz übertrug, sondern er breitete sich hier noch viel mehr aus. Die Familie Cerchi, bei der die Bianchi wohnten, und die Frescobaldi, deren Gäste die Anführer der Neri waren, gerieten bald öffentlich aneinander; andere adelige Häuser und ihre Gefolgsleute ergriffen je nach Verwandtschaft, Freundschaft und

Kunst und Handwerk spielten im Florenz der Medici eine wichtige Rolle. Der Kupferstich, der um 1465 entstand, stellt Künstler und Handwerker bei ihrer Tätigkeit dar. Links erkennt man die Kuppel des Domes und in der Mitte die Loggia dei Lanzi. Unten links sieht man einen Schreiber und einen Uhrmacher, darüber einen Organisten. Rechts arbeiten Goldschmiede und darüber zwei Bauhandwerker. In der Mitte vorn ist ein Bildhauer mit einer Büste beschäftigt, während dahinter ein Astronom mit einer Armillasphäre steht, einem Gerät zur Darstellung der Haupthimmelskreise, das bis ins 17. Jahrhundert gebräuchlich war.

Laune Partei, und bald bekämpften sich die Schwarzen und die Weißen von Florenz in den Straßen mit ungeheurer Härte. Nicht lange, und die ganze Stadt schien geteilt. Etwa die Hälfte des Adels und das ganze *popolo minuto* waren Bianchi, die andere Hälfte des Adels und die meisten der großen Kaufmannsfamilien gehörten zu den Neri.

Fast alle Kämpfenden, Weiße wie Schwarze, waren von der Tradition her Guelfen. Ideologisch trennte sie der Umstand, daß die Schwarzen allgemein die umstrittenen *ordinamenti* abschaffen wollten, während die Weißen sie anerkannten. Aus diesem Grund schlug sich der gemeine Mann auf die Seite der Weißen und haßte die (reicheren) Schwarzen. So nahm die Auseinandersetzung etwas vom Wesen eines Zusammenstoßes zwischen Kapital und Arbeit an. Die »kapitalistische« Partei wurde in dieser Phase von einem tüchtigen, aber halsstarrigen Militär namens Corso Donati geführt, während an der Spitze der »Arbeiter«-Partei Vieri de' Cerchi stand, Besitzer einer Wollweberei, ein offenbar ungehobelter Geschäftsmann.

In den Kampf zwischen beiden Parteien wurde schließlich auch Papst Bonifazius VIII. hineingezogen. Indem er mit der Krone des Heiligen Römischen Reiches winkte, verleitete er den französischen Prinzen Karl von Valois, den Sohn König Philipps III., dazu, mit einem großen Heer nach Florenz zu marschieren. Er sollte die »ghibellinischen« Bianchi zur Vernunft bringen.

Der Tumult, der nach der Ankunft der Franzosen einsetzte, wütete fünf Tage. Ein »weißer« Chronist gibt eine Beschreibung: »Sie kamen nachts zu unserem Haus am Alten Markt und stahlen alles, was sie finden konnten. Aber wir hatten am Abend zuvor unser wertvollstes Eigentum bereits weggeschafft. Wir Männer waren nicht da, denn wir hatten uns mit unserem beweglichen Eigentum aus dem Staub gemacht. In derselben Nacht kam noch ein anderer Trupp zu unserem Haus und nahm alles mit, was die anderen zurückgelassen hatten. Und als sie mit dem Rauben fertig waren, forderten die Tosinghi und die Medici die Leiber unserer Frauen . . . Die Kinder, männlich wie weiblich, blieben nackt auf dem Stroh, denn man hatte alle ihre Möbel und Kleider weggeschleppt. Schlimmere Taten haben nicht einmal die Sarazenen in Akko vollbracht.«

Dieser Bericht beweist natürlich nicht, daß alle Medici auf der Seite der Schwarzen standen. Bis dahin hatte sich die Familie eher als Gegner der aristokratischen Unterdrücker erwiesen. Man kann höchstens daraus schließen, daß die Medici, wie so viele andere Familien, während dieser Unruhen untereinander zerstritten waren – und es ist gut möglich, daß der Chronist persönliche Gründe für seinen Haß auf die Familie hatte.

Im nächsten Jahr überließ Karl von Valois den Neri die Macht in Florenz und kehrte nach Rom zurück, um mit dem Papst wegen der versprochenen Belohnung zu streiten. Neben mindestens 600 anderen Weißen hatte der Franzose auch Dante Alighieri verbannt. Der Dichter hielt sich zu jener Zeit zufällig in Siena auf und wurde in Abwesenheit verurteilt. Die Wut seiner Gegner – er war im Sommer 1300 Prior gewesen – war so groß, daß sie befahlen, ihn lebendigen Leibes zu verbrennen, falls er jemals seinen Fuß wieder in die Stadt setzen sollte. Er hat es nicht getan.

Inzwischen hatte Corso Donati durch seine Überheblichkeit viele aus seiner eigenen Partei verprellt, darunter auch die mächtigen Pazzi. Sie verhinderten, daß er die von ihm angestrebte höchste Macht erreichte. Anarchie brach aus. Erst nach einer bewaffneten Intervention aus Lucca, der wohlhabenden Wollweberstadt in der nordwestlichen Toskana, ließ sich die Ordnung wieder herstellen. Während dieser Wirren war Ardingho de' Medici wiederum Prior, und es mag wohl an seinem gesunden Menschenverstand und praktischen Realismus sowie seinen geschäftlichen Verbindungen gelegen haben, daß statt des verstärkten inneren Widerstands gegen einen so erfahrenen Soldaten wie Donati ein Handel mit der Stadt Lucca zustandekam. Aber der Frieden währte nicht lange. Zwar brütete Corso nun still vor sich hin, aber andere adelige Familien nahmen in seinem Namen den Streit wieder auf, und die Cavalcanti traten auf der Gegenseite die Nachfolge der Cerchi an. In den Straßen wurde fast ununterbrochen gekämpft. Die Zusammenstöße waren so heftig, daß kein stadtfremder *podestà* mehr als Schiedsrichter zwischen diesen blutdürstigen Gegnern auftreten wollte.

Interessanterweise bestätigt der Historiker Villani, der sich mit dieser Periode (1302–1303) beschäftigte, daß die Medici jener Zeit vor allem Neri waren. Zur Zeit Karls von Valois mögen ihre Loyalitäten recht unterschiedlich gewesen sein, aber mittlerweile hatten sich die meisten von ihnen – kluge Handelsleute, die sie waren – auf die Seite des Siegers geschlagen, da sie nur auf eines bedacht waren: Sie wollten eine stabile Regierung, ganz gleich welcher politischen Richtung.

Um 1304 – Corso Donati spielte immer noch die Rolle des in seinem Zelt brütenden Achill – gewannen die Weißen unter Cavalcantis Führung gegen die Medici und andere Schwarze an Boden. Aber am 10. Juni zerstörte ein Feuer, das ein Priester entzündet hatte, fast den gesamten Besitz der Cavalcanti wie auch den einiger ihrer wichtigsten Anhänger. Diese Verluste auf seiten der Weißen erlaubten den Schwarzen, das Steuer herumzuwerfen. Wieder einmal stiegen sie in den Sattel der Macht. Aber bald wurden Corso Donati und die meisten seiner Offiziere nach Perugia gerufen. Sie sollten vor Papst Benedikt XI. treten, der mit ihrer unabhängigen Haltung nicht zufrieden war. In Abwesenheit der Führer der Schwarzen griffen die verbannten Weißen mit Unterstützung einiger ghibellinischer Vertriebener Florenz vom Westen her an. Sie wurden leicht

Die frühe Geschichte von Florenz liegt im Nebel von Fabel und Legende verborgen. Nach einer alten Überlieferung soll die Stadt eine Kolonie der alten Etruskerstadt Fiesole gewesen sein. Auch die Deutung des Namens ist umstritten. Eine reizvolle Legende besagt, der Name gehe auf die reiche Fülle von Blumen (flores) *zurück, die auf den Wiesen zwischen dem Arno und dem Mugnone wuchsen.*

Das Wappen von Florenz ziert eine Lilie. Ursprünglich war sie weiß auf rotem Grund, seit der Vertreibung der Ghibellinen ist sie rot auf weißem Grund. »Florentiner Mosaik« in »Pietra-dura«-Technik. Aus der Sockelzone der Medicikapelle hinter dem Chor von San Lorenzo, Anfang des 17. Jahrhunderts. Die Wappenfigur und die rahmende Kartusche mit der Schrift erwecken den Eindruck, als seien sie auf ein weißes Tuch genagelt.

Florentiner Holzschild aus der Mitte des 15. Jahrhunderts. Schilde dieser Art, die in der Form noch an den langobardischen Längsschild erinnern, wurden mehr bei militärischen Paraden und historischen Aufzügen verwendet als in der Schlacht. Der Schild trägt das Wappen der Florentiner Familie Villani. Giovanni Villani (gest. 1348) gehörte zu den führenden Historiographen seiner Zeit und schrieb u. a. die erste Chronik der Stadt Florenz. Victoria and Albert Museum, London.

zurückgeschlagen, nachdem der *popolo minuto* – auf dessen Hilfe die Weißen gerechnet hatten – das verhaßte ghibellinische Banner erspäht und sich den »schwarzen« Verteidigern angeschlossen hatte, ebenso wie eine Anzahl Weißer, die noch in der Stadt waren. Damit hatten die alten Partei-Parolen fast ihren Sinn verloren, denn der Kampf glich nun mehr einer Auseinandersetzung zwischen verschanzten Bürgern und jenen, die sie aus ihren Wohnungen vertrieben hatten. Zu dieser Zeit fanden sich *grandi* und *popolani,* Weiße und Schwarze, auf beiden Seiten.

Im nächsten Jahr ging die Regierung zum Angriff über und verjagte ihre Feinde aus den ländlichen Kastellen, in die sie geflüchtet waren. Da sich die meisten Vertriebenen in Pistoia versammelt hatten, wurde die Stadt von den Florentiner Truppen zusammen mit denen von Lucca belagert. Pistoia fiel 1306, aber erst nachdem sie die Frauen, Kinder, Krüppel und Greise ausgewiesen hatten, als die Lebensmittel knapp wurden. Die Belagerer mißhandelten diese unglückseligen Verstoßenen grausam und jagten sie dann zu den Stadtmauern zurück, wo sie an Hunger starben.

Der neue Papst, Klemens V., hatte den Florentinern befohlen, die Belagerung von Pistoia aufzuheben. Als sie seinen Befehl mißachteten, schickte er 1307 ein Heer. Aber Ardingho de' Medici, der inzwischen wieder *gonfalonier* war, zeigte beim Widerstand gegen diesen Einmarsch soviel Kraft, daß sich die päpstliche Armee aus der Toskana zurückzog. Auf diese Weise sammelte das erste Mitglied der Familie, das in die Chronik der Zeit mit vollem Namen einging, auch militärische Lorbeeren – neben denen, die es im Kontor und in der Ratskammer gewonnen hatte. In dieser Kaufmannsfamilie war eine solche Auszeichnung selten, obwohl sich die Medici nun schon eine Weile ernsthaft mit Politik beschäftigt hatten. War Ardingho *gonfalonier,* so wurde noch im gleichen Jahr sein jüngerer Vetter Bernardo zum Prior gewählt. Allerdings hatten die Medici ihre wachsende Bedeutung in der Stadt vor allem den Bemühungen des energischen Ardingho zu verdanken.

Das Jahr von Ardinghos Sieg über den Papst war auch wegen der Ernennung eines Rechtsvollstreckers bemerkenswert, der für die Einhaltung der *ordinamenti* sorgen sollte. Die Signoria beschloß, daß dieser Beamte nicht aus der Toskana stammen und nur sechs Monate im Amt bleiben sollte. Diese Maßnahme zeigt, daß Florenz – modern ausgedrückt – nach links rückte. Aber der neue Posten wurde bald ziemlich überflüssig, denn die *grandi* blieben untereinander zerstritten und schwächten damit ihre eigene Wirkungskraft beträchtlich. Die Bardi, Frescobaldi und Buondelmonti schlossen sich Corso Donati an. Ihnen stand ihr ehemaliger Freund Rosso della Tossa gegenüber, der auch über die Mehrheit der *popolani* verfügte. Die meisten Bürger begannen Corso zu mißtrauen, der so lange ihr Held gewesen war.

Als Corso Donati – zum drittenmal – eine der Töchter von Uguccione della Faggiuola, eines fanatischen Ghibellinen, heiratete, verurteilte die Signoria den erfahrenen Ehemann sofort zum Tod wegen Verschwörung, »um das Volk zu verraten und die Regierung zu stürzen«. Aber die starke Abordnung, die zu seinem Haus geschickt wurde, um ihn festzunehmen, stieß überall an den Straßen auf Ketten und Barrikaden. Als der alte Krieger nach einigen Stunden einsehen mußte, daß es für sein belagertes Haus keine Hilfe mehr gab, ließ er die Tore öffnen, bestieg sein Schlachtroß, zog sein Schwert, brüllte seinen Sammlungsruf »Donati!« und stürmte in vollem Galopp hinaus; einige wenige seiner Sippe und Anhängerschaft folgten ihm. Er sprang über die Barrikaden, schlug sich den Weg durch die Stadtsoldaten frei und entkam trotz wilder Verfolgung aus der Stadt. Aber die Regierungstruppen holten ihn in der Hauptstraße des nahen Dorfes Robezzano ein. Entwaffnet und gefesselt, versuchte er auf dem Rückweg nach Florenz, wo er öffentlich hingerichtet werden sollte, seine Wachen zu bestechen. Als sie sich weigerten, gelang es ihm, sich in einem seiner typischen Wutanfälle vom Pferd fallenzulassen. Ehe er wieder auf den Beinen war, hatte ihn die nächste Lanze schon durchbohrt. »So starb«, schrieb Machiavelli viel später, »Messer Corso, dem dieses Land und die Neri viel Gutes und viel Schlechtes zu verdanken haben. Wäre er kein so unruhiger Geist gewesen, hätte man ihm ein ehrenvolleres Andenken bewahrt. Er verdient jedoch seinen Platz unter den vornehmsten der Florentiner Bürger.«

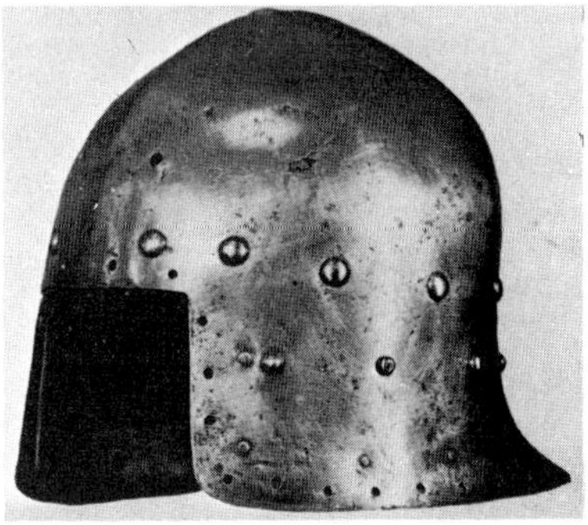

Italienischer Topfhelm aus der zweiten Hälfte des 15. Jahrhunderts. Museo Stibbert, Florenz.

Kurz darauf, im Jahr 1309, erschien auf der florentinischen Szene ein weiterer Medici der jüngeren Linie, ein Averardo, von dem man kaum mehr weiß, als daß er in jenem Jahr zum Prior gewählt wurde und 1314 zum *gonfalonier.* Diese Ämter weisen darauf hin, daß sich die Medici die Achtung ihrer Mitbürger bewahren konnten. Sie deuten auch das Talent Averardos an, der neben seinen politischen Erfolgen als der eigentliche Begründer des Vermögens seiner Familie angesehen wurde.

Während so der Stern der Medici aufzusteigen begann, blieb die politische Lage in Florenz so turbulent und unsicher wie eh und je. Ein neuer Papst, diesmal ein Franzose, hatte den Thron des heiligen Petrus bestiegen. Klemens V. war zwar in vieler Hinsicht ein bewundernswerter Mann, aber ein Vorbild an Entschlußfreudigkeit war er nicht. Der Thron des Heiligen Römischen Reiches stand leer, und der Papst konnte sich nicht entscheiden, welchen Anwärter er unterstützen sollte. Ursprünglich war sein Landsmann Karl von Valois der päpstliche Favorit gewesen. Klemens begriff aber bald oder ließ sich einreden, daß die Kaiserkrone nicht Erbteil des französischen Königshauses werden durfte; denn sonst hätte es das Papsttum zu absoluter Abhängigkeit zwingen können. Nachdem Klemens dann eine Zeitlang die Kandidatur von Robert von Neapel

zu begünstigen schien, erkor er schließlich Heinrich von Luxemburg, der dann 1312 in Rom auch gekrönt wurde.
Florenz sah in der Existenz des Kaisers eine Bedrohung seiner Freiheit und machte auch bei Heinrich keinen Unterschied. Außerdem stand sich die Signoria, so guelfisch sie war, mit dem Heiligen Stuhl nicht allzu gut, und der Papst revanchierte sich, indem er die Stadt wiederholt seinem Interdikt unterwarf. Als Geste der Geringschätzung sowohl dem Papst wie dem Kaiser gegenüber weigerte sich Florenz, Gesandte zur Huldigung für Heinrich zu schicken.
Heinrich zog nach seiner Krönung gen Norden, schlug eine florentinische Armee bei Arezzo im Südosten von Florenz und kampierte am gleichen Ort, wo Corso Donati vier Jahre zuvor zu Tode gekommen war. Aber die Gesundheit des Kaisers war bereits geschwächt. Am 24. August 1313 starb er auf dem Weg nach Siena. Es ist nicht ausgeschlossen, daß er Wochen zuvor in Rom von florentinischen Sendboten vergiftet worden war. Aber er mag ebensogut der Malaria erlegen sein, wie die meisten annahmen.

Florenz vom linken Ufer des Arno aus gesehen. Im Zentrum der Dom und das Baptisterium und links am Bildrand außerhalb der Stadtmauer die Basilika San Miniato auf einem Hügel. Der Stich entstand im 16. Jahrhundert.

Die kaiserliche Bedrohung für Florenz hatte zu Heinrichs Lebzeiten dazu geführt, daß sich die Stadt wieder auf ihre ursprüngliche und leidenschaftliche guelfische Verpflichtung besann. Bei Heinrichs Tod war die politische Gruppe der Guelfen, die ihre Landsleute im Namen der antiimperialistischen Sache zusammengerufen hatte, fest im Sattel. Nach einigen weiteren Auseinandersetzungen schloß Florenz Beistands- und Freundschaftsverträge mit Lucca und Pisa und genoß eine kurze Ruhepause vor weiterer politischer Unruhe. Zu diesem günstigen Zeitpunkt scheint sich die Stadt am Beginn einer Ära geistiger, künstlerischer und wirtschaftlicher Verheißung befunden zu haben. Giotto di Bondone (1267–1337), das Genie des dramatischen Naturalismus, war mitten in einer glänzenden Karriere. Dante, der als Prior dem Maler für ein Porträt Modell gesessen hatte, arbeitete an der *Göttlichen Komödie.* Giovanni Villani, der erste in einer langen Reihe bedeutender Florentiner Historiker, arbeitete an seiner berühmten *Florentinischen Geschichte.* Während es in den Straßen von Florenz – eigentlich von ganz Ita-

Florenz verdankte seinen Wohlstand und damit seine politische Bedeutung in erster Linie dem Wollhandel und dem Bankwesen. Die »Florentiner Tuche« waren wegen ihrer Qualität in der ganzen Welt berühmt, obwohl das Material dafür aus Nordafrika, Spanien, Flandern und England importiert wurde. Die Florentiner verkauften ihre fertigen Stoffe sogar an Länder zurück, von denen sie die Rohwolle bezogen hatten. Der Holzschnitt zeigt einen Wollhändler. Aus Jacobus de Cessolis »Libro di Giuocho di Scacchi«, Florenz 1493.

lien – blutig zuging und sie vom Geschrei der feindlichen Parteien widerhallten, während überall Paläste in Flammen aufgingen, arbeiteten diese Florentiner und viele andere unverdrossen weiter an ihren Gemälden, Fresken, Chroniken, Geschichtsbüchern, Traktaten und Gedichten. Die meisten dieser Männer konnten natürlich einem Genie wie Giotto oder Dante nicht das Wasser reichen, trotzdem stellten sie ein bemerkenswertes Reservoir an Talenten dar, das sich auf ein Gebiet konzentrierte, das kleiner als Bayern war und das kaum mehr als hunderttausend Menschen bewohnten.

Zu Beginn des 14. Jahrhunderts hielt der florentinische Wohlstand mit der kulturellen Entwicklung Schritt. Von den trüben Ufern der Themse bis zu den funkelnden Palästen von Konstantinopel beeinflußten die Florentiner Bankiers die Geschäfte der zivilisierten Welt. Die Familie der Medici, einschließlich Bernardos, der 1317 zum Prior wiedergewählt wurde, spielte bei der Ausweitung dieses Netzes von wirtschaftlichen und politischen Interessen bereits eine herausragende Rolle. Unter der Ägide der Medici und anderer wohlhabender Familien der Stadt galten das florentinische Tuch, florentinische Kredite und florentinischer Geist in Amsterdam ebensoviel wie am Bosporus. Jeder europäische Künstler oder Autor, der Anspruch auf Ansehen erhob, mußte mit den Werken der Florentiner auf seinem Gebiet vertraut sein.

Aber durch den Reichtum und das Talent einiger Florentiner wurde Florenz politisch und diplomatisch nicht automatisch stabiler als jene italienischen Staaten, deren Bürger weniger begabt waren und die von weltlichen und kirchlichen Fürsten oder von skrupellosen Despoten beherrscht wurden. In dieser Hinsicht verhielt sich Florenz – wenn auch vielleicht äußerlich etwas zurückhaltender – mindestens ebenso selbstsüchtig wie Mailand oder Rom. Jener Stadt wegen sah sich Florenz 1318 in einen neuen Streit verwickelt – es war das gleiche Jahr, in dem der Conte di Averardo de' Medici, Sohn jenes *gonfalonier* Averardo von 1314, zum Prior gewählt wurde. Bis dahin war es Matteo Visconti, Herzog von Mailand, gelungen, sich mehr durch Gerissenheit und Umsicht an der Macht zu halten als durch Gewalt, die man auf der übrigen Halbinsel bevorzugte. Im Gegensatz zu seiner sonstigen Art war er durch seine bisherigen Erfolge 1318 so kühn geworden und so wild hinter dem Reichtum der Stadt Genua her, daß er mit allen Streitkräften, die Mailand aufstellen konnte, gegen die Stadt marschierte. Da man die Städte im Norden – außer Venedig – für ghibellinisch hielt, fühlte Florenz sich aufgerufen, den Fehdehandschuh für die guelfische Schwester Genua aufzunehmen. Es bildete eine Liga guelfischer Städte, um das weitere Vordringen Mailands nach Süden aufzuhalten.

Man begreift nicht recht, weshalb die Bezeichnungen »guelfisch« oder »ghibellinisch« im Italien des 14. Jahrhunderts solch heftige

Emotionen auslösen konnten. Die große Schlacht des Mittelalters zwischen Petrus und Cäsar, zwischen Papsttum und Kaiserreich, war längst geschlagen, und weder Papst noch Kaiser waren mehr auf guelfische oder ghibellinische Unterstützung angewiesen. Weit weg vom Gezänk der italienischen Staaten lebte der Papst zufrieden an den Ufern der Rhone in Avignon, und einen Heiligen Römischen Kaiser gab es nicht. Trotzdem trugen die Ghibellinen ihre Federn weiter auf der einen Seite der Kappe und haßten alle Guelfen, während die Guelfen sie auf der anderen Seite trugen und den Anblick eines Ghibellinen nicht ertragen konnten.

Auf jeden Fall wurden die ghibellinischen Truppen Mailands 1318 von den vereinten Streitkräften von Florenz, Neapel und Bologna geschlagen. Im nächsten Jahr nahmen die Florentiner, um das Maß voll zu machen, auch noch die lombardische Stadt Cremona ihrem Lehnsherrn weg, dem Can Grande della Scala von Verona, und riefen dann Philipp von Valois, den Bruder König Ludwigs X. von Frankreich, herbei, um den ehrgeizigen Mailänder in Schach zu halten. Matteo Visconti reagierte darauf mit einem Bündnis mit dem besten Soldaten und Staatsmann Italiens, Castruccio Castracane, Herr über Lucca, der ein alter Söldner König Edwards I. von England war. Castracane überfiel das Arnotal, und Florenz geriet in Panik. Dann stürmte er überraschend erst nach Genua, dann zurück nach Lucca und dann wieder in florentinisches Gebiet. In diesen gefährlichen Jahren muß Bernardo de' Medici, der 1320 und 1322 zum Prior wiedergewählt wurde, alle Hände voll zu tun gehabt haben. 1323 belagerte Castracane die Stadt Prato, nur wenige Kilometer von den Mauern von Florenz entfernt. Prato wurde zwar später entsetzt, aber die Lage blieb bedrohlich. Castracane war inzwischen für Florenz und ganz Italien zu einer viel größeren Gefahr geworden als Matteo Visconti je zuvor. Am 23. September 1325 brachte er dem florentinischen Heer bei Altopascio, zwischen Pistoia und Lucca gelegen, eine empfindliche Niederlage bei. Damit waren die Guelfen zum drittenmal im Feld geschlagen. Die Visconti – damals durch Galeazzo Visconti vertreten – hätten jetzt leicht die Macht über Florenz ergreifen können. Das war aber offenbar nicht Castracanes Ziel. Nachdem er vor den Mauern der hilflosen Stadt seine Verachtung und seinen Hochmut demonstriert hatte, kehrte er nach Lucca zurück und ließ das eroberte Banner der Republik hinter ihrem offiziellen Streitwagen durch den Staub schleifen.

Im Jahre 1327 rief dann König Ludwig von Bayern, der gerade Herzog Friedrich III. von Österreich besiegt hatte, mit dem er um die Kaiserkrone stritt, die Ghibellinen in Mailand zusammen. Ludwig brauchte ihre Unterstützung für seinen Anspruch auf die Kaiserwürde gegen den Willen des unersättlichen und zügellosen Papstes Johannes XXII. Im Oktober nahm der bayerische König, verbündet mit Castracane, Pisa ein und übergab seinem schlauen

Neben dem Handel war das Bankgeschäft die zweite Quelle, aus der Florenz seinen Reichtum schöpfte. Unter den großen privaten Bankhäusern nahm das der Medici einen besonderen Rang ein. Bereits unter Giovanni Averardo di Bicci (1360–1428), der der Bankgilde vorstand, hatten die Medicibanken ihre erste Blüte erreicht. Sein Sohn Cosimo der Alte (1389–1464) setzte diese Tradition mit großem Geschick fort. Bankiers mit Kunden in ihrem Geschäftsraum. Titelholzschnitt aus Giorgio Chiarinis »Libro che tracta di mercantantie e usanze de paesi«, Florenz 1490.

Rechts: Der Florentiner Dante Alighieri (1265–1321) ist nicht nur der größte Dichter Italiens, sondern er spielte auch im politischen Leben seiner Heimatstadt eine aktive Rolle. Bereits 1289 kämpfte er in der Schlacht bei Campaldino gegen Arezzo für die Florentiner. Danach bekleidete er verschiedene Ämter im Rat der Stadt und in Gesandtschaften. Als er sich für die Unabhängigkeit von Florenz einsetzte und gegen den Papst opponierte, wurde er 1312 aus Florenz verbannt und kurz darauf – in Abwesenheit – sogar zum Tod verurteilt. Das Urteil wurde nie vollstreckt.
Das Gemälde von Domenico di Francesco, genannt Michelino, stellt den Dichter der »Göttlichen Komödie« dar. Es entstand im 15. Jahrhundert. Als Hintergrund dient rechts das zeitgenössische Stadtbild von Florenz mit Türmen und Stadtmauern. In der Mitte und links sind Szenen aus der »Divina Commedia« dargestellt, das Paradies und die Hölle. Santa Maria del Fiore, Florenz.

Feldherrn die Herrschaft über die Stadt sowie über Pistoia, Volterra und ein benachbartes Bistum. Das neue Jahr sah Ludwigs Kaiserkrönung in Rom. Zum Glück für Florenz überanstrengte sich der rastlose und unberechenbare Krieger Castracane und erlag an einem besonders heißen Tag im September 1328 einem Herzanfall. Als erfolgreicher Soldat hätte er mit Ludwigs Hilfe die guelfische Republik gegenüber der ghibellinischen Partei bald wehrlos gemacht. Statt dessen konnte die Signoria diese Atempause nutzen und verabschiedete verschiedene demokratische Zusätze zur Verfassung. Danach wurden alle Ghibellinen von öffentlichen Ämtern ausgeschlossen. Gleichzeitig wurde ein Volksrat mit 300 Mitgliedern unter Führung eines Volkshauptmanns und auch ein Gemeinderat für das Gebiet außerhalb der Mauern von Florenz mit 250 Sitzen – die eine Hälfte Adelige und die andere *popolani* – geschaffen. Sie unterstanden dem *podestà*. Die Prioren und andere Beamte wurden durch Los bestimmt, nachdem eine Kommission von 98 Bürgern, einschließlich des *gonfaloniers* und der ausscheidenden Prioren, ihre Namen gebilligt hatte.

In den dreißiger Jahren des 13. Jahrhunderts war Florenz stärker und wohlhabender als je zuvor. Die städtische Bevölkerung betrug über 90000. In den ländlichen Gebieten lebten sogar noch mehr Menschen. Es gab 110 Kirchen, 39 Mönchs- und Nonnenklöster und über 200 Tuchhändler. Überall in Europa saßen florentinische Bankiers und Kaufleute. Vornehme Bauten, schöne Bilder und Bibliotheken mit wertvollen Handschriften gab es im Überfluß. In sechs Schulen lernten Tausende von Kindern Lesen und Schreiben, außerdem gab es noch vier Schulen, in denen nur Grammatik und Rhetorik gelehrt wurden.

Natürlich trug auch die Familie Medici zu dem Reichtum bei, der all diesen Glanz ermöglichte. Im wesentlichen arbeiteten die Medici jedoch als Kaufleute und Finanziers im stillen. Vom Rampenlicht hielten sie sich fern, bis 1336 ein gewisser Salvestro di Averardo de' Medici, ein Sohn des Averardo de' Medici (der 1314 *gonfalonier* war, und ein Bruder des ehemaligen Priors von 1318 und 1324, des Conte di Averardo de' Medici), in diplomatischer Mission nach Venedig geschickt wurde. Die Gesandten sollten ein Bündnis mit dieser Republik gegen Verona aushandeln, deren Fürst sich zum Herrn über die besonders fleißige und damit nützliche Stadt Lucca gemacht hatte, auf die Florenz Anspruch erhob.

Dieser Salvestro de' Medici war einer jener Medici, die in den Adel eingeheiratet hatten. Seine Frau gehörte der berühmten, wirtschaftlich jedoch stets erfolglosen Familie der Donati an. Die meisten der Donati waren ebenso begabt wie blaublütig, neigten aber dazu, sich aristokratisch zu gebärden. Wie auch immer, die Gesandtschaft nach Venedig erreichte ihr Ziel. Zum erstenmal ließen sich die bisher so stolzen und abweisenden Venezianer zu einem Bündnis mit

einem anderen italienischen Staat herbei, und die Florentiner waren entzückt über den Takt und die Standhaftigkeit ihrer Abgesandten. Der folgende Feldzug verlief nur eine Zeitlang erfolgreich, da die Venezianer nach einem anfänglichen Sieg ihren Ruf schamloser Untreue rechtfertigten, indem sie mit den Veronesern einen voreiligen Frieden schlossen. Florenz erhielt ein schönes Stück von dem Gebiet Luccas. Venedig hat eigentlich immer die Intrige dem Krieg vorgezogen, wenn es darum ging, seinen bereits ansehnlichen Wohlstand zu erhalten oder gar zu mehren, der vor allem auf dem Überseehandel beruhte. Die Republik zögerte nie, ein Abkommen zu brechen, wenn der Doge die Fortsetzung der Feindseligkeiten als sinnlos empfand. Den dickköpfigen Bürgern, die den Florentinern sonst in so manchem ähnlich waren, besonders in ihrem kaufmännischen Geschick, fehlte deren oft aggressiver Militarismus völlig; sie brauchten ihn bei so viel Talent zu diplomatischer Doppelzüngigkeit auch gar nicht.
Trotz aller Fehlschläge beharrte Florenz aber weiter auf dem Entschluß, sich die strebsame und blühende kleine Stadt Lucca einzu-

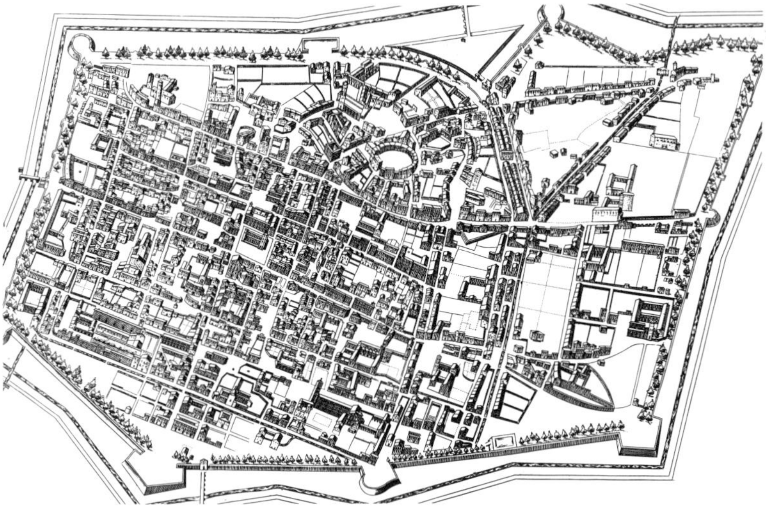

In der ersten Hälfte des 14. Jahrhunderts war die toskanische Stadt Lucca zwischen Verona, Pisa und Florenz hart umkämpft, die alle Ansprüche erhoben.
Der Stich zeigt die von drei Mauerringen (einer aus römischer, zwei aus mittelalterlicher Zeit) umgebene Stadt, die seit 570 Sitz der lombardischen Könige war. Radierung aus »Beschreibung und Contrafactur der vornembster Stät der Welt« von Braun und Hogenberg. Der Kölner Georg Braun und der Niederländer Franz Hogenberg schufen zwischen 1574 und 1618, zusammen mit flämischen Künstlern, ihr berühmtes Städtebuch, das Ansichten zahlreicher Städte aus der ganzen damals bekannten Welt enthielt.

verleiben. Der Franzose Walter von Brienne, der sogenannte »Herzog von Athen«, der 1326 Stellvertreter des Herzogs von Kalabrien während dessen Protektorat über Florenz gewesen war; hatte bei dem jüngsten, fehlgeschlagenen Versuch, Lucca den Pisanern zu entreißen, erfolgreich einen florentinischen Truppenteil geführt. Daraufhin war er zum Generalhauptmann der Republik ernannt worden. Brienne war ein kühner und listiger Soldat, aber ebenso bedenkenlos und ehrgeizig wie ausschweifend. Zweifellos sah er in seiner Ernennung den ersten Schritt, die Verfassung der Stadt abzuschaffen und statt dessen eine Gewaltherrschaft mit ihm an der Spitze zu errichten. Er fing an, den Adel und das Volk gegen die reichen Kaufleute aufzuhetzen. Sein Zorn richtete sich auch gegen die Medici, die zwar einige Macht besaßen, aber in Ungnade gefallen waren, weil ihr Plan, Lucca zu annektieren, mißglückt war. Walter ließ zwei der prominentesten unter den wohlhabenden Bürgern verhaften: Bernardos Sohn Giovanni de' Medici, der zweimal *gonfalonier* gewesen war, und einen gewissen Guglielmo degli Altoviti, denen er Bestechung und Spekulation vorwarf. 1343 wurden beide aufgrund fragwürdiger Beweise hingerichtet. Andere konnten sich nur durch Zahlung enormer Geldstrafen einem ähnlichen Schicksal entziehen. Das Volk jubelte Walter zu, und dieser verlangte kühl als Belohnung »die immerwährende Herrschaft über Florenz«. Zuerst weigerte sich die Signoria, diese unverschämte Forderung zu erfüllen, aber unter dem Druck des Adels mußte sie dem Tyrannen nachgeben.
Brienne ließ sofort jeden Anschein von Wohlwollen fallen. Nicht nur seine erneuten Angriffe gegen bedeutende Bankiersfamilien, wie etwa die Bardi, fanden alle vernünftigen Bürger widerwärtig,

sondern auch die Rücksichtslosigkeit, mit der er Arbeiter und Abenteurer der niedrigsten Schichten zu Prioren erhob. Gleichzeitig führte er Ausschweifungen »nach französischer Art« ein und förderte die Prostitution. Schließlich trat er – was ganz unverzeihlich war – Lucca den Pisanern für die Dauer von 15 Jahren ab, obwohl er ursprünglich geschworen hatte, es für Florenz zu gewinnen. In der Stadt nahm seine Herrschaft immer grausamere Züge an. Politische Häftlinge wurden öffentlich gefoltert, Frauen geschändet, und privater wie öffentlicher Besitz von Walter und seinem rüpelhaften Anhang beschlagnahmt.
Bald wurden unter äußerster Geheimhaltung drei verschiedene Komplotte geschmiedet, um den Franzosen zu beseitigen. Francesco di Ardingho de' Medici, die Familie seiner Frau, die Adimari, und andere arbeiteten an einem Plan, der durch Zufall Brienne zur Kenntnis kam. Er warf Antonio Adimari ins Gefängnis, war aber klug genug, ihn zunächst nicht hinrichten zu lassen. Statt dessen rief er 300 der vornehmsten Florentiner Bürger in den Palazzo Vecchio und verkündete ihnen, sie sollten entscheiden, was mit Antonio Adimari zu geschehen habe.
Dabei wußte die ganze Stadt – oder ahnte es zumindest –, daß es Walters wahre Absicht war, diese versammelten »Ratgeber« ermorden zu lassen. Schon bald sah sich der Tyrann von einem Haufen aufgebrachter Bürger in seinem Palast belagert. Dem erschrockenen »Herzog von Athen« und seinen Anhängern erschien die ganze Stadt bewaffnet. Ein paar seiner engsten Genossen wurden auf der Piazza ergriffen und abgeschlachtet. Am nächsten Tag, dem 27. Juli 1343, kamen fremde Abteilungen den Belagerern zu Hilfe. Der Bischof von Florenz, an einer der Verschwörungen beteiligt, setzte eine provisorische Regierung aus sieben Adeligen und sieben *popolani* ein. Zu ihnen gehörte auch Francesco de' Medici.
In den darauf folgenden Verhandlungen mit Brienne und seiner inzwischen halb verhungerten Gefolgschaft ergab sich der Herzog, nachdem er zwei seiner berüchtigtsten Komplizen der Wut der Menge geopfert hatte, die sie auf der Piazza in Stücke schlug. Brienne wurde aus der Stadt verbannt. Bei einer Rückkehr nach Florenz sollte er sofort mit dem Tode bestraft werden. Diese erstaunliche Milde mag entweder auf die christliche Überzeugung des Bischofs zurückzuführen sein oder auf seine Furcht vor dem Mißfallen des Herzogs von Kalabrien. Vielleicht zeugt sie auch von der Zivilisiertheit, die einige verantwortliche Florentiner damals bereits auszeichnete.
Nach dem Sturz Walters von Brienne wurde die republikanische Verfassung wieder eingeführt, und es gab eine Reihe demokratischer Maßnahmen. Allerdings waren sie zu demokratisch, als daß sie den um ihre Vorrechte gebrachten Adligen hätten gefallen können, und so setzten diese wieder einmal zum Sturm auf die Regie-

Porträt einer vornehmen Florentinerin. Das Bildnis entstand um 1450 und zählt zu den ältesten Kupferstichen.

rungsmacht an. Nach mehrtägigen blutigen Straßenkämpfen und Brandstiftungen zwangen die Medici und andere Führer des *popolo grasso* die *grandi* zum Nachgeben. Im Verlauf der Kämpfe hatte das Volk nicht weniger als 22 Adelspaläste, darunter die der Donati, Pazzi, Rossi, Cavalcanti, Bardi und Frescobaldi, bis auf den Grund abgebrannt. Nach anderthalb Jahrhunderten nahezu pausenloser Konflikte hatten die Massen einen fast vollkommenen Sieg errungen und den Adel politisch ausgeschaltet. Der Historiker Villani schrieb über den Herbst 1343:

»Wir befinden uns jetzt unter der Herrschaft der Handwerker und des *popolo minuto.* Ich bete zu Gott, daß dies der Republik zum Wohl gereichen wird. Aber ich fürchte, das Gegenteil wird geschehen; wegen unserer Sünden und Schwächen, weil es unseren Bürgern an Liebe und Güte mangelt, und weil unsere Herrscher weiterhin die verfluchte Praxis verfolgen werden, das eine zu versprechen und das andere zu tun.«

Der Pessimismus des Historikers war nicht ganz unbegründet. Die Zukunft von Florenz sollte ebenso unruhig werden wie seine Vergangenheit. Trotzdem wurde der Geist der Stadt nicht ausschließlich von Klassenhaß und persönlichem Ehrgeiz, von Gesetzlosigkeit und Mißtrauen beseelt. Neben den Schrecken wieder aufflammender Bürgerkriege, brennender Häuser, kreischender Frauen und zertrampelter Leichen in den Gassen und auf der Piazza gab es jene aus Urteilskraft und Phantasie erwachsenen Antriebe, jene intellektuelle Neugier und Weitsicht, die zu den ständigen politischen Experimenten mit beigetragen hatten. Nicht nur die Gewalttätigkeit, auch die Urbanität der Florentiner schuf den Rahmen für Giottos Malerei, für Plastik und Architektur, für die glänzenden Feste, für die traditionelle florentinische Ausgelassenheit, die klugen Geschichtswerke Giovanni Villanis und für die Gedankenwelt, die zur *Divina Commedia* führte.

Die »Erscheinung des hl. Franziskus in Arles« (Ausschnitt) von Giotto di Bondone, entstanden um 1325–1329. Santa Croce, Cappella Bardi, Florenz.

Zwischen 1343 und 1345 wurden viele Edelleute verbannt, die für die Sache des Volkes gefochten hatten. Andere flüchteten an die Höfe fremder ghibellinischer Fürsten und wurden zu Staatsfeinden erklärt. Alle finanziellen Ansprüche eines *grande* für seine Dienste an der Republik wurden widerrufen. Anfang 1345 mußten die grossen Bankhäuser der Bardi und Peruzzi vorübergehend schließen; schuld daran war vor allem, daß König Edward III. von England die Anleihen nicht anerkannte, die er von ihnen bezogen hatte. Ein finanzielles Chaos brach herein. Villani verlor wie viele andere wohlhabende Bürger alles, was er besaß, und wurde als Schuldner eingesperrt. Der König von Frankreich vertrieb alle florentinischen Kaufleute aus seinem Land, wo übrigens auch Walter von Brienne Zuflucht gefunden hatte.

Die Medici und ihre Freunde entwarfen den einzig möglichen Plan für die Rettung der Lage. Ihr System wird seitdem immer wieder in

Der große Neuerer der italienischen Malerei, der an der Schwelle des Mittelalters zur Renaissance stand, war Giotto di Bondone (1266–1337). Obwohl Giotto aus der Nähe von Florenz stammte, entschloß sich die Hauptstadt der Toskana erst als letzte der italienischen Städte, ihm einen öffentlichen Auftrag zu erteilen. Die Fresken, die Giotto in den Jahren um 1325–1329 für die beiden Kapellen von Santa Croce ausmalte, sind das letzte große Zeugnis seiner Malerei. Die Abbildung zeigt den »Tod des hl. Franziskus« im Zustand nach der Restaurierung. Santa Croce, Cappella Bardi, Florenz.

ähnlichen Situationen angewandt. Sie erfanden die erste Staatsverschuldung aller Zeiten, indem sie alle Anleihen, die der Staat in der Vergangenheit aufgenommen hatte, in einem Fonds zusammenfaßten. Dieser Fonds wurde »Monte Commune« oder »Gemeinsamer Haufen« genannt; er verzinste sich mit fünf Prozent, die durch die Einnahmen der Stadt garantiert waren. Diese Reform wurde »zum Schutz der Freiheit« verkündet. Dasselbe Schlagwort wurde in jener Zeit auch bei anderen Maßnahmen verwendet, die die Macht des Klerus einschränken, verschwenderische Ausgaben für Luxusgüter verhindern und durch ein Grundbuchsystem die Übertragung von Grundbesitz erleichtern sollten. Im Grunde zielten alle diese Verordnungen gegen die Reichen, die sich bald zu wehren begannen; diesmal nicht mit Waffen, sondern mit einer vorsichtigen Einwirkung auf die Gesetzgebung, mit der man die Vertretung des *popolo minuto* im öffentlichen Dienst zu beschneiden suchte.

Einer katastrophalen Mißernte im Herbst 1346 folgte im nächsten Jahr ein guter Ertrag. Aber 1348 brach die große Seuche des »Schwarzen Todes«, die auch die fröhlichen und gebildeten jungen Männer und Frauen von Boccaccios *Decamerone* aus Florenz verjagte, über ganz Italien herein. Drei Fünftel der Florentiner Bevölkerung, darunter auch Giovanni Villani, starben an der Pest.

Um 1351 hatte sich Florenz von den schweren Schlägen der letzten Jahre genügend erholt, um den Einmarsch der Mailänder Visconti in die Toskana abzuwehren. Die Kämpfe dauerten zwei Jahre, bis Papst Klemens VI. einschritt und sie beendete. Die Medici standen vor und während dieser Feldzüge gegen die Mailänder im Vordergrund. Giovanni di Conte de' Medici war im Jahr nach dem »Schwarzen Tod« *gonfalonier* gewesen. Er muß weitgehend für den

Bedeutende Künstler der italienischen Renaissance wie Leonardo da Vinci und Michelangelo stellten ihre schöpferische Begabung auch in den Dienst des Krieges. Der vermutlich nach einer Zeichnung des Matteo de' Pasti entstandene Holzschnitt zeigt eine Sturmleiter. Aus Valturius' »Ellenchus et index rerum militarium«. Verona 1472.

sozialen und politischen Wiederaufbau danach verantwortlich gewesen sein.
Um diese Zeit tauchte in Italien zum erstenmal eine neue Art der Kriegführung auf. Sie läßt sich bis ins Jahr 1300 zurückverfolgen, aber um die Mitte des 14. Jahrhunderts begann sie sich gegen alle Städte der Halbinsel auszuwirken. In früheren Zeiten waren die berittenen *grandi* das Rückgrat jeder Armee gewesen. Im Verlauf der Jahrzehnte vor 1350 hatten nun diese Edelleute in allen Staaten ihre Herrschaftsansprüche verloren. Die guelfischen Städte waren Republiken geworden. Im Interesse einer autokratischen Monarchie waren die Ghibellinen bestrebt, ihren unruhigen Adel militärisch schwach zu halten. Trotzdem verlangten und förderten persönlicher Ehrgeiz, wirtschaftliche Überlegungen, politische Rivalitäten und der Umzug der Päpste 1309 von Rom nach Avignon immer wieder die Anwendung von Gewalt. Die alten *grandi* waren dazu nicht in der Lage, und die neuen Kaufmanns-Plutokraten hatten weder Zeit noch Lust, sich militärisch auszubilden. Gleichzeitig wurde die friedliche Einstellung der Handelsleute durch die der intellektuellen Kreise gestärkt, wenngleich die Schüler Giottos und Petrarcas auch unterschiedliche Gründe hatten, um dem Kriegsdienst zu entgehen. Zudem war das Temperament der Massen, besonders das der Bauern, in Italien nie so stark an das Feudalsystem gebunden gewesen wie in Nordeuropa. Die guelfischen Republiken mußten daher wie die ghibellinischen Autokratien Söldner anwerben. In der ersten Hälfte des 14. Jahrhunderts gab es Schwadronen von deutschen Ulanen und französischen Rittern, die von Kaisern und Prinzen nach Italien gebracht wurden. Häufig blieben diese Truppen, nachdem sie davongelaufen oder auseinandergetrieben waren, auf der Halbinsel und verkauften ihre Dienste dem, der das meiste bot. Ihre Führer nannte man später *condottieri:* die »Führer« beweglicher Truppen, die gegen gutes Geld überall hinzogen und für jeden kämpften. Gegen Ende des Jahrhunderts tauchten italienische sowie deutsche und französische *condottieri* in diesem Geschäft auf.
Diese Freibeuter waren vor allem darauf aus, Fehden zwischen Gemeinden auszulösen, Feindseligkeiten zu schüren, schwere Verluste zu vermeiden, reiche Gegner lieber gefangenzunehmen als sie abzuschlachten, um ein Lösegeld zu erpressen. Und schließlich wollten sie auch Land erobern, das sich als Nachschublager oder Winterquartier eignete. Wenn sich solche Gelegenheiten nicht anboten, benahmen sich die *condottieri* schlicht wie Räuber, plünderten das Gebiet, in dem sie sich gerade befanden, und terrorisierten die Bewohner so lange, bis diese ihre Wünsche erfüllten. Erst dann zogen sie ab.
So war es nicht verwunderlich, daß die Städte den *condottieri* aus Achtung, Furcht und Haß gemischte Gefühle entgegenbrachten.

Bei den streitlustigen Großgrundbesitzern waren sie nicht ganz so unbeliebt, aber die Regierungen der Städte, gleich ob Guelfen oder Ghibellinen, verabscheuten die Barbarei, Falschheit und Raubgier dieser Burschen. Trotzdem war niemand stark genug, ihnen das Handwerk zu legen. Zudem konnte man nie wissen, ob ihre Dienste nicht plötzlich dringend gebraucht würden. In den Auseinandersetzungen der verschiedenen Regierungen konnte ein Söldnerführer eine entscheidende Rolle spielen, so erpresserisch seine Bedingungen auch sein mochten und soviel Schaden er dem Land auch zufügen konnte.

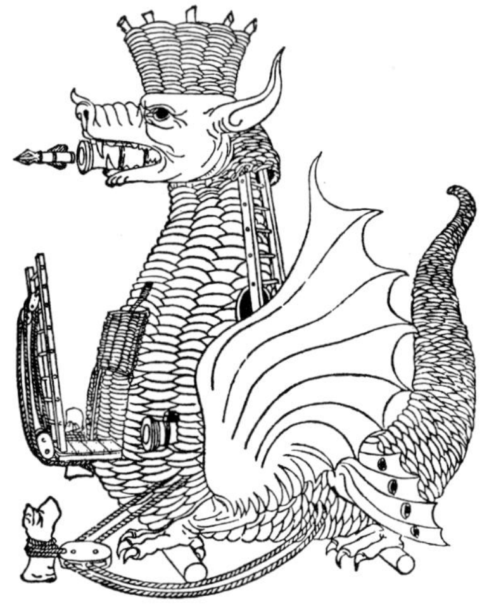

Eine phantastische Belagerungsmaschine in Gestalt eines Drachens. Aus Valturius' »Ellenchus et index rerum militarium«. Verona 1472.

Kurz nach dem Krieg gegen Mailand führte Korruption in der florentinischen Regierung wieder zu einer Verschwörung einiger Medici und anderer führender Familien. Im Jahre 1360 war Salvestro im Amt, Sohn eines Alamanno de' Medici, der 1314 für seine Verdienste um die Republik zum Ritter geschlagen worden war. Salvestro wußte nichts von dem Komplott, aber seine Brüder Andrea und Bartolommeo waren beteiligt. Einer oder auch beide weihten Salvestro in ihre geheimen Pläne ein, vielleicht in der Hoffnung, ihn zum Rücktritt zu bewegen und seine Haut zu retten, solange noch Zeit war. Sie erfuhren aber, daß Salvestro ihre Anschauungen nicht teilte. Er ließ sofort zwei der Rädelsführer hinrichten, woraufhin das ganze Unternehmen zusammenbrach. Salvestro war nun vor der Bestechlichkeit seiner Kollegen nachdrücklich gewarnt und trug wesentlich dazu bei, den Amtsmißbrauch in den nächsten Jahren zu bekämpfen.

Zu jener Zeit lag Florenz mit Pisa im Krieg; beide Städte waren schon lange verfeindet, vor allem aus wirtschaftlichen Gründen. Nach zwei Niederlagen warben die Pisaner die sogenannte »Weiße Kompanie« von englischen Söldnern an, die Sir Hawkwood befehligte. Hawkwood war ein berühmter Veteran der Feldzüge gegen Frankreich zu König Edwards III. Zeiten. Als der Vertrag von Brétigny im Jahre 1360 Frankreich vorübergehend Frieden brachte, kämpfte Hawkwood, ein zweifellos flexibler Mann, nacheinander für den Marquis von Monferrato gegen Mailand, für die Pisaner gegen Florenz, für Perugia gegen den Papst, für die Visconti von Mailand gegen Pisa und Florenz, dann gegen seinen ehemaligen Dienstherrn Monferrato und schließlich für den Papst gegen die Visconti. An diesem Punkt seiner bewegten Laufbahn – im Jahre 1375 – kaufte ihn die Signoria mit einer großzügigen Summe, als der Papst ihn zum Angriff auf Florenz drängen wollte. 1377, als Salvestro de' Medici zum zweitenmal *gonfalonier* der Stadt war, begab sich Hawkwood in florentinische Dienste.

Mehr als ein Jahrzent zuvor (1363), als Hawkwood noch nicht in Pisa eingetroffen war, erfochten die Florentiner einen dritten Sieg.

Zu Beginn des 14. Jahrhunderts kam in Italien eine neue Art der Kriegsführung auf. Bezahlte Soldaten, Italiener, Engländer, Deutsche und Franzosen, boten ihre Kriegsdienste den einzelnen Städten und Stadtstaaten an. Ihre Anführer nannte man später condottieri *(Führer), die wegen ihres Kampfgeistes und ihrer Skrupellosigkeit ebenso gefürchtet wie verhaßt waren. Das Fresko von Simone Martini aus dem Jahre 1328 stellt den italienischen* condottiere *Guidoriccio da Fogliano dar, der im Dienst der Stadt Siena stand. Palazzo Pubblico, Siena.*

Trotzdem war das Ansehen des Engländers so hoch, daß die Signoria wieder auf die Dienste Pandolfo Malatestas zurückgriff, des Herrschers von Rimini, der sich wie ein *condottiere* benahm. Im August begann er seinen Feldzug, allerdings mit enttäuschender Nachlässigkeit: In Wirklichkeit wollte Pandolfo die Herrschaft über Florenz an sich reißen. Er ließ sich deshalb von Hawkwood in die Stadt zurückdrängen und verkündete dort, die einzige Hoffnung, Florenz vor Pisa und der »Weißen Kompanie« zu retten, bestehe darin, ihm, Pandolfo, die ganze Macht zu übertragen. Die Prioren durchschauten sein Spiel und schickten ihn wie zuvor gegen den Feind; aber er richtete so wenig aus, daß Hawkwood und seine Männer bei der Landbevölkerung bald »die Löwen« genannt wurden, was sich auf die Wildheit, Schnelligkeit und Wetterfestigkeit der robusten Insulaner von der Nordsee bezog. Nachdem sie alles an Beute zusammengerafft hatten, was sie schleppen konnten, kehrten die »Löwen« dem ängstlich schwankenden Malatesta verächtlich den Rücken und zogen ab. Pandolfo Malatesta verlor sein Kommando und wurde durch seinen Onkel Galeotto ersetzt, der Hawkwood im Juli 1364 bei Cascina nicht allzu weit von Pisa angriff und schlug. Dann schloß man Frieden. Die Söldner hatten allerdings beide Seiten so viel gekostet, daß niemand einen wesentlichen Gewinn aus den Kämpfen zog. Hawkwoods Leute rächten sich an den Florentinern, indem sie 1369 ein Heer aufrieben, das die Signoria in die Lombardei entsandt hatte.
1370 wurde Salvestro di Alamanno de' Medici zum *gonfalonier* gewählt. Er begann, die Führer der Guelfen, die sogenannten *capitani,* vorsichtig in die Opposition zu drängen. Sie waren immer be-

stechlicher und tyrannischer geworden und scheuten in ihren Intrigen mit den päpstlichen Staaten sogar vor Verrat nicht zurück. Wahrscheinlich ging der Entschluß, Hawkwood, der sich damals in der Emilia aufhielt, dem Papst abzuwerben, auf Salvestros Einfluß zurück. Allerdings erwiesen sich die Verhandlungen als schwierig und zeitraubend. Erst 1377 schloß sich der englische *condottiere* der antipäpstlichen Liga unter Florenz und Mailand an, die sich in ihrer Gegnerschaft gegen Rom ausnahmsweise einig waren.

Die »Hauptleute«, die *capitani del popolo,* die im 13. Jahrhundert ursprünglich das Volk gegen den Adel schützen sollten, verdienten ihren Namen längst nicht mehr. Salvestro hatte sich ihnen, als sie das Volk zu betrügen und zu unterdrücken begannen, so energisch widersetzt, daß er sehr beliebt wurde. Seine Wiederwahl als *gonfalonier* für 1378 galt als sicher. Um dies zu vereiteln, beriefen sich die *capitani* auf ein Statut aus dem Jahre 1357. Dieses Gesetz, ursprünglich gegen die Ghibellinen gerichtet, sah vor, daß widerspenstige Amtspersonen ohne Prozeß verurteilt werden konnten. Dazu erteilte man vorher »Verweise«, und wer einen solchen empfing, mußte jedes öffentliche Amt, das er gerade innehatte, aufgeben. Der Vertreter des Stadtviertels, in dem Salvestro wohnte, erhielt von den listigen Hauptleuten einen Verweis. Sie hofften, man würde für diesen Posten Salvestro wählen, der somit nach geltendem Recht nicht mehr für den *gonfalonier* würde kandidieren können. Salvestro parierte diesen Schritt, indem er dafür sorgte, daß die Wahl eines neuen Vertreters für sein Viertel so lange hinausgezögert wurde, bis die Stimmen für die gesetzlich zugelassenen Kandidaten für den *gonfalonier* ausgezählt waren. Auf diese Weise wurde er prompt gewählt. Niemand wunderte sich, als er ein paar Wochen später den Prioren vorschlug, das Statut der Verweise von 1357 solle aufgehoben werden. Als seine Eingabe abgelehnt wurde, erklärte er vor einer von ihm einberufenen Bürgerversammlung, es sei ihm als *gonfalonier* nicht möglich, gegen den Mißbrauch, der sich im öffentlichen Leben breit mache, wirkungsvoll vorzugehen. Deshalb wolle er zurücktreten. Daraufhin verließ er die Ratskammer. Er hinterließ Staunen und Entrüstung. Die Bürger begriffen, daß die Zeit der *capitani* vorbei war. Aus einem Fenster über der Piazza schrie ein Freund der Medici »Viva il popolo!« (»Es lebe das Volk!«). Die Menge draußen brüllte Beifall. In Minuten rasselten die Rolläden an den Geschäften herunter, Schwerter wurden gezogen. Der Pöbel auf dem Platz stürmte auf den Palast der Signoria zu.

Inzwischen war Salvestro zu seinen Kollegen im Innern des Gebäudes zurückgekehrt. Er trat dem Ansturm der tobenden Aufrührer mit erhobenen Händen entgegen und erklärte ihnen, die Prioren hätten nun doch seiner Eingabe zugestimmt. Er werde also *gonfalonier* bleiben. Sofort beruhigte sich das Geschrei und Waffengeklirr.

Die Fassade der Loggia di Bigallo, Florenz, ein Werk der Spätgotik. Der Bau wurde zwischen 1352 und 1358 errichtet.

Zweifellos hatte er mit dem den Medici eigenenen Geschick die ganze Angelegenheit selbst inszeniert – im Einverständnis mit den ihm verbundenen Familien.
Salvestro hatte allerdings die Stärke und Ausdauer der politischen Leidenschaften unterschätzt. Am Morgen des 21. Juni marschierten die Kompanien der Gilden, bis an die Zähne bewaffnet und mit fliegenden Fahnen, auf der Piazza della Signoria auf. Bald gingen die Paläste der Albizzi, der Pazzi, Strozzi und anderer guelfischer Anhänger der *capitani* in Flammen auf. Bis zum Abend waren die Häuser der Reichen – neben etlichen Kirchen und Klöstern – geplündert. Die gut bewaffneten Gilden waren gerade noch imstande, den Besitz der Medici und ihrer Freunde zu schützen.
Die Ernennung einer neuen Signoria brachte am 1. Juli endlich ein gewisses Maß an Ordnung. Aber die Ärmsten der Handwerker waren immer noch nicht zufrieden. Angeführt von den Wollkämmern, die zwar zur reichsten Gilde der Tuchmacher gehörten, jedoch miserabel bezahlt wurden, schmiedeten sie Pläne für eine noch gründlichere Revolution. Sie sollte den Massen eine entscheidende Beteiligung an der Regierung sichern. Die Reichen und Gebildeten, so erklärten die Arbeiter, hätten das Vertrauen, das die Bevölkerung in sie gesetzt habe, schändlich mißbraucht.
Man weiß nicht, ob Salvestro in diese Pläne eingeweiht war, jedenfalls wurde er in jenem Sommer als »Befreier« seiner Geburtsstadt in den Straßen gefeiert.
In der Nacht des 19. Juli erhob sich die ganze Stadt von neuem zu einem bewaffneten Aufstand. Schreie und Flüche, flüchtende Schritte, das Klingen von Stahl und donnernde Hufe hallten in den hitzebrütenden Straßen wider. Brände brachen aus, ehrbare Bürger kauerten hinter verriegelten Türen und Barrikaden aus Möbeln auf ihren Betten und lauschten ängstlich, wie sich das Knistern der Flammen mit dem Triumphgeschrei der Massen mischte. Vor Morgengrauen ließ die Signoria die Kompanien der Gilden antreten und hoffte, die Rebellen damit einzuschüchtern; aber nur zwei von den *arti* kamen, und auch sie zogen sich wieder in ihre Häuser zurück, als sie sahen, daß die anderen sich geweigert hatten einzugreifen. Neue Brände flammten auf, alle Listen und Kontobücher der Tuchmacher wurden vernichtet. Geplündert wurde nicht, dazu waren die Aufständischen bei Anbruch des Tages in einer zu euphorischen Stimmung. Sie sahen sich schon als Herren von Florenz.
Der erste Schritt der Revolutionäre war, Salvestro und 63 angesehene Bürger, von denen man wußte, daß sie seine Einstellung zu den Verbrechen der *capitani* teilten, zu Rittern zu schlagen. Unter diesen Umständen blieb den Prioren und den *arti* keine Wahl, als sich auf die Seite des gemeinen Volks zu stellen und seinen Gesuchen stattzugeben. Diese Forderungen erwiesen sich im ganzen als erstaunlich bescheiden. Die Revolutionäre verlangten nur, zu einem

Viertel an der Regierung beteiligt zu sein, die Gründung einiger neuer Gilden und die Rehabilitation von Bürgern, die unter der alten Gesetzgebung gelitten hatten. Ihre letzte Forderung war, die Mieten aller Läden auf dem Ponte Vecchio müßten Salvestro de' Medici zufließen, dem »Befreier«. Diese letzte Bedingung weist wohl darauf hin, daß Salvestro mehr mit der Revolte zu tun gehabt hatte, als er zugeben mochte. Trotzdem ist es möglich, daß er sich auf eine Haltung wohlwollender Neutralität beschränkt hat. Nach seinen früheren Bemühungen um politische Reformen war seine Popularität gefestigt genug, um greifbare Dankbarkeit ihm gegenüber verständlich erscheinen zu lassen. Seine erwiesene Vorsicht macht es unwahrscheinlich, daß er sich zum Führer des Aufstands gemacht haben soll, ehe der Erfolg sicher war. Jedenfalls hatte keiner der Prioren, die jetzt genügend eingeschüchtert waren, etwas gegen die 600 Florin im Jahr einzuwenden, die von den Läden des Ponte Vecchio eingingen. Was immer die Wahrheit über Salvestros Beteiligung an der Planung der Verschwörung sein mag, bei den darauf folgenden Ereignissen hat er wahrscheinlich seine Hand im Spiel gehabt. Nachdem die amtierenden Prioren und der *gonfalonier* – Salvestro war nur für die übliche kurze Zeit ernannt worden – zum Rücktritt gezwungen waren, stieß man die Tore des Palastes weit auf. Angeführt von einem barfüßigen Wollkämmer namens Michele Lando stürmte der Mob das Gebäude. Lando trug eine Regierungsfahne, die er vom Haus des Rechtsvollstreckers abgerissen hatte, der ebenso wie die *capitani* dafür zu sorgen hatte, daß bestimmte, seit langem erlassene Gesetze gegen die Unterdrückung des Volkes durch den Adel befolgt wurden. Michele wurde auf der Stelle durch Akklamation zum »Herrn von Florenz« gewählt.

Man hätte eine schlechtere Wahl treffen können. Der Wollkämmer bewies sofort Mut, Umsicht und Großzügigkeit, indem er auf der Piazza einen Galgen aufrichten ließ, an dem jeder Bürger gehängt werden sollte, dem man Diebstahl oder Brandstiftung nachweisen konnte. Dann wandte er sich dem Entwurf einer neuen Verfassung zu. Es ist sehr unwahrscheinlich, daß irgendein Handwerker im Europa des 14. Jahrhunderts so etwas fertiggebracht hätte. Der Autor der Zusatzartikel, um die es ging, mußte zumindest ein erfahrener Jurist sein, der mit der bisherigen Geschichte der Stadt völlig vertraut war. Wahrscheinlich stimmt die Vermutung, daß der Entwurf im wesentlichen von Salvestro de' Medici stammt.

Jeder erfahrene Regierungsbeamte hätte das neue System als demokratisch empfunden, aber in den Augen des *popolo minuto* war es das noch nicht. Die Arbeiter gründeten eine Gegenorganisation, und wieder stützten sie sich auf Gewalt. Ihr ehemaliger Anführer Michele Lando war in Verdacht geraten, es mit gewissen Edelleuten zu halten. Er mußte mit dem Schwert gegen seine Feinde geschützt werden. Wieder einmal trat für eine Weile Ruhe ein, und

Der mächtige Bau des Palazzo Vecchio mit seinem hochragenden Turm zeugt noch heute von der einstigen Macht und Größe der Florentiner Republik. Hier tagte die Signoria, und hier wurden die Entscheidungen getroffen, die jahrhundertelang das Geschick der Stadt und ganz Italiens bestimmten. Der Grundstein wurde bereits im Jahre 1299 gelegt. Vasari Arnolo di Cambio war der Architekt. Nach 1450 wurde das Gebäude von Michelozzo ausgebaut und restauriert. Die Treppe und die Terrasse vor dem Portal entstanden erst zu Anfang des 19. Jahrhunderts.

Die Piazza della Signoria während eines Festes. Der Platz erhielt seinen Namen nach dem Palazzo della Signoria (links), in dem die Regierung und die Versammlungen der Stadt seit 1300 tagten. Heute heißt der Palast Palazzo Vecchio. In der Bildmitte ist die Loggia dei Lanzi zu erkennen, die nach den Schweizer Pikenieren im Dienste Cosimos I. de' Medici genannt wurde. Das Gebäude diente für Versammlungen der Behörde und des Volkes. Zwischen den beiden Gebäuden sind die Uffizien zu sehen. Zeichnung von Giuseppe Zocchi, vor 1744.

Salvestro und sein Vetter Vieri de' Medici wurden als Ritter bestätigt. Aber zu Salvestros Zorn endete die fortschrittliche Bewegung, die er so umsichtig gefördert, wenn nicht überhaupt aufgebaut hatte, in Aufstand und Anarchie. 1382 verbannten die Gilden Michele und enthaupteten oder vertrieben die meisten seiner Anhänger. Damit überließen sie das Feld einem allmählichen Wiederaufstieg der alten guelfischen Familien. Salvestros demokratisches Experiment war gescheitert. Er wurde eine Zeitlang verbannt und schwor bei seiner Rückkehr jedem politischen Ehrgeiz ab. Um 1388 starb er, ein ehrenwerter Mann, der moralisch wie geistig den meisten Politikern seiner Zeit weit voraus gewesen sein muß.
Noch hatte die Stunde für den Aufstieg der Medici nicht geschlagen. Nach dem Tod seines tatkräftigeren Onkels nahm der verhältnismäßig friedliebende Vieri das politische Geschick der Familie in die Hand. Er hatte aber weder den Ehrgeiz noch die Fähigkeiten, das Haus Medici zu uneingeschränkten Höhen zu führen. Im Jahre 1393 wurde er zum Beispiel aufgefordert, sich an die Spitze der Mehrheit der Bürger zu stellen, die gegen die guelfische Partei waren. Er hätte höchstwahrscheinlich verfassungsmäßiges Oberhaupt der Stadt werden können, was auch Machiavelli sehr viel später behauptet hat. Doch er weigerte sich, eine so herausragende Stellung einzunehmen, und konzentrierte sich bis zu seinem Tod im Jahre 1395 darauf, die Pläne anderer zu vereiteln, die die Herrschaft der großen Familien abschaffen wollten. Trotzdem hatten die Medici als Familie in Florenz nun schon lange eine vorrangige Stellung inne. Nach den Worten Filignos di Conte de' Medici aus dem Jahre

1373 sagte man »Du benimmst dich wie ein Medici«, wenn man jemandem Selbstgefälligkeit vorwarf.

Doch bald sollten greifbare Erfolge kommen. Der Zweig des Hauses, der von Salvestro di Averardo de' Medici (1336 Botschafter in Venedig und Ehemann von Lisa Donati) abstammte, sollte in der nächsten Generation einen Handelsherrn hervorbringen, der an politischer Gewandtheit sogar seinem Onkel Salvestro überlegen war. Im Jahre 1393 entzog Maso degli Albizzi, damals *gonfalonier,* der Familie Alberti, die zu jener Zeit eng mit den Medici verbunden war, sämtliche Bürgerrechte. Dieser willkürliche Akt löste eine regelrechte Schlacht auf der Piazza aus. Die eine Gruppe schrie: »Lang lebe das Volk und die guelfische Partei!« und die anderen, die für die Medici und die Alberti waren: »Lang lebe das Volk und die Gilden!« Die geschlagenen Anhänger der Medici flohen zum Palazzo Medici. Sie forderten Vieri de' Medici auf, in die Fußstapfen seines verstorbenen Vetters Salvestro zu treten und die Tyrannei des Adels abzuschaffen. Vieri war aber nur zu Verhandlungen bereit. Seine Argumente stellten zwar die Ordnung vorübergehend wieder her, es gelang ihm aber nicht, die Albizzi zur Vernunft zu bringen. Die führenden Medici und Alberti wurden verbannt und erhielten hohe Strafen. Erst nach Maso degli Albizzis Tod (1417) gewannen die Medici wieder Einfluß in der Stadt.
Zur guelfischen Partei hatten immer schon Männer des mittleren Bürgertums wie der Aristokratie gehört, aber die Kaufleute und Handwerker von Florenz bewiesen jetzt einen Mut und eine Tatkraft, die nicht immer für Mitglieder einer despotischen Regierung typisch sind. Weder die Pest, die 1400 wiederkehrte und täglich zwischen 600 und 800 Bürger dahinraffte, noch der neue Krieg, der 1402 in der Toskana wütete, konnten ihre Tyrannei brechen; denn auch der Tod von Gian Galeazzo Visconti und der Niedergang des Reiches, das er mit ebensolcher Umsicht wie Grausamkeit aufgebaut hatte, brachten Italien Frieden.
Während der nächsten Jahre blieben die meisten Medici in der Verbannung. Sie mußten sich also zurückhalten, während Florenz und das übrige Italien große Zeiten erlebten. Mit Hilfe einiger komplizierter Manöver, zu denen Bestechung und hohe Diplomatie ebenso gehörten wie die Anwendung von Gewalt, unterwarf Florenz 1406 seine alte und erbitterte Feindin Pisa. Diese unglückliche Stadt verlor seitdem jede Bedeutung. Selbst ihre berühmte Universität ließ man völlig herunterkommen, bis eine glücklichere Epoche unter Lorenzo de' Medici sie wieder zu neuem Leben erweckte. 1417 wurde das »Große Schisma«, das vierzig Jahre lang die Christenheit in zwei und manchmal auch drei feindliche Parteien zerrissen hatte, die je nach Laune Päpste und Gegenpäpste wählten,

durch das Konzil von Konstanz und die Wahl von Martin V. zum einzigen legitimen Papst beendet. Während dieser Ereignisse hatte der alte, antimediceische Despot Maso degli Albizzi für Florenz ein brillantes Spiel gespielt. Er hatte der Republik Vorteile, Land, Zugeständnisse und Privilegien von Gott und der Welt eingebracht und dafür nichts oder so wenig wie möglich gegeben. Dieses Spiel war allerdings 1417, kurz vor Papst Martins Wahl, zu Ende, als Maso erschöpft und geschwächt im Alter von 84 Jahren der Pest erlag. Wie die Mehrheit der Florentiner atmeten auch die Medici auf. Zwar schätzten die Florentiner die Vorteile, die die Stadt unter Masos Herrschaft im politischen Bereich gewonnen hatte, doch die finanzielle Bürde, die ihnen ihr Herrscher auf der Jagd nach Ruhm auferlegt hatte, drückte sie schwer. Sie fanden schließlich, daß die Steuern, die sie zu zahlen hatten, die politischen Vorteile nicht wert waren. Die in der Verbannung lebenden wie auch in der Stadt weilenden Medici teilten diese Gefühle zutiefst, und Maso war kaum unter der Erde, als die Familie begann, einen mehr oder weniger geheimen Einfluß auszuüben, der auf ihrem wachsenden Reichtum und der Beliebtheit ihres Hauses beruhte.
Es ist bezeichnend für die Elastizität und für die unerschütterliche Besonnenheit der meisten Männer dieser Familie und ebenso für das Selbstvertrauen von Masos Regime, daß Giovanni di Averardo de' Medici in den Jahren 1402, 1408 und 1411 Prior gewesen war. Giovanni hatte damit dasselbe erreicht wie sein Urgroßvater Averardo, der Prior von 1309. Auch sein Großvater, Salvestro di Averardo, 1336 Gesandter in Venedig, hatte eine glänzende Karriere gemacht. Von Giovannis Vater Averardo weiß man dagegen wenig mehr, als daß er zweimal mit adligen Damen verheiratet war, erst mit einer Bonguisi und dann mit einer Spini. Deren Sohn Giovanni begann nun die Freundschaft mit Niccolò da Uzzano zu pflegen, des einflußreichsten und angesehensten Regierungsmitglieds seit Masos Tod.
Königin Johanna II. von Neapel war damals durch ihren *condottiere* Giacomo Sforza, einen ehemaligen Bauern und genialen Heerführer, und Papst Martin zum Trotz in den Besitz von Rom gelangt. Der heimatlose Papst wurde deshalb im Frühjahr 1419 von der Signoria eingeladen, bis auf weiteres in Florenz zu bleiben. Giovanni de' Medici und Niccolò da Uzzano wollten beide die Gunst des neuen Pontifex maximus gewinnen. Doch Martin fürchtete auch weiterhin Schwierigkeiten von seinem abgesetzten Rivalen Baldassare Cossa, dem früheren Papst Johann XXIII., der jetzt in Bayern gefangen war. Die beiden Florentiner Politiker boten sich deshalb an, den ehemaligen Papst in ihre Stadt zu bringen, damit er sich Martins päpstlicher Autorität in aller Form unterwerfe. Der Heilige Vater zeigte sich großmütig und ernannte den Sünder sogar zum Kardinal.

Giovanni di Averardo de' Medici (1360–1429) gilt als der eigentliche Begründer der Medicidynastie. Der Vater Cosimos des Alten spielte eine wichtige Rolle in der Politik der Stadt, und unter ihm erlangte die Familienbank der Medici ihre überragende Bedeutung. Als Kunstmäzen förderte er den Architekten Brunelleschi und den Bildhauer Donatello. Das Porträt von Angelo Bronzino (1503–1572), der viele Medici malte, entstand mehr als hundert Jahre nach Giovannis Tod. Wahrscheinlich diente ein frühes, heute verlorenes Porträt von Masaccio als Vorlage. Palazzo Medici-Riccardi, Florenz.

1421 wurde Giovanni di Averardo de' Medici im Alter von 61 Jahren zum *gonfalonier* gewählt. Sein ehemaliger Freund Niccolò da Uzzano widersetzte sich der Wahl. Er sagte, daß kein Mitglied einer so reichen und beliebten Familie an einer Regierung beteiligt sein sollte, die sich fast fünfzig Jahre gegen den Einfluß der Medici gewehrt hatte und deshalb möglicherweise deren Rache zu fürchten habe. Niccolò wies auf die einst gefährliche Karriere des »Demagogen« Salvestro di Alamanno de' Medici hin und erklärte, Giovanni werde ein noch viel größeres Risiko für eine geordnete Verwaltung bedeuten, da er ungleich schlauer und hartnäckiger sei als sein längst verstorbener Onkel.

Vom Standpunkt eines idealen florentinischen Republikanertums betrachtet war Niccolòs Rat vernünftig. Er konnte sich aber nicht gegen die Ansichten von Bürgern durchsetzen, die die Intelligenz des Kandidaten bewunderten, sein liebenswürdiges Wesen schätzten und vielleicht Niccolò seinerseits unerwünschten Ehrgeiz unterstellten. Tatsächlich war die Wahl Giovannis für die Medici der Beginn auf dem Wege zur Vorherrschaft in Florenz, die – mit wenigen und kurzen Unterbrechungen – länger als drei Jahrhunderte dauern sollte.

Bologna gehört zu den ältesten Städten Italiens; sein Wirtschafts- und Geistesleben gelangte rasch zu voller Blüte. Die 1119 gegründete Universität ist die älteste Europas, ihre juristische Fakultät zog bereits im 13. Jahrhundert Studenten aus vielen Ländern an.
Der Stich zeigt die von einer mächtigen sechseckigen und zwölftorigen Mauer aus dem 14. Jahrhundert umschlossene Stadt, deren Straßenzüge noch den Verlauf einer älteren Befestigung (um 1000) erkennen lassen. Im Zentrum der Stadt liegt die Piazza Maggiore mit prächtigen Palästen. Aus Braun und Hogenberg »Beschreibung und Contrafactur der vornembster Stät der Welt«, 1574–1618.

Giovanni setzte sich zuerst an die Spitze der Friedenspartei, die sich gegen jeden Schritt auflehnte, der Mailand am Wiederaufstieg zur Macht hindern sollte. Filippo Maria Visconti, Herzog der Stadt, hatte Forli erobert, einen Ort in der Romagna und ein inoffizielles Schutzgebiet der Republik. Durch die Einnahme von Brescia hatte der Herzog auch die Lombardei wiedergewonnen und vor Ende des Jahres Genua seinem Gebiet einverleibt. Martin V., nun wieder in Rom, unterstützte Visconti und geriet damit, wenn auch aus anderen Motiven, auf Giovannis Seite. Die Signoria war entrüstet über den Fall von Forli, setzte sich über die Meinung des *gonfalonier* hinweg und erklärte Mailand den Krieg. Giovanni war loyal genug, sich der Entscheidung seiner Regierung zu fügen. Er widmete seine ganze Aufmerksamkeit der Unzufriedenheit, die sich mit den Steuererhöhungen zugunsten des Militärbudgets einstellen mußte. Der Krieg dauerte fünf Jahre und verlief am Anfang nicht gut für Florenz. Dann kam Venedig zu Hilfe, und der Wind drehte sich. 1427 wurde Filippo Maria zu einem demütigen Frieden gezwungen. Im gleichen Jahr führte Giovanni mit Hilfe seines damals 38jährigen Sohnes Cosimo ein neues Steuersystem ein. Dies geschah mit größtmöglicher Diskretion und unter Vermeidung jedes Anscheins persönlicher Verantwortung. Ziel des neuen Systems war es, die Forderungen des Staates der Zahlungsfähigkeit des einzelnen Bür-

gers anzupassen. Die Steuerpflichten wurden mittels einer Registratur festgelegt, in der jeder Bewohner der Stadt nach seinem Vermögen erfaßt war. Da diese Abgaben den ärmeren Florentinern bisher viele Härten gebracht hatten, stellte sich der *popolo minuto* entschlossen hinter die Medici.
Doch das Volk begegnete den erneuten Feindseligkeiten gegen Mailand im selben Jahr mit großem Unwillen, obwohl diesmal ein Sieg erzielt wurde. Trotz Giovannis und Cosimos Bemühungen war die Stadt durch die Feldzüge stark verarmt. Die Medici selbst bezahlten die Steuerrückstände ihrer Freunde, baten andere Familien, sich daran zu beteiligen, und zwangen den Adel, seine eigenen Anteile zu zahlen. All dies steigerte ihre Beliebtheit. War das Volk zufrieden, so waren die *grandi* der aristokratischen Partei nur um so erboster; als konservative Patrioten, die Florenz so lange beherrscht hatten, sahen sie in diesen Methoden nichts anderes als einen fein eingefädelten Plan der Medici, sich der ganzen Stadt zu bemächtigen. Rinaldo degli Albizzi, Sohn des Despoten Maso, sprach diesen Verdacht nicht in der Öffentlichkeit aus; aber er warnte Giovanni de' Medici nachdrücklich davor, daß sich die Stadt zu einer Diktatur der Massen entwickle. Darauf entgegnete Giovanni kühl, er finde die Tyrannei einer Adelsclique ebenso abscheulich. Rinaldo schwieg daraufhin. Er hatte persönlich wohl wenig gegen Giovanni einzuwenden, der damals mit 66 Jahren in den Augen seiner Zeitgenossen fast ein Patriarch war, eine Art »großer, alter Mann« der Florentiner Politik. Trotz seiner abgeklärten Heiterkeit wirkte er liebenswürdiger denn je. Cosimo hingegen war offensichtlich ein anderer Fall; in ihm steckte mehr Ehrgeiz als in seinem Vater. Er war mehr gereist als Giovanni, war gebildeter und mit einer Adeligen, der Contessa Bardi, verheiratet. Die Albizzi und ihre Freunde fuhren fort, die Familie der Medici genau zu beobachten. Sie taten alles, um deren Einfluß zu beschränken. Als Giovanni, so wie Vieri de' Medici in der Generation davor, die Forderung seiner Partei ablehnte, die Alleinherrschaft zu übernehmen, waren sie eher enttäuscht. Wäre er so unbesonnen gewesen sie anzunehmen, so hätten die *grandi* den besten Vorwand gehabt, ihn mit Gewalt zu beseitigen.
Ein solches Verbrechen war nicht notwendig. Am 20. Februar 1429 starb Giovanni di Averardo de' Medici eines natürlichen Todes. Er war der erste seiner berühmten Familie, an dem sich die besondere Fähigkeit der Medici zeigte, Menschen unwiderstehlich anzuziehen oder sie ebenso entschieden abzustoßen. Im Vergleich zu diesem besonnenen und höflichen Bankier und Staatsmann, der offenbar nie einen falschen Schritt getan hatte, wirken Ardingho und Salvestro di Alamanno ziemlich farblos. Aber selbst Giovannis Zeitgenossen und die unmittelbar folgende Generation waren in ihrem Urteil über seinen Charakter geteilter Meinung.

Kapitell mit allegorischer Figur aus dem Kreuzgang der Basilika San Stefano, Bologna.

Natürlich darf man voraussetzen, daß Giovanni den Wert persönlicher Beliebtheit für eine politische Laufbahn erkannt hat. Er hat wahrscheinlich auch versucht, anderen – einschließlich seiner beiden Söhne Cosimo und Lorenzo – zu zeigen, wie man es allen recht macht, ganz gleich, um welches Problem es sich handelt. Man muß zugeben, daß sein Lächeln und seine Höflichkeit jenen Bürgern verdächtig gewesen sein müssen, die ohnehin gegen seine Politik waren; denn es gab damals genügend Schurken, die sich genauso benahmen. Aber historische Zeugnisse beweisen, daß Giovanni di Averardo sich nie durch verfassungswidrige Mittel Macht verschafft hat und nie seine Autorität mißbraucht hat, um die leidenschaftlichen Vorurteile der Parteien zu entzünden, die jahrhundertelang der Fluch von Florenz gewesen waren. Ebenso steht fest, daß er die Armen von ungerechten Steuern befreite und immer wieder die Pläne jener vereitelte, die autokratische Ziele anstrebten. Unter den *grandi,* seinen natürlichen Widersachern, hat sein alter Rivale Niccolò da Uzzano ihn nach seinem Tod selbstlos und rückhaltlos gelobt.

Es trifft sicher die historische Wahrheit, wenn man davon ausgeht, daß beide – Salvestro di Alamanno im 14. Jahrhundert und Giovanni di Averardo im 15. Jahrhundert – in ihrem Gemeinsinn überragend waren und daß ihre Methoden zwar gelegentlich nicht dem absoluten Maßstab öffentlicher Moral entsprachen, aber jedenfalls nicht tadelnswerter und sehr viel weniger anstößig waren als die anderer, die im Mittelalter oder auch in der Neuzeit politische Verantwortung getragen haben.

2 Cosimo der Alte, der »Vater des Vaterlandes« (1429–1464)

Als Giovanni di Averardo de' Medici im Jahre 1429 starb, war sein Sohn Cosimo vierzig Jahre alt. Im Kampf um die politischen Rechte der Bürger der unteren und mittleren Schicht hatte er seinen Vater während Maso degli Albizzis Regierung schon jahrelang unterstützt. Cosimo zeigte dabei viel von der väterlichen Vernunft, taktierte jedoch nicht so vorsichtig, besaß dafür aber erheblichen persönlichen Ehrgeiz. Zu jener Zeit war in Florenz ein mehr oder weniger offener Kampf zwischen den Parteien entbrannt, den Aristokraten und den Demokraten. Zu diesen gehörten neben den Medici auch andere reiche Kaufmannsfamilien und eine Gruppe von Edelleuten, die mit ihren Standesgenossen zerstritten war. Dadurch gewann die Partei des Volkes an Kraft und Ansehen; hätte sie sich allein aus Handwerkern und ein paar liberal gesonnenen Bankiers zusammengesetzt, wäre sie nicht so einflußreich geworden. Ihre Führer nach Giovannis Tod waren Cosimo und ein gewisser Averardo, ein starrköpfiger Vetter und Sohn von Giovannis Bruder Francesco; außerdem Puccio Pucci, ein hochintelligenter Mann, der dem Proletariat entstammte. Diesen dreien standen Masos Sohn Rinaldo degli Albizzi und Niccolò da Uzzano gegenüber, zwei Männer von gegensätzlichem Temperament und Zielsetzung.

Cosimo der Alte. Detail aus Sandro Botticellis »Anbetung der Könige« (S. 169). Das Bild soll im Jahre 1467 entstanden sein, drei Jahre nach Cosimos Tod, im Auftrag seines Sohnes Piero de' Medici, der ein Freund und Mäzen des Künstlers war. Doch diese Datierung ist wenig wahrscheinlich. Uffizien, Florenz.

Rinaldo und Niccolò konnten sich zum Beispiel nicht über Rinaldos Plan einigen, die freundlich gesonnene Stadt Lucca, etwa 75 Kilometer westlich von Florenz, unter florentinische Herrschaft zu bringen. Der nüchtern urteilende Niccolò hielt diesen Vorschlag nicht nur für ungerecht, sondern im Hinblick auf eine wahrscheinliche Intervention Mailands auch für gefährlich. Aber er wurde überstimmt, und der Krieg begann. Er zog sich erfolglos bis zum Sommer 1430 hin, dann schickte – wie es Niccolò vorausgesehen hatte – der Herzog von Mailand, Filippo Maria Visconti, seinen *condottiere* Francesco Sforza der Stadt Lucca zu Hilfe. Sforza begann den Feldzug wie manche Söldner jener Zeit: Er ließ sich von Florenz bestechen und versprach abzuziehen. Dann setzten die Florentiner die Belagerung fort, aber es

gelang Filippo Maria, die Stadt mit Lebensmitteln zu versorgen. Der Krieg dauerte bis zum Mai 1433, als Papst Eugen IV. die streitenden Parteien veranlaßte, ihre Feindseligkeiten einzustellen.
Der Friedensvertrag brachte nur den Venezianern Vorteile, die mit Florenz in gemeinsamer Erbfeindschaft gegen Mailand verbunden waren; getan hatten sie allerdings kaum etwas. Rinaldos Unternehmen erwies sich zum Schluß als kostspieliger Fehlschlag. Cosimo hatte ihn unterstützt, wenn auch ohne Begeisterung, und wohnte der Konferenz in Ferrara bei, die den Krieg beendete. Nun war klar, daß die aristokratische Partei ihr Gesicht verloren hatte. Vor allem Averardo de' Medici bezichtigte den Adel auf bösartige und nachweislich verlogene Weise der Unfähigkeit und des Betrugs.
Cosimo hielt sich indessen zurück, aber die *grandi* erkannten, daß er und nicht Averardo ihr gefährlichster Gegner war. Solange er lebte, verhinderte der ältere und ruhigere Niccolò da Uzzano, daß gegen Cosimo Gewalt angewandt wurde. Aber der alte Patriarch, bei weitem der fähigste unter den Aristokraten seiner Zeit, starb 1432, noch vor dem Ende des Mailänder Krieges. Sein unbesonnener und ehrgeiziger Partner Rinaldo war entschlossen, das fragwürdige Oberhaupt der Medici ein für allemal loszuwerden. Cosimo gab zwar vor, sich nicht für Politik zu interessieren, und behauptete, er sei ein reiner Geschäftsmann. Aber er war zu reich und bei der Mehrheit der Bürger zu beliebt, um seinen Einfluß nicht auch für die Politik zu nutzen.
Inzwischen war im Juli 1431 das Kirchenkonzil in Basel zusammengetreten. Man suchte nach Mitteln und Wegen, wie man die lasche Disziplin des Klerus wieder straffen könne, die man für die Ausbreitung des theologischen Nonkonformismus verantwortlich machte. Die Delegierten konnten sich jedoch weder mit dem Papst noch untereinander einigen. Statt dessen wandte man sich einem anderen Problem zu: der Beilegung der Streitigkeiten, die die griechische und römische Kirche seit Jahrhunderten entzweit hatten. Man beschloß, daß sich die Vertreter beider Konfessionen in Ferrara treffen sollten, wo sie ab Januar 1438 ein ganzes Jahr lang tagten. Im Januar 1439 wurde die Konferenz nach Florenz verlegt, angeblich wegen eines Pestausbruchs. Das sollte für die Medici noch Folgen haben.
Im Sommer 1433 hatte Rinaldo in Florenz Grund zur Sorge. Durch Averardos heftige Angriffe auf die Oligarchen waren die promediceischen Gegner der Regierung immer zahlreicher und kühner geworden. Aber Cosimo hielt die Zeit nicht für reif, Kapital aus dieser Situation zu schlagen. Der Ausgang einer gewaltsamen Revolution erschien ihm ungewiß, doch aus patriotischen Gründen wollte er der Kriegspolitik eines aggressiven aristokratischen Regimes ein Ende bereiten. Selbst wenn eine Revolte erfolgreich gewesen wäre, hätte man sich wohl kaum der Rache einer Partei erwehren können, die sich mit verfassungswidrigen Mitteln entthront sah. Zudem konnte der Adel mit Sympathien von außen rechnen: im Norden bei den Standes-

Porträt des Cosimo de' Medici (1389–1464) von Agnolo Bronzino (1503–1572) aus Florenz. Das Bildnis entstand fast hundert Jahre nach Cosimos Tod, dem man wegen seiner Verdienste den Titel »Pater Patriae« (»Vater des Vaterlandes«) verliehen hatte. Er war ein Mann von asketischem Geschmack und der erste Medici, der die politische Führung in Florenz gänzlich in den Händen seiner Familie konzentrierte, während er mit größter Aufmerksamkeit die Familienbanken überall in Europa unter Kontrolle hielt. Palazzo Medici-Riccardi, Florenz.

genossen in der Lombardei und der Romagna und im Süden in Arezzo, Siena und Perugia. Cosimo, der in seinem Herzen Kaufmann war und Politiker nur aus Vernunft, zog friedliche Künste denen des Krieges vor.

Das Kriegskomitee, dem Cosimo während der Feindseligkeiten gegen Lucca angehörte, hatte sich im Juni aufgelöst. Er zog sich danach auf sein Gut zurück, das in den Hügeln von Mugello nördlich der Stadt lag. Es schien, als wolle er sich nur noch seinen privaten Angelegenheiten widmen. Für einen von Natur so zurückhaltenden und schweigsamen Mann wie ihn war es nicht schwierig, diesen Eindruck zu erwecken. Als rein pragmatischer Politiker hatte sich Cosimo vor allem deshalb nach Mugello begeben, weil er die sanfte Kritik, die er als einer der sogenannten Zehn des Kriegskomitees an Rinaldos Führung des Lucca-Feldzugs geübt hatte, in Vergessenheit geraten lassen wollte. Wäre er in Florenz geblieben, hätte er seine Haltung vor der Signoria vertreten müssen, und seine Kommentare hätten die ohnehin zugespitzte Auseinandersetzung nur noch verschärft. Er mußte mit Schwierigkeiten rechnen, und er mag auch persönliche Anschläge befürchtet haben. Botschaften, die zwischen Mugello und dem Palazzo Vecchio hin und her gingen, nahmen jedenfalls mehr Zeit in Anspruch als ein Aufruf zur Gewalt in der Ratskammer. Zudem konnte sich die Lage während seiner Abwesenheit ändern. Wenn sie sich verschlechterte, war er der Front näher; sollte sie sich bessern, konnte er ebenso rasch nach Florenz reiten.

Rinaldo war nervös geworden. Das zornige Gerede gegen die Regierung konnte eine Verschiebung bei den Wahlen im Spätsommer bedeuten. Auf jeden Fall wollte er verhindern, wenn nötig mit Gewalt, daß das Oberhaupt des Hauses Medici jemals wieder in die politische Arena zurückkehrte. Denn er hielt Cosimo für seinen einzigen ernstzunehmenden Gegner. Mit Erleichterung nahm er zur Kenntnis, daß die meisten Prioren, die am 1. September ihr Amt antraten, sich als Parteigänger seiner Ideen erwiesen. Er war ebenso befriedigt, als Bernardo Guadagni, dessen Steuerrückstände Rinaldo bezahlt hatte und auf dessen Unterstützung er daher bauen konnte, zum *gonfalonier* ernannt wurde. Nun ließ sich das Problem, Cosimo auszuschalten, mit verfassungsmäßigen Mitteln lösen. Rinaldo handelte sofort. Schon am nächsten Tag trabte ein Bote aus Florenz in den Vorhof des Gutshofes in Mugello. Er brachte eine höflich formulierte Botschaft der Signoria mit, die kein patriotischer Bürger von Florenz ignorieren konnte. Der berühmte Cosimo de' Medici möge die Güte haben, der Eröffnungssitzung eines Ausschusses beizuwohnen, der soeben gegründet worden sei, um gewisse wichtige Staatsgeschäfte zu erörtern, die sich aus den letzten Wahlen ergeben hätten. Die Regierung betrachtete die Angelegenheit als dringlich. Cosimo gab die erwartete Zustimmung, und der Bote ritt fort.

Geschnitzte italienische Renaissancetruhe. Museo Nazionale, Florenz.

Ein paar enge Freunde, die auf dem Hof oder in der Nachbarschaft wohnten, warnten ihren Führer: Der Befehl der Signoria könne eine Falle sein. Der *gonfalonier,* sagten sie, und zumindest einige der Prioren, die die Vorladung unterzeichnet hatten, seien Anhänger Rinaldos. Außerdem habe dieser bei den letzten Debatten eine keineswegs versöhnliche Sprache geführt, und wenn Cosimo sich in dieser Situation nach Florenz begebe, könne dies ein Gang in die Höhle des Löwen werden. Seine Berater sahen seine Freiheit und möglicherweise sein Leben in Gefahr. Sie rieten ihm, eine leichte Krankheit vorzutäuschen, was vor allem jetzt im Herbst und bei seinen Gichtanfällen glaubhaft klänge.

Der unerschütterliche Ausdruck von Liebenswürdigkeit wich nicht aus dem Gesicht des Bankiers, während er scheinbar gleichmütig seinen aufgeregten Gefährten zuhörte. Nur seine tiefliegenden Augen zwinkerten vielleicht ein wenig, und die Flügel seiner großen Hakennase blähten sich fast unmerklich, als er antwortete. Sein Gewissen sei vollkommen rein, sagte er, und er brauche keine Untersuchung seines bisherigen Verhaltens zu fürchten, falls die neue Signoria das im Sinn habe. Der Vorladung auszuweichen hieße nur, seinen Feinden die Trümpfe in die Hand zu spielen. Er könne seine Unschuld an irgendwelchen Umsturzplänen am besten beweisen, indem er sich mutig einem Verhör unterzöge, sollte es so weit kommen. Cosimo beendete seine kurzen Bemerkungen mit einem zufriedenen Lächeln und mit einem langen Händedruck für seine Freunde.

In Wirklichkeit war das Risiko ernster, als Cosimo ahnen konnte. Er war kein sehr mutiger Mann und kein Freund großer Worte. Auch diesmal schob er alle Entscheidungen bis zuletzt vor sich her. Doch dann half nur ein kräftiger Gegenangriff, möglichst mit finanziellen Waffen. Erst am 4. September ritt er mit einer Handvoll Freunden und Bediensteten langsam in die Stadt ein. Er begab sich sofort in sein Stadthaus und unterrichtete die Signoria von seiner Anwesenheit. Drei Tage später wurde er in den Palazzo gerufen, wo ihn der *gonfalonier* Bernardo Guadagni und die acht Prioren erwarteten. Zwar wußte Cosimo, daß nur zwei von ihnen – sie standen dem Dienstalter nach dem *gonfalonier* am nächsten – Anhänger seiner Partei waren; aber die anderen schuldeten ihm alle Geld. Nach einer freundlichen Begrüßung bat der *gonfalonier* Cosimo, in einem Nebenraum auf ihn zu warten, da er ein paar rein persönliche Angelegenheiten mit ihm zu besprechen habe. Cosimo verbeugte sich höflich. Bis jetzt war er noch nicht beunruhigt. Im gleichen Augenblick betraten jedoch bewaffnete Wachen die Ratskammer, und Guadagni bedeutete dem nun besorgten Cosimo, sie würden ihn in das erwähnte private Gemach geleiten. Er wurde in eine Zelle auf halber Höhe des Turms gebracht und dort eingeschlossen. Es war ein kleiner Raum mit einem winzigen Fenster, von dem er auf die Piazza hinuntersehen konnte.

An den beiden nächsten Tagen bekam Cosimo nur den Wärter zu Gesicht, der ihm das Essen brachte. Von seinem Fenster beobachtete er gespannt das Treiben auf der Piazza. Am 9. September begann die große Glocke des Palazzo zu läuten. Bewaffnete Posten besetzten die Zugänge zur Piazza. Dieser Vorgang war Cosimo bestens vertraut. Er bedeutete, daß man die alte Prozedur des *parlamento* wiederaufnehmen wollte. In der Theorie war das *parlamento* eine beliebte Freiluft-Versammlung, in der über wichtige politische Maßnahmen abgestimmt werden sollte. In der Praxis war es jedoch schon lange zur Farce geworden. Wie üblich hinderten nun die Wachen jeden am Betreten des Platzes, der nicht von vornherein für die Regierung stimmen wollte. Es gab ohnehin nicht viele, die der Versammlung beiwohnen wollten, und die meisten davon waren Vagabunden ohne festen Wohnsitz, die gar kein Wahlrecht besaßen. Sie kamen aus purer Neugier und in der Hoffnung, einen dramatischen Vorfall zu erleben.

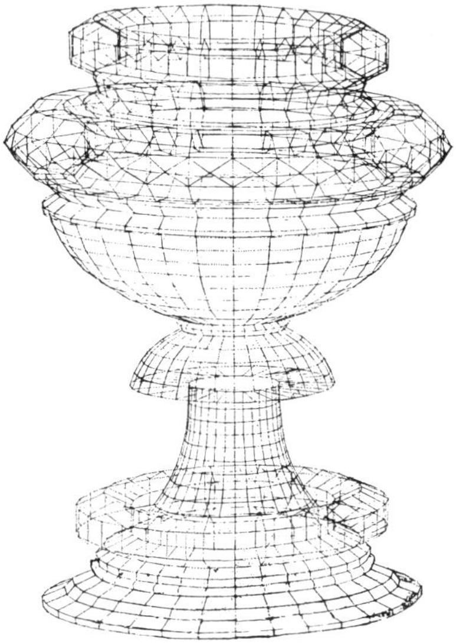

Entwurf für einen Kelch des Florentiners Paolo Uccello (1397–1475). In dieser Studie wird Uccellos Bemühen um eine perspektivisch möglichst exakte Wiedergabe, die auch seine Gemälde auszeichnet, besonders deutlich. Gabinetto dei Desegni, Uffizien, Florenz.

Zu den Landhäusern, die Cosimo der Alte errichten ließ, gehört auch die Villa il Trebbio in Mugello: eine mittelalterliche Burg mit Gärten und landwirtschaftlichen Nebengebäuden. Sie wurde von Cosimos Lieblingsarchitekten Michelozzo erbaut. Ausschnitt aus einer Lunette des flämischen Malers Giusto Utens (um 1560–1609). Palazzo Medici-Riccardi, Florenz.

Cosimo hörte, wie sich der Kanzler der Republik mit tönender Stimme an das versammelte Gesindel wandte: »O Volk von Florenz! Behauptet Ihr, daß am heutigen Tage zwei Drittel von Euch hier versammelt sind?«
Feierlich tönte es im Chor, wie es das Ritual erforderte, zurück: »Ja, das behaupten wir!«
»Seid Ihr also einverstanden, daß eine *balia* (ein Komitee) eingesetzt wird, um die Stadt zum Wohl ihrer Bürger zu reformieren?«
Diesmal klang die Antwort fast wie ein Donner. Das Proletariat fand Gefallen an der Sache. »Ja, ja!«
Dann verlas der Kanzler, von Beifallsstürmen unterbrochen, die Namen der Personen, die als Mitglieder der *balia* vorgeschlagen waren. Dieses Schauspiel dauerte eine geraume Zeit, denn nicht weniger als zweihundert Namen wurden verlesen und von zustimmendem Gebrüll begleitet. Danach stürmte die Meute der Claqueure, vom Brüllen heiser geworden, in die umliegenden Tavernen.

Die Nachricht von Cosimos Verhaftung verbreitete sich wie ein Lauffeuer. Sein Bruder Lorenzo, seine Söhne Piero und Giovanni und viele seiner Verwandten und Freunde flohen nach Venedig. Der 28jährige Lorenzo, Ehemann der Ginevra Cavalcanti, sollte später die jüngere Linie der Medici begründen. Piero war erst 19 und zu dieser Zeit noch nicht mit der bewundernswerten und kultivierten Lucrezia Tornabuoni verheiratet, die später Lorenzo den Prächtigen (*il magnifico*) gebären sollte. Der neunjährige Giovanni sollte nur noch dreißig Jahre leben; er starb ein Jahr vor seinem Vater.
In der zweiten Septemberwoche 1433 war Cosimo sehr beunruhigt. Er konnte durch sein Kerkerfenster zwar nur einen Teil der Piazza sehen, aber er ahnte, was er nicht sah: daß die *balia* darüber diskutierte, ob man ihn töten oder nur verbannen sollte. Er wußte, daß das Volk über seine Verhaftung empört war, aber er wußte auch, daß es ohne einen prominenten Anführer hilflos war. Andererseits war es möglich, daß seine Freunde in der Toskana und anderswo schon dabei waren, militärische Maßnahmen für seine Befreiung zu treffen. Die Mächtigen in Venedig und Ferrara waren sicher auf seiner Seite und nicht auf der Rinaldos. Aber ein bewaffneter Überfall auf Florenz konnte der Regierung einen Vorwand liefern, ihn zu ermorden. Cosimo konnte nur hoffen, daß seine Freunde Geduld zeigten.
Auch Cosimo blieb nichts anderes übrig, als Ruhe zu bewahren. Bei den Mahlzeiten aß er nur das Brot, um der Gefahr einer Vergiftung durch die *balia* vorzubeugen. Sein Wärter, ein gewisser Federigo Malvolti, bemerkte die Enthaltsamkeit des Gefangenen und erriet auch den Grund. Um Cosimos Furcht zu besänftigen, bot ihm der gutmütige Mann an, seine eigene Mahlzeit mit ihm zu teilen. In der etwas gelösteren Atmosphäre erholte er sich rasch und begann, in seiner diskreten Art auf die Macht des Geldes anzuspielen; aber Malvolti reagierte nicht auf diese verschleierten Andeutungen. Er war lediglich bereit, einen der Diener des *gonfalonier* einzuladen, der als guter Kumpan beim Abendbrot bekannt war. Der Hintergedanke war klar. Cosimo sollte durch ihn einen direkten Draht zu Bernardo Guadagni erhalten. Auf diese Weise fand ein Betrag von tausend Florin seinen Weg in den Beutel des *gonfalonier,* und Guadagni, kein reicher Mann, machte endlich den Besuch, den er schon vor der Festnahme des Gefangenen angekündigt hatte. Nach der Unterredung mit Cosimo wandelte sich die Haltung des *gonfalonier* von Strenge zu gemäßigtem Wohlwollen. Andere Mitglieder des Ausschusses, vielleicht ebenfalls empfänglich für Bestechungen durch Cosimos Freunde, folgten seinem Beispiel. Trotzdem war Rinaldos Partei entschlossen, den Häftling sterben zu lassen. Sie bedrängten Malvolti, Cosimo zu vergiften oder Meuchelmörder in seine Zelle zu lassen. Aber der Wärter weigerte sich.
Am 29. September wurde das Urteil verkündet. Cosimo sollte für zehn Jahre nach Padua verbannt werden; auch sein Bruder Lorenzo

Hügellandschaft mit Burgen. Detail aus dem »Zug der Heiligen Drei Könige«. Dieses Fresko wurde im Jahre 1459 von Benozzo Gozzoli (1420–1497), einem Schüler Fra Angelicos, für die Hauskapelle im Palazzo Medici gemalt. Palazzo Medici-Riccardi, Florenz.

und andere prominente Familienmitglieder wurden in verschiedene Städte Italiens verbannt: Lorenzo sollte nach Venedig gehen, Averardo nach Neapel. Andere Mitglieder der Volkspartei durften zwar in Florenz bleiben, verloren aber ihre Bürgerrechte.

Das Urteil hätte schlimmer ausfallen können. Cosimo nahm die Nachricht mit gelassener Liebenswürdigkeit auf. Er hoffe, so sagte er, seinem Land nutzen zu können, wo immer man ihn auch hinschicke. Die Nacht zum 3. Oktober verbrachte er in Guadagnis Wohnung im Palazzo, und am nächsten Tag brach er unter Bewachung auf. Die Bevölkerung nahm kaum Notiz von ihm, aber Rinaldos Sohn Ormanno stürzte sich mit einem Dutzend bewaffneter Angehöriger der Albizzi wild entschlossen auf die Eskorte des Gefangenen, als sie aus dem Palast auf die Piazza trat. Einen Augenblick lang schlugen Lanzen und Schwerter gegeneinander, und Cosimo zitterte. Die Gesichter der Angreifer ließen keinen Zweifel an ihrer Absicht. Doch die Wache blieb standhaft; die Albizzi hielten sich fluchend ihre verletzten Arme und Beine und zogen sich zurück. Ohne weitere Zwischenfälle erreichte die Abordnung dann die Grenze zur Emilia.

Cosimos Feinde wollten ihn ruinieren, indem sie ihn von den kaufmännischen und finanziellen Geschäften in der Toskana fernhielten. Aber auf seiner langen Reise nach Norden über Bologna und Ferrara brachte man ihm überall Sympathie entgegen. In Padua, nur etwa dreißig Kilometer westlich von Florenz, erfuhr er, daß die venezianische Regierung Florenz bedrängte, ihn nach Venedig weiterreisen zu lassen. Dort wollte ihn sein Bruder Lorenzo erwarten. Rinaldo stimmte nach einigem Zögern dieser Forderung zu, weil er sich dem Wunsch einer so viel stärkeren Macht nicht zu widersetzen wagte. Auf dem Felde der Diplomatie aber glaubten die Florentiner, ihren venezianischen Rivalen gewachsen zu sein.

Aus Venedig schrieb der Verbannte an einen Freund in der Toskana: »Es ist kaum zu glauben, daß ich, vertrieben aus meinem Haus, so viel Ehre fand.« Tatsächlich behandelten die Venezianer Cosimo wie einen regierenden Fürsten. Sie wollten dafür sorgen, daß seine geschäftlichen Interessen nicht unter seinem Arrest in der Stadt litten. Selbst die Bankleute unter ihnen faszinierte Cosimos außergewöhnliche Stellung in diesem Gewerbe, die er offenbar ebenso seiner Großherzigkeit wie seinem Scharfsinn zu verdanken hatte. Die Venezianer hofften, von dem Rat dieses Mannes zu profitieren.

Inzwischen hatte sich die Position von Rinaldos Partei in Florenz immer mehr geschwächt. Die Verhaftung und spätere Ausweisung Cosimos war dabei weniger entscheidend, als beide Parteiführer erwartet hatten. Rinaldo unternahm jetzt energische Schritte, um die Macht in der Hand zu behalten. Er erweiterte die Befugnisse des Volkshauptmanns und ernannte zehn Bürger, die ihm zuverlässig erschienen. Sie sollten das Ziehen der Namen aus den Wahlsäcken überwachen, da seine Herrschaft über die Stadt von der Zusammen-

Fassade von Santa Maria Novella in Florenz. Mit den Arbeiten an der Fassade wurde bereits um 1300 begonnen, doch erst Leon Battista Alberti vollendete sie zwischen 1456 und 1470. Er ersetzte die Halbgiebel durch Voluten, die zur Vermittlung zwischen dem hohen Mittelgiebel und den breiteren unteren Stockwerken dienen. Die Grundsteinlegung dieser gotischen Kirche mit Kloster, dem Hauptsitz der Dominikaner, fällt bereits ins Jahr 1283.

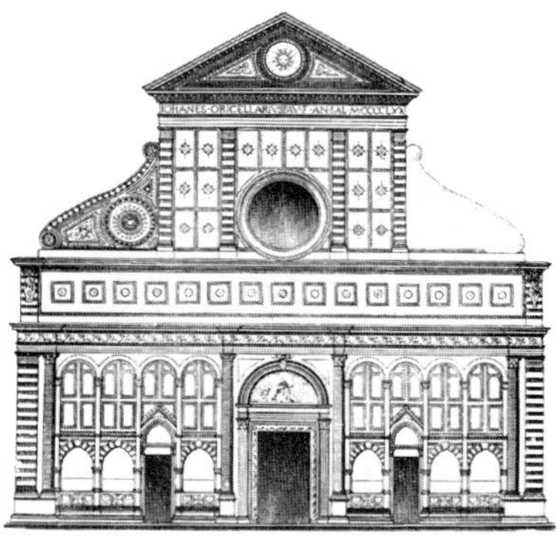

setzung der Signoria abhing, die alle zwei Monate neu gewählt wurde. Doch Rinaldo fühlte sich nicht recht sicher. Vielleicht ahnte er bereits, daß er seinen Einsatz verspielt hatte. Trotzdem machte er einen letzten Versuch, die Lage zu retten. Bei einem geheimen Treffen der aristokratischen Partei schlug er ein Bündnis mit allen Adeligen vor, die ihre Bürgerrechte verloren hatten. Ein plötzlicher Staatsstreich sollte das System stürzen, das ihm, wie er fürchtete, aus den Händen zu gleiten drohte. Aber die Mehrheit seiner Anhänger war mit Rinaldos verzweifeltem Plan nicht einverstanden. Mariotto Baldovinetti erklärte, er zöge die unbekannten Risiken demokratischer Regierungsformen den nur allzu bekannten Schrecken einer blaublütigen Oligarchie vor. Rinaldo beschuldigte seinen Parteikollegen, von Cosimo gekauft zu sein. Vielleicht war dieser Vorwurf berechtigt, aber die *grandi* wußten, daß die Zeit für solche Aktionen ungünstig war.
Cosimo unterhielt zu dieser Zeit eine lebhafte Korrespondenz mit seinen Anhängern in Florenz und anderswo. Der Medici war für seinen Großmut und für seine Sympathie gegenüber den ärmsten Bevölkerungsschichten bekannt. Deshalb glaubte man, daß seine Wiedereinsetzung, wenn schon nicht zu einem Frieden mit Mailand, so doch zu einer Erleichterung der unerträglichen Steuerlast führen könne. Monatelang kämpften die beiden Parteien verbittert miteinander; die der Albizzi klammerte sich entschlossen an ihre bröckelnde Festung, während die Medici und ihre Freunde sie zu stürmen versuchten. Fast ein Jahr nach Cosimos Verhaftung wurden schließlich aufgrund mediceischer Intrigen ein *gonfalonier* und eine Signoria gewählt, die den Interessen der Medici-Partei wohlgesonnen waren. Rinaldo wehrte sich erbittert und rief nach einem *parlamento* und einer *balia.* Er wollte verhindern, daß die neue Signoria wie üblich drei Tage nach der öffentlichen Bekanntgabe ihrer Wahl das Amt antrat. Aber wieder wurde er in seiner eigenen Partei überstimmt, und der neue *gonfalonier* und die Prioren übernahmen am 1. September 1434 ihre Pflichten. Eine ihrer ersten Amtshandlungen war, den bisherigen *gonfalonier* wegen Unterschlagung öffentlicher Gelder zu verhaften. Kurz darauf wurden Rinaldo degli Albizzi, Ridolfo Peruzzi und Niccolò Barbadori aufgefordert, sich vor der Signoria wegen des Verdachts auf Verrat zu rechtfertigen. Als Antwort auf die Vorladung ließen sie achthundert ihrer Anhänger bewaffnet gegen den Palazzo marschieren. Diese drohende Haltung erschreckte die Prioren, und sie versprachen, jeder vernünftigen Forderung Rinaldos stattzugeben, wenn dieser seine Leute sofort abzöge. Doch Rinaldo weigerte sich. Es sah so aus, als sollte der Palast jeden Moment geplündert und die Insassen ermordet werden.
In diesem Augenblick traf eine Botschaft ein, die den erzürnten Aristokraten zögern ließ. Die Depesche trug das Siegel von Papst Eugen IV. Der Pontifex maximus war gerade von einem Konzil in Rom, das seine Abdankung forderte, ins Kloster Santa Maria Novella

Der Genueser Leon Battista Alberti (1404–1472) war einer der führenden Köpfe des italienischen Frühhumanismus. Er trat nicht nur als Diplomat und Schriftsteller hervor, sondern gehörte neben Brunelleschi und Michelozzo auch zu den bedeutendsten Architekten seiner Zeit. Seine Entwürfe, deren Ausführung er meist anderen überließ, orientierten sich an der antiken Architektur. Für Alberti war die runde Form das Ideal der Harmonie. Dieses Bronzerelief des 15. Jahrhunderts geht auf ein Selbstporträt Albertis zurück. National Gallery of Art, Washington.

in Florenz geflüchtet. Er befahl Rinaldo, sofort dorthin zu kommen. Der Rebell gab seinem Pferd die Sporen und galoppierte über die Piazza. Kurz darauf löste sich auch seine Truppe auf.

Die Unterredung zwischen dem würdigen Eugen und dem rebellischen Edelmann im Kloster dauerte lange; man hat nie erfahren, worüber sie gesprochen haben. Es gilt als sicher, daß der Papst sich in keinen weiteren Aufruhr verwickelt sehen wollte. Vielleicht hat er auch Rinaldo verdächtigt, Sympathisant der Mailänder zu sein, und ihm gesagt, der päpstlichen Politik sei besser damit gedient, wenn Florenz an Rom gebunden bliebe und nicht in die Hände von Filippo Maria Visconti fiel. Als Rinaldo zurückkehrte, schloß er sich in seinem Palast ein. Zunächst unternahm er keinen weiteren Versuch, sich in die Regierung einzumischen.

Anfang Oktober 1434 kehrte Cosimo der Alte aus seiner Verbannung von Venedig nach Florenz zurück, wo ihn das Volk jubelnd begrüßte. Anschließend versah er dreißig Jahre lang das Amt eines gonfaloniere *in seiner Heimatstadt.*

Das Ereignis hat Giorgio Vasari (1511–1574) auf einem Gemälde im Palazzo Vecchio festgehalten. Über dem ausgestreckten rechten Arm des berittenen Cosimo sind seine Söhne Giovanni und Piero zu sehen, der Reiter daneben ist Rinaldo degli Albizzi. Vor dem Pferd des Medici schreitet Tommaso Soderini, während von links Bernardo Guadagni (mit Kapuze), Niccolò da Uzzano (mit der linken Hand auf der Brust) und daneben Giovanni Pucci, Federigo Malvolti und Piero Guicciardini ihn begrüßen. In der Reihe dahinter von links Palla Strozzi (mit dem Rücken zum Betrachter), Luca di Maso degli Albizzi, Agnolo Acciaiuoli, Pietro Guicciardini und im Profil Niccolò Soderini. Im Hintergrund das Panorama der Stadt Florenz.

Als die Prioren erkannt hatten, daß der Papst auf ihrer Seite stand, gewannen sie neuen Mut. Sie warben in Pistoia Söldner an, und als die Verstärkung am 28. September eintraf, ließen sie die Glocken des Palazzo läuten: das bekannte Signal für ein *parlamento.* Bewaffnete Anhänger der Medici verteilten sich überall auf der Piazza, und die altehrwürdige Prozedur begann. Die größte *balia* der Geschichte mit 359 Mitgliedern erhielt Vollmachten, die an eine Diktatur erinnerten. Am nächsten Tag stimmte eine überwältigende Mehrheit dafür, Cosimo zurückzurufen. Rinaldo und seine Bundesgenossen wurden in die Verbannung geschickt. Am 6. Oktober kehrte Cosimo nach Florenz zurück.

Für Cosimo de' Medici, den »Vater des Vaterlandes« (*pater patriae),* sollte damit die Herrschaft über Florenz beginnen, die drei Jahrzehnte andauerte. In den ersten Jahren seiner Regierung (1429–1435) blieb die politische Situation der Stadt so schwierig wie eh und je. Auf

einem anderen Gebiet hatte es allerdings einen geradezu überwältigenden Fortschritt gegeben. Die geistige und künstlerische Bewegung, die in Italien in der ersten Hälfte des 16. Jahrhunderts in den Meisterwerken eines Raffael und Michelangelo ihren Gipfel erreichen sollte, hatte schon im frühen 15. Jahrhundert begonnen. Den Anstoß hatte die Wiedererweckung des klassischen Altertums gegeben und »die Entdeckung der Welt und der Menschen«. Die Dichter Petrarca und Boccaccio waren vorausgegangen – auf der Suche nach der Eigengesetzlichkeit der Natur und einem humaneren Menschenbild, das sich von dem der mittelalterlich-christlichen Weltauffassung unterschied. Einen ersten bildlichen Ausdruck fand dieser neue Geist im Werk des Architekten Filippo Brunelleschi (1377–1446) in Florenz, der den überlieferten gotischen Stil mit Elementen der antiken Baukunst verband und damit die »Renaissance« vorwegnahm. Brunelleschis berühmteste Arbeit, die Kuppel der Kathedrale Santa Maria del Fiore in Florenz, wurde während der ersten Periode von Cosimos Herrschaft (1434) vollendet.
Das Studium der antiken Ruinen und Schriften der alten Römer über Architektur hatte zu einer neuen Betonung der Proportion geführt. Ähnlich wirkte sich die Beschäftigung mit der antiken Plastik auf die Arbeit der Florentiner Bildhauer aus. Lorenzo Ghiberti (1379–1455), Donatello (1386–1466) und Luca della Robbia (1400–1482) bemühten sich alle, den menschlichen Körper naturalistischer und vitaler darzustellen. Unter ihren Händen wich die fast byzantinische Monotonie, die bisher bei der Wiedergabe religiöser Themen bestimmend gewesen war, jetzt einer lebensnahen Bewegtheit. Ghiberti hat sein Meisterwerk, die großen Bronzetore des Baptisteriums gegenüber dem Dom in Florenz, nach den neuen Regeln der Perspektive ausgeführt: Sie vermitteln eine lebhafte Illusion von Tiefe, und die Figuren sind sorgfältig naturgetreu. Sogar Michelangelo soll von ihrer Schönheit, Eleganz und feinen Ausführung bewegt gewesen sein und erklärt haben, sie seien es wert, »an den Toren zum Paradies angebracht zu werden«. Auch Donatello befreite seine Kunst von den Manierismen der Gotik und wendete an, was er beim Studium der antiken Skulpturen gelernt hatte. Seine berühmte Bronzeskulptur »David« wird wegen ihrer gelungenen Modellierung und der klassischen Inspiration gepriesen. Der »David« wurde geschaffen, um im Freien zu stehen und nicht, wie bisher üblich, in einer Nische – ein großer Schritt, die Kunst des Bildhauers von der des Architekten loszulösen. Das Werk della Robbias hat nicht ganz die Kraft eines Ghiberti oder Donatello. Er kam vor allem durch die acht Wandtafeln zu dauerhaftem Ruhm, die er für die Empore des Chors der Kathedrale von Florenz schuf. Die Figuren singender und tanzender Mädchen und Knaben sind von außerordentlicher Schönheit, die Generationen von Menschen seither bewundert haben.

Bossenwerk, auch Rustica genannt, am Palazzo Pitti in Florenz. Unter Bossenwerk versteht man ein Mauerwerk, bei dem die Vorderseite der Quader nur roh bearbeitet wird, um dadurch eine unregelmäßige Oberfläche (Bossen) *zu erhalten. Dieses Mittel künstlerischer Gestaltung erlebte in der Architektur der Florentiner Frührenaissance seinen Höhepunkt. Der Palazzo Pitti wurde von Filippo Brunelleschi (1377–1446) erbaut.*

Die florentinischen Maler jener Zeit hatten bei ihrer weitgehend instinktiven Ablehnung der unnatürlich steifen Konventionen kirchlicher Überlieferung keine Vorbilder in der Antike. Sie waren deshalb gezwungen, das zu tun, was auch ihre hochgeschätzten Vorgänger, die Künstler der klassischen Periode, getan hatten: realistisch zu arbeiten, indem sie so genau wie möglich die Welt ihrer Umgebung kopierten, Bäume, Blumen, Tiere und Menschen. Giotto hatte mehr als ein Jahrhundert zuvor dasselbe getan; allerdings blieb eine rein religiöse Einstellung in seinem Werk vorherrschend. In den Fresken von Masaccio (1401–1428) und Uccello (1397–1475) stellte man die Pracht der Welt der Glorie des Himmels gegenüber, und sogar religiöse Themen – wie Masaccios größte Arbeit »Der Zinsgroschen« – wurden auf eine Weise behandelt, die weit über die Neuerungen Giottos hinausging. Uccellos »Schlacht von San Romano« beweist zwar, daß der Künstler nicht die gleiche kühne Begabung seines Zeitgenossen besaß, zeigt aber auch, daß er eines der wichtigsten Probleme in Masaccios Werk, die Perspektive, erfolgreich gelöst hat. Fra Angelicos (1387–1455) Werk entsprang einem anderen Geist: Bei der Darstellung religiöser Gegenstände verband er die Technik seiner Zeitgenossen mit den Wertbegriffen des ausgehenden Mittelalters. Obwohl die Hintergründe seiner Bilder natürlich sind und seine Figuren eine intensive Kenntnis der menschlichen Gestalt verraten, war der demütige Dominikaner in seinem Herzen eher ein Künstler des 14. als des 15. Jahrhunderts. Seine beste Arbeit, »Die Verkündigung«, ein Fresko für das Kloster von San Marco in Florenz, hat einen Hauch von Süße und Frömmigkeit. Die Farben sind frisch und leuchtend, und das Gemälde wirkt, als habe er es mit unendlicher Sorgfalt gemalt. Das muß auch so gewesen sein, denn laut Vasari »war es Fra Angelicos Gewohnheit, ein Bild nie wieder zu verändern oder zu verbessern, wenn es fertig war ... denn er glaubte, wie er sagte, dies sei der Wille Gottes ... Es heißt, er habe nie ein Kruzifix gemalt, ohne daß ihm dabei die Tränen aus den Augen rannen. Es ist nicht schwer, in der Haltung und dem Ausdruck seiner Figuren den Beweis für seine Aufrichtigkeit, seine Güte und seine tiefe Hingabe an Christus zu finden.«

Solche Gefühle – und vielleicht auch solche Güte – waren allerdings im Schwinden. Um 1434 muß selbst ein ungeübter Blick erkannt haben, daß der Beitrag der Florentiner zum geistigen Leben der Zeit mehr zur nüchternen Überlegung tendierte als zur ekstatischen Vision. Dies entsprach auch Cosimo de' Medicis eigener Einstellung zum Leben wie zur Politik und zum Geschäft. Anders als sein Vater hatte er sich aber schon seit langem mit Dingen beschäftigt, die mit Politik oder Geschäft nichts zu tun hatten. Die Künstler, die Cosimo nun immer stärker förderte, verkörperten alle – selbst der strahlende Mystiker Fra Angelico – den realistischen

Geist, von dem die beiden tiefsten Antriebskräfte in Cosimos Wesen geprägt waren: seine unerschütterliche Liebe zu Florenz und sein aufrichtiger christlicher Glaube.
Der »Vater des Vaterlandes« sah sich selbst nicht als Intellektuellen; dazu wäre er auch nicht berechtigt gewesen. Er hatte aber ein kluges und beständiges Interesse an Kunst und Literatur, und dieser Wesenszug verstärkte wahrscheinlich seinen ebenso echten Patriotismus. Außerdem waren seine kulturellen Neigungen ein gutes Argument gegen die Behauptungen seiner Feinde, er sei ein bloßer Kaufmann, ein Geldscheffler, dem die Feinheiten der Staatskunst ein ewig undurchdringliches Mysterium bleiben würden.
Cosimo sollte seinen Feinden bald zeigen, daß sie seinen Charakter falsch einschätzten. Man konnte nicht erwarten, daß die Medici mit ihren Gegnern besonders gnädig umgehen würden. In der Vergangenheit der Stadt hatte sich immer wieder gezeigt, daß übertriebene Nachsicht zu nichts führte. Die Bevölkerung hätte sicher diskret die Augen geschlossen, wenn der wieder eingesetzte Cosimo sich auf möglichst rasche und wirkungsvolle Weise seiner Feinde für immer entledigt hätte. Aber das Haupt der Medici war aus anderem Holz geschnitzt. Bei ihm verband sich eine offenbare Abneigung gegen Gewalt mit einem feinen Sinn für politische Klugheit. Wäre er auf die erwartete Weise vorgegangen und hätte seine Gegner ermorden oder hinrichten lassen, dann hätten sich die Leute nicht ohne Grund gefragt: »Sind wir eigentlich unter den Medici besser dran als unter den Albizzi oder unter Maso und Rinaldo?« Cosimo verbot deshalb seinen Männern jedes Blutvergießen. Statt dessen beschränkte er sich auf die Praxis der Verbannung – und zwar so

Im Jahre 1436 erhielt Fra Angelico (1387–1455) von Cosimo de' Medici den Auftrag, das Dominikanerkloster von San Marco in Florenz auszumalen. Während Michelozzo mit der Vergrößerung und Erneuerung der Räume beauftragt war, sollte Angelico die Wände mit Fresken schmücken. Der tiefgläubige Fra Angelico, der große Gegenspieler des berühmten Masaccio in der frühen Florentiner Malerei, begann erst im Alter von dreißig Jahren zu malen. Seine Arbeiten für San Marco entstanden nach 1440. Ausschnitt aus der »Verkündigung« mit der Architektur einer Florentiner Säulenhalle, die stark an Michelozzo erinnert.

gründlich, daß binnen kurzem Vertriebene aus Florenz zum Bild der meisten italienischen Städte gehörten. Diese Methode, seine Feinde loszuwerden, hatte noch andere Vorteile. Ein Ermordeter hinterläßt einen Besitz und Erben, die legale Ansprüche darauf erheben können; aber im Fall der Verbannung kann der Staat automatisch Vermögen und Besitz des Opfers beschlagnahmen. Auch diejenigen Mitglieder der Anti-Medici-Partei, die in Florenz bleiben durften, gingen nicht straflos aus. Nicht die breiten Massen, aber die Betroffenen begriffen allmählich, daß da ein wohlorganisiertes System finanzieller Drangsalierung am Werk war, eine Art Vergeltung, bei der die mediceischen Bankiers zweifellos eine entscheidende, wenn auch geheime Rolle spielten. Diese Rachsucht ging wahrscheinlich eher von dem skrupellosen Demagogen Pucci aus als von dem gütigeren und kultivierteren Cosimo; aber Cosimo muß sie zumindest geduldet haben, sonst hätte Pucci seine Methoden nicht anwenden können. Es heißt jedenfalls, die strengeren Mitglieder seiner Partei hätten ihn mehr als einmal daran erinnert, daß er seine Position ihnen verdanke und nicht umgekehrt. Aber auch Cosimo werden ein paar spöttische Äußerungen aus jener Zeit zugeschrieben. Einmal bemerkte er, »eine vernichtete Stadt ist besser als eine verlorene«, und ein andermal »aus ein paar Metern Scharlach lassen sich viele Bürger herstellen«: eine Anspielung auf die Florentiner Mode jener Zeit, rote Mäntel zu tragen. Weniger zynisch, aber ebenso realistisch waren seine Aphorismen: »Staaten können nicht durch Vaterunser erhalten werden« und »Neid ist eine Pflanze, die nicht begossen werden sollte«.

Mit 44 war Cosimo ein magerer, olivenhäutiger, etwa mittelgroßer Mann mit einem ausgeprägten Gesicht, das meist einen würdigen, gütigen Ausdruck hatte. Im Gegensatz zu den meisten Florentinern sprach er nur wenig. Seine ungezwungene, leutselige Art gefiel der Mehrheit der Bevölkerung, nicht weniger sein taktvolles und umsichtiges Vorgehen in politischen Krisenzeiten. Die Beamtenschaft schätzte seine offenkundigen Sympathien für das unruhige Proletariat weniger, aber selbst der unversöhnlichste Adlige hätte ihn weder als Demagogen noch als opportunistischen Politiker bezeichnen können. Von drei kurzen Amtszeiten als *gonfalonier* abgesehen, bekleidete er nie höhere Ämter. Er zeigte nie den Ehrgeiz, die Stadt zu regieren. Eher schien er bereit, sofort zurückzutreten, falls ein Mann von größeren Fähigkeiten an seinen Platz treten wolle. Eine solche Persönlichkeit gab es in Florenz zu Cosimos Lebzeiten allerdings nie.

Cosimo teilte auch nicht die übliche, blutdürstige Rachsucht italienischer Politiker seiner Zeit. Der *pater patriae* brachte es zum Beispiel während seiner Zeit als *gonfalonier* im Jahre 1435 nicht fertig, die Hinrichtung auch nur eines einzigen Florentiner Bürgers zu genehmigen. Bei einem prominenten Florentiner allerdings versagten seine sonstige Güte und sein Wohlwollen. Dieser Bürger, Palla Strozzi, war Cosimo nicht nur an Reichtum, sondern auch an Tugend ebenbürtig. Vielleicht war er nicht ganz so wohlhabend wie Cosimo, aber mit seinen 62 Jahren war der vornehme Chef des großen Bankhauses der Strozzi ihm moralisch wohl überlegen. Palla hatte bei der Verbannung von Cosimos Familie und Freunden keine Rolle gespielt, er hatte auch Rinaldo nie aus Überzeugung unterstützt, sondern aktiv mitgeholfen, dessen scheinbar demütigen Gegner aus Venedig zurückzuholen. 1396 hatte Strozzi als begeisterter Humanist auch den Hauptteil der Kosten getragen, als man den Gelehrten Manuel Chrysoloras von Konstantinopel nach Florenz brachte, damit er dort Griechisch unterrichtete. Palla hatte für die Erneuerung der Antike in Italien wirklich ebensoviel getan wie jeder andere seiner Generation.

Die offizielle Karriere dieses vorbildlichen Aristokraten, der ein ebenso kluger und tüchtiger wie gutaussehender, kräftiger Mann war, war beispielhaft; und er hatte ein untadeliges Privatleben. Wie Cosimo liebte er das Rampenlicht nicht, aber er zog sich nicht den Verdacht zu – der später auf Cosimo fiel –, diese Zurückhaltung sei nur vorgespiegelt, um seinen geheimen, politischen Ehrgeiz zu verschleiern. Palla war in seinem ganzen Verhalten dem führenden Medici sehr ähnlich. Cosimo lieh ihm große Summen, denn selbst das enorme Vermögen der Strozzi reichte nicht aus, um die schweren Steuern zu bezahlen, zu denen ihn seine finanzielle Lage verpflichtete. Trotzdem wurde Palla Strozzi 1434, so wie einst Cosimo, für zehn Jahre nach Padua verbannt. Cosimo hätte ihm diese Strafe ersparen können, die von der im November ernannten *balia* verhängt wurde. Auf diesen Schlag war Palla absolut nicht gefaßt. Aber das Opfer äußerte nie ein Wort der Klage, auch dann nicht, als das Urteil immer wieder erneuert wurde, bis er schließlich in der Fremde mit 92 Jahren starb. Ganz Florenz beklagte, wie Strozzi behandelt wurde. Aber niemand wagte es, die Rückberufung dieses absolut bewundernswerten alten Herrn vorzuschlagen. Man weiß nicht genau, weshalb Cosimo sich so unversöhnlich gezeigt hat. Man kann nur vermuten, daß er schreckliche Furcht vor einem derart heroischen Rivalen beim Kampf um die Gunst der Öffentlichkeit hatte. Eine Rückkehr des Verbannten im Heiligenschein des Märtyrers hätte die Situation nur verschärft – und das war im Interesse der Erhaltung des Bürgerfriedens nicht wünschenswert.

Wenn Cosimo zu Beginn seiner Laufbahn auch immer wieder betont hat, er sei mehr am Geschäft als an der Politik interessiert, so zeigt seine Haltung gegenüber Palla Strozzi doch, daß er auf ihrem Höhepunkt fest entschlossen war, sein Leben lang an der Macht zu bleiben und sie nach seinem Tode vielleicht zu vererben. Fragt man nach den Gründen dafür, so läßt seine Persönlichkeit keinen übermäßigen egoistischen Ehrgeiz erkennen. Vielleicht hat ihn die Er-

Sorgfältige Frisuren, Tuniken und zweifarbige Strümpfe sind charakteristisch für die raffinierte Männermode des 15. Jahrhunderts, die mit der weiblichen wetteifert. Details aus Gemälden von Luca Signorelli (links) und Bernardino Pinturicchio (oben).

fahrung im Laufe der Zeit gelehrt, daß er als hervorragender Kaufmann die Geschicke der Stadt Florenz besser lenken konnte als irgendein anderer Kandidat.
Cosimo kannte seine Landsleute. Sie waren ihm alle ziemlich ähnlich; sie haßten kriegerische Despoten kaum weniger als schwachköpfige Idealisten, zu denen er Palla Strozzi gezählt haben mag. Trotzdem konnte Cosimo niemand vorwerfen, er habe je Eroberungsgelüste gehabt. Im Gegenteil: Cosimo machte deutlich, daß er zeit seines Lebens kein Abenteuer eingehen würde, das Florenz auf dem Weg zu Ruhm, Reichtum und Macht aufhalten konnte.

Blick auf den Dom Santa Maria del Fiore. Der Bau war bereits 1296 begonnen worden, doch erst im Jahre 1420 wurde Filippo Brunelleschi (1377–1446) zum Baumeister bestellt. Er errichtete zunächst ein riesiges Oktagon, auf das er dann seine prächtige Kuppel wölbte. Brunelleschi begründete die Frührenaissance in der Architektur.

In den ersten beiden Jahren seines Aufstiegs zur Macht (1434–1436) hat die Anwesenheit des geflüchteten Papstes Eugen IV. dieses Streben nach Ruhm jedenfalls nicht behindert. Die päpstliche Präsenz bewies nicht nur die wohlwollende Einstellung des Oberhauptes der Christenheit zum Regime der Medici, sondern Eugen war auch ein aktiver und nützlicher Mitarbeiter bei gewissen Plänen Cosimos. 1436 weihte er den herrlichen Dom von Florenz, und man forderte ihn auf, mehrere Kirchen der Stadt neu zu bauen. Dazu gehörte auch das Kloster von San Marco, das dem Orden der Dominikaner angeschlossen war. Cosimos bevorzugter Architekt und Bildhauer, Michelozzo di Bartolommeo (1396–1472), der 1433 mit ihm in Venedig gewesen war, errichtete das neue San Marco einschließlich einer ähnlichen Bibliothek, wie er sie für das venezianische Kloster von San Giorgio Maggiore entworfen hatte. Cosimo bezahlte den Bau von San Marco und stiftete die meisten Handschriften für die Bibliothek. Er ließ sich dort auch zwei Zellen reservieren, die Fra Angelico ausmalte. Sie sollten ihm für die eigene Meditation und für Gespräche mit dem Prior und den Mönchen dienen. Die antimediceische Fraktion in Florenz – die mittlerweile im politischen Leben der Stadt kaum noch eine Rolle spielte – behauptete natürlich, Cosimo wolle damit für die Sünden büßen, die ihm zu seinem Reichtum verholfen haben. Ob es nun Gewissensbisse waren oder politischer Weitblick, die hinter diesen Aufträgen für Kirchen, Schulen oder wohltätige Einrichtungen steckten, die Cosimo von der Toskana bis Paris und sogar bis nach Jerusalem erteilte: Jedenfalls blickte ganz Italien auf die Freigebigkeit eines Florentiner Bürgers, den immer noch kein offizieller Titel schmückte.

In der praktischen Politik verzichtete Cosimo weitgehend darauf, das unter dem Albizzi-Regime herrschende Regierungssystem zu ändern. Sein wichtigstes Kontrollinstrument war die periodische, von der *balia* genehmigte Prüfung der Wahlsäcke. Ihre Macht, an der niemand zu zweifeln wagte, erhielt die *balia* durch die traditionelle Farce eines *parlamento.* Die einzige Schwäche dieser Einrichtung hatte sich bei den Wahlen von 1434 gezeigt, als die Männer, von Rinaldos Partei gewählt und für zuverlässig gehalten, ihre Meinung änderten und Cosimo zurückriefen. Um diese Möglichkeit in Zukunft auszuschließen, ließen die heimgekehrten Medici durch ihre eigene *balia,* ebenfalls von einem *parlamento* ernannt, für fünf Jahre einen Unterausschuß von zehn *accopiatori* bilden, die die Wahl leiten sollten. Diese Männer erhielten aber von Cosimo das Privileg, nicht durch das Los, sondern *a mano* (mit der Hand) alle zwei Monate unter den aufgestellten Kandidaten die neuen *priori* auszuwählen. Die Absicht dabei war, die *accopiatori* nach Ablauf ihrer fünfjährigen Amtszeit wieder für weitere fünf Jahre zu wählen. Cosimos Anhänger hofften, auf diese Weise immer eine Signoria zu haben, die die Interessen der Medici unterstützte.

Dieser Plan war nicht so tyrannisch, wie er erscheinen mag. Das ursprüngliche System, sich bei der Ernennung von Richtern auf den Zufall zu verlassen, hatte sich nicht bewährt; es hatte unweigerlich zu einem hohen Prozentsatz unfähiger Beamter geführt. Vor allem die periodische Abberufung der Exekutive alle zwei Monate und das Nachrücken von Männern, die oft nicht die nötige Erfahrung für ihre Aufgabe mitbrachten, machten ein stabiles Regieren praktisch unmöglich. Jede Partei, die an der Macht war, hatte diesen Umstand erkannt und versucht, die Auslosungen zu manipulieren. Die Medici zu Cosimos Zeit haben deshalb nur eine Praxis vervollkommnet, die seit Jahrzehnten üblich war. Genaugenommen war sie ungesetzlich; trotzdem verlangten Vernunft und Bürgersinn, daß man ein so ungeeignetes Verfahren umging, da die stark konservative Neigung der Bürger eine radikale Reform ihrer altehrwürdigen Gesetze nicht zuließ.

Cosimo hütete sich, mit seinen Freunden Neri Capponi, Agnolc Acciaiuoli und Diotisalvi Neroni unter den *accopiatori* zu dienen.

Die Humanisten der Renaissance sahen es als eine ihrer wichtigsten Aufgaben an, die lateinische Sprache von den »Rohheiten« des Mittelalters zu befreien. Daß sie sich dabei noch immer gerne mittelalterlicher Methoden bedienten, zeigt die Darstellung unten links: Den beiden Knaben wird mit Schlägen nachgeholfen.
Titelseite aus Guarino da Veronas »Grammaticales regulae«, Venedig 1488.

GVARINI VERONENSIS VIRI PERITISSIMI GRAMMATICALES REGVLAE INCIPIVNT.

ARTES grãmaticæ ſunt quattuor: uidelicet: littera: ſyllaba: dictio: & oro. Littera ut u. ſyllaba ut ui. Dictio ut uictor. oratio ut uictor amat andreã. Lra eſt minima pars uocis cõpoſitæ. Vel littera eſt uox ĩdiuidua quæ ſcribi poteſt. Dicitur autem littera quaſi legitera eo quod legenti iter præbat: uel a lituris ut quibuſdã placet ꝙ plærũq; ĩ cæratis tabulis antiqui ſcribere ſolebãt. Syllaba eſt cõpræhẽſio lrarum ſub uno accentu & uno ſpiritu indiſtãter ꝓlata. Dictio ẽ minima pars oratiõis quãtũ ad ſenſum. Oratio eſt ordinatio dictionũ con-

Reliefschmuck von Donatello (1386–1466) am Marmorbecken in der Sakristei von San Lorenzo. Der Brunnen, aus weißem, schwarzem und rotem Marmor, steht in einer Nische der alten Sakristei, einem der harmonischsten Räume des Brunelleschi. In diesem Raum kann man einen klaren Begriff davon bekommen, was Florentiner Renaissance in der besten Zeit der Medici bedeutete. Der Brunnen selbst scheint eine Stiftung des Piero de' Medici zu sein, da er in der Lunette seine Impresa zeigt, den Falken mit dem Mediciring. Er muß zwischen 1414 und 1469 entstanden sein.

Er war inzwischen Führer einer siegreichen Partei, wußte aber, daß die anderen Mitglieder ihn politisch als ihresgleichen ansahen und kaum als den *primus inter pares.* Außer in Florenz (und in etwa auch in Venedig) war überall in Italien ein Alleinherrscher an der Macht. Mit ihrem ausgeprägten Sinn für Unabhängigkeit lehnten Cosimos Landsleute selbst das leiseste Anzeichen von Vorschriften durch eine einzelne Person sofort ab. Gleichzeitig hatte der »Vater des Vaterlandes« nicht die Absicht, seine Gefolgsleute zu einem harten Kern zu verschmelzen, wie Rinaldo es mit seiner Partei gemacht hatte, um damit der Opposition ein massives Angriffsziel zu bieten. Das Oberhaupt der Medici hielt seine Partei in Bewegung, indem er sozial Tieferstehende in ihre Reihen aufnahm, die er für besonders fähig und energisch hielt. Dieser Zustrom frischen Blutes verhinderte nicht nur die Verknöcherung einer herrschenden Klasse, sondern band auch gerade diejenigen Kräfte, von denen eine Opposition gegen die Regierung hätte ausgehen können.

Cosimos persönlicher Erfolg und die Beliebtheit seiner Familie zu jener Zeit beruhten weitgehend auf der Gunst, die die Medici durch ihre leichte Zugänglichkeit ebenso wie durch ihre politischen und gesellschaftlichen Maßnahmen der breiten Masse des Volks erwiesen hatten. Dieses Verhalten war inzwischen zur Tradition geworden und stand meist in starkem Gegensatz zu dem der anderen alten Bankiersfamilien wie denen der Bardi, Frescobaldi, Pazzi, Peruzzi, Strozzi oder Tornabuoni. Die unteren Schichten zählten in Florenz immer noch als politische Kraft, wenn sie auch längst nicht mehr als Standesvertretung an der Regierung der Stadt direkt beteiligt waren. Ihr Unmut über eine tyrannische oder überhebliche Bürokratie konnte leicht zum Widerstand oder sogar zu Umsturzversuchen führen. Aber damals konnte man diesen Zorn durch einen vertraulichen Umgang mit Handwerkern und Händlern und durch unverbindliches Gerede über Freiheit und Gerechtigkeit noch zum Schweigen bringen. Cosimo fiel das leicht. Er war ohnehin liebenswürdig und zugänglich, zwar kein großer Redner, aber er verfügte über einen Vorrat an politischen Aphorismen, die die Leute ebenso befriedigten wie der Donner einer öffentlichen Ansprache. Vor allem war die Mehrheit mit der emsigen Sorgfalt einverstanden, mit der er die äußere Struktur der alten Kommune bewahrte und gleichzeitig viele der komplizierten internen Mechanismen zerschlug, die er als Behinderung einer erfolgreichen Verwaltung betrachtete.

Wenn es also stimmt, daß Cosimo durch den Reichtum an seinen Platz gelangte, dann waren es seine Persönlichkeit, seine bescheidene Art und sein geschickter Umgang mit dem unbeständigen Temperament der Florentiner, die ihm diesen Platz sicherten. Hinzu kam, daß er aus angeborener Großzügigkeit und Patriotismus – und auch mit dem Instinkt aller Diktatoren – das Volk von Florenz zu-

friedenstellte: Er baute Kirchen, Klöster und Bibliotheken und entfaltete kulturelle Pracht. Unter Cosimo wuchsen Schönheit und Ruhm von Florenz ebenso wie der Reichtum der Stadt und ihre politische Stabilität.
So war Cosimo de' Medicis Stellung in der Republik. Außerhalb, wo die Mächtigen mit ausländischen Gesandten auf diplomatischer Ebene zu verhandeln wünschten, wollte Cosimo seine Politik nur ungern durch Komitees und Gesandtschaften vertreten wissen, deren Zusammensetzung ständig wechselte. Deshalb steuerte er die Republik mit eigener Hand durch alle gefährlichen Untiefen und unberechenbaren Winde zwischen Florenz und Mailand, Venedig, Rom und Neapel. Depeschen an andere Staaten waren im Namen der Signoria von Florenz abgefaßt, aber sie gingen von Cosimos Palast in der Via Larga aus. Doch der *gonfalonier* und die Prioren, die über die Grenzen der Stadtmauern schauten, stimmten seiner Politik im allgemeinen zu. Aber die zahlreichen Räte und Ausschüsse der Regierung, denen die kommunale Politik eher am Herzen lag als Diplomatie dem übrigen Italien gegenüber, waren manchmal nicht so leicht zu überzeugen. Cosimo konnte es sich nicht leisten, ernsthaft mit ihnen zu streiten, und daß er es nie tat, bezeugt seine Meisterschaft in der Kunst taktvoller Überredung.
Die zweite Sphäre, auf die der große Bankier persönlich Einfluß nahm, war natürlich die Welt der Finanzen, die sich in Florenz um die Verwaltung der Staatsschuld gruppierte. Cosimo bestand auf seiner ständigen Mitgliedschaft im Gremium der Direktoren. Er wußte genau, daß seine offene Kontrolle des Staatsschatzes unausweichlich zum Verdacht der Unehrlichkeit führen würde. In der Tat kursierten auch bald Gerüchte, er bereichere sich regelmäßig an den Geldmitteln der Republik. Nie wurden solche Anklagen öffentlich erhoben, aber das Gerede zeigte Cosimo, daß es immer noch eine unterschwellige Opposition gegen seine einzigartige Position in der Regierung gab. Er mußte also, trotz seiner angeborenen Vorsicht, besonders auf der Hut sein.
Solche Vorsicht erwies sich in der Außenpolitik als noch notwendiger. Jedermann auf der Halbinsel kannte den territorialen Ehrgeiz Filippo Maria Viscontis, des Herzogs von Mailand. Durch ein Bündnis mit Venedig begegnete Rinaldo der Bedrohung aus der Lombardei. In jener Stadt hatte auch Cosimo gute Freunde, und er sah vorläufig keine bessere Lösung. Doch die ständigen Überfälle der *condottieri* des Herzogs in der Toskana und der Romagna – das Papsttum war kaum fähig, diese nördlichen Provinzen seines Herrschaftsbereichs zu schützen – bedrohten Venedig und Florenz erheblich. Beide Republiken waren sehr daran interessiert, daß es dem Papsttum gelang, die Romagna als Pufferstaat gegen Mailand zu halten. Zu jener Zeit war die Freiheit der Romagna und vor allem die der Toskana selbst ernsthaft gefährdet. Wenn es den

Die heutige Forschung hält den Brunnen in San Lorenzo für eine Jugendarbeit des Verrocchio, doch hat die vergeistigte Schönheit der Köpfe jener beiden phantastischen Sphingen mit Fledermausflügeln, die das Becken tragen, mit dessen anderen Arbeiten wenig gemein. Die unruhige Schönheit, die von diesem Werk ausgeht, entspricht dem intellektuellen humanistischen Geist, der später die gesamte europäische Kultur prägen sollte.

Söldnern erst einmal gelungen war, sich in den von Rom verwalteten Ländern festzusetzen, schien es nur noch eine Frage der Zeit, wann sie als Viscontis Vorhut auf die Heilige Stadt selbst marschieren und unterwegs Florenz einnehmen würden. Papst Eugen hielt sich noch immer in seinem Quartier in Santa Maria Novella auf. Er konnte kaum hoffen, den rebellischen Vatikan zurückzugewinnen oder Verstärkung aus der unruhigen Hauptstadt zu erhalten. Auch vom Königreich Neapel war keine Hilfe zu erwarten. Dort war ein Krieg zwischen zwei rivalisierenden Anwärtern auf den Thron ausgebrochen, den die kinderlose Königin Johanna bei ihrem Tod im Februar 1435 verwaist hinterlassen hatte. Ein Spanier, König Alfons von Aragon, und ein Franzose, der Herzog von Anjou, kämpften um die Krone.

Im Jahre 1435 hatte Cosimo also eine zerbröckelnde Südwand im Rücken und sah sich einer noch dunkleren Bedrohung aus dem Norden gegenüber. Zum Glück schien Florenz selbst zu wachsen und zu gedeihen. Es war ruhig in der Stadt, wenn es auch gelegentlich unter der Oberfläche brodelte. Wie immer hing alles von den Finanzen ab. In der Stadt der Medici war Cosimo peinlich darauf bedacht, die Liquidität der Republik zu sichern. Die Verteidigung stand an erster Stelle, wenn er auch sah, daß das Wohl der Stadt weitgehend von ihrem Ansehen abhing.

Florenz war seit Generationen auf dem Schlachtfeld kein gefährlicher Gegner mehr, am wenigsten für die kriegerischen Mailänder. Jeder wußte, daß die Florentiner das Bankkontor dem Kriegslager vorzogen, aber jeder wußte auch, daß ihr Handel sich über ganz Europa und darüber hinaus ausgebreitet hatte. Im Ausland, wo man von den geschickten Operationen der tüchtigen florentinischen Bankleute profitierte, hätte man deren Büros nicht gern dem Schwert überlassen. Florenz war zwar eine reiche Beute – aber es war auch die Gans, die goldene Eier legte. Die Pracht seiner Bauten, das Vertrauen der Bürger zu ihrer glanzvollen Umgebung, die genialen Künstler und Gelehrten der Stadt, die zahllosen Umzüge und Feste, die die römischen an Pracht noch übertrafen, und schließlich der majestätische Papst Eugen IV., der hier residierte, verschafften Florenz ein Ansehen, wie es keine andere italienische Stadt – nicht einmal Venedig – genoß.

Mit Cosimo de' Medici konnte sich Florenz in einer Welt vielleicht stolzerer, jedoch weniger fähiger und findiger Fürsten ziemlich sicher fühlen. Cosimo begriff die Situation viel besser als es jene seiner Zeitgenossen taten, die durch Krieg und Ehrgeiz zu flüchtigem Ruhm gelangt waren. Er wußte genau, daß man gegen Filippo Maria Visconti vorgehen mußte. Um Recht und Gesetz, Vernunft und Gerechtigkeitssinn, Lebenslust und Bildung und die Annehmlichkeiten des geselligen Miteinander gegen Habgier und Gewalt zu schützen, mußte das bald geschehen. In seinem scharfen Verstand

Zwei berittene Trompeter verkünden in Florenz die Rückkehr von einem siegreichen militärischen Unternehmen. Gemälde eines unbekannten toskanischen Meisters des 15. Jahrhunderts. Accademia Carrara, Bergamo.

Italienischer Hofjunker. Holzschnitt von Jost Amman (1539–1591). Aus »Hans Weigel's Trachtenbuch«.

formte sich ein Plan. Cosimo wußte, daß man mit Mailand ähnlich umgehen konnte, wie die Medici bei ihren Bankgeschäften oft mit den Konkurrenten verfahren waren: durch einen kühnen und unerwarteten Vorstoß. Florenz bot Mailand nichts Geringeres an als ein Bündnis mit Florenz. Aber hier ging es um Politik, nicht um private Geschäfte, und die Florentiner waren sehr darauf bedacht, den Anschein einer demokratischen Regierung zu wahren. Das eigentliche Wagnis an Cosimos Plan mußte deshalb wie ein Akt der Vernunft aussehen. Und vor allem mußten die Bürger von Florenz überzeugt sein, daß es ihr eigener Plan war. Um das zu erreichen, waren sorgfältige Vorbereitungen nötig, und die Zeit war knapp. Cosimo machte sich deshalb sofort auf die Suche nach einem geeigneten Ausgangspunkt für seine Idee.
Nun fügte es sich, daß Ende 1435 eine bedeutende Persönlichkeit – die später ein enger Freund von Cosimo werden und seine Entwicklung als Diplomat stark beeinflussen sollte – Florenz besuchte. Graf Francesco Sforza, damals 34 Jahre alt, hatte den Titel von seinem Vater Giacomo geerbt, einem Söldner bäuerlicher Herkunft, den Papst Martin V. für seine militärischen Verdienste geadelt hatte. Francesco hatte sich zum gefürchtetsten *condottiere* seiner Zeit entwickelt und die Mailänder in den Kämpfen um Lucca geführt; er hätte diese Auseinandersetzung auch gewonnen, wenn die klugen Florentiner ihn nicht durch Bestechung zum Nachgeben veranlaßt hätten. Er hatte gerade in der Romagna im Auftrag von Papst Eugen seinen einzigen ernsthaften Rivalen in der bewaffneten Freibeuterei, Niccolò Fortebraccio, geschlagen und getötet. Niccolò stand damals eigentlich in Mailänder Diensten, aber in Wirklichkeit ging es ihm darum, sich eigene Fürstentümer zuzulegen, die er dann, je nach gebotenem Preis, dem Herzog zur Verfügung stellen wollte oder nicht. Francesco Sforza hatte dasselbe vor. Im Augenblick bot der Papst am meisten, und so ritt Sforza friedlich in die Stadt ein, um den Dank des Papstes zu empfangen und vielleicht um zu sehen, ob das fast ebenso reiche Florenz, wo seine Mutter geboren war, weitere Verwendung für ihn hätte.
Der siegreiche *condottiere* und der mächtigste Bürger der Republik erkannten sofort ihre gegenseitigen Talente. Der Söldnergeneral wird Cosimo in den wenigen Tagen, in denen sie in persönlichem Kontakt standen, seine Raubzüge in Italien geschildert und ihm wohl so die Bedeutung einer umsichtigen und konsequenten Außenpolitik für Florenz alarmierend zu Bewußtsein gebracht haben. Solch eine Politik mußte, um erfolgreich zu sein, auf Stärke beruhen. Da nun Sforza und Cosimo so gut miteinander standen, schien es nicht allzu schwierig, den *condottiere* Sforza den Mailändern durch ein besseres Angebot abzuwerben.
Beide, Venedig und der Papst, hatten bei den Bestrebungen um Cosimos Rückkehr aus dem Exil entscheidende Hilfe geleistet. Aus

Dankbarkeit gegenüber diesen beiden Hauptfiguren auf dem Schachbrett der italienischen Geschichte unterhielt Cosimo vorläufig freundliche Beziehungen zu ihnen. Ihr Bündnis mit Florenz war ursprünglich gegen den Willen der Visconti von Mailand geschlossen worden, wohin sich jüngst Rinaldo degli Albizzi geflüchtet hatte. Rinaldo hoffte, Filippo Maria werde ihn durch einen Krieg gegen Florenz wieder an die Macht bringen. Der stolze Verbannte war kühn genug, Cosimo in einer verächtlichen Botschaft zu warnen, »die Henne brüte schon«. Der Medici antwortete ihm gelassen, Hennen pflegten nicht zu brüten, wenn sie fern vom Stall seien. Im April verließ Papst Eugen Florenz, um die Unruhen des römischen Konzils besser unter Kontrolle zu haben. In der Zwischenzeit marschierte Filippo Maria »pünktlich« in der Toskana ein, genau wie es Rinaldo angedroht hatte. Der Herzog begründete seinen Schritt damit, daß Cosimo den Anspruch der Anjou auf den Thron Neapels unterstützte, während Mailand – das seinen starken französischen Nachbarn fürchtete – Alfons von Aragon dafür vorgesehen hatte.

»Ein Weib auß dem fürnembsten Adel zu Venedig«. Holzschnitt aus »Hans Weigel's Trachtenbuch« von Jost Amman.
Der Text unter den Abbildungen lautet: »Ein herzlich Weib von Adel/Geht also her ohn tadel./ Wol in der Stadt Venedig/Wie die Figur bringt mit sich.«

Im Februar 1437 besiegten die Florentiner unter Führung Sforzas den Mailänder *condottiere* Piccinino bei Barga im Nordwesten der Toskana. Die Sieger belagerten dann voller Zuversicht die Stadt Lucca, aber es sollte Schwierigkeiten geben. Filippo Maria Visconti versprach der Stadt seinen Beistand. Cosimo bat Venedig um Hilfe und eilte dorthin. Doch die Venezianer wollten nur unter Francesco Sforza in den Kampf eingreifen. Einstweilen kam es zu einem Stillstand. Denn Sforza war nämlich bereits 1430 von Visconti, der den berühmten Soldaten an sich binden wollte, mit dessen Tochter Bianca verlobt worden. Bianca war zwar unehelicher Geburt, aber die einzige Erbin des Mailänder Herzogs.

Die Heirat zwischen Bianca Visconti und Francesco Sforza war mehrmals verschoben worden; denn Filippo Maria fürchtete den rücksichtslosen Ehrgeiz des Grafen, wenn er erst das Mädchen samt Mitgift und Erbaussichten für immer an sich gebunden hätte. Der Herzog hielt Rinaldo für fähig, seinen Schwiegervater aus Mailand fortzujagen und den Herzogtitel an sich zu reißen. Andererseits brachte die Drohung, die Verlobung könnte aufgelöst werden, den *condottiere* dazu, den Plänen seines Dienstherrn treu zu bleiben, solange Francesco als Heiratskandidat galt.

Sforza schrieb deshalb an Cosimo, daß er ihm nur zu Hilfe kommen könne, wenn er jede Hoffnung auf eine Verbindung mit der mächtigen Familie Visconti aufgeben werde. Er fügte hinzu, daß er bei solcher Solidarität mit Mailand viel mehr für Cosimo tun könne, als wenn er lediglich die kleine, wenn auch blühende Handelsstadt Lucca für ihn nähme. Zwischen Florenz, Venedig, Francesco Sforza und Filippo Maria begann eine Reihe außerordentlich komplizierter Verhandlungen. Schließlich setzte der Berufskrieger ihnen mit be-

zeichnender Derbheit ein Ende. Er lehnte es rundweg ab, gegen seinen zukünftigen Schwiegervater zu kämpfen. Auf diese Weise mußte Florenz zum drittenmal in einem Jahrhundert den Versuch aufgeben, Lucca zu annektieren.
Die Beziehungen zwischen Cosimo und seinen ehemals so engen Verbündeten, den Venezianern, wurden immer gespannter. Er begann, den Papst zu umwerben, der inzwischen nach Rom zurückgekehrt war. 1438 brachte er ihn dazu, das wichtige Konzil, das in Ferrara die Spannungen zwischen der Ost- und Westkirche ausräumen sollte, nach Florenz zu verlegen. Ein Ausbruch der Pest in Ferrara wurde dann als Grund für die Übersiedlung angegeben. In Wirklichkeit hatte Eugen sie veranlaßt; denn Cosimo hatte ihm versprochen, die Kosten der griechischen Delegation für das Konzil zu tragen. Große Konzile bedeuteten für jede gastgebende Stadt einen Aufschwung des Handels. Cosimo nahm an, daß die Zinsen seiner Investition die Kosten decken würden, die jetzt, da Sforza nicht handeln wollte, notwendig würden, um den Herzog von Mailand niederzuhalten.
Am 10. Januar 1439 begann das Konzil von Ferrara südwärts nach Florenz zu ziehen. An der Spitze der prächtigen Prozession wurden der Kaiser von Byzanz, Johannes VIII. Palaiologos, sein Patriarch Joseph und 22 Bischöfe der Ostkirche getragen; ihnen folgten unter starker militärischer Bewachung Hunderte kleinerer Würdenträger. Die Nachhut bildete eine Menge am Konzil interessierter Leute, darunter auch ein kleines Heer von Dirnen, Hausierern, Handwerkern und anderen. Sie hofften, von der Anwesenheit so vieler freigebiger und angeregter Besucher in der berühmten toskanischen Stadt zu profitieren.
Ein paar Jahre später wurde diese Ansammlung hoher Herren von dem Maler Benozzo Gozzoli, dem berühmtesten Schüler Fra Angelicos, in einer Reihe besonders schöner Fresken für den Palazzo Medici verewigt. Auf diesen Bildern erscheinen der Patriarch Johannes Palaiologos und, in künstlerischer Freiheit, der berühmte Lorenzo de Medici unter den drei Weisen, die das Jesuskind aufgesucht haben. Lorenzo war zur Zeit des Konzils noch gar nicht geboren. Er kam erst 1449 auf die Welt.
Natürlich erfuhr Venedig von Cosimos Handel mit dem Papst. Die Republica Serenissima brummte ihren Gesandten vor, »dieser Medici, dieser Geldscheffler« habe sich den Heiligen Vater samt dem Großen Konzil in die Tasche gestopft. Er werde versuchen, auch noch Lucca mit Gewalt in diesen unersättlichen Sack zu stecken und dann halb Italien hinterher. Cosimo konnte es sich leisten, diesen kindischen Neid zu ignorieren. Zurückzuspotten hätte, wie er gern sagte, nur bedeutet, das Unkraut des Neides zu wässern.
Venedig schäumte vor Wut, Florenz füllte seine Truhen mit dem Gold der Konzilsväter, und Papst Eugen kehrte in vollem Staat in

die Republik zurück und übernahm den Vorsitz. Das greifbare Ergebnis der monatelangen, weitschweifigen Beratungen in der Kirche Santa Maria Novella war nur gering. Immerhin erzielte man eine Einigung, deren Artikel von Kardinal Cecarini aus Rom in Latein und von Patriarch Bessarion aus Konstantinopel in Griechisch verlesen wurden. Dann umarmten sich die beiden berühmten Prälaten, und Kaiser Johannes Palaiologos und sein Gefolge knieten zum Zeichen des Gehorsams vor Papst Eugen nieder, der dann zum Oberhaupt der vereinigten christlichen Kirche erklärt wurde. Allerdings waren die Diskussionen der Priester, die Proklamationen und der Fußfall des Kaisers umsonst. Kaum war Palaiologos wieder in Konstantinopel, als die »Einigung« von der empörten Geistlichkeit und Bevölkerung des griechischen Reiches verworfen wurde.

Es mag zwar dem Konzil von Florenz nicht gelungen sein, die Christenheit zu einen, aber es hat der neuen, humanistischen Bewegung, deren Mittelpunkt Florenz nun wurde, einen deutlichen Anstoß gegeben. Mehr denn je beschäftigte man sich nun mit griechischer Kunst und griechischer Philosophie, und viele gelehrte Griechen

Cosimo der Alte war ein Freund der Künste und Wissenschaften, die er großzügig förderte. Die von ihm gegründete »Platonische Akademie« wurde zum Mittelpunkt des Humanismus. Aber die Fürsten der Renaissance übten sich auch selbst in den Wissenschaften, vor allem der Rhetorik und der Grammatik. Die Abbildung zeigt einen Fürsten (links), umgeben von Pagen, der sich von einem Hauslehrer unterrichten läßt. Miniatur des 15. Jahrhunderts. Aus der »Grammatica« des Agnolo Donato, eines Freundes von Cosimo. Biblioteca Trivulziana, Mailand.

– die der Glanz von Florenz vielleicht ebenso anzog wie die Möglichkeit, dort einen rettenden Hafen vor der drohenden Ausrottung durch die Mohammedaner unter Sultan Murad II. zu finden – kamen nach Florenz und Italien. 1439 ließ sich Georgios Gemistos Plethon (etwa 1355–1450), der Weise aus Byzanz, in Florenz nieder. Man nimmt an, daß er Cosimo zur Gründung der berühmten Platonischen Akademie angeregt hat, die später einen entscheidenden Einfluß auf das europäische Geistesleben nehmen sollte, als Marsilio Ficino und Pico della Mirandola in Italien und Reuchlin und Melanchthon in Deutschland Aristoteles von seinem Thron in den Schulen holten und an seine Stelle den Geist freier Forschung setzten, aus dem später die Reformation entstand. Auf diese Weise hat das Konzil, das eigentlich die Christenheit vereinen sollte, in Wirklichkeit den Weg zu weiterer Spaltung gebahnt.
Einigung oder nicht, der Patriarch Bessarion war klug genug, in Italien zu bleiben. Papst Eugen verlieh ihm zum Dank die Kardinalswürde, und in dieser Eigenschaft sorgte der Gelehrte durch seine akademische wie diplomatische Aktivität dafür, daß der Geist des alten Griechenland in Italien nie mehr in Vergessenheit geriet. Bessarions Aufenthalt in Italien entschädigte das Land weitgehend für die Abreise seines greisen Meisters, Gemistos Plethon, dessen Vorlesungen über Platons Philosophie Cosimo stark beeindruckt hatten.
Cosimo interessierte sich sehr für die neue Wissenschaft, und in Florenz wurden Gelehrte mit einer Ehrerbietung empfangen, wie man sie anderswo nur regierenden Fürsten entgegenbrachte. So folgten zum Beispiel die Bewunderer des Humanisten Leonardo Bruni (1369–1444), genannt Aretino, der von 1427 bis zu seinem Tode Kanzler der Republik und ein äußerst hochmütiger und habgieriger Pedant war, ihrem Idol auf Schritt und Tritt. Der Buchhändler Vespasiano da Bisticci sah einmal, wie der spanische Botschafter auf der Straße vor dem »besten Latinisten der Gegenwart« niederkniete, während Bruni in seiner wallenden roten Robe vorbeistolzierte, ohne den unterwürfigen Edelmann aus der stolzesten Nation Europas eines einzigen Blickes zu würdigen. Cosimo hätte kaum dergleichen getan wie der Spanier. Er wäre höchstens in den Rinnstein getreten, um dem Kanzler den Weg an der Hauswand freizugeben, wie er es auch für weit weniger prominente Landsleute tat.
Da stand ihm der geniale Büchersammler Niccolò de' Niccoli schon näher, der sich im Gegensatz zu den meisten Bibliophilen nie weigerte, einem Freund einen Band zu leihen. Niccolò hatte mit 25 Jahren ein Vermögen geerbt, das er bis zu seinem Tode vor allem für Handschriften und Bücher, die damals auf den Markt kamen, ausgegeben hatte. Seine Testamentsvollstrecker fanden, daß von den 800 Werken seiner Bibliothek nicht weniger als 200 ausgelie-

hen waren. Er vermachte seine Bibliothek Cosimo, der fast alles dem Kloster von San Marco schenkte und nur ein paar der besten Manuskripte und Bücher behielt.
Der älteste dieser Gruppe von Gelehrten war Poggio Bracciolini. Er hatte sich während des Konzils von Konstanz (1415) mit Cosimo angefreundet und wurde unter Fürsprache der Medici noch im selben Jahr Kanzler der Republik. In diesem Amt starb er sieben Jahre später. Dazwischen verbrachte er die meiste Zeit seines Lebens außerhalb von Florenz und suchte unermüdlich nach alten Handschriften.
Eine Botschaft aus Venedig rief Cosimo und Florenz in die rauhe Wirklichkeit zurück. 1440 mußte sich Venedig seinerseits an die toskanische Republik um Hilfe gegen einen Angriff Filippo Marias auf die venezianischen Besitzungen Bergamo und Brescia wenden. Wieder war Graf Francesco Sforza die zentrale Figur der Intrige. Cosimo entschloß sich nun, einen entscheidenden Schritt zu tun.
Mailand hatte schon im frühen 14. Jahrhundert zur Zeit des großen Matteo Visconti als stärkste Bedrohung für die Sicherheit der Republik gegolten. Nur die verhältnismäßig schwachen Provinzen der Romagna und Emilia lagen zwischen Mailand und Florenz. Sie bildeten eine Art Niemandsland und hatten nicht die geringste Hoffnung, einem ernsthaften Angriff ihrer ungleich mächtigeren Nachbarn zu widerstehen, sollten die Lombardei, Venedig oder die Toskana sich jemals stark genug fühlen, die beiden anderen Rivalen außer acht zu lassen. Die Gefühle der Florentiner gegenüber den Mailändern waren wie die einer verhältnismäßig kultivierten Kaufmannsgilde gegenüber feudalen Militaristen, die ihnen an physischer Kraft und kriegerischem Temperament überlegen waren. Der Kontrast zwischen der Einstellung in Florenz, die mit Recht demokratisch genannt werden konnte und die den Stempel der Medici trug, und der unverhüllten Selbstherrschaft der Visconti bewies die unerschütterlichen Gegensätze zwischen den beiden Regionen, die offenbar ewig fortbestehen sollten.
Für Cosimo mit seinem Sinn für Realitäten war diese Situation unerträglich. Der Zufall seiner Freundschaft mit Francesco Sforza, der ein skrupelloser Soldat und Weltbürger war und dessen Fähigkeiten in- und außerhalb der Schlacht Cosimo erkannt hatte, wenn er bisher auch vor allem Filippo Marias ehrgeizigen Plänen gedient hatte, wies ihm einen Ausweg. Er mußte dabei mit Francesco Sforzas Widerstand als Verlobtem der Tochter des Tyrannen ebenso rechnen wie mit dem seiner eigenen Mitbürger und ihrem eingewurzelten Mißtrauen gegen lombardische Gerissenheit, Grausamkeit und Diktatur. Was Sforza betraf, so war zwar sein Wirklichkeitssinn nicht so fein entwickelt wie der Cosimos, aber er hatte in früheren Verhandlungen doch Verstand bewiesen. Das angeborene Vorurteil der Toskaner gegen die Lombardei würde wahrscheinlich schwerer

Der Humanismus der Renaissance, der in Italien seine erste Blüte erlebte und den auch Cosimo de' Medici besonders förderte, führte zur Gründung zahlreicher Schulen, in denen die Söhne adeliger und wohlhabender Familien ihre gelehrte Bildung erhielten.
Die Skizze zeigt eine Tafelszene aus einer Renaissanceschule. Links sitzen die Schüler, die gerade bedient werden, während ihre Lehrer in der Mitte schon mitten beim Essen sind. Aus einer Handschrift des Antonio Filarete aus Florenz, des Architekten von Ludovico Sforza. Um 1450. Biblioteca Nazionale, Florenz.

zu zerstreuen sein; allerdings war es dem florentinischen Handelsgenie immer wieder gelungen, sich über persönliche Abneigungen hinwegzusetzen. Cosimo konnte seine Bankierskollegen davon überzeugen, daß sich ein Händedruck mit Mailand im Interesse der Sicherheit der Republik auszahlen werde. Um Venedig, dem der Vormarsch der Türken zu schaffen machte, brauchte man sich nicht zu sorgen. Es war ohnehin nie daran interessiert, die Halbinsel zu beherrschen, sondern wollte nur seine dominierende Stellung als See- und Handelsmacht behalten.

Die Villa Poggio Imperiale in Florenz. Am Ende einer breiten Straße, die am südlichen Stadttor beginnt, der Porta Romana, liegt diese Villa in der Mitte eines kreisförmigen Innenhofes, der von einer Mauer eingefaßt ist. Die beiden Skulpturen am Eingang stellen Jupiter und Atlas dar und stammen von Vincenzo de' Rossi (1563). Die Villa wurde auf den Grundmauern eines alten Schlosses erbaut und wechselte mehrfach den Besitzer. Schließlich wurde sie für Maria Magdalena von Habsburg gekauft, Gemahlin von Cosimo II. de' Medici. Seit dieser Zeit trägt sie den Namen »Imperiale«. Um 1620 beauftragte Maria Magdalena den Architekten Giulio Parigi, die Villa zu vergrößern, die seitdem zur Lieblingsresidenz der Medici in Florenz wurde. Zeichnung von Giuseppe Zocchi (1711–1767).

Rom und Neapel befanden sich zur Zeit fest im Griff streitender Parteien. Nur Mailand blieb übrig. Ein Bündnis zwischen Mailänder Stärke und florentinischer Klugheit konnte den Norden Italiens zumindest von der ständigen Kriegslast befreien und dafür sorgen, daß er seine wirtschaftlichen, kulturellen und politischen Ziele in Frieden verfolgen konnte.
Natürlich wäre es sinnlos gewesen, sich an den Herzog Filippo Maria Visconti selbst mit Freundschaftsangeboten zu wenden; ein Despot seines Schlages liebte den Kampf, und ein – auch nur vorübergehender – Waffenstillstand mit Florenz war ausgeschlossen. Man kannte des Herzogs Pläne für den Norden Italiens; es gab sogar Gerüchte, daß er für sich und seine Nachkommen die Krone Italiens ins Auge gefaßt habe. Da also mit den Visconti nicht zu reden war und man zum Frieden zwischen Mailand und Florenz gelangen wollte, blieb nichts anderes übrig, als die Visconti abzusetzen und eine vernünftigere und friedlichere Dynastie auf den herzoglichen Thron zu setzen. Zum Glück brauchte man nicht lange nach einem geeigneten Mann zu suchen. Für Cosimo war Graf Francesco Sforza der ideale Kandidat.

Cosimo ging sofort daran, Sforza für sein Vorhaben zu gewinnen. Er hütete sich allerdings, den ganzen Plan preiszugeben. Er spielte auf Sforzas Ängste an, seine Eifersucht und seinen Ehrgeiz, da er wußte, daß Sforza selbst mehr als einmal sein Auge auf den Glanz der herzoglichen Krone von Mailand geworfen hatte. Bianca Visconti, seine Verlobte, sollte ihm dabei als Sprungbrett dienen. Zu Francescos Zufriedenheit bewies ihm Cosimo, der Autokrat Visconti habe nicht die geringste Absicht, einer Ehe zwischen seiner einzigen Erbin und einem bloßen *condottiere* zuzustimmen, der noch dazu Sohn eines Bauern war. Statt dessen wolle Visconti, so erklärte Cosimo, Francesco dazu benutzen, die Herrschaft Mailands auf die ganze Halbinsel auszudehnen und ihn dafür später höchstens mit einer modrigen Burg im fernen Umbrien oder in den Marken abfinden. In der Zwischenzeit würde Bianca irgendeinen degenerierten römischen oder neapolitanischen Prinzen heiraten. Wäre Sforza jedoch bereit, die günstige Gelegenheit zu nutzen, könne er mit Hilfe von Florenz und Venedig zuerst die Mailänder aus venezianischem Gebiet vertreiben und dann bis nach Mailand hinein verfolgen, den tyrannischen Herzog Visconti stürzen und sich selbst des Throns bemächtigen. Eine Heirat mit Bianca – die Sforza aufrichtig liebte – würde dann seiner Herrschaft zumindest den Anschein der Legitimität verleihen.

Sforza war Realist wie Cosimo, den die moralische Seite einer Tat nicht besonders beunruhigte, wenn die Aussicht auf Erfolg sicher erschien. Cosimos Vorschlag, der natürlich geheim bleiben mußte, faszinierte ihn. Sforza übernahm das Kommando der vereinigten Streitkräfte von Florenz und Venedig und begann sofort, das Terrain von Brescia und Bergamo zu studieren. Auch Cosimo verlor keine Zeit, die gute Nachricht der Signoria von Florenz und der Stadt Venedig mitzuteilen. Als sie öffentlich verkündet wurde, war die Freude in den Straßen groß. Neri Capponi, der florentinische Gesandte in Venedig, berichtete Cosimo, sogar die ernsten Senatoren von Venedig hätten »vor Freude getanzt«. Sie waren so bewegt, daß sie sogar zwei Drittel der Kriegskosten tragen wollten, während Florenz das letzte übernahm.

Als alle Vorbereitungen getroffen waren, schritt Sforza zur Tat. Bis zum Frühjahr 1440 hatte er die mailändische Besatzung unter Viscontis *condottiere* Piccinino aus Bergamo und Brescia verjagt. Aber dann geschah das Unerwartete. Als Sforzas Truppen den Bergpaß von San Benedetto in der südöstlichen Ecke der Lombardei gegen Piccinino hielten, gelang es diesem durchzubrechen und geradewegs nach Süden auf Florenz zu marschieren. An Bologna vorbei drang er östlich von Pistoia in die Toskana ein und besetzte bis zum Frühsommer die Hügel von Fiesole, von denen er die Kuppel des Doms und die Türme von Florenz unter sich sehen konnte. Daß es dem *condottiere* so leicht und schnell gelang, so weit vorzu-

dringen, zeigt die militärische Schwäche der nur lose verbundenen päpstlichen Dominien in diesem Teil Italiens und die Unfähigkeit der Republik Florenz, die nördlichen Zugänge zur Stadt zu überwachen. Hinzu kam, daß Sforza in der östlichen Lombardei im Kampfe lag und seinen Gegner auf dem Vorstoß nach Süden nicht verfolgte. Auch fehlte Florenz die Kraft, einen Einsatz im Norden der Stadtgrenzen zu riskieren, da der größte Teil seiner Streitkräfte bei Sforza war; es reichte gerade noch, die Mauern zu bemannen. Niemand wußte genau, was im Norden vor sich ging. Wie stark waren Piccininos Kräfte? War er wild zum Kampf entschlossen, oder hätte er lieber reiche Beute gemacht oder sich gar durch Bestechung zum Abzug bewegen lassen?
Cosimo war wahrscheinlich mehr über diese Lage bestürzt als sein grausamer Gefolgsmann Puccio; aber beide hielten das Haupt hoch. Als die Aufforderung kam, sich zu ergeben oder unterzugehen, empfahlen sie der Signoria, in verächtlichstem Ton zu antworten. Solche Unverschämtheit brachte Piccinino aus der Fassung; ihm hatte Rinaldo bereits zu verstehen gegeben, Aufständische würden ihm die Tore öffnen, sobald er dort erschiene. Die Verbannten drängten ihn zum Angriff, aber seine Späher berichteten, die Mauern schienen stark und gut geschützt, und es gäbe kein Zeichen von Unzufriedenheit. Als Söldner war Piccinino mehr für rasche Beute als für eine lange Belagerung. Die Beute wußte er im Casentino, im Osten auf dem Land, von wo er ermutigende Botschaften des mächtigsten Despoten jener Gegend empfing, des Grafen von Poppi. Er war ein Freund von Rinaldo und grollte Cosimo, weil er die Verlobung von Cosimos ältestem Sohn Piero mit Poppis Tochter Gualdrada verhindert hatte. Piccinino hoffte, unter diesen Umständen den Grafen von Poppi zu einem gemeinsamen Generalangriff auf Florenz zu überreden. Er begann deshalb, zum anfänglichen Zorn seines ungeduldigen Albizzi-Kontingents, sich nach Osten zurückzuziehen.
Cosimos seltsame Mischung aus Realismus und Idealismus tritt auch bei den Vorbereitungen zu diesem Feldzug zutage. Nachdem Sforza den Kontakt mit Piccinino verloren hatte, schickte er einen Reiter nach Florenz. Er sei bereit, so ließ er wissen, im Notfall die Stadt zu entsetzen. Aber Cosimo ließ ihn bleiben, wo er war, stark verschanzt in der Lombardei und eine Bedrohung für Mailand. Seine Stellung, schrieb der Bankier, sei zu gut, um sie aufzugeben. Er selber verfüge in Florenz über genügend Truppen unter einem fähigen und erfahrenen Kommandanten, Neri Capponi, um Piccinino abzuwehren, der sicher bald abgerufen würde. Diese kühle Betrachtung der Lage zeigt, daß Cosimo sein Ziel fest im Blick hielt, die Zukunft der Republik Florenz durch ein Bündnis mit Sforza und dann mit Mailand zu sichern. Die unmittelbare Gefahr für seine Person und seine Regierung durch den Anmarsch der Albizzi

überging er; denn Cosimo wußte bereits, daß Rinaldo sich Piccinino angeschlossen hatte.
Das Glück blieb den Medici treu. Rinaldo war schließlich einverstanden, sich an Poppi um Beistand zu wenden. Zu seinem Zorn schien aber Piccinino, nachdem er das Casentino erreicht hatte, von nichts anderem reden zu können als von Burgen in Umbrien und sogar von der Herrschaft über Perugia. Piccinino täuschte deshalb vor, seine Vorräte seien knapp geworden, und machte sich auf den Weg nach Südosten, anstatt mit Poppis Verstärkung nach Nordwesten und zurück nach Florenz zu ziehen.
Wie Cosimo vorausgesehen hatte, rief Herzog Filippo Maria den *condottiere* jetzt in die Lombardei zurück. Rinaldo ergriff die Chance, sich der begehrten Stadt ein zweites Mal zu nähern. Während das Heer nach Norden trottete, um von Arezzo her nicht aufgehalten zu werden, kamen Späher zurückgaloppiert und berichteten, die Garnison von Florenz habe einen Ausbruch gewagt und kampiere zusammen mit einem päpstlichen Kontingent bei Anghiari, nordöstlich von Arezzo nahe der umbrischen Grenze. Rinaldo drängte auf einen Überraschungsangriff. Er habe Informationen, so sagte er, daß Neri Capponi mit seinem Stellvertreter, Cosimos Neffen Bernardino de' Medici (1393–1465), zerstritten sei. Außerdem erklärte der Albizzi, er wisse, daß die Truppen der Florentiner ein hastig zusammengetrommelter Haufen seien, uneinig mit den Männern des Papstes und an der Schwelle zur Meuterei. Piccinino brauche nur hart und schnell zuzuschlagen, und der Sieg werde ihm sicher sein.
Der Söldnerführer hatte einen gewissen Respekt vor seinem adeligen Verbündeten und seiner ungestümen Energie. Er glaubte deshalb, an Rinaldos Vorschlag könne etwas Wahres sein. Eine uneinige Armee, die im Freien kampierte, war etwas anderes als eine stark befestigte und gut verteidigte Stadt, die eine lange Belagerung aushalten konnte, um ihre Bevölkerung und ihre Schatzkammer, die reichste in ganz Italien, zu schützen. Wenn er Capponi in Bewegung bringen und ihm bis zu den Stadtmauern folgen konnte, würden sich sicherlich Verräter unter den entsetzten Bürgern finden und den Mailändern die Tore öffnen, oder die Signoria selbst würde sich nach dem Verlust ihrer besten Männer zu Verhandlungen bereit erklären.
Es zeigte sich aber, daß Rinaldo in seinem Wunschdenken Neri Capponi, dessen Familie für ihre vielseitigen Talente bekannt war und der selbst ein erprobter und tüchtiger Soldat war, unterschätzt hatte. Jedenfalls stieß Piccinino bei seinem plötzlichen Angriff am 29. Juni 1440 auf ein Lager wohlvorbereiteter und kampflustiger Florentiner. Capponi stand zudem ein anderer *condottiere* namens Baldaccio zur Verfügung, der sich in der folgenden Schlacht besonders hervortat. Es war vor allem Baldaccios Taktik zu verdanken,

Um die Mitte des 16. Jahrhunderts wurden in Florenz »Pietradura«-Arbeiten (Einlegearbeiten aus Stein) immer beliebter. Sie hießen auch »Florentiner Mosaik«, obwohl die Technik dafür vielleicht aus Mailand kam. Durch die Ausstattung des Medicigrabmals in der Medicikapelle hinter dem Chor von San Lorenzo erhielt diese Kunst zu Anfang des 17. Jahrhunderts entscheidenden Auftrieb. Wappen der Stadt Siena. Medicikapelle, San Lorenzo, Florenz.

daß die Angreifer zurückgeschlagen wurden, deren Anführer nur knapp der Gefangenschaft entging. Zwar waren die Verluste auf beiden Seiten verhältnismäßig gering, aber dieser Sieg der Florentiner machte doch den Hoffnungen der verbannten Albizzi ein Ende. Rinaldo selbst starb zwei Jahre später. Baldaccio wurde zum Helden der Republik und in Florenz glanzvoll empfangen.
Dieser Erfolg stärkte Cosimos Macht und sein Selbstvertrauen ungemein. Es war ein großer Schritt vorwärts bei seinem Plan, Florenz durch Sforza mit seinem Erbfeind zu verbünden. Als Visconti den Bericht Piccininos gehört hatte, streckte er seine Fühler nach dem venezianischen Senat und der florentinischen Signoria aus, um die Stimmung für einen Frieden zu testen. Doch der Einfluß der Medici sorgte weiter dafür, daß man vereint marschierte. Das Angebot des Herzogs für einen Waffenstillstand wurde abgelehnt, und der Krieg zog sich in der Lombardei und der Toskana noch ein paar Monate hin, wenn auch ohne größere Zusammenstöße. In Florenz hatte man dagegen nichts einzuwenden, denn der Papst trug ein gut Teil der Kosten und verkaufte, um die nötigen Gelder aufbringen zu helfen, der Signoria die Stadt Borgo San Sepolcro an der umbrischen Grenze und vermehrte so Besitz und Einkünfte der Stadt.
Cosimo hielt seine Position in der Republik für so gefestigt, daß er es auch nach außen deutlich kundtat: Er zog in den neuen Palazzo um, den Michelozzo gerade für ihn in der Via Larga zu Ende gebaut hatte. Dort wohnte er mit seiner Frau Contessina und seinen beiden Söhnen Piero und Giovanni, die damals 24 und 19 Jahre alt waren. Gerade zu dieser Zeit erlitt seine Familie den ersten Verlust. Am 23. September 1440 starb sein jüngerer Bruder Lorenzo im Alter von 49 Jahren. Lorenzo war ein gewissenhafter Kaufmann mit wenig Interesse an Politik und hatte sich fast ausschließlich seinen Geschäften in der Bank der Medici gewidmet. Der Humanist Francesco Filelfo nannte ihn »eine Kuh«, im Gegensatz zu seinem Bruder, dem »Fuchs«, und seinem Vetter Averardo, dem »Wolf«. In diesen groben Vergleichen hat vielleicht ein Körnchen Wahrheit gesteckt, denn Filelfo war nicht gerade ein Dummkopf, er gab seiner Meinung nur meist mit einer kategorischen Schärfe Ausdruck, die sie nicht besonders qualifiziert erscheinen ließ.
Der mächtigste der halb-unabhängigen Edelleute dieses Gebiets, Francesco Guidi, Graf von Poppi – Rinaldos Freund und Piccininos potentieller Verbündeter –, sah sich gezwungen, sich der Republik formell zu unterwerfen. Cosimo war allerdings überzeugt, daß ihm nicht zu trauen war, denn seiner Ansicht nach waren seine Beziehungen zu den Albizzi einfach zu eng. Nach Piccininos Rückzug in die Lombardei wurde der Graf deshalb verbannt, und seine Ländereien wurden enteignet. Das Ansehen und die wirtschaftlichen Vorteile, die dieser Annexion und der Einnahme von San Sepolcro im Südosten entsprangen, festigten Cosimos wachsende Autorität.

Der Palazzo Medici wurde 1444–1460 von Michelozzi di Bartolommeo (1396–1472) für Cosimo den Alten erbaut. Michelozzi war neben Brunelleschi und Alberti der bedeutendste Architekt der Florentiner Frührenaissance. 1695 erwarb die Familie Riccardi den Palast und ließ ihn 1714 erweitern. Er trägt deshalb heute den Namen Medici-Riccardi. Das Foto links zeigt eine Ansicht von Südosten. Der Kupferstich (unten) stammt von Giuseppe Zocchi (1711–1767).

Der Held der Bewegung war jedoch Neri Capponi, der vom florentinischen Politiker zum General aufgestiegen war (sein Vater war der Eroberer von Pisa). Unter seiner Führung – wobei ihn der *condottiere* Baldaccio mehr unterstützte als Bernardino de' Medici – wurden die Mailänder endgültig geschlagen und die ansehnlichen neuen Gebiete der Republik einverleibt. Cosimo und Capponi hatten schon in der Vergangenheit auf diplomatischem Gebiet zusammengearbeitet, und Capponis Ernennung zum Gesandten in Venedig und dann zum Kommandeur des Florentiner Heeres zeigen, welch große Achtung er genoß. Cosimo gefiel Capponis neue Popularität jedoch nicht so recht, denn sie konnte ihn in seinen Augen zu einem gefährlichen Mann werden lassen. Zudem neigte Neri in der Innenpolitik dazu, sich gegen ungestümere Medicianhänger wie Puccio Pucci und Luca Pitti zu stellen. Pitti war ein Mann von ausgesprochen aggressivem, dabei eitlem und prahlerischem Wesen, der durch seinen Reichtum in die vorderste Reihe der Stadtverwaltung gerückt war. Cosimos Taktik dagegen war, diesen redseligen Burschen in gewissen Dingen freie Hand zu lassen, solange sie sich für sein weiteres Ansehen einsetzten; er selbst mußte sich aus Rücksicht auf die öffentliche Meinung zurückhalten.

So entstand zwischen Cosimo de' Medici und Neri Capponi allmählich eine gewisse Spannung. Cosimo fuhr seinem möglichen Rivalen oft über den Mund, er lehnte Capponis Vorschläge bei unbedeutenden Anlässen ab und ermunterte seinen jüngeren und rücksichtsloseren Anhang zur Kritik, wenn gelegentlich gewichtige Anregungen aus Neris Kreis kamen. Capponi ließ sich nicht herausfordern. Äußerlich zeigte er sich ebenso gelassen wie Cosimo, aber er glaubte, daß die Zeit für ihn arbeitete. Neri wußte, daß ein offener Bruch mit seinem listenreichen Vorgesetzten zum jetzigen Zeitpunkt alle seine Pläne vernichten würde. Doch ehe es zu spät war, wollte er jede Entwicklung unterdrücken, die Cosimos Größe noch mehr festigen konnte.

Während Cosimo und Neri gegenseitig ihre Stellung in Florenz abschätzten, gingen in der Lombardei Manöver anderer Art vor sich: Dort war Francesco Sforza mit seinem Heer durch den Mailänder Söldnerführer Piccinino in eine strategische Falle geraten. Piccinino träumte immer noch von Burgen und Kronen, er nutzte daher seine Überlegenheit nicht sofort, sondern griff erst zu einer Art diplomatischer Erpressung. Er sandte eine Depesche an den Herzog von Mailand und berichtete, die Truppen von Florenz, Venedig und die des Papstes seien in seiner Hand und warteten auf ihre Vernichtung. Danach, so versicherte der gerissene Soldat dem Herzog, werde es niemanden mehr geben, der die Vorherrschaft Mailands über die Toskana anfechten könne. »Alles, was ich dafür verlange«, schrieb er weiter, »ist Eure vortreffliche Stadt Piacenza. Ihr werdet wohl verstehen, daß ich für den Fall, Ihr sähet keinen Weg, mir

Alfons V. von Aragon, König von Neapel und Sizilien (1396–1458). Medaille von Victor Pisano, die 1449 modelliert und gegossen wurde. Auf dem Helm links ist ein aufgeschlagenes Buch mit dem Rücken zum Betrachter zu sehen. Staatliche Museen Preußischer Kulturbesitz, Münzkabinett, Berlin.

diese Lappalie zu gewähren, die Ratten aus ihren Löchern lassen und keinen Finger krümmen werde, um sie aufzuhalten.«
Das war eine sehr geschickte Erpressung, denn Piacenza war in der Tat eine »vortreffliche Stadt«, strategisch so günstig zwischen Mailand, Cremona und Genua gelegen, daß ein ehrgeiziger Herrscher von dort aus jede Bewegung in und aus der Lombardei heraus nach Süden im Auge behalten konnte. Nur war Filippo Maria nicht der Mann, der sich von einem einfachen *condottiere* einschüchtern ließ. Bei der Unverschämtheit seines Bediensteten traf ihn fast der Schlag; aber dann schickte er eine vertrauliche Botschaft – nicht an Piccinino, sondern an Sforza. Er bot ihm einen großzügigen Frieden an und versprach ihm erneut die Hand der schönen Bianca.
Wie Filippo Maria vorausgesehen hatte, waren Sforza und seine Verbündeten über diesen Schritt sehr erleichtert. Der Graf konnte damit rechnen, daß die Herrschaft über Mailand damit fast in seine Reichweite gerückt war. Venedig und die päpstlichen Staaten waren des ewigen Krieges längst überdrüssig. Ihre Schatzkammern und die von Florenz waren fast leer. Als Cosimo von dem Angebot erfuhr, sah er sich dem Bündnis mit dem Herzogtum im Norden einen Schritt näher. Er erkannte darin die einzige Garantie für die Zukunft der Republik und bevollmächtigte Sforza, Florenz bei der Friedenskonferenz zu vertreten. Man beschloß, daß die Gebiete, die der Graf für Venedig und die Capponi im Casentino erobert hatte, Eigentum der jeweiligen Republik bleiben sollten. Francesco sollte nicht nur Bianca bekommen, sondern auch Cremona und die Kathedralenstadt Pontremoli im äußersten Nordwesten der Toskana.
Man hätte erwarten können, daß die Aussicht auf eine Heirat zwischen Sforza und einer Visconti – sie fand im folgenden November wirklich statt, und Cosimos liebenswürdiger jüngster Sohn Giovanni nahm daran teil – in Norditalien die Atmosphäre beruhigen würde. Cosimo und der Graf dachten und handelten nun fast wie ein Mann. Venedig hatte sich über nichts mehr zu beklagen. Aber abgesehen von der spontanen Abneigung zwischen Francesco und Filippo Maria, die sich nie lange von Angesicht zu Angesicht sehen konnten, sollten unerwartete Entwicklungen im Süden bald den Frieden im Norden stören.
Der lange Kampf um den Thron von Neapel zwischen Alfons von Aragon, unterstützt von Mailand, und René von Anjou, dem Florenz beistand, war beendet. Zum Kummer der Medici und zur großen Freude der Visconti hatte der Spanier den Franzosen aus dem Land vertrieben und sich selbst zum König ausgerufen. Dann nahm Alfons Verhandlungen mit dem Herzog von Mailand und mit Papst Eugen auf, der damals noch in Rom war. Mit dem schönen Königreich immer noch nicht zufrieden, hatte der neue König von Neapel sein habgieriges Auge auf gewisse Gebiete und Fürstentümer in den

Tanzveranstaltungen gehörten zu den beliebtesten Vergnügen der Florentiner. Der Holzschnitt aus dem 15. Jahrhundert zeigt eine Tanzszene in einem vornehmen Palast.

Marken geworfen, die Eugen dem Francesco Sforza für seine kriegerischen Dienste zugesprochen hatte. Eugens großer Wunsch war nun, nach Rom zurückzukehren, das in seinen Augen der einzig würdige Ort für den Nachfolger des heiligen Petrus war. Der Spanier versprach, diesen Plan zu unterstützen, wenn der flüchtige Heilige Vater seine Geschenke an Sforza zurücknähme und sie Neapel zukommen ließe. Diesen Vorschlag billigte auch der Herzog von Mailand, der Sforza noch weniger traute als dem Papst oder dem neapolitanischen Monarchen.

Cosimo wurde nicht um seine Meinung gebeten; aber er sah bald, was geschah. Der Medici begriff, daß hier nicht nur der Aufstieg eines Mannes bedroht war, den er persönlich zum Kriegshelden von Florenz ernannt hatte, sondern daß auch das Wohl der Republik selbst auf dem Spiel stand. Der Herr von Florenz bat daher demütig um eine Audienz bei Eugen und bot sein ganzes diplomatisches Geschick auf, um den Plan zu verhindern. Doch der Papst, dem es nur um seine Residenz in Rom ging, begegnete allen Vorstellungen Cosimos mit derselben strengen, unnachgiebigen und unnahbaren Würde, für die er berühmt war.

Cosimo de' Medici ließ sich nicht von der Autorität des Kirchenfürsten einschüchtern. Er erklärte, die Truppen der Republik könnten ihn nicht gegen Sforzas Widerstand schützen, falls Eugen Florenz verlassen wolle. Und der Papst könne froh sein, wenn er nicht als Gefangener auf Lösegeld warten müsse, noch ehe er Rom erreicht habe. Dann ging der Besucher, nachdem er dem Heiligen Vater mit allen Anzeichen unterwürfiger Ehrerbietung seine äußerste Demut versichert hatte. Er ließ einen zornerfüllten Statthalter Christi zurück, der mit Gewalt in Florenz festgehalten zu werden glaubte.

In dieser Situation sandte Filippo Maria Visconti aufs neue Piccinino aus, um mit Sforza zu verhandeln, während Cosimo seinen Vetter Bernardino mit der dringenden Anweisung zum Grafen schickte, Feindseligkeiten zu vermeiden und dem Papst wie dem Herzog die durch Alfons drohende Gefahr zu schildern. Bernardino berichtete also, daß Eugen, offenbar von Piccininos mangelndem Kriegsglück enttäuscht, gerade für 80000 Florin den Söldnerhauptmann Baldaccio angeheuert hatte, der die Schlacht von Anghiari 1440 für Neri Capponi gewonnen hatte und seither in Florenz in hoher Gunst stand. Er war Kommandant der Infanterie der Republik und immer noch eng mit Capponi befreundet, den Cosimo allmählich nicht ohne Grund mit Mißtrauen betrachtete. Es war offenbar die Absicht des Papstes, daß Baldaccio ein für allemal Sforza aus den Marken vertreiben sollte.

Auf diese Nachricht hin zitierte der Florentiner *gonfalonier,* Bartolommeo Orlandini, Baldaccio in seine privaten Gemächer. Das geschah zweifellos mit Billigung, wenn nicht gar auf besondere Anweisung Cosimos. Für Cosimo war das ein selbstverständlicher

Mit den Feinden der Republik verfuhren die Florentiner meist wenig zimperlich. Wurde eine Verschwörung aufgedeckt, so gab es für die Beteiligten meist kein Entrinnen: Sie wurden enthauptet oder aufgehängt.
Auch die Medici gingen mit ihren Gegnern nicht gerade zaghaft um, doch sie ließen aus Gründen der Diplomatie häufig Milde walten, wo politische Räson hartes Durchgreifen erfordert hätte. Bei der Verfolgung der Pazzi-Verschwörer, die im Jahre 1478 seinen Bruder Guiliano ermordet hatten, zeigte sich Lorenzo de' Medici allerdings kompromißlos: Er ließ die Anführer hinrichten.
Die Miniatur aus dem 15. Jahrhundert zeigt eine Hinrichtung durch Enthauptung. Aus dem Kodex De Sphaera. *Biblioteca Estense, Modena.*

Schritt. Es lag nicht in seinem Interesse, Sforzas Schwierigkeiten zu vergrößern, und er wollte wahrscheinlich Baldaccio unter irgendeinem Vorwand in sicherem Gewahrsam halten, bis der Papst und die Visconti im Sinne der Florentiner zur Vernunft gekommen waren. Daß Orlandini damals gerade *gonfalonier* war, erwies sich allerdings für Cosimo wie für Baldaccio als Nachteil. Dieser Herr hatte 1440 den starken Gebirgspaß bei Marradi im äußersten Nordosten der Toskana bewacht, als er von Piccinino angegriffen wurde. Er hätte die Stellung leicht halten können, aber entweder ließ er sich bestechen oder geriet in Panik; jedenfalls hatte er seinen Leuten den Rückzug befohlen und den Posten dem Feind überlassen. Baldac-

Giovanni de' Medici, Cosimos zweiter Sohn. Porträt von Agnolo Bronzini. Museo Medici, Palazzo Medici-Riccardi, Florenz.

cio, der ohnehin nie ein Blatt vor den Mund nahm, hatte diese Fahnenflucht damals mit starken Worten öffentlich angeprangert und als einen Akt feiger Unfähigkeit gebrandmarkt.
Orlandini dagegen, der in der Kunst der Diplomatie viel bewanderter war als ein Soldat, war es irgendwie gelungen, diesen Streit mit seinem Ankläger beizulegen. Er hätte sonst seine Einladung in den Palast nicht so scheinbar höflich und unschuldig abfassen können. Er forderte den beliebten Befehlshaber lediglich auf, er möge ihn »unter dem Mantel der Freundschaft« aufsuchen, um ein paar militärische Dinge zu besprechen. Baldaccio betrat den Palast in seiner stolzen und selbstbewußten Art ohne ein Zeichen von Unsicherheit. Er wußte wahrscheinlich nicht, daß die Regierung bereits von seiner Vereinbarung mit dem Papst erfahren hatte, obwohl der Handel wohl erst am Tag zuvor zustandegekommen war.
Eine halbe Stunde später blieben die Menschen, die gerade unter den Fenstern des Palazzo vorbeigingen, entsetzt stehen: Aus einem der Fenster sahen sie einen menschlichen Körper aufs Pflaster stürzen. Kaum war die Leiche als die Baldaccios identifiziert, als schon eine Abteilung der Wache des *gonfalonier* aufmarschierte und ihn in aller Form enthauptete. Der befehlshabende Offizier erklärte der Menge, dies sei ein Akt der Militärjustiz, da Baldaccio während des Mailänder Feldzugs im vergangenen Jahr den Gehorsam verweigert habe.
Natürlich glaubte niemand diese unwahrscheinliche Geschichte, und alsbald liefen die wildesten Gerüchte um. Die meisten Leute meinten ganz vernünftig, die Signoria habe es für notwendig erachtet, einen gefährlichen Feind ihres einzigen Kriegshelden, des Grafen Francesco Sforza, zu beseitigen; Baldaccios geplante Verwendung beim Papst hatte sich bald herumgesprochen. Daß Cosimo davon nichts gewußt haben sollte, hielt man für unwahrscheinlich, obwohl bis dahin kein Fall bekannt war, daß er einen unversöhnlichen Gegner hätte ermorden lassen und es nicht erst mit Bestechung versucht hätte. Dann erinnerte man sich, daß Baldaccio den *gonfalonier* wegen eines Akts der Schwäche oder des Verrats öffentlich getadelt hatte, der fast dazu geführt hätte, daß Piccinino von den Hügeln von Fiesole aus Florenz erobert hätte. Ob Orlandini wohl die Macht seines Amtes dazu benutzt hatte, um gemeine Rache für diese Bloßstellung zu nehmen und damit gleichzeitig der Signoria Erleichterung zu verschaffen – so sehr diese auch die Methoden ihres *gonfalonier* ablehnen mochte?
Als sich Machiavelli im späteren Verlauf des Jahrhunderts mit dieser immer noch geheimnisvollen Episode befaßte, ließ er sich von seinem natürlichen Zynismus leiten und hielt Cosimo für schuldig. Seine Analyse der Machtkämpfe im Florenz jener Zeit ergibt, daß der standfeste und umsichtige Neri, der sich auf militärischem wie politischem Gebiet hervorgetan hatte, die alleinige wahre Gefahr

für den Herrschaftsanspruch der Medici darstellte. Neri Capponi konnte auf die einzig nennenswerten Truppen der Republik zählen, die seines Kollegen Baldaccio. Machiavelli meinte, Cosimo habe den beliebten Politiker nur aus Furcht im Amt gelassen, da er dort besser im Auge zu halten war. Diese Furcht könne das Oberhaupt der Medici dazu bewogen haben, den einzigen Soldaten der Stadt mit Gewalt zu beseitigen, der eine Pro-Medici-Regierung im Namen demokratischer Freiheit, verkörpert durch Capponi, hätte stürzen können.

Diese realistische Einschätzung verdient Respekt. Trotzdem bleiben gewisse Zweifel; einer betrifft Cosimos Charakter, der sicher in mancher Hinsicht rätselhaft war, aber auch das absolute Gegenteil von Blutdurst oder selbstsüchtigem Ehrgeiz verkörperte. Mehr als einmal bemerkte er, wenn man seinen äußeren Glanz, vor allem seine Bauten, rühmte: »Ja, sie werden uns überleben; sowohl uns, die wir heute leben, als auch unsere Nachwelt.« Kein Möchtegern-Diktator, für den Machiavelli Cosimo insgeheim hielt, hätte so etwas gesagt. Cosimo hat Machiavellis *Il principe* (»Der Fürst«) nicht mehr lesen können. Dessen These, der politische Mord sei unter gewissen Umständen notwendig, hätte er wohl kaum gebilligt.

Cosimo der Alte. Marmorrelief von Andrea del Verrocchio, um 1460 entstanden. Staatliche Museen, Berlin.

Der Tod Baldaccios konnte nie restlos aufgeklärt werden. Baldaccios wahre Motive und sein Verhalten mögen anstößiger gewesen sein, als es sich heute nachweisen läßt. Dennoch genoß er nicht nur die Achtung des ehrenwerten Neri Capponi, sondern wurde auch leidenschaftlich von einer jener Frauen geliebt, die selten einen rauhen Söldner heiraten, auch wenn er noch so erfolgreich ist. Annalena Malatesta gehörte zu der herrschenden Dynastie der Kathedralenstadt Fano in den Marken und bewog die Signoria durch ihre Beredsamkeit, daß nach der Ermordung ihres Mannes Baldaccio dessen Besitz nicht beschlagnahmt wurde, sondern an ihren kleinen Sohn fiel. Leider starb das Kind, und die junge Mutter verwendete das Vermächtnis dazu, ihr Haus in ein Nonnenkloster zu verwandeln. Als sie mit 64 Jahren starb, übertrug sie die Leitung dieses Hauses Lorenzo dem Prächtigen.

Ob Cosimo de' Medici bei der feigen Ermordung Baldaccios – der von Eugen wie von Capponi dazu hätte benutzt werden können, der mediceischen Politik einen Strich durch die Rechnung zu machen – seine Hand im Spiel hatte oder nicht: Die Gerüchte, die danach umgingen, schadeten der Beliebtheit beider rivalisierender Politiker. Das gilt ganz besonders auch für den in seiner Handlungsfreiheit sehr beschränkten Papst. Cosimo mußte nun besonders wachsam sein, wollte er die Kontrolle über die Republik nicht verlieren. Capponi seinerseits wagte es nicht, sich in den beiden nächsten Jahren in Florenz politisch zu betätigen. Was Eugen betraf, so sangen die Florentiner Kinder in den Straßen Spottlieder auf seine hilflose Lage und auf seine gemeine und ungeschickte,

Seit dem Mittelalter bildeten die Bankiers in Florenz als Mitglieder der »Arte del Cambio« eine Art Zunft, deren wichtigstes Anliegen es war, maßgeblichen Einfluß auf die Politik der Republik zu gewinnen.
Die Miniatur aus dem 15. Jahrhundert zeigt einen Blick in eine private Wechselstube. Links werden die Münzen gewogen und in Säcken zum Transport vorbereitet. Rechts neben dem Esel die eigentliche Bankstube, in der ein Kunde gerade einen Kredit aufnimmt. Aus dem Kodex De Sphaera. *Biblioteca Estense, Modena.*

jüngst gescheiterte Einmischung in die florentinische Außenpolitik. Der Papst brauchte in dieser Zeit seine ganze Kraft, um nicht in Zorn auszubrechen. Das vergaß oder vergab er Florenz nie: Er wurde für den Rest seines Daseins ein Stachel im Leben Cosimos.
In seiner wachsenden Besorgnis unternahm Cosimo einige Schritte, die er für die Sicherheit der Republik für notwendig hielt. Einige davon waren nicht verfassungskonform, aber trotzdem für alle von Nutzen. Durch andere besetzte er mit seinen Freunden ganz offen Schlüsselstellungen und hinderte seine Gegner daran, sich darum zu bewerben. Man hatte zwar von ihm nichts anderes erwartet, aber trotzdem stießen seine Pläne auf Widerstand. Die Abneigung der Florentiner gegen Kriegssteuern führte dazu, daß sich in den Wahlsäcken von 1444 besonders viele Namen von Anti-Mediceern fanden. Cosimo setzte Puccio Pucci ein, um den Widerspruch der Bürger gegen seine Pläne niederzuschlagen. Der treue, wagemutige und einfallsreiche Pucci, ein ehemaliger Kaufmann, ergriff drastische Maßnahmen. Er suchte nach Vorwänden, um etwa 250 Kritiker Cosimos ihrer politischen Rechte zu berauben. Gleichzeitig sorgte er dafür, daß zehn seiner besten Männer zu *accopiatori* gewählt wurden. Zu ihnen gehörten Alamanno Salviati, Diotisalvi Neroni

und Tommaso Soderini, die alle in den nächsten Jahren eine wichtige Rolle spielen sollten. 1445 nahm Cosimo selbst die Würde eines *gonfalonier* an, einen Posten, den er bis dahin nur zweimal – 1435 und 1439 – bekleidet hatte und den er nie wieder auszufüllen brauchte.

Während dieser ganzen Zeit, angefangen mit der Heirat Bianca Viscontis mit Francesco Sforza im Herbst 1441 bis zum Tode Filippo Marias im Jahre 1447, wurde der untergründige Widerstand gegen die Herrschaft der Medici in Florenz immer heftiger; nach dem Aufstieg Neri Capponis und nach der Ermordung seines Freundes Baldaccio hatte er sich zu regen begonnen. Cosimo zog die Zügel seiner Politik an, besonders aber in der Finanz- und Außenpolitik. Als sich die Regierung zum Beispiel weigerte, ihn durch eine Sondersteuer für die 30000 Florin zu entschädigen, die er dem unersättlichen Francesco Sforza geliehen hatte, zwang Cosimo durch ein Gesetz die staatlichen Steuerkommissare, alle Außenstände dieses Fonds einzuziehen, und deckte so seine eigenen Unkosten.

Geschickte Finanzgeschäfte hatten sich inzwischen als die wirksamste Waffe Cosimos gegen seine politischen Gegner erwiesen. Das beweist auch sein Umgang mit dem *catasto,* der Registratur von Landbesitz, die sein Vater Giovanni de' Medici eingeführt hatte. Zunächst hatte sich dieses System reibungslos zugunsten der großen Mehrheit der Bürger ausgewirkt und damit die Beliebtheit der Medicipartei vergrößert. Nur die reichen Kaufleute waren immer dagegen gewesen. Als Cosimo zunehmend von Männern abhängig wurde, die mit ähnlichen Methoden ihr Geld verdienten wie er, ließ er die Zumessung von Steuern durch das *catasto* praktisch einschlafen. Die Folge war, daß seine Freunde massive Gewinne anhäufen konnten. Puccio Pucci zum Beispiel, der als kleiner Seidenhändler begonnen hatte, verdiente in sieben Jahren 54000 Florin, indem er Bürgern, die mit ihren Steuerzahlungen im Rückstand waren, ihre Forderungen an den Staat zu einem niedrigen Preis abkaufte.

Dieser Mißbrauch des *catasto* und seine übertriebenen Zuwendungen an den Grafen Sforza schädigten Cosimos öffentliches Ansehen schließlich so sehr, daß die Namen seiner Gegner in den Wahlsäkken immer häufiger auftauchten. Als daher die *balia,* die nach seiner Rückberufung ernannt worden war, am Ende ihrer Amtszeit 1444 aufgelöst wurde, ließ er eine neue ernennen, und zwar nicht wie bisher durch eine Volksversammlung. Die Männer seiner zweiten *balia* wurden von den Räten ausgesucht, die er mit seinen Anhängern besetzt hatte.

Inzwischen beharrte Cosimo auf seiner Politik, Sforza in seiner seltsamen Position in den Marken als Verbündeter von Florenz zu halten. Sforza wurde von seinem mißtrauischen Schwiegervater auf dem Thron von Mailand abwechselnd angegriffen und umschmeichelt. Doch Cosimo wünschte Mailand eines Tages von Sforza regiert zu sehen, damit er und sein Freund gemeinsam den Druck aus dem Süden abwehren konnten. Aber dieser Plan kostete eine Menge Geld, und unter Cosimos Gegnern wuchs der Unmut. Cosimo entschloß sich daher, diesen Widerstand zu unterdrücken, indem er kaltblütig die Verfassung verletzte. In seinen Augen war das das kleinere Übel, verglichen mit dem Verlust der Gunst des großen *condottiere.* Jedenfalls wird er sich gesagt haben, daß das *parlamento,* das dem Gesetz nach die *balia* gewählt hatte, schon seit vielen Jahren eine Farce war. Manipulierte Wahlen ergaben wenigstens Ratsgremien, in denen kein Haufen verantwortungsloser Faulenzer saß, sondern ernsthafte Politiker, deren Erfahrungen und Fähigkeiten längst erwiesen waren.

Die neue *balia* und die *accopiatori* unterdrückten eine Zeitlang die Gegner der Regierung. Trotzdem mußten die Medici mit untergründigem Widerstand rechnen. Als Papst Eugen 1443 in seiner Absicht, Sforza aus den Marken zu vertreiben, die Stadt verließ, um den Schutz von Florenz gegen den von Neapel auszutauschen, erhoben die Konservativen der Republik ihre Stimme. Man dürfe nicht zulassen, daß der Wille der Kaufmannsfamilie Medici einen Papst und einen König für einen skrupellosen Briganten opfere, der den Thron von Mailand besteigen wolle und entschlossen sei, die Lombardei und die Toskana zu versklaven. Der Staatsmann und Geschichtsschreiber Francesco Guicciardini sah die Situation mit anderen Augen, als er fast ein Jahrhundert später darüber schrieb. Er fand, daß Venedig als ein Gemeinwesen von scharfsinnigen und rücksichtslosen Kaufleuten mit der Rückendeckung einer der stabilsten Regierungen von Europa eine viel gefährlichere Bedrohung der beiden Regionen darstellte als die Person eines einzigen ungestümen Soldaten, mochte er noch so ehrgeizig und tüchtig sein.

Cosimo wird auch dieser Meinung gewesen sein. Seine bisherigen Erfahrungen mit den Venezianern hatten sein Vertrauen zu ihnen nicht gerade gefördert. Francesco jedoch, den er pünktlich und großzügig bezahlte, würde ihn kaum im Stich lassen. Trotzdem erinnerte er den *condottiere* gelegentlich daran, daß der florentinische Säckel nicht ohne Boden sei. Wie so oft kleidete er seine Mahnung in einen Scherz. »Ihr müßt nicht den ganzen Kuchen allein aufessen«, erklärte er seinem gierigen Freund. »Laßt mir ein paar Krümel übrig, nur so zum Spaß. Ihr seid genauso schlimm wie mein Sohn Giovanni.« Denn Giovanni, den Cosimo 1441 zu Sforzas Hochzeit entsandt hatte und der inzwischen zwanzig Jahre alt und florentinischer Gesandter in Rom war, hatte einen Ruf als gewaltiger Esser. Tatsächlich tat er kaum etwas anderes in Rom.

Er brauchte es auch nicht. König Alfons von Neapel machte in seiner neuen Würde tiefen Eindruck auf die Gegenpartei und setzte den Papst wieder ein, der sich mittlerweile mehr über Florenz ärgerte als über seine unbotmäßigen Kardinäle und römischen Untertanen. Eugen und Alfons schlossen ein Bündnis gegen Sforza und warben Piccinino an, um Sforza zu vertreiben. Der Graf war auf so etwas nicht gefaßt und hatte zunächst einen schweren Stand. Dann mischte sich der Herzog von Mailand ein, den Piccininos wachsendes Ansehen beunruhigte. Er rief Piccinino zurück, informierte Francesco davon und schaffte es dann, König Alfons' Stimmung gegen den Papst zu vergiften. Die Verbündeten waren zerstritten, Alfons verließ das Schlachtfeld und unterzeichnete einen Waffenstillstand. Sforza stürzte sich sofort auf die führerlosen päpstlichen Truppen und brachte ihnen eine gewaltige Niederlage bei. Piccinino in Mailand erkannte, daß der listige Mailänder Despot ihn als Narren und Verräter hingestellt hatte. Seine Laufbahn als *condottiere* war zu Ende. Ob ihn diese Schande umgebracht hat, weiß man nicht; aber er starb wenig später, und es schien niemanden mehr zu geben, der Graf Francesco Sforzas militärischen Ruhm hätte in Frage stellen können.

Cosimo drängte Sforza, das Eisen zu schmieden, solange es heiß war, und in die päpstlichen Staaten einzumarschieren. Er versprach dabei die Unterstützung von Florenz und auch Venedigs. Aber Sforza war mit seinen Besitzungen in den Marken zunächst zufrieden. Er hielt Cosimo vor, Neapel und Rom seien nun, ob getrennt oder verbündet, keine Gefahr mehr für den Norden. Cosimo beugte sich der Meinung des Mannes, der es wissen mußte, und begann mit Alfons und dem Heiligen Vater zu verhandeln. In Perugia schloß man einen Vertrag, der den *status quo* legalisierte.

Damit war ein weiterer Schritt zur Verwirklichung von Cosimos großem Entwurf getan, und er konnte sich in Ruhe friedlicheren Künsten zuwenden. 1444 gründete er die erste öffentliche Bibliothek in Europa, die allen Gelehrten offenstand. Zuerst war sie im Palazzo Medici untergebracht und enthielt nur Handschriften. Noch sechs Jahre später, als es überall gedruckte Bücher zu kaufen gab, hieß es, daß »jene, die solche seltenen und kostbaren Handschriften der Vergangenheit mit ihrer schönen Kalligraphie besäßen, deren grobe und häßliche Wiedergabe durch den mechanischen Druck ablehnten«. Der Herzog von Urbino, ein Zeitgenosse Cosimos, der etwas später seinem Beispiel folgte, duldete in seiner neuen Bibliothek überhaupt kein gedrucktes Buch.

Die politische Situation in Norditalien war immer noch angespannt. Sie veränderte sich immer wieder – je nach den Ausflüchten, zu denen Filippo Maria und Alfons, Florenz und Venedig griffen, um winzige Vorteile auf einem von Sforza beherrschten Schachbrett zu gewinnen. Sforza hatte sein Hauptquartier nach Cremona verlegt, einem strategischen Punkt in der südlichen Lombardei zwischen Piacenza und Mantua. Offiziell stand er gut mit Venedig und hatte sogar für diese Stadt in der Emilia gegen seinen Schwiegervater gefochten, wobei die Mailänder im September 1446 bei Casalmaggio-

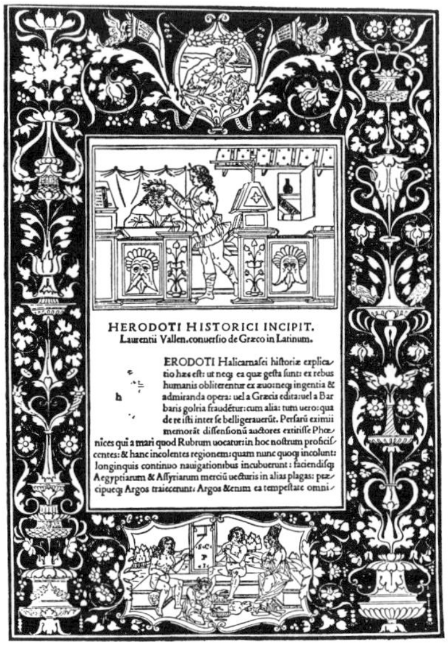
HERODOTI HISTORICI INCIPIT.
Laurentii Vallen. conuersio de Græco in Latinum.

ERODOTI Halicarnasei historiæ explicatio hæc est: ut neq; ea quæ gesta sunt: ex rebus humanis obliterentur ex æuo: neq; ingentia & admiranda opera: uel a Græcis edita: uel a Barbaris golria fraudétur: cum alia: tum uero: qua de re isti inter se belligerauerũt. Persarũ eximii memorãt dissensionũ auctores extitisse Phœnices qui a mari quod Rubrum uocatur: in hoc nostrum proficiscentes: & hanc incolentes regionem: quam nunc quoq; incolunt: longinquis continuo nauigationibus incubuerunt: faciendisq; Aegyptiarum & Assyriarum merciũ uecturis in alias plagas: præcipueq; Argos traiecerunt. Argos &enim ea tempestate omni-

Herodot, der Begründer der griechischen Geschichtsschreibung, wurde von den Gelehrten der Renaissance neu entdeckt. Der Römer Lorenzo Valla übersetzte die Werke des »Vaters der Geschichte« ins Lateinische.
Titelseite von Herodots »Historiarum libri IX.«, Venedig 1494. Links neben dem Text ist Platz für die Initiale H gelassen, die um diese Zeit noch mit der Hand in gedruckte Bücher gemalt wurde.

re geschlagen wurden. Dann versuchten die Venezianer in seiner Abwesenheit erfolglos, Cremona mit einem Trick einzunehmen. Natürlich war der Graf wütend, und Cosimo mußte sein ganzes diplomatisches Geschick aufbieten, um einen katastrophalen Zusammenstoß zu vermeiden.

Um diese Zeit hatte eine Mehrheit von Florentiner Konservativen unter der Führung Neri Capponis allmählich genug von Sforza. Sie betrachteten ihn als ehrgeizigen Streber und schoben ihm die Schuld an all den Kriegen und lähmenden Steuern zu, unter denen sie in den letzten Jahren gelitten hatten. Ihre Partei war kompromißlos dafür, das traditionelle Bündnis mit Venedig allen anderen Möglichkeiten vorzuziehen. Die Ereignisse von 1446 schienen dieser Politik recht zu geben: Es war das Jahr der plötzlichen und überraschenden Koalition zwischen Herzog Filippo Maria, Papst Eugen und dem König von Neapel. Doch in der Schlacht von Casalmaggiore siegte Francesco Sforza und mit ihm Venedig, Florenz, Genua und Bologna gegen den Herzog und seine Verbündeten. Damals war es Cosimo noch einmal gelungen, Alfons von den beiden anderen Partnern des gegnerischen Blocks zu trennen und so einen ungewissen Frieden zu erzwingen.

Die fünf Jahre nach Baldaccios Ermordung im Jahre 1441 waren für Cosimo die schwierigsten seit seiner Rückkehr aus dem Exil im Jahre 1434. Sein ursprünglich glänzender Gedanke, Venedig durch Mailand als Bundesgenossen gegen Angriffe aus dem Süden zu ersetzen, war auf zwei Hindernisse gestoßen, die ein Mann von geringerem diplomatischen Talent wohl kaum überwunden hätte. Erstens hatten die Florentiner seit Jahrhunderten die Mailänder verabscheut und die Venezianer bewundert, vor allem, weil Mailand eine militärische Alleinherrschaft darstellte und Venedig eine Republik von Kaufleuten war. Zweitens war der damalige Herzog von Mailand, Filippo Maria Visconti, mit seinem hemmungslosen, grenzenlosen Ehrgeiz und dem teuflischen Einfallsreichtum seiner Methoden einer der widerwärtigsten Despoten, die selbst die Lombarden je hervorgebracht hatten.

Unter diesen Umständen war für Cosimo seine enge Freundschaft mit Sforza äußerst günstig. Sie bewunderten und achteten einander. Cosimo hatte sofort das militärische Genie seines Freundes erkannt, das ihm selbst völlig fehlte. Das Oberhaupt der Medici hatte auch begriffen, daß der Graf nicht nur ein rauhbeiniger Soldat war. In und außerhalb der Schlacht konnte er ein praktischer Realist sein, ein Zug, den sein Freund Cosimo besonders schätzte. Weder ihn noch Cosimo hätte man als Intellektuellen bezeichnen können. Aber beide hatten Vergnügen an geistigen Gesprächen und begriffen, daß Künstler und Philosophen von großer Bedeutung für die Erhaltung einer Gesellschaftsordnung sein konnten. Sforza seinerseits konnte die Geduld und den Scharfsinn des Bankiers nicht ge-

Die Piazza di San Marco in Florenz. In der Mitte die Kirche San Marco und daneben das Dominikanerkloster. Am rechten Bildrand das Hospital San Matteo, in dem sich heute die Kunstakademie befindet. Dem Kloster gegenüber lagen die Medicigärten, die hier bereits bebaut sind. Der Kupferstich zeigt den Zustand von San Marco nach dem umfangreichen Umbau durch Michelozzo im 15. Jahrhundert.

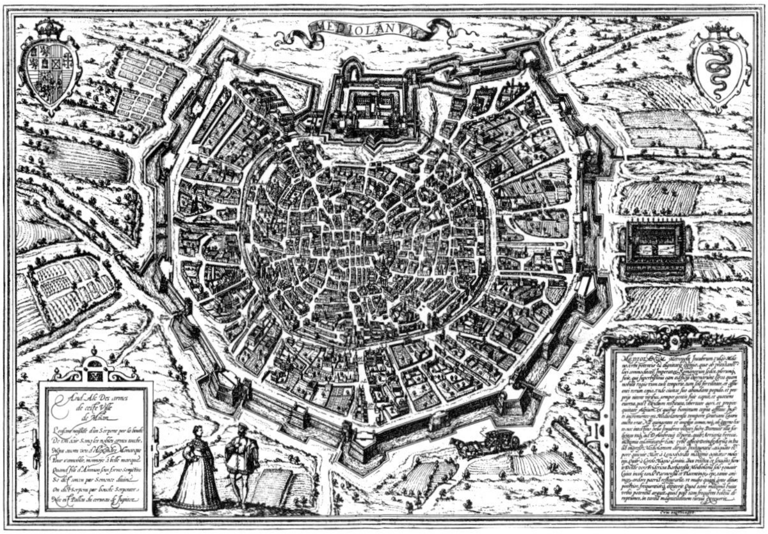

Mailand (in der Antike Mediolanum*) ist eine Gründung der Insubrer und wurde bereits im Jahre 222 v. Chr. von den Römern erobert. Obwohl die Stadt 1162 fast völlig zerstört wurde, übernahm sie schon kurz darauf die Führung des lombardischen Bundes. Nach dem Tode des letzten Herzogs von Mailand, Filippo Maria Visconti, im Jahre 1450 übernahm Francesco I. Sforza die Regierung. Unter seinem Sohn Ludovico il Moro, der seit 1480 Herzog war, erreichte die Renaissancekultur in Mailand ihren Höhepunkt. Kupferstich von Braun und Hogenberg aus »Beschreibung und Contrafactur der vornembster Stät der Welt«.*

nug bewundern. Cosimo schien selbst in verfahrenen Situationen noch einen Ausweg finden zu können. Man darf annehmen, daß beide davon überzeugt waren, ohne den anderen nicht das erreicht zu haben, was sie erreicht hatten. Sie ergänzten sich ideal, aber sie brauchten Glück, und das ließ lange auf sich warten. Im Jahre 1447 traten allerdings zwei Ereignisse ein, die die Situation entscheidend zu ihrem Vorteil wendeten.

Am 23. Februar 1447 starb Papst Eugen IV., der seit Baldaccios Ermordung ein unversöhnlicher Feind von Florenz geblieben war. Es war die Zeit, als das Bündnis Medici-Sforza-Venedig gerade die Allianz zwischen dem Papst und Neapel besiegt hatte. Auch wenn er länger gelebt hätte, wäre der Papst wohl kaum erneut zum Angriff übergegangen. Zunächst war die Gefahr aus dieser Richtung überstanden. Trotzdem muß der Tod des Heiligen Vaters für Cosimo und seine Freunde eine Erleichterung gewesen sein, denn Eugen war zu Lebzeiten zweifellos ein ernst zu nehmender Gegner. Cosimos Erleichterung verwandelte sich dann in reine Freude, als er erfuhr, wer Nachfolger auf dem Stuhl von Sankt Peter werden sollte: Nikolaus V., 1397 in Sarzana im äußersten Nordwesten der Region geboren, war ein Toskaner. Er war etwa zehn Jahre jünger als Cosimo und kannte Florenz gut, wo er die Söhne von Rinaldo degli Albizzi und Palla Strozzi unterrichtet hatte. Er war ein bedeutender Humanist und Gelehrter und hatte Cosimo bei der Einrichtung seiner Bibliothek in San Marco geholfen. Nikolaus, im Gegensatz zu seinem Vorgänger ein lebhafter, eifriger Intellektueller, war in den literarischen Kreisen von Florenz beliebt und schuldete Cosimo bereits eine Menge Geld. Von ihm durfte die Partei der Medici also einiges erwarten.

Als im August 1447 der Herzog Filippo Maria Visconti ohne männliche Erben starb, entbrannte ein heftiger Kampf um Mailand. Daran beteiligte sich auch Francesco I. Sforza (1401–1466), der gefürchtete condottiere, *den Cosimo de' Medici energisch dazu ermutigte. Drei Jahre später kam Francesco in Mailand an die Regierung.*

Im August erfuhren die Feinde von Florenz eine noch schlimmere Schwächung, als Herzog Filippo Maria Visconti kinderlos und selbst von seinen Untertanen nicht betrauert starb. Der rücksichtslose und unberechenbare Charakter des Herzogs war für die italienische Politik 35 Jahre lang eine Qual. Gefürchtet wegen seiner Grausamkeit und verspottet wegen seiner körperlichen Häßlichkeit, unter der er sehr gelitten hatte, entfaltete Filippo trotzdem eine große politische Begabung, damals vielleicht die stärkste nach Cosimo. Visconti war deshalb auch der gefährlichste Gegner von Cosimos Plan, sich das Herzogtum als Verbündeten für Florenz zu sichern. Der Tod dieses Despoten schien nun endlich den Weg freizugeben.
Doch Visconti war kaum begraben, als es bereits neue Schwierigkeiten gab. Fünf Parteien erhoben Anspruch auf seine Nachfolge: Alfons von Neapel (den der Herzog selbst zu seinem Erben bestimmt und damit dem Grafen Francesco Sforza vorgezogen hatte, den er zuletzt immer mehr verabscheute); der Herzog von Orléans (ein Bruder von René von Anjou); der Herzog von Savoyen; der deutsche Kaiser und, am ernstesten zu nehmen, die Venezianer. In dieser Situation erklärten die Mailänder, die keinem dieser Ausländer gewogen waren, ihre Stadt zur Republik und sandten nach Sforza, der sie verteidigen sollte. Von Cosimo energisch ermutigt, stürmte der gefürchtete *condottiere* nach Norden und brachte der im Einmarsch begriffenen venezianischen Streitmacht eine vernichtende Niederlage bei.
Die Venezianer riefen Florenz zu Hilfe, das immer noch offiziell ihr Verbündeter war. Cosimo stimmte zu, unterstützte aber heimlich seinen alten Freund Sforza weiter. Gleichzeitig suchte er die Franzosen als Rückendeckung gegen Neapel zu gewinnen und kämpfte um eine Verständigung zwischen Sforza und Venedig. Er wollte sichergehen, daß dem Grafen von dort keine Gefahr drohte, damit er sich mit dem eventuellen Widerstand der Republikaner in Mailand selbst auseinandersetzen könnte. Die Venezianer sahen das Problem natürlich von ihrer Warte und hofften, der *condottiere* werde bei den neuen Republikanern in Mailand auf eine starke Opposition stoßen.
Cosimo versicherte Francesco weiterhin seiner Unterstützung. Gleichzeitig überzeugte er die Venezianer davon, die beste Politik für sie sei es, Sforza seinen Kopf am Felsen des Mailänder Republikanismus einrennen zu lassen. So hörten die Feindseligkeiten zunächst auf. Der Herzog von Orléans beschränkte sich auf vage Versprechungen, er werde Alfons in Schach halten. Nur auf Papst Nikolaus konnte man sich in dieser Hinsicht verlassen. Der helläugige, leicht erregbare kleine Mann hatte die für einen Gelehrten seltene Fähigkeit, seinen Willen entschlossen und dabei ohne Bosheit oder Bissigkeit durchzusetzen. Er duldete keinen Widerspruch und konnte seine Untergebenen unter Druck halten. Seine Gelehrsam-

keit wie sein Witz waren schlagend, und in der Diskussion war ihm kaum jemand gewachsen.
Mit Weitsicht und kühlem Kopf sah Cosimo voraus, daß er – was auch geschehen mochte – in den nächsten Jahren von Rom nichts zu befürchten hatte. Bald darauf wurde er sogar Hausbankier des Papstes, was ihm großen materiellen Gewinn brachte. Gleichzeitig zahlte sich auch seine Politik aus, an der Beziehung zu Sforza festzuhalten, obwohl die Signoria sich gegen Sforza wandte und entschlossen war, den Vertrag mit Venedig zu erfüllen. Nicodemo da Pontremoli, Vertreter des Grafen in Florenz, schrieb am 18. Juni 1449 an seinen Herrn: »Ich kann nicht sagen, daß man sich hier viele Gedanken um Eure Probleme macht. Cosimo allein tritt unermüdlich für Eure Sache ein. Aber je mehr Eifer er zeigt, desto träger werden seine Zuhörer.« Neri Capponi als standhafter Republikaner setzte sich unnachgiebig für eine Einheitsfront der drei Republiken gegen den Söldner und Emporkömmling ein, der – laut Neri – ein ebenso unerträglicher und intoleranter Autokrat zu sein schien wie der verstorbene Filippo Maria selbst.
Nun mußte das Oberhaupt der Medici Farbe bekennen. Cosimo erklärte bei jeder Gelegenheit, Venedig und nicht der *condottiere* sei der gefährliche, selbstsüchtige Imperialist, und Sforza sei der einzige Mann, um dem arroganten Ehrgeiz der »Republica Serenissima« zu begegnen. Schließlich brachte er eine Konferenz mit den Vertretern des Grafen in Reggio in der Emilia zustande. Als dann aber die florentinischen Abgesandten Anfang 1450 in Reggio ankamen, erfuhren sie, daß Francesco Sforza bereits zum Herzog von Mailand proklamiert worden war. Er hatte wieder einmal einen Friedensvertrag gebrochen, war gen Mailand marschiert, hatte die Venezianer, die ihn aufhalten wollten, umgangen und dann die Stadt belagert. Sforza fand bestätigt, was er schlau vorausgesehen und was Cosimo wahrscheinlich kaum erwartet hatte: Er hatte innerhalb der Stadtmauern viele Freunde, die ihn ohne große Schwierigkeiten an die Macht ließen.
Natürlich war Cosimo entzückt über diesen Triumph seines Plans, für den er seit 1435 so geduldig und geschickt gearbeitet hatte. Wenn er auch das genaue Gegenteil eines stolzen, grausamen Fürsten war, so zweifelte er doch an der Lebenskraft von Republiken. In seinen Augen brauchten sie einen außergewöhnlichen Führer, der ebenso entschlossen wie besonnen sein mußte. Er konnte sich glücklich schätzen, beide Eigenschaften zu besitzen; dazu den nötigen politischen Weitblick, was die praktischen Ergebnisse seiner Politik bewiesen. Im italienischen Gleichgewicht der Kräfte hatte eine große Veränderung stattgefunden; anstelle des Chaos, das durch Eifersucht, Mißtrauen und Habgier der rivalisierenden Fürstenhäuser entstand, war eine klar erkennbare Ordnung getreten. Cosimo wußte, daß die Herstellung dieses Gleichgewichts vor allem

Porträt der Bianca Maria Visconti von Bonifazio Bembo, 15. Jahrhundert. Die uneheliche Erbtochter des letzten Herzogs von Mailand, Filippo Maria Visconti, hatte im Jahre 1441 Francesco I. Sforza geheiratet. Pinacoteca di Brera, Mailand.

sein Verdienst war. Ohne das Geld der Medici wäre Sforza mit all seinem diplomatischen Scharfsinn und seiner soldatischen Tapferkeit kaum zum Erfolg gekommen.
Cosimo hatte nun gute Freunde im Herzogtum Mailand und in Rom. In seinen Augen war jetzt Neapel die einzige Gefahr für die Freiheit von Florenz. Venedig war zur Zeit nicht an Neapel interessiert. Die Lagunenrepublik hätte höchstens dann ein Bündnis mit einem so weit entfernten Königreich gesucht, wenn der Doge und seine Ratgeber sich jemals entschlössen, ernsthaft gegen die beiden anderen Mächte im Norden, Mailand und Florenz, vorzugehen. Unter solchen Umständen, so urteilte Cosimo, konnten diese beiden Staaten hoffen, den hochmütigen Inselbewohnern und den von fremden Königen beherrschten Neapolitanern überlegen zu sein.
Cosimo glaubte, daß dieses Gleichgewicht, das er mit politischem Weitblick, eisernem Willen und unermüdlicher Kraft geschaffen hatte, dauerhaft sein könne. Doch die meisten Florentiner mochten ihre alten Verbündeten, die Venezianer, weil sie Republikaner waren. Die Unterstützung für Sforza hatte astronomische Summen gekostet. Fast ganz Florenz fürchtete Cosimo als den offenbar kommenden Tyrannen. Trotzdem war er seinen Weg zu Ende gegangen und hatte dabei wahrscheinlich sein Leben riskiert.
Doch das Glück blieb ihm treu. Als Venedig sich empört an die Signoria wandte, damit sie den »schändlichen Usurpator« aus Mailand vertreiben helfe, wurde Cosimo de' Medici mit der Formulie-

Florenz im 15. Jahrhundert. Im Zentrum der Stadt sind der Dom, das Baptisterium, der Campanile und der Palazzo Vecchio zu sehen. Holzschnitt aus dem »Supplementum Chronicarum«, das 1490 in Florenz erschien.

rung einer passenden Antwort an die zornigen Abgesandten beauftragt. Bei diesem Anlaß redete ihn die Abordnung seiner florentinischen Mitbürger erstmals als »Oberhaupt« (*capo*) der Republik an. Cosimo konnte zwar im zwanglosen Gespräch einen amüsanten, beißenden Witz entwickeln, ein guter Schreiber oder Redner war er aber nicht. Wahrscheinlich wird er seine fähigsten Freunde gebeten haben, diese wichtige Rede für ihn aufzusetzen. Sie haben wohl auch den Vortrag mit ihm geprobt, denn wie mancher Mann, der lange über eine schwierige Frage nachgedacht hat, sprach Cosimo in der Öffentlichkeit scheu und zögernd. Jedenfalls entledigte er sich dieser schwierigen Aufgabe zumindest zur Zufriedenheit jener, die seiner Meinung waren. Gleichzeitig gelang ihm ein ebenso mühevoller Schritt: Er setzte eine Kriegskommission unter Neri Capponi ein, um das neue Regime in Mailand zu stützen.

Am 19. März 1452 krönte Papst Nikolaus V. den Habsburger Friedrich III. zum Kaiser. Der Holzschnitt aus dem »Weisskunig« von Hans Burgkmair (1473–1532) zeigt den Einzug Friedrichs und seiner Gemahlin in Rom.

König Karl VII. von Frankreich – in seiner Jugend von der heiligen Johanna auf den Thron gebracht – hatte Cosimo bereits seine Hilfe zugesagt, sollten Florenz oder Mailand bis 1453 aus irgendeiner Richtung angegriffen werden. Danach betrachtete das florentinische »Staatsoberhaupt« seine Stellung als unantastbar. Das Interesse der Franzosen beruhte weitgehend auf den Handelsunternehmen der Florentiner in Frankreich, die inzwischen bedeutender waren als die der Venezianer. Die Geschäfte hatten sich wieder einmal gelohnt.

Cosimo und seinem Freund, Papst Nikolaus V., war es auch gelungen, den Kaiser des Heiligen Römischen Reiches, Friedrich III., auf ihre Seite zu ziehen. Am 19. März 1452 krönte Nikolaus den Kaiser in Rom. Auf dem Weg zum Vatikan bot man dem Habsburger Monarchen in Florenz einen wahrhaft kaiserlichen Empfang. Zur großen Betrübnis der Stadtkämmerer brachte Cosimo ihn im Kloster Santa Maria Novella unter. Friedrich war zwar von 1500 Rittern begleitet, aber sie gaben in der Stadt so gut wie kein Geld aus, und er selbst scheint fast ohne einen Pfennig angekommen zu sein. Rein finanziell gesehen war die Investition des Medici diesmal ein Verlust, aber politisch betrachtet wirkte sich der Besuch des deutschen Kaisers beruhigend auf die Lage zwischen den beiden Achsen Florenz-Mailand und Venedig-Neapel aus, die neuerdings explosiv geworden war.

Kaum war Friedrich III. abgereist, reicher, als er gekommen war und obendrein mit einer Portugiesin zur Frau, als die Neapolitaner plündernd in die Toskana einfielen. Früher brach Cosimo in solchen Situationen in Panik aus; sein kaufmännischer Sinn empörte sich über so viel sinnlose Zerstörung. Diesmal verlor er nicht den Kopf. Als ein aufgeregter Bürger zu ihm kam und berichtete, die Eindringlinge hätten ein paar Dörfer besetzt, hob er nur seine dichten Augenbrauen. »Was du nicht sagst«, bemerkte er kühl, »wo ist denn dann René geblieben?« Das bezog sich auf René von Anjou, den unterlegenen Kandidaten um den Thron von Neapel, der gern gegen jeden offiziellen Vertreter des Königreichs kämpfte. Tatsächlich erschien der Herzog von Anjou auch sofort und vertrieb die Truppen seines ehemaligen Rivalen aus der Toskana; trotzdem zogen sich die planlosen Kämpfe, die Venedig und Neapel gegen Florenz und Mailand führten, noch weitere zwei Jahre hin. Im Jahre 1453 – dieses Jahr hatte Cosimo König Karl VII. als Jahr der Entscheidung vorausgesagt – fiel Byzanz an den türkischen Sultan Mohammed II. Dieses Ereignis erschreckte nicht nur die streitenden Parteien in Italien, sondern ganz Europa.

Porträt der Lucrezia Tornabuoni, Gemahlin Pieros de' Medici und Mutter Lorenzos, von Botticelli. Die ebenso hübsche wie kluge Lucrezia war nicht nur ihrem Mann Piero eine wichtige Ratgeberin, sondern sie hatte auch später großen Einfluß auf ihren Sohn Lorenzo, der sie sehr liebte.
Es ist nicht ganz erwiesen, ob es sich bei der Abbildung tatsächlich um Lucrezia Tornabuoni handelt oder um die Florentinerin Simonetta Vespucci, die Geliebte Giulianos de' Medici. Städelsches Kunstinstitut, Frankfurt am Main.

Viele zeitgenössische Beobachter glaubten, daß die aufstrebenden Nationalstaaten außerhalb der italienischen Halbinsel auch für den baldigen Zerfall des Westreiches sorgen würden. Frankreich und Spanien, die beiden neuerdings so selbstbewußten Länder am westlichen Horizont Italiens, schienen die letzten Gebiete des alten römischen Herrschaftsbereichs aufsaugen zu wollen.

Nikolaus V. befahl energisch allen Christen einschließlich Karls VII., der wegen der Unruhen in seinem Land Florenz 1452 nicht hatte zu Hilfe eilen können, mit dem Gezänk aufzuhören und als einheitliche Front gegen die unverschämten Moslems zu ziehen. Es gab darüber viele Diskussionen, aber es wurde nichts unternommen, um die Türken zu vertreiben. Venedig war am unmittelbarsten durch eine heidnische Invasion über den Landweg aus dem Südosten gefährdet. Die Republik beschloß, ihren italienischen Feldzug einzustellen, der nicht enden zu wollen schien. Die Venezianer begannen mit den Mailändern, ihren Hauptgegnern, über einen Friedensschluß zu verhandeln. In Lodi in der Lombardei wurde am 9. April 1454 mit dem Segen des Papstes ein Vertrag unterzeichnet. Die beiden Staaten, denen sich auch Venedig und der Papst anschlossen, schworen unter dem Eindruck des drohenden Vormarsches der Türken einander beizustehen.

Natürlich konnte der Friede von Lodi nicht alle Rivalitäten aus der Politik vertreiben, aber er hat für die nächsten zehn Jahre die unruhige Lage im Lande etwas stabilisiert. Cosimo sah nun seine Ansichten, die seit fast einem Menschenleben in ihm gereift waren, in einem internationalen Vertrag verankert. Er war überzeugt, daß eine wesentlich vom Handel bestimmte Republik wie Florenz sich keine bewaffneten Angriffe auf benachbarte Staaten leisten durfte. Vielleicht war Cosimo der erste bedeutende christliche Staatsmann, der die Ansicht vertrat, daß eine Gemeinschaft, die auf ihre Zivilisation stolz war, an territorialer Expansion kein Interesse haben dürfe. Seit der Zeit hat dieses Prinzip die Politik von Florenz im wesentlichen bestimmt, solange die ältere Linie der Medici am Ruder war.

In diesen fünf Jahren hatte sich Cosimos Privatleben günstig entwickelt, wenn man von dem allgemein schlechten Gesundheitszu-

Am 1. Januar 1449 wurde Lorenzo de' Medici als Sohn Pieros und der Lucrezia Tornabuoni in Florenz geboren. Diese »Geburtstafel« des Domenico Veneziano (1410–1461) verherrlicht das Ereignis. New York Historical Society, New York.

stand der Familie, ausgenommen dem Contessinas, einmal absieht. Piero, sein von Gicht geplagter ältester Sohn, war schon ein halber Invalide, als er 1443 die geistvolle, wenn auch nicht besonders schöne Lucrezia Tornabuoni heiratete. Diese Dame sollte später in einigen der glänzendsten Episoden florentinischer Geschichte eine Rolle spielen. Die Frauen Italiens agierten damals meist hinter den Kulissen; so auch Lucrezia. Sie wirkte im stillen, aber ihr Einfluß war stark und beständig. Was sie tat, geschah zum Wohl ihrer Geburtsstadt, in der die Tornabuoni als eine der mächtigsten Handelsfamilien stets die Medici unterstützt hatten. 1449 gebar sie Piero den ersten Sohn: Lorenzo. Er entwickelte sich nicht nur zum bedeutendsten Mitglied seiner Familie, sein Name wird immer genannt werden, wenn von einem bewunderungswürdigen Charakter die Rede ist.

Auf Pieros Vermählung mit Lucrezia Tornabuoni folgte die Hochzeit des dicken, unbekümmert lustigen Giovanni – Liebling seines Vaters wie seiner Mutter – mit Ginevra degli Albizzi. Das Paar bekam einen Sohn, nach seinem Großvater Cosimo oder Cosimino genannt, aber das Kind starb mit fünf Jahren.

Zu jener Zeit kam Cosimo der Gedanke, es sei für ihn nun wohl an der Zeit, die Zügel der Macht an andere abzugeben. Nach den damaligen Maßstäben war er nun ein alter Mann, geschlagen von der Gicht, der »Berufskrankheit« der Fürsten. Der Zeitpunkt schien günstig für einen solchen Schritt. Italien erfreute sich einer Kriegspause. Der Kreuzzug gegen die Türken, von dem so viel und begeistert geredet worden war, hatte sich längst als undurchführbarer Traum erwiesen. Und es war weder Florenz und Mailand auf der einen noch Venedig auf der anderen Seite gelungen, ihre Auseinandersetzung mit einem klaren militärischen Vorteil zu beenden. Das gab dem friedliebenden Nikolaus V. die Möglichkeit, 1454 erfolgreich zwischen den beiden Parteien zu vermitteln.

Etwa zur gleichen Zeit argwöhnten einige von Cosimos Anhängern, ihren Führer gelüste es nach der offiziellen »Herrschaft von Florenz«. Der Tod Neri Capponis bot 1457 den ernüchterten Parteigängern eine Gelegenheit, Cosimos wirklichen Ehrgeiz zu prüfen. Sie schlugen eine Reihe gesetzlicher Verfügungen vor, die auf die Abschaffung der Vorherrschaft des Staatsoberhaupts zielten. Als Cosimo allerdings mit seiner gewohnten Neigung, im Hintergrund zu bleiben, wissen ließ, er werde solche Gesetze begeistert unterstützen – wahrscheinlich dachte er damals bereits an die Freuden des Rückzugs ins Privatleben –, nahmen sie davon schnell wieder Abstand. Cosimo kannte seine Florentiner. Solange man sie frei und heftig diskutieren ließ und sie nicht zwang, in die Knie zu gehen und einen von ihnen als Fürsten anzuerkennen, konnte man ihnen allerlei zumuten. Er verdankte seine lange, erfolgreiche Laufbahn seinem Talent, wenig zu sagen und viel zu tun, und seiner Bereitschaft, Narren wie Weisen stundenlang zuzuhören, wenn sie ihm unbedingt einen Rat geben wollten. Er war keineswegs eine glänzende Erscheinung und hatte im Gegensatz zu den meisten Italienern seiner Zeit noch nie in seinem Leben eine theatralische Pose eingenommen. Bei alledem hatte er Wunder vollbracht, auch wenn nur seine engsten Verbündeten das begriffen hatten. Er hatte Florenz als einen Wirrwarr von Hitzköpfen vorgefunden und hinterließ es als ein Muster zivilisierten Verhaltens.

Das große Ziel, dem sein ganzes Streben gegolten hatte, war erreicht. Die Republik Florenz brauchte mit den beiden großen Autokratien Mailand und Frankreich im Norden als Rückendeckung niemanden zu fürchten und konnte das Werk fortsetzen, das ihren Bürgern am meisten lag: ein starkes Netz internationaler Finanz- und Geschäftsbeziehungen aufzubauen zum Wohl einer Welt, in der die Feder mehr galt als das Schwert.

So mag Cosimo, ein alter Mann von 66 Jahren, gedacht haben, als er abtrat, um die Bühne der Politik anderen zu überlassen.

Unter diesen erwies sich Luca Pitti, der 1458 zum drittenmal *gonfalonier* wurde, als der Unangenehmste. Cosimo beauftragte ihn, das

Rechts: Eine nach der Mode der Zeit gekleidete Florentinerin. Es handelt sich um Ginevra degli Albizzi, die Gemahlin Giovannis di Cosimo de' Medici. Ausschnitt aus dem Fresko »Heimsuchung Mariä« von Domenico Ghirlandaio in Santa Maria Novella in Florenz. Ghirlandaio stellt auf seinen Fresken biblische Szenen dar, die er in die Umwelt seiner Zeit versetzt.

parlamento wieder zu beleben. Luca sollte den ganzen Haß zu spüren bekommen, den dieses veraltete und schändliche Zerrbild einer Mehrheitsregierung bei den Florentiner auslöste. Cosimo mochte Luca nicht und fand, es sei zum Wohl der Stadt, wenn man ihn seinen eigenen Strick drehen ließ.

Zu Beginn des 14. Jahrhunderts waren die Pitti eine hervorragende – ja, fast weltberühmte – Familie gewesen. Als Bankiers und Makler hatten sie ausländischen Potentaten geholfen, ihre Kronen zu ergreifen oder zu behaupten; man konnte sie als die Rothschilds ihrer Zeit bezeichnen.

Luca hatte diesen Ruf mit viel Prahlerei und persönlicher Zurschaustellung gepflegt. Er war allerdings entschieden weniger intelligent als die meisten seiner Familie und deshalb vielleicht um so kühner. Seine bunten Heldentaten gipfelten nach dem zweiten *parlamento,* das er 1458 abhielt, in der gewaltsamen Einsetzung eines eigenen tyrannischen Komitees. Es wurde nach den alten Methoden der *balia* ernannt, die man nur noch als eine durch Einschüchterung manipulierte Wahl bezeichnen konnte. Das hinderte Luca nicht, diesen Ausschuß das »Priorat der Freiheit« zu taufen.

Cosimo, von den Schmerzen der Gicht gepeinigt, ließ den Dingen ihren Lauf. Weder er noch seine Freunde wurden in dieser Situation zu Rate gezogen. Sie wurden nicht einmal heimlich bedroht. Zweifellos hoffte Cosimo, Luca werde sich nicht lange halten. Aber er irrte sich: Luca blieb acht Jahre. Die Florentiner, einst so rasch in der Ablehnung jedweder Eingriffe in ihre Bürgerrechte, schienen von Lucas Hinrichtungen, Verbannungen und unerhörten Strafen ebenso hypnotisiert zu sein wie von dem imposanten Stadthaus, das er plante – dem berühmten Palazzo Pitti –, und seinen fast königlichen Festen.

Papst Nikolaus V., der großzügige und eifrige Humanist und alte Freund Cosimos, war 1455 gestorben. Seine letzten Jahre waren durch Unzufriedenheit in Rom und die erfolglosen Versuche, einen Kreuzzug zusammenzustellen, verdunkelt. Seinem Nachfolger Calixtus III., einem spanischen Rechtsgelehrten und Berater König Alfons' V., gelang das ebensowenig. Ansonsten hat er seinen berüchtigten Neffen, Rodrigo Borgia, den späteren Papst Alexander VI., am römischen Hof eingeführt.

Der nächste Papst, Äneas Silvius, Pius II. genannt und 1458 nach dem Tod von Calixtus eingesetzt, erwies sich als typischer Humanist der Frührenaissance. Er widmete sich dem Studium der Antike ebenso wie den Aufgaben der Kirche und hatte bereits mehrere Werke von literarischem Rang veröffentlicht. Sein Nachlaß umfaßt Gedichte, Prosa, ein Schauspiel, Reden und vor allem eine lateinische Geschichte seiner Zeit, die als beispielhaft galt. Dieser vielseitige Kirchenfürst besuchte Florenz 1459 auf dem Weg nach Mantua, wo er für einen Kreuzzug predigen wollte. Luca sorgte für ei-

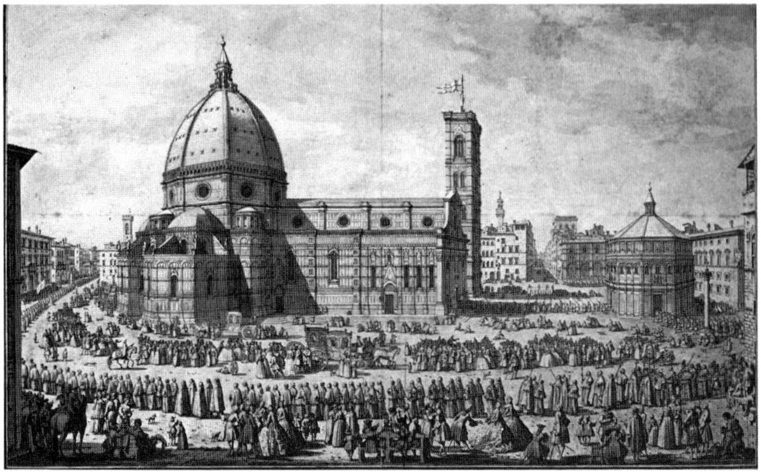

Der Dom und das Baptisterium während der Fronleichnamsprozession. Giuseppe Zocchis Ansicht von Norden zeigt das prachtvolle Gebäude mit seinem rosafarbenen, dunkelgrünen und weißen Marmor. Arnolfo di Cambio fertigte den ersten Entwurf für die Kathedrale im späten 13. Jahrhundert an. Giotto baute den Glockenturm 1334, und erst 1436 vollendete Brunelleschi den Bau und entwarf die Kuppel, die Michelozzo beendete.
San Giovanni, nach dem das Baptisterium und der Platz davor benannt wurden, ist der Patron der Stadt Florenz. Die Taufkapelle ist eine romanische Nachbildung eines früheren Baues. Ihre berühmten Bronzetüren entstanden erst im 14. und 15. Jahrhundert.
Das Fronleichnamsfest wurde alljährlich am 23. Juni in Verbindung mit dem San Giovanni-Fest gefeiert. Die Heiligenreliquien wurden unter einem Baldachin vom Dom zum Baptisterium getragen und – nach einer längeren Prozession durch die Stadt– wieder zurück zur Kathedrale.

nen großzügigen Empfang. Man zeigte ihm wertvolle Handschriften, lud zu gelehrten Disputen ein und veranstaltete Weingelage, an denen – zum Wohlgefallen des Papstes – die schönsten Kurtisanen der Stadt teilnahmen.
Vier Edelleute trugen Pius II. in einer mit Seidenbrokat ausgeschlagenen Sänfte von einem der Stadttore zu seinem Quartier in Santa Maria Novella. In dem Saal, den man Mercate Nuovo nannte, nahe bei der Piazza della Signoria, war eine Bühne vorbereitet, auf der sechzig junge Männer und sechzig Mädchen aus den besten Familien der Florentiner Gesellschaft tanzten. Ein riesiges Publikum bewunderte ihre prächtigen Kostüme und graziösen Formationen. Ein historisches Schauspiel folgte, das zwölf Knaben, darunter auch der elfjährige Lorenzo de' Medici, Cosimos Enkel, vortrugen. Ritter fochten bei Fackelschein Turniere auf der Piazza Santa Croce aus. Jäger hetzten wilde Tiere auf der Piazza della Signoria. Im Palazzo Vecchio wurde ein großes Bankett gegeben. Enttäuscht berichtet der Florentiner Cambi in seiner Chronik über die Zeremonien zu Ehren des fröhlichen und gelehrten Stellvertreters Christi: »Die Angelegenheit war von Hoffart gezeichnet, nicht von Heiligkeit. Sie hat uns ein Vermögen gekostet.«
Diese Ansicht teilte Cosimo wohl im stillen. Selbst Galeazzo Maria konnte sehen, wenn er nur ein bißchen Verstand hatte, daß Florenz in Wahrheit von Luca Pitti regiert wurde.
Als dann die Komödie des *parlamento,* das am 14. August 1458 stattfand, zu Ende war und zehn neue *accopiatori* ernannt waren, um die Signoria zu wählen, sonnte sich Luca Pitti zunächst in seinem Ruhm. Cosimo erkannte zuerst nicht, wie lange sich dieser Ruhm halten würde. Er wußte jedenfalls, daß das alte Florenz der

Guelfen und Ghibellinen, deren Exzesse durch gerichtliche Verordnungen eingedämmt werden mußten, und der mächtigen Gilden mit ihren komplizierten Verordnungen und internen Eifersüchteleien für immer vorbei war. Diese Zustände würde auch ein größenwahnsinniger Kapitalist wie Pitti nicht wiederherstellen können. Cosimo, der erfahrene Bankier und Kaufmann, hatte die notwendigen Voraussetzungen geschaffen. Sie stützten im wesentlichen die Herrschaft eines Mannes, aber dieser Mann mußte als Autokrat äußerst vorsichtig sein und alles tun, um die traditionellen republikanischen Formen zu wahren. So mußte der Erbanspruch seiner Familie für immer gesichert sein, vorausgesetzt, seine Nachkommen – zuerst Piero und dann dessen Sohn Lorenzo – wahrten die Prinzipien, nach denen sie erzogen worden waren. In diesem Sinn hatte Cosimo auch beim Empfang des neuen Papstes Pius II. im Jahr 1459 Regie geführt.

Der von der Gicht geplagte Medici war inzwischen so steif geworden, daß er sich weder erheben konnte, um den Papst zu begrüßen, noch niederknien, um ihm den Fuß zu küssen. Pius II. schrieb nach dieser Zusammenkunft über den körperlich gelähmten und geistig so beweglichen alten Herrn: »Er ist es, der über Krieg und Frieden entscheidet und die Gesetze überwacht, weniger ein Bürger als der Herr des Landes. In seinem Haus werden die politischen Probleme gelöst. Ämter bekommen jene, die er auswählt. Zum König fehlen ihm nur Titel und Zeremonie. Sein Einfluß ist so groß, daß man ihm alles unterbreitet. Er ist sehr bescheiden, nur ein Diener begleitet ihn, wenn er ausgeht. Er weiß alles, was in Italien vor sich geht, und die meisten Städte und Fürsten hören auf seinen Rat. Auch aus fremden Ländern erfährt er alles, da seine Handelsvertreter ihm die neuesten Nachrichten senden.«

Luca Pittis großtuerische Prahlerei hat auf den klugen Kirchenfürsten offenbar keinen solchen Eindruck gemacht.

Doch die Zeit verging, und Cosimo mußte mehr und mehr das Bett hüten, von dem aus er seine Geschäfte lenkte. Seine reale Macht war ebenso groß wie die des offenkundigen Despoten, des Herzogs Francesco Sforza von Mailand; aber er hatte weniger Feinde. Seine drei Haupttugenden – Klugheit, Mäßigung und Mut, dargestellt durch die drei Federn in seinem Wappen – verließen ihn nie. Seine Höflichkeit, Selbstbeherrschung und sein unerforschliches Wesen wurden fast sprichwörtlich.

Cosimo konnte gesunde Moral und geschäftlichen Rat in einer Nußschale unterbringen. Als ihn ein Florentiner aufsuchte, der als notorischer Schwätzer bekannt war und als *podestà* in eine andere Stadt gehen sollte, um letzten Rat bei ihm einzuholen, sagte er zu seinem anständigen, wenn auch redseligen Landsmann: »Trage Rot und halte den Mund.« So zynisch Machiavelli und Guicciardini auch waren, Cosimo haben sie aufrichtig bewundert. Er zog das

Äneas Silvius Piccolomini (1405–1464) hatte, bevor er 1458 unter dem Namen Pius II. zum Papst gekrönt wurde, eine lateinische Liebesnovelle in der Art des Boccaccio geschrieben. Später versuchte er, diese leichtfertige »Jugendsünde« zu verheimlichen, was ihm jedoch nicht gelang, denn seine novella *war schon in mehreren Ausgaben erschienen. Holzschnitt aus der deutschen Übersetzung der »Historia de duobus amantibus« von Niklas von Wyle, Straßburg 1478.*

Neben Piero und Giovanni hatte Cosimo der Alte noch einen dritten Sohn. Es war Carlo, der 1430 geboren wurde. Seine Mutter, eine tscherkessische Sklavin, hatte Cosimo in Venedig gekauft. Als unehelicher Sohn kam Carlo für die Medicinachfolge im Bereich der Wirtschaft oder Politik nicht in Frage, sein Vater ließ ihn deshalb zum Priester ausbilden.
Porträt des Carlo de' Medici von Andrea Mantegna (1431–1506). Die Gesichtszüge sind mit bildhauerischer Klarheit herausgearbeitet, wobei auf jedes überflüssige Detail verzichtet wird.
Uffizien, Florenz.

Spielfeld des Handels und der Finanzen dem der Politik vor und dachte sich immer weitere Pläne aus, wie man zu Geld gelangen könnte, obwohl die praktische Notwendigkeit dafür längst nicht mehr bestand. Er hat oft gesagt, der Handel einige die Menschheit und bringe Ruhm für die Gemeinde, während das Spiel der Politiker mit der Freiheit nur Zwietracht säe und ihnen Schande bringe.
Zu Lebzeiten und danach warf man Cosimo vor, er sei zu freigebig gegenüber dem »Banditen« Sforza gewesen, gegen Architekten und Künstler, Gelehrte und Philosophen, die er alle weitgehend aus »ruinösen« Steuern bezahlt habe. Cosimo hätte ihnen wohl geantwortet: »Wenn ich nicht einen guten Freund auf den Thron von Mailand gesetzt und wenn ich nicht die Aufmerksamkeit ganz Italiens auf die geistige Bedeutung der Stadt Florenz gelenkt hätte, so wären die Florentiner unter die Herrschaft Venedigs oder Neapels geraten, und ihre kulturelle Vormachtstellung hätte ein jähes Ende gefunden.« Doch Cosimo war nicht der Mann, der sich auf diese Weise verteidigte. Es genügte ihm, wenn die intelligenteren unter seinen Zeitgenossen ihre Schlüsse selbst zogen. Wären sie anderer Ansicht gewesen, so hätten sie ihn längst aus der Stadt verjagt – lange bevor der Stern des Herzogs Francesco in der Lombardei aufging.
Eines Tages fragte Luca Pitti, der sehr darauf achtete, sich mit Cosimo gut zu stellen, was er von dem riesigen neuen Palazzo Pitti halte, der sich auf dem Monte San Giorgio erhob. Cosimo warnte ihn in seiner anschaulichen Art vor maßlosem Ehrgeiz. »Du zielst ins Unendliche; ich bin das Endliche. Du streckst deine Leiter in den Himmel; ich stelle meine fest auf die Erde, um nicht zu stürzen, weil ich sie zu weit ausgezogen habe. Du und ich, wir sind wie zwei große Hunde. Wenn wir uns begegnen, beschnüffeln wir uns. Wenn wir sehen, daß wir beide Zähne haben, gehen wir jeder unseres Weges.« Der Ton war freundlich, sogar schmeichelhaft, aber der Sinn war das Gegenteil von Unterwerfung. Bis auf die Schmeichelei prallte alles von Luca ab. Er sah keinen Grund, weshalb er nicht ein noch größerer »Hund« als Cosimo werden sollte, zumal es mit ihm doch bald zu Ende gehen mußte.
Tatsächlich verschlechterte sich das Befinden des alten Mannes ständig, und auch seinen beiden Söhnen Giovanni und Piero ging es nicht besser. Oft lagen alle drei gleichzeitig mit Gicht danieder, und alle drei neigten dann zu schlechter Laune.
1463 starb Giovanni, der jüngere Sohn. Er war erst 41 Jahre alt. Die meisten Menschen, die ihn kannten, einschließlich seiner Eltern und Sforzas, hatten ihn für fähiger gehalten als Piero, für gesünder und überhaupt für einen angenehmeren Menschen. Seine Büste von Mino da Fiesole im Museo Nazionale in Florenz, die der seines Bruders vom selben Künstler so ähnlich sieht, zeigt auch ein anziehendes Gesicht, und das, obwohl Giovanni zum Ärger des enthalt-

samen Cosimo stets zuviel gegessen und getrunken hatte. Sein früher Tod war ein schwerer Schlag für seine kindisch vernarrten Eltern. »Dieses Haus«, murmelte Cosimo traurig, während man ihn in einer Sänfte durch seinen neuen, großen Palast trug, »ist für so eine kleine Familie viel zu groß.« Alle seine Hoffnungen ruhten nun auf dem nicht gerade vielversprechenden Piero.

Cosimo hatte noch ein anderes Kind, einen jungen Mann, den er Carlo genannt hatte. Dessen Mutter war Magdalena, eine tscherkessische Sklavin, die Cosimo in Venedig als Jungfrau gekauft hatte. Die jungen Frauen dieses kaukasischen Stammes, meist Mohammedanerinnen, waren wegen ihres hübschen Aussehens und ihrer Fröhlichkeit auf den Märkten des Ostens sehr geschätzt. Die Mädchen waren allerdings keine guten Dienerinnen, sie neigten zur Faulheit und zum Widerspruch. Die Käufer mußten sich meist mit den – oft hinreißenden – dekorativen Eigenschaften ihrer Erwerbung zufrieden geben. Carlo sah sehr slawisch aus und glich damit seiner Mutter, während er von seinem Vater anscheinend etwas von dessen Fleiß geerbt hatte. Natürlich kam eine Medicinachfolge im Bereich der Wirtschaft oder Politik für ihn nicht in Frage. Cosimo ließ den Knaben zum Priester ausbilden, eine für Carlo offenbar befriedigende Lösung; jedenfalls hat die Nachwelt weiter nichts von ihm erfahren, was historisch von Bedeutung gewesen wäre.

Die Kraft des alten Mannes war nun ganz gebrochen. Als Contessina ihn fragte, weshalb er so oft mit geschlossenen Augen dasäße, antwortete er mit seinem üblichen Lächeln, er wolle sich an die Dunkelheit des Grabes gewöhnen. Sein häufiges langes Schweigen beunruhigte sie. »Woran denkst du die ganze Zeit?« fragte sie eines Tages in der Hoffnung, ihn aus seiner Apathie zu lösen. »Bist du nicht auch still, meine Liebe«, antwortete er, »wenn du dich für eine Reise vorbereitest?«

Er wußte, daß er im Sterben lag, und wehrte sich nicht dagegen. Zu Marsilio Ficino sagte er, er betrachte den Tod als eine Erlösung vom quälenden Nachdenken über das Elend des Lebens und die bösen Taten der Menschen.

Am 26. Juli 1464 schrieb Piero de' Medici aus Careggi an seine Söhne Lorenzo und Giuliano in Cafaggiuolo:

»Ich schrieb Euch vorgestern, daß es Cosimo schlechter geht. Ich glaube, er geht dahin, und er ist selbst der Meinung. Am Dienstagabend befahl er deshalb allen außer Madonna Contessina und mir, das Zimmer zu verlassen ... Er sprach von der Regierung der Stadt, von ihrem Handel, von der Verwaltung des Familienvermögens und von Euch beiden. Der Gedanke, daß Ihr etwas im Kopf habt, tröstete ihn. Er sagte, ich solle Euch gut erziehen, dann würdet Ihr mir eine große Hilfe sein. Zwei Dinge bedauerte er: daß er nicht alles getan habe, was er tun wollte, und daß er mich krank und mit vielen ungelösten Problemen zurücklasse.

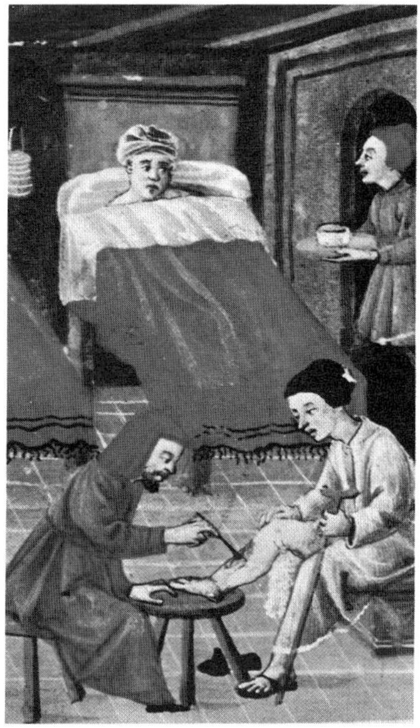

Krankensaal in einem italienischen Hospital des 15. Jahrhunderts. Doch gegen die Familienkrankheit der Medici, die Gicht, konnte die ärztliche Kunst damals wie heute wenig ausrichten. Ausschnitt aus einer zeitgenössischen Miniatur. Biblioteca Laurenziana, Florenz.

Dann sagte er, er werde kein Testament machen. Das habe er auch nie vorgehabt, auch nicht zu Giovannis Lebzeiten, da er wisse, daß wir in Liebe und gegenseitiger Achtung vereint seien ... Bei seinem Begräbnis wünsche er keinerlei Pomp oder Zurschaustellung ... und er wolle in San Lorenzo beigesetzt werden. Er sprach mit solch ruhiger Überlegung, Weisheit und solchem Mut, daß es ein Wunder zu hören war. Gestern morgen stand er auf, zog sich vollkommen an ... beichtete dem Prior von San Lorenzo und hörte die Messe; er sprach die Antworten wie ein ganz gesunder Mann. Nach den Glaubensartikeln befragt, antwortete er richtig und empfing mit größter Demut die Sakramente, nachdem er jedermann um Verzeihung gebeten hatte. All das hat meinen Mut und meinen Glauben an den Herrgott gestärkt ...

Gestern schien er wohl und verbrachte eine gute Nacht. Aber in Gedanken an sein hohes Alter habe ich nicht viel Hoffnung für seine Genesung. Laßt die Mönche für ihn beten und laßt Almosen verteilen, wie es Euch gut dünkt. Betet zu Gott, er möge ihn noch eine Weile bei uns lassen, wenn das zum Besten ist. Und Ihr, die Ihr jung seid, nehmt Euch ein Beispiel an ihm und schultert tapfer Euren Teil des Leides, da Gott es so will, und achtet darauf, wie Männer zu handeln, obwohl Ihr noch Knaben seid, denn so verlangen es Eure Stellung und Eure Umstände. Die Zeit ist gekommen, daß Ihr für Euch selbst einstehen müßt. Ich werde bald wieder von Cosimo schreiben. Wir erwarten stündlich einen Arzt aus Mailand, aber ich vertraue mehr auf Gott als auf irgend etwas anderes.«

Den Arzt hatte Cosimos alter Freund Francesco Sforza geschickt, aber alle ärztliche Kunst konnte den Patienten nicht mehr retten. Am 1. August 1464 starb Cosimo de' Medici der Alte mit 77 Jahren. Nach seinem eigenen Wunsch war das Begräbnis einfach, aber jeder, der auf sich hielt, und zahlreiche einfache Bürger von Florenz füllten die Gänge der Kirche von San Lorenzo. Da Cosimo die meiste Zeit seines Lebens eine in der damaligen politischen Geschichte wohl einzigartige Stellung innegehabt hatte, wurden auf öffentlichen Beschluß die Worte *pater patriae* auf seinen Grabstein in der Kirche gemeißelt.

Zweifellos hat Cosimo in den Jahren seiner Macht ein ungeheures Vermögen zusammengetragen, aber es war auch nicht viel größer als das vieler Familien in Florenz – der Pazzi, Strozzi und Pitti etwa –, ganz zu schweigen von Häusern, die politisch nie eine Rolle gespielt haben. Das wahre Geheimnis für Cosimos erstaunlichen Aufstieg lag in seiner Mentalität. Seine Ausstrahlung war eher moralischer denn intellektueller Natur, ähnlich der mancher Männer, die eine unheimliche Macht über Frauen ausüben können, ohne dies bewußt zu wollen. Bei Cosimo ging das so weit, daß er – vielleicht halb bewußt – seine angeborene Liebenswürdigkeit und Geduld, hinter denen sich eine außergewöhnliche Entschlußkraft und abwä-

Porträt eines unbekannten jungen Mannes von Sandro Botticelli, entstanden um 1473/74. Der Mann umschließt mit seinen Händen eine Reliefmedaille aus vergoldetem Stuck mit dem Bildnis Cosimos des Alten. Sie wurde geprägt, als man dem Medici nach seinem Tod den Ehrentitel eines »Pater Patriae« verlieh. Im Hintergrund eine toskanische Landschaft mit dem Arno. Man vermutet, daß es sich bei diesem Bildnis um ein Selbstporträt Botticellis handelt. Uffizien, Florenz.

gende Intelligenz verbargen, auch seinen Rivalen und selbst seinen erklärten Gegnern in Wirtschaft und Politik erwies. Und doch hat Cosimo, wie viele Männer, denen die Dinge »in den Schoß fallen«, seinen Reichtum, seine Beliebtheit oder sein kaufmännisches Geschick nie zur Befriedigung eigener Gelüste eingesetzt. Er verabscheute Ausschweifung, Luxus und Prahlerei ebenso wie seine strengsten Kritiker. Patriotismus war zweifellos seine stärkste Leidenschaft, aber sein ausgeprägter praktischer Realismus verhinderte, daß sie zu einem unbesonnenen Nationalismus führte. Als Bankier und Kaufmann hatte er gelernt, wie unsinnig eine unbedachte Erregung sein kann und wie mächtig Neid und Haß durch einen allzu selbstbewußten Führungsanspruch werden können. Wenn sein geliebtes Florenz vor sich selbst und seinen Feinden geschützt werden sollte, dann durfte sein Verteidiger nie als Herrscher auftreten. Gleichzeitig mußte er die ausländischen Monarchen davon überzeugen, daß er die Republik ebenso fest in der Hand hatte wie jene ihr eigenes Land.

Filippo Brunelleschi (in der Mitte kniend) überreicht Cosimo dem Alten das Modell der Basilika von San Lorenzo. Neben ihm steht Lorenzo Ghiberti, der die Tür des Paradieses am Baptisterium schuf. In dem ovalen Medaillon am unteren Bildrand ist Giovanni de' Medici abgebildet, Cosimos Sohn. Wandgemälde von Giorgio Vasari aus dem Saal Cosimos des Alten im Palazzo Vecchio, Florenz.

Das war eine schwierige Aufgabe, die besonders innenpolitische Probleme aufwarf. Die Autokraten außerhalb von Florenz begriffen Cosimo ohne Mühe. Nur in Florenz mußte er jeden Anschein einer freien, eigenmächtigen Handlungsweise vermeiden.
Eine Lösung war, fähige Männer ins Amt zu nehmen, die ihm in irgendeiner Art zu Dank verpflichtet waren. Von Cosimo gefördert, erwies sich zum Beispiel der begabte Proletarier Puccio Pucci als äußerst nützlicher Bundesgenosse. Erklärte Gegner wie den ehrlichen, aber sturen Neri Capponi konnte man durch Schmeichelei dazu bringen, Gesandtschaften oder andere wichtige Posten im Ausland anzunehmen. In seiner eigenen Familie verhinderte er wachsam jeden Vorgang, der als Vorbereitung einer »Mediciherrschaft« in Florenz hätte ausgelegt werden können. Zum Beispiel gestattete er Piero nicht, die Tochter eines Landedelmanns zu hei-

raten, und lehnte Brunelleschis Entwürfe für den neuen Palazzo Medici als zu prächtig und aufwendig ab.

Die Bank der Medici war ein wirkungsvolles, wenn auch gelegentlich tückisches Instrument, um sich Popularität zu erhalten. Es kam oft vor, daß seine gefährlichen Gegner finanziell den Boden unter den Füßen verloren, während seine Freunde leicht ein Darlehen erhielten, wenn sie in Schulden geraten waren. Nach außen hin spendete er große Beträge für wohltätige Zwecke und gab noch größere Summen für prächtige Kirchen und Klöster aus, was ihm die Verehrung des mächtigen und zahlreichen Klerus und der immer noch frommen Florentiner einbrachte. Gleichzeitig fühlte sich die geistige Elite zu ihm als dem aufgeklärten Mäzen der Kunst und Wissenschaft hingezogen. Er stützte sich auf ihren Rat und befahl sogar seinen Handelsvertretungen in Europa und im Osten, Statuen, Schmuck, Münzen und Handschriften für ihn zu sammeln. Seine Schiffe und Handelszüge waren mit fast ebensoviel Gegenständen von kulturellem Interesse wie mit Gebrauchsgütern beladen.

Der bedeutende Schweizer Kulturhistoriker Carl Jakob Burckhardt (1818–1897) wurde durch Cosimos enge Vertrautheit mit Künstlern wie Donatello, Fra Angelico und Filippo Lippi zu dem Kommentar veranlaßt, ein Mann in Cosimos Stellung als Kaufmann und Parteiführer, der auch noch so viele Schriftsteller, Denker und Gelehrte auf seiner Seite habe, sei ein wahrer Fürst gewesen. Vielleicht hatten Cosimos italienische Zeitgenossen ihn nicht als den überragendsten Geist empfunden. Aber durch die Verbindung von kaufmännischer Überlegenheit, politischem Scharfsinn, Respekt vor schöpferischer Phantasie auf anderen Gebieten als Wirtschaft und Politik und durch den geheimnisvoll-mächtigen Zauber, den er unbewußt ausstrahlte, war er bestimmt der Vielseitigste.

Gerissenheit und Skrupellosigkeit, die er in der Praxis auch an den Tag legte, waren zu Cosimos Zeit nichts Besonderes; nur die übertrieben Frommen unter seinen Zeitgenossen nahmen daran Anstoß. Florenz blühte unter seiner Herrschaft und war überall geachtet, selbst bei erklärten Moralisten. Der großen Mehrheit der Bürger ging es besser als je zuvor. Man kann eigentlich in Cosimos Laufbahn kein einziges klares Beispiel dafür finden, daß er Vaterlandsliebe bewußt persönlichen Interessen untergeordnet hätte. Gewalttaten und Blutvergießen haßte er aufrichtig, und seine Beteiligung an der Ermordung Baldaccios konnte ihm nie restlos nachgewiesen werden. Marsilio Ficino, ein überzeugter und tugendhafter christlicher Philosoph, schrieb: »Platon verdanke ich viel, Cosimo nicht weniger. Er hat für mich die Werte geschaffen, von denen Platon mir die Vorstellung gab.«

Das Schlimmste, was man dem *pater patriae* als Politiker zuverlässig nachsagen kann, ist, daß er seiner Stadt einen vagen Anschein von

Freiheit nahm und ihr dafür eine stabile und tüchtige Regierung gab. Die meisten Florentiner waren froh darüber; denn die zahllosen Experimente mit der parlamentarischen Regierung hatten zu nichts geführt.
Wahrscheinlich darf man in Florenz die interessanteste aller vor-demokratischen Regierungsformen und in Giovanni und Cosimo de' Medici die beiden faszinierendsten Oberhäupter solcher Verfassungen sehen.
Das Problem, das sie zu lösen versuchten – die Suche nach einem Weg, wie man persönliche Freiheit mit nationalem Wohlergehen verbinden kann und wie man eine Gruppe von brillanten Individualisten dazu bringt, reibungslos als ein Ganzes zusammenzuarbeiten –, taucht in der Geschichte immer wieder auf. Cosimo war bei seiner Regierung im wesentlichen auf seine diplomatische Begabung angewiesen und hatte den psychologischen Bedingungen seiner Florentiner Zeitgenossen Rechnung zu tragen. Ein Buchhändler der Zeit, Vespasiano da Bisticci, hat seine Methoden kurz und bündig so zusammengefaßt:
»Um die Kontrolle zu behalten, ging er mit größtem Geschick vor. Wann immer er irgend etwas durchsetzen wollte, achtete er darauf – um jeden Neid so weit wie möglich auszuschalten –, daß der Anstoß von anderen zu kommen schien, nicht von ihm selbst.«
Im Alter von siebzig Jahren spürte Cosimo, daß die Grundfesten seines Systems stark genug waren, um den Mätzchen seines offiziellen Nachfolgers Luca Pitti zu widerstehen, der der Republik ohnehin bisher noch keinen großen Schaden zugefügt hatte. Er widmete sich daher in den letzten Jahren seines Lebens mehr seinen Söhnen Piero und Giovanni als den Staatsgeschäften. Nach dem Tod seines Lieblingssohnes Giovanni konnte sich der alte Mann nur noch mit leichtem Unbehagen auf Piero konzentrieren, der zumindest einen stärkeren Charakter als sein Bruder hatte.
Leider hatte Piero eine noch labilere Gesundheit als Giovanni. Die mediceische Gicht machte ihn manchmal wochenlang bewegungs- und arbeitsunfähig. Cosimos Melancholie, während sein Leben immer schneller dem Ende zuging, ist wohl zu verstehen. Die Aussicht auf einen Kampf zwischen Pitti und Piero, dem Playboy und dem Invaliden, konnte einen Mann wie ihn nur traurig stimmen, nachdem er der Stadt alle Stabilität und allen Wohlstand geschenkt hatte, deren Florenz sich jetzt erfreute.

3 Lorenzo der Prächtige und die Blüte der Renaissance (1464–1492)

Lorenzo de' Medici, genannt »Il Magnifico« (»der Prächtige«). Schaumünze von Niccolò Fiorentino, 15. Jahrhundert. Museo Nazionale, Florenz.

Mit Cosimo dem Alten zweifelte halb Florenz, ob Piero di Cosimo de' Medici in der Lage sei, Macht und Ansehen – das Erbe seines Vaters – zum Wohle der Republik zu nutzen. Auf der Straße sprachen die Leute davon, daß Piero dem Staat als Gesandter in Mailand und Venedig (1448 als Prior und 1461 schließlich als *gonfalonier*) rechtschaffen, wenn auch nicht besonders ruhmreich gedient habe. Aber es gab keinen legalen Titel, der ihm als Nachfolger seines Vaters Autorität verliehen hätte. Und seine Persönlichkeit ließ bisher die Genialität und das diplomatische Geschick vermissen, die seinen Vater an die Macht gebracht hatten. Zudem hinderte ihn sein angegriffener Gesundheitszustand – man nannte ihn *il gottoso,* »den Gichtigen« – an aufreibender, politischer Aktivität. Die Öffentlichkeit und selbst Pieros eigene Familie sahen seine Schwächen, aber Piero selbst schien die allgemeine Einschätzung seiner Fähigkeiten nicht zu teilen. Im Gegenteil: Der Erbe Cosimos ließ deutlich erkennen, daß er nicht ein Jota mediceischer Macht in Florenz kampflos hergeben werde.
Unter diesen Umständen schien ein Konflikt unvermeidbar. Und er ließ auch nicht lange auf sich warten. Drei Freunde Cosimos waren über die Anmaßung des Sohnes so beunruhigt, daß sie mit Luca Pitti ein Komplott schmiedeten, um Piero aus der Politik auszuschalten. Diese drei waren Agnolo Acciaiuoli, Diotisalvi Neroni und Niccolò Soderini, die alle vornehmen und reichen Florentiner Familien angehörten. Sie fühlten sich von den Medici schlecht behandelt: Acciaiuoli, weil man den Antrag seines Sohns, Pieros Tochter zu heiraten, zugunsten einer vorteilhafteren Verbindung zurückgewiesen hatte; Soderini, weil er ein politischer Idealist war, dessen hochgestochene Ideen von einer Regierung die Medici zwar höflich anhörten, ohne jedoch daran zu denken, sie praktisch anzuwenden; und Neroni einfach deshalb, weil er ein ehrgeiziger Mann war, der gern Pieros Platz im Zentrum der florentinischen Macht einnehmen wollte. Neroni war außerdem ein schlauer, reicher und einflußreicher Bürger, dessen Urteil Cosimo einst sehr geschätzt hatte. Nicht nur der sonst

Der Dom Santa Maria del Fiore mit dem Glockenturm und dem Baptisterium. Bereits vor 1300 begann Arnolfo di Cambio mit dem Bau des Doms, der an der Stelle der alten kleinen Kirche Santa Reparata errichtet wurde. Von 1334–1337 war Giotto Architekt, der hauptsächlich am Campanile arbeitete. Die Kuppel entstand unter Leitung von Brunelleschi und Ghiberti in den Jahren nach 1420. 1436 wurde der Dom geweiht.
Das Baptisterium San Giovanni ist noch immer das große Rätsel der Florentiner Kunstgeschichte. Heute glaubt man, daß die Taufkirche 1059 oder 1061 von Papst Nikolaus II. geweiht wurde.
Die Außenwände verkleidete Arnolfo di Cambio 1298 mit grünweißem Marmor. Berühmt sind die Bronzetüren von Lorenzo Ghiberti aus dem 15. Jahrhundert.

so kluge *pater patriae,* auch sein ältester Sohn hat ihn jedoch völlig falsch beurteilt.
So machte Piero im besten Glauben einen verhängnisvollen Fehler. Er bat Neroni als Cosimos vertrautesten Ratgeber, die Kontobücher der Medici zu prüfen. Vielleicht fühlte sich das neue Familienoberhaupt zu diesem Schritt durch Gerüchte veranlaßt, die Medici hätten sich öffentlicher Gelder bedient. Derartige Vorwürfe waren naheliegend,

denn außer Cosimo selbst wußte fast niemand, womit er seine Außenpolitik finanziert hatte. Neroni erkannte seinen Auftrag sofort als Gelegenheit, das Ansehen der Medici zu schwächen. Er berichtete, die Geschäftslage der Bank sei kritisch. Um sie zu stabilisieren, solle Piero sofort alle Darlehen zurückziehen, die Cosimo einst eingeräumt hatte.
Ahnungslos folgte Piero diesem Rat. Nun gab es aber fast keinen Florentiner von Bedeutung, dem Cosimo nicht Geld geliehen hatte. Die Verärgerung unter den betroffenen Schuldnern nahm solche Ausmaße an, daß die politische Stellung des nominellen Führers der Republik ernsthaft gefährdet war. Man beschuldigte ihn privat und in der Öffentlichkeit, er sei hart und habgierig.
Luca Pitti gab den drei anderen Verschwörern zu verstehen, daß die Zeit jetzt reif für einen bewaffneten Aufstand sei. Der Idealist Niccolò Soderini betonte zwar energisch, er lehne die Herrschaft e i n e s Mannes in Florenz ab, stimmte aber ebenso gegen ein gewaltsames Vorgehen. Er schlug vor, solange zu warten, bis Pieros angeschlagener Ruf ihn von selbst politisch ruiniert habe. Nach einigem Zögern ließen sich die anderen schließlich von dieser Ansicht überzeugen. Als Niccolò Soderini Ende 1465 zum *gonfalonier* gewählt wurde, trug er zwar prompt eine Reihe von Verfassungsänderungen vor, aber die Signoria lehnte sie ab. Die vier Verschwörer mußten noch warten.
Im Frühling dieses Jahres schickte Piero seinen ältesten Sohn Lorenzo, der damals 15 war, nach Mailand, um den 13jährigen Prinzen Federigo von Aragon kennenzulernen. Federigo sollte Ippolita Sforza, die Tochter des Herzogs, in Mailand abholen und sie zur Hochzeit mit seinem älteren Bruder Alfonso, Herzog von Kalabrien und Thronfolger des Königreichs, nach Neapel geleiten. Die beiden Jünglinge freundeten sich an, und diese Beziehung sollte sich für Lorenzo später noch als sehr nützlich erweisen.
Auf der Reise nach Norden über Bologna, Ferrara und Venedig wurde Lorenzo empfangen, als sei er der Erbe eines regierenden Fürsten und nicht eines prominenten Bürgers, dem in seiner Heimatstadt eine Verschwörung drohte. Sein Vater hatte ihn angewiesen, »wie ein Mann zu handeln« und alles zu tun, um das Ansehen seiner Familie beim Herzog von Mailand zu stärken. Trotz des begeisterten Empfangs, den man Lorenzo als Enkel Cosimos bereitete, wußte Piero recht gut, daß Sforza und seine Standesgenossen das Zutrauen zu ihm leicht verlieren konnten. Er warnte seinen Sohn, Francesco nicht zu bedrängen, da der ehemalige *condottiere* mittlerweise alt und schwach und sehr stark mit der Vorbereitung zur Vermählung seiner Tochter beschäftigt war. »Du mußt darauf gefaßt sein«, mahnte Lorenzos besorgter Vater, »von Seiner Hoheit wie ein Diener behandelt zu werden.«
Lorenzo fiel weder dem Herzog lästig noch sonst jemandem. Er unterhielt sich köstlich und genoß das Gespräch mit Ippolita, die ihm

ebenso intelligent und gebildet erschien, wie sie schön war. Der Charme des jungen Medici und sein Takt ließen wieder einmal seine wenig anziehende Erscheinung, seine plumpen Bewegungen und die harte, näselnde Stimme vergessen, mit der er eine Flut von fröhlichen, frühreif-raffinierten Liebenswürdigkeiten von sich gab. Ippolita ihrerseits schätzte seine gediegene, wenn auch nicht tiefschürfende Bildung und vor allem seine Aufgeschlossenheit für alles Erhebende oder Erheiternde. Die beiden jungen Menschen versprachen einander regelmäßig zu schreiben, was sie auch lange Zeit taten.

Anfang 1466 sandte Piero seinen Sohn Lorenzo nach Rom. Er sollte vor allem im Namen der Familie dem neuen Papst Paul II. huldigen, einem reizbaren Venezianer, den man vorsichtig behandeln mußte. Die Florentiner Politik blieb darauf ausgerichtet, das Bündnis mit Mailand mit Hilfe der Familie Sforza aufrechtzuerhalten, während die Venezianer bekanntermaßen in der Lombardei eine Republik nach venezianischem Muster und, wenn möglich, unter venezianischem Einfluß herbeisehnten. Außerdem sollte Lorenzo von seinem Onkel Giovanni Tornabuoni, dem Bruder seiner Mutter Lucrezia und Leiter der römischen Niederlassung der Medicibank, in die Geheimnisse von Handel und Finanzen eingeführt werden. Drittens sollte Lorenzo, inzwischen ein Jüngling von 18, einen Vertrag über die Nutzung gewisser Alaunlager abschließen, die man jüngst bei Tolfa, etwa fünfzig Kilometer nordwestlich der Heiligen Stadt, entdeckt hatte. Dieses Mineral war wichtig für die Veredelung des florentinischen Tuchs, und außer bei Tolfa gab es in ganz Europa kaum etwas davon. Lorenzo und Tornabuoni gelang es auch, diesen Vertrag beim Papst durchzusetzen, der stets auf das Kapital der Medici angewiesen war.

Am 8. März 1466, als Lorenzo in Rom ankam, starb Francesco Sforza. Piero und seine Anhänger waren dafür, Galeazzo Maria – dem Sohn und Erben des Herzogs – weiter die Subsidien zukommen zu lassen, die bisher Francesco erhalten hatte. Sie beschlossen, auch weiterhin eine enge, freundschaftliche Verbindung mit dem mächtigen Herzogtum im Norden zu unterhalten. Der verstorbene Herzog hatte seit seiner Thronbesteigung bewiesen, daß er kein gewöhnlicher Militärdespot war. Er hatte sein Geld dazu verwendet, aus seinem Hof einen der glänzendsten Italiens und einen Treffpunkt für italienische Gelehrte und verbannte Gelehrte aus Byzanz zu machen.

Luca Pitti führte die starke Opposition gegen diese Subsidien an. Galeazzo Marias Charakter schien wenig geeignet, Vertrauen in seine Zuverlässigkeit zu wecken. Er war jetzt 22 und hatte unter einem Anstrich feinen Benehmens, wie es jetzt am Mailänder Hof Mode war, immer wieder moralische Schwäche und Streitsucht gezeigt. Enttäuscht vom Scheitern seiner Reformversuche im vergangenen Jahr, warf der ehrenwerte Niccolò Soderini nun das ganze Gewicht seines vielbewunderten ethischen Idealismus in die Waagschalen der Pitti-Partei. Wieder wurde ein Aufstand gegen Pieros Regierung geplant,

aber Lucas eigener Sekretär verriet das Komplott an Piero. In typisch mediceischer Zurückhaltung unternahm das Haupt der Republik nichts, was Pitti und seine Mitverschwörer hätte stutzig machen können. Piero ließ die Intriganten nur wissen, daß er ihre Pläne kenne und daß seine Fraktion stark genug sei, sie zu vereiteln.
Um diese Zeit war Lorenzo nach Neapel weitergereist, wo er seine Freundschaft mit Federigo und Ippolita erneuerte. Außerdem wollte er dem hinterhältigen Geschwätz entgegentreten, das Pieros Feinde am Hofe König Ferdinands I. verbreiteten. Wie fast alle Ausländer war auch Ferdinand sofort von dem jungen Medici angetan. Etwa einen Monat später kehrte Lorenzo zurück, um seinem Vater Bericht zu erstatten.
Am 27. August lag Piero krank in seiner Villa in Careggi, als ein alter Freund Cosimos, Ercole Bentivoglio, Herr von Bologna, ihm eine Nachricht überbrachte: Der Herzog von Ferrara nähere sich bewaffnet der florentinischen Stadt Pistoia. Sein Ziel sei es, Florenz von seiner tyrannischen Regierung zu »befreien«. In der Botschaft stand ferner, der berühmte *condottiere* in venezianischen Diensten, Bartolommeo Colleoni (»Löwenherz«), sei mit demselben Auftrag unterwegs. Anscheinend hatte Luca Pitti dafür gesorgt. Die bereits entdeckte Verschwörung in der Stadt hatte eine noch bösartigere Wende genommen. Wie Piero auch diesmal von Lucas Sekretär erfuhr, planten sie, das Oberhaupt der Medici durch einen Meuchelmord zu beseitigen.
In dieser schier ausweglosen Lage konnte auch eine weitere Nachricht Piero kaum trösten: Der neue Herzog von Mailand, Galeazzo Maria Sforza, habe 1500 Reiter zu Hilfe geschickt. Doch Piero entwickelte einen Mut, der an die besten Tugenden seiner Ahnen erinnerte. Gemeinsam mit Lorenzo brach er in einer Sänfte nach Florenz auf. Niccolò Valori, ein Historiker des 16. Jahrhunderts, erzählt, Lorenzo sei vorausgeritten und habe ein paar Bauern getroffen, die ihm sagten, die Hauptstraße in die Stadt sei von einem Trupp bewaffneter Männer blockiert. Der Junge kehrte sofort um und galoppierte so schnell er konnte zur Sänfte zurück. Er überredete seinen Vater, einen anderen Weg einzuschlagen. Dann trabte er kaltblütig mitten auf der Hauptstraße weiter und stieß auf die Soldaten aus Florenz. Er tat so, als hielte er sie für eine Ehrenwache zum Empfang seines Vaters. Piero werde bald da sein, verkündete er. Dann lächelte Lorenzo ihnen freundlich zu, dankte dem Kommandeur für seine Liebenswürdigkeit, schwenkte seinen Hut und ritt mit seinen Begleitern in die Stadt.
Wenn sich dieser Vorfall wirklich so abgespielt hat, so kündigt sich bereits hier die früh entwickelte Intelligenz eines kommenden politischen Genies an. Piero gelangte jedenfalls unbehelligt in die Stadt. Dort versammelte und bewaffnete er seine Leute und rief den Kommandeur Galeazzo Marias zu Hilfe, der sich gerade in der Romagna aufhielt. Außerdem legte er der Signoria Beweise dafür vor, daß

Tarock-Spielkarten (oben und links) für Herzog Galeazzo Maria Sforza. Bonifazio Bembo aus Cremona, der von 1440–1470 tätig war, fertigte diese Spielkarten um die Mitte des 15. Jahrhunderts an. Accademia Carrara, Bergamo.

Ercole d' Este, der Herzog von Ferrara, mit umstürzlerischen Absichten ein Heer gegen Florenz führte.
Niccolò Soderini zeigte sich nun weniger umgänglich als Luca Pitti. Er forderte, man müsse die Prioren sofort mit Gewalt zum Vorgehen gegen Piero zwingen. Pitti dagegen suchte Piero auf, der wieder einmal zu Bette lag. Er sprach lange mit ihm und zeigte jedes Zeichen von Zuneigung gegenüber einem Mann, den er hatte ermorden wollen und der ihn durch seine Entschlossenheit kaltgestellt hatte. Vielleicht begriff Luca inzwischen, daß die Medici in Florenz mehr Anhänger hatten, als er geglaubt hatte. Piero behandelte seinen unerwarteten Besucher mit liebenswürdiger Großmut und versprach, er wolle Lorenzo später mit einer von Pittis Töchtern verloben.
Pitti war zufrieden, und so konnte eine neue, promediceische Signoria gewählt werden. Sie befahl beiden Partein, sofort ihre Truppen aufzulösen. Dagegen überredete Niccolò Soderini in seinem unversöhnlichen Zorn Luca – trotz dessen geheimer Aussöhnung mit Piero –, eine dringende Depesche an Ercole d' Este zu schicken: Er möge so rasch wie möglich die toskanische Grenze überschreiten und zugunsten der Aufständischen intervenieren.
Doch daraus wurde nichts. Ercole war zweifellos von anderer Seite über die Lage in Florenz besser unterrichtet. Luca, der viel praktischer und geschmeidiger dachte als Soderini, sah, daß das Spiel verloren war. Er machte seinen Frieden mit Piero und entging so der Todesstrafe, die von der Signoria über alle vier Verschwörer verhängt wurde. Bei Niccolò Soderini, Diotisalvi Neroni und Agnolo Acciaiuoli wandelte Piero die Strafe in eine Verbannung um. Er verzieh Luca Pitti, der inzwischen über siebzig war, nahm aber auch sein Versprechen zurück, Lorenzo mit der Tochter des greisen Rebellen zu verloben.
»Danach«, schreibt Machiavelli, »hatten Pittis Freunde und Verwandte Angst, ihn zu begleiten und selbst ihn zu grüßen, wenn er sich auf der Straße zeigte . . . Nun, da es zu spät war, begann er zu bereuen, daß er nicht dem Rat Niccolò Soderinis gefolgt und ehrenhaft, mit dem Schwert in der Hand, gestorben war, statt entehrt zwischen seinen siegreichen Feinden weiterzuleben.« Allerdings mag man bezweifeln, ob Luca den Heldentod der Schande vorgezogen hätte. Sicher ist er durch alle Qualen gescheiterten Ehrgeizes gegangen und hat sich verflucht, weil er seine eigene Macht überschätzt und Piero unterschätzt hatte. Die Strafe, als ehrloser Mann unter jenen leben zu müssen, die einst vor ihm gezittert hatten, war sicher schlimmer als die Verbannung. Seine Mitbürger fanden, er hätte den Tod eines Verräters verdient.
Für Florenz wäre es vielleicht besser gewesen, wenn Piero alle vier Verschwörer ohne Rücksicht auf ihr fortgeschrittenes Alter hätte hinrichten lassen. Aber Piero dachte nicht einmal im Traum daran, und als Acciaiuoli aus Siena Gehorsam versprach, wenn man ihn aus

dem Exil zurückriefe, antwortete ihm das Oberhaupt der Republik, er hege keinen Groll gegen den Briefschreiber und empfinde ihm gegenüber gar wie ein Sohn. Florenz, so erklärte er, und nicht Piero de' Medici habe die Verbannung über die Rebellen verhängt, und dem Urteil der Stadt könne man sich nicht widersetzen. Piero mag die Folgen seiner Milde vorausgesehen haben oder nicht, jedenfalls war er ein tapferer und humaner Mann und nicht leicht einzuschüchtern. Jetzt sah er sich dem offenen Krieg gegenüber. Am 10. Mai 1467 schickte Venedig, beunruhigt durch die Festigung der Achse Mailand-Florenz und unterstützt von Soderini und Neroni, ein Heer unter Colleonis Führung über den Po. Der *condottiere* hatte Befehl, erst Florenz zu nehmen und dann Mailand.

Bartolommeo Colleoni war bereits 66 und hatte sein Handwerk bei Francesco Sforza gelernt. Früher stand er abwechselnd in den Diensten Venedigs und Mailands; die Mailänder hatte er in drei offenen Feldschlachten geschlagen, aber er hatte noch nie gegen die Florentiner gekämpft. Die letzten zwölf Jahre war er Anführer der veneziani-

Bartolommeo Colleoni, genannt »Löwenherz«, war einer der gefürchtetsten condottieri *der italienischen Renaissance. Er kämpfte zunächst für Neapel und Venedig, später auch für Mailand.*
Das berühmte Reiterstandbild von Andrea del Verrocchio wurde 1479–1488 entworfen und von Alessandro Leopardi gegossen. Es steht auf dem Campo di SS. Giovanni e Paolo in Venedig.

schen Streitkräfte gewesen, die damals mit ihren 8000 Reitern und 6000 Fußsoldaten als großes Heer galten.

Piero bekam Hilfstruppen aus Neapel und ernannte Federigo da Montefeltro, Herzog von Urbino, zum Oberbefehlshaber der florentinischen Armee. Federigo war damals vierzig Jahre alt und mit Battista Sforza verheiratet, einer der Töchter Francescos. Als Soldat genoß er einen ebenso großen Ruf wie Colleoni, man kannte ihn aber auch als Freund und Förderer von Kunst und Literatur. Er hatte eine reiche Bibliothek zusammengetragen und war damals der Gönner eines der einflußreichsten italienischen Maler des 15. Jahrhunderts, Piero della Francescas. Dieser Künstler fertigte später ein Doppelporträt von Montefeltro und Battista an, das jetzt in den Uffizien hängt. Federigos Hof war einer der kultiviertesten auf der ganzen Halbinsel und sollte in der künftigen Geschichte der Medici noch eine Rolle spielen. An diesem Feldzug nahmen auch der junge Galeazzo Maria, und zwar an der Spitze eines Mailänder Kontingents, und Alfonso, Herzog von Kalabrien und Gatte von Ippolita Sforza, als Anführer der Neapolitaner teil. So überschattete der Geist des großen Herzogs Francesco Sforza in mehr als einer Weise die vorsichtigen Manöver der beiden Armeen in der Romagna.

Bildnis der Battista Sforza, der Gemahlin des Federigo Montefeltro (rechts). Das berühmte Doppelporträt stammt von Piero della Francesca (um 1410/20–1492) und entstand um 1465.
Auch bei diesem Diptychon hat Piero della Francesca sein Ideal der geometrischen Perfektion beim Porträt vor Augen: Den Kopf der Herzogin hat er als Kugel konzipiert, den des Herzogs als Würfel. Uffizien, Florenz.

Zunächst wich Colleoni jedem Versuch Montefeltros aus, ihn in der Schlacht zu stellen. Aber schließlich drängte Federigo ihn in eine Ecke und bereitete alles zum Angriff vor. In diesem Augenblick verweigerte Galeazzo Maria störrisch den Gehorsam, so daß Colleoni entkommen konnte. Montefeltro beklagte sich leidenschaftlich bei der Signoria von Florenz. Die Prioren luden Galeazzo taktvoll in die Stadt ein, um »dringende Geschäfte von großer Bedeutung« sowohl für Mailand als auch für Florenz zu besprechen. Der launische junge Mann hatte genug von Federigo, den er für einen Pedanten hielt. Vielleicht erinnerte er sich auch der schönen Zeit, die er als Knabe in Florenz erlebt hatte, als er dort dem genialen Humanisten Papst Pius II. begegnet war. Jedenfalls nahm er die Einladung sofort an.

Nun war Federigo seinen unbotmäßigen Verbündeten los und überlistete seinen alten Gegner ein zweites Mal. Auf ihrem Rückzug stellte er Colleonis Venezianer bei dem Dorf La Molinella nahe Imola. Unter ihrem wilden, alten Anführer fochten sie so erbittert, daß die Schlacht nach Einbruch der Dunkelheit noch vier Stunden andauerte. Dann mußten sie ihren erschöpften Gegnern das Feld überlassen. Die Niederlage war nicht entscheidend, weil sich das ergraute »Löwenherz« einer völligen Aufreibung seines Heeres entziehen konnte. Die Venezianer waren über den Ausgang maßlos enttäuscht und auch über den ausgebliebenen Aufstand gegen die Medici in Florenz. Sie riefen Colleoni zurück. Am 27. April 1468 wurde ein Friedensvertrag unterzeichnet, der die alte Lage wieder herstellte. Piero fühlte sich nun vor weiterer Einmischung von außen einigermaßen sicher; um aber doppelt sicherzugehen, erwarb er die Festen von Sarzanello und

Castelnuovo, die die Zugangsstraßen aus Genua und aus der Lombardei kontrollierten.
Damit waren die Medici in Florenz so mächtig wie eh und je. Die Bürger schienen an den Unterhaltungen friedlicher Zeiten, an öffentlichen Schauspielen und Festen wieder Gefallen zu finden. Piero beschloß, Lorenzos Eintritt ins Mannesalter auf diese Weise zu feiern. Der Jüngling war nun zwanzig Jahre alt und hatte sich vor mehreren Monaten in eine Tochter aus dem Hause Donati namens Lucrezia verliebt. Doch leider war Lucrezia bereits seit drei Jahren mit einem gewissen Niccolò Ardinghelli verheiratet, einem Kaufmann, der sich oft in Kleinasien aufhielt. Als Lorenzo von seinem Vater gefragt wurde, was für eine Art von Feier er sich wünsche, bat er um ein großes Turnier auf der Piazza San Croce, um Lucrezia Donati zu erfreuen. Ihr Mann war bereits einen Monat nach der Hochzeit in den Orient abgereist und noch nicht zurückgekehrt. Die Veranstaltung fand am 7. Februar 1469 statt.
Das Ereignis hat später der Florentiner Luigi Pulci in seinem ziemlich langweiligen Gedicht *La Giostra di Lorenzo de' Medici* (DasTurnier Lorenzos de' Medici) geschildert. Alle, die an den Schaukämpfen teilnahmen – darunter auch Giuliano, Lorenzos jüngerer Bruder –, waren prächtig gekleidet. Lorenzo trug einen Überwurf aus Samt, eine mit Perlen bestickte Seidenschärpe und eine reich mit Diamanten und Rubinen bestickte Kappe. Sein Banner hatte Verrocchio gemalt, und er ritt Pferde, die ihm der König von Neapel und die Herzöge von Mailand und Ferrara geschenkt hatten. Wenig später schrieb er in seiner typischen Ironie: »Obwohl ich jung war und nicht sehr geschickt, sprach man mir den ersten Preis zu. Es war ein mit Silber eingelegter Helm mit einer Figur des Mars als Zier.« Alle Beteiligten hatten natürlich dafür gesorgt, daß der strahlende junge Erbe des mittlerweile allgemein anerkannten Staatsoberhauptes zum Vergnügen seiner schönen Lucrezia die Auszeichnung davontrug.
Lorenzo liebte zwar Lucrezia, aber die Feierlichkeit, bei der er so glänzend in Erscheinung trat, galt offiziell seiner Verlobung mit Clarice Orsini aus der mächtigen römischen Familie. Als er in Pieros Auftrag den Papst besucht hatte, war ihm das Mädchen bereits flüchtig begegnet. Damals hatte sie aber keinen besonderen Eindruck auf ihn gemacht. Die geplante Heirat war in Florenz nicht willkommen. Man hielt dort nicht viel von den Römern, denen man Hochmut, Ungestüm und einen Mangel an kulturellem Feingefühl nachsagte. Piero mag das Schauspiel dieses Turniers auch deshalb geplant haben, weil er seine Landsleute für eine Verbindung gewinnen wollte, die ihm politisch nützlich schien; denn Florenz hatte damals in Rom nur wenig Freunde. Lorenzo selbst scheint die Aussicht auf seine Heirat mit der Orsini-Tochter nicht besonders begeistert zu haben. In seinen Erinnerungen vermerkt er kurz: »Ich, Lorenzo, nahm zur Frau Donna Clarice, Tochter des Herrn Jacopo Orsini. Oder besser gesagt, sie wurde

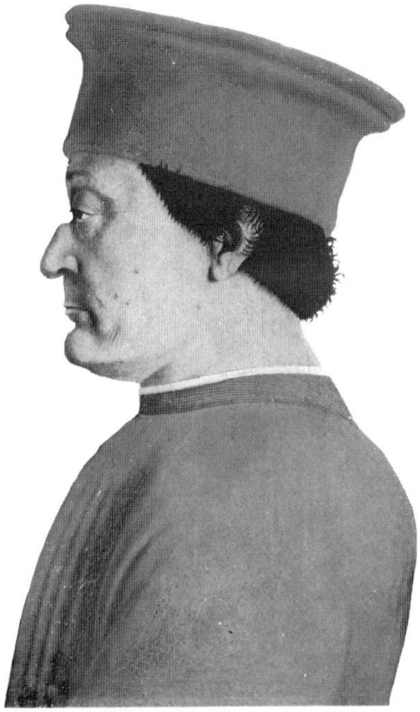

Bildnis des Federigo Montefeltro, Herzog von Urbino. Der Herzog war ein Gönner Piero della Francescas, der dieses Porträt um 1465 malte. Im Jahre 1467 ernannte Piero de' Medici den Herzog von Urbino zum Oberbefehlshaber der florentinischen Armee im Kampf gegen die Venezianer unter dem Söldnerführer Bartolommeo Colleoni. Federigo Montefeltro konnte seinen Gegner bei Imola besiegen. Uffizien, Florenz.

mir im Dezember 1468 zur Verfügung gestellt.« Der letzte Teil des Satzes bedeutet aber nicht unbedingt, daß der junge Mann gegen diese Ehe war. Er wußte wohl ganz genau, daß es ihm freistand – ob er nun mit Clarice verheiratet war oder mit einer anderen –, sich dem Brauch seiner Zeit gemäß eigene Zerstreuung zu suchen, auch außerhalb der Ehe.

Seine Mutter Lucrezia Tornabuoni schrieb aus Rom an ihren Mann Piero: »Das Mädchen ist mehr als mittelgroß und hat eine reine Haut und angenehme Manieren. Sie mag nicht so schön sein wie unsere eigenen Töchter, aber sie wirkt sehr bescheiden. So wird sie, denke ich, leicht anzulernen sein. Sie ist keine Blondine, solche Mädchen gibt es hier nicht. Ihr starkes, dunkles Haar hat einen rötlichen Schimmer. Ihr Gesicht ist ziemlich rund, aber nicht so, daß es stört. Der Hals ist recht schön, wenn auch eher dünn, oder, sollte man vielleicht sagen, zart. Ich konnte ihre Brüste nicht sehen, weil man sie hier ganz bedeckt, aber so weit ich erkennen konnte, sind sie wohlgeformt ... Die Hände sind sehr lang und schlank. Im ganzen scheint das Mädchen weit über dem Durchschnitt. Aber mit Maria, Lucrezia und Bianca kann man sie nicht vergleichen ...«

Wie von einem so ausgeglichenen Ehemann nicht anders zu erwarten, entwickelte sich die Ehe zwischen Lorenzo und Clarice, die am 4. Juni 1469 geschlossen wurde, recht gut. Während der ersten beiden Tage dieser bemerkenswerten Feierlichkeiten schickten die Dörfer und Städte der Toskana ihre Gaben in den Palazzo Medici: 150 Kälber, über 2000 Paar Kapaune, Gänse und anderes Geflügel, Fässer voll heimischer und ausländischer Weine und die verschiedensten anderen Leckerbissen. Lorenzo teilte alles mit den einfachen Bürgern von Florenz. An den drei folgenden Tagen waren Freunde aus der höheren Gesellschaft zu nicht weniger als fünf Banketten eingeladen. Die Loggien und Gärten des Palazzo in der Via Larga konnten die Gäste gerade noch fassen.

Am ersten Tag dieser Feiern, einem Sonntag, verließ die Braut auf dem Rücken des mächtigen Schlachtrosses – ein Geschenk des Königs von Neapel an Lorenzo – den Palazzo der Alessandri, wo sie gewohnt hatte, und betrat in Begleitung eines langen Zugs von Edelleuten ihr neues Heim. Als die Lustbarkeiten am Dienstagmorgen zu Ende waren, blieb man noch zur Messe in der Kirche von San Lorenzo zusammen. Clarice trug eines der vielen Hochzeitsgeschenke bei sich, »ein kleines Buch Unserer Mutter Maria, ganz wunderbar, in Goldbuchstaben auf blauem Papier geschrieben und der Einband mit Mustern aus Kristall und Silber verziert«.

Die »bescheidene und schüchterne« Tochter aus ziemlich rauhem römischen Adel muß von den Zeichen materieller Macht und den ästhetischen Reizen überwältigt gewesen sein, die sich ihr überall in der Republik boten. Ihr Blick fiel auf zahllose Schätze antiker und zeitgenössischer Kunst. Anders als die Reichen in Rom machten sich

Am 7. Februar 1469 fand aus Anlaß der Verlobung Lorenzos mit Clarice Orsini ein prunkvolles Turnier auf der Piazzo San Croce statt, das zehn Millionen Florin gekostet hat. Lorenzo trug dabei einen Überwurf aus Samt, eine mit Perlen bestickte Seidenschärpe und eine reich mit Diamanten und Rubinen bestickte Kappe. Er mag dabei ebenso prächtig ausgesehen haben wie auf dem idealisierten Porträt des Benozzo Gozzoli aus dem »Zug der Heiligen Drei Könige«. Das Fresko malte der Florentiner Gozzoli zwischen 1459 und 1462 für die Medicikapelle im Palazzo Medici. Angeregt haben soll ihn die prächtige Prozession der Teilnehmer am ökumenischen Konzil, das im Januar 1439 von Ferrara nach Florenz verlegt wurde. Einige davon sind auf dem Fresko porträtiert. Palazzo Medici-Riccardi, Florenz.

Lorenzos Vater Piero de' Medici (1416–1469). Büste von Mino da Fiesole (1429–1484). Piero regierte Florenz nur fünf Jahre lang. Er war als Politiker, Bankier und Mensch gleichermaßen bedeutend. Im Alter von 35 Jahren starb er an der Familienkrankheit der Medici, der Gicht, weshalb er unter dem Beinamen Piero »il Gottso«, Piero »der Gichtige«, in die Geschichte eingegangen ist. Seinem Vater hatte es der junge Lorenzo vor allem zu verdanken, daß er als »Herrscher ohne Titel« so schnell in Florenz Fuß fassen konnte. Museo Nazionale, Florenz.

die großen Kaufleute in Florenz kaum die Mühe, ihren Reichtum zur Schau zu stellen. Und während die römische Atmosphäre von düsterer Feindseligkeit, grimmiger Frömmigkeit, Skandalen, tragischen Vorfällen und der Angst vor Fieber und Pest getragen war, breiteten sich über Florenz Geist und Witz und eine heitere Gelassenheit aus. Doch Clarice Orsini ließ sich nicht davon anstecken. Sie war mit dem bedeutendsten Mann Italiens, vielleicht sogar Europas, verheiratet und verharrte doch ihr Leben lang in einem Zustand krankhafter Melancholie. Auch Lorenzo konnte daran nichts ändern.

Das war nicht auf ihre intelligente Einsicht in die fatalen Mängel der Gesellschaft der Frührenaissance zurückzuführen und hatte auch nichts mit der späteren Traurigkeit ihres Mannes ob des gemeinen, unverbesserlichen Betrugs und der Gewalt zu tun, die die Welt zu beherrschen schienen. Clarices Schwermut war angeboren. Lorenzo war zwar von Natur ebenso freundlich wie sein Vater Piero und entschieden mehr als sein Großvater Cosimo, er war aber zu seinem Glück übermütig und gleichzeitig vernünftig genug, um sich wegen seiner langweiligen und verdrossenen Frau nicht zu betrüben. Ein- oder zweimal verlor er wegen ihrer Torheit die Beherrschung, aber gewöhnlich behandelte er sie mit größter Höflichkeit und Rücksicht, soweit die zunehmende Vielfalt seiner Geschäfte und seiner Vergnügungen dies zuließen.

Pieros Anhänger fingen nun an, seine zunehmende Schwäche auszunutzen. Sie benahmen sich, »als ob Gott und das Schicksal ihnen die Stadt zur Beute gegeben hätten«, wie Machiavelli beißend bemerkt. Der Kranke war mutig genug, die prominentesten Schurken um sein Bett zu versammeln. Er drohte ihnen, er wisse ganz genau, was sie täten, und wenn das so weiterginge, würde er ihnen bald den Marsch blasen. Sie zeigten sich erstaunt über die Strenge seines Tons und schworen, er sei falsch unterrichtet, bezeugten ihre absolute Unterwerfung unter seine Führung und zogen sich unter vielen Komplimenten und guten Wünschen zurück. Dann fuhren sie kaltblütig in ihren Plünderungen und Exzessen fort.

Heimlich schickte das Staatsoberhaupt Boten zu Agnolo Acciaiuoli, um ihn nach Cafaggiolo einzuladen. Piero hielt den angeblich reuigen Verschwörer, der ein paar Jahre älter war als er selbst, für am wenigsten gefährlich unter den Männern, die er vor drei Jahren verbannt hatte. Er dachte, vielleicht könne man dem geschickten alten Herrn inzwischen trauen, ihn nach Florenz zurückkehren und durch ihn die Disziplin in der Regierung wieder herstellen lassen. Acciaiuoli war auf seine Art ein Patriot wie die meisten seiner Mitbürger, und Piero rechnete damit, daß er zumindest etwas Verwirrung in die Reihen der Unruhestifter tragen würde. Als der Verbannte dann zurückkam, konnte sich sein beunruhigter Gastgeber nicht entscheiden, ihm genaue Anweisungen zu geben oder irgendwelche Versprechungen zu machen. Der Tod beendete die Diskussionen.

Am 2. Dezember 1469 wurde Piero de' Medici im Alter von 53 Jahren das Opfer seiner Krankheit. Bei der Beisetzung in San Lorenzo wurde nicht viel Pracht entfaltet. Doch man beauftragte den Florentiner Bildhauer Andrea del Verrocchio, der soeben seinen bronzenen David für den Bargello vollendet hatte, mit der Gestaltung des Grabmals.
Wie sein Vater Cosimo gehörte Piero de' Medici zu den auffallenden Persönlichkeiten seiner Familie. Piero war von Natur aus human, er hatte starke moralische Überzeugungen, und seine Intelligenz war – wenn auch geringer als die Cosimos – seiner schwierigen Aufgabe gewachsen.
In seinem ewigen Kampf gegen die Krankheit bewies Piero viel Tapferkeit und sprach auch dann noch vernünftig, als er weder Hände noch Füße mehr bewegen konnte. Das Akademische lag ihm zweifellos mehr als Cosimo, aber so wie sein Vater förderte er die Intellektuellen, ohne sich ihren Kreisen aufzudrängen. Im Ausland galt Pieros politisches Urteil viel. Keine geringere Autorität als der strenge und unermüdliche Ludwig XI., König von Frankreich, zeigte, wie sehr er die Diplomatie des Florentiners schätzte. 1465 gestattete er ihm, die drei königlichen Lilien von Frankreich auf eine der sechs zum Wappen der Medici gehörenden roten Kugeln prägen und dabei die Farbe dieser Kugel von Rot in Blau verändern zu lassen.
Die Büste Pieros von Mino da Fiesole im Nationalmuseum von Florenz zeigt den »Gichtigen«, wie ihn italienische Historiker gewöhnlich nennen, als einen gut aussehenden Mann mit selbstbewußter Entschlossenheit in jeder Linie seines ausgeprägten Gesichts. Er war der zweite Medici, der als Gleicher unter Gleichen mit Königen und Herzögen umging. Man mußte ihn einfach bewundern, wie man zu allen Zeiten Persönlichkeiten von unzweifelhaftem Anstand und Mut bewundert hat. Piero hat seine wichtigste Aufgabe gelöst: am Erbe seines Vaters festzuhalten und es unangetastet seinem später so berühmten Sohn weiterzugeben. Mehr konnte man von einem so kranken Mann nicht verlangen.

Unter der Führung der Medici entwickelte sich Florenz rasch zu einem Zentrum von Kunst und Wissenschaft. Zu den Künstlern, die die Medici förderten, gehörte auch Leon Battista Alberti (1404–1472). Er war ein typischer »Renaissancemensch«, der als Dichter, Musiker und Gelehrter gleichermaßen begabt war wie als Architekt.
Bronzemedaille mit dem Porträt Albertis von Matteo de' Pasti, 1446–1450. British Museum, London.

Unter der Führung Cosimos und später Pieros, beide eifrige Mäzene der Kunst und Literatur, entwickelte sich Florenz zu einem herausragenden geistigen Zentrum, das weit bedeutender war als die Höfe von Urbino und selbst von Mailand zu Zeiten Herzog Francescos. Zwischen 1434 und 1469 arbeiteten gleichzeitig in der Stadt: die Architekten Brunelleschi, Michelozzo und Alberti; die Bildhauer Ghiberti, Donatello, Luca della Robbia und Mino da Fiesole; die Maler Fra Angelico, Filippo Lippi, Gozzoli, Uccello, Andrea del Castagno, Antonio und Piero Pollaiuolo, Domenico Veneziano und Baldovinetti; Autoren wie Poggio und Filelfo und

der Historiker Giovanni Cavalcanti. Die meisten standen in den Diensten des einen oder anderen Medici, und ein paar von ihnen, Michelozzo etwa und Donatello, Lippi und Angelico und zu Pieros Zeit auch Botticelli standen dem Staatsoberhaupt sehr nahe. Seiner Großzügigkeit ist es zu verdanken, daß die sogenannte »Kultur der Renaissance« in Florenz früher begann als anderswo.
Der Venezianer Leon Battista Alberti (1404–1472) hat sich nie lange in Florenz aufgehalten; in Rom und Mantua gefiel es ihm besser. Soviel man weiß, hatte er mit den Medici wenig zu tun. Einmal im Jahre 1441, lange vor Cosimos Tod, hat er allerdings den jungen Piero dazu überredet, sich an einem Wettbewerb im Vortrag von Poesie zu beteiligen. Dieser Wettstreit fand in Gegenwart der Signoria, des Erzbischofs und der venezianischen Gesandten in der Kathedrale statt. Die Gedichte sollten von Freundschaft handeln und mußten in der Landessprache abgefaßt sein und nicht, wie damals üblich, in Latein. Poggio war einer der Richter. Alberti nahm selbst am Wettbewerb teil – Piero de' Medici führte natürlich nur Regie, hat aber wahrscheinlich auch die wertvolle Silberkrone in Form eines Lorbeerkranzes gestiftet, die für den Sieger bestimmt war. Es war bezeichnend für die Florentiner Gesellschaft jener Zeit, daß eine ungeheure Jury gewöhnlicher Bürger die Kathedrale füllte, um das endgültige Urteil über den Wettbewerb zu sprechen. Zuerst trugen die Richter selbst ihre Verse den Florentinern vor. Die Zuhörer und die rivalisierenden Dichter waren Humanisten, während die Richter natürlich eher altmodisch eingestellt waren und die lateinische Literatur über alle italienischen Verse stellten. Schließlich, gestützt auf ihr eigenes Urteil, sprachen sie sich selbst die Krone zu. Die empörten jungen Dichter wandten sich an Eugen IV., der damals in der Stadt weilte. Aber der Papst weigerte sich einzugreifen. Auch Alberti zuckte nur mit den Achseln und bemerkte trocken: »Ich finde, Thema des nächsten Wettbewerbs sollte der Neid sein.«

Die folgende Generation hatte bereits ein anderes Verhältnis zu ihrer Muttersprache. Schon 1441 hatten viele Zuhörer Abschriften dieser Gedichte verlangt, die in einer Sprache geschrieben waren, die sie verstehen konnten. So war diese Veranstaltung, die Piero de' Medici gefördert und Cosimo zweifellos begrüßt hat, trotzdem ein großer Erfolg.
Wäre Alberti länger in Florenz geblieben, hätte er den Medici sicherlich sehr nützlich sein können. Er war ein außergewöhnlicher Mann, einer der ersten, deren Vielseitigkeit später charakteristisch für die Renaissance wurde. Als Architekt, Maler und Musiker war er gleich bedeutend. Alberti schrieb Gedichte und Prosa in Italienisch wie in Latein, war Philosoph, Mathematiker und Ingenieur

und ein blendender Gesprächspartner. Außerdem sprang er 1.80 m hoch, konnte eine Münze auf die Spitze eines Turms werfen und das wildeste Pferd zähmen. Im Gegensatz zu vielen anderen Männern von übergroßer Kraft hielt er sich dabei von sexuellen Ausschweifungen, Trinkgelagen und Ränkespielen fern.
Heute beruht sein Ruhm vor allem auf seinen Bauten. Seine Gemälde und Kompositionen sind verschwunden, aber von seinen Gedichten und seiner Prosa hat sich viel erhalten, auch sein bekannter Traktat über die Baukunst. Allerdings besteht der nicht geringe Wert dieser Werke mehr in Belehrung und praktischer Anweisung als in elegantem Stil, Witz oder Phantasie. In der weltlichen und kirchlichen Architektur kann man Alberti mit Brunelleschi beinahe gleichstellen. Ein weiterer Bildhauer war Mino da Fiesole, berühmt für seine feine und zarte Gestaltung wie für sein religiöses Gefühl. Er schuf viele Grabmäler, Büsten und Porträts im Flachrelief, die sehr fein ausgeführt und besonders ausdrucksvoll sind. Seine ungemein lebensechte Büste von Piero de' Medici haben wir schon erwähnt.
In der Florentiner Malerei dieser Zeit gewann der Realismus immer

Den Florentiner Alesso Baldovinetti (1425–1499) zählt man meist zur zweiten Generation der Florentiner Maler der Frührenaissance, obwohl er Meistern wie Fra Angelico, Piero della Francesca, seinem Lehrer Domenico Veneziano und Andrea del Castagno eng verbunden war. Sein Bild »Maria mit dem Kind und Heiligen« entstand für die Kapelle der Medicivilla in Cafaggiolo. Es ist von Fra Angelicos Altarbild für San Marco in Florenz beeinflußt ebenso wie von Andrea del Castagno, für den Baldovinetti eine Zeitlang arbeitete. Uffizien, Florenz.

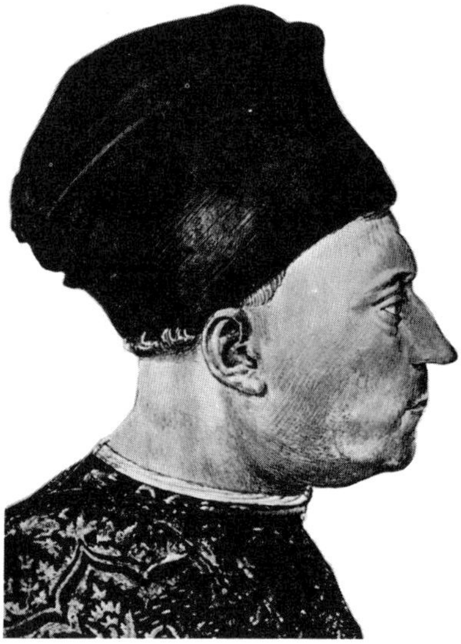

Piero il Gottoso (»der Gichtige«), Lorenzos Vater. Ausschnitt aus Benozzo Gozzolis Wandgemälde »Der Zug der Heiligen Drei Könige«. Gozzoli arbeitete drei Jahre an diesem Fresko für die Hauskapelle der Medici. Palazzo Medici-Riccardi, Florenz.

mehr an Boden, sogar in den späteren Werken von Cosimos Favoriten Fra Angelico. Das trifft auch für Benozzo Gozzoli zu, der den Palazzo Medici in der Via Larga ausgemalt hat. Paolo Uccello, Andrea del Castagno und die Brüder Pollaiuolo widmeten sich ganz der Nachahmung der Natur. Was für ein Genie Fra Angelico war, sieht man an seinen Fresken für das Kloster San Marco. Er brachte in den Gesichtern seiner Gestalten eine Intensität des Kummers, der Erregung oder der Andacht und besonders bei seinen Jungfrauen eine durchgeistigte Anmut zum Ausdruck, wie man sie bisher in der Kunst noch nicht gekannt hatte.

Cosimos ungeteilte Bewunderung für Talente jeder Art kam auch einem anderen Mönch zugute. Filippo Lippi (1406–1469) entwikkelte einen fortschrittlicheren Idealismus als Angelico und war außerhalb seines Berufs trotz der mystischen, chromatischen Anmut seiner Malerei weit mehr dem Irdischen verhaftet. Weder Cosimo noch Piero waren leichtfertige Naturen; trotzdem haben sie alles getan, um dieses Künstlergenie zu fördern. Wie Botticelli im Jahre 1465 gehörte auch Jacopo Sellaio zu seinen Schülern. Er fand, weder die Maler von Siena noch gar Angelico oder Masaccio könnten mit der Schönheit und Natürlichkeit von Lippis Jungfrauen konkurrieren; durch dieses Wunder werde sogar das Mysterium von Christi Geburt begreiflich.

Als er noch kaum laufen konnte, hatte man Lippi in den Straßen von Florenz dem Hungertod ausgesetzt. Mit acht Jahren wurde er Mönch, mit zehn Jahren Maler, mit vierzehn war er ein Krakeeler und Kampfhahn, und als er mit 17 ein Mädchen nach Ancona entführt hatte, wurde er von maurischen Korsaren aufgegriffen und als Sklave nach Afrika geschleppt. Dort malte er ein so schönes Porträt des örtlichen Pascha an die Gefängniswand, daß man ihn freiließ. Kurz darauf war er in Neapel und endlich wieder in Florenz. Seine Reise bezahlte er mit den Porträts von Männern und Frauen, denen er in Bordellen und Tavernen begegnete. Schließlich wurde Cosimo de' Medici auf ihn aufmerksam, und er wurde dem Heiligen Vater, Eugen IV., als religiöser Maler vorgestellt. Cosimo fand allerdings bald heraus, daß man Fra Filippo Lippi einsperren mußte, solange er an den Bildern seiner Heiligen und Madonnen arbeitete; sonst wäre er in weniger erbauliche Gesellschaft geflüchtet. Doch in den Karnevalsnächten entkam er immer wieder – trotz vergitterter Fenster. Um ihn zu zähmen, wurde er zum Kaplan des Franziskanerklosters Santa Margherita in der kleinen Marktstadt Prato ernannt. Laut Vasari entführte der neue Kaplan dort sofort eine schöne Novizin des Klosters namens Lucrezia Buti und wurde mit ihrer Hilfe der Vater Filippino Lippis, später selbst ein bekannter Maler.

Nach diesem Skandal wurde der Kaplan mit Schande verjagt. Aber der Papst – damals der geniale Humanist Äneas Silvius, genannt

Pius II. – vergab auf Cosimos Bitte das Vergehen, falls der Verführer sein Opfer zur Frau nahm. Lippi hatte nichts dagegen. Er brachte die Zeremonie hinter sich und machte sich dann an die Aufträge, die ihm Cosimo und später Piero de' Medici verschafft hatten. Lippi wurde ein berühmter und geachteter Mann, gab aber sein zügelloses Leben nicht auf. 1469, im gleichen Jahr wie Piero, starb er an Gift. Angehörige der Lucrezia Buti sollen es ihm gegeben haben oder die Familie irgendeiner anderen jungen Frau, die er geliebt und dann verlassen hatte.

Ein anderer Zeitgenosse war Benozzo Gozzoli (1420–1497), Schüler Fra Angelicos bis 1449. Gegen 1460 hatte er mit seinem berühmtesten Fresko begonnen, dem »Zug der Heiligen Drei Könige« für den Palazzo Medici. Er brauchte drei Jahre, um es zu vollenden. Als Cosimo 1464 starb, verließ Gozzoli Florenz und kehrte erst 1496 zurück; im folgenden Jahr starb auch er. Als Maler wirkte er besonders durch eine lebendige Mischung der himmlischen und irdischen Welt. Neben feierlich schwebenden Engeln sehen wir fröhliche Kavaliere vor einer üppigen, aber konventionell gemalten Landschaft. Einige Experten behaupten, Lorenzo de' Medici, Pieros ältester Sohn, erscheine auf diesem herrlich dekorativen Fresko als einer der Könige. Sein hübsches Aussehen mag auf Gozzolis taktvolle Idealisierung zurückzuführen sein. Lorenzo war 1459 zehn Jahre alt und kann in diesem Alter kaum so engelhaft-ätherisch ausgesehen haben. Lorenzo hatte – wie auf dem Gemälde – während der Fackelzüge, die im April und Mai 1459 zu Ehren der Besuche von Papst Pius II. und Galeazzo Maria Sforza in Florenz stattfanden, tatsächlich ein weißes Pferd geritten und mag im Wechsel von Licht und Schatten bei einer solchen Gelegenheit dem romantischen Künstler und ergebenen Medicianhänger Gozzoli sehr gefallen haben. Die beiden anderen Weisen sollen den griechischen Patriarchen Joseph und den byzantinischen Kaiser Johannes Palaiologos darstellen, die beide zwanzig Jahre zuvor nach Florenz gekommen waren, als der Maler etwa 19 Jahre alt war.

Das literarische Leben unter Cosimo und Piero war mehr dem Studium der Literatur als der Dichtung selbst gewidmet. Klassische Handschriften wurden mit fast fanatischem Eifer aufgespürt und herausgegeben. Cosimo hatte, vor allem aus Prestigegründen, lediglich das Geld dafür gegeben; aber sein Sohn war schon gebildeter. Er hatte sich unmittelbarer an den Bemühungen beteiligt, das Wissen der Alten zu verbreiten. Beide waren des mühsamen Hin und Her in der Innenpolitik müde und beschäftigten sich lieber mit auswärtiger Diplomatie, wo es höflicher und gelöster zuging. Auf diesen Reisen war Cosimo meist mit seinen Bilanzen beschäftigt, Piero dagegen fand man eher in die neueste Ausgabe von Cicero, Livius, Cäsar oder Seneca vertieft.

Ihre Verschiedenheit spiegelte sich während ihrer jeweiligen Regie-

Selbstbildnis des Filippino Lippi (1457–1504). Der uneheliche Sohn Filippo Lippis malte um 1481–1483 Fresken in der Brancacci-Kapelle in der Florentiner Kirche Santa Maria del Carmine, die Masaccio begonnen hatte. Diese Gemälde, zu denen auch der Ausschnitt oben gehört, erinnern stark an die Kunst Botticellis.

rungszeit auch in der Florentiner Gesellschaft. Cosimo war zwar viel länger an der Macht, trotzdem gab es zu Pieros Zeiten mehr literarische Zusammenkünfte. Angeregt vom Beispiel der Lucrezia Tornabuoni beteiligten sich auch die Frauen aktiver am kulturellen Leben, allerdings noch nicht in dem Maße wie in der zweiten Hälfte des Jahrhunderts. In vieler Hinsicht wurde Florenz immer kosmopolitischer. Machiavelli stellt fest, daß Piero wie sein Vater an fremden Höfen sehr beliebt war. Dabei schätzte man Piero weniger als bedeutenden Bankier, vielmehr als eine Art salomonischen Richter bei Auseinandersetzungen um mailändische oder venezianische Politik und als Bewunderer edler Kunstwerke.
Zweifellos haben die fünf Jahre, in denen Piero die Macht in Händen hielt – gegen den Widerstand anderer, unentschlossener und schwächerer Charaktere –, seine Familie in der Politik der Stadt noch fester verankert und ebenso das Ansehen von Florenz nach außen gestärkt. Rom, Venedig, Mailand, Urbino und selbst Neapel erwarteten geistige Anregung von der Hauptstadt der Toskana. Mantua unter den Gonzaga und Ferrara unter den Este sollten bald alles tun, um in Kunst, Gelehrsamkeit, menschlichen Idealen, Witz und Heiterkeit mit Florenz zu konkurrieren. Aber zuvor sollte ein Kapitel in der Geschichte der Medici beginnen, das an Ruhm alle bisherigen Errungenschaften dieser außerordentlichen Familie in den Schatten stellen sollte. Es war zugleich in der europäischen Kultur ein Höhepunkt und ein neuer Beginn.

Als Piero de' Medici starb, war Lorenzo ein erwachsener junger Mann von 21 Jahren und hatte bereits beachtlichen politischen Scharfsinn bewiesen. Schon als Junge hatte er ja seinen kranken Vater vertreten, als Federigo von Aragon, Thronerbe von Neapel, die Stadt Mailand besuchte. Außerdem hatte er erfolgreich mit Papst Paul II. in Rom und mit König Ferdinand in Neapel verhandelt. Vor allem aber war Lorenzo seinem Vater eine große Hilfe im Kampf gegen die Verschwörer, die Piero von seinem inoffiziellen Thron stürzen wollten.
Abgesehen von seiner jugendlichen Kraft wirkte Lorenzo körperlich nicht anziehend. Seine Nase war lang und platt, er war blaß und hatte eine schrille, unangenehme Stimme, die auf Fremde zuerst einen ungünstigen Eindruck gemacht haben muß. Äußere Schönheit hatte die Natur ihm versagt, aber sonst hatte sie ihm alles gegeben: die betonte Höflichkeit und den Takt seines Großvaters Cosimo, die Güte seines Vaters Piero und dazu noch die Belesenheit des Intellektuellen und das Schönheitsgefühl eines Poeten. Viel von diesem Glanz verdankte er Cosimos Weitblick; angesichts Pieros labiler Gesundheit hatte er sein Bestes getan, um Lorenzo auf eine frühe Machtübernahme vorzubereiten. Der Knabe hatte bei Johan-

Als Piero de' Medici 1469 an der Gicht starb, übernahm sein erst 21jähriger Sohn Lorenzo de' Medici die Führung der Republik Florenz. Obwohl die Natur ihn nicht gerade mit Schönheit verwöhnt hatte, war der immer höfliche und taktvolle Lorenzo, der über eine ausgezeichnete Bildung verfügte, bei der Florentiner Bevölkerung bald sehr beliebt.
Agnolo Bronzino (1503–1527) malte dieses Porträt mehr als vierzig Jahre nach Lorenzos Tod. Bronzino war der Hofmaler der Medici und fertigte zahlreiche Bildnisse einzelner Familienmitglieder an. Museo Mediceo, Palazzo Medici-Riccardi, Florenz.

Illustration aus dem Kommentar zu Dantes »Göttlicher Komödie« des Cristoforo Landino (1424–1498). Landino war Mitglied der »Platonische Akademie« und Kanzler der Signoria. Brescia 1487.

nes Agyropoulos Griechisch und bei Ficino Philosophie gelernt und war seit frühester Kindheit bei den Gesprächen von Politikern, Klerikern, Dichtern, Künstlern und Humanisten anwesend. Während seines langen und glanzvollen Lebens sollte er sich viele Feinde machen, aber selbst der boshafteste unter den Kritikern hätte Lorenzo bei allen Schmähungen nie vorgeworfen, er sei dumm oder langweilig, und seine Gegner wußten ebenso wie seine Freunde das Vergnügen seiner Gesellschaft zu schätzen.
Wie zu erwarten, waren die Florentiner für dieses Musterbeispiel an Tugenden sehr empfänglich. Wenige Stunden nach Pieros Tod gelang es Tommaso Soderini, dem Bruder des verbannten Niccolò, der aber selbst ein treuer Medicianhänger und bei den Florentinern sehr geschätzt war, mit Leichtigkeit, eine Versammlung von 600 prominenten Bürgern dazu zu bringen, die Autorität, die Vater und Großvater besessen hatten, auf Lorenzo zu übertragen.
»Am zweiten Tag nach meines Vaters Tod«, schreibt das neue Staatsoberhaupt in seinen Erinnerungen, »obwohl ich, Lorenzo, sehr jung war, das soll heißen 21 Jahre alt, kamen die wichtigsten Männer der Stadt und des Staates in unser Haus, um uns ihr Beileid wegen unseres Verlustes zu bezeugen und mich zu ermutigen, ich solle die Sorge um die Stadt und um den Staat auf mich nehmen, wie es mein Großvater und Vater getan hatten. Ich willigte ein, aber nur widerwillig, denn in Anbetracht meines Alters waren Last und Gefahr groß bei der Aufgabe, unsere Freunde und unseren Besitz zu schützen. Denn den Reichen in Florenz, die nicht regieren, ergeht es schlecht.«
Giuliano, Lorenzos jüngerem Bruder, war weder von den Florentinern noch wahrscheinlich von Lorenzo ein Anteil an der Macht zugedacht, die gerade dem ältesten Sohn des Piero übertragen worden war. Dieser Giuliano, gesund, kräftig und äußerlich sehr anziehend, eignete sich nach Charakter und Neigung eher für die Rolle eines Playboys als für die eines Staatsmannes. Giuliano verstand, passable Verse zu schreiben und liebenswürdige Komplimente zu machen; er hatte Glück im Spiel und stand seinen Mann im Turnier. Er war weder egoistisch noch überspannt, er war bescheiden, aber nicht schüchtern, humorvoll und ohne eine Spur von Gemeinheit. Doch er hatte wenig von seines Bruders Witz, war längst nicht so originell und ließ dessen entschlossenen Ehrgeiz vermissen. Giuliano war zufrieden, Lorenzo die Staatsaffären zu überlassen; und Lorenzo und Florenz waren der gleichen Ansicht. Die Stadt drückte Giuliano dafür fest an ihr Herz, und er wurde auf allen gesellschaftlichen und sozialen Ebenen zum Idol der Bürger. Man kann sich kaum jemanden vorstellen, der liebenswürdiger oder auf eine noch harmlosere Art dekorativ gewesen wäre.
Zunächst herrschte also in der Stadt unter Lorenzo de' Medici, dem der tüchtige Tommaso Soderini zur Seite stand, Frieden. Aber diese

Ruhe konnte nicht von Dauer sein. Im Frühling 1470 kam die Nachricht, ein ehrgeiziger Florentiner namens Bernardo Nardi – der 1466 zusammen mit Niccolò Soderini, Neroni und den anderen Verschwörern verbannt worden war – habe sich der kleinen Kathedralstadt Prato auf den Hügeln etwa dreißig Kilometer nordwestlich von Florenz bemächtigt. Außerdem hieß es, Nardi wolle, bestärkt von seinem Erfolg und mit Neronis Rückendeckung, gegen Florenz marschieren. Beunruhigt über diese Drohung schickte die Signoria sofort Truppen aus, um die Rebellen zu vernichten. Aber noch ehe sie Prato erreichten, war der *podestà* der Stadt wieder Herr der Lage, nahm Nardi gefangen und ließ ihn mit vielen seiner Gefolgsleute sofort hinrichten. Nach einem Brief, damals von einer ehrbaren florentinischen Matrone namens Alessandra Macinghi-Strozzi geschrieben, wurden in den folgenden Tagen zum Schrecken von ganz Prato mehr als vierzig Männer gehängt, die der Teilnahme am Aufstand verdächtig oder überführt waren.

Von diesem kühnen und tüchtigen *podestà,* Cesare Petrucci, sollte man in der Geschichte von Florenz noch öfter Rühmliches hören. Er war ein Mann einfacher Herkunft, und die Medici hatten ihn – ihrer traditionellen Politik gemäß, Talente von unten aufzubauen – in wichtige Ämter aufsteigen lassen. Sie hatten längst herausgefunden, wie solche Männer denen treu ergeben waren, die sie anständig behandelten. Ladenbesitzer oder Handwerker, die in ihrem eigenen Gewerbe bereits Organisationstalent und Überblick bewiesen hatten, zeigten sich oft als viel zuverlässiger und ehrlicher als jene streitlustigen und schlauen Herren mit höherer Bildung, die schon oft gefährlich gegen die mediceischen Ideen der Staatsführung intrigiert hatten. Die rasche Unterdrückung des Aufstandes von Prato bewies, daß das Volk inner- und außerhalb der Hauptstadt mit Lorenzo als dem neuen Oberhaupt der Republik einverstanden war. Damit hatte Lorenzo die erste Probe seiner Loyalität gegenüber der gegenwärtigen Regierung in Florenz mit Erfolg bestanden. Er wußte nun, daß er bei Widerstand mit sofortigen militärischen Aktionen rechnen konnte.

Im Frühling 1471 machten Herzog Galeazzo Maria Sforza und seine Gemahlin Bona von Savoyen Florenz einen feierlichen Besuch. Ihr Kommen ließ sich als Akt der Höflichkeit zwischen angeblichen Verbündeten auslegen und auch als Mahnung, die stolzen Florentiner sollten die Macht und den Reichtum von Mailand nicht unterschätzen. Der Herzog blieb während seines kurzen Lebens mehr oder weniger ein ungezogenes Kind. Er führte zwölf mit Goldbrokat ausgeschlagene Sänften mit, in denen die Damen seines Gefolges saßen. Außerdem begleiteten ihn Räte, Höflinge, Kämmerer und Vasallen, von denen vierzig Ketten im Wert von mindestens hundert Goldflorin trugen. Fünfzig Kriegspferde waren mit Sätteln aus Goldbrokat, vergoldeten Steigbügeln und Zügeln aus

Holzschnitt aus Luca de Pulcis »Pistole«. Das Werk erschien 1481 in Florenz und enthält Briefe an Lorenzo il Magnifico.

bestickter Seide geschmückt. Nach der Hauptgruppe marschierten Jäger und Falkner mit ihren Hunden und Vögeln, hundert Ritter, alle in der Uniform von Hauptleuten, und eine Kolonne Fußvolk nach der anderen. Diese Horde friedlicher Eindringlinge führte zweitausend Pferde und zweihundert Maultiere mit sich. Die Kaufleute von Florenz schätzten mit scharfem Blick die Kosten der herzoglichen Equipage allein auf 200000 Goldflorin. Außer dem Herzog und der Herzogin wurden alle Gäste auf Kosten der Signoria untergebracht. Lorenzo bewirtete die beiden Fürstlichkeiten in seinem Palazzo in der Via Larga, dessen Pracht die Besucher mit Staunen und Neid erfüllte. Sicher hatten sie nie zuvor eine solche Ansammlung von Gemälden und Skulpturen, von Vasen, Edelsteinen, Gemmen und seltenen, reich illuminierten Handschriften gesehen. Galeazzo Maria liebte solche Dinge aufrichtig, ohne viel von ihrem ästhetischen Wert zu verstehen. Er gab höflich zu, verglichen mit solchen Schätzen seien seine Haufen von Gold und Silber nichts als Dreck.

Bei den Festlichkeiten im Palazzo und anderswo wurde auch in aller Öffentlichkeit Fleisch gegessen, was die Kirche in der Fastenzeit streng verboten hatte. Dieser Verstoß gegen kirchliche Gesetze schockierte viele Florentiner zutiefst, Priester wie Laien. Doch Lorenzo machte alles wieder gut, indem er zur Erbauung seiner Gäste drei liturgische Schauspiele in drei verschiedenen Kirchen aufführen ließ. Als man in Santo Spirito »Die Ausgießung des Heiligen Geistes« gab, mit echten Flammen, um das im Titel genannte Wunder darzustellen, fing das Gebäude Feuer, und die Kirche brannte bis auf den Grund nieder. Nicht nur das elegante Publikum, auch die einfacheren Leute, die zusammengelaufen waren, um in die Feuersbrunst zu starren, flohen in panischer Angst in alle Richtungen. Sie waren überzeugt, die Rache des Himmels sei über sie gekommen, als Strafe für die Fleischfresserei und Weinsüffelei während der Fastenzeit.

Im Jahre 1463 starb Giovanni de' Medici, der Bruder Pieros und zweite Sohn Cosimos des Alten. Botticelli hat ihn auf seiner »Anbetung der Könige«, aus der dieser Ausschnitt stammt, porträtiert. Uffizien, Florenz.

Im Sommer des gleichen Jahres wendete sich Lorenzo ernsthafteren Angelegenheiten zu. Bisher war er in der Innenpolitik besonders vorsichtig und entgegenkommend gewesen, aber nun begann er, sich stärker zu behaupten. Mit Soderinis Zustimmung wurde im Juli ein vorläufiger Rat gebildet, der die Liste der Kandidaten für den höchsten Magistrat auf fünf Jahre prüfen sollte. Fünfzig Männer, die seit 1434 – dem Jahr von Cosimos Rückkehr aus dem Exil – den Posten des *gonfalonier* bekleidet hatten, und die vierzig Mitglieder der gegenwärtigen *balia* wählten Männer aus, die in einem »Rat der Einhundert« mitarbeiten sollten. So war sichergestellt, daß man sich auf die Loyalität der neuen Räte gegenüber den Interessen der Medici verlassen konnte.

Einen Rat dieses Umfangs hatte bereits Cosimo im Jahr 1458 geschaffen. Der Rat hatte sich aber im Juli 1470 geweigert, 45 *acco-*

Lorenzo de' Medici war 23 Jahre lang der eigentliche Herrscher von Florenz. Die Abbildung zeigt ihn (zweiter von links) mit Mitgliedern der Florentiner Familie Sassetti. Ausschnitt aus dem Fresko des Domenico Ghirlandaio »Papst Honorius bestätigt dem hl. Franziskus die Ordensregel« in der Sassetti-Kapelle in Santa Trinità, 1483/85.
Der ältere Herr zur Rechten Lorenzos wird auch für Antonio Pucci gehalten, während man in den beiden Gestalten zu seiner Linken den Maler Stefano di Giovanni Sassetta und dessen Sohn zu erkennen glaubt.

piatori zu ernennen, alle Anhänger der Medici, die die Kandidaten für öffentliche Ämter prüfen und nach Gutdünken gewisse Namen streichen sollten. Von 1458 bis 1466 waren die *accopiatori* von einer *balia* ernannt worden. Seit 1466, dem Jahr der Verschwörung gegen Cosimos Sohn Piero, war das Recht der Ernennung auf den Rat übertragen worden, um für die Zukunft solche Komplotte auszuschließen. Nachdem der Rat im Juli 1470 aber abgelehnt hatte, Lorenzos Vorschlag für die Einrichtung einer ständigen Körperschaft aus 45 zuverlässigen Medicianhängern als *accopiatori* zuzustimmen, billigte er ein Jahr später das oben geschilderte System, das nicht so offenkundig diktatorisch war. Nun ernannten die Signoria und fünf *accopiatori* vierzig Bürger, die ihrerseits den »Großen Rat der Zweihundert« wählten. Gleichzeitig setzten fünf *accopiatori* und diese vierzig Wahlmänner einen Ausschuß von achtzig Männern ein, der von nun an diejenigen auszusuchen hatte, die im »Rat der Einhundert« dienen sollten. In der Praxis konnte man sich also darauf verlassen, daß beide – der »Rat der Einhundert« und der »Große Rat« – Lorenzos Anweisungen gehorchen würden. Die alten Räte der »Gemeinde« und des »Volkes« wurden auf Verwaltungsaufgaben beschränkt. Lorenzo erklärte, diese Änderung der Verfassung werde den Umgang mit auswärtigen Potentaten erleichtern. Aber bald vereinigte der »Rat der Einhundert« die höchste Macht auf sich, und gleichzeitig wurden die *otto di guardia* (die Acht Wächter), eine Art Berufungsgericht, mit mehr Kompetenzen ausgestattet, die man von anderen Justizbehörden abgezogen hatte. Natürlich wurde dafür gesorgt, daß die »Acht« von nun an stets aus

Giovanni de' Medici (1475–1521), der Sohn Lorenzos und spätere Papst Leo X. Ausschnitt aus einem Fresko von Domenico Ghirlandaio. Santa Trinità, Florenz.

Medicianhängern bestanden. Diese Maßnahmen entsprachen den Prinzipien, die Cosimo unter vier Augen mit Piero festgelegt hatte. Erst sehr viel später wurden sie von Lorenzos Sohn Giovanni schriftlich formuliert. Er war ein schlauer Familienpatriot und vertraute später als Papst Leo X. einem anderen Lorenzo, seinem Neffen, die Regierung von Florenz an. Vor allem, schrieb Leo, müsse sein junger Verwandter darauf achten, in jedem Rat einen absolut vertrauenswürdigen und engen Freund zu haben. Zweitens: Das Amt eines Priors oder *gonfalonier* könne man durchaus einem anderen überlassen, aber er dürfe keine starke Persönlichkeit sein und keine besonderen Fähigkeiten haben. Drittens: In der Kommission für Staatsanleihen, von der stets der finanzielle Wohlstand abhing, sollten ausschließlich begüterte und geachtete Bürger sitzen. Viertens: Alle wichtigen Ausschüsse sollten eine klare Pro-Medici-Mehrheit aufweisen.

Wenn man solche Prinzipien damaliger politischer Führung genauer betrachtet, drängt sich der Schluß auf, daß es einem die Umstände des 15. Jahrhunderts in Italien unmöglich machten, ohne Winkelzüge und ohne gelegentliche Gewaltanwendung zu regieren. Zweifellos wurden Betrug und, wenn nötig, blutige Gewalt recht häufig angewandt. Der Patriotismus der einzelnen Fürstentümer entartete rasch zu engherziger, hemmungsloser Selbstsucht, die rücksichtslos von jedem kleinsten Zugeständnis eines Gegners profitierte.

Wie alle anderen bedeutenden Köpfe seiner Zeit hat auch Lorenzo mit seinem klaren Blick und scharfen Verstand die Situation erkannt. Doch anders als die meisten seiner Zeitgenossen fand er sich nicht damit ab. Wie die führenden Geistlichen und Humanisten empfand er tiefen Abscheu gegen Unfrieden, Streitsucht und Brutalität. Er liebte theoretisches Denken, das ihm ein geistiges Paradies möglich erscheinen ließ. Dieser Garten Eden konnte allerdings nur zum Teil christlich sein. Er würde die erfrischenden Früchte der Wohltätigkeit und die heilenden Kräuter der Demut tragen, wie sie die Kirche in ihren offiziellen Vorschriften empfahl, aber vor allem würde sich dort nach all den Geheimnissen forschen lassen, die sich oft in einer Schrift des Platon, einem Zitat des Vergil, einem Bild von Fra Filippo Lippi oder auch nur in den Klängen einer Laute andeuteten. Das junge Oberhaupt der florentinischen Republik war überzeugt, daß nichts anderes der ernsthaften Aufmerksamkeit eines kultivierten Mannes wirklich wert war. Aber er war auch ein Herrscher mit einem praktischen Verantwortungsgefühl gegenüber seinen Mitbürgern und vielleicht gegenüber der ganzen Menschheit. Die Ansichten seiner Mutter Lucrezia und der Weisen des alten Rom bestätigten ihn in diesem Gefühl immer wieder.

Trotz aller Kraft seiner Überzeugung war sich Lorenzo völlig bewußt, daß weder Florenz noch Italien für ein solches geistiges und ästhetisches Utopia reif war. Zwar waren in Italien die gesellschaftlichen Umgangsformen zivilisierter als im übrigen Europa, es verfügte über eine kultivierte Sprache und eine ungezwungene Freude am Luxus und schönen Gegenständen, doch mangelte es selbst den höchsten Schichten im 15. Jahrhundert an Praxis in perikleischer Theorie.

Unter der glänzenden Oberfläche von Lorenzos Welt brodelte und siedete es. Ständig drohten schamloser Betrug und gnadenlose Brutalität auszubrechen, meist gänzlich unerwartet. Die ganze Halbinsel mit ihrem Mosaik aus einander verfeindeten, wenn auch ziemlich schwachen Staaten stellte ein unentwirrbares Netz diplomatischer Intrige dar, das im damaligen Europa ohne Beispiel war.

In der kleinen Welt von Florenz war es nicht anders. Fremde wie Galeazzo Maria aus Mailand staunten über die rasche Auffassungsgabe der Toskaner, die allerdings auch streitlustiger waren. Anders als in Venedig ruhte sich der republikanische Stolz von Florenz nie auf seinen Lorbeeren aus. Das Mißtrauen gegenüber Autokratien wie in den Nachbarstädten Bologna und Ferrara oder in Mailand, Rom und Neapel blieb ständig wach. Klassische Bildung, besonders die Kenntnisse über das Rom der Konsuln, bestärkte solche Gefühle in einer Stadt, die damals die Aufmerksamkeit der ganzen Christenheit auf Livius und Cicero lenkte. Die Beschäftigung mit ihnen ließ die Bürger ständig wachsam bleiben gegenüber einer Regierung, die stark sein mußte, um feindliche Despoten in Schach zu halten, und die sich deshalb selbst stets dem Vorwurf des Despotismus ausgesetzt sah.

Aus Cosimos und Pieros Erfahrungen hatte Lorenzo gelernt, wie sich solche Gefahren am besten vermeiden ließen. Er begann jetzt aber auch, eine eigene Taktik zu entwickeln. Häufig holte er bei seinen Entscheidungen den Rat anderer ein, weil er, wie er einmal bemerkte, so auch die Gehirne anderer arbeiten lassen könne und nicht nur sein eigenes. Seine Entschlüsse aber faßte er allein. Berater, die er heranzog, waren meist Männer, die es gesellschaftlich noch nicht weit gebracht hatten, die aber eine besonders praktische Begabung besaßen. Wie sein Großvater schickte er Mitglieder der besten Familien gern in diplomatischem oder geschäftlichem Auftrag ins Ausland. Andere Bürger vornehmer Herkunft wie Tommaso Soderini, von deren Einfluß er Gefahren für sich kommen sah, beschränkte er klugerweise auf untergeordnete Aufgaben. Er hatte nicht vergessen, daß sein Vater Piero 1466 fast seine politische Macht eingebüßt hätte, weil er Luca Pitti und seine Anhänger in der Verwaltung zu stark werden ließ.

Ein paar Monate später erwiderte Giuliano den Besuch des Herzogs Galeazzo Maria Sforza und seiner Gemahlin Bona von Savoyen in Florenz Anfang 1471. Giuliano wurde in Mailand glänzend bewirtet, und danach begann eine regelmäßige, fast freundschaftliche Korrespondenz zwischen beiden Höfen. Allerdings

Lorenzos Ehefrau Clarice Orsini war zeitlebens kränklich und verfiel häufig in Melancholie. Sie war eine stumpfsinnige und zänkische Person, die keine von Lorenzos Tugenden besaß. Porträt aus der Schule des Ghirlandaio. National Gallery of Ireland, Dublin.

Giuliano de' Medici (1453–1478), der Bruder Lorenzos des Prächtigen. Gemälde von Botticelli (1445–1510), das kurz vor Giulianos Ermordung durch die Pazzi-Verschwörer im Dom zu Florenz entstand. Staatliche Museen Preußischer Kulturbesitz, Gemäldegalerie, Berlin. Ein sehr ähnliches Porträt Giulianos hängt in der National Gallery of Art, Washington.

brachten ihn die ständigen Bitten des Herzogs um Darlehen und seine offene Eifersucht auf König Ferdinand von Neapel – mit dem Lorenzo ebenfalls freundliche Beziehungen unterhielt – oft in Verlegenheit. Trotzdem wagte Lorenzo nicht, Galeazzo Maria zu verstimmen, dem seine Gesandten zuredeten, weiter Druck auszuüben und so einen potentiellen Gegner niederzuhalten.
Im nächsten Jahr (1472) trat ein Ereignis ein, das für Florenz ebenso schicksalhaft war wie Galeazzo Marias Gepolter: Zum Nachfolger Pauls II., der am 26. Juli 1471 gestorben war, wurde Sixtus IV. gewählt. Als Francesco della Rovere, Sohn eines armen Fischers, war er in Albisola in der Provinz Savona bei Genua gebo-

ren. Doch so einfach seine Herkunft war, so kompliziert war sein Charakter. Großmut und Aufgeklärtheit mischten sich mit schonungslosem, krankhaftem Ehrgeiz. Er sollte Lorenzo de' Medici noch einmal in tödliche Gefahr bringen, aber vorläufig trat Sixtus vorsichtig auf. Der Papst empfing die Gesandtschaft, die ihm Glückwünsche überbrachte, mit großer Leutseligkeit. Lorenzo war Mitglied dieser Gesandtschaft und erhielt von Sixtus für die Medicibank den Auftrag, die Konten des Heiligen Stuhls zu verwalten. Der Papst überließ dem jungen Herren von Florenz noch weitere Konzessionen für die Alaunminen von Viterbo und schenkte ihm die Marmorbüsten des heidnischen Kaisers Augustus und seines Schwiegersohns Marcus Vipsanius Agrippa, der die Schlacht von Aktium gegen Mark Anton gewonnen hatte. Aber damit war die Freigebigkeit des Papstes zu Ende, und er gewährte Lorenzo nicht die Gunst, die dem Medici besonders am Herzen lag: den Kardinalshut für Giuliano.

Allem Anschein nach trennten sich Sixtus und Lorenzo als beste Freunde. Das sofort einsetzende Gerede über die ungewöhnliche Zurschaustellung gegenseitiger Sympathie, von der das Zusammentreffen der beiden bedeutenden Herrscher geprägt war, erweckte natürlich Galeazzo Marias Eifersucht. Seit die Pracht von Florenz während seines Besuches so tiefen Eindruck auf ihn gemacht hatte, versuchte er, Lorenzo in allem auszustechen. Bisher hatte Galeazzo geglaubt, er stehe an erster Stelle in der Gunst der Medici außerhalb von Florenz; und nun mußte dieser 57jährige Priester aus niederem Stand zwischen zwei ruhmreiche junge Fürsten mit gleichen Neigungen und Zielen treten. Dabei irrte sich der verdrossene Herzog allerdings in drei Punkten schwer: Lorenzo brachte ihm keinerlei persönliche Sympathie entgegen; Sixtus hatte mehr Angst vor Lorenzo, als daß er ihn bewundert hätte; und vor allem ließen sich die Ziele des verhaßten Despoten Sforza und die des angesehenen Oberhauptes der florentinischen Republik in keiner Weise vergleichen. Die offenkundige Gunst des Papstes ermutigte Lorenzo, zu Hause einige Maßnahmen zu ergreifen, die seine persönliche Autorität noch stärken sollten. Noch mehr zuverlässige Anhänger der Medici gelangten in den Kontrollapparat der Regierung. Bürger wie Tommaso Soderini, dessen Einfluß Lorenzo eines Tages hätte gefährlich werden können, wurden mit Missionen ins Ausland geschickt. Die guelfische Partei, die einst die Stütze der aristokratischen Albizzifraktion war und immer noch die traditionelle politische Opposition gegen die Medici anführte, wurde aufgelöst.

Zur gleichen Zeit schaffte Lorenzo das alte Amt des Volkshauptmanns ab, das seit 1252 existiert und während Bürgerunruhen meist besondere Machtbefugnisse erhalten hatte. Auch hier protestierten nur ein paar unbekehrbare Konservative; die meisten Florentiner sahen ein, daß sie keinen besonderen Offizier mehr

Rechts: Federigo von Montefeltro, der Herzog von Urbino, ist der einzige italienische Renaissancefürst, der einem Vergleich mit Lorenzo dem Prächtigen standhalten konnte. Als Soldat genoß er ebensolchen Ruf wie der condottiere *Colleoni, aber er erwies sich auch als äußerst geschickter Politiker und tat sich als Freund und Förderer von Kunst und Literatur hervor. Federigo hatte eine reiche Privatbibliothek zusammengetragen und war Gönner eines der einflußreichsten italienischen Maler des 15. Jahrhundert, Piero della Francesca.*
Die Abbildung, die den Herzog darstellt, ist eine Einlegearbeit aus Holz im Studierzimmer Federigos von Baccio Pontelli (1450–1494). Palazzo Duccale, Urbino.

brauchten, um sich im Widerstand gegen die Anmaßung des Adels zu vereinigen.
Wie seinem Großvater Cosimo gelang es auch Lorenzo weitgehend, die Außenpolitik selbst zu lenken. Er unterschrieb einen Großteil der Korrespondenz persönlich, und deshalb waren auch die Depeschen aus Rom, Neapel, Mailand und Venedig meist an ihn und nicht an die Signoria adressiert. So schrieb zum Beispiel König Ferdinand von Neapel an Lorenzo: »Wenn wir irgendeine Gunst von der Erlauchten Republik von Florenz zu erhalten wünschen, hoffen wir auf keinen anderen Vermittler und Stellvertreter als Eure Magnifizenz.« So wurde Lorenzo damals allgemein angeredet; später wurde daraus »Il Magnifico«, der Prächtige.
Aus eigener Erfahrung und aus dem Studium der neueren florentinischen und der antiken römischen Geschichte wußte Lorenzo, wie wichtig der Respekt der anderen für einen aufstrebenden Staat ist. Diese Achtung sollte auf friedlichem Wege zu erreichen sein und nicht auf dem Schlachtfeld, und sie sollte unter zivilisierten Völkern sich vor allem auf die Persönlichkeit des Herrschers stützen. Lorenzos Ansehen in Florenz, in Italien und anderen europäischen Ländern beruhte zu seinen Lebzeiten weitgehend auf seinem persönlichem Charme und seiner Intelligenz, wozu sich ein seltener aufrichtiger Idealismus gesellte, den man eher bei Künstlern und Philosophen als bei Politikern oder Staatsmännern antrifft.
Wenn auch Lorenzo in den Augen von Florenz und von ganz Europa hoch angesehen war, so gab es doch Ereignisse, die diesen Glanz vorübergehend trübten; so zum Beispiel im Jahre 1472, als es um gewisse Bergbaukonzessionen in der florentinischen Stadt Volterra ging. 1470 hatte eine Gruppe von Florentiner Bürgern im Namen einer Handelsgesellschaft in Siena, die ihnen gehörte, eine Lizenz erhalten, die gerade entdeckten Alaunvorkommen von Volterra auszubeuten. Aber als die Signoria im Jahr 1472 die Vereinbarung prüfte, erklärte sie den Vertrag für ungesetzlich, ließ die Minen schließen und die Gesellschaft ausweisen. Der wahre Grund für dieses willkürliche Vorgehen hatte anscheinend mit der Legalität des Vertrags nichts zu tun. Tatsache war, daß das Alaunvorkommen – ein unerläßlicher Bestandteil beim Färben von florentinischem Tuch – sich als viel lohnender erwiesen hatte als erwartet. Die Signoria von Volterra bereute ihren ursprünglichen Vertrag mit der Gesellschaft und hatte beschlossen, die Bürger von Volterra sollten das Alaun fördern und auch den Gewinn haben. Die Bergwerkgesellschaft war empört und wandte sich an die Oberhoheit der Signoria von Florenz. Diese Instanz entschied zu ihren Gunsten und machte zur Bedingung, ihr Beschluß müsse von Lorenzo persönlich gebilligt werden.
Natürlich wehrten sich die Bürger von Volterra heftig dagegen, die Sache Lorenzo de' Medici anzuvertrauen. Eine starke Republik

könne einer schwächeren befehlen, gaben sie zu, aber von einem einzelnen Mann wollten sie sich nicht herumkommandieren lassen. Sie zettelten einen Aufstand in den Straßen an, stürmten den Palast des Florentiner *podestà,* brachten ihn beinahe um und töteten tatsächlich zwei florentinische Angehörige der Firma, die sich in den Palazzo geflüchtet hatten, und zwei ihrer Kollegen aus Volterra. Schließlich gelang es der Signoria von Volterra, den Tumult zu unterdrücken. Sie sandte eine Abordnung nach Florenz, um ihre Unterwerfung unter Lorenzos persönliche Autorität bekanntzugeben. Tommaso Soderini sah keinen Grund zu weiterem Vorgehen. Der *status quo* war wieder hergestellt, die Stadtverwaltung funktionierte, und die Bergwerksgesellschaft konnte die Ausbeutung der Minen wieder aufnehmen. Aber Lorenzo wandte ein, es wäre gefährlich, wolle man das aufsässige Betragen von Volterra und die Ermordung von Florentiner Bürgern einfach übergehen. Andere Schutzgebiete könnten sich zum Aufstand ermutigt fühlen, ja, Volterra könne mit Venedig und Neapel intrigieren, um ihren Beistand zum Sturz der gegenwärtigen Florentiner Regierung zu gewinnen. Er sprach so nachdrücklich – und mit so viel Autorität –, daß die Prioren seinen Rat annahmen. Unter dem Kommando des Veteranen Federigo da Montefeltro, des Herzogs von Urbino, setzte man Truppen in Marsch, um Volterra in aller Form zu unterwerfen.
Offenbar war wirklich nicht mehr als eine Untersuchung der letzten Unruhen beabsichtigt. Volterra gehörte seit über einem Jahrhundert zur Republik Florenz, juristisch gesehen hatte man Soldaten ausgeschickt, um eine Region zu besetzen, die – wenn auch nicht immer friedlich – offiziell der Zentralverwaltung unterstand. Der Fall lag nur insofern anders, als die dortige Regierung bereits gemeldet hatte, sie sei wieder Herr der Lage. Trotzdem kann man Lorenzos Einstellung verstehen. Offiziell war er nicht in der Lage eines Souveräns, der kompromißlose Loyalität von denen fordern konnte, die ihm Treue schuldeten. Er war nur ein hoch angesehener Berater des Staates. Zudem hatte er nur kurze Zeit persönliche Macht ausgeübt und wußte, daß seine Familie seit jeher unversöhnliche Feinde hatte. Vor allem war die Aufrichtigkeit der Signoria von Volterra keineswegs erwiesen. Log sie, so mußte man sie mit dem Klirren »fremder« Waffen in ihren Straßen einschüchtern. Außerdem war Lorenzo erst Anfang zwanzig und besaß noch nicht die Zurückhaltung seiner späteren Jahre. Damals neigte er noch dazu, seine große Energie durch impulsive Handlungen zu beweisen. Jedenfalls hatte er das Temperament der Bürger von Volterra im allgemeinen richtig eingeschätzt: Montefeltro fand die Tore der Stadt geschlossen. Er mußte sich auf eine Belagerung einrichten, die einen Monat dauerte, bis sich die Stadt am 18. Juni 1472 ergab.
Nun begann ein Rauben und Morden, und Volterra erlitt alle Schrecken einer Stadt des 15. Jahrhunderts, die dem Feind ausge-

liefert ist. Der besonnene Herzog von Urbino, der viel kultivierter und vernünftiger war, als man von einem Militärkommandeur gemeinhin erwartet, versuchte vergeblich, den Kämpfenden Einhalt zu gebieten. Er ritt selbst ein paar seiner eigenen Leute nieder und bemühte sich, wenigstens Frauen und Kinder zu schützen. Zwei Mordverdächtige ließ er sogar auf der Stelle hängen. Aber mehr konnte er kaum tun. Als man in Florenz von dem Gemetzel erfuhr, galoppierte Lorenzo sofort mit ein paar Begleitern nach Volterra. Er stellte die Ordnung wieder her und entschädigte, so weit es ging, die Opfer von Raub und Zerstörung.

Das sind die Fakten dieser beklagenswerten Angelegenheit. Der Rest ist Spekulation. Man kann Lorenzo keinerlei Verantwortung für diese Barbarei nachweisen. Im Gegenteil: Vieles spricht dafür, daß weder er noch Montefeltro solche Brutalität zugelassen hätten, wenn sie damals auch nicht ungewöhnlich war. Mit der »Züchtigung«, für die Lorenzo plädiert hatte, konnten höchstens Prozeß und Urteil gegen die Rädelsführer der Aufstände gemeint sein, die des Verrats zu überführen waren. Lorenzo war beunruhigt. Aus der Vergangenheit seiner eigenen Familie kannte er die hemmungslose Gewalttätigkeit, zu der sich das toskanische Temperament hatte hinreißen lassen, schien die politische Freiheit nur im geringsten bedroht. Vor allem in Florenz hatte sich diese Tendenz in den letzten fünfzig Jahren durch die Beschäftigung mit den heidnischen Kulturen der griechischen und römischen Antike noch verstärkt.

Zweifellos wollte Lorenzo zeigen, daß er sich nicht einschüchtern ließ. Historiker des 19. Jahrhunderts haben seine Härte bei dieser Gelegenheit streng kritisiert, aber die des 20. Jahrhunderts sollten besser wissen als ihre Großväter, wozu allzu große Nachsicht führen kann. Das für Lorenzo seltene Beispiel von vielleicht mangelnder Großmut sollte dem Bild keinen Abbruch tun, das die Nachwelt von einem der Größten der Medici hat.

Schnell erschien auch alles wieder in einem freundlichen Licht. Ende des Jahres hielt sich Lorenzo länger in Pisa auf – einst verhaßter Rivale von Florenz, inzwischen wichtigster Seehafen der Republik –, um die vom Verfall bedrohte, 200jährige Universität wieder aufzubauen. Die Signoria von Florenz fand, das Zentrum der Gelehrsamkeit in der Toskana sei in Pisa besser gelegen als in der Hauptstadt der Republik. Außerdem gab es in Florenz, das das ganze Jahr hindurch fremde Besucher aufnehmen mußte, für Studenten zu wenig geeignete Unterkünfte. Lorenzo stiftete aus seiner eigenen Tasche einen großen Anteil des erforderlichen Kapitals. Die Professoren der Universität Pisa gehörten damit zu den höchstbezahlten von ganz Italien.

Cosimo hatte sich bei ähnlichen Gelegenheiten ebenso freigebig gezeigt. Lorenzo besaß aber weder seines Großvaters Finanztalent, noch war er in seinem Privatleben so enthaltsam und bescheiden.

Zu Ehren seines geliebten Bruders Giuliano veranstaltete Lorenzo im Jahre 1475 ein prächtiges Turnier in Florenz. Bei diesem Fest wurde Simonetta Vespucci, ein zartes und etwas bleiches junges Mädchen, zur »Königin der Schönheit« gewählt. Es war Giulianos damalige Favoritin.
Der Florentiner Poliziano hat Giulianos Liebe zu Simonetta in seinem Gedicht »La Giostra di Giuliano de' Medici« (»Das Turnier des Giuliano de' Medici«) (1475/78) besungen. Der Holzschnitt aus dem späten 15. Jahrhundert zeigt Giuliano in Anbetung vor dem Altar der Venus kniend.

Der Reichtum der Medici begann daher zu schmelzen, ohne daß Lorenzo von dieser Entwicklung Notiz nahm. Im Gegenteil: Die Ausgaben für seinen Haushalt, für seine Gäste, für Wohltätigkeit und öffentliche Lustbarkeit, für seine Sammlung von Kunstwerken und Handschriften und für seinen persönlichen Luxus nahmen zu. Er selbst kleidete sich stets unauffällig, wenn auch kostbar, meist in Schwarz und Gold. Sonst aber gab er sich überaus großzügig. So arrangierte er zum Beispiel 1475 ein prächtiges Turnier, um ein neues Abkommen zwischen Florenz, Mailand und Venedig zu feiern, das im November 1474 unterzeichnet worden war. Der Hauptgrund aber war, den ihm nahestehenden Giuliano zu ehren und zu erfreuen. Poliziano (1454–1494) sollte das Turnier in Versen festhalten. Er bezieht sich in seinem Gedicht *La Giostra di Giuliano de' Medici* häufig auf »la bella Simonetta«, wahrscheinlich Giulianos damalige Favoritin, eine geborene Simonetta Cattaneo, die auch Lorenzo in einigen seiner Gedichte feiert. Es gibt Grund zur Annahme, daß diese junge Dame – die 1476 im Alter von 17 Jahren an Schwindsucht starb – die Frau eines sympathischen Schwächlings war, eines Marco Vespucci aus der reichen und bedeutenden Florentiner Familie. Man nimmt an, daß Botticelli in seinem Porträt eines schlanken Mädchens mit langem Hals und etwas prüder und gleichgültiger Miene Simonetta Vespucci dargestellt hat. Die Malweise erinnert tatsächlich an Botticelli, nur findet man kaum eine Spur jenes einzigartigen, poetischen Empfindens, das alle nachgewiesenen Botticellis auszeichnet. Das Bild könnte eher von einem Schüler oder Nachahmer stammen, und das Modell ist vielleicht gar nicht Simonetta.

Das Turnier von 1475 war, wie das von 1469, ganz besonders Lucrezia Donati gewidmet, der Frau, die Lorenzo neben seiner Mutter am meisten geliebt hat. Simonetta wurde jedoch als Schönste der jungen Generation zur »Königin der Schönheit« des Tages erkoren. Giuliano trug einen Anzug mit silberner Rüstung. Verrocchio malte sein Banner und die Helme der beiden Brüder, und drei von Botticellis Hauptgemälden beziehen sich auf dieses Ereignis.

Simonettas Tod im nächsten Frühjahr wurde von ganz Florenz betrauert. Lorenzo war gerade in Pisa mit dem Wiederaufbau der Universität beschäftigt; er schickte seinen Leibarzt an ihr Sterbebett. Als er die Nachricht von ihrem Ableben erhielt, soll er mit seinem Freund Federigo von Aragon in die stille Frühlingsnacht hinausgegangen sein und beim Anblick eines besonders leuchtenden Sterns ausgerufen haben: »Seht – die Seele dieser sanftesten aller Damen hat sich in dieses neue Gestirn verwandelt, das ich noch nie gesehen habe, oder ist mit ihm verschmolzen.«

Wenige Monate später mußten Florenz und die Medici das ebenso plötzliche und noch brutalere Ende eines jungen Mannes hinnehmen, dessen Freundschaft von politischer Bedeutung für die Repu-

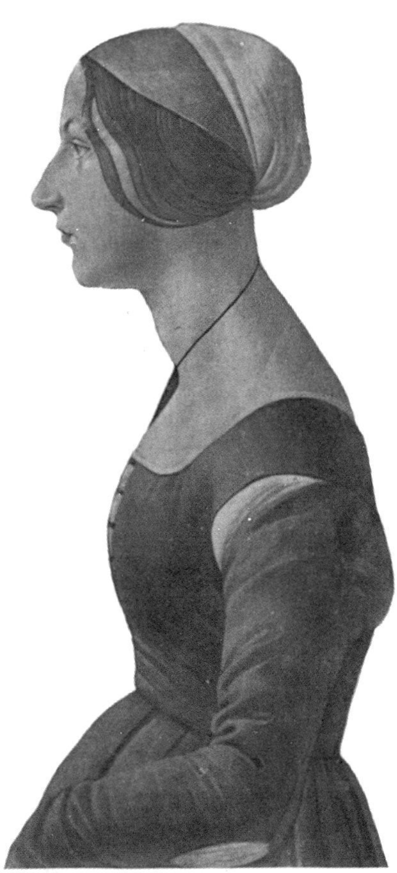

Porträt der Simonetta Vespucci, geb. Cattaneo, von Sandro Botticelli. Die junge Geliebte Giulianos de' Medici starb bereits im Alter von 17 Jahren, ein Jahr nach dem prächtigen Turnier, bei dem sie zur »Königin der Schönheit« gewählt wurde. Palazzo Pitti, Florenz.

blik gewesen war. Die Art, wie er beseitigt wurde, mußte jedem regierenden oder nicht regierenden Fürsten in Italien als Drohung erscheinen.

Die Ermordung des Herzogs Galeazzo Maria Sforza im Jahre 1476. Als Galeazzo die Kirche von Santo Stefano am Tag nach Weihnachten betrat, stürzten Carlo Visconti, Girolamo Olgiati und Gianandrea Lampugnani auf den Herzog und erdolchten ihn. Der Sohn des berühmten condottiere *Francesco Sforza hatte zehn Jahre in Mailand regiert, wobei er sich durch besondere Grausamkeit und harte Unterdrückung der Bevölkerung hervortat. Holzschnitt aus »Lamento del Duca Galeazzo Sforza«, Florenz 1505.*

1476, am Tag nach Weihnachten, stürzten sich in Mailand drei junge Edelleute – Carlo Visconti, Girolamo Olgiati und Gianandrea Lampugnani – auf den Herzog Galeazzo Maria Sforza, als er die Kirche Santo Stefano betrat. Noch ehe seine Leibwache eingreifen konnte, hatten die Angreifer ihn erstochen. Zwei von ihnen wurden auf der Stelle getötet. Olgiati, der dritte, kam davon und konnte sich einige Tage lang verstecken, dann fing man ihn und ließ ihn öffentlich vom Henker vierteilen. Die Mehrheit der Mailänder Bevölkerung hielt treu zu Bona von Savoyen, der Witwe des Tyrannen, und sie wurde mit Lorenzos Unterstützung als Regentin eingesetzt, bis ihr junger Sohn Gian Galeazzo erwachsen sein würde. Aber die Intrigen der vier Onkel des Kindes brachten die Regierung sofort ins Wanken, und Mailand, das bisher in ganz Italien eine so große Rolle gespielt hatte, verlor immer mehr an Bedeutung.
Viele einflußreiche Italiener begrüßten jedoch Galeazzo Marias Ermordung, nicht so sehr wegen seiner auffälligen Laster oder weil die Mörder sich auf freiheitliche Ziele berufen hätten, sondern weil die Szene auf den Stufen von Santo Stefano sie an andere erinnerte, die sie aus der griechischen und römischen Geschichte kannten.

Genauso hatten Harmodios und Aristogeiton, jene beiden vornehmen Athener Jünglinge, den Hipparchos, den jüngeren Bruder des Despoten Hippias, 514 v. Chr. erschlagen, als er die Schwester des Harmodios beleidigt hatte. So hatten auch Brutus und Cassius den Cäsar erdolcht, als er sich zum Alleinherrscher über das römische Reich erheben wollte. Südlich der Lombardei wurde es in privaten Gesprächen wie in öffentlichen Diskussionen immer mehr zur Mode, die Vergangenheit zu beschwören. Professor Cola Montano, dessen Vorlesungen über politische Geschichte alle drei Attentäter in Bologna besucht hatten, verkündete, der Tyrannenmord sei »heilig«. Der Florentiner Moralist Rinuccini erklärte, Galeazzo Marias Ermordung sei »eine ehrenvolle, lobenswerte und männliche Tat, die von allen nachgeahmt werden sollte, die unter einem Tyrannen oder sonst einer despotischen Regierung leben«.

Bald darauf versuchte man, einen anderen Sforza und auch Ercole I., den Herzog von Ferrara, umzubringen. Alle Despoten in Italien verstärkten ihre Leibwache und ihre Sicherheitsvorkehrungen. Da Papst Sixtus mit seiner Vetternwirtschaft viele winzige Lehen verteilte, wurden solche Herrscher damals immer zahlreicher. Sixtus hatte als Priester diesen persönlichen Ehrgeiz noch nicht gezeigt, man kannte ihn als Prediger und als theologisch gebildeten Mann. Aber nachdem Paul II. ihn zum Kardinal gemacht hatte – was für ihn ebenso wie für alle anderen eine Überraschung war –, wandte er sich mehr und mehr der Politik zu. Nach seiner Erhebung auf den Thron von Sankt Peter bemühte er sich vor allem, die Machtstellung seiner Familie in Rom und anderswo auszubauen. So bekam zum Beispiel sein Neffe Pietro Riario, ein haltloser junger Rüpel von 25 Jahren, den Kardinalshut und das Erzbistum von Florenz verliehen, wo er bald dafür berüchtigt war, daß er seine Mätressen mit goldenen Nachttöpfen ausstattete. Drei Jahre später, 1474, starb er an den Folgen seiner Ausschweifungen.

Pietros Bruder Girolamo, der seine Laufbahn als Kaufmannsgehilfe oder Zollschreiber begonnen hatte, wurde zum Herrscher von Imola in der Romagna erhoben. Der Papst hatte diese stark befestigte Stadt 1473 von Galeazzo Maria gekauft, obwohl der Herzog sie mit Lorenzos Zustimmung gerade erworben hatte, um den Papst daran zu hindern, in die Toskana vorzudringen. Kurz vor dem Verkauf bot Lorenzo sich an, Imola dem Herzog abzukaufen. Aber Sixtus' Angebot – 40 000 Dukaten – war mehr, als den Florentinern die Stadt wert war. Dieser ungeheure Betrag deckte auch die Kosten für Girolamo Riarios Verlobung mit der natürlichen Tochter des Herzogs, aus der später die schreckliche Katharina Sforza werden sollte. Damals war sie erst etwa elf Jahre alt. Das Geld mußte natürlich von der Kurie aufgebracht werden, dem weltlichen Hof des Heiligen Stuhls. Während Lorenzos Besuchs von 1471 in Rom hatte Sixtus ihm die Kontrolle seiner Finanzen übertragen. Aber

Wappen der toskanischen Stadt Pisa in »Florentiner Mosaik«. Als Pisa bereits im 9. Jahrhundert mit dem Ausbau einer Flotte begann und dadurch seinen Handel wesentlich erweiterte, wurden Venedig und Genua die härtesten Konkurrenten der Stadt, während auf dem Festland Lucca und später auch Florenz die gefährlichsten Gegner waren. Medicikapelle, San Lorenzo, Florenz.

nach diesem angenehmen Anlaß, bei dem die beiden Männer sich so gut verstanden hatten, mußte Lorenzo immer klarer erkennen, wie gefährlich die territoriale Familienpolitik des Papstes war, die schließlich auch zur Ernennung des unerträglichen Pietro Riario zum Erzbischof in Florenz geführt hatte. Lorenzo hatte deshalb heimlich Schritte unternommen, um zu verhindern, daß der Papst an das für den Erwerb von Imola nötige Geld gelangte. Da bot die mächtige Florentiner Familie Pazzi, die in Rom ebenfalls ein Bankgeschäft betrieb, dem Papst an, ihm das Geld vorzustrecken. Sie teilte ihm mit – was vermutlich stimmte –, Lorenzo habe sie gebeten, dies nicht zu tun. Sixtus nahm den Vorschlag dankbar an und setzte in seinem Zorn über Lorenzos Widerstand sofort die Pazzi anstelle der Medici als Finanzverwalter ein. Damit begann ein Kampf zwischen dem Papst und den Medici, der für den ungekrönten König von Florenz fast lebensgefährlich werden sollte. Die Pazzi hatten in Florenz schon seit zwei Jahrhunderten eine wichtige Rolle gespielt und waren an jeder Fehde und jedem Komplott in der Stadt beteiligt. An Reichtum und Einfluß waren ihnen nur die Medici überlegen. Sie hatten sich bisher nie besonders gegen die Medici gewandt; Guglielmo, der Sohn des Hauses, hatte sogar Lorenzos Schwester Bianca geheiratet. Dabei war die Tradition der Pazzi eher aristokratisch als kaufmännisch, und das florentinische Volk fand das Auftreten der meisten von ihnen arrogant. Deshalb waren sie nicht allzu beliebt. Lorenzo, der die Stimme des Volkes ernst nahm, hatte nie einem Pazzi ein Amt anvertraut.

Die Ereignisse verschärften die Rivalität zwischen den beiden Bankhäusern. Vor allem Franceschino de' Pazzi, Giovannis jüngerer Bruder und Leiter der Filiale in Rom, empfand wütenden Haß auf Lorenzo. Er tat sich mit zwei anderen einflußreichen Männern zusammen, die ebenfalls Grund hatten, ihn zu verabscheuen. Das waren Girolamo Riario, der designierte Lehnsherr von Imola, und Francesco Salviati, den Sixtus zum Erzbischof von Pisa ernannt hatte, nachdem Lorenzo sich geweigert hatte, ihm dieses Amt in Florenz zuzubilligen. Diesen Salviati hat Poliziano als Ignoranten geschildert, »bekannt als ein Verächter menschlicher und göttlicher Gesetze, tief in Verbrechen und Schande watend«. Dabei war sein älterer Vetter Jacopo Salviati ein enger Freund Cosimos und einer von Giulianos Lehrern gewesen.

Trotz allem bemühte sich Lorenzo sehr um ein gutes Auskommen mit dem aggressiven Sixtus, der über ähnliche politische und diplomatische Fähigkeiten verfügte wie er. Für die Sicherheit von Florenz war es lebenswichtig, daß das Papsttum nicht in Städte wie Imola und Città di Castello nahe der toskanischen Grenze vordrang. Deshalb zog Lorenzo alle Fäden der Diplomatie. Auch für eine unterwürfige Schmeichelei war er sich nicht zu schade. Nach dem Verlust der beiden Städte schwächte die Ermordung Galeazzo

Marias im Jahr 1476 die Stellung der Medici gegenüber den weltlichen Ambitionen des Papstes noch mehr. Nach außen schienen die wichtigsten italienischen Staaten immer noch friedlich, aber die Spannungen im Innern waren unerträglich. Um 1477 schien auf der ganzen Halbinsel der Krieg zu drohen. Der *condottiere* Carlo Fortebraccio griff Perugia an und verwüstete das Gebiet von Siena. Carlo war der Sohn des berühmten militärischen Abenteurers Braccio Fortebraccio, der 1420 Herrscher von Perugia war. Als Francesco Sforza diesen Braccio aus Rom vertrieben hatte, wurde er nach Florenz eingeladen und ungeheuer umschmeichelt, damit er sich der Rückkehr von Papst Martin V. nach Rom nicht widersetzen sollte. Fast sechzig Jahre später hatten nun Rom und Neapel den Sohn, Carlo Fortebraccio, im Verdacht, er werde sich an der Ausdehnung florentinischer Autorität auf südlichere Gebiete beteiligen. Päpstliche und neapolitanische Truppen marschierten nach Norden. Lorenzo war höchstwahrscheinlich unschuldig an dem Plan, den man ihm unterstellte, und der so gar nicht zu seiner sonstigen Politik paßte. Es gelang ihm auch, die drohende Katastrophe abzuwenden, indem er den *condottiere* dazu brachte, seine Marodeure abzuziehen.

Italien konnte aufatmen. Aber schon brüteten Franceschino de' Pazzi, Girolamo Riario und Francesco Salviati eine neue Verschwörung in Rom aus. Sie hatte kein geringeres Ziel, als das Regime der Medici in Florenz zu stürzen. Dies war nur zu erreichen, so beschlossen die Verschwörer, wenn man Lorenzo und seinen Bruder Giuliano ermordete. Verschiedene Pläne wurden geprüft. Zuerst wollte man Lorenzo unter irgendeinem Vorwand nach Rom locken und dort töten, während Giuliano gleichzeitig in Florenz umgebracht werden sollte. So schickte Girolamo Riario eine grob formulierte, dringende Einladung an Lorenzo, er möge ihn in Rom aufsuchen. Lorenzo sagte zwar nicht nein, aber er ließ sich auch nicht sofort darauf ein. Zweifellos wollte er in der Heiligen Stadt insgeheim ausforschen, was Girolamo, der ihm keineswegs sympathisch war, von ihm wollte.

Die Verschwörer wurden ungeduldig und planten, mit offener Gewalt vorzugehen. Beide Brüder sollten bei einer öffentlichen Zeremonie in Florenz ermordet werden. Ein Berufsheer sollte außerhalb der Stadt bereitstehen, um Florenz während der folgenden Überraschung und Verwirrung zu besetzen. Dabei hoffte man auf eine starke Opposition gegen Lorenzo innerhalb der Stadtmauern. Die rein militärische Aktion glaubte man bei einem gewissen Giovan Battista Montesecco in guten Händen, einem Söldnerhauptmann im Dienst des Papstes, der Girolamo seinen lukrativen Aufstieg in der Gesellschaft verdankte. Doch der Hauptmann fand sich nur zögernd zu einer solchen Rolle bereit. Er sagte, daß er nur auf direkten Befehl des Papstes zu den Waffen greifen dürfe. Außerdem sei

er nicht derselben Ansicht wie die Verschwörer, wenn sie die Vernichtung der Medici für so mühelos hielten. Montesecco bestand auf einer persönlichen Unterredung mit dem Papst. Er werde sich ohne genaue Anweisungen des Heiligen Vaters nicht vom Fleck rühren. Die Verschwörer waren bereit, ihm die verlangte Privataudienz bei Sixtus IV. zu verschaffen.
Es kam zu einer bemerkenswerten Unterhaltung der beiden. Montesecco warnte Sixtus gleich zu Beginn, das Vorhaben bedeute nicht nur Lorenzos und Giulianos Tod, sondern auch den vieler anderer Italiener. Der Papst antwortete: »Ich wünsche auf keinen Fall irgend jemandes Tod, denn es ist nicht unseres Amtes, dem Tod irgendeiner Person zuzustimmen. Lorenzo war unhöflich zu uns und behandelt uns schlecht. Trotzdem wünsche ich auf keinen Fall seinen Tod, sondern nur einen Regierungswechsel in Florenz.«
Girolamo Riario versicherte Seiner Heiligkeit, man werde alles tun, um Blutvergießen zu vermeiden. Sollte es jedoch zum Verlust von Menschenleben kommen, werde der Papst doch sicher jenen verzeihen, die für einen solchen Unglücksfall verantwortlich seien. Wie Montesecco später schrieb, rief Sixtus darauf zornig aus: »Tu sei una bestia!« (»Du bist ein Idiot!«) Er wollte wohl sagen, er werde sich nicht überlisten lassen, Mord im voraus zu billigen. Das geistliche Oberhaupt der Christenheit war zweifellos sehr viel klüger als Riario oder Montesecco. Streng fuhr Sixtus fort: »Ich sage, daß ich keine Toten will. Ich wünsche nur einen Umsturz. Es liegt mir viel daran, daß die Regierung von Florenz wechselt und Lorenzo aus der Hand genommen wird. Denn er ist unhöflich und ein böser Mensch, der uns nicht respektiert. Wenn er aus Florenz entfernt würde, könnten wir mit der Republik machen, was wir wollen.« Riario und Francesco Salviati, der ebenfalls zugegen war, nickten eifrig. Einer von ihnen rief, dann könnte der Papst halb Italien beherrschen, und jede Macht der Halbinsel werde ihm den Hof machen. »Eure Heiligkeit mögen deshalb mit allem zufrieden sein, was getan wird, um eine solche Situation herbeizuführen«, schloß der Sprecher hoffnungsvoll. Aber Sixtus schob entschlossen sein Kinn vor. »Ich sage euch, daß ich das nicht will. Geht und tut, was ihr wollt, solange niemand dabei ums Leben kommt.«
Die drei Besucher, die vor dem Thron des Papstes gekniet hatten, standen auf. Sie waren sicher, daß Sixtus den Tod Lorenzos wünschte, auch wenn er es nicht aussprechen wollte. Salviati starrte dem Papst entschlossen in sein strenges Gesicht: »Seid Ihr einverstanden, daß wir dieses Schiff steuern und daß wir es gut steuern?« Der Heilige Vater schien sein Haupt ein wenig zu neigen. Seine schweren Augenlider senkten sich. »Ich bin einverstanden«, antwortete er mit fester Stimme.
Das Verschwörertrio zog sich zurück und beriet sich. Überraschenderweise brachte der *condottiere* moralische Bedenken vor und er-

klärte unumwunden, es wäre »eine böse Tat«, Lorenzo umzubringen. Die beiden Edelleute zuckten nur die Schultern. »Anders kann man große Taten nicht vollbringen«, versicherten sie Montesecco verächtlich. Der Söldner runzelte die Stirn. Die Sache gefalle ihm immer noch nicht, sagte er. Aber die anderen überzeugten ihn, Sixtus' Worte seien als Befehl zu verstehen.

Schließlich erklärte sich der empfindliche *condottiere* wenigstens bereit, in Florenz die Lage auszukundschaften. Riario beauftragte ihn, um ein Gespräch mit Lorenzo über dessen Anspruch auf ein Gut bei Faenza in der Romagna zu ersuchen. Dabei könne er sich einen Eindruck vom Wesen seines zukünftigen Opfers verschaffen. Außerdem wurde Giovanni Battista angewiesen, einen älteren Ritter aufzusuchen, Jacopo de' Pazzi, der sich bisher geweigert hatte, irgend etwas mit dem Komplott zu tun zu haben. Er sollte versuchen, Pazzi umzustimmen.

Lorenzo empfing den Söldnerhauptmann liebenswürdig und sagte, er finde, Girolamos Anspruch auf die Liegenschaften bei Faenza

Papst Sixtus IV. (1471–1484) sah in Lorenzo seinen erbittertsten Feind. Denn der Medici widersetzte sich dem Nepotismus und den politischen Machtgelüsten des Papstes. Deshalb unterstützte Sixtus auch den Plan der Pazzi-Verschwörer, denen neben Franceschino de' Pazzi und Francesco Salviati auch Giuliano della Rovere angehörte, ein Neffe des Papstes. Der freigestellte Ausschnitt aus einem Fresko von Melozzo da Forli (1477) zeigt die Begegnung von Papst Sixtus (rechts) mit dem Humanisten Bartolomeo Sacchi, genannt Platina (1421–1481), der links kniet. Sacchi war der erste Leiter der päpstlichen Bibliothek. Als Mitglied der Accademia Pomponiana *wurde er später von Papst Paul II. verfolgt und verhaftet. In der Mitte stehend Kardinal Giuliano della Rovere, daneben der apostolische Protonotar. Pinacoteca Vaticana, Rom.*

Sgraffitofassade eines Florentiner Palazzo. Bei dieser Technik wurde die Mauer mit einer doppelten Mörtelschicht bedeckt (einer unteren schwarzen und einer oberen weißen) und die charakteristische Zeichnung durch Wegkratzen und Wegschaben erreicht.

klinge vernünftig. Unter dem Eindruck der sanften Höflichkeit und der ruhigen Zuversicht seines Gastgebers fühlte sich Giovan Battista immer weniger geneigt, den angeblichen Willen des Stellvertreters Christi zu befolgen.

Doch Jacopo de' Pazzi bestand weiterhin auf seiner Ablehnung des Attentats. »Lorenzo ist mein Freund«, sagte er. Wenn Riario und Salviati, die beide nicht aus Florenz stammten, glaubten, die Florentiner würden Lorenzos Sturz ruhig hinnehmen oder ihn gar unterstützen, so irrten sie gewaltig. Als gebürtiger Florentiner, der siebzig Jahre in der Stadt gelebt habe, könne er die Situation besser beurteilen. Der alte Ritter führte immer eine kräftige Sprache mit vielen Flüchen. Montesecco staunte ein wenig über dieses Benehmen und schilderte dann ehrerbietig und so gut er sich erinnern konnte, was sich während des jüngsten Gesprächs im Vatikan zwischen den Verschwörern und Sixtus abgespielt hatte. Es gebe keinen Zweifel, schloß er mit aller Festigkeit, die er aufbringen konnte, daß der Papst und auch der König von Neapel es jedem lohnen würden, der Lorenzo beseitigte – ob mit oder ohne Gewalt. Schließlich deutete Jacopo mit einem Seufzer und einem von Herzen kommenden Fluch an, die Römer könnten auf ihn zählen. Immerhin verwaltete seine Familie die Finanzen seiner Heiligkeit. Falls der Plan gelang und dann bekannt würde, Jacopo sei dagegen gewesen, würden die Pazzi bestimmt dieses lukrative Amt verlieren. Man traf also die letzten Vorbereitungen in dieser schimpflichen Sache.

Zuerst stellte Giovan Battista Montesecco Truppen im Südosten von Florenz bei Città di Castello, Perugia und Todi in Umbrien sowie im Nordosten bei Imola in der Romagna auf. Sobald die Nachricht kam, der Anschlag auf Lorenzo sei gelungen, sollten sie auf die toskanische Hauptstadt marschieren. Dann gewann man weitere Verschwörer für das Komplott, darunter Jacopo Salviati, den Bruder des Erzbischofs, Bernardo Bandini, das schwarze Schaf seiner Familie, und Jacopo Bracciolini, den unwürdigen Sohn des heiteren und gebildeten Humanisten Poggio Bracciolini, der so viel von seinem Ruhm mediceischer Gunst verdankte. Die anderen drei waren Antonio Maffei, ein Priester aus Volterra, der Lorenzo die Schuld an der Plünderung der Stadt von 1472 gab; ein weiterer Priester, Stefano da Bagnone, der früher im Dienst Jacopo de' Pazzis stand; und schließlich Napoleone Francesi, ein ebenso schlimmer Schurke wie Bandini.

Im April 1478 erschien Erzbischof Francesco Salviati in Florenz. Er hatte die Aufgabe, den Boden für das Attentat und für seine eigene Machtergreifung danach vorzubereiten. Jacopo de' Pazzi war bereits in der Stadt. Er sollte die Bevölkerung zur Unterstützung der Revolution anstacheln. Schon seine Wahl zeigt, wie wenig die Verschwörer mit der politischen Realität von Florenz vertraut waren:

Jeder Ladenbesitzer und Handwerker in der Stadt betrachtete Jacopo als ein aristokratisches Ärgernis. Jacopos erster Auftrag lautete, einen Knaben kommen zu lassen, der – zweifellos ohne es zu wissen – bei der Verschwörung eine bestimmte Rolle spielen sollte. Es handelte sich um einen Neffen Girolamo Riarios, einen 16jährigen Jungen namens Raffaello, der die Universität von Pisa besuchte. Sixtus IV. hatte in seiner unermüdlichen Sorge um den Wohlstand der Familie Raffaello bereits zum Kardinal ernannt. Als daher die Ankunft des jugendlichen Prälaten in Florenz, »um die Familie Pazzi zu besuchen«, angekündigt wurde, sah man darin allgemein ein Kompliment für Lorenzo. Wie erwartet, ließ das gastfreundliche Staatsoberhaupt sofort ein feierliches Hochamt vorbereiten, das in der Kathedrale zum Empfang des kleinen Kardinals abgehalten werden sollte.

Sobald die Verschwörer sich über die Einzelheiten der geplanten Zeremonie unterrichtet hatten, legten sie den Plan für ihr Vorgehen fest. Montesecco sollte Lorenzo erdolchen. Franceschino de' Pazzi sollte sich zusammen mit Bandini um Giuliano kümmern. Nach der Tat würde der Erzbischof einen bewaffneten Trupp von Perugianern zum Palast der Signoria führen und ihn mit Gewalt besetzen. Gleichzeitig würde Jacopo de' Pazzi die Bevölkerung von Florenz zum Aufstand rufen. Das Attentat auf Lorenzo sollte während der Festlichkeiten stattfinden, die nach dem Hochamt in der Kathedrale am 26. April im Palazzo Medici vorgesehen waren. Allerdings erfuhr man bald, daß Lorenzo zwar zur Messe gehen, den anschließenden Feierlichkeiten aber fernbleiben werde.

Länger zu warten erschien den Verschwörern jedoch gefährlich. Zu viele Personen waren bereits in das Geheimnis eingeweiht. Zudem hatte der Anmarsch der Truppen aus dem Norden und Süden bereits begonnen. Man beschloß hastig, das Verbrechen in der Kirche während des Hochamts auszuführen. Lorenzo allein umzubringen und Giuliano zu schonen, hätte die Übernahme der Macht erschwert.

Montesecco weigerte sich, einen so fürchterlichen Frevel zu begehen. Er war von dieser Haltung nicht abzubringen. Man schickte ihn weg mit der Warnung, den Mund zu halten, bis alles vorüber sei. Antonio Maffei und Stefano da Bagnone hatten keinerlei Skrupel. Sie erboten sich kaltblütig, an Montesecco Stelle zu treten, und erhielten den Auftrag, Lorenzo zu ermorden.

An dem festgesetzten Sonntag bemerkte man aber, daß Giuliano nicht in der Kirche war. Seine beiden gedungenen Mörder, Franceschino de' Pazzi und Bernardo Bandini, gingen zum Palazzo Medici, um ihn zu holen. Sie machten sich dort über die angebliche Unpäßlichkeit des gutmütigen jungen Mannes lustig und stießen ihn unter scherzhaften Fragen spielerisch in Magen und Brust, um herauszufinden, ob er unter seinem Überrock ein Kettenhemd trug. Schließ-

Fassade des Palazzo Rucellai der Baumeister Leon Battista Alberti (1404–1472) und Bernardo Rossellino (1409–1464), erbaut um 1446–1451. Der Entwurf geht vermutlich auf Alberti zurück, während Rossellino wohl mit der Ausführung betraut war. Der Palazzo Rucellai nimmt in Florenz eine besondere Stellung ein, da die von Pilastern gebildete Fassade sonst ungewöhnlich ist.

Büste des Giuliano de' Medici, bemalte Terrakotta, von Andrea del Verrocchio. Die Arbeit wurde wahrscheinlich im Auftrag von Lorenzo de' Medici nach 1478 ausgeführt, dem Jahr der Pazzi-Verschwörung, bei der Giuliano ein tragisches Ende fand. Nach einer anderen Datierung entstand die Büste um 1475, als Giuliano noch am Leben war. National Gallery of Art, Washington.

lich gelang es ihnen, ihr künftiges Opfer zu überreden, mit ihnen in die Kathedrale zu kommen.

In fröhlicher Unterhaltung betrat diese seltsame Gruppe die überfüllte Kirche: Der große, schöne Adonis von einem Medici, der damals tatsächlich romantisch bleich aussah – von einem echten Unwohlsein –, Arm in Arm mit dem geschmeidigen, rastlosen kleinen Franceschino, der seine übliche zynisch-giftige Miene zeigte, und dem groben, liederlichen Bandini, untersetzt und muskulös, dem Bild eines gedungenen Meuchelmörders aus der Gosse.

Sobald man ihn erkannte, machten alle Platz für Giuliano. Die drei Neuankömmlinge gesellten sich nun zur Gruppe der Verschwörer, die am Eingang zum Chor standen, unmittelbar unter der Kuppel und an diesem Tag durch eine niedrige, hölzerne Balustrade abgegrenzt. Lorenzo stand an der Südseite der Öffnung dieser Barriere, die beiden Priester Antonio Maffei und Stefano da Bagnone dicht hinter ihm. In Franceschinos und Bandinis Begleitung begab sich Giuliano, wie es der Brauch verlangte, zur Nordseite.

Einige Minuten lang war nichts zu hören als die Stimmen des Chors und das Klingeln der Silberglöckchen. Wenn diese Töne ein paar Augenblicke aussetzten, erhob sich an ihrer Stelle das Flüstern und die Bewegung der Versammelten, das leise Rasseln der Säbelscheiden, das Klirren von Armreifen und das Rascheln von Seide und Brokat. Mit einemmal herrschte absolute Stille. Langsam hob der Priester, der die Messe zelebrierte, aufrecht vor dem Altar stehend, seine Arme.

In diesem Augenblick zog sich eine prächtig gekleidete Gruppe am Eingang zum Chor erst wie krampfhaft zusammen und ging dann in einer Rauferei auseinander, wobei die Schuhsohlen heftig über den Mosaikfußboden kratzten. Ein Schrei »Prendi, traditore!« (»Nimm das, Verräter!«) ließ alle Herzen in der Kirche erstarren. Daraufhin ertönte im Chor ein wildes Schreien und Kreischen, das sich im ganzen Gebäude ausbreitete und weit oben in der turmhohen Kuppel widerhallte.

Bernardo Bandini war rasch vorgetreten und hatte mit aller Kraft sein kurzes Schwert in Giulianos Herz gestoßen. Der junge Mann stürzte, und Franceschino de' Pazzi fiel über ihn her. Immer wieder stieß er blitzschnell mit dem Dolch auf ihn ein, auch als er längst bewegungslos am Boden lag. Gleichzeitig hatten Maffei und Bagnone Lorenzo angegriffen. Aber nur einer ihrer Dolche, der von Bagnone, traf ihn und versetzte ihm einen leichten Schnitt in den Hals. Lorenzo sprang rasch zur Seite, schwang den Mantel um seinen linken Arm und riß sein Schwert heraus. Damit parierte er die weiteren Dolchstöße, sprang über die Balustrade und floh durch den Chor und am Altar vorbei in die Sakristei.

Bandini überließ den toten Giuliano Franceschino und rannte dem Flüchtenden nach. Einer der Bankleiter der Medici, Francesco Nori, der 1469 zusammen mit Lorenzo zur Taufe des kleinen Sohns des Herzogs in Mailand gewesen war, konnte den Verfolger einen Moment aufhalten, dann traf auch ihn ein Stoß, ebenso wohlgezielt und verhängnisvoll wie der, der Giuliano getötet hatte. Trotzdem hatte Nori Lorenzo das Leben gerettet. Inzwischen hatte sich ein halbes Dutzend seiner Freunde, darunter der Dichter Poliziano und zwei Mitglieder der Familie Cavalcanti, zwischen den Attentäter und die schweren Bronzetüren der Sakristei gedrängt, durch die Lorenzo eben verschwunden war. Noch ehe Bandini sein Schwert aus Noris Leiche ziehen konnte, hatten Lorenzos Freunde die Türen fest verriegelt.

Weitere Medicianhänger strömten in den Chor, der schon von den entsetzten Sängerknaben der Messe gefüllt war, die heraus wollten. In dem wüsten Tumult von schreienden Priestern und Gläubigen gelang es dem Mörder Bandini zu entkommen. Er hatte sich unter das Gedränge der Leute gemischt, die aus den Seitenschiffen flohen. Auch Franceschino und den anderen Verschwörern gelang es in der allgemeinen Verwirrung, die Straße zu erreichen.

Inzwischen wurde Lorenzo in der Sakristei die Wunde gereinigt, und er befahl einem jungen Mann namens Sigismondo della Stufa,

auf die Empore zu klettern, von wo er den Chor überblicken konnte. Sigismondo schrie, Giuliano läge regungslos in einer großen Blutlache, aber sonst seien nur noch Anhänger von Lorenzo zu sehen. Kardinal Raffaello, rief er noch, kauere entsetzt auf den Altarstufen, geschützt von ein paar Medicileuten und bedroht von anderen, die offenbar glaubten, er habe mit den Mördern gemeinsame Sache gemacht. Lorenzo ließ dann die Türen der Sakristei öffnen. Er trat heraus, nahm den Kardinal sofort fest und wandte sich dem leblosen Körper seines Bruders zu.
Um diese Zeit war der Erzbischof Francesco Salviati mit einer Abteilung von etwa dreißig Perugianern vor dem Palazzo Vecchio eingetroffen. Er verlangte eine Unterredung mit dem *gonfalonier;* das war damals kein anderer als Cesare Petrucci, der als *podestà* von Prato 1470 durch sein rasches und entschlossenes Handeln Nardis Aufstand niedergeworfen hatte. Petrucci mochte die Art des Prälaten nicht, der nervös und arrogant war. Außerdem glaubte er seinem Besucher nicht, daß er eine dringende Botschaft vom Papst bringe, wie Salviati behauptete. Er verließ deshalb unter einem Vorwand plötzlich den Raum. Draußen drehte er sich auf der Schwelle um, verschloß ohne ein weiteres Wort die Tür und ließ den Erzbischof gefangen zurück. Auf der Treppe stieß er auf Jacopo Bracciolini, einen der Verschwörer, den er besonders verabscheute und der dort nichts zu suchen hatte. Bracciolini wurde unverschämt, und der *gonfalonier* stieß Bracciolini nieder und rief laut um Hilfe. Plötzlich begann die große Glocke des Palazzo wild zu läuten. Petruccis Stab und die Palastwache warfen Ketten quer über die Haupttreppe, überwältigten die Perugianer und hielten die Tore gegen einen Ansturm von Männern, die »Freiheit« und den Kriegsruf der Pazzi schrien.
Wie ausgemacht, hatte der alte Jacopo de' Pazzi das Volk zu den Waffen gerufen. Mit Helm, Brustpanzer und gezogenem Schwert ritt er mit einer Hundertschaft gegen den Palast, alle bis an die Zähne bewaffnet. Aber das Geschrei seines Trupps traf auf das Kampfgebrüll der Medicileute, die von allen Seiten auf die Straße stürmten. Sobald das Gefecht wirklich gefährlich wurde, floh der angreifende Pöbel. Jacopo erkannte die drohende Niederlage, zog sein Gefolge zurück und verschwand.
Bald brachen die Anhänger der Regierung in die Häuser der Pazzi ein. Sie fanden Franceschino im Bett mit einer tiefen Wunde im Oberschenkel, die er sich aus Versehen selbst beigebracht hatte, als er blindwütig auf Giulianos Leiche einstieß. Wahrscheinlich wußten ein paar der empörten Bürger inzwischen, daß Giuliano ermordet worden war. Sie zerrten Franceschino blutend und im Hemd zum Palazzo der Signoria, wo er zusammen mit dem Erzbischof und den Perugianern, die den Kampf mit den Palastwachen überlebt hatten, eingesperrt wurde.

Fast gleichzeitig erfuhr der *gonfalonier,* was sich in der Kathedrale abgespielt hatte. Er ließ sofort Salviati zusammen mit seinem Bruder Jacopo an einem der Palastfenster aufhängen. Daneben hängte man Franceschino de' Pazzi und Jacopo Bracciolini. Die überlebenden Anhänger des Erzbischofs wurden umgebracht oder über die vier baumelnden Körper hinweg aus den Fenstern geworfen und von der empörten Menge auf der Piazza in Stücke gehauen.
Inzwischen war Lorenzo in seinen Palazzo zurückgekehrt und sprach dort trotz der Wunde in seinem Hals vom Balkon zu seinen Gefolgsleuten. Er bat sie, ihren Rachedurst zu zügeln, wußte aber zu seiner Genugtuung genau, daß sich niemand an seine Bitte halten würde. Tatsächlich wurde jeder, der der Beteiligung am Komplott auch nur verdächtig war und sich auf die Straße wagte, sofort gelyncht. Auf diese Weise sollen etwa achtzig Menschen umgekommen sein.
Der alte Jacopo de' Pazzi verfluchte die Stümper, die ihn in die hoffnungslose Lage gebracht hatten, und Gott, der das zugelassen hatte. Er floh in ein nahes Bergdorf. Dort ergriffen ihn die Bauern, schleppten ihn in die Stadt zurück und ließen ihn hängen. Seine Leiche wurde zunächst in der Pazzi-Kapelle in Santa Croce beigesetzt, aber als die Signoria erfuhr, was für einen Strom von Verwünschungen der Tote in seiner Wut und Verzweiflung ausgestoßen hatte, während man ihm die Schlinge um den Hals legte, befahl sie entsetzt, den Körper zu exhumieren und außerhalb der Stadtmauern zu verscharren. Auch dort wurde er nochmals ausgegraben und an dem Strick, den er noch um den Hals trug, vor die Häuser der Familie Pazzi und ihrer Anhänger geschleift. Dabei schrien sie: »Öffnet die Tore für Herrn Jacopo de' Pazzi!« Die Signoria schickte jedoch bald eine Abteilung der Wache, um dem makabren Treiben ein Ende zu bereiten. Die übel zugerichteten Reste des stolzesten der Pazzi wurden zuletzt in den Arno gekippt und – während die Leiche flußabwärts trieb – von der rachgierigen Menge am Ufer mit Dreck beworfen.
Zwei Tage später wurden die beiden frevelhaften Priester Maffei und Bagnone in einem Kloster aufgespürt. Bald baumelten auch ihre verstümmelten Leiber neben denen ihrer Anführer unter den Fenstern des Palazzo Vecchio. Nachdem die Leichen zu verwesen begannen und entfernt werden mußten, befahl die Signoria, sie auf die Wand zu malen, als Hochverräter mit dem Kopf nach unten hängend. Botticelli führte diese Arbeit aus, die mehrere Jahre zu sehen war.
Von der übrigen Familie Pazzi, die durch diese Ereignisse wirtschaftlich fast ruiniert wurde, hatte Renato, Neffe des alten Jacopo und *gonfalonier* im Jahr 1462, von dem Komplott gewußt, sich aber geweigert, mitzumachen. Trotzdem wurde er hingerichtet, weil er sein Wissen nicht preisgegeben hatte. Lorenzo hätte diesen Un-

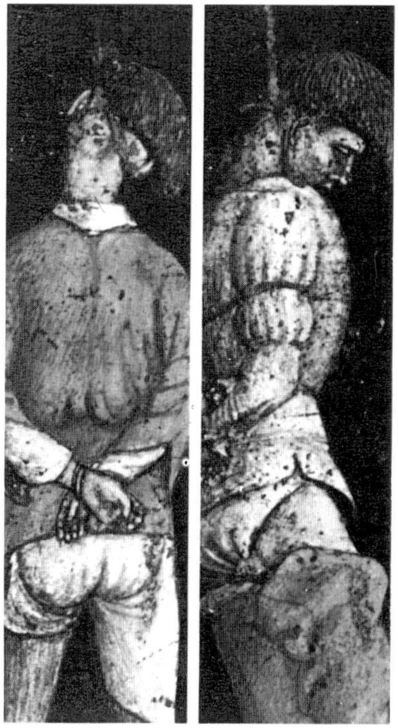

Die Vergeltung Lorenzos gegen die Pazzi-Verschwörer, die versucht hatten, die Herrschaft der Medici in Florenz zu stürzen, war erbarmungslos. Die meisten von ihnen wurden erdrosselt oder erdolcht und ihre verstümmelten Leiber unter den Fenstern des Palazzo Vecchio aufgehängt. Ausschnitt aus einem Gemälde des Veronesers Antonio Pisanello. Chiesa di Santa Anastasia, Verona.

glücklichen begnadigen können; daß er es nicht tat, muß man seinem untröstlichen Kummer über den verräterischen Mord an seinem geliebten Bruder zuschreiben. Von den sechs Brüdern des Renato hatte nur der zweitälteste, Niccolò, von der Verschwörung gewußt. Die übrigen waren entweder im Kerker oder in der Verbannung. Sogar Guglielmo de' Pazzi, Jacopos Großneffe, Franceschinos ältester Bruder und Lorenzos Schwager, wurde ausgewiesen. Giovanni de' Pazzi mußte lebenslängliche Kerkerhaft hinnehmen.

Auf der Flucht aus der Stadt fing man den *condottiere* Giovan Battista Montesecco, der sich im letzten Moment geweigert hatte, Lorenzo umzubringen. Nach einem langen Prozeß wurde er wegen Verrats verurteilt und enthauptet. Während er auf seine Hinrichtung wartete, schrieb er im Gefängnis einen Bericht über die Verschwörung. Er bildete die Hauptquelle für die Historiker.

Außerdem nahm man den Pazzi ihr Wappen und ihre Häuser und Ländereien. Wer in diese Familie einheiratete, durfte kein öffentliches Amt ausüben. Der Schurke Bernardo Bandini floh bis Konstantinopel. Sultan Mohammed II. hatte inzwischen von den Ereignissen des 26. April 1478 in der Kathedrale von Florenz erfahren. Er legte keinen Wert auf hochverräterische Attentäter und schickte Bandini in Ketten an Lorenzo zurück. Giulianos brutaler Mörder wurde, wie er es verdient hatte, ohne große Umstände in Florenz öffentlich gehängt. In Florenz und im restlichen Italien war man danach tief beeindruckt von Lorenzos offenbar großem Ansehen bei dem gefürchteten türkischen Sultan. Der einzige Verschwörer, der straflos ausging, war der unbedeutendste der Hauptbeteiligten: Napoleone Francesi. Dieser Übeltäter, der im folgenden Jahr im Kampf für den König von Neapel starb, war mit Piero Vespucci befreundet gewesen, einem angeheirateten Vetter der schönen Simonetta. Piero mußte für zwei Jahre ins Gefängnis. Vergeblich flehte seine Tochter Lorenzo an, ihrem Vater die Strafe zu erlassen. Der Brief wirft ein interessantes Licht auf Lorenzos Verhältnis zu seinen Untertanen:

»Geliebter Herr, ich schreibe um eines guten Vaters willen . . . Gestern war ich nicht imstande, zu Euch zu sprechen, wie ich gewünscht hätte, um Euch an die Liebe und Güte zu erinnern, die Ihr einst diesem Haus entgegengebracht habt, an die Worte, die Ihr spracht, an die Versprechen, die ihr mir gabt, und an die Freundlichkeit, mit der Ihr mich Schwester nanntet . . . Ich bitte Euch nun, uns allen gnädig zu sein. Möge es Euch gefallen, das Befinden meines Vaters zu bedenken, ihn mit meinen Augen anzusehen und ihn nicht allein nach dem zu richten, was er getan hat, da andere mit ihm schuldig wurden. Ich ersuche Euer Gnaden inständig, ihn mir ohne weitere Kränkung zurückzugeben. Laßt es genug sein an der Strafe, die er für seine Vergehen bereits erlitten hat. Er ist alt, und seine Gesundheit ist schwach. Er war lange fiebrig und ist es jetzt

Die »Anbetung der Könige« ist eines der letzten Bilder des Florentiners Domenico Ghirlandaio. Es entstand 1487, sieben Jahre bevor der Künstler an der Pest starb, für das Ospedale degli Innocenti in Florenz.
Ghirlandaios Tondo, sein einziges, scheint von Botticellis berühmter »Anbetung« (National Gallery, London) beeinflußt. Bei der knienden Gestalt mit zum Gebet erhobenen Händen (im Vordergrund rechts) scheint es sich um Lorenzo de' Medici zu handeln, während der Künstler sich dicht dahinter (mit ausgestrecktem rechten Zeigefinger auf den Auftraggeber des Bildes deutend) selbst porträtiert hat. Uffizien, Florenz.

wieder. Beim Gedanken an seine Lage, mit Ketten an den Füßen, bricht mir das Herz. Wenn diese Zeilen Euch ermüden, bitte, habt Geduld. Bedenkt, daß die, die barmherzig sind, Barmherzigkeit erfahren werden. Ich bitte Euch, mir durch den Überbringer dieses Briefes eine günstige Antwort zu senden. Möge Gott Euer Herz bewegen, damit Ihr mir meinen Vater diese Nacht zurückgebt. Ich bin sicher, Ihr würdet es tun, wenn ich jetzt bei Euch wäre. Eben empfing ich die Nachricht, daß er von neuem gefoltert wird. Ich beschwöre Euch, laßt uns nicht länger verzweifeln. Von Ginevra, der Unglücklichen.«
Eine Antwort ist nicht überliefert. Lorenzo war nicht der Mann, der sich von Kummer erweichen ließ; aber der tragische Ausgang der Verschwörung der Pazzi hatte ihn vergrämt, auch wenn sie politisch gescheitert war. Nach Monteseccos Geständnis war ihm klar, daß die gemeine Ermordung seines Bruders der Gipfelpunkt von Machenschaften war, die ihren Ursprung in dem fast krankhaften weltlichen Ehrgeiz eines sich durch Bildung und Gemeinsinn auszeichnenden Papstes hatten. Die Männer, deren Sixtus sich bediente, um Florenz seiner Macht zu unterwerfen, waren verächtliche Kreatu-

ren. Die Besten unter ihnen, der professionelle Söldner Montesecco und der cholerische alte Spieler Jacopo de' Pazzi, hatten sich vom Prestige des Papstes blenden lassen oder teilten seine Ansicht, die Medici stellten eine gottlose Gefahr für die Freiheit Italiens dar. Aber alle übrigen waren im Grunde skrupellose Egoisten, ungeachtet ihres Geredes vom griechischen oder römischen Tyrannenmord. Zweifellos hatte der kleine Kardinal Raffaello Riario mit der ganzen Angelegenheit überhaupt nichts zu tun, jedenfalls erlaubte Lorenzo ihm bald, von Florenz wieder nach Rom zu reisen. Nachdem er sich dort von seinem Schrecken ob der Erlebnisse am 26. April erholt hatte, lebte er wieder so lustig und vergnügt, wie es sich für einen jungen italienischen Kardinal der Renaissance ziemte. Bis 1513 war er dann reif genug, um für den Heiligen Stuhl zu kandidieren, den schließlich Leo X. bestieg.
Die Verschwörung der Pazzi hatte nicht einmal ihr Nebenziel erreicht, die Medici in Verruf zu bringen. Ihre Partei galt nun als heldenhaftes Opfer römischer und neapolitanischer Aggression – man wußte, daß auch König Ferdinand in den Plan zum Sturz der Medici verwickelt war – und war noch nie so stark und beliebt gewesen. Mit ihrem außergewöhnlichen Sinn für Unabhängigkeit erinnerten sich die Florentiner, wie diese Familie sich seit der Zeit Salvestros, des Herausforderers der Oligarchen in der Mitte des 14. Jahrhunderts, immer für einen Grad politischer Freiheit eingesetzt hatte, den es sonst nirgends auf der Welt gab.

Lorenzos Stellung in der Stadt war also stabiler als je zuvor. Sixtus und König Ferdinand von Neapel waren über den Fehlschlag der Pazzi-Verschwörung verzweifelt, und Graf Girolamo Riario war so wütend, daß er sich in Rom zu Gewalttätigkeiten hinreißen ließ. Hätten der venezianische und der mailändische Gesandte nicht eingegriffen, er hätte den florentinischen Gesandten Donato Acciaiuoli ins Gefängnis geworfen. Donato war ein gebildeter Schriftsteller und ein erfahrener Diplomat, dazu ein enger Freund Cosimos und Pieros, dem er sogar ein paar seiner Schriften gewidmet hatte. Keiner konnte den Medici ergebener sein, und das genügte, um Riario zu seinem Todfeind zu machen.
Inzwischen befahl der unerbittliche Papst der Signoria von Florenz, Lorenzo zum Verbannten zu erklären. Dieses Ansinnen war reine Bosheit, und Sixtus konnte nie erwarten, daß man es ausführte. Als es prompt abgelehnt wurde, ließ Sixtus eine Bulle folgen und exkommunizierte Lorenzo. Solche Maßnahmen waren die üblichen Waffen des Papsttums in der Auseinandersetzung mit italienischen oder anderen europäischen Staaten. Die Bulle enthielt außerdem die Drohung, man werde der toskanischen Hauptstadt das Erzbistum entziehen, falls Florenz nicht innerhalb eines Monats Lorenzo

persönlich dem Vatikan übergäbe, wo er sein Verhalten zu rechtfertigen habe.
In dem Schreiben wurde Lorenzo als ein »Kind des Frevels« bezeichnet, das schuldig sei, Söldner – zum Beispiel Carlo Fortebraccio im Jahre 1477 – zum Angriff auf die päpstlichen Gebiete ermuntert zu haben. Auch warf man dem Medici-Herrscher vor, er habe Erzbischof Francesco Salviati daran gehindert, seinen Sitz einzunehmen, und habe ihn später hängen lassen. Außerdem habe Lorenzo gewagt, einen Kardinal (Raffaello Riario) im heiligsten Augenblick des Hochamts in der Kathedrale festzunehmen. Schlimmer noch: Der betreffende straffällige Würdenträger sei auf Lorenzos Geheiß in ein stinkendes Verließ gesperrt worden. Kaltblütig schrieb der Papst alle diese Vorkommnisse Familienfehden zu, an denen die Tyrannei der Medici schuld sei. Den Mord an Giuliano erwähnte er kaum.
Nach dem Empfang der Bulle beriet sich Lorenzo sofort mit einer Versammlung toskanischer Prälaten und Theologen in der Kathedrale zu Florenz. Auf allgemeine Empfehlung erklärte das Staatsoberhaupt die Bulle öffentlich für ungültig. Außerdem schickte er Unterlagen über den wahren Sachverhalt zusammen mit Abschriften von Monteseccos Geständnis an jeden Hof in Europa. Dann begann er sich auf den Widerstand gegen die militärische Invasion des Papstes vorzubereiten, die er bereits absehen konnte.
Venedig, noch nie wegen seiner Frömmigkeit berühmt, billigte Lorenzos Haltung in einem Schreiben an den venezianischen Gesandten in Rom: »Der Heilige Vater soll sich nicht einbilden«, schrieb der Doge, »er könne das Ziel seiner bösen Gedanken verbergen, indem er vorgibt, er wolle nicht Florenz, sondern nur Lorenzo züchtigen. Denn wir alle wissen sehr gut, daß er nicht nur Lorenzo angreift, der all der Vergehen, die man ihm vorwirft, unschuldig ist, sondern die gegenwärtige Regierungsform der Stadt. Sie will der Papst stürzen und durch eine ihm ergebene ersetzen, zum sicheren Untergang ganz Italiens.«
Die »Republica Serenissima« hätte diesen Standpunkt sicher nicht einnehmen können ohne den Beistand der meisten mächtigen Staaten im Norden gegen Sixtus' unerträgliche Besessenheit, ganz Italien zu beherrschen. Mailand war noch kühner als Venedig und drohte dem Papst mit Krieg, falls er diese Bulle nicht zurücknähme. Ferrara und Mantua brachten wenigstens ihre Sympathie für Lorenzo zum Ausdruck. Sogar König Ludwig XI. von Frankreich, der stets an Kaufleuten und Bankiers interessiert war und sich deshalb in der Vergangenheit den Medici gegenüber oft als freundlich erwiesen hatte, ließ seine Verärgerung über das Vorgehen des Papstes erkennen. Der französische Herrscher sandte seinen Kämmerer, den Historiker Philippe de Commines. Er drohte Sixtus, daß ein ökumenischer Rat zusammentreten werde, um seine Eignung

Am Sonntag, den 26. April 1478, wurde Giuliano de' Medici während der feierlichen Messe in der Basilika Santa Maria del Fiore von den Pazzi-Verschwörern ermordet. Sein Bruder Lorenzo, geschützt von dem Dichter Angelo Poliziano, konnte sich in der angrenzenden Sakristei verstecken. Diese Medaille schuf Bertoldo di Giovanni zum Gedenken an das Attentat, dem die eigentliche Machtergreifung durch Lorenzo de' Medici folgte. Die Rückseite zeigt den von acht Säulen umgebenen Chor, aus dem die monumentale Büste Lorenzos hervorragt. Rechts liegt Giuliano unter seinen Mördern am Boden. Die Inschrift unterhalb des Kopfes von Lorenzo lautet »Luctus Publicus« (»die Volkstrauer«). British Museum, London.

für das Amt zu prüfen, falls er weiter Feindseligkeiten gegen Florenz anzustiften suche.
Trotzdem schickten der Papst und König Ferdinand zwei Heere in die Toskana. Das eine befehligte Federigo da Montefeltro, den Sixtus nach seiner Einnahme von Città di Castello 1474 zum Generalhauptmann der päpstlichen Staaten sowie zum Herzog von Urbino ernannt hatte. Federigos Truppen drangen von Osten in florentinisches Gebiet ein, während Alfons, Herzog von Kalabrien, andere Streitkräfte von Süden heranführte. Beide Generäle hatten damals einen guten Ruf. Lorenzo hatte Federigo früher immer vertraut, dessen kulturelle Neigungen ihm gefielen. Der Neapolitaner war ein anderer Fall; allerdings pflegte Lorenzo, wie bereits erwähnt, eine freundschaftliche Korrespondenz mit seiner Frau und seinem jüngeren Bruder. Der Herzog von Urbino mußte sich natürlich die Gunst eines Mannes wie des Heiligen Vaters gefallen lassen, da dessen Gebiet an sein eigenes grenzte und er ihn in wenigen Wochen hätte vernichten können.

Allegorischer Triumphzug des Herzogs Federigo II. da Montefeltro von Urbino. Dieser Triumphwagen, zusammen mit dem seiner Gemahlin Battista Sforza, bildet die Rückseite des berühmten Diptychons des Herrscherpaares von Urbino, das Piero della Francesca um 1465 anfertigte. Der Herzog wird von der Siegesgöttin gekrönt und von den vorn im Wagen sitzenden Kardinaltugenden (Klugheit, Gerechtigkeit, Tapferkeit, Maß) geleitet. Daß er im Profil gezeigt wird, hat seinen Grund vielleicht auch darin, daß Federigo ein Auge verloren hatte. Uffizien, Florenz.

Lorenzo unterstellte die florentinischen Streitkräfte einschließlich der Kontingente aus Mailand und Venedig dem Herzog von Ferrara, Ercole d'Este. Am 11. Juli 1478 schickte der Herzog von Kalabrien in Sixtus' Namen einen Herold nach Florenz, um zu verkünden, man führe nicht Krieg gegen die Republik, sondern nur gegen Lorenzo, wie Rom bereits mehrfach erklärt habe. Trotzdem, fuhr

der Herold fort, werde die Signoria zu Recht als Feind der Christenheit gebrandmarkt sein, falls sie ihren »Tyrannen« nicht sofort verjage.
Die wiederholte Verunglimpfung Lorenzos als »Anti-Christ« ist wahrscheinlich eine Anspielung auf sein Wesen, das wegen seiner philosophischen Neigungen, seiner literarischen Bildung, seiner Heiterkeit und Freude am Luxus bei konservativen Kirchenmännern als gottlos galt. Damals gab es in Italien unter Fürsten wie Prälaten viele Männer, die sich mehr oder weniger offen mit philosophischen Fragen beschäftigten, humorvolle und verliebte Verse schrieben, sich Mätressen hielten, Kunstwerke sammelten und viel Zeit bei der Falknerei verbrachten. Aber die meisten waren – im Gegensatz zu Lorenzo – vorsichtig, bei passender und unpassender Gelegenheit orthodoxe Sentenzen von sich zu geben. Dabei war Lorenzo ein ebenso ehrlicher Christ wie alle anderen; er stellte seinen Glauben nur nicht zur Schau und stand deshalb bei den konservativen Theologen oder Laien im Verdacht, ein Ketzer zu sein.
Nachdem er den Herold angehört hatte, berief das Staatsoberhaupt eine Versammlung von ein paar hundert führenden Bürgern ein. Er erklärte ihnen, daß er absolut bereit sei, Tod oder Verbannung auf sich zu nehmen, falls sie seine Bestrafung im Interesse der bedrohten Republik für notwendig hielten. Er wußte zweifellos, wie ihre Antwort ausfallen würde. Und er hatte recht. »Eure Magnifizenz müssen Mut fassen«, erklärten die Bürger, »denn es gebührt Euch, mit der Republik zu leben oder zu sterben.« Dann faßte die Versammlung den umsichtigen Entschluß, Lorenzo zum Schutz gegen weitere Attentatsversuche eine Leibwache aus zwölf Berufssoldaten zur Verfügung zu stellen.
Die Kämpfe zwischen den Herzögen von Kalabrien und Urbino auf der einen und dem von Ferrara auf der anderen Seite zogen sich einige Monate planlos hin. Die einzigen ernsthaften Verluste erlitten die Bauern; ihre Ernten und Häuser wurden zerstört, und die Truppen beider Seiten gingen schändlich mit ihnen um.
Der Papst hatte mittlerweile eingesehen, daß er sein Ziel zu weit gesteckt hatte, und gab etwas nach. Im April 1479 hob er das Interdikt gegen Florenz wieder auf, stellte die Feindseligkeiten ein und sprach nicht mehr von der Verhaftung des Staatsoberhaupts. Aber seine Bedingungen waren unannehmbar streng und wurden von der Signoria abgelehnt. Schon im Juni brach der Krieg wieder aus.
Gegen Ende des Monats schlug Robert Malatesta, Herrscher von Rimini, die päpstlichen Truppen am Trasimeno-See, an derselben Stelle, wo Hannibal 217 v. Chr. im Zweiten Punischen Krieg die Römer besiegt hatte. Das Gefecht führte sonst zu nichts, und ein paar Wochen später ließ ein dummer Streit über die Beute den Herzog von Ferrara und den Marquis von Mantua sogar persönlich aneinandergeraten. Beide schmollten, und inzwischen wurde das

Domenico Ghirlandaio (1449–1494) stellt in seinen monumentalen Freskomalereien biblische Szenen dar, die er in die Umwelt des zeitgenössischen Florenz versetzt. Ausschnitt aus »Der heilige Franziskus erweckt ein Kind vom Tode«, um 1483–1485. Cappella Sassetti, Santa Trinità, Florenz.

florentinische Hauptheer von den neapolitanischen Truppen im Südosten der Toskana empfindlich geschlagen. Die Sieger kamen in gefährlicher Nähe von Florenz zum Halt. Wären die Herbstregen nicht gekommen, hätten sie die Stadt zweifellos belagert.

Lorenzo forderte einen Waffenstillstand, der am 26. November auch gewährt wurde. Seit der Niederlage bei Poggio Imperiale war er ernsthaft besorgt, ob es ihm gelingen werde, Rom und Neapel weiter zu trotzen. Er selbst war kein Soldat, aber er sah, daß seine hohen Offiziere – ausgenommen vielleicht Malatesta – den Herzögen von Urbino und Kalabrien nicht gewachsen waren. Im Gegensatz zu den Fürsten von Ferrara und Mantua hatten diese beiden von Natur umsichtigen Heerführer aus bitterer Erfahrung gelernt, sich und ihre Truppen im Zaum zu halten – eine Vorstellung, die damals anderen italienischen Hauptleuten, ob Söldner oder Berufssoldat, ziemlich fremd war. Abgesehen von der ungünstigen militärischen Situation sorgte Mailand für neue Schwierigkeiten, indem es ablehnte, Florenz im Krieg weiter zu unterstützen.

Da der Papst weiterhin erklärte, er habe keinen Krieg mit Florenz, sondern nur mit dem widerwärtigen »Autokraten« Lorenzo, beschloß dieser, rasch zu handeln.

Schon am 29. November schickte er einen zuverlässigen Boten, Filippo Strozzi, in geheimer Mission zu König Ferdinand von Neapel. Filippo war Augenzeuge des Mordes an Giuliano gewesen und hinterließ der Nachwelt einen Bericht über dieses Ereignis. Er gehörte zu Lorenzos engsten Freunden und hatte während des verhängnisvollen Gottesdienstes neben den beiden Brüdern gestanden.
Filippo Strozzi sollte dem König von Neapel sagen, Florenz werde jeden Vorschlag in Erwägung ziehen, der zu einer Beendigung des Krieges führen könnte. Der Abgesandte war kaum unterwegs, da rief das Oberhaupt der Republik etwa vierzig seiner treuesten Gefolgsleute zusammen. Nachdem er sie um strengste Geheimhaltung gebeten hatte, erklärte er, er werde selbst sehr bald nach Neapel reisen. Er hatte es tatsächlich so eingerichtet, daß Ferdinand von seinem Kommen erfuhr, noch ehe Strozzi an seinem Hof eintraf. Weiter ließ Lorenzo die überraschte Versammlung wissen, die Staatsgeschäfte während seiner Abwesenheit würde Tommaso Soderini wahrnehmen, früher einer der besten Männer Piero de' Medicis und jetzt sein vertrautester Ratgeber.
Zuerst wußten also nur diese auserwählten vierzig Leute, daß Lorenzo Florenz verlassen würde. Aber von unterwegs schrieb er offiziell an die Signoria: »Unter den gefährlichen Umständen, in denen unsere Stadt sich befindet, war es nötiger zu handeln als nachzudenken . . . Ich gedenke deshalb, mit Eurer Erlaubnis, mich direkt nach Neapel zu begeben, da ich meine, daß ich die Person bin, auf die unsere Feinde vor allem zielen. So liefere ich mich in ihre Hände und bin vielleicht auch der Mann, der meinen Mitbürgern den Frieden wiederbringt.«
Wie Lorenzo zweifellos vorausgesehen hatte, trug dieses Schreiben sehr dazu bei, seine schwindende Beliebtheit wieder zu stärken. In Pisa erreichte ihn eine Depesche der Prioren mit dem Auftrag, in ihrem Namen mit dem König von Neapel zu verhandeln.
Dieser kühne, fast leichtsinnige Schritt bedeutete für Lorenzo ein großes persönliches Risiko. Man konnte ihn ermorden – entweder auf der Reise oder in Neapel. Außerdem bestand während seiner Abwesenheit die Gefahr eines Aufstandes in Florenz. Lorenzo wußte, daß manche Florentiner – und keineswegs die schwächsten – seiner Autorität auch dann feindlich gesonnen bleiben würden, wenn er Mut bewies und seine Freiheit und sein Leben aufs Spiel setzte, um der Republik Frieden und Wohlstand zu schenken.
In Neapel angekommen, fand Lorenzo, daß er nicht viel zu befürchten hatte. Am 18. Dezember empfing ihn König Ferdinand mit offizieller Höflichkeit, ein paar Tage später geradezu herzlich. Der Gast nutzte diese Wärme und machte seinem Gastgeber eindringlich klar, um wieviel günstiger ein politisch stabiles Florenz für einen neapolitanischen Monarchen sei gegenüber dem unsicheren Boden von Mailand – wo zwei rivalisierende Brüder eine Frau auf

dem Thron belagerten – und der unsteten Politik des Vatikans, die sich jedesmal änderte, wenn ein Papst starb.
Der König versuchte, Zeit zu gewinnen. Er tat so, als ließe er seinen bezaubernden Gast nur allzu ungern ziehen. In Wirklichkeit dachte er mit Unbehagen an einen Bruch mit Sixtus, der einem vernünftigen Abkommen mit Florenz folgen mußte. Außerdem betonten viele seiner Höflinge, die kaum etwas über die Lage in Florenz wußten, wie unbeliebt Lorenzo zu Hause sei. Gleichzeitig kam ihm der Gedanke, je länger der Medici von Florenz fernblieb, um so größer würde die Gelegenheit zu einem Aufstand, der dem Papst ungemein gefallen hätte. Andererseits war der König von Lorenzos Behauptung beeindruckt, die traditionell freundschaftlichen Beziehungen zwischen Florenz und Frankreich hätten sich abgekühlt; er fürchtete stets, die französischen Plantagenets könnten ihren Anspruch auf seinen Thron erneuern.
Inzwischen stellte Ferdinand mit einigem Erstaunen fest, daß sich Lorenzo trotz angeblicher Schwierigkeiten mit seinen eigenen Leuten offenbar Zeit mit der Abreise ließ. Anscheinend fand er die Neapolitaner im ganzen munterer als seine Florentiner, wenn sie auch nicht so intellektuell waren. Der offenen, sorglosen Seite seines Wesens kam der ausgelassene Lebensstil Kampaniens entgegen und steigerte seine Großzügigkeit. Er begann, mit seinem Geld um sich zu werfen, verschwenderische Feste zu feiern, armen Mädchen eine Mitgift zu schenken und Häftlinge freizukaufen, die zu furchtbarer Sklaverei auf den Galeeren verurteilt waren.
Doch Lorenzos Ausgelassenheit kann auch die Maske gewesen sein, hinter der er seine Furcht verbarg; denn es war schwer, die wahren Pläne des Königs zu erraten. Sixtus setzte ihn ständig unter Druck, er müsse Lorenzo entweder in den Kerker werfen oder in Ketten nach Rom bringen. Auch äußere Ereignisse erschwerten die Einigung über die Bedingungen des Vertrags, der zur Diskussion stand. Zwei untergeordnete Heereskommandeure des Herzogs von Kalabrien hatten den Waffenstillstand gebrochen und die kleine, stark befestigte Stadt Sarzana im äußersten Nordwesten der Toskana erobert und geplündert, die seit 1468 als strategische Schlüsselstellung zu Florenz gehört hatte. Der Herzog hatte diese Operation anscheinend geduldet. Wieder schrien einige Herren in der Romagna, die Florenz in den Kämpfen beigestanden hatten, nach einer Klausel im Friedensvertrag, die sie vor der Vergeltung des Papstes schützen sollte. Sixtus selbst bestand nun unermüdlich darauf, es dürfe kein solches Abkommen unterzeichnet werden, ehe Lorenzo nicht persönlich in Rom erschienen sei, um den Papst um Vergebung zu bitten.
Im Februar 1480 berichteten schließlich Ferdinands Kundschafter aus Florenz, so lange Lorenzo am Leben sei, sei eine Revolte gegen die mediceische Herrschaft aussichtslos. Der König bewunderte Lo-

renzo aufrichtig, respektierte seine Macht und war davon überzeugt, daß ihm an einer friedlichen Entwicklung des ganzen Landes gelegen sei. Er kam daher zu dem Schluß, die gewaltsame Beseitigung Lorenzos – auch wenn sie der Statthalter Christi noch so sehr wünschte – wäre in Wirklichkeit ein Verrat an der Sache, die der Papst eigentlich selbst unterstützen müßte. Bald darauf wurde der Vertragsentwurf mit der königlichen Unterschrift versehen und eine wohlbegründete Erklärung an den Papst geschickt. Sixtus war außer sich vor Wut, drohte aber zunächst noch nicht mit dem Höllenfeuer oder dem Schwert.

Mit all dem Mut, Takt und der Geduld, die Lorenzo zwei Monate lang aufgebracht hatte, war ein Ziel erreicht, an das außer ihm selbst kaum jemand geglaubt hatte. Der Frieden hatte über den Krieg aller gegen alle triumphiert, Pallas Athene hatte den Mars gezähmt. Sandro Botticelli hat dieses Ereignis auf einem schönen Gemälde verewigt. Es stellt die Gottheit dar, mit Lorbeer gekrönt und einer großen Hellebarde bewaffnet, wie sie einen ängstlichen Zentaur in Schach hält. Die Finger ihrer rechten Hand sind fest in die buschigen Haare des Ungetüms gekrallt und unterdrücken seine Zuckungen mit ruhiger, fast mütterlicher Zuversicht. Das Gesicht der Pallas zeigt – wie so oft, wenn dieser hochromantische Künstler Frauen darstellt – eine ausgesprochen weibliche Intelligenz, der jede Strenge fehlt.

Bei seiner Rückkehr in die Stadt am 7. März 1480 wurde der ungekrönte Monarch von Florenz voller Dankbarkeit begrüßt, und die Bedingungen des Bündnisses, das er zwischen den dickköpfigen Toskanern und den beweglichen Neapolitanern herbeigeführt hatte, wurden zehn Tage später verkündet. Die Städte, die Florenz im Krieg an die päpstlichen Truppen verloren hatte, sollten an Siena gehen, Roms treue Verbündete. Die Mitglieder der Familie Pazzi, die in Volterra im Gefängnis waren, sollten freigelassen werden. Der Herzog von Kalabrien sollte von Lorenzo jährlich einen Vorschuß erhalten, um sich neapolitanische Militärhilfe zu sichern, falls die neuen Alliierten sich gegen einen Angreifer von außen verbünden müßten. Im Vertrag war weder der Schutz erwähnt, den die Herren in der Romagna forderten, da Ferdinand seinem Gast in dieser Hinsicht eine persönliche Garantie gegeben hatte, noch die Herausgabe von Sarzana.

Für Florenz waren diese Bedingungen ziemlich demütigend; aber schließlich verlangte eine mächtige Unterstützung wie die des Herrschers von Neapel ihren Preis. Es gab jedenfalls einiges Murren, vor allem wegen Sarzana, das in den Händen von Lorenzos ehemaligen Gegnern blieb. Auch erschien es bald nicht mehr so sicher, ob Pallas Athene den Zentaur auf immer gezähmt hatte. Venedig zeigte sich mit den militärischen Aspekten des Abkommens unzufrieden, die gegen die Staaten im Norden gerichtet schienen; Sixtus schalt

Als Lorenzo im März 1480 mit einem von König Ferdinand unterzeichneten Vertrag aus Neapel zurückkehrte wurde er von den Florentinern als »Retter des Vaterlandes« begeistert begrüßt. Dieser Ausschnitt aus einem Wandteppich spielt auf das Ereignis an: Lorenzo wird von der allegorischen Figur der Weisheit gekrönt. Museo Mediceo, Palazzo Medici-Riccardi, Florenz.

Ferdinand deswegen und verständigte sich mit den Venezianern. Sofort führte Lorenzo eine Übereinkunft mit Mailand herbei. Der Heilige Vater jedoch hob sein Verbot kirchlicher Bräuche in Florenz nicht auf und verzichtete auch nicht auf seine Forderung, Lorenzo habe in Rom zu erscheinen und sich persönlich dem Heiligen Stuhl zu unterwerfen. Außerdem hatte sich der ehrgeizige Herzog von Kalabrien mit der offenkundigen Absicht, Herrscher dieser Stadt zu werden, in Siena niedergelassen.

Zu diesem kritischen Zeitpunkt gab es tief im Süden der Halbinsel, beim Hafen von Otranto, eine entscheidende Ablenkung. Der ebenso geniale wie raubgierige Sultan Mohammed II., der 1453 Konstantinopel und dann fast ganz Griechenland erobert und die Venezianer geschlagen hatte, war entschlossen, Italien selbst unter seine Herrschaft zu bringen. Er begann mit einem Angriff auf Otranto, der spektakulären Erfolg hatte: Der Hafen brannte bis auf den Grund nieder, und alle männlichen Einwohner wurden umgebracht. Ferdinand rief sofort den Herzog von Kalabrien aus Siena zurück, damit er die Eindringlinge vertrieb.

Der Angriff der Türken kam völlig unerwartet. Nun sah man in ganz Italien plötzlich wieder die Gefahr einer Moslemherrschaft, die alle – außer den Venezianern – fast vergessen hatten, solange Mohammed im Balkan beschäftigt war. Der Papst richtete seine ganze Aufmerksamkeit auf die islamische Aggression, die er für eine Bedrohung der ganzen Christenheit hielt.

Sixtus bemühte sich, alle Italiener zu einer gemeinsamen Front gegen die Ungläubigen zu vereinen. So ließ er sogar die Prioren von Florenz wissen, er würde der Stadt verzeihen, wenn eine Abordnung ihn um Vergebung bäte – gleichgültig, ob Lorenzo persönlich erschiene oder nicht. Sofort schickte man zwölf Gesandte nach St. Peter. Sie knieten im Portikus vor Sixtus nieder, zeigten ihr Bedauern über die Anmaßung der Stadt gegenüber dem Pontifex maximus und flehten um Vergebung. Der Papst genoß diese Szene sichtlich. Er erteilte der Abordnung Absolution und versprach, das bereits vorübergehend ausgesetzte Interdikt gänzlich aufzuheben. Mit strenger Stimme fügte er hinzu, Florenz habe dafür 15 Galeeren für den Kampf gegen die Türken zu stellen, solange die Heiden sich auf italienischem Boden befänden. Die Gesandten gaben demütig ihre Zustimmung, wußten aber, daß der Heilige Vater auf dieser Auflage kaum bestehen konnte; denn Florenz war keine Seemacht.

Während Alfons von Kalabrien widerstrebend nach Süden marschierte, zogen sich die Türken allmählich aus Apulien zurück. Ihr langfristiger Plan war aufgeschoben. Im nächsten Jahr starb Mohammed II., und sein Nachfolger erwies sich als ein Mann des Friedens oder schien zumindest weniger an Italien interessiert, als an Abenteuern im Nordosten seines Reiches. Erst gegen Ende des

Lorenzo de' Medici war schon als junger Mann keine Schönheit. Seine Nase war lang und platt, er war blaß und hatte eine unangenehm schrille Stimme, die auf Fremde einen ungünstigen Eindruck gemacht hat. Doch Lorenzo hatte von seinem Großvater Cosimo die Höflichkeit und den Takt geerbt, dazu die Güte seines Vaters Piero, und er besaß die Belesenheit des Intellektuellen und das Schönheitsgefühl eines Poeten. Mit diesen Tugenden glich er seine körperlichen Mängel mehr als aus. Das anonyme Porträt entstand um 1500. Museo Mediceo, Palazzo Medici-Riccardi, Florenz.

Jahrhunderts sollte sich der Islam wieder nach Westen wenden, und dann galt sein Angriff allein der Macht Venedigs.
Lorenzo konnte sich deshalb mit erneuter Zuversicht den Aufgaben zu Hause zuwenden. Trotz einiger ewig Unzufriedener fand er seine Position in Florenz entschieden verbessert. Man erkannte an, daß er keine besseren Friedensbedingungen hätte erhoffen können als die, die er bei Ferdinand und Sixtus ausgehandelt hatte. Schließlich mußte man zugeben, daß Rom und Neapel den letzten Krieg gewonnen hatten. Die Reise nach Neapel hatte Lorenzos Ruf als kühner und erfolgreicher Diplomat weiter gefördert.
Er beschloß, seine Popularität nicht durch den Versuch zu gefährden, sich zum Monarchen zu machen, wie es fast jeder andere italienische Herrscher des 15. Jahrhunderts in seiner Situation getan hätte; denn die Macht über die Stadt hatte er bereits so gut wie inne. Lorenzo war entschlossen, für den Rest seines Lebens dieselbe bewundernswerte Zurückhaltung zu üben, die seinem Großvater Cosimo eigen war. Zu jener Zeit unternahm er auch Schritte, um der Finanzkrise nach dem Krieg zu begegnen. Es gab drei Räte in Florenz: den der »Einhundert«, der nur das gemeine Volk repräsentierte; den »Volksrat« mit seinem Hauptmann und 300 Mitgliedern aus den niedrigen Volksschichten; und schließlich den »Gemeinderat« unter dem *podestà*, dem 125 Edelleute und ebensoviele sozial unter ihnen Stehende angehörten. Sie alle billigten im April 1480 den Entschluß, eine *balia* oder provisorische Regierung von 258 Mitgliedern zu ernennen, in der alle Klassen und Landesteile so gerecht wie möglich vertreten sein sollten. Die Aufgaben dieses »Großen Rats« (*consiglio maggiore*) bestanden darin, die Kandidaten für öffentliche Ämter zu ernennen, Berichte über den Mißbrauch bei der Verwaltung der Staatsschuld zu prüfen, die Steuern festzulegen und einzutreiben sowie für eine Linderung der Not in den vom Krieg betroffenen Gebieten zu sorgen. Der »Große Rat« schuf seinerseits einen »Rat der Siebzig«, offiziell für fünf Jahre, obwohl die Mitgliedschaft praktisch lebenslänglich war. Diese Einrichtung war etwas Neues in der florentinischen Politik, in der kurze Amtsperioden bisher die Regel gewesen waren. Um sich gegen mangelndes Verantwortungsgefühl zu sichern, mußten alle Räte über vierzig Jahre alt sein, entweder zu einer Gilde gehören oder sich sonst ausgezeichnet haben und mindestens vierzig Familien vertreten. Der »Rat der Siebzig« – zu dessen Mitgliedern der *gonfalonier* gehörte – ernannte die Prioren und spielte auch sonst in der Verwaltung des Staates eine führende Rolle. Das »Komitee der Zwölf« (*procuratori*) kümmerte sich um die wichtigsten Ressorts wie Handel und Finanzen. Diese beiden Ausschüsse amtierten nur sechs Monate, und ihre Mitglieder konnten nicht wiedergewählt werden. Man kam überein, daß jeder Zugang zu den »Siebzig«, gleich in welcher Frage, nur über die Signoria führte. Dabei behiel-

Die Kunstsammlung der Familie Medici, deren Grundstein vor allem Lorenzo legte, ist eine der wertvollsten und umfangreichsten der Welt. Der Doppelkelch (rechts) aus geblümtem Jaspis mit vergoldetem Silberfuß und Silbermontierung trägt im unteren Kelch das Zeichen Lorenzos (»Laur. Med.«). Er wird für ein Werk des Altertums gehalten, doch gerade die Vasen aus Lorenzos Sammlung sind sehr schwer zu datieren, ihre Geschichte und ihre Herkunft noch immer unklar.
Die Montierung in gotisierendem Stil stammt aus der zweiten Hälfte des 15. Jahrhunderts und wurde sicher für Lorenzo ausgeführt. Sowohl der Fuß als auch der obere Teil des Deckels sind sehr elegant und stehen in einem perfekten Proportionsverhältnis zu den beiden Kelchen. Museo degli Argenti, Palazzo Pitti, Florenz.

ten die drei ursprünglichen Räte – der »Rat der Einhundert«, der des Volkes und der der Gemeinde – ihre legislativen Befugnisse. Eine neue Vorlage konnte nur Gesetz werden, wenn ihr eine Zweidrittelmehrheit des Rats zustimmte.

Lorenzo hütete sich zwar, irgendeinen dieser Räte zu stark mit seinen Anhängern zu besetzen; auch bedeutete die Einführung dieser neuen Körperschaften – abgesehen von der lebenslänglichen Mitgliedschaft der »Siebzig« – kein Abweichen von der bisherigen Struktur der Regierung. Aber gerade die »Siebzig« mit ihrem System trugen sehr viel zur Erhaltung der Mediciherrschaft bei. Ihre Mehrheit war für Lorenzo, und da sie gewöhnlich ein Leben lang amtierten, war eine Regierung durch mediceische Oligarchen gesichert. Und doch war keiner dieser Männer, die wegen ihrer besonderen Intelligenz und Bildung gewählt waren, dazu geneigt, despotisch selbst die Macht an sich zu reißen oder solches Lorenzo zu überlassen. Theoretisch konnten sie Lorenzos Empfehlungen ablehnen, wann immer sie wollten. Mit anderen Worten: Derselbe komplizierte Apparat, den Lorenzo als Stütze seiner persönlichen Macht geschaffen hatte, ließ sich jeden Augenblick zu seinem Sturz gebrauchen. Jeder einzelne der »Siebzig« wußte das. Ein paar von ihnen wären auch dazu bereit gewesen, hätte ihnen das Staatsoberhaupt je einen geeigneten Vorwand geliefert.

Das geschah jedoch nie. Seit den Maßnahmen von 1480 hatte Florenz bis zu Lorenzos Tod weniger unter Partei- und Familienfehden zu leiden als je zuvor. Erfahrene und tüchtige Administratoren lenkten die nächsten zwölf Jahre das Schicksal der Republik. Kunst, Handel und Industrie gediehen wie nie zuvor. Politische Theoretiker mögen im Prinzip viel gegen eine Oligarchie einzuwenden haben, in Florenz erwies sie sich am Ende von Lorenzos Regierung als höchst erfolgreich.

Eine erneute Verschwörung, Lorenzo zu ermorden, wurde im Juni des gleichen Jahres aufgedeckt und sorgte für noch größere Popularität dieses führenden Bürgers, dem zum König nur die Krone fehlte. Wahrscheinlich ging das Komplott auf den unversöhnlichen Girolamo Riario zurück, nachweisen ließ sich seine Komplizenschaft allerdings nicht. Es gibt jedoch Beweise, daß ein gewisser Battista Frescobaldi daran beteiligt war. Seine Familie hatte früher Cosimo de' Medici treu gedient. Aber Battista fand, daß man ihn für seine Rolle bei den Verhandlungen um die Ausweisung des gewissenlosen Schurken Bernardino Bandini, des Mörders von Giuliano, ungenügend belohnt hatte. Im Laufe der Zeit fand dieser Abkomme der ehrenwerten Frescobaldi noch drei andere Herren, die sich durch Lorenzo ähnlich gekränkt fühlten. Schließlich beschloß das Quartett, das Staatsoberhaupt solle wie sein Bruder in einer Kirche ermordet werden, entweder im Dom oder in Santa Maria del Carmine. Als Datum des Verbrechens wurde der Himmelfahrts-

tag festgesetzt. Aber Frescobaldi und zwei seiner Mitverschwörer wurden rechtzeitig verhaftet und geköpft. Die Signoria erließ daraufhin ein Gesetz, nach dem jeder Attentatsversuch gegen Lorenzo als Hochverrat galt. Damit wurde zum erstenmal offiziell anerkannt, daß der de-facto-Herrscher von Florenz, ein Privatmann, im Rang einem dynastischen Herrscher gleichzustellen war.

Der Geldwechsler. Holzschnitt von Hans Burgkmair (1473–1532).

Im übrigen befolgte Lorenzo auch sonst die Politik seines Vaters und Großvaters, tüchtige Männer niederer Herkunft zu wichtigen Beamten zu befördern. Ebenso wahr ist, daß Lorenzo – wie fast alle italienischen Herrscher seiner Zeit – auch für seine weniger begabten Anhänger aus dem Volk Posten oder Pöstchen fand, und wenn auch nur als Schreiber. Was die Finanzen anlangt, gibt es von Lorenzo weniger Gutes zu berichten. Im Gegensatz zu Cosimo verstand er wenig von Geldgeschäften und interessierte sich auch kaum dafür. Dabei brauchte er große Summen, um Kriegsschulden zu bezahlen und seinen Einfluß und sein Ansehen zu Hause und außerhalb von Florenz zu stärken. Fast ebenso dringend und kostspielig war eine Aufgabe, die er leicht vernachlässigte: die Familiengeschäfte in Gang zu halten. Wenn ihm das nicht gelang, glich er sein privates Defizit aus öffentlichen Mitteln aus. Da die Kontobücher nach Lorenzos Tod verschwanden, ist unklar, wie umfangreich diese Unterschlagungen waren. Lorenzo, wie die meisten Männer mit starken ästhetischen Bedürfnissen und verwöhntem Geschmack, war sicher ein Verschwender. Er hat alle möglichen schönen Dinge geliebt und zu besitzen gewünscht, von Meisterwerken der bildenden Kunst bis zu Textilien und Möbeln. Seine per-

sönlichen Ausgaben werden deshalb seine Barmittel häufig überschritten haben. Dabei war sein Kredit so gut wie unbeschränkt. Mit anderen Worten: Er konnte bestellen, was er wollte, er konnte nur nicht immer pünktlich genug bezahlen.
Außerordentlich großzügig, wie man sagt, aber auch großmütig, gab Lorenzo viel Geld für seine Freunde aus. Zweifellos haben sie seine Neigung zur Verschwendung, die gar nicht zu einem Kaufmann paßte, oft ausgenutzt. Aber ein Mann in seiner Position und von seiner Herkunft konnte es sich nicht leisten, Geld von Privatpersonen zu borgen. Denn dies hätte zwangsläufig bedeutet, daß diese Leute Einfluß auf ihn und seine Politik genommen hätten. Ähnlich hatte ja Cosimo gehandelt, als er Geld an Personen lieh, die er unter Kontrolle halten wollte. Noch unmöglicher war es für Lorenzo, Geld von einer konkurrierenden Bankiersfamilie aufzunehmen. Denn dann hätte alle Welt schnell erfahren, wie schlecht es mit den Finanzen der Medici bestellt sei.
Nach den Worten des Dichters Alessandro de' Pazzi – Sohn von Lorenzos Schwester Bianca und Guglielmo de' Pazzi – hatten die Schwierigkeiten der Medicibank schon um 1470 begonnen. Alessandro schrieb 1522: »Als ihr Kredit schwand, hätten sie fast ihre Machtstellung verloren, wären nicht die Ereignisse von 1478 eingetreten, die den Medici neue Freunde gewannen, ihre bisherigen Anhänger noch fester an sie banden und in jeder Weise ihre Macht stärkten. Dieselben Ereignisse ermöglichten Lorenzo, zur Bezahlung seiner Schulden sein eigenes Vermögen und die Staatsschulden der Republik einzusetzen und so seinen politischen Einfluß auf einem dauerhaften Fundament neu auszubauen.«
Sicherlich war es Lorenzos angeborener Abneigung gegen die Finanzbürokratie zuzuschreiben – seinem Vater war sie wohl auch eigen gewesen –, daß der ungeheure Reichtum, den Cosimo der Familie hinterlassen hatte, dahinschwand. Richtig ist auch, wie Alessandro anführt, daß die allgemeinen Sympathien nach dem feigen und verräterischen Mord an dem harmlosen Giuliano zusammen mit Lorenzos starker und würdiger Haltung diesem furchtbaren Schicksalsschlag gegenüber die ganze Republik auf seine Seite gebracht hatten. Unter diesen Umständen hätten damals wohl nur wenige Leute dagegen protestiert, daß er in die Staatskasse griff, um sein eigenes Vermögen und damit auch die wirtschaftliche Lage des Staates zu retten. Man kann daher sagen, daß das Attentat nicht zum Ruin, sondern zum Triumph des Opfers geführt hat. Dieser Ansicht ist nicht nur Alessandro, der in den Augen der Medici zu einer der schuldigen Familien gehörte. Auch seine Zeitgenossen teilen sie wie Machiavelli und der Historiker Guicciardini, die beide Lorenzo mit gewissen Einschränkungen bewundern. Der Kritiker von heute muß daraus schließen, daß dieser schlaue und raffinierte Politiker zwar einen Teil der öffentlichen Mittel für private Zwecke

Auf seinem Gemälde »Anbetung der Könige« (rechts) hat Sandro Botticelli mehrere Medici und andere historische Personen porträtiert. Vor der Madonna kniet Cosimo der Alte, darunter in der Bildmitte Piero il Gottoso, einer der Hauptgönner des Künstlers. Rechts neben Piero dessen Bruder Giovanni de' Medici, ebenfalls kniend, und hinter ihm stehend (im dunklen Mantel und mit schwarzem Haar) Giuliano de' Medici. Am linken Bildrand neben dem Pferd steht Lorenzo il Magnifico, der von Poliziano umarmt wird. Neben den beiden Pico della Mirandola. Hinter Giuliano de' Medici steht der Auftraggeber des Bildes, Giovanni di Zanobi del Lama, für dessen Familienkapelle in Santa Maria Novella das Gemälde bestimmt war. Später gelangte es in die Villa Poggio Imperiale, und seit 1796 befindet es sich in den Uffizien. Das Entstehungsdatum des Bildes ist nicht ganz geklärt. Nach einer Auffassung soll es noch zu Lebzeiten Pieros des Gichtigen 1467 entstanden sein, der auch den Auftrag gegeben haben soll, während eine andere, wahrscheinlichere, Datierung um 1475–1480 lautet.

abgezweigt haben mag, daß er aber große Beträge insgeheim für patriotische Ziele ausgab, indem er die Verbündeten der Republik unterstützte. Erschöpft, wie seine und die Mittel seiner Bank seit 1469 waren, als er an die Macht kam, hätte er nie die ungeheuren Summen für seine Außenpolitik aufbringen können.

Um also das Kapital zu erhöhen, das er für rein politische Zwecke brauchte, begann Lorenzo Zwangsanleihen aufzunehmen, wobei er sich vor allem an das Privatvermögen reicher Bürger hielt. Diese Maßnahme erwies sich als schlecht für den Kleinhandel. Deshalb erhob man die neuen Steuern vor allem auf den Grundbesitz, wo sie die ärmeren Schichten nicht trafen. Die Methoden der Eintreibung waren allerdings alles andere als gerecht und richteten bei den erklärten Gegnern Lorenzos mehr Schaden an als bei seinen Anhängern.

Hätte man Lorenzo tatsächlich Unterschlagung vorgeworfen, hätte er sich zweifellos auf die dringenden Erfordernisse seiner Außenpolitik berufen. Wie Cosimo kämpfte auch er sein ganzes Leben lang um ein Gleichgewicht der Kräfte zwischen den fünf Mächten der Halbinsel. Anders als Cosimo bemühte er sich zudem unermüdlich, den Frieden zwischen Florenz und seinen unmittelbaren Nachbarn wie Siena, Lucca, Bologna, Ferrara und Perugia zu bewahren. Diese Aufgabe erwies sich keineswegs als leicht.

Vor allem Ferdinand von Neapel, Ludovico Sforza und die Venezianer steckten wie Dornen im Fleisch der Republik. 1480 hatte Ludovico zum Beispiel den Adel von Mailand überredet – das gemeine Volk hatte zu solchen Dingen ohnehin wenig oder nichts zu sagen –, er wäre ein viel besserer Regent für den elfjährigen Herzog Gian Galeazzo als die Mutter des Knaben, Bona von Savoyen, Ludovicos Schwägerin. Dann trieb er Bona in die Verbannung und übernahm selbst im Namen des legitimen Erben Gian Galeazzo die Regierung des Herzogtums. Lorenzo wußte nicht recht, woran er mit dem neuen Regenten war. Niemand ahnte – Ludovico selbst am wenigsten –, was er wirklich wollte. Nur eines war klar: Ludovico hatte nicht die Absicht, die freundliche Politik seines Vaters Francesco und seines Bruders Galeazzo Maria gegenüber Florenz fortzusetzen. Er fand, daß die Medici zu mächtig geworden waren, und plante, ihnen zu gegebener Zeit auf dem Gebiet, das er als ihre territorialen Ansprüche betrachtete, Konkurrenz zu machen.

Schließlich stellten die maßlosen Ansprüche von Papst Sixtus und seinen Neffen eine ständige Bedrohung dar. Als der Papst zum Beispiel 1480 seinen Neffen Girolamo Riario als Herrscher von Forli in der Romagna einsetzte, war das deutlich ein erster Schritt in Richtung des Herzogtums von Ferrara in der nordöstlichen Emilia; und tatsächlich bemühte sich der Graf bald um die Unterstützung Venedigs für diesen Zweck. Der Doge, der selbst ein Auge auf Ferrara geworfen hatte, brach wegen ein paar Salzminen einen Streit

mit dem Herzog der Stadt vom Zaun und marschierte mit päpstlicher Unterstützung in das Gebiet von Ferrara ein. Dieses Vorgehen rief nicht nur in Florenz, das Ferrara immer schon freundlich gegenübergestanden hatte, sondern auch in Mailand, Bologna, Mantua und selbst in Neapel Empörung hervor.
Sixtus hatte damals nicht nur in Rom Schwierigkeiten, wo die Bevölkerung gegen den Mangel an Lebensmitteln protestierte, sondern auch in Deutschland. Friedrich III., der letzte in Rom gekrönte Kaiser des Heiligen Römischen Reiches, schien die Macht des Papstes in Frage zu stellen. Sixtus begriff allmählich, daß er sich im Nordosten der Halbinsel zu viel vorgenommen hatte. Am 12. Dezember 1482 schloß er mit Florenz, Ferrara und deren Verbündeten Frieden. Auch Venedig rief er auf, von Feindseligkeiten abzuse-

Im Jahre 1482 starb Lorenzos geliebte Mutter Lucrezia Maria Tornabuoni. Die kluge und gutmütige Frau war stets zurückhaltend und blieb im Hintergrund, aber die Schönheit ihrer Gesichtszüge haben in Botticellis Gemälde »Madonna des ›Magnificat‹« die Zeit überdauert. Die beiden Engel zu ihrer Linken sind ihre Söhne Lorenzo (im Profil) und Giuliano. Die Gruppe ist vor dem Hintergrund eines Rundfensters angeordnet, das den Blick auf eine Flußlandschaft freigibt. Das Gemälde entstand vermutlich noch im Auftrag Piero de' Medicis um 1465. Uffizien, Florenz.

hen. Die Venezianer fühlten sich jedoch stark genug, um nicht zu gehorchen. Aber nach einem Jahr der Kämpfe wurden sie von einem Heer, das sich aus Truppen fast aller Landesteile zusammensetzte, entscheidend geschlagen. Der Doge machte sich auch dann noch eine Auseinandersetzung zwischen Ludovico Sforza und dem neapolitanischen Herzog von Kalabrien zunutze und schloß einen separaten Waffenstillstand mit Mailand. Von Sforza bestärkt, bedrängte Venedig auch den furchterregenden König von Frankreich, Ludwig XI., den Anspruch des französischen Herzogs von Lothringen auf die Krone von Neapel durchzusetzen.
Außer dem Papst hatten jetzt alle genug vom Krieg; und am 7. August 1484 wurde endlich in Bagnolo ein Vertrag unterzeichnet. Seine Bedingungen fand Sixtus, der ein paar Wochen ernstlich krank gewesen war, derart ungünstig, daß er am nächsten Tag an einem Wutanfall starb. Er hatte zu seinen Lebzeiten viel getan, um die Kirche zu reformieren, nützliche weltliche Einrichtungen zu gründen oder neu zu beleben und Kunst und Wissenschaft zu fördern. Daneben stehen seine zweifellos ungezügelte Geldgier und die Entschlossenheit, mit der er sich über moralische Bedenken hinwegsetzte, wenn es um seinen fast pathologischen Drang nach

weltlichem Ruhm ging. Ein römischer Witz besagte, der Heilige Vater sei so kriegerisch gewesen, daß er schon bei dem Wort »Frieden« tot umgefallen sei.
Inzwischen war Lorenzos Mutter, die ernste, fromme und geistig interessierte Lucrezia Maria Tornabuoni, am 25. März 1482 im Alter von 75 Jahren gestorben. Sie hatte immer eine labile Gesundheit, jedoch einen überragenden politischen Verstand gehabt; ihre Zurückhaltung und ihr unscheinbares Aussehen hatten sie daran gehindert, in Florenz eine bedeutende Rolle zu spielen. Sie blieb stets im Hintergrund; aber jeder pries ihre Klugheit, ihren guten Rat und ihre Wohltätigkeit. Die Schönheit ihrer Gesichtszüge hat um 1465 zu Pieros Zeit Botticelli zu dem prächtigen Gemälde seiner »Madonna des ›Magnificat‹« angeregt. Dort knien ihre beiden Söhne als Engel vor ihr, wobei der Künstler den hübschen Giuliano taktvoll in den Vordergrund gerückt hat. Der unansehnlichere Lorenzo hatte ihre labile Gesundheit und ihre Geistesgaben geerbt, während Giuliano äußerlich mehr seinem Vater Piero glich.
Daß Lucrezia keine bloße Frömmlerin war, zeigt ihr Eifer, nicht nur Botticellis Talent, sondern auch das Luigi Pulcis zu fördern, der bei Gesellschaften aus dem Stegreif Verse rezitierte und sich über die feierliche Platonische Akademie schamlos lustig machte. Das beste Porträt dieser stillen, klugen Dame ist wahrscheinlich das von Botticelli im Städelschen Kunstinstitut in Frankfurt am Main. Der beherrschte, leicht melancholische Gesichtsausdruck vermittelt einen starken Eindruck unerschütterlicher weiblicher Würde. Wie sie Giulianos illegitimen Sohn von Fioretta Gorini behandelt hat, ist ein Beispiel ihrer Vernunft und ihres ruhigen Temperaments. Als Lucrezia nach Giulianos Tod von der Existenz dieses Bastards erfuhr, brachte sie das Kind in Lorenzos Haus, nannte es Giulio und erzog den Knaben genauso, wie sie ihre eigenen Söhne großgezogen hatte. Dieser Giulio de' Medici gelangte später als Klemens VII. auf den Thron von Sankt Peter.
Als Lucrezia starb, schrieb Lorenzo an den Herzog von Ferrara, »in Kummer ertränkt« habe er »nicht nur eine Mutter verloren, sondern meine einzige Zuflucht in vielen Nöten und die Labsal all meiner Mühen«. Sein Gesandter in Rom warnte ihn, er solle sich vor Verschwörungen hüten, »nun, da Eure Mutter Euch nicht mehr davor bewahren kann, wie sie es zu tun pflegte«.
Die Meinung des Florentiner Dichters und Novellisten Franco Sacchetti (1335–1400), daß »der weibliche Verstand schärfer und schneller als der männliche« sei, wird durch das stille, doch einflußreiche Leben der Lucrezia Tornabuoni bestätigt. Als Weib eines willensstarken Invaliden in hoher Position wie Piero hatte sie viel Takt und Einsicht bewiesen. Als Mutter der bedeutendsten Persönlichkeit in der größten Periode der Geschichte ihrer Heimatstadt hatte sie diese Fähigkeiten zu seltener Vollkommenheit entwickelt.

Eine Gesellschaft junger Damen vergnügt sich im Garten eines italienischen Renaissancepalastes. Illustration aus Francesco Colonnas »Hypnerotomachia Poliphili«. Das Buch erschien 1499 in Venedig und wurde von Aldus Manutius gedruckt, dem bedeutendsten Verleger und Buchdrucker seiner Zeit. Es gilt als das wertvollste bibliophile Werk seiner Presse.

Daß Lorenzo ihr nach ihrem Tod eine solche Huldigung bewies und seine Gesandten ihren politischen Scharfsinn so hoch einschätzten, hat sicherlich nichts mit Übertreibung zu tun.

Nach Sixtus Tod wählte die heilige Konklave als Nachfolger Giambattista Cibo, einen geborenen Genueser, der den Namen Innozenz VIII. annahm. Zur Erleichterung aller bewies der neue Papst ein ausgeglichenes Temperament und entwickelte weder für sich noch für seine Familie weltlichen Ehrgeiz. Träume von persönlicher Macht lagen Innozenz derart fern, daß er die Kirchengeschäfte weitgehend dem Regiment des energischen Kardinals Giuliano della Rovere überließ, einem Neffen des verstorbenen Papstes Sixtus. Lorenzo hoffte, während des Pontifikats von Innozenz wieder freundlichere Beziehungen zum Heiligen Stuhl zu knüpfen. Deshalb sandte er seinen 13jährigen Sohn Piero mit der florentinischen Delegation nach Rom, damit er dem neuen Papst zur Wahl gratulierte. Die Anweisungen, die der Knabe von seinem vorsichtigen Vater bekam, waren bezeichnend: »Wann immer du dich in Gesellschaft der anderen jungen Männer der Gesandtschaft befindest, betrage dich ernst und höflich. Behandele sie wie Gleichgestellte und achte darauf, gegenüber älteren keine Vorrechte zu beanspruchen, denn du bist zwar mein Sohn, aber deshalb auch nur ein Bürger von Florenz wie alle anderen.« Dem neuen Papst sollte Piero versichern, Lorenzo sei entschlossen, ihm stets gehorsam zu sein; er wisse, was es bedeute, seine Gunst zu verlieren, und Seine Heiligkeit sollte sich davon überzeugen, daß der florentinische Alleinherrscher nicht allein für die Feindseligkeit verantwortlich war, die der verstorbene Papst Sixtus ihm entgegengebracht hatte. Piero sollte hinzufügen, Lorenzo empfehle dem Papst seinen Sohn Giovanni, der so erzogen würde, daß er eine Zierde der Priesterschaft werden würde, für die er bestimmt sei.

Piero scheint seine Rolle gut gespielt zu haben. Innozenz gefiel der beredte junge Gesandte, und er beurteilte Lorenzos Schwierigkeiten mit Sixtus wohlwollend. Als die Delegation nach Florenz zurückkehrte, brachte sie den Segen des Papstes für den ehemals exkommunizierten Lorenzo und für die ganze Stadt mit.

Italien schien im Augenblick den Frieden zu genießen. Und auch von dem neuen Papst waren keine Streitigkeiten zu erwarten. Beobachter der politischen Lage sagten den italienischen Staaten eine Zeit ungewohnter Ruhe voraus. Doch der Schein trog. Im Juni 1485 erhob sich plötzlich der Adel von Neapel in einem Aufstand gegen die drückende Herrschaft König Ferdinands. Je nach Interessen, Politik und Laune ergriffen die anderen italienischen Staaten Partei. Venedig und die päpstlichen Staaten sympathisierten mit den Rebellen. Mailand unter Ludovico Sforza beschränkte sich darauf, ermutigende Botschaften an König Ferdinand zu senden. Florenz allerdings beschloß nach anfänglichem Zögern auf Lorenzos Betreiben, ein Sturz Ferdinands könne den Frieden Italiens auf Dauer gefährden. Nach vielem Hin und Her erklärte sich die Stadt bereit, dem gefährdeten König ein Truppenkontingent zu Hilfe zu schicken.

Trotz dieses kriegsähnlichen Vorgehens verhandelte Lorenzo weiter mit Innozenz; in seinen Augen war die Situation für Florenz viel gefährlicher, als ein Aufstand unzufriedener Aristokraten im Süden hätte ahnen lassen. Er befürchtete zum Beispiel, der neue französische König Karl VIII., der König Ferdinand wohlgesonnen war, könne sich für eine florentinische Intervention im Süden an den zahlreichen florentinischen Bankiers und Kaufleuten rächen, die sich in Frankreich niedergelassen hatten. Außerdem traute er Ferdinand oder seinem unberechenbaren Sohn jederzeit einen Verrat zu, und auch Ludovico in Mailand konnte wie immer Schwierigkeiten machen. Währenddessen verschlechterte sich Lorenzos Gesundheitszustand immer mehr; die Gicht machte ihn langsam zum Krüppel wie seinen Vater und Großvater. Zum Glück entwickelte sich der Krieg dann zu einer Art militärischer Farce, weil der Papst immer wieder von Unruhen in der römischen Bevölkerung abgelenkt wurde. Schließlich kam es am 11. August 1485 zu einem Friedensvertrag. Ferdinand gewährte den Anführern der Revolte eine Amnestie, aber kurz darauf wurden die meisten von ihnen auf seinen Befehl in eine Falle gelockt und umgebracht.

Der neapolitanische Krieg zeigte einerseits den hartnäckigen Widerstand gegen seine Außenpolitik, auf den Lorenzo selbst in Florenz immer noch traf, und andererseits seine bittere Entschlossenheit, mit der er sie trotzdem weiter verfolgte. Sein Ziel war es, Italien vor der Anarchie zu bewahren. Mit seinem unbeirrten Engagement für die Interessen der Italiener und die seiner Stadt stand er praktisch allein. Wenn Lorenzo im privaten Gespräch äußerte, die Italiener sollten sich wie Frankreich oder Spanien zu einer Nation zusammenschließen und wenigstens die ärgsten ihrer Streitigkeiten schlichten, lachten seine Freunde meist und fanden seinen Plan naiv. Er lachte dann mit. »Ach, ein Gedanke tut nichts Böses«, soll er mehr als einmal gesagt haben, »Gedanken sind zollfrei.«

Die Bürger der toskanischen Republik waren ihren Rivalen als weitsichtige Kaufleute und vorsichtige Idealisten tatsächlich überlegen. Trotzdem war es vor allem Lorenzos persönliches Verdienst, daß die Nachwelt sich stets mit Bewunderung an jenes blühende Florenz erinnerte. Zwar gaben alle andern Herrscher auf der Halbinsel damals vor, sich genauso für schöpferische Ideen, feine Sitten und Kunst zu begeistern, aber er war der einzige wirkliche Intellektuelle und Ästhet unter seinen Zeitgenossen. Solche Situationen gab es in der Geschichte immer wieder, vor allem in Perioden unge-

Die Schriftsteller der Renaissance, ob sie nun gelehrte Abhandlungen oder geistreiche Novellen schrieben, konnten nicht vom Verkauf ihrer Bücher leben, sie waren vom Großmut ihrer Gönner abhängig, deren Taten und Tugenden sie in ihren Werken priesen. Masuccio da Salerno überreicht hier seine »Novellino« einer vornehmen Dame. Venedig 1492.

wöhnlichen kulturellen Fortschritts. Im Italien der Renaissance lebte eine Fülle von klugen und sensiblen Persönlichkeiten, wie es auch im Athen des Sophokles und im Rom des Catull und Lukrez der Fall gewesen war. Aber diese Männer verfügten nie über wirkliche politische Macht, die meist eher den kurzsichtigen und rücksichtslosen Opportunisten in die Hände fällt. Lorenzo de' Medici war wohl einzigartig in der Verbindung von beherrschender Stellung, diplomatischem Genie und der Empfindsamkeit eines Künstlers.

Lorenzo gewann rasch seine Beliebtheit wieder, die etwas nachgelassen hatte, weil er sich für Ferdinand eingesetzt hatte. Seine Gründe konnten nur wenige Politiker begreifen. In dem Vertrag, den man 1485 mit dem König unterzeichnet hatte, wurde die Stadt Sarzana in der nordwestlichen Toskana nicht erwähnt, die Florenz nach dem venezianischen Krieg von 1468 erworben hatte. Während Lorenzos Reise nach Neapel im Frühjahr 1480 war sie den bewaffneten Abenteurern des Herzogs von Kalabrien anheimgefallen. Wahrscheinlich hatte Ludovico von Mailand aus dafür gesorgt, daß Sarzana nicht Florenz zugesprochen wurde; denn er war selbst an dem Ort wegen dessen strategischer Bedeutung interessiert. Als dann die Garnison von Sarzana eine benachbarte Festung der Florentiner überfiel, nutzte Lorenzo die Gelegenheit zu einer Strafexpedition. Dieser Feldzug endete im Juni 1487 mit der Einnahme der Stadt. Lorenzo selbst hielt sich bei den letzten Angriffen in der Nähe auf. Bei seiner Rückkehr nach Florenz jubelten ihm die Bürger zu; sie freuten sich, daß er sich für die Kränkung von 1480 so entschlossen gerächt hatte.

Im Herbst desselben Jahres wurden zwei von Lorenzos Kindern mit Nicht-Florentinern verlobt. In beiden Fällen traf der Vater seine Wahl aus dem Wunsch heraus, den Einfluß der Medici in Rom zu stärken und so den zukünftigen Erfolg seiner beiden Söhne zu begründen. Piero, der ältere, sollte Alfonsina aus dem mächtigen römischen Haus der Orsini heiraten, aus dem auch Lorenzos Frau stammte. Ein ähnlicher Gedanke hatte in Florenz bereits zur Verehelichung seiner ältesten Tochter Lucrezia mit dem Florentiner Giacomo Salviati geführt, einem Verwandten des verräterischen Erzbischofs, den man 1478 wegen seiner führenden Rolle bei der Verschwörung der Pazzi hatte hängen lassen. Mit dieser Verbindung wollte das Staatsoberhaupt die Erinnerung an den alten Zwist zwischen den Medici und den Salviati auslöschen und Piero eine solide Machtstellung in der Stadt aufbauen. Seine zweite Tochter Maddalena gab er dann Franceschetto Cibo, einem Sohn von Innozenz VIII. aus den jungen, schwelgerischen Jahren des späteren Papstes. Dieser päpstliche Sprößling war ein Spieler und Verschwender; er war etwa vierzig und Maddalena erst 14 Jahre alt. Als er seinen zukünftigen Schwiegervater in Florenz aufsuchte, erteilte ihm dieser eine Lektion, die er dringend nötig hatte. Franceschetto äußerte sich nämlich seinem Gastgeber gegenüber mit Bedauern und Verwunderung über den Unterschied zwischen der üppigen Bewirtung seines Gefolges und den bescheidenen Speisen, die er selbst vorgesetzt bekam. »Nun, ich behandle dich als Mitglied der Familie«, bemerkte Lorenzo trocken. »Ich selbst, meine Frau und meine Kinder, zu denen ich dich von jetzt an zähle, haben nie etwas davon gehalten, uns den Magen zu verderben. Dieses Risiko überlassen wir lieber unserem Personal.«

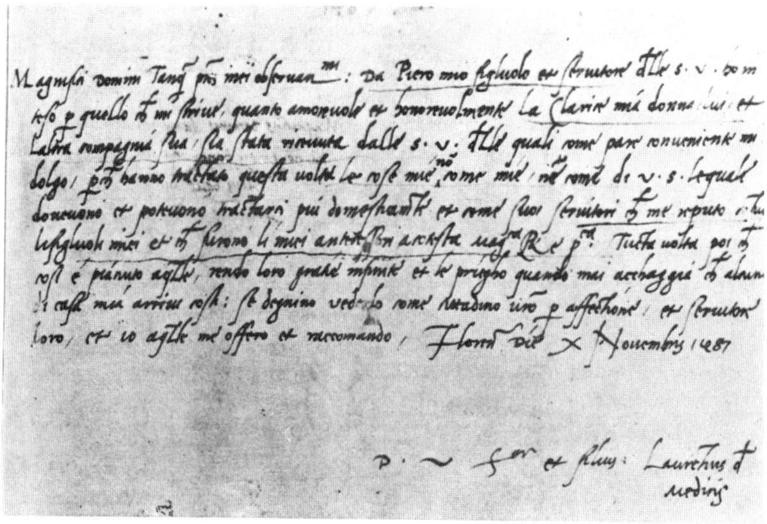

Faksimile eines Briefes, den Lorenzo der Prächtige im November 1487 an den Prior von Siena schrieb.

Franceschetto wird diese Art von Kompliment nicht besonders behagt haben. Sein Vater, der Papst, muß dagegen Lorenzos Grundsätze mehr geschätzt haben; denn er zeigte sich fortan empfänglich für mediceischen Einfluß. Dies wirkte sich nur positiv für Florenz und ganz Italien aus. Auch die Verbindung mit den Orsini sorgte für Frieden, da die Familie freundliche Beziehungen mit Ferdinand unterhielt. Lorenzo konnte nun mit dem unzuverlässigen, aber mächtigen Despoten von Neapel viel reibungsloser verfahren.

Lorenzos Frau Clarice Orsini war ihm bei seinen Plänen kaum eine Stütze; sie war einfach eine stumpfsinnige, eingebildete und bigotte Person, verdrossen und zänkisch. Als Poliziano bei ihr in der Villa von Cafaggiolo lebte, um ihre Kinder zu unterrichten, fand er sie langweilig und streitsüchtig. Sie nannte den Gelehrten gewöhnlich, gottlos und zynisch, und schließlich entließ sie ihn. Lorenzo selbst kam nie mit ihr zurecht. Wegen Clarices schlechter Gesundheit waren sie oft lange getrennt, und dann schrieb er ihr gelegentlich einen scharfen Brief. Sie sahen sich selten, aber körperlich muß sich

Holzschnitt zu einer Dichtung Lorenzo de' Medicis, 15. Jahrhundert.

Lorenzo zu ihr hingezogen gefühlt haben, denn sie gebar ihm nicht weniger als zehn Kinder und geriet niemals in den leisesten Verdacht, sich einen Liebhaber zu halten.

Als Maddalena 1487 in Rom mit Franceschetto Cibo verheiratet wurde, begleitete Clarice ihre Tochter. Aber das Klima in Rom bekam ihr nicht, und so starb sie dort im Juli des folgenden Jahres. Lorenzo betrauerte ihren Tod mit der ihm eigenen Eloquenz. Zweifellos war er dankbar, daß sie ihm so viele Nachkommen geschenkt hatte. Sie war zwar manchmal barsch zu ihren Untergebenen, aber sonst hatte ihr Verhalten als Frau und in der Öffentlichkeit ihm nie Anlaß zur Klage gegeben. Er hätte sich höchstens eine intelligentere Gefährtin wünschen können, aber keine tugendhaftere.

Im Mai 1488 wurde in Florenz die Hochzeit von Piero und Alfonsina mit großer Pracht gefeiert. Sonst brachte dieses Jahr dem Vater des Bräutigam nur Kummer. Seine dritte Tochter Luigia starb plötzlich in jenem Sommer, nur etwa 12 Jahre alt und frisch verlobt mit Lorenzos Vetter Giovanni de' Medici. Wenige Wochen nach Luigia starb ihre Mutter. Lorenzos Gicht wurde inzwischen immer schlimmer; wahrscheinlich wußte er, daß sie unheilbar war. Lorenzo aber hat sich durch die bedrückenden Ereignisse von 1488 weder in seiner Vitalität noch in seinem politischen Idealismus ernsthaft beeinträchtigen lassen.

Er bemühte sich weiter, die endlosen Streitigkeiten zwischen Papst Innozenz und König Ferdinand beizulegen und die listigen Pläne Ludovico Sforzas zu durchschauen. Auch die gelegentlich gefährlichen Reibereien zwischen den kleineren Staaten behielt er fest im Auge. Aus seiner Korrespondenz kann man sehen, wie meisterhaft er schwierige Situationen beherrschte und wie glänzend er es verstand, bei gegensätzlichen Meinungen zu vermitteln.

Vor Ende des Jahres 1488 wurde Lorenzos alter Feind Girolamo Riario in Forli erstochen. Dieser krankhaft habgierige Neffe von Sixtus IV. hatte einige Jahre bevor er die Pazzi-Verschwörung ins Leben rief Katharina Sforza geheiratet, eine illegitime Tochter Galeazzo Marias. Um 1484 herrschten Girolamo und Katharina über Imola und Forli in der Romagna und waren durch Betrug und Mord reich geworden. Weder er noch sie hielten etwas von gerechter Herrschaft; deshalb begannen ihre Untertanen bald zu intrigieren, um Franceschetto Cibo, den zukünftigen Mann Maddalenas de' Medici, an ihre Stelle setzen zu können. Zuletzt bereiteten drei Verschwörer dem Leben Riarios ein Ende und sperrten seine Frau und seine Kinder ins Gefängnis. Aber Katharina Sforza gab sich nicht so leicht geschlagen. Schon in Rom hatte sie sich als Heerführerin bewährt, als sie nach Sixtus' Tod das Kastell von Sant'Angelo für ihren Gemahl gegen den Angriff einiger Kardinäle verteidigte. Diesmal entkam sie aus dem Gefängnis in die Zitadelle von Forli, die von den Rebellen noch nicht erobert war. Wieder ganz in ihrem

Element, ließ die Amazone die Kanonen der Festung auf die umliegenden Straßen richten. Sie lehnte es auch dann noch ab, sich zu ergeben, als die Aufständischen drohten, ihren Kindern die Kehle durchzuschneiden. Ihr Onkel Ludovico Sforza, der Mailand nun schon seit Jahren beherrschte, griff ein und gab ihr schließlich die Macht über ihre Ländereien zurück. Daraufhin ließ sie sofort alle Anführer des Aufstands beseitigen.

Lorenzo beobachtete diese Ereignisse mit kühler Zurückhaltung und unterstützte schließlich Katharina bei ihrer triumphierenden Rückkehr als Herrin über Forli und Imola. Er glaubte, daß diese Gebiete als unabhängige Staaten florentinischen Interessen besser dienten, als wenn sie in den Händen Mailands oder Roms wären. Die private Moral eines fremden Herrschers beeinflußte Lorenzo de' Medici nie bei seinen politischen Entscheidungen, solange nur Mailand und das Papsttum von der Toskana ferngehalten wurden. In diesem Fall ging er davon aus, daß weder Katharinas Blutsverwandtschaft mit Ludovico noch das Wohlwollen des Papstes gegenüber seinem Sohn, der ihren Besitz beanspruchte, ein ausreichender Grund seien, gegen die Republik zu marschieren. Keiner hatte nach Lorenzos Ansicht bei einem Angriff auf florentinisches Gebiet irgendeine Aussicht auf Erfolg, da die Dame den Römern als Gegnerin wohl zu gefährlich war und den Lombarden als Verbündete zu unzuverlässig.

In zwei anderen Fällen – Bologna und Perugia – fühlte sich der Herrscher von Florenz allerdings gezwungen, zugunsten des Friedens einzugreifen. Er ließ den Herrscher von Bologna festnehmen und hielt ihn jahrelang gefangen, weil er ein Despot war und bei der Ermordung des legitimen Feudalherrn von Faenza südöstlich von Bologna entscheidend mitgewirkt hatte. In Perugia waren zwei führende Familien in Streit geraten. Dort unterstützte Lorenzo diejenige Partei, die ihm nützlicher schien, und sorgte für ihren Sieg.

1489, zu Zeiten blühenden Wohlstands in Florenz, wurde Lorenzos zweiter Sohn Giovanni – ein plumper kleiner Kerl von 13 Jahren mit der Nase seines Vaters, der aber wenig von dessen Charme besaß – von Innozenz VIII. zum Kardinal erhoben. Dies wurde allerdings wegen der Unreife des Knaben erst drei Jahre später bekanntgegeben. Es war damals üblich, daß der zweite Sohn eines prominenten Mannes die Priesterlaufbahn wählte. Hervorragende Gelehrte wie Poliziano und die Philosophen Pico della Mirandola und Marsilio Ficino unterrichteten den Knaben. Bald wurde deutlich, daß der kleine Giovanni viel mehr von der Intelligenz und Zielstrebigkeit Lorenzos geerbt hatte als sein Bruder Piero.

Piero war inzwischen 17 Jahre alt und Giuliano in gewisser Weise ähnlich. Er sah fast genauso gut aus, war ein beachtlicher Athlet und schrieb auch Verse. In anderer Hinsicht war er der Persönlichkeit seines ermordeten Onkels unterlegen. Er konnte rücksichtslos

Lorenzo de' Medici verkörperte das Ideal des Renaissancemenschen: Er war nicht nur ein genialer Politiker, Mäzen der Wissenschaft und Kunst, sondern selbst Philosoph und Dichter. Titelholzschnitt aus Lorenzos »Canzoni a ballo«, die er gemeinsam mit Poliziano verfaßte. Das Buch ist eine Sammlung fröhlicher Tanzlieder, die bei den häufigen Florentiner Festlichkeiten gerne vorgetragen wurden. Das Haus, vor dem die Gruppe tanzender und singender junger Mädchen steht, ziert das Wappen der Medici.

sein, eingebildet auf seine gesellschaftliche Stellung und war ein solcher Tolpatsch, daß man ihm bald den Spitznamen »Peter der Pechvogel« gab. Bei den klügeren seiner Gefährten war er nicht allzu beliebt, aber man nahm an, die Jahre und die übliche sorgfältige Erziehung eines jungen Medici würden ihn schon bessern.

Am 1. April 1438 schrieb Domenico Veneziano (um 1405–1461) aus Perugia einen Brief an Piero de' Medici. Darin bat er um eine Empfehlung an Cosimo den Alten, der ihm Aufträge in Florenz verschaffen möge. Er könne ihm dann, so schrieb Domenico, »wunderbare Dinge zu zeigen«. Domenico ging kurz darauf nach Florenz. Zu seinen Hauptwerken gehört die »Verkündigung an Maria«, die um 1442–1448 entstand. Es handelt sich um die Predella des Altars der heiligen Lucia von Magnoli. Fitzwilliam Museum, Cambridge.

Giovannis Erhebung zum Kardinal vertiefte das religiöse Empfinden der Florentiner und die Gunst Innozenz' VIII. gegenüber Florenz. Fromme Schriftsteller wie Pico della Mirandola (der in Rom durch seine ernsthafte Auseinandersetzung mit dem orthodoxen Dogma bereits sehr bekannt war) warfen neue Fragen auf, und wieder kam Unruhe in die Regierung. Die Menschen begannen sich über das Verhältnis zwischen Kirche und Staat Gedanken zu machen und nicht mehr wie bisher ihr Leben nur zwischen Arbeit und Vergnügen aufzuteilen. Pico hatte viel von einem Dominikanermönch namens Girolamo Savonarola aus Florenz gehört, der zur Zeit in der Lombardei predigte. Er schlug Lorenzo 1489 vor, zum Wohl des neu ernannten Kardinals Giovanni wie der ganzen Stadt diesen bedeutenden Redner nach Florenz kommen zu lassen. Derselbe Savonarola hatte übrigens zehn Jahre vorher in San Lorenzo in Florenz etliche Fastenpredigten gehalten, und das Publikum hatte bei seinen Reden von Sünde und Reue vor Langeweile gegähnt. Ob Lorenzo von diesem früheren Mißerfolg Savonarolas gewußt hat oder nicht, jedenfalls ließ er den Dominikaner im Klostergarten von San Marco eine Reihe von Vorträgen halten. Dieselben Florentiner, die früher über die banale Ausdrucksweise und den unharmonischen Tonfall des Paters gelacht hatten oder dabei eingeschlafen waren, kamen nun nach San Marco und hörten hingerissen zu, während er die Mysterien der Apokalypse auslegte. Der zarte Körper und das schmale Gesicht des Predigers paßten gut zu seinem übernatürlich brennenden Blick und dem begeisterten, fast

wahnsinnigen Gesichtsausdruck. Savonarolas Name eilte von Mund zu Mund, und bald konnte der Garten von San Marco die Zuhörer nicht mehr fassen.
Um die Fastenzeit von 1491 hatte der Mönch einen solchen Ruf erlangt, daß man ihn bat, während der Festtage in der Kathedrale zu predigen; diese Ehre blieb stets dem besten Prediger von Florenz vorbehalten. Jedesmal, wenn Savonarola sprach, war die Kirche überfüllt; auch die blasiertesten Florentiner blieben nun vom Pathos seiner Sätze nicht mehr ungerührt und ließen sich überzeugen. Vor allem gefielen ihnen seine scharf formulierten Angriffe gegen jede etablierte Autorität, ob weltlich oder geistlich. Man kann sich vorstellen, wie entzückt und erschrocken zugleich die guten Bürger von ihrem Lorenzo als einem »Tyrannen« und einem Mann mit unmoralischem Lebenswandel reden hörten. In einer Stadt, wo man ohnehin einen autoritären Herrscher stets abgelehnt hatte, mußte so viel Kühnheit die Phantasie und die Gefühle der Menschen rasch erobern. Noch vor Ende der Fastenzeit galt Savonarola als moralische Instanz von Florenz. Lorenzo hatte vielleicht keinen Herausforderer, aber zumindest einen Rivalen im Kampf um Gehorsam und Respekt des Volkes gefunden.
Dem Staatsoberhaupt war solche Kühnheit höchst unerwünscht. Er schickte fünf seiner Freunde zu dem aufbrausenden Mönch, die ihn baten, wenigstens einem Mann – damit war Lorenzo gemeint – den gebührenden Respekt zu erweisen, dem nichts so sehr wie der Schutz und die Förderung der Kultur und der christlichen Grundsätze am Herzen liege. Der Mönch starrte die Abgesandten nur streng an und antwortete kühl: »Sagt Lorenzo, er soll seine Sünden bereuen, denn der Herr schont niemanden und fürchtet nicht die Fürsten der Erde.« Der Sprecher der Gruppe warnte den Dominikaner, er könne verbannt werden. Doch verächtlich gab dieser zurück: »Ich fürchte eure Verbannung nicht ... Zwar bin ich ein Fremder, und Lorenzo ist der erste Bürger, aber ich muß hier bleiben, und er muß gehen.« Als die Männer fort waren, sagte er zu seiner Umgebung, Despoten wie das Oberhaupt der Medici und seine Verbündeten, Papst Innozenz VIII. und der König von Neapel, würden bald sterben. Diese kaltblütige Unverschämtheit, die sich Lorenzo als Herrscher von Florenz nie erlaubt hätte, zeigt, wie sehr Savonarola sich auf seine Position als Diktator der Stadt verließ, die er so rasch errungen hatte. Vielleicht kann nur ein religiöser Eiferer so selbstsicher sein. Aber Savonarola war viel mehr als das – was er lange vor Ende seiner Laufbahn auch beweisen sollte. Er hielt an seinem christlichen Glauben mit absoluter Aufrichtigkeit fest, mit der ganzen Kraft seiner gebieterischen moralischen Persönlichkeit. Er besaß aber auch den scharfen Verstand des geborenen Taktikers und hatte begriffen, daß seine gefährlichsten Gegner die Humanisten waren. Sie konnte man nur besiegen, wenn

man sie ganz und gar verstand. Deshalb machte er sich die Mühe, ihre Lehren kennenzulernen, um sie mit ihren eigenen Waffen schlagen zu können. Von manchen Künstlern und Philosophen sprach er sogar liebenswürdig, wenn ihre Denkweise als im wesentlichen christlich gelten konnte. Auf diese Weise traf ihn der Vorwurf der Bigotterie nicht, der damals so oft bedeutenden Männern der Kirche gemacht wurde. Gleichzeitig verachtete er die billigen Triumphe nicht, die man mit zweifelhaften Methoden erringen konnte. Seine Prophezeiung des nahen Todes von Lorenzo, Innozenz und Ferdinand zum Beispiel, die zur Sensation wurde, war eine Banalität. Denn fast jedermann wußte, daß Lorenzos ererbtes Leiden immer schlimmer wurde und daß die anderen beiden betagte Männer waren.

Im Juli 1491 wurde der Mönch zum Prior des Klosters San Marco ernannt, das Cosimo neu hatte aufbauen lassen. Dem Brauch entsprechend hätte ein neuer Prior dem Oberhaupt der Republik persönlich huldigen müssen, aber Savonarola gab jedem, der ihn zu diesem Schritt drängen wollte, zur Antwort, er habe nicht Lorenzo, sondern Gott dem Allmächtigen die Erhebung in sein gegenwärtiges Amt zu verdanken. Außerdem mache er Lorenzo für all das verantwortlich, was jedem wahren Christen in der florentinischen Gesellschaft als Korruption erscheinen müsse. Einem solchen Mann, wiederholte er, werde er nicht huldigen. Als der angebliche Tyrann von dieser Haltung erfuhr, bemerkte Lorenzo traurig: »Ihr seht, meine Herren, ein Fremder ist in mein Haus getreten und findet trotzdem, er braucht mich nicht aufzusuchen.« Der Ton muß mehr bestürzt als verächtlich gewesen sein, und der Redner, dessen Benehmen stets tadellos war, hat seinen unmanierlichen Prior auch weiterhin und vielleicht sogar aufrichtig mit Respekt behandelt. Mit absoluten Maßstäben gemessen war Lorenzos Moral wohl kaum ganz einwandfrei, aber ein Atheist war er nicht. Wahrscheinlich nötigte ihm ein derart unbedenklicher, reiner Glaube wie der Savonarolas Ehrfurcht ab, und er mag sich insgeheim gewundert haben, daß er im von der Renaissance geprägten Italien mit all seinen Sünden niemals wankte.

Gleichzeitig wandte Lorenzo seine übliche Versöhnungstaktik an, mit der er schwierigen Rivalen stets begegnete. Er besuchte San Marco oft, aber der Prior vermied bewußt eine Begegnung mit ihm. Als Oberhaupt der Republik hätte Lorenzo seinen Freund, den Papst, leicht dazu überreden können, Florenz von diesem lästigen und groben Mönch zu befreien; aber mit seinem gewöhnlichen Scharfblick hatte er die Stimmung der Bürger richtig erkannt. Die Mehrheit war dem Prior leidenschaftlich ergeben.

Der große Lorenzo fühlte sich so wenig wohl, daß er den Weg des geringsten Widerstandes einschlug. Die ererbte Gicht wurde so schmerzhaft, daß er sich um 1492 nicht mehr aktiv um seine Geschäfte kümmern konnte. Sogar als sein Sohn Giovanni 16 und erwachsen wurde und seine Pflichten als Kardinal aufnahm, war Lorenzo zu krank, um den Feierlichkeiten beizuwohnen. Seine Ärzte erlaubten dem stolzen Vater nur, von einer Tragbahre aus ein paar Augenblicke auf das glänzende Bankett zu schauen, das zu Ehren des Knaben abends im Palazzo Medici gegeben wurde.

Am 21. März 1492 zog sich der hoffnungslos erkrankte Herr von Florenz in sein Landhaus in Careggi zurück, wo sein Großvater 1464 gestorben war. Dort verabschiedete sich Lorenzo von seinem ältesten Sohn Piero in einem langen Gespräch, das sich auf die zukünftige Tätigkeit des jungen Mannes für die Republik bezog. Keiner der Beteiligten zweifelte daran, daß Pieros Aufstieg zur Macht nun unmittelbar bevorstand. Dann kamen Poliziano und Pico della Mirandola, um ihren sterbenden Freund und Wohltäter ein letztes Mal zu sehen. »Ich wünschte«, sagte er zu ihnen, »der Tod hätte mich verschont, bis ich eure Bibliotheken vervollständigt hätte.« Er war so schwach, daß er die Letzte Ölung im Liegen empfangen mußte.

Dann trat Savonarola in den Raum. Man nimmt an, daß Lorenzo ihn gerufen hatte, um mit ihm in diesem letzten Augenblick Frieden zu schließen. Jedenfalls wurde später berichtet, das Oberhaupt der Republik habe seinen strengen Besucher um die Absolution gebeten. Dazu war Savonarola nur unter drei Bedingungen bereit: »Erstens müßt Ihr bereuen und wahre Zuversicht in Gottes Gnade empfinden.« »Das tue ich.« »Zweitens müßt Ihr Euren auf üblem Weg errungenen Reichtum aufgeben.« Auf diese Forderung antwortete Lorenzo eine Weile nicht; zweifellos dachte er trotz seines Zustands nur an die Zukunft von Florenz. Schließlich stimmte er zu. »Drittens müßt Ihr dieser Stadt die Freiheit wiedergeben.« Auf diese Unverschämtheit hin drehte Lorenzo sein Gesicht zur Wand und schwieg. Savonarola stand ein paar Augenblicke bewegungslos, dann verließ er rasch das Zimmer. Kurz darauf tat Lorenzo ohne Absolution seinen letzten Atemzug: am 8. April 1492.

Das ist die Schilderung der letzten Minuten im Leben des Lorenzo de' Medici, die wir von dem frommen Pico della Mirandola haben. Pico, der feine und gebildete Theologe, wurde allerdings bald darauf ein ergebener Schüler des Priors. In jedem Fall kommt einem die obenstehende Beschreibung der Szene so parteiisch vor, daß sie unglaubwürdig wird. Savonarola war zweifellos ein Fanatiker in seinen religiösen Anschauungen und rechthaberisch; aber ein Narr war er nicht. Einem Mann in Lorenzos politischer Stellung hätte er nie derartig groteske Bedingungen für eine Absolution aufgezwungen.

Polizianos Beschreibung des Dialogs kann man eher glauben. Im Gegensatz zu dem hitzköpfigen Pico neigte er nicht zum Mystizismus und hatte den Respekt eines echten Dichters vor dem, was er

Girolamo Savonarola. Porträt von Fra Bartolommeo (1475–1517). Museo di San Marco, Florenz.

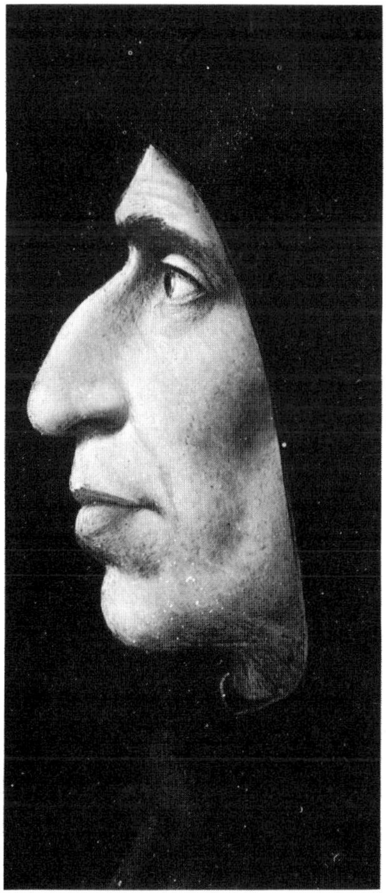

sah, hörte und fühlte. Nach Poliziano hatte Pico das Zimmer schon verlassen, als Savonarola eintrat. Auch konnte es gar nicht um Beichte und Absolution gehen, da Lorenzo wie jeder andere vornehme Katholik seiner Zeit seinen eigenen Beichtvater hatte. So soll also, nach Poliziano, der Dialog zwischen dem gesunden Asketen und dem sterbenskranken Politiker gelautet haben:
»Haltet fest am Glauben!«

Giorgio Vasari (1511–1574) trat zwar auch als Architekt und Maler hervor, seine Bedeutung beruht aber vor allem auf den »Lebensbeschreibungen der berühmtesten Architekten, Bildhauer und Maler«, die 1550 erschienen. Diesem Werk des »Vaters der europäischen Kunstgeschichte« verdankt die Nachwelt einen Großteil ihrer Kenntnisse über die italienische Renaissance.
Posthumes Tafelbild mit dem Bildnis Lorenzos des Prächtigen, das Vasari 1534 im Auftrag Alessandro de' Medicis, des Herzogs von Florenz, anfertigte. Uffizien, Florenz.

»Das tue ich.«
»Bessert Euch.«
»Ich will es versuchen.«
»Begegnet Eurem Tod, wenn es so weit ist, mit Mut.«
»Ich bin bereit, wenn es Gottes Wille ist, daß ich sterben soll.«
»Dann werden Euch Eure Sünden vergeben.«
»Gebt mir Euren Segen, Vater.«
Dann beteten die beiden Männer gemeinsam, als ob sie allein auf der Welt wären, während die anderen im Zimmer in hemmungsloses Schluchzen ausbrachen. Danach zog sich der Prior feierlich zurück. Lorenzo starb bald darauf, während er noch versuchte, ein Kruzifix zu küssen, das man ihm an die Lippen hielt.
Diesem Bericht muß man gewiß etwas dichterische Freiheit zugute halten, trotzdem klingt er viel überzeugender als der von Pico della Mirandola. Savonarola mochte mit denen, die er für Sünder hielt, noch so anmaßend umgehen – er war bei allem ein echter Christ und hätte niemanden auf dem Totenbett verfolgt.
Wie so oft liefen auch nach Lorenzos Tod Gerüchte von Gift um; einer von Lorenzos Ärzten war von dem fragwürdigen Ludovico Sforza geschickt worden. Am nächsten Tag fand man Pierleone, den Hausarzt der Medici, tot auf einem Brunnengrund. Wahrscheinlich hatte er in einem Anfall von Kummer und Reue Selbstmord begangen, aber es ist nicht auszuschließen, daß er ermordet wurde, weil man ihn der Unfähigkeit zieh oder ihn verdächtigte, seinen Patienten gegen Bestechung getötet zu haben. Es mag sein, daß ärztliche Behandlung Lorenzos Ende beschleunigt hat; aber es ließ sich nie nachweisen, daß dies absichtlich geschehen war.
Machiavelli und Guicciardini, beide überzeugte Republikaner und Autoren der nächsten Generation, erkannten die katastrophale Wirkung von Lorenzos frühem Tod für Florenz und ganz Italien. Machiavelli schrieb: »Kein anderer Italiener seiner oder einer früheren Zeit genoß so hohes Ansehen wegen seiner Klugheit, und keiner wurde so von seinen Mitbürgern betrauert.« Guicciardini führte aus, Lorenzo habe wie der Isthmus von Korinth die tobende See der Angriffe von allen Seiten in Schach gehalten, und erklärte dann: »Die Stadt trauerte offiziell um ihn wie um einen Vater und Patron. Solange er lebte, war es Florenz alles in allem stets wohl ergangen. Nach seinem Tod traten so großes Unglück und Mißgeschick ein, daß sich die schmerzliche Erinnerung an seine Persönlichkeit und seine Werke ins Unendliche steigerte.«
Selbst der ruchlose König Ferdinand von Neapel schrieb in einem Ausbruch ehrlichen Gefühls: »Dieser Mann hat für seinen persönlichen, unsterblichen Ruhm lange genug gelebt, aber nicht lange genug für Italien. Gebe Gott, daß jetzt nach seinem Tod nicht Männer nach dem streben, was sie nicht gewagt haben, solange er lebte.«

Man kann Lorenzo de' Medicis Herrschaft über Florenz nicht ohne jenen großen Umbruch würdigen, der sich in Italien und vor allem in Florenz gegen Ende des 15. Jahrhunderts vollzog. Vom Standpunkt historischer Genauigkeit aus läßt der Begriff »Renaissance« oder »Wiedergeburt«, mit dem man diese Umwälzung gewöhnlich beschreibt, manches zu wünschen übrig. Im 14., 15. und 16. Jahrhundert ging es nicht nur um eine Wiedererweckung des klassischen Altertums, sondern um eine Blütezeit der bildenden Kunst und Literatur, von Wissenschaft, Philosophie, Politik und Religion. Die Renaissance gab der Welt überdies einen neuen Kanon der Wertvorstellungen, der als Grundlage für die weitere Zivilisation des Westens betrachtet wird. Das Hauptideal war der Humanismus, der im Gegensatz zur Verklärung des Göttlichen und Übernatürlichen der »anderen Welt« das Menschliche und das Natürliche verherrlichte und aus dem sich ganz logisch andere Ideale wie Optimismus, Naturalismus und Idealismus ergaben.
Die neue Welt des Humanismus war offensichtlich unvereinbar mit dem Geist des Mittelalters, dem sie entsprang und dem sie trotz allem innig verbunden war. Das Weltall galt jetzt nicht mehr als Ansammlung von Sphären, die sich um die Erde drehten und zur Erbauung der Christenheit erschaffen waren. Die Erde war nur ein

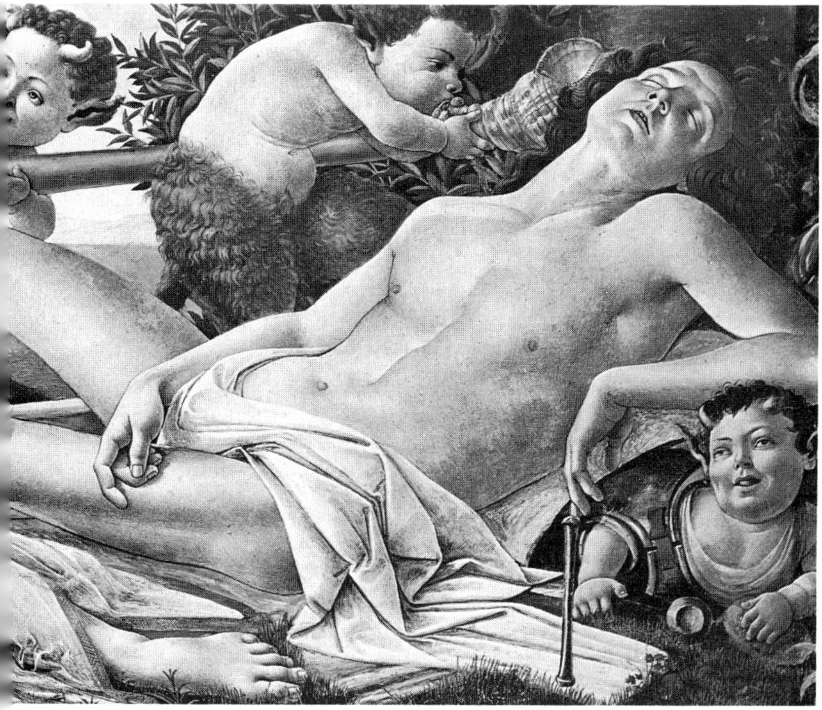

kleiner Teil davon – aber ein Teil, den man erforschen und prüfen und untersuchen mußte, bis er seine Geheimnisse preisgab. Nicht der christliche Gott allein war Gegenstand menschlicher Einsicht, es ging nun um den Menschen selbst und um seine Welt. Die gesellschaftliche und intellektuelle Kultur des Mittelalters, die im Rittertum auf der einen und in der Scholastik auf der andern Seite ihren Ausdruck fand, geriet allgemein in Mißkredit. Mochte das Mittelalter geschäftlichen Profit und Zins verdammt haben, die neuen, nüchternen Kaufleute und Bankiers von Europa kümmerte das nicht. An die Stelle des beschwörenden mittelalterlichen Glaubens, der Mensch fände sein Glück nur in der Umhüllung einer größeren Identität als seiner eigenen – einer Kirche, einer Gilde oder einer festgefügten gesellschaftlichen Ordnung –, trat ein fast fanatischer Glaube an die Autonomie des Individuums.

Auf die Politik übertragen bedeutete diese Überzeugung das Ende der alten Ordnung in Europa. Um die Mitte des 15. Jahrhunderts zeigte der Feudalismus klare Anzeichen von Verfall; gleichzeitig schwand das Ideal europäischer Einheit unter der Doppelherrschaft eines Heiligen Römischen Kaisers und eines römischen Papstes rasch dahin. Der nachmittelalterliche Staat wie der nachmittelalterliche Mensch glaubten an die totale Freiheit von äußerer Kontrolle.

Unter den großen Malern der italienischen Renaissance stand der Florentiner Sandro Botticelli (1445–1510) den Medici besonders nahe. Botticelli hat es verstanden, den Glanz des Florentiner Lebens seiner Zeit in seinen lyrischen Bildern voller Empfindsamkeit und scharfer Geistigkeit zum Ausdruck zu bringen, die sich durch eine besondere Eleganz und perfekte Farbgebung auszeichnen.
Die Erinnerung an die Liebe zwischen Giuliano de' Medici und der verheirateten Simonetta Vespucci soll Botticelli zu dem hier abgebildeten mythologischen Thema »Venus und Mars« angeregt haben. Um 1483. Uffizien, Florenz.

Francesco Petrarca (1304–1374) ist der erste bedeutende Humanist Italiens. Neben seinen Dichtungen (darunter die »Canzoniere«) trat er vor allem als Verfasser von moralphilosophischen Schriften und als Philologe hervor. Er sammelte die Texte klassischer lateinischer Autoren, entdeckte Cicero und Augustin für seine Zeit und besaß eine hervorragende Privatbibliothek, die in Europa kaum ihresgleichen hatte.
Die Porträtskizze seines Freundes Lombardo della Sala stammt aus dem dritten Viertel des 14. Jahrhunderts. Bibliothèque Nationale, Paris.

In Frankreich, Spanien und England manifestierte sich dieser Geist, indem sich die Völker zu Nationen zusammenschlossen. In Italien dagegen, kulturell der fortschrittlichste Teil Europas, gab es bereits ziemlich heftige Gegensätze zwischen den unterschiedlichen Traditionen in Venedig, Mailand, Florenz, in den päpstlichen Staaten und im Süden der Halbinsel. Diese geographischen Einheiten mit ihren verschiedenen Organisationsformen, ihrer Mentalität und ihren Sonderinteressen stellten bereits getrennte Nationen dar. Latein als gemeinsame Sprache der Oberschicht einte sie genausowenig, wie das vorher in England und Spanien oder Frankreich und Deutschland der Fall gewesen war. Die Dialekte des italienischen Volkes unterschieden sich bereits von einer benachbarten Landschaft zur anderen und selbst zwischen zwei einsam gelegenen Dörfern.
Im kulturellen Bereich fand man um die Zeit von Dantes Tod im Jahre 1321 einen etwas freieren Zugang zum Verständnis der menschlichen Natur, als nämlich Petrarca in seinen Studien heidnische Literatur mit christlicher Theologie verband. Allmählich und nicht schmerzlos schloß sich der Abgrund zwischen antiker und mittelalterlicher Kultur. Lorenzo de' Medici und seine Gesellschaftsschicht begriffen auf Grund ihrer Bildung, daß Homer und Platon, Cicero und Vergil die Nöte der Menschheit ebenso tief erfahren hatten wie die Heiligen, die die Grundlagen für die orthodoxe Gläubigkeit geschaffen hatten. Auf den ersten Humanisten beruht die klassische Philologie. Sie hatten alle auffindbaren antiken, griechischen und lateinischen Handschriften sorgfältig herausgegeben, soweit es ihr Wissen zuließ. Diese Werke sollten die Grundlage für die weltliche Erziehung sein, die allmählich den Unterricht in Philosophie und christlichem Dogma verdrängte. Sie hatten Texte vervielfältigt und Bibliotheken aufgebaut, und sie hatten bewiesen, daß Heiden ebenso gute Philosophen sein konnten wie Christen. Was sie selbst hervorbrachten, war meist noch in Latein verfaßt, das in den Schulen allmählich von der lebendigeren Volkssprache verdrängt wurde. Sie schrieben pedantische und seelenlose Imitationen von Livius und Vergil. Dabei gaben sie sich die größte Mühe, nicht etwa ihr eigenes Zeitalter widerzuspiegeln, sondern den Geist der Antike. Selbst ein so brillanter Kopf wie Poliziano, der in vielem den Besten der alten Römer und Griechen gleichzusetzen war, wurde mehr um ihret- als um seiner selbst willen bewundert. In Wirklichkeit verbargen sich hinter dem glänzenden Gefunkel seiner leicht dahingeschriebenen Oden, Elegien und Epigramme viel Empfindsamkeit, Klugheit, Toleranz und Humor, die erst auf einer persönlicheren Ebene deutlich wurden. Am 20. September 1478 schrieb er aus Pistoia an seinen Herrn Lorenzo: »Gott bewahre Euch, denn davon hängt, scheint mir, alles ab. Macht Euch um uns hier keine Sorgen. Wir sind sehr vorsichtig. Was mich betrifft, so

soll es weder an Wachsamkeit noch an gutem Willen fehlen. Ich weiß, wieviel ich Eurer Magnifizenz schuldig bin, und meine Liebe für Piero und die anderen Kinder ist kaum geringer als Eure eigene. Wenn ich hier manchmal unangenehmer oder unfreundlicher Behandlung unterworfen bin, so will ich versuchen, sie aus Liebe zu Euch zu ertragen, dem ich alles verdanke.«

Clarice Orsini, Lorenzos Frau, hielt sich mit ihren Kindern und dem Hauslehrer Poliziano häufig in der Medicivilla Cafaggiolo auf. Cosimo der Alte hatte das Haus 1451 von seinem Architekten Michelozzo erbauen lassen. Zur Zeit Lorenzos des Prächtigen war die Villa ein geselliges Haus, wo man sich zur Jagd traf und Gedichte rezitierte. Nach dem Tode Alessandros, des ersten Herzogs von Florenz (1537), ging die Villa an den jüngeren Zweig der Familie über. Später wohnte hier Cosimo I., der Sohn des condottiere *Giovanni della Bande Nere, und hier erdolchte zwei Jahre nach dem Tode Cosimos I. (1574) dessen Sohn Pietro seine Gemahlin Eleonora II. von Toledo.*

Clarice war im November desselben Jahres in Cafaggiolo kränklich; es regnete ununterbrochen, und Poliziano konnte mit seinen kleinen Schülern, den Medicikindern, nur im Haus Ball spielen. »Unsere Einsätze«, schreibt er an Lorenzo, »bestehen meist aus der Suppe, dem Nachtisch oder dem Fleisch; und der Verlierer muß darauf verzichten. Wenn einer meiner Schüler verliert, huldigt er oft dem Herrn der Feuchtigkeit (das heißt, er weint). Ich bleibe in Pantoffeln und Mantel im Zimmer am Ofen. Wenn Ihr mich sehen könntet, würdet Ihr mich für ein Bild des Elends halten . . . ich sehe und höre nichts, was mir Freude macht . . . im Wachen und im Schlaf peinigt mich unser Elend. Vor zwei Tagen begannen wir schon die Flügel auszubreiten, denn wir hörten, die Pest sei vorüber. Jetzt sind wir wieder traurig, denn wir haben erfahren, daß sie immer noch da ist . . . Signor Alberto di Malerba leiert den ganzen Tag Gebete mit den Kindern herunter, also bin ich allein . . . niemand, mit dem ich meine bösen Ahnungen teilen kann, keine Madonna Lucrezia in ihrem Zimmer, der ich mich anvertrauen könnte. Wahrhaftig, ich langweile mich zu Tode.« Diese Zeilen zeigen, neben der Enttäuschung des Gelehrten, dem Politik nichts als eine Plage war, seine Selbstironie und vor allem die Zuneigung, die er für die Mutter und die Kinder seines Adressaten empfand.

Zwei Ritter messen ihre Kräfte im Turnier. Die Lanzen liegen bereits zerbrochen am Boden, jetzt wird mit den blanken Schwertern weitergekämpft. Holzschnitt aus »Innamoramento de Paris e Viena« des Chevalier Paris. Venedig 1522.

Polizianos Einfluß führte später zum Ideal des *gentleman.* Eine Vorstellung davon hatten bereits viele italienische Künstler, Gelehrte, Philosophen und Moralisten. Beamte und Kaufleute, sogar gewisse Männer der Kirche, erwiesen ihm wenigstens Lippendienste. Das Ergebnis war eine allgemeine Verfeinerung der Sitten; man legte Wert auf eine kultivierte Sprache und elegantere Haltung und bemühte sich um fundiertere Urteile, vor allem über Kunstwerke. Selbst Militärs wie der Herzog von Urbino gaben sich größte Mühe, wenigstens einen Anschein von Bildung und Schliff zu erwerben.

Trotzdem hat die Renaissancegesellschaft ihr Ideal in keiner Hinsicht erreicht. Mehr als ein Jahrtausend christlich-moralischer Zwangsherrschaft hatte den alten italienischen Hang zu Intrige und Rache nur vertieft. Inzwischen ließen sich solche Gelüste nicht mehr immer und überall durch Drohungen mit Hölle und Tod unterdrücken, denn fast alle glaubten, die Reue auf dem Totenbett könne den Sünder vor der ewigen Pein bewahren. So konnte sich auch ein Mann wie Lorenzo, der strengen Stolz und schnelle Entschlußkraft mit großer Phantasie und echter Liebe zu schönen Dingen und philosophischem Denken verband, gelegentlich des Betrugs und der Gewalttat schuldig machen. Seine Zeitgenossen hatten gegen ein solches Verhalten auch nichts Ernsthaftes einzuwenden – solange sie nicht selbst zu den Opfern gehörten.

Allerdings geriet Lorenzo nur selten auf Irrwege. Er ging vielmehr unerwartet offen und sanft mit seinen Feinden um, wie besonders im Fall der Ermordung seines geliebten Bruders. Gewiß war solche Zurückhaltung gleichermaßen auf kühl berechnende Politik und impulsive Großmut zurückzuführen – nicht weniger als scheinbar so großzügige Taten wie der Wiederaufbau der Universität Pisa. Seiner Herkunft nach war er ein reiner Kaufmann und Politiker. Die Kunst der Überredung, ganz zu schweigen von der Täuschung, lag ihm im Blut. Trotzdem zeigt seine ganze Laufbahn, wie wenig ihm jener selbstsüchtige Opportunismus genügte, der niemals über persönlichen Vorteil hinaussieht.

Zweifellos wußte Lorenzo auch genau, welche Werte das Wohl eines Gemeinwesens ausmachen. Um sie bemühte er sich unermüdlich – auf populäre Effekte wie militärischen Ruhm und territoriale Ausdehnung kam es ihm nicht so sehr an. Im Gegensatz zu so vielen Päpsten und Fürsten seiner Zeit ging es ihm persönlich nie darum, einen Gegner – etwa das Herzogtum Mailand oder die Republik Venedig oder das Königreich Neapel – seiner Macht zu unterwerfen. Er zog aufrichtig den Frieden dem Krieg vor und war auch ehrlich davon überzeugt, nur er allein könne den Frieden in Florenz bewahren.

Sein Verhalten Pisa gegenüber illustriert diesen Wesenszug ebenso wie seine Förderung des kulturellen Fortschritts. Seit dem frühen 15. Jahrhundert hatten die Pisaner ihre florentinischen Eroberer gehaßt. Lorenzo reagierte auf diese Gefühle, indem er gleich ein Haus in Pisa kaufte und dort immer wieder längere Zeit wohnte. Außerdem erweckte er ja die alte Universität zu neuem Leben. Dort konzentrierten sich die Studenten auf Jura, Medizin und Theologie, während Florenz dem Studium der Klassiker und der weltlichen Philosophie vorbehalten blieb. Auf diese Weise studierten in Pisa hauptsächlich eifrige Karrieristen und in Florenz die Gelehrten und Theoretiker.

In der Politik bewies Lorenzo vor allem, daß seine Phantasie über rein materiellen Ehrgeiz hinausging. Er erreichte im Innern seiner Republik ein Ausmaß an bürgerlicher Gleichberechtigung, wie man es damals nirgendwo in der Welt kannte. Schon vor Lorenzos Geburt hatte dieses Ziel vielen Florentinern vor Augen geschwebt – von Gian della Bella, der Ende des 13. Jahrhunderts die »Ordinamenti della Giustizia« mitgeschaffen hatte, bis zu Neri Capponi, der sich am heftigsten dem widersetzte, was er für Cosimos Pläne zur persönlichen Machtergreifung hielt. Lorenzo wußte deshalb sehr gut, daß bestimmte Privilegien in seiner Stadt auf angestammten Widerstand stießen. Er wußte auch, daß eine solche Stimmung unter gewissen Umständen eine reibungslose Regierung, wie er sie verstand, stören konnte. Trotzdem stärkte er bewußt die formalen Voraussetzungen für diese Art von Opposition. Sein Beispiel blieb nicht ohne Einfluß auf das übrige Italien, wurde aber von den anderen Staaten nie völlig übernommen.

Turniere und Tanzvergnügen, meist von den reichen Familien der Stadt veranstaltet, gehörten zu den beliebtesten Vergnügen der Florentiner Bürger. Allein im 15. Jahrhundert fanden in Florenz mehr als dreißig große Turniere statt. Holzschnitt aus »La Giostra di Giuliano de' Medici« von Poliziani, 1500. Biblioteca Medici-Riccardiana, Palazzo Medici-Riccarda, Florenz.

Zu Lorenzos Zeit fanden demokratische Formen viel bereitwilliger Aufnahme als in den Generationen vor ihm. Das hatte verschiedene Gründe. So traf seine Machtergreifung zum Beispiel mit der plötzlichen Verbreitung gedruckter Bücher zusammen. Nur vier Jahre vor Piero de' Medicis Tod war das erste Buch in Subiaco erschienen, etwa fünfzig Kilometer östlich von Rom. Seitdem waren billige Ausgaben auch Leuten mit wenig Geld zugänglich, während bisher nur die Reichen teure Handschriften kaufen konnten. Auch die verhältnismäßig armen Bürger von Italien konnten sich nun bilden; entweder kauften sie sich Bücher, oder sie benutzten die öffentlichen Bibliotheken, die die Reichen gestiftet hatten. Deshalb konnte das Volk im späten 15. Jahrhundert – sofern es lesen konnte – politische Probleme immer besser beurteilen, und seine Meinung war nicht mehr so leicht zu ignorieren.

Das offizielle geistige Leben von Florenz war jedoch fest in den Händen der Gelehrten und blieb nicht den Neigungen gebildeter Privatpersonen überlassen. Sein Zentrum war die sogenannte Platonische Akademie, die Cosimo de' Medici gegründet hatte. Diese Einrichtung war nur im allerweitesten Sinne ein »Institut«. Sie hatte weder eine feste Organisation noch einen erkennbaren Lehrkörper, noch irgendwelche Einkünfte. Sie bestand aus einem Symposion wechselnder Mitglieder; diese kamen gelegentlich zusammen, unterhielten sich ungezwungen über die Philosophie von Platon und hörten sich die Ideen Marsilio Ficinos an, des bedeutendsten Platonikers jener Zeit. Lorenzo persönlich und seine engsten Freunde gehörten zu den treuesten Besuchern dieser Zusammenkünfte.

Lorenzos Interesse für das Denken Platons entwickelte sich ganz natürlich. Sein Großvater Cosimo war sehr von dem achtzigjährigen byzantinischen Philosophen Georgios Gemistos Plethon beeindruckt, als dieser 1439 als Vertreter der griechischen Kirche Florenz besucht hatte. Cosimo war nicht so philosophisch veranlagt wie sein Enkel und hat wahrscheinlich von jenem transzendentalen Mystizismus wenig verstanden, den man heute Neo-Platonismus nennt und den Gemistos damals als Ersatz für die mehr pragmatische Weltanschauung des Aristoteles verkündete. Aber Cosimo konnte geistige Größe erkennen, wo sie sich auch zeigte, ob im Kontor, am Hof eines Fürsten oder in einer kirchlichen Versammlung. Sein Leibarzt hatte einen attraktiven Sohn, Marsilio Ficino, der bald großen Bildungseifer zeigte und so klug und fleißig wie Gemistos Plethon selber war. Cosimo begriff, daß dieser bescheidene und selbstlose junge Mann, der nichts weiter wollte, als die Menschheit aufzuklären, in dem gesellschaftlichen Wandel der Jahrhundertmitte das Ansehen und die Bedeutung der Medici in ein noch besseres Licht rücken konnte. Deshalb unterstützte er ihn.

Marsilio Ficino (1433–1499) war der Sohn von Cosimos Arzt. Ficino leitete die »Platonische Akademie« und erhielt von Cosimo de' Medici eine Villa in Careggi zum Geschenk, wo er seine Übersetzungen der Werke Platons beendete (1477). Das ganze Werk lag 1491 gedruckt vor. Vorderseite einer Medaille des Niccolò Fiorentino, vor 1500. British Museum, London.

1464, ein paar Monate vor Cosimos Tod, wurde ihm die erste Lieferung von Ficinos Übertragung der Werke Platons ins Lateinische überreicht. Um 1491 war die ganze Übersetzung gedruckt und auf dem Markt. Der Kreis hatte sich geschlossen. Die frühen Kirchenväter – Augustinus zum Beispiel – waren einer ziemlich phantasievollen Interpretation der platonischen Philosophie erlegen. Mit dem Fortschreiten des Mittelalters trat eine intensive wissenschaftliche Neugier an ihre Stelle, und statt der mysteriösen Vorstellungen des Sokrates-Schülers wurde die Gedankenwelt des Aristoteles auf den Thron gehoben. Als Lorenzos Einfluß in Italien am stärksten war, beherrschte wieder der Neo-Platonismus die führenden Köpfe der Halbinsel. Gegen Ende des Jahrhunderts kamen die logischen Dispute, mit denen die Anhänger des Aristoteles für den christlichen Glauben fochten, allmählich wieder aus der Mode.

Für diese neubelebte Philosophie erfand die Akademie den Begriff der »platonischen Liebe«. Er bedeutete ganz einfach, wie es auch Dante in der letzten Zeile seines *Paradiso* sagt, »alles ist Liebe«. Körperliche Schönheit, so fährt die Lehre fort, ist die sichtbare Ausstrahlung von Liebe und deshalb mit ihr identisch. Die Ekstase der Liebe ereignet sich jedoch nur zu Beginn ihrer langen Reise. Die Liebesleidenschaft muß in der Betrachtung des Göttlichen münden, des einzig absoluten und transzendentalen Guten. Durch Liebe sind menschliche Wesen daher fähig, von der tierischen Lei-

denschaft zum geistigen Verlangen aufzusteigen. Man hat gelegentlich angenommen, daß Botticellis »Frühling« und entsprechend seine »Geburt der Venus« den Beginn und den Höhepunkt dieser Pilgerfahrt der Seele darstellen sollen. Auch die Sonette des Michelangelo und viele Kunstwerke und Texte der Renaissance haben ihre eindringliche Kraft aus diesen Ideen geschöpft. Man könnte vielleicht mit Recht sagen, daß die Dichter und Künstler hier mehr geleistet haben als die Philosophen. Ficino und erst recht Pico della Mirandola haben das Griechische der Antike, mit dem sie sich so leidenschaftlich beschäftigten, von Anfang an mißdeutet. Poliziano und Lorenzo selbst kommen in ihren idyllischen Versen, ob erotisch oder pastoral, der heidnischen Sinnlichkeit viel näher, die selbst in den abstraktesten Stellen von Platons Prosa zum Ausdruck kommt. Von allen am nächsten gelangen ihr Künstler wie Botticelli, sein Meister Filippo Lippi und Bildhauer wie Luca della Robbia und Mino da Fiesole. Sie gehen über die Sinne hinaus und beschwören phantasievolle Gebilde wesentlich religiösen Inhalts.
Doch Lorenzo verkörperte den »Renaissancemenschen« in einem weit größeren Ausmaß als sie. Er war als Dichter berühmt und noch berühmter als Staatsmann. Seine Interessen an der Landwirtschaft, an Musik und Architektur gingen über das Gedankliche hinaus bis zur Tat. Ein Gemälde oder eine Skulptur konnte er ebensogut beurteilen wie ein Fachmann. Er sammelte Bücher und Handschriften mit Geschmack und Urteilsvermögen. Er hatte einen prächtigen Rennstall; er liebte die Jagd und prunkvolle Schauspiele, aber auch bescheidenere Arten von Unterhaltung. Ganze Tage und halbe Nächte saß er oft über den Problemen seiner Staatsgeschäfte. Gerade tobte er noch mit seinen Kindern herum, die ihn bezeichnenderweise nie anders als »Lorenzo« nennen durften, oder er scherzte mit seinen Zechkumpanen, schon ging er zur Messe oder

Luca della Robbia (1400–1482) war der Stammvater der berühmten Florentiner Bildhauerfamilie. Während er in seiner Jugend hauptsächlich mit Marmor und Bronze arbeitete, bilden seit den vierziger Jahren glasierte bemalte Terrakottareliefs den Schwerpunkt seines Schaffens. In der Technik dieser Bildwerke, die aus gebranntem Ton waren und mit Blei- oder Emailglasuren überzogen wurden, errang die Familie della Robbia eine Monopolstellung. In Lucas Arbeiten, die für Türbogenfelder oder Altäre bestimmt waren, bildet die Madonna mit dem Kind ein häufiges Motiv. Palazzo di Parte Guelfa, Florenz.

Die zehn Bücher »De architectura« des Vitruv sind das einzige architekturtheoretische Werk, das aus der Antike erhalten ist. Die Architekten der Renaissance, die sich an der Baukunst der Antike orientierten, entdeckten es neu. 1511 gab der Veroneser Architekt Fra Giocondo eine illustrierte Ausgabe dieses Werkes heraus, die in Venedig erschien.
Die Abbildung zeigt, wie sich Giocondo die Karyatiden (Säulen oder Pilaster, deren Schaft weibliche Statuen bilden) nach Vitruvs Beschreibung vorstellte.

nahm ein ernstes Gespräch mit einem Theologen auf. Im Spaß wie im tödlichen Ernst formulierte das Oberhaupt der Republik seine Ansichten mit einer Anmut und Genauigkeit, an die nur wenige seiner Zeitgenossen heranreichten, nicht einmal Poliziano. Privat lebte er einfach, aber sein öffentliches Auftreten war so feierlich, wie es die Zeremonien der Hochrenaissance erforderten, allerdings vermied er stets allzu auffallende Kleidung. Während alle Welt sämtliche Farben des Regenbogens trug, beschränkte er sich meist auf Schwarz und Gold. Seine Hilfsbereitschaft gegenüber Freunden in der Not wurde von Zeitgenossen immer wieder hervorgehoben.
So kann man sich Lorenzo nur schwer als den »zügellosen Verschwender«, als den »gefährlichen und grausamen Tyrannen« oder den »Usurpator und Wucherer« vorstellen, wie ihn einige zeitgenössische und spätere Kritiker bezeichnen. Zweifellos hatte er eine lange Liebesaffäre mit einer verheirateten Frau, Bartolomea Nasi, der Frau des Donato de Benci. Er bestrafte die Familie Pazzi wegen ihrer Verschwörung streng und einige andere Gegner seiner Politik. Aber vielen von ihnen verzieh er später und nahm ihre Familien in Gnaden wieder auf. In ein oder zwei rechtlichen Auseinandersetzungen fällte er willkürliche Urteile, die seinen eigenen Interessen nutzten. Er war ein Souverän ohne offiziellen Titel; allein das freie Votum der Bürger hatte ihn zum Staatsoberhaupt von Florenz gemacht. Er ließ die Verfassung der Stadt fast unverändert und achtete streng auf die Einhaltung der republikanischen Regierungsform. Wahrscheinlich hat er der Schatzkammer heimlich Gelder entnommen, aber vor allem für öffentliche und nicht für private Zwecke. Dazu gehörte auch, die Banken der Medici vor der Insolvenz zu bewahren. Wären sie zahlungsunfähig geworden, hätte die Republik, deren Wohl so weitgehend von ihnen abhing, schweren Schaden genommen.
Im Vergleich zu Herrschern wie Ludovico Sforza oder Malatesta von Rimini – keineswegs die schlechtesten Staatsoberhäupter seiner Zeit – handelte Lorenzo mehr wie ein Präsident denn wie ein Fürst. Bevor er an die Macht kam, hatte man bereits alle möglichen Regierungsformen ausprobiert; aber alle hatten versagt: von der Autokratie des »Herzogs von Athen« im frühen 14. Jahrhundert bis zum gemäßigten Feudalismus eines Karl von Valois oder eines Herzogs von Kalabrien. Weder die Führungskunst der großen oder kleinen Kaufleute in Florenz noch die eines wohlgesonnenen Aristokraten wie Maso degli Albizzi hatten sich bewährt. Ein Versuch nach dem anderen war gescheitert: die parlamentarischen Räte, Ausschüsse und Gremien mit ihren zahllosen Wahlsystemen für ihre Zusammensetzung. Die Ernennung einzelner Kontrollbeamter, Konsuln, *podestà*, Volkshauptleute und *gonfalonieri* oder die Signoria mit wechselnden Prioren hatten dabei nicht geholfen.
Cosimo de' Medici fand dann endlich eine Lösung, und Lorenzo de'

Medici vollendete sie: eine verschleierte, aber abgesicherte Diktatur, die scheinbar unvereinbare Anforderungen miteinander verband. Sie bewährte sich sechzig Jahre lang, hing aber im wesentlichen von den Fähigkeiten des einzelnen Inhabers eines Amtes ab. Die zentrale Figur dieses Systems mußte vor allem einen überragenden Charakter und überdurchschnittliche intellektuelle Fähigkeiten besitzen. Lorenzo muß gehofft haben, daß seine eigenen Vorzüge in seinen Nachkommen weiterlebten: Er gab sich die größte Mühe, seinem Sohn Piero beizubringen, was er und seine Person für die Stabilität der Republik zu leisten hätten. Lorenzo muß aber auch klar gewesen sein, daß früher oder später einmal ein unwürdiger Medici an die Macht kommen konnte. Dort lag die fundamentale Schwäche des Systems, das er entwickelt hatte; und trotzdem gab es unter den Gegebenheiten seiner Zeit keine bessere Lösung.

Das war die politische Situation in Florenz zur Zeit der glanzvollen kulturellen Höhepunkte der Renaissance. Unter Lorenzo wuchs die Bibliothek, die Cosimo gegründet hatte, fast auf das Doppelte an. In den Klöstern hatte man inzwischen entdeckt, daß die »heidnischen Ketzereien«, die ihre Truhen und Schränke füllten, oft überkritzelt mit theologischen Kommentaren zu Hieronymus und Augustin, bei den Agenten reicher Laien hohe Preise erzielten. Unter diesen Spähern fielen Lorenzos Abgesandte besonders auf. Im Gegensatz zu denen aus Urbino oder Mailand handelten sie fast nie und zahlten meist bar für die Pergamente, die ihnen gefielen. Sie untersuchten sogar das Papier auf den Latrinen und trugen gelegentlich ein Bündel mit leuchtenden Augen davon, während der Abt den unglücklichen Mönch beschimpfte, der diesen Schatz für ein paar Kupfermünzen hergegeben hatte. Bei manchen Schriftrollen glaubten die Gelehrten im Palazzo Medici oder in den Klöstern von San Marco, Fiesole und San Callo, sie hätten es mit einer Handschrift zu tun, die Tacitus oder Juvenal selbst in den Händen gehabt hatte. Das war sicher nicht der Fall, aber zumindest stammten ein paar dieser vergilbten Blätter, die in den Vorratskammern der Mönche überlebt hatten, aus Bibliotheken, die Justinian oder Konstantin oder Karl der Große vor den Flammen der barbarischen Brandstifter gerettet hatten.

Angelo Poliziano (1454–1494). Medaille von Niccolò Fiorentino, vor 1500. Der bedeutende Gelehrte, Übersetzer und Dichter war ein Freund Lorenzos und Lehrer seiner Kinder. Kunsthistorisches Museum, Wien.

Von der Toskana aus entstanden plötzlich überall in Italien neue Bibliotheken. Die Universität von Pisa zum Beispiel besaß nun eine der berühmtesten Sammlungen Europas. Wenn ein Schriftsteller seine großen Vorgänger nicht kannte, gab es dafür keine Entschuldigung mehr, denn selbst Schuljungen konnten sie nun lesen. Damen wie Herren diskutierten über sie bei allen geselligen Zusammenkünften; man zitierte sie bei politischen Debatten und diplomatischen Verhandlungen. Sogar die Männer der Kirche studierten die heidnischen Philosophen sorgfältig, um sie widerlegen zu können.

Cosimo der Alte gründete im Jahre 1444 die weltberühmte Medicibibliothek, die erste öffentliche Bücherei Europas. Nach ihrem Muster entstand dreißig Jahre später die Vatikanische Bibliothek in Rom. Den Grundstock der Bibliothek bildete Cosimos eigene Sammlung wertvoller Handschriften. Sie war zunächst im Palazzo Medici untergebracht, und erst später erhielt sie das zum Kloster San Lorenzo gehörige Gebäude. Es wurde nach Plänen Michelangelos (1524–1534) erbaut und um 1578 vollendet. Die Biblioteca Medicea Laurenziana *enthält mehr als 10000 wertvolle alte Handschriften, besonders der antiken Klassiker. Außerdem etwa 70000 Bücher.*
Die Abbildung zeigt den Lesesaal der Bibliothek.

Als Mäzen der Künstler hat Lorenzo weit mehr getan als Cosimo und Piero. Er wußte mit verarmten Malern und Bildhauern ebenso umzugehen wie mit Poliziano und Pico della Mirandola, der ein gebürtiger Fürst war. Außerdem versuchte er, ein wenig in das Gewerbe jener bescheidenen Handwerker einzudringen, als die sie gewöhnlich galten. Maler wie Signorelli und Leonardo da Vinci taten zwar ungeheuer vornehm, aber die Bildhauer Donatello und Verrocchio sahen aus wie gewöhnliche Arbeiter und benahmen sich auch so. Die Architekten, die an den gigantischen Bauvorhaben der Zeit arbeiteten, waren meist gebildeter und drückten sich kultivierter aus. Für Lorenzo war es leichter, mit ihnen zu reden und von ihnen zu lernen; am Ende konnte er selbst ohne Hilfe die Fassade einer Kathedrale entwerfen. Aber ob sich die Künstler nun artikulieren konnten oder nicht – Lorenzo erkannte damals mit als einziger, daß der Mangel an formaler intellektueller Ausbildung einen Mann nicht daran hindern mußte, von seiner Phantasie Gebrauch zu machen und Vorstellungen zu entwickeln, die ebenso eindrucksvoll waren wie die der Philosophen und Dichter. Als Michelangelo fast noch ein Knabe war, wurde Lorenzo in der Werkstatt von Ghirlandaio auf seine Arbeit aufmerksam. Sofort ließ das Staatsoberhaupt das junge Genie in das Museum für Bildhauerei versetzen, das er in den Gärten des Palazzo Medici eingerichtet hatte. Das Museum verwaltete der alte Bertoldo, ein früherer Schüler Donatellos; es war voll von antiken Marmorarbeiten und Bronzen, die man wie die klassischen Handschriften aus dem Staub und Schmutz der Jahrhunderte ausgegraben hatte.
Während der drei Jahre, die Michelangelo bei Bertoldo blieb, stets unter den wachsamen Blicken Lorenzos, der über das grobe Ausse-

hen und die trotzige Ungeselligkeit des Burschen nur lachte, durfte er die Sitzungen der Platonischen Akademie besuchen. Er vergaß sie nie und blieb bis zu seinem Tode ein christlicher Platoniker. Diese entscheidende Periode in der Entwicklung des großen Künstlers endete 1492 mit Lorenzos Tod. Es ist zweifelhaft, ob dieser schwierige Bildhauer unter irgendeinem anderen Herrscher so früh zur Reife gelangt wäre.

Die größere Vielschichtigkeit und die Vermischung der sozialen Klassen im 15. Jahrhundert betraf zunächst vor allem die Architekten; denn die vielen praktischen Probleme, die beim Entwerfen von Häusern auftauchten, brachten sie mit den herrschenden Schichten ihrer Heimatstädte in enge Berührung. Filippo Brunelleschi (gest. 1446), der erste und größte Architekt, der sich in Florenz unter dem Patronat der Medici entfaltete, machte sich mit dem Bildhauer Donatello auf, um in Rom die Ruinen antiker Baukunst zu studieren. Die Römer selbst interessierten sich damals wenig für die Reste der heidnischen Tempel, Paläste, Bäder, Theater, Aquädukte und Landhäuser; deshalb glaubten sie, die beiden Amateur-Archäologen aus dem Norden suchten nach vergrabenen Schätzen. Das taten sie ja auch, nur waren ihre Schätze nicht aus Gold und Silber, sondern aus Marmor, Ziegelstein und Bronze. Brunelleschi entdeckte die verschiedenen Prinzipien im Bau der dorischen, ionischen und korinthischen Säulen. Er zeichnete die vielfältigen Ornamente antiken Gebäudeschmucks auf, konnte aber sein neues Wissen bei der Errichtung christlich-religiöser und weltlicher Bauten nicht verwenden. Doch hinter den vorwiegend gotischen Formen in Florenz entdeckte er die alte romanische Tradition, die vorchristlichen Vorbildern folgte. Durch ihn erhielten die Loggien und Kreuzgänge neue Kraft und größere Eleganz. Er verwandelte die massive romanische Architektur in etwas völlig Neues, was man später als den Stil der Frührenaissance bezeichnete. Dieses Neue fiel Cosimo de' Medici sofort auf, und er beschäftigte Brunelleschi von nun an ständig. Als die Kirche und Sakristei von San Lorenzo und der Dom von Santa Maria del Fiore entstanden, traten Urbanität und Zurückhaltung an die Stelle der majestätischen Schwerfälligkeit, die man bisher bevorzugt hatte.

Diese Bauwerke beeinflußten stark die bedeutendsten Architekten der nächsten Generation, Michelozzi und Alberti, die beide bis 1472 lebten. Michelozzi war etwas ausgeglichener als Brunnelleschi und war Cosimos Lieblingsarchitekt. Er wurde mit dem Bau des anmutigen Klosters von San Marco beauftragt und errichtete auch den großen Palazzo Medici in der Via Larga, fast eine Festung verglichen mit dem kirchlichen Gebäude. Der wendige Alberti wandte sich viel unbedenklicher als Brunelleschi oder Michelozzi wieder der Antike zu. Seine Fassaden des Palazzo Rucellai und der Santa Maria Novella verleugnen das mittelalterliche Erbe fast völlig. Al-

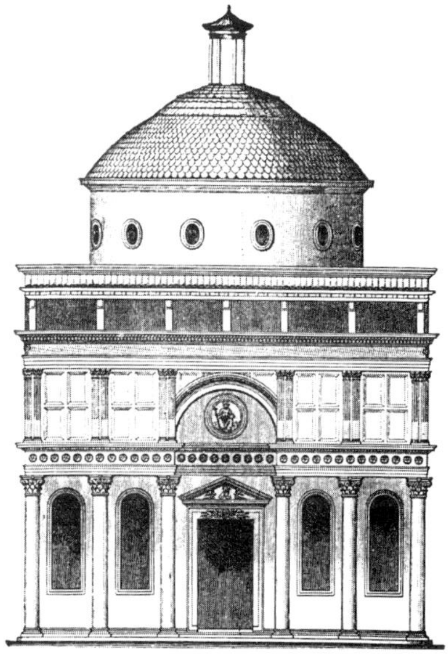

Die Kapelle dei Pazzi im Klosterhof von Santa Croce in Florenz. Filippo Brunelleschi (1377–1446) entwarf die Kapelle in Form eines Zentralbaues. Eine Vorhalle, die von sechs Säulen getragen und mit Tonnengewölben eingedeckt ist, führt in das Innere des reizenden Baues, dessen mittlerer Raum mit einer flachen Rundkuppel gedeckt ist.

bertis Stil beherrschte im nächsten Jahrhundert die italienische Architektur, allerdings reichten seine Bauten in ihrer Originalität und ihrem exakten Ausdruck des mediceischen Zeitalters nicht an die seiner beiden Vorgänger heran.
Das nördliche und das östliche Tor des Baptisteriums wurden von dem Bildhauer Lorenzo Ghiberti entworfen. Wie Brunelleschi verband er den Geist des Mittelalters mit dem der Renaissance und fügte noch einige, wenn auch wenige klassische Elemente hinzu. Seine Türfüllungen stellen Szenen aus dem Alten und Neuen Testament dar und wirken insgesamt harmonisch und lebhaft bewegt in einer Weise, die eher weiblich und fließend als männlich und monumental ist. Das war mehr der Stil von Donatello, Ghibertis jüngerem Zeitgenossen, der sich dabei weniger von klassischer Heiterkeit leiten ließ als von dem virilen Naturalismus seiner eigenen Zeit und unmittelbaren Umgebung.
Vielfalt und Umfang von Donatellos Leistungen wären in jeder Epoche etwas Außerordentliches gewesen. Seine Marmorstatue des heiligen Georg, ursprünglich für eine Nische an der Außenwand von Orsanmichele bestimmt und später ins Bargello gebracht, ist nicht nur ein Bild christlichen Idealismus, sondern von lebensechtem Heroismus und jugendlicher, männlicher Anmut. Seine Porträtbüsten sind voller Lebendigkeit. Die Darstellungen fröhlich tanzender und singender Kinder – wie auf dem Relief, das die Orgelempore der Kathedrale in Florenz schmückt – wirken, als seien sie lebendig; ebenso seine Reiterstatue des *condottiere* mit dem Spitznamen Gattamelata (»Honigkatze«) in Padua. Aus Donatellos genialen Anregungen ging eine Schule der Bildhauerei hervor, welche die Kunst bis ins 20. Jahrhundert beeinflußte.
Trotz seines bewegten Lebenswandels war Cosimo ihm sehr ergeben. Nach Donatellos Tod (1455) folgten mehrere Meister, die ebenso bedeutende Werke schufen. Luca della Robbia fertigte das Gegenstück zu Donatellos Relief auf der Orgelempore. In seiner vollkommenen Schönheit gleicht es dem Werk des älteren und ist trotzdem gänzlich anders: Eine zarte Musikalität steht Donatellos sinnlicher Lust an stolzer Körperlichkeit und Lebensfreude gegenüber. Als Antonio Pallaiuolo seine kleine Bronzegruppe vom Kampf des Herkules mit Antäus schuf, ging er in der Darstellung entfesselter Kraft sogar noch weiter als Donatello. Andrea Verocchio, der auf seine bescheidene Art ebenfalls zu Lorenzos Kreis gehörte, verlieh seinem knabenhaften »David« sympathische Befangenheit und die Verwegenheit eines Heldenjünglings. Verrocchio hat auch die Marmorbüste eines Mädchens von so viel stiller Würde geschaffen, daß jeder ihrer feinen Züge von ihrer Persönlichkeit erfüllt ist und doch nichts preisgibt. Verglichen damit ist Verrocchios berühmtes Bronzedenkmal des reitenden Bartolommeo Colleoni – der in Wirklichkeit gar kein so guter Söldnerführer

war – zwar in seiner Art ebenfalls vollkommen, aber doch eine bloße rhetorische Äußerung, die militärisches Selbstbewußtsein symbolisierte.

Unter den Malern, die Cosimo vor Lorenzos Zeit gefördert hat, ist Fra Angelico der bedeutendste. Die Fresken im Kloster, im Kapitelsaal und in den Zellen von San Marco sind damals entstanden.

Luca della Robbias Marmorreliefs mit tanzenden, spielenden und singenden Knaben an der Sängerkanzel des Doms sind das Gegenstück zu Donatellos Relief auf der Orgelempore.
Diese Arbeiten, hier ein Ausschnitt aus dem »Gesang der heiligen Maria del Fiore«, entstanden um 1431–1437. Dommuseum, Florenz.

Angelico war zwar Dominikaner, aber sein religiöses Empfinden erinnert eher an die Weichheit des heiligen Franziskus als an die Strenge des Dominikus. Solche ekstatische Lieblichkeit fand man unter den meist scharfzüngigen und realistisch eingestellten Florentinern nur selten. In dieser Hinsicht steht Angelico auch unter den bekannteren Malern einzig da. Seine Technik beweist, daß er sein Handwerk absolut beherrschte. So ist zum Beispiel die Perspektive des Gartens auf seiner »Verkündigung« viel florentinischer als seine Figuren. Schon allein seine hellen und dauerhaften Farben zeigen, wie vorzüglich er rein handwerklich damit umzugehen verstand.

Masaccio, der 1428 als 27jähriger in Rom starb, bevor Cosimo an die Macht kam, gehört nicht zu den Malern, die von den Medici gefördert wurden. Er hat aber seit Giotto den größten Einfluß auf die spätere Malerei ausgeübt. Von Donatellos Skulpturen lernte er

»Die heilige Anna selbdritt« von Masaccio und Masolino. Masaccio (1401–1428), der aus einem kleinen Ort in der Nähe von Florenz stammte, gilt als der erste große Meister der italienischen Renaissancemalerei.
Dieses Tafelbild malte er zusammen mit Masolino um 1424 für die Kirche Sant'Ambrogio in Florenz. Der Thron, die Jungfrau mit dem Kinde und der Engel rechts stammen von Masaccio, während Masolino die übrigen Teile malte. Uffizien, Florenz.

den Naturalismus und von Brunelleschis Architektur die Perspektive. Trotzdem ist er als Maler vollkommen eigenständig. Masaccio lebte gerade lange genug, um sein Meisterwerk zu vollenden, die Fresken der Brancacci-Kapelle in Santa Maria del Carmine. Zwar lassen sich die Würde und die Gruppierungen der Figuren mit Giotto vergleichen, aber die Körper sind gänzlich dreidimensional. Auch die Darstellung des nackten Menschen, entgegen damaligem kirchlichen Verbot, ist ein kühner und schöpferischer Schritt vorwärts. Auf Masaccios Bildern erscheint die Landschaft realistischer als je zuvor. An die Stelle der Linie tritt der Farbton und bezeichnet Größe und Entfernung. So erfand Masaccio die Technik des *chiaroscuro* (Helldunkel), die Grundlage der europäischen Malerei bis zum Ende des 19. Jahrhunderts. Masaccios Betonung der Anatomie wurde von Technikern wie Uccello (gest. 1475), der sich auf die Perspektive konzentrierte, Castagno (gest. 1457) und Domenico Veneziano (gest. 1461), der Öl der damals üblichen Temperafarbe beimischte, erweitert und ausgeschöpft. Ohne diese Vorbilder hätten die konventionellen Künstler nach ihnen niemals die Genauigkeit erzielen können, mit der sie Alltagszenen schilderten – ob vertraut und gemütlich wie bei Lippi oder üppig wie bei dem prunkvollen Gozzoli.

Unter Lorenzo de' Medici erreichte die Florentiner Malerei ihren Höhepunkt in den Meisterwerken von Leonardo da Vinci, Sandro Botticelli, Andrea del Verrocchio, Domenico Ghirlandaio und vielen anderen. Leonardo da Vinci (1452–1519) ragt in den Augen der Nachwelt – wenn auch vielleicht nicht ganz zu Recht – über alle anderen hinaus. Vasari, der über die Künstler seiner Zeit geschrieben hat, sagt über ihn:

»Reiche Gaben sehen wir oft von der Natur mit Hilfe der himmlischen Einflüsse über menschliche Geschöpfe ausgegossen; bisweilen aber vereinigen sich, wie ein überschwengliches und übernatürliches Geschenk, in einem einzigen Körper Schönheit, Liebenswürdigkeit und Kunstgeschick so herrlich, daß jede seiner Handlungen göttlich erscheint, alle anderen Sterblichen hinter ihm zurückbleiben und sich deutlich offenbart: was er leiste, sei von Gott gespendet, nicht aber durch menschliche Kunst errungen. Dies erkannte man bei Leonardo da Vinci; sein Körper war mit nie genugsam gepriesener Schönheit geschmückt, er zeigte in allen seinen Handlungen die größte Anmut und besaß ein so vollkommenes Kunstvermögen, daß, wohin sein Geist sich wandte, er das Schwierigste mit Leichtigkeit löste.«

Obwohl er gebürtiger Florentiner war, lebte Leonardo dort nur die Hälfte seiner 67 Jahre, und seine wichtigsten Arbeiten stammen aus der Zeit nach Lorenzo. Als junger Mann war er Gehilfe Verrocchios (er malte den knienden Engel in der »Taufe Christi« seines Meisters), und um 1477 zeigte er eine so ungewöhnliche Begabung, daß sich Lorenzo seiner annahm. In dieser Zeit malte er eine »Madonna mit Kind«, »Adam und Eva« (unvollendet), eine »Anbetung der Könige«, eine kleine »Verkündigung« und schuf eine Büste Johannes des Täufers. Inzwischen hatte er seine Ausbildung auf Bildhauerei, Anatomie, Astronomie, Botanik, Mathematik, Maschinenbau und Musik ausgedehnt. 1482 ging er in Lorenzos Auftrag an den Hof Ludovico Sforzas nach Mailand; Florenz sollte ihn erst 1500 wiedersehen. In Mailand malte er auch sein Meisterwerk, das »Abendmahl«.

Sandro Botticelli (1445–1510), der größte aller florentinischen Maler neben Leonardo und Michelangelo, war Lorenzos Liebling; und auch er war den Medici bis zum Tod seines Gönners im Jahre 1492 besonders ergeben. Er war ein schwergewichtiger Mann mit üppigen braunen Haaren und einem grübelnden Blick aus grauen Augen. Er wirkte oft unbeholfen, dann wieder impulsiv, und so begabt er war, so überspannt und unberechenbar benahm er sich. Er schien sich halb in der Wirklichkeit zu bewegen – von der er nur wenig wußte und die er schlecht wiedergab – und halb in der Welt der Phantasie, die er hervorragend verstand und dargestellt hat. Seine beiden bekanntesten Meisterwerke, »Primavera« (»Frühling«) und »Geburt der Venus«, zeigen diese phantasievolle Leichtigkeit, die in den Augen der Florentiner so viele griechische Züge aufwies. Botticelli sah die Glorie des Sonnenaufgangs und die neu enthüllte Schönheit der Welt wie die Griechen. Zu dieser unschuldigen Betrachtung der Schönheit kommt jedoch ein neues und kompliziertes Element hinzu, die Vorstellung einer sittlichen Ordnung. Botticelli unterwarf sich bedingungslos dem Einfluß Savonarolas, und nach der Hinrichtung des Mönchs geriet er in eine Schaffenskrise, die bis zu seinem Tod anhielt. Unvorhersehbarkeit kennzeichneten Leben und Laufbahn des Malers. Man wußte nie, ob er nun gerade dabei war, eine Illustration zum Neuen Testament anzufertigen, eine klassische Allegorie, ein Porträt oder eine Episode aus dem Leben eines Heiligen. Aber alles, was er machte, entsprang einer unvergleichlichen Phantasie, die oft so verfeinert war, daß sie dem Betrachter unzugänglich blieb.

Andrea del Verrocchio (1435–1488) war ein anderer Meister dieser Generation. Sein Werk verrät eine ambivalente Einstellung zum Leben. Zur Freude an der Schönheit gesellt sich immer noch ein zweites Element. Sein »Putto mit Delphin«, der im Hof des Palazzo Vecchio steht, ist die personifizierte Anmut und kindliche Sorglosigkeit – nur auf dem Gesicht des Knaben schimmert schelmische Skepsis. Das trifft auch auf die Bronzefigur des »David« zu; er hat soeben Goliath besiegt und stellt nun eine seltsam lebendige Schadenfreude zur Schau. Beide Statuen spiegeln eine Haltung toleranter Belustigung, von Skepsis gegenüber dem Ernst des Lebens, von dem Florenz in der Zeit vor Lorenzo gezeichnet war. Um die Gemälde von Verrocchio hat es manche Auseinandersetzung gegeben, nicht ihrer Qualität, sondern ihrer Echtheit wegen. Heute kann man ihm nur die »Taufe Christi« (in den Uffizien von Florenz) mit Sicherheit zuschreiben, obwohl die »Madonna mit Engeln« und ein »Tobias und der Engel« wahrscheinlich auch von seiner Hand stammen. Ein Hauptcharakteristikum bei Verrocchio ist die ungeheure Feinheit, und von Verrocchio hat auch Leonardo das Lächeln gelernt – wenn es ein Lächeln ist –, das auf den Lippen der von ihm porträtierten Frauen liegt.

Domenico Ghirlandaio (1449–1494) wurde in Florenz geboren. Er begann als Goldschmied und wandte sich 1472 erstmals der Malerei zu. Auf seine Fresken an der Vespucci-Kapelle und der Kirche Ognissanti folgten Massenszenen für die Kirche in San Gimignano. Nachdem er in Rom an der Sixtinischen Kapelle gearbeitet hatte (»Die Auferstehung« und »Die Berufung der Jünger«), blieb er bis zu seinem Tod in Florenz. Hier schuf er Darstellungen römischer Staatsmänner für den Palazzo della Signoria, Fresken für die Sassetti-Kapelle in Santa Trinità und Szenen aus dem Leben Johannes des Täufers und der Heiligen Jungfrau für die Tornabuoni-Kapelle in Santa Maria Novella. Auf den Fresken der Sassetti-Kapelle findet sich vielleicht das beste erhaltene Porträt Lorenzos. Ghirlandaio benutzte die Gesichter seiner Zeitgenossen, kleidete seine Figuren in florentinische Gewänder und ließ sie in Räumen auftreten, deren Architektur und Möblierung dem Geschmack seiner Zeit entsprachen. Er war weder ein Intellektueller wie Leonardo noch ein Mystiker wie Fra Angelico oder Botticelli, dafür war er ein Techniker, der Perspektive, Komposition, Anatomie und Licht und Schatten überlegen beherrschte. Ghirlandaio war es, der das Talent seines jungen Schülers Michelangelo formte, und in seinem Atelier fiel er Lorenzo zum erstenmal auf. Man erzählt, Lorenzo habe im Jahr 1489 eines Tages die Werkstatt des Ghirlandaio besucht und dort die Skulptur der Maske eines grinsenden Fauns entdeckt. Er fragte den Künstler, ob dieser Faun eine seiner Arbeiten sei. »O nein, Magnifizenz«, antwortete Ghirlandio. »Das ist die Arbeit eines meiner Lehrlinge. Er heißt Michelangelo Buonarroti. Glaubt Ihr, daß er begabt ist?«

»Da bin ich ganz sicher. Wie alt ist er?«

»Vierzehn.«

»Dann schickt ihn zu mir.«

Lorenzo nahm den grobgesichtigen, mürrischen Burschen, dem bereits ein Mitschüler zum Dank für unerwünschte Kritik das Nasenbein gebrochen hatte, in sein Haus. Der Junge bekam ein Taschengeld von fünf Dukaten im Monat und durfte sich in den Gärten der Medici frei bewegen, wo er die Werke von Donatello und den Klassikern studieren und bei den Disputen der Akademie und Lesungen aus Dantes *Göttlicher Komödie* zuhören konnte.

Der bedeutendste Bildhauer der florentinischen Frührenaissance nach dem Tode Donatellos war Verrocchio Andrea de' Cioni, genannt Andrea del Verrocchio (1435–1488). Sein bronzener »David« (links) entstand vor 1476 für die Medicivilla in Careggi im Auftrag von Lorenzo und Giuliano, die ihn später an die Signoria von Florenz verkauften. Obwohl Donatello seinen berühmten »David« bereits um 1430 schuf, darf man in Verrocchios Arbeit eine Art Konkurrenzwerk sehen. Aufträge, die er für Lorenzo und Giuliano de' Medici ausführte, weisen Verrocchio auch als Maler aus. Museo Nazionale, Florenz.

Filippo Strozzi der Ältere (1428–1491) beauftragte zwei Jahre vor seinem Tod Benedetto da Maiano (1442–1497) mit dem Bau des Palazzo Strozzi, der sich noch heute im Besitz der Familie befindet. Es ist der einzige Bau jener Zeit in Florenz, der sich mit den Arbeiten Brunelleschis, Albertis und Michelozzos messen konnte. Das Kranzgesims und der Hof stammen von Cronaca (1454–1509).

Unten: Die Laterne des Palazzo Strozzi von Niccolò Grosso.

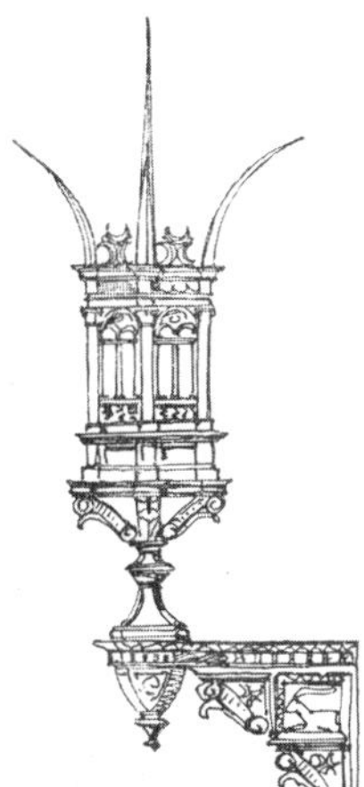

Allein die Namen all derer, die Lorenzo gefördert hat, und die Florenz durch ihre Werke berühmt gemacht haben, würden Seiten füllen; aber ein paar von ihnen müssen neben den genannten Meistern noch erwähnt werden: Andrea della Robia, Neffe des Luca und in seinen reizvollen Madonnen dem Onkel fast ebenbürtig; Benozzo Gozzoli, der drei Generationen der Medici (Cosimo, Piero, Lorenzo und Giuliano) für den Palazzo Medici gemalt hat; Antonio Pollaiuolo, Bildhauer und Maler, Führer einer neuen realistischen Schule; und Filippino Lippi, der uneheliche Sohn Filippo Lippis, der die Fresken in der Kapelle der Santa Maria del Carmine zu Ende gemalt hat, die Masaccio begonnen hatte.
Die einzige Kunst, die unter Lorenzos Herrschaft nicht an die Leistungen der vergangenen fünfzig Jahre heranreichte – zumindest in Florenz –, war die Architektur. Mit dem Palazzo Strozzi hatte Lorenzo nichts zu tun. Er wurde von Benedetto da Maiano erbaut (der auch Bildhauer war, wie man an seiner schönen Kanzel in der Kirche von Santa Croce sehen kann) und war der einzige Bau seiner Zeit, der sich mit den Arbeiten Brunelleschis, Michelozzis und Albertis zu Zeiten Cosimos und Pieros messen konnte.
In der Bildhauerkunst hingegen erwies sich Lorenzos Liebling Andrea del Verrocchio als ebenso großer Könner wie in der Malerei. Andrea war ein ruhiger, schweigsamer Mann und sah mit seiner großen Brille und seiner unscheinbaren Gestalt eher wie ein Ladengehilfe denn wie ein Künstler aus. Wie es sich in der Renaissance gehörte, malte und bildhauerte er aber nicht nur, sondern komponierte auch Musik. 1472 vollendete er das Denkmal für Lorenzos Vater Piero und dessen Bruder Giovanni in der Kirche von San Lorenzo. 1476 wurde sein David in Bronze gegossen. An klassischer Schönheit ist er mit Donatellos Darstellung desselben Helden nicht zu vergleichen, aber auch er ist ein lebendiges, realistisches Abbild des triumphierenden Hirtenknaben. »Bartolommeo Colleoni«, die größte Reiterstatue und Verrocchios Meisterstück, steht in Venedig. Sie wurde 1488 modelliert, aber erst acht Jahre später gegossen. Neben dem großartigen Talent Verrocchios gab es den weniger berühmten, aber nicht minder begabten Mino da Fiesole, dessen Büste von Piero de' Medici unvergessen ist. Antonio Rossellino hat in der Kirche von San Miniato ein berühmtes Grabmal für einen portugiesischen Prälaten geschaffen.
Die Literatur der Zeit Lorenzos war weniger überragend. Manche Fachleute sind heute der Meinung, Lorenzo und sein enger Freund Poliziano seien zwar selbst Dichter gewesen, trotzdem habe Lorenzo die bildenden Künste mehr gefördert als die Literatur. Denn er mußte befürchten, Männer, die ihre Ideen ausgezeichnet zu formulieren verstanden, könnten womöglich seine sorgfältig durchdachte Regierungsform kritisieren. Deshalb habe er – so wird behauptet – den Aufstieg großer Schriftsteller wie Machiavelli und Guicciardi-

ni oder bedeutender Dichter wie Boiardo, Ariost, Michelangelo und Tasso verhindert.
In Lorenzos eigenen Texten finden sich außerordentlich feine Beobachtungen und Formulierungen; trotzdem braucht man nur sein Porträt auf dem Sassetti-Fresko von Ghirlandaio zu betrachten, um zu sehen, daß er im Leben – im Gegensatz zur Literatur – überragende Intelligenz mit einer gewissen Grobheit und rohen Kraft verband. Seinen Spaß an Frauen und Sport, an Luxus und feierlichen Zeremonien und am Umgang mit einfachen Männern und leichten Mädchen hat er auch nie verleugnet. In seiner Position und zu seiner Zeit hätte ihm solchen Überschwang auch niemand übelgenommen. Aus einer ähnlichen praktischen Einstellung heraus sorgte Lorenzo auch dafür, daß damals in Florenz die italienische Volkssprache schnell an die Stelle des Lateinischen trat. Er wehrte sich heftig gegen die Behauptung der älteren Humanisten, das Italienische habe nicht die Erhabenheit und Klarheit von Horaz, Vergil, Cicero oder Seneca.
Poliziano, der engste Freund des sonst etwas einsamen Lorenzo, unterstützte in den vornehmen und intellektuellen Kreisen kräftig das Bemühen, Lateinisch durch die Volkssprache zu ersetzen. Dabei bevorzugte er selbst immer noch die klassische Literatur. Er war noch nicht 18, als er bereits ausgezeichnete Übersetzungen von Teilen der *Ilias* in die Sprache des Vergil verfaßt hatte, und als er knapp dreißig war, eilten bereits Studenten aus ganz Europa zu seinen Vorlesungen über die Autoren der Antike nach Florenz. Niemand schrieb damals oder später bessere Verse in Latein. Zum Glück für die italienische Literatur gelang es Lorenzo schließlich, seinen Freund auf seine Muttersprache hinzulenken. Später leistete der jüngere darin sogar noch mehr als sein Gönner. Der erlesene Reiz seiner toskanischen Lyrik, seine halb romantischen, halb humoristischen Balladen und Gelegenheitsgedichte wirken wie flüchtige Improvisation, sind aber stilistisch blendend.
Fast gleichzeitig führte Ludovico Ariost (1474–1533) diesen Stil in die Epik ein. Seine Werke zeigen eine natürliche, lebhafte Phantasie und einen Witz, der bald ein viel größeres Publikum bezauberte, als Poliziano es jemals erreichte. Dabei hatte Ariost dem florentinischen Humanisten viel zu verdanken. Poliziano war ein unscheinbarer kleiner Kerl mit starkem, borstigem schwarzen Haar, der sich wie ein Dandy kleidete; wahrscheinlich war er homosexuell. Er heiratete nie, hatte auch nie eine Geliebte, und der Tod seines einzigen Gefährten Lorenzo brach ihm das Herz. Er starb zwei Jahre nach seinem Gönner im Alter von vierzig Jahren.
Marsilio Ficino (1433–1499), der ein bedeutender Platoniker und gleichzeitig christlicher Mystiker war, sah mit seiner schwächlichen Gestalt, seinem zottigen Bart, seinem unruhigen und zerfurchten Gesicht mit den fanatisch glühenden Augen wie ein gelehrter My-

Porträt des Dichters Ariost (1474–1533). Kupferstich von Enea Vico.

Die von Cosimo dem Alten 1459 gegründete »Platonische Akademie«, der die führenden Humanisten der Zeit angehörten, hörte mit Lorenzos Tod (1492) zu bestehen auf.
Die Abbildung zeigt einige der führenden Köpfe aus Lorenzos Kreis. Von links nach rechts: Cristoforo Landino, Marsilio Ficino, Lorenzos Freund Agnolo Poliziano und Gentile dei Becchi, den späteren Bischof von Areggo. Ausschnitt aus Domenico Ghirlandaios Fresko »Die Erscheinung des Engels vor Zacharias im Tempel«, entstanden um 1485/89. Santa Maria Novella, Florenz.

stiker aus. Seine Übertragungen von Platon, Plotin und anderer griechischer Autoren sowie seine sonstigen Schriften sind heute kaum mehr lesbar.

Das nach Ficino bedeutendste Mitglied von Lorenzos Akademie war der Satiriker Luigi Pulci – ein absoluter Gegensatz zu dem Platoniker. Luigi, den jedermann »Gigi« nannte, war eine zierliche, scharfsinnige und rücksichtlos unverschämte Person. Er sah wie ein beliebter Komödiant aus und nahm eigentlich den Don Quichotte vorweg. Ganz Europa lachte über seinen *Morgante Maggiore*, eine gelehrte und zugleich durch und durch alberne Demaskierung der ritterlichen Ideale früherer Jahrhunderte, die er in Legenden von Karl dem Großen verpackte. Er gab seinem Helden Morgante eine Tanne als Zahnstocher und statt Sancho Pansa einen listigen Zwerg namens Mergute als Begleiter. Dieses bewußt übertriebene Märchen entlockte selbst der sittenstrengen Lucrezia Tornabuoni ein Lächeln und fesselte Gelehrte wie Salonlöwen gleichermaßen.

Pico della Mirandola scheint keine so auffallende Persönlichkeit gewesen zu sein wie Ficino oder Pulci. Er war ein gutaussehender Mann von unanfechtbarer Moral; ein Großgrundbesitzer, der Latein, Griechisch, Hebräisch, Arabisch und sogar Chaldäisch beherrschte. Auch von den Geheimnissen der Wissenschaft fühlte er sich stark angezogen – bis auf die der Astrologie, über die er sich lustig machte.

Vielleicht lag es an seinen betont intellektuellen Interessen, daß er im Kreis um Lorenzo keine so große Bewunderung fand, wo man ebenso der Kunst und der Sinnlichkeit frönte wie theoretischer Diskussion. Aber für die übrige florentinische Gesellschaft wurde Pico

zum Idol. Man amüsierte sich zum Beispiel sehr, als es hieß, er habe einmal die Witwe eines Krämers entführt und sei deshalb verhaftet worden. Lorenzo kam ihm zu Hilfe, indem er – wahrscheinlich mehr spaßhaft als im Ernst – erklärte, Picos Sekretär habe einen Groll gegen seinen wohlgeborenen und gelehrten Herrn gehabt und die ganze Sache erfunden, um dem polyglotten Edelmann eins auszuwischen. Der Krämer gehörte übrigens mit zum mediceischen Gesinde. Niemand, soll Lorenzo ausgerufen haben, könne jemals einem Medici untreu werden.
Später waren die führenden Bürger von Florenz allerdings schokkiert, als Pico erklärte, er habe fünf Bände seiner lateinischen Gedichte verbrannt, weil sie »amourösen Charakter« gehabt hätten. Auch waren nicht alle mit seinen 900 Thesen einverstanden, in denen er aus jüdischen und arabischen Quellen Beweise für das Christentum anführte, denn diese Abhandlungen trugen ihm nach 1486 einen siebenjährigen Kirchenbann ein.
Picos bekanntester Beitrag zur Literatur der Renaissance ist sein *De dignitate hominis* (»Über die Würde des Menschen«), in dem er Ficinos Ideal von der Einheit aller Dinge zum Ausdruck bringt. Pico glaubte, die Grundsätze der platonischen Philosophie ließen sich auf die Bücher Mose zurückführen, und die philosophischen Wahrheiten der Antike seien nur Fragmente der einen ewigen – das heißt christlichen – Wahrheit. Machiavelli meinte diesen breiten geistigen Horizont und Picos umfassende Gelehrsamkeit, als er ihn »einen fast göttlichen Mann« nannte.
Ein ganz anderer Mensch war Cristoforo Landino, Lorenzos ehemaliger Lehrer, der an der Universität von Florenz Poesie und Rhetorik unterrichtete. Er war das Bild eines heiteren und liebenswürdigen Weisen, nach außen Epikuräer, nach innen Stoiker, und seine Zeitgenossen sahen in ihm eine Wiedergeburt Ciceros. Er soll Dantes und Petrarcas Werke besser als jeder andere Gelehrte seiner Zeit gekannt haben. An ihn erinnert man sich vor allem wegen seiner Ausgabe der *Göttlichen Komödie*, die 1481 mit Illustrationen von Botticelli erschien.

Das waren die führenden Köpfe jener intellektuellen und künstlerischen Revolution, die wegweisend für die Kultur und Zivilisation der nächsten vier Jahrhunderte werden sollte. Die vielen Generationen der Medici, die diese Umwälzung begünstigt und unterstützt haben, waren vor allem für diese Mischung aus Geschäftssinn, intellektuellen Neigungen, Gefühl für die moralische Gleichheit aller, erdgebundener Sinnlichkeit, Humor und Freude an Prunk und Unterhaltung verantwortlich. Die Bewegung war nicht aufzuhalten und breitete sich über ganz Italien und das übrige Europa aus. Und doch hatte keiner dieser anderen Staaten wirklich einen Begriff von

Cristoforo Landino (1424–1498), Cosimos ehemaliger Lehrer, unterrichtete an der Universität von Florenz Rhetorik und Poetik. Er war Mitglied der »Platonischen Akademie« und Kanzler der Signoria. Sein Kommentar der »Göttlichen Komödie« von 1481 weist ihn als ausgezeichneten Kenner von Dantes Werk aus. Titelholzschnitt aus »Formulaio di Lettere e di oration volgari con la proposta e riposta«, Florenz 1492.

florentinischem Geist, der heftige Abneigung gegen jede Autokratie, starke Freiheitsliebe und einen ungebrochenen Drang nach politischer und kaufmännischer Vormachtstellung umfaßte.
An dieser typisch florentinischen Toleranz und Friedfertigkeit hat es wohl auch gelegen, daß der kulturelle Frühling in Florenz bald seinen Herbst erlebte. Ein Jahr vor Lorenzos Geburt war das erste gedruckte Buch in Europa erschienen, und als er starb, stand die Entdeckung der Neuen Welt unmittelbar bevor. Lorenzo, der letzte große Medici von Florenz, hatte sich vor allem für besonnenes Urteil und sozialen Frieden eingesetzt, auch wenn er dabei seine Neigung zu philosophischer Betrachtung und seine Freude an der Schönheit nicht vernachlässigte. Die Tragödie der europäischen Menschheit hat immer darin bestanden, daß es zwischen langen Phasen blutiger Gewalt immer nur kurze Augenblicke geistiger Erleuchtung gab.

Piero de' Medici, Lorenzos Vater (1416–1469). Detail aus Sandro Botticellis »Anbetung der Könige«, um 1475–1480. Uffizien, Florenz.

Offenbar waren sich die Medici bis zum Gipfelpunkt ihrer Macht unter Lorenzo dessen immer bewußt. Der geradlinige, gutartige, doch außerordentlich schlaue Kaufmann Cosimo, der in Wirtschaft und Politik so Großes vollbrachte, war stets von Melancholie gezeichnet. Vielleicht war er weitsichtig genug, zu wissen, daß sein Werk im materiellen Sinn keinen Bestand haben würde. »Unsere Gebäude werden uns überleben«, sagte er einmal. »Dieses Haus ist zu groß für so eine kleine Familie«, murmelte er traurig, als man ihm die Nachricht vom Tod seines Sohnes Giovanni überbrachte. Er selbst lag damals in seinem gewaltigen neuen Palast im Sterben und mag damit mehr gemeint haben, als seine Worte oberflächlich erkennen ließen.
So sehr die Gicht Cosimos Sohn Piero ein Leben lang quälte, so hat er doch in den fünf Jahren seiner Herrschaft bis zu seinem Tod im Alter von 53 Jahren an der Macht und dem Ruhm seines Erbes festgehalten. Auch er besaß die Energie, die innere Ausgeglichenheit, die Klugheit und den Respekt vor Bildung, Literatur und Kunst, die seinen Vater ausgezeichnet hatten. Zudem hatte Piero – im Gegensatz zu Cosimo – das Glück, in Lucrezia Tornabuoni eine Frau zu heiraten, die hohe Intelligenz mit häuslichen Tugenden verband. Die Schwermut, die ihn vor allem gegen Ende seines Lebens überkam, hatte mehr mit dem unberechenbaren Wesen seiner Mitbürger zu tun als mit seinem ständigen Leiden.
Die Verschwörungen von Luca Pitti, Niccolò Soderini, Agnolo Acciaiuolo und Diotisalvi Neroni, die er ohne Blutvergießen unterdrückte, zeigten ihm, wie gefährdet die Position eines *primus inter pares* war, der mehr als eine Gallionsfigur und weniger als ein dynastischer Herrscher galt. Trotzdem konnte er sich nie dazu überwinden, mit Gewalt gegen Zügellosigkeit vorzugehen. Deshalb muß man in ihm eher eine tragische Figur sehen: »Peter den Unglücklichen«.

Sein Sohn Lorenzo erfüllte alle Erwartungen in wahrhaft glänzender Weise. In den rund zwanzig Jahren, die folgten, war Florenz das Athen Italiens und in seiner politischen Klugheit dem Athen der Antike vielleicht sogar überlegen. Das neue Staatsoberhaupt zeigte eine solche Liebenswürdigkeit im Umgang mit Menschen, daß man darüber seine körperlichen Nachteile, seine gelbliche Gesichtsfarbe, seine kleinen, scharfen Augen, die platte Nase, grelle Stimme und die plumpen Bewegungen ganz vergaß, so sehr man damals Vollkommenheit über alles stellte. Lorenzo selbst machte sich nicht viel daraus. Er bemerkte einmal, als man ihn wegen seines schwachen Geruchssinns aufzog: »Das macht nichts. Die meisten Gerüche sind ja doch unangenehm, oder nicht?« Die unregelmäßigen, kantigen Züge seiner Porträts verraten viel unerschütterliches Selbstvertrauen, aber auch Geduld. Es hat eigentlich niemanden gegeben, der so leicht die Herzen eines Volkes hätte gewinnen können.

Aber gerade seine Wendigkeit und seine unorthodoxe Betrachtungsweise der meisten Probleme verschafften Lorenzo so viele Feinde. Die meisten Menschen bewunderten ihn ganz unkritisch, nur wenige beurteilten ihn ungerecht. Aber Lorenzo bot strengen Moralisten manchen Vorwand, ihn in Geldangelegenheiten skrupellos zu finden und sogar rücksichtslos, wenn er die Torheit oder Schwäche ehrlicher Menschen ausnutzte. Fast alle Medici hatten etwas an sich, das man schwer beschreiben kann und das naive Leute oft schockierte. Am tadelnswertesten war damals natürlich die Niederträchtigkeit der meisten Renaissancefürsten, wie sie der Visconti von Mailand oder Ferdinand von Neapel an den Tag legten. Es ging wohl vor allem um die Mißachtung jeglicher ethischer Grundsätze – was Machiavelli später ausdrücklich empfahl – und die geringe Rücksicht auf das Recht des einzelnen. Zweifellos sind alle Männer, die Verantwortung für das Wohl von Völkern tragen, solchen Vorwürfen ausgesetzt. Doch haben manche Gelehrte in ihrem ablehnenden Urteil über Lorenzo weit über das Ziel hinausgeschossen.

Lorenzos große Hoffnung, eine rationale Kultur zu schaffen, die die besten Elemente der klassischen Antike und des Christentums seiner Zeit vereinen sollte, erfüllte sich nicht. Man muß sogar sagen, daß sein Florenz diesem Ziel nicht einmal besonders nahekam. Die Philosophen waren gar nicht so weise, wie sie glaubten. Der Pedant Ficino konnte sich nicht im Traum mit Sokrates oder dem heiligen Thomas von Aquin vergleichen, obwohl er über eine derartige Andeutung außer sich geraten wäre. Weder Poliziano noch Lorenzo konnten sich mit Euripides oder Horaz messen. Nur die besten Maler, Architekten und Bildhauer der florentinischen Renaissance halten den Vergleich mit ihren heidnischen und christlichen Vorfahren und vielen ihrer berühmten Nachfahren aus. Unter den dickköpfigen Florentiner Kaufleuten und Handwerkern der zweiten Hälfte

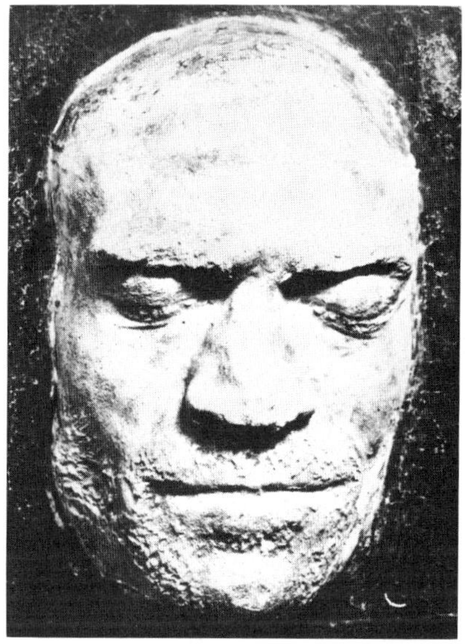

Nach dem Tode Lorenzos des Prächtigen, der 1492 in der Villa von Careggi starb, verloren die Medici und damit die Republik von Florenz rasch an Bedeutung. Unter Lorenzo hatte Florenz seine wirtschaftliche und kulturelle Blüte erreicht, die weit über die Grenzen der Republik hinaus strahlte.
Totenmaske Lorenzos von Andrea del Verrochio im Palazzo Medici-Riccardi, Florenz.

Nach dem Tod Lorenzos folgte eine schwere Zeit für Florenz und die Medici, eine Zeit, in der es zu vielen kriegerischen Auseinandersetzungen und zur Vertreibung der Medici aus Florenz kam. »Soldatenzug«. Kupferstich des Virgil Solis, 1542.

des 15. Jahrhunderts finden sich nur selten Patrioten, Heilige und Märtyrer. Dafür gab es um so mehr Betrug und sexuelle Exzesse – wenn vielleicht auch nicht so schlimm wie im damaligen Rom, Neapel, Mailand oder Venedig –, so daß Savonarolas Warnungen nicht ganz ungerechtfertigt erscheinen.
Trotzdem muß jeder, der einen Blick auf die europäische Geschichte wirft, von Lorenzo und dem Beispiel, das er der Menschheit in den rund zwanzig Jahren seiner unangefochtenen Herrschaft in Florenz gab, mit Bewunderung erfüllt sein. Savonarola allein hat dieses Gebäude nicht eingerissen. In den nächsten Jahren gab es äußere Ereignisse, über die Lorenzo trotz seines Einflusses in Italien und anderswo keine Gewalt gehabt hätte. Sie brachten seiner Republik den Ruin. Es ist eine Ironie der Geschichte, daß dieser Untergang mit einer Erweiterung der materiellen und geistigen Horizonte der westlichen Welt zusammenfiel. Das aber hätte im Jahre 1492 niemand voraussehen können.

4 Eine Schlacht geht verloren
(1492–1530)

Piero di Lorenzo und Fra Girolamo Savonarola

Lorenzos Nachfolger wurde sein Sohn Piero (1471–1503). Doch Piero, der den Beinamen »der Unglückliche« erhielt, wurde schon zwei Jahre später von den Florentinern aus der Stadt verjagt. Porträt von Bronzino im Palazzo Medici-Riccardi, Florenz.

Nicht nur in Florenz trauerte man um Lorenzo de' Medici. Männer und Frauen, die ihn nie persönlich gekannt hatten, jammerten um ihn, vor allem aus politischen Gründen, und die klügeren Italiener begriffen, daß dem Frieden der Halbinsel nun seine wesentliche Stütze entzogen war. Sie hatten Angst, nicht vor einer allgemeinen Katastrophe, aber vor den lästigen Feindseligkeiten, die zu wirtschaftlichem und kulturellem Verfall führen konnten. Doch es gab auch die Hoffnung, daß Piero, der älteste von Lorenzos drei Söhnen, zumindest versuchen würde, die Nachfolge seines Vaters anzutreten. 1492 war er 22 Jahre alt, ein Jahr älter als Lorenzo bei seinem Machtantritt 1469. Trotz einer gewissen ungeschickten Arroganz, die man ihm in seinem Alter und in seiner Stellung eigentlich nachsehen konnte, erschien Piero den meisten Leuten als ein recht anständiger junger Mann. Im übrigen taten sich die römischen Verwandten seiner Frau Alfonsina degli Orsini auch nicht gerade durch Bescheidenheit hervor.
Wahrscheinlich waren die Bürger von Florenz aus nationalistischen Gründen von dieser Heirat zwischen dem Medicierben und der römischen Prinzessin nicht sehr angetan. Lorenzo hatte die Verbindung bewußt arrangiert, um eine politische Basis in Rom zu haben, denn die Stadt neigte zu Unruhe, da die Päpste unberechenbar waren und rasch wechselten. Weder die Römer im allgemeinen noch die Orsini im besonderen waren in Florenz beliebt. Man fand ihren Stolz anmaßend und ihre Kultur rückständig. Die kaufmännischen und individualistischen Florentiner hatten nichts übrig für die schlaffe Großtuerei und die auffallend aggressive Frömmigkeit der meisten Römer. Ihr Verhalten schien auf nichts anderem als auf dem päpstlichen Pomp der Hauptstadt zu beruhen, bestimmt nicht

auf militärischen Leistungen, geistiger Überlegenheit oder moralischer Tugend. Aber schließlich hatte der große Lorenzo selbst in den Orsiniclan eingeheiratet, und keineswegs zum Schaden der Stadt. Schließlich gaben die Florentiner Piero die besten Chancen für sein Amt in der Republik. Lorenzos zweiter Sohn, der Kardinal Giovanni de' Medici, galt als gebildeter und klüger; aber erstens bekleidete er bereits ein Kirchenamt, und zweitens wäre er als der jüngere nie als Nachfolger seines Vaters in Betracht gekommen. Der dritte Sohn, Giuliano, war erst 13 Jahre alt.

Nach einer Mediciherrschaft von drei Generationen sahen die Florentiner in Piero fast ihren Kronprinzen. Auf jeden Fall war er groß und stark und sah gut aus – wie sein Onkel Giuliano. Er liebte die Jagd und das Fischen und war auch ein guter Ringer. Piero hatte eine hervorragende Erziehung genossen und konnte wie sein Vater Verse aus dem Stegreif dichten und frei reden. Allerdings war er nicht ganz so ungezwungen wie die anderen Medici. Er war leicht in seinem Stolz verletzt, und dann wurde sein Temperament gefährlich. Bei alledem konnte der neue Herrscher leicht zu einem Sinneswandel gebracht werden.

Bei vielen Gelegenheiten zeigte sich, daß Piero sehr wohl etwas von dem Geschick geerbt hatte, mit dem sein Vater seine empfindlichen Landsleute behandelt hatte. Als zum Beispiel Alfons II. von Neapel, der ehemalige Herzog von Kalabrien, der 1494 den Thron des verstorbenen Königs Ferdinand eingenommen hatte, Piero einen Titel und Land anbot, antwortete ihm der florentinische Handelsfürst kühl:

»Eure Majestät wissen, daß meine Vorfahren als private Bürger von ihrem Handel und ihren Gütern gelebt haben. Auch ich wünsche mir keinen höheren Stand als den ihren. Ich möchte in diesem Zusammenhang ihren Vorstellungen nichts schuldig bleiben. Vergebt mir, wenn ich Euer Angebot ausschlage. Wenn es trotzdem Euer Wunsch ist, mir eine Gunst zu erweisen, so tut bitte, was Euch am besten erscheint, durch meine Bankdirektoren ... Ich fühle mich einer so hohen Auszeichnung wie der, die Ihr vorschlagt, nicht würdig. Ich habe nicht den Wunsch, Baron zu werden.« Piero wußte genau, daß er ganz Florenz erzürnt hätte, hätte er Alfons' Ehrung angenommen. Das Oberhaupt der Republik war auf einen solchen Adel wie eine neapolitanische Baronie nicht angewiesen. Es war mehr als genug, den Namen einer so mächtigen Familie zu tragen. Allerdings verhielt sich Piero auch darin als typischer Medici, als er die Bemerkung machte, seine Bank werde gern jede Gunst annehmen, die Alfons ihr zudächte.

Im Gegensatz zu seinem plumpen, fleißigen und unschlüssigen jüngeren Bruder, dem Kardinal Giovanni, interessierte sich der hübsche, arrogante, redegewandte und sportliche Piero überhaupt nicht für Staatsgeschäfte; er überließ sie ganz seinem Kanzler. Auch

Adam. Ausschnitt aus dem Fresko »Gott und Adam« an der Decke der Sixtinischen Kapelle in Rom. Die Arbeit wurde von Michelangelo zwischen 1508 und 1511 ausgeführt.

Michelangelos Tondo »Die heilige Familie«, auch »Madonna Doni« genannt, entstand um 1504. Es wurde wahrscheinlich für die Hochzeit von Agnolo Doni mit Maddalena Strozzi ausgeführt. 1489, als Michelangelo (eigentlich Michelangelo di Ludovico Buonarroti-Simoni) gerade 14 Jahre alt war, entdeckte Lorenzo de' Medici die Begabung des jungen Bildhauers in der Werkstatt des Ghirlandaio in Florenz und nahm ihn in seine Obhut. Damit begannen die Verbindungen zwischen Michelangelo und dem Hause Medici, die Jahrzehnte andauerten.
Dieses Jugendwerk ist die einzige Tempera-Malerei auf Holz, die von Michelangelo erhalten ist. Danach malte er nur noch Fresken. Es steht unter dem Einfluß Ghirlandaios und Leonardos, der in einer Anna-Selbdritt-Gruppe drei Gestalten zu einem strengen Figurenblock zusammengeschlossen hatte.
Vasari berichtet, daß dieses Gemälde als Vorbild für die Künstler zweier Generationen galt. Uffizien, Florenz.

zeigte er selten etwas von der liebenswürdigen Zurückhaltung seines Vaters. Wenn er Befehle gab, dann ohne langes Nachdenken. Und Piero erwartete auch, daß sie ohne Kommentar befolgt wurden.
Die geselligen Florentiner sahen mit Bedauern, daß Piero trotz seiner Erziehung durch Poliziano und trotz der Umgebung von Künstlern und Intellektuellen, in der er aufgewachsen war, offenbar lieber mit Reitknechten und Akrobaten verkehrte als mit Gelehrten oder Kaufleuten. Allerdings mit einer Ausnahme: Michelangelo wohnte damals im Palazzo Medici und gefiel Piero; vielleicht, weil er so streitbar und ungestüm und kräftig war. Jedenfalls widmete der Herrscher von Florenz dem strammen Bildhauer ebenso viel Zeit wie einem gut aussehenden Spanier, der von Beruf Stallknecht war und zu dem Piero anscheinend eine homosexuelle Beziehung unterhielt.
Man braucht nicht jede Einzelheit zu glauben, die von den damaligen Chronisten berichtet wird. Selbstverständlich steckten in Schilderungen jener Historiker Bosheit und Übertreibung; sie konnten ja auch die beklagenswerten Vorgänge in Pieros späterem Leben

nicht übergehen. Trotzdem kommt man leider zu dem Schluß, daß Pieros Persönlichkeit nach dem Tod seines Vaters immer rascher verfiel.

Am 26. Juli 1492 starb auch der ehrenwerte, jedoch nicht besonders intelligente Papst Innozenz VIII., dessen Sohn Franceschetto Cibo mit Lorenzos zweiter Tochter Maddalena verheiratet war. Die Beziehungen zwischen dem Papst und Florenz waren meist ausgezeichnet. Er hatte zwar 1486 bei Strafe der Exkommunikation verboten, daß die 900 Thesen des Pico della Mirandola öffentlich rezitiert wurden. Aber das wird Lorenzo kaum sehr gestört haben, konnte man ihn doch kaum für die Meinung eines gelehrten Freundes verantwortlich machen.

Auf Innozenz folgte ein ganz anderer Mann, der Spanier Rodrigo Borgia, der sich Alexander VI. nennen ließ. Seine Wahl ging aus einem Konklave hervor, dem der König von Neapel und Ludovico Sforza, Herrscher von Mailand, verschiedene Kandidaten präsentiert hatten. Piero hielt nicht viel von diesen beiden Machthabern, aber er fürchtete Ludovico mehr, als er dem siebzigjährigen Ferdinand mißtraute, der 18 Monate später sterben sollte. Der ältere Medici wies deshalb seinen Bruder an, den jungen Kardinal Giovanni, für Ferdinands Kandidaten zu stimmen. Giovanni mochte aber Pieros gebieterische Art nicht und wandte sich an Kardinal Ascanio Sforza, Ludovicos Bruder. Ascanio wußte, daß er selber keine Chance hatte, und schlug deshalb Giovanni vor, für Rodrigo Borgia zu stimmen, der bestimmt gewinnen würde, nachdem er jeden Kardinal bestochen hatte, der ihm sein Ohr lieh. Giovanni in seiner jugendlichen Unschuld und Redlichkeit war absolut dagegen, die Papstwürde zu kaufen. Er stimmte deshalb für Ascanio, um Borgia wenigstens um eine Stimme zu bringen. Dieser bewundernswerte Schritt genügte aber nicht, um Rodrigo scheitern zu lassen. Schlau, reich und bedenkenlos, wie er war, erhielt er die Mehrheit und damit die Papstkrone.

Als Piero davon erfuhr, geriet er außer sich. Er befahl dem florentinischen Botschafter in Rom, ein Auge auf Giovanni zu halten und dafür zu sorgen, daß er ihn nicht noch einmal zum Narren hielte. Als der junge Kardinal von dieser Anordnung erfuhr, beschwerte er sich empört bei seinem Bruder über die anmaßende Behandlung. Nachdem er sich beklagt hatte, man habe ihn einem Vormund unterstellt, schrieb der junge Mann weiter:

»Piero, alle diese Dinge, zusammen mit dieser verfluchten Wahl, haben mich so aufgeregt, daß ich mich wie der unglücklichste Mensch fühle. Ich bin im Recht, und ich wünschte bei Gott, ich müßte mich ebenso wenig über dich beklagen wie du über mich. Außerdem bin ich Kardinal, und du solltest mich mit etwas Respekt behandeln. Daran solltest du denken und nicht Signor Ludovico in seiner Behandlung Ascanios nachahmen, denn ich bin ein Kardinal

genau wie Ascanio. Ich bin ziemlich verärgert über all dies, weil ich sehe, wie wenig dir an mir gelegen ist.«

In seinem späteren Verhalten bewies Giovanni, daß er seinem älteren Bruder wirklich treu ergeben war. Aber die Temperamente der beiden jungen Medici waren so gegensätzlich, daß Mißverständnisse unvermeidlich blieben.

Zu dieser Zeit begann Girolamo Savonarola, der Prior von San Marco, dessen Popularität in Florenz in den letzten vier Jahren rasch gestiegen war, sich in seinen Predigten auf Ferdinand von Neapel zu konzentrieren. Piero hegte keinerlei Sympathien für den verräterischen alten Intriganten auf dem neapolitanischen Thron, im Gegenteil, er verabscheute ihn gründlich. Er vermied aber in seiner Politik, mit fest etablierten Herrschern Streit anzufangen, und er mochte die unruhestiftenden Donnerwetter nicht, die der Prior gegen Tyrannenherrschaft und das unwürdige Leben großer Fürsten – das heißt Ferdinands – und Prälaten losließ. Unter diesen meinte er offenbar Papst Alexander, denn die Laster des Borgia waren allgemein bekannt. In Wirklichkeit war der Papst alles andere als ein bloßer Schwächling und Wüstling. Geist und Geld waren ebenso im Überfluß vorhanden wie moralische Schwäche. Er konnte ein grausamer Feind sein, und er akzeptierte nur Freunde, die selber Furcht erregten. Aus Gründen der Selbsterhaltung hatte Piero deshalb beschlossen, Florenz den Respekt Alexanders VI. zu sichern.

Piero hörte es auch nicht gern, wenn der Prior die Sünder leidenschaftlich zur Buße aufrief und fürchterliche Katastrophen prophezeite, sollten die Bürger von Florenz sich weigern, seine Lehren zu befolgen und ihn gegen jede Macht in Italien zu verteidigen. Solche Worte konnten nach Pieros Ansicht die Stellung der Medici in Flo-

Sandro Botticelli griff in seinen allegorisch-mythologischen Darstellungen gerne auf antike Quellen und zeitgenössische Dichtungen zurück, die er in eine zum Preziösen neigende Formensprache übersetzte.
Die Abbildung, Teil einer aus vier Gemälden bestehenden Ausschmückung eines Hochzeitzimmers, illustriert eine berühmte Novelle von Boccaccio (»Nastagio degli Onesti«). Darin wird von einer grausamen Bestrafung einer Frau erzählt, die ihrem Geliebten gegenüber gefühllos war. Um 1484. Prado, Madrid.

Ludovico Sforza (il Moro), *der Sohn Francescos I., verdrängte seinen Neffen Gian Galeazzo vom Thron und wurde 1494 Herzog von Mailand. Er war es, der Karl VIII. von Frankreich nach Italien rief, was für das Land verhängnisvolle Folgen hatte. Aber Ludovico bereute seine Tat bald und trat zu den Feinden Frankreichs über. 1499 wurde er aus seinem Herzogtum vertrieben. Während er in der Politik eine unglückliche Hand hatte, tat er sich als freigebiger Förderer von Kunst (Leonardo und Bramante) und Wissenschaft hervor.*
Ausschnitt aus einem Altarbild. Pinacoteca di Brera, Mailand.

renz erschüttern. Im Gegensatz zu Lorenzo damals hatte Savonarola bisher Piero namentlich nicht genannt. Trotzdem schickte das Staatsoberhaupt den lästigen Priester in aller Stille für die Fastenzeit von 1493 nach Bologna. In der Kathedrale von Santa Maria del Fiore erbaute dann ein anderer Priester die Gesellschaft mit honigsüßen und weniger beunruhigenden Reden.

Trotzdem blieben die Beziehungen zwischen dem Prior von San Marco und dem älteren Medici nach außen hin gut. Piero unterstützte Savonarolas Eingabe in Rom, die toskanischen Dominikaner von den lombardischen zu trennen, weil auch seine Politik, Ludovico auf Abstand zu halten, von einer solchen Maßnahme nur profitieren konnte. Auf jeden Fall würde die beherrschende Stellung von Fra Girolamo in der Toskana dadurch gestärkt. Die politische Lage wurde weiter verwirrt durch die Pläne des Herzogs Alfons von Kalabrien, dem Thronerben von Neapel, Ludovico in Mailand die Regentschaft zu entreißen. Er begünstigte den damals 23jährigen Gian Galeazzo Sforza, der als Sohn von Galeazzo Maria Sforza und Bona von Savoyen einen legitimen Anspruch auf den Thron des Herzogtums hatte. Alfons dachte dabei vor allem an seine Tochter Isabella von Aragon, die mit Gian Galeazzo verheiratet war. Gelang es ihm, Ludovico auszuschalten, konnte er die ganze Lombardei und Neapel in die Tasche stecken.

Damals schickten gerade die führenden italienischen Staaten Gesandtschaften zum neuen Papst Alexander VI., damit sie ihm zu seiner Wahl gratulierten. Ludovico Sforza schlug Piero listig vor, ein einziger Botschafter werde für Mailand, Florenz und Neapel doch genügen. Vielleicht wollte er Alexander damit andeuten, daß es gegen alle seine eventuellen Eroberungsgelüste ein starkes potentielles Bündnis gab. Piero aber wies Ludovicos Vorschlag nicht nur kühl zurück, sondern sorgte dafür, daß die florentinische Gesandtschaft wesentlich glanzvoller wirkte als die der Mailänder. Der Regent begriff sofort, daß Lorenzos Nachfolger ein ganz anderer Mann war als sein Vater. Daraufhin änderte Ludovico die gesamte Mailänder Politik, was für die ganze Halbinsel katastrophale Folgen haben sollte.

Auf Betreiben seines Sohnes und Erben Alfons nutzte Ferdinand von Neapel den Augenblick, um die Abdankung Ludovicos als Regent von Mailand zu verlangen. Aber Ludovico hatte nun schon seit Jahren Geschmack an der Macht gefunden und war nicht bereit, so rasch nachzugeben. Er erklärte, es wäre Verrat am Herzogtum, wollte man es einem Schwachkopf wie Gian Galeazzo ausliefern. Nach einer Unterredung mit Piero sah Ferdinand in Ludovico eine große Gefahr für ganz Italien. Er drohte offen, daß er die Dinge in Mailand mit Unterstützung von Florenz gewaltsam in Ordnung bringen werde. Ludovico wandte sich an Venedig und an den Papst, erhielt aber nur vage Versprechungen. Keine der beiden Mächte

wollte einem Usurpator offen beistehen, der ihnen sowieso keinen erkennbaren Vorteil brachte und höchstens zum Verlust der üppigen Geschäfte mit den Medici führen konnte.
Nun trat ein, was Cosimo einst befürchtet hatte, als er sich bemühte, seinem Freund Francesco Sforza auf den Thron von Mailand zu helfen. Doch weder Cosimo noch sein Enkel Lorenzo hatten es zu ihren Lebzeiten für möglich gehalten, nachdem die Grundsteine der Achse Mailand-Florenz für alle Zukunft gelegt zu sein schienen: Mit der politischen Isolierung von Mailand war das Gleichgewicht der Macht in Italien zerstört. Ludovico tat nun den verhängnisvollen Schritt, einen ausländischen Verbündeten zu suchen.
Durch René von Anjou, den Herzog von Lothringen, der 1480 gestorben war, besaß König Karl VIII. von Frankreich einen ziemlich vagen Anspruch auf die Krone von Neapel. Karl vereinte in seiner Persönlichkeit zwei Eigenschaften, die zusammen eine explosive Mischung ergaben. Er hatte eine mittelmäßige Intelligenz und war größenwahnsinnig. Seine Untertanen – nicht nur Militärs, sondern auch Politiker und Gelehrte – hatten schon seit langem seine Phantasie gereizt, indem sie schilderten, welcher Ruhm und welche Beute dem Eroberer Italiens winkten. Ludovicos Gesandte wurden deshalb in Paris mit viel Sympathie aufgenommen, und der leicht erregbare König beschloß von einem Tag zum anderen, Neapel einzunehmen. Damit wollte er anfangen. Die Rückgewinnung Konstantinopels, Jerusalems und des ganzen Nahen und Mittleren Ostens für das Christentum sollte folgen.
Als die italienischen Staaten von den Plänen des Franzosen erfuhren, reagierten sie nicht mit Bestürzung oder kriegerischem Trotz, sondern erst einmal mit verstärkter diplomatischer Aktivität. Venedig verkündete, es werde sich in den bevorstehenden Auseinandersetzungen neutral verhalten. Auch der Papst weigerte sich, Partei zu ergreifen. Einerseits hatte er seine Wahl vor allem Kardinal Ascanio Sforza zu verdanken, Ludovicos Bruder, andererseits wollte sich der Kirchenfürst mit einem so nahen und mächtigen Nachbarn wie dem Königreich von Neapel nicht ernsthaft überwerfen.
Ferdinand seinerseits fühlte sich als Hauptzielscheibe von Karl und wandte sich an Florenz, an die Städte der Romagna und auch an Bologna dringend um Hilfe. Die Bitte wurde etwas zögernd erfüllt. Florenz neigte jedenfalls aus alter Tradition dazu, mehr mit den Anjou als mit den Aragon zu sympathisieren. Dies ging auf das Kirchenschisma im 14. Jahrhundert zurück, als die Papstgegner die spanische Familie unterstützten und die Bürger der toskanischen Republik die Franzosen.
Als König Ferdinand am 25. Januar 1494 starb, wurde die Lage noch ungewisser. Er war der letzte der »Tyrannen«, der Savonaro-

Beatrice Sforza, die Gemahlin Ludovicos (links). Sie trägt ein goldenes, reich mit Ornamenten verziertes Haarnetz, das den hinteren Teil ihrer schlichten Frisur bedeckt und noch den über den Rücken herabfallenden Zopf umhüllt. An dem schwarzen Stirnband sind in regelmäßigen Abständen rechteckige Edelsteine in ovalen Goldfassungen angebracht. Porträt des Alessandro Allori (1535–1607), eines Schülers von Bronzino. Uffizien. Florenz.

las Prophezeiung von ihrem baldigen Ende erfüllte: Lorenzo und Innozenz waren 1492 bereits gestorben. Diese Voraussage war, wie schon erwähnt, nicht weiter riskant; Lorenzo war sehr krank, und die beiden anderen im vorgeschrittenen Alter. Trotzdem glaubten plötzlich alle daran, er könne in die Zukunft sehen. Man sprach ihm übernatürliche Kräfte zu, und die Massen folgten jedem seiner Worte, ob es um die Politik oder um den Glauben ging. Selbst hervorragende Anhänger der Medici wie Poliziano und Pico della Mirandola wurden seine lautstarken Jünger und erklärten den reichlich albernen Karl VIII. zu einem frommen Helden, der von Gott gesandt sei, um alle Christen von der schrecklichen Bürde ihrer Sünden zu befreien.

Zu dieser Zeit, im Frühjahr 1494, brach zwischen Piero de' Medici und seinen Vettern – den Enkeln von Cosimos Bruder Lorenzo – wegen einer Tanzpartnerin ein Streit aus. Giovanni di Pierfrancesco de' Medici, mit 27 Jahren der jüngere der beiden Vettern, noch schöner als Piero und genauso arrogant wie dieser, soll von seinem mächtigen Cousin auf einem Ball eine Ohrfeige bekommen haben. Anscheinend hatte er einem Mädchen den Hof gemacht, an dem auch Piero interessiert war. In dieser Situation konnte Giovanni sich nicht revanchieren; er konnte sich nur verbeugen und mit den Zähnen knirschen. Aber Piero war noch nicht mit ihm fertig. Unter dem Vorwand, sie seien von Frankreich bestochen – Frankreich war inzwischen mit Ludovico verbündet und damit Feind der Republik Florenz –, ließ er die beiden Brüder Pierfrancescos wegen Verrats festnehmen. Es kann möglich sein, daß der Verdacht begründet war. Vielleicht sollten die Brüder sich nicht einmischen, falls Ludovico mit den Franzosen in Florenz einmarschierte. Vielleicht sollten sie sogar gegen Piero kämpfen, falls dieser sich widersetze. Dabei waren die Brüder Pierfrancescos eigentlich von allen Medici am harmlosesten. Sie kümmerten sich nicht um Politik und waren mit ihrem luxuriösen Leben auf dem Lande zufrieden. Piero mußte sie deshalb auch ohne Strafe gehen lassen, was er unter Zurschaustellung von Großmut auch tat. Er geleitete sie sogar selbst nach Hause, zweifellos in der Hoffnung, sie von einem endgültigen Bündnis mit Karl und Mailand abzuhalten.

Im September überschritt das französische Heer unter der Führung von Karl VIII. die Alpen. Alexander VI. schloß eilig ein enges Bündnis mit dem bedrohten König von Neapel, Alfons II., dem früheren Herzog von Kalabrien. Alfons, ein erfahrener Soldat, marschierte nach Norden, den Angreifern entgegen. Über die fremden Truppen liefen bestürzende Nachrichten um. Sie seien etwa 60000 Mann stark und in einem Maß ausgerüstet und diszipliniert, wie es den Italienern mit ihren kleinen Bürgerwehren und Söldnertrupps völlig unbekannt war. Die Schweizer Infanterie der Franzosen konnte jeden Kavallerieangriff zerschlagen, mit denen bisher die

Dolce Vita *im 15. Jahrhundert. Junge Mädchen und Männer vergnügen sich bei einem gemeinsamen Bad im Park eines Palazzos. Eine Gruppe von Holzbläsern und Sängern sorgt für die musikalische Unterhaltung, während ein Page Wein heranträgt. Miniatur aus dem Codex* De Sphaera. *Biblioteca Estense, Modena.*

meisten Schlachten auf der Halbinsel gewonnen worden waren. Die leichte und bewegliche französische Kanone feuerte keine Steinkugeln ab, sondern Eisenkugeln, die jede Formation sprengten, noch ehe sie in Aktion getreten war. Die Berichte waren tatsächlich nicht übertrieben. Bei Rapallo in Ligurien schlugen die Franzosen Alfons vernichtend. Der König von Neapel zog sich sofort zurück, um sich der Verteidigung seines eigenen Territoriums zu widmen.
Inzwischen war Karl in Mailand von Ludovico und in Pavia von Gian Galeazzo und seiner Gemahlin Isabella von Aragon unterwürfig empfangen worden. So sehr die Dame den König auch anflehte, die Familie ihres Vaters zu schonen, es half nichts. Die fremden Truppen marschierten weiter bis Piacenza an der Grenze zwischen

Kanonenartige Geschütze kamen auch in den italienischen Kriegen des 15. und 16. Jahrhunderts zum Einsatz. Als Geschosse dienten zunächst Steinkugeln (seit 1345), aber die Schweizer Infanterie Karls VIII. benutzte für ihre leichten und beweglichen Geschütze bereits Kugeln aus Gußeisen. Die Rohre, die vor allem im 16. Jahrhundert reiche Verzierungen aufwiesen und oft als Erzeugnisse des Kunsthandwerks angesehen werden dürfen, wurden seit dem Ende des 15. Jahrhunderts meist aus Bronze gegossen. Anfänglich war das Laden so kompliziert, daß am Tag nur ein Schuß abgefeuert werden konnte.
Holzschnitt aus »Fronspergers Kriegsbuch« von Jost Amman, Frankfurt 1573.

der Lombardei und der Emilia. Dort erfuhren sie, Gian Galeazzo sei plötzlich gestorben und Isabella mit ihren vier Kindern im Gefängnis. Der Regent, Ludovico Sforza, habe sich dann selbst zum Herzog von Mailand proklamiert.
Nun stand nur noch Florenz den französischen Invasoren im Weg. In Piacenza stießen die Brüder Pierfrancesco zu König Karl – ein Beweis, daß sie trotz des Gnadenaktes Piero immer noch feindselig gesonnen waren. Zum erstenmal waren die Medici in zwei unversöhnlich verfeindete Parteien gespalten. Piero sah den Boden unter seinen Füßen schwinden, als neben dem jüngeren Zweig der Familie auch viele prominente Florentiner Sympathie für die Franzosen zeigten. Als Karl befahl, Florenz solle sich seinen Truppen ergeben, die sich bereits dem Nordwesten der Toskana näherten, weigerte sich Piero trotzdem. Daraufhin überredete Ludovico, der Usurpator von Mailand, den bestürzten König listig, die Medicibankiers aus Lyon hinauszuwerfen. Der neue Herzog wollte den Florentinern durch diesen Schritt weismachen, die Truppen kämpften gegen die mediceische Vorherrschaft und nicht gegen die Republik Florenz. Karl ging darauf ein, und die Atmosphäre der Feindseligkeit gegen die Medici verdichtete sich, wie es Ludovico erwartet hatte. Piero begegnete dieser Gefahr in seiner typischen Art; er trug hochmütige Gleichgültigkeit zur Schau, um alle zu überzeugen, daß er nicht zu schlagen sei. Während die Franzosen sich zum Angriff auf Sarzana inmitten der Toskana vorbereiteten, spielte Piero mit seinen Kumpanen in aller Öffentlichkeit *pallone* (ein Ballspiel).
Als Sarzana unter der französischen Kannonade fiel, muß Piero dann plötzlich die Nerven verloren haben. Er reiste im Oktober eilig und geheim in Karls Lager vor der Festung Sarzanello, die von einer florentinischen Garnison hartnäckig verteidigt wurde. Dort fiel der Alleinherrscher von Florenz vor dem Franzosen auf die Knie, dessen Thron ein Wald von Schweizer Lanzen umringte. Er bat den König um Vergebung, daß er gewagt habe, sich ihm zu widersetzen. Piero nahm die demütigenden Bedingungen des Königs sofort an, worüber selbst Karls Ratgeber nur verächtlich staunten. Sarzana, Sarzanello, Pisa, Livorno und einige Nachbarstädte sollten bis zur Einnahme von Neapel den Franzosen gehören. Die Staatskasse der Republik hatte sofort ein Darlehen von 200 000 Dukaten für die Finanzierung des weiteren Feldzugs vorzustrecken.
Wenn man bloße Dummheit verzeihlicher findet als Feigheit, kann man Pieros Verhalten wohl nachsichtig beurteilen. Er war weder seinem Charakter noch seinem Verstand nach wirklich in der Lage, eine verantwortungsvolle Position auszufüllen.
Ein glänzender Diplomat wie Lorenzo konnte es sich leisten, persönlich einen anderen italienischen Herrscher aufzusuchen und durch unerschütterliche Liebenswürdigkeit seine Feindseligkeit in Wohlgesonnenheit umzuwandeln. Wenn aber ein ungeduldiger

Playboy wie Piero sich der Gnade eines ausländischen Aggressors auslieferte, der eine beutegierige 60000-Mann-Armee befehligte, war das etwas anderes. Doch diesen Unterschied begriff Piero nicht. Er besaß so wenig Phantasie, daß er Probleme, die er nicht einfach physisch beseitigen konnte, nur zu lösen verstand, indem er jedem Druck nachgab. Im Sport und beim Ringen zahlte sich dieses Verfahren manchmal aus, aber das Schicksal großer hochzivilisierter Gemeinwesen ließ sich nicht auf dieselbe Weise manipulieren. Vielleicht war es eher Pieros Pech als sein Verschulden, daß er unfähig war, zwischen einem Kampf auf Leben und Tod und einem Ringkampf zu unterscheiden.

Vierzehn Tage später kehrte er am 8. November nach Florenz zurück und verkündete, zu welchen Bedingungen er den Frieden gerettet habe. Über den Zorn der Signoria war er aufrichtig verwundert. Sobald seine Abreise und sein Ziel bekannt geworden waren, hatte man den »Rat der Siebzig« einberufen. Eines der Mitglieder, Piero Capponi (ein Nachkomme von Cosimos altem Gegner Neri Capponi), hatte dabei schroff erklärt, das Staatsoberhaupt habe sich als seines Amtes unfähig erwiesen. Es sei an der Zeit, fuhr Capponi fort, mit diesem kindischen Regime ein Ende zu machen und unter einer Regierung erwachsener Männer die Freiheit zurückzugewinnen. Der Rat hatte beschlossen, fünf Botschafter (darunter Capponi und Savonarola) auszusenden, um mit Karl VIII. zu verhandeln. Pieros Bericht über seine Begegnung mit dem König stieß deshalb auf verächtliches Schweigen. Er stürzte voller Wut aus dem Saal, und als er am nächsten Tag an der Spitze eines bewaffneten Trupps seiner Leute wiederkam, verweigerte man ihm den Zutritt zum Palazzo Vecchio. Der diensthabende Offizier erklärte ihm, er könne den Palazzo nur allein und unbewaffnet durch eine Seitentür betreten. Selbst Piero begriff, was das bedeutete. Wenn er gehorchte, würde er den Palast wohl kaum lebendig wieder verlassen. Er zog sich zornig in den Palazzo Medici in der Via Larga zurück. Dort beriet er sich mit den paar einflußreichen Männern, die noch zu ihm hielten, ob er die Macht mit Gewalt zurückerobern könne. Die Chancen schienen nicht günstig. Die Diskussion zog sich mühsam in die Länge, als sie plötzlich auf dramatische Weise unterbrochen wurde.

Die großen Glocken des Doms begannen wild zu läuten. Auf der Piazza stieg von einer ungeheuren Menge zorniges Geschrei auf. Pieros Späher berichteten, die Signoria habe Piero di Lorenzo de' Medici soeben zum Aufrührer und Verfemten erklärt. Alle Bürger auf den Straßen seien bewaffnet. Selbst alte Männer zögen ihre rostigen Schwerter und Hellebarden, mit denen sie schon zu Cosimos Zeit gegen Venedig gekämpft hatten. Da kam Hoffnung aus einer unerwarteten Richtung. Pieros Bruder, der 19jährige Kardinal Giovanni, befand sich im Palazzo Medici. Er war nach Florenz zurück-

Zu Anfang des 16. Jahrhunderts wurden die Geschütze beweglicher, so daß sie auch in der vordersten Linie zum Einsatz kommen konnten. Die Verbesserung der Lafette, des Schießgestells, ging unter anderem auch auf Kaiser Maximilian I. zurück, der auch die Munition vereinfachte. Belagerung einer Festung durch eine Batterie. Holzschnitt eines unbekannten Meisters, 1505.

Der Dominikaner Girolamo Savonarola versuchte, das städtische Leben in Florenz nach streng asketisch-kirchlichen Grundsätzen umzugestalten. Seine nur dürftig möblierte Zelle im Kloster San Marco ist Ausdruck seiner Lebensideale: der Armut und der Tugend.
Holzschnitt aus Savonarolas »Della semplicità della vita christiana«, Florenz 1496.

gekehrt, weil er mit Alexander VI. nicht einverstanden war und weil die Nachrichten über Pieros ungeschickte Politik ihn beunruhigten. Während die Sturmglocke weiter schlug und das Geschrei von der Piazza immer betäubender wurde, bewies Giovanni mehr Mut als das verzweifelte Familienoberhaupt. Der junge Kardinal führte ein paar Anhänger der Familie mit blanker Waffe auf die Via Larga hinaus. Der kleine Trupp brüllte den einstmals gefürchteten Kriegsruf der Medici: »Palle! Palle!«

Diese alte Parole bezog sich auf die Kugeln (*palle*) oder »Pillen« im mediceischen Wappen. Seit einem Jahrhundert hatte sie genügt, die Bevölkerung gegen die Feinde der Familie aufzurufen. Diesmal antworteten mehr und viel lautere Rufe »Popolo e libertad« (»Volk und Freiheit«) darauf. Giovanni sah, daß er gegen den Bürgerwall, der ihm drohend auf dem Pflaster entgegenmarschierte, machtlos war. Er befahl seiner Handvoll Anhänger den Rückzug und flüchtete sich in den Palast. Piero hatte das Gebäude bereits verlassen. Mit seinem jüngeren Bruder Giuliano und ein paar Reitknechten war er durch eine Hintertür geflüchtet, hatte sich aufs Pferd geworfen und galoppierte durch die Porta San Gallo auf die Straße nach Bologna hinaus – er wollte nach Venedig.

Kardinal Giovannis jugendlicher Mut wurde noch von seiner Klugheit übertroffen. Er verkleidete sich als Mönch, ließ die kostbarsten transportablen Schätze aus dem Palast ins Kloster San Marco bringen und verließ dann, immer noch in Mönchskutte, die Stadt und trabte unauffällig hinter seinem Bruder her. Kurz darauf erfuhren beide Männer, daß die Signoria auf Pieros Kopf 4000 Florin und auf den Giovannis 2000 gesetzt hatte.

Der Palazzo in der Via Larga und das Landhaus der Medici in Careggi wurden geplündert. Zwei Häuser, die Pieros Hausgeistlichen gehörten, wurden bis auf die Grundmauern niedergebrannt. Die Medicigegner aus den Familien der Pazzi und Neroni wurden zusammen mit den Brüdern Pierfrancescos aus der Verbannung zurückgerufen. Nach zwei Jahren der Herrschaft Pieros war der Widerwille gegen die Herrschaft des ältesten Zweigs der Medici – die Florenz zu mehr Macht und Ruhm verholfen hatten, als es jemals erlebt hatte oder je wieder erleben sollte – grenzenlos. In dieser kurzen Zeit wurde eine Autorität zerstört, die mehr als sechzig Jahre gültig war, nur weil Piero das politische Urteil und die persönliche Würde seiner drei bedeutenden Vorgänger fehlten. An den Maßstäben seiner Zeit gemessen war Piero di Lorenzo weder ein Narr noch ein rücksichtsloser Schurke. Sein ganzes Vergehen bestand darin – und das war für ein florentinisches Staatsoberhaupt eben unverzeihlich –, kein außen- oder innenpolitisches Talent zu haben. Das genügte unter den besonderen Umständen seiner Zeit, die Ehre seiner Stadt und ganz Italiens im Ausland für fast vier Jahrhunderte in den Schmutz zu ziehen.

Während Florenz sich der Medici entledigte, eroberten die Eindringlinge aus dem Norden Pisa. Wie er mit Piero übereingekommen war, erklärte Karl die Stadt für frei von der florentinischen Herrschaft. Die zögernde Signoria konnte nichts anderes tun, als dieser unheilvollen Erklärung zuzustimmen. Der französische König antwortete auf ihre klägliche Erwiderung huldvoll, er werde die Situation regeln, sobald er in Rom sei. Ein paar Tage später trat der unbezähmbare Girolamo Savonarola vor Karl VIII. Er donnerte los, sein erschrockener Zuhörer sei nichts anderes als ein Werkzeug in den Händen des Allmächtigen Gottes und einzig für die Reformation der christlichen Kirche bestimmt. Sollte Karl diese Mission verderben, indem er der Republik von Florenz Schaden zufügte, werde der Himmel solchen Verrat in schrecklicher Weise an dem Monarchen rächen.

Man muß zugeben, daß diese Kühnheit für die aufrichtige Liebe spricht, die der Pater aus Ferrara für seine Wahlheimat empfand. Niemand außer ihm hätte damals gewagt, diese Liebe in so drastischer Form zu äußern. Savonarola war nur ein Gemeindepfarrer, nicht einmal Bischof. Karl regierte die mächtigste Nation Europas und befehligte die stärkste Armee, die Italien seit dem römischen Kaiserreich gesehen hatte. Zweifellos zeigte der Dominikaner auch, wie man physischer Überlegenheit begegnen kann, indem man haargenau die moralische Schwäche eines Gegners trifft. Mit absoluter Selbstsicherheit spielte er meisterhaft mit dem feigen Aberglauben eines Königs, der ihn auf der Stelle hätte aufhängen lassen können. Savonarola kannte die Gefahr, die er heraufbeschwor, und sein Auftritt machte auf den französischen Hof gewaltigen Eindruck. Niemand wagte, etwas zu sagen oder Hand an die unbewaffnete, einsame Gestalt zu legen, als sein letzter Satz durch den Saal dröhnte. Der schmale Priester kehrte dem siegreichen König von Frankreich den Rücken und stolzierte aufrecht davon, wie er vor ihn getreten war.

Man mag von Savonarolas Fanatismus und seinem ungestümen Urteil über die Medici, unter denen er immerhin lebte, denken, was man will: An seinem Mut und seiner Aufrichtigkeit, mit der er Florenz entschlossen nicht nur gegen die Sünden, sondern auch gegen die fremden Eroberer verteidigte, besteht kein Zweifel. Höchstwahrscheinlich hat seine strenge und unbeugsame Haltung gegenüber Karl die Hauptstadt der Toskana vor der endgültigen Katastrophe durch Mord und Plünderung bewahrt.

Als man schließlich am 17. November von den Mauern der Stadt die Eroberer näherkommen sah, beschloß die Signoria auf den Rat des Priors, die Tore zu öffnen. Der feierliche Einzug fand in strömendem Regen statt; eine riesige Prozession von 12 000 Bewaffneten, von Artillerie, die von Pferden gezogen wurde und nicht von Ochsen, und von einer prächtig aufgezäumten Kavallerie. Wie oft

In seinen mitreißenden Predigten verlangte Savonarola, daß der Staat sich nach den heiligen Dogmen der Kirche zu richten habe. Durch göttliche Stimmen sah er sich auch zum Propheten berufen und kündigte ein bald hereinbrechendes Strafgericht an, was durch den Sturz der Mediciherrschaft (1494) erfüllt schien. Aber der kühne Dominikaner wandte sich auch gegen den Verfall der Sitten am päpstlichen Hof und den französischen König Karl VIII., dessen moralische Schwächen er anprangerte.
Der zeitgenössische Holzschnitt zeigt Savonarola bei einer Predigt in San Marco. Aus »Revelazio e Vita« von Savonarola. British Museum.

Am 17. November 1494 zog Karl VIII. von Frankreich mit seiner Armee in Florenz ein. Insgesamt sollen sich fast 60000 Mann in seinem Gefolge befunden haben. Damit begann eine unglückliche Epoche in der Geschichte von Florenz und ganz Italiens. Das Fresko von Francesco Granacci, eines Freundes von Michelangelo, entstand um 1518. Es zeigt die Franzosen vor dem Palazzo Medici (links). Palazzo Medici-Riccardi, Florenz.

bei französischen Armeen der damaligen Zeit ritt eine exotisch gekleidete Einheit von Schotten unter den anderen Schwadronen mit. König Jakob IV. von Schottland bemühte sich damals zwar sehr, der Tradition ein Ende zu machen, nach der sein Land die Rivalität zwischen Frankreich und England jahrhundertelang geschürt hatte, indem es den Franzosen schottische Truppen zur Verfügung stellte, doch in der Praxis ließ sich dies nicht so leicht abstellen. Hinzu kam, daß infolge der ziemlich friedfertigen Verhandlungen zwischen Jakob IV. und König Heinrich VII. von England kriegerische Schotten damals zu Hause keine Beschäftigung fanden.
Der schwächliche kleine Karl trug einen riesigen weißen Hut und einen weiten blauen Mantel. Er ritt ein mächtiges schwarzes Schlachtroß und führte die stampfende und klirrende Nachhut mit ihren schwankenden, völlig durchnäßten Bannern an. Die Bevölkerung jubelte ihm hoffnungsvoll zu, denn Savonarola hatte allen Einwohnern der Stadt versichert, Karl werde gegen die Übeltäter in der Regierung unerbittlich vorgehen. Mit anderen Worten: Der beliebteste Mann von Florenz, Girolamo Savonarola, glaubte – und nicht ohne Grund –, er habe die Fremden schon in der Tasche.
Als die Soldaten auf die Piazza zumarschierten, machten sie mit ihrer prächtigen Kleidung und modernen Bewaffnung tiefen Eindruck auf die Bürger. Das Volk von Florenz bewunderte die Franzosen, die Schweizer, Deutschen und Schotten, und die Männer aus dem Norden waren geradezu überwältigt von Florenz, der massiven Würde der Palazzi der großen Familien, der prächtigen Architektur der städtischen Gebäude und vom Glanz des offiziellen Empfangs auf der Piazza und im Palazzo Vecchio. Sie staunten, wie reich ge-

kleidet selbst kleine Kaufleute und Handwerker waren, und nicht zuletzt über das feine Benehmen, das jedermann zur Schau trug.
Die Signoria bestimmte Piero Capponi und drei weitere Bevollmächtigte, um mit den Franzosen zu verhandeln. Doch die Offiziere und Soldaten der fremden Armee begriffen schon nach zwei oder drei überraschenden Zwischenfällen, daß ihre Überlegenheit in Florenz nicht so groß war, wie sie angenommen hatten. So begann zum Beispiel eines Tages die große Glocke des Palazzo Vecchio plötzlich über die Piazza zu dröhnen. Sofort rasselten alle Gitter der Läden herunter, auf allen Hauptstraßen wurden in Windeseile Barrikaden errichtet, und die Bürger stürzten bewaffnet aus ihren Häusern. Die Besatzungstruppen bereiteten sich hastig auf Unruhen vor, obwohl sie sich nicht vorstellen konnten, was passiert war. Aber schon nach wenigen Minuten hörte die Glocke zu läuten auf, und die Straßen boten wieder das gewohnte Bild. Als man im Palazzo Vecchio nachforschte, erfuhr man, es habe geheißen, Piero de' Medici habe sich den Stadtmauern schon auf wenige Kilometer genähert. Dieses Gerücht hatte sich dann als falsch erwiesen, aber erst einmal hatten die Italiener typisch reagiert und sich auf einen Straßenkampf vorbereitet, was für andere Europäer ungewohnt war. Ein paar Tage später und wieder aufgrund einer Fehlinformation war die aus Schweizer Pikenieren bestehende königliche Leibwache aus ihrem Lager bei einem der Stadttore aufgebrochen und in Schlachtordnung auf die Piazza zumarschiert. Die Abteilung hatte sich kaum in Bewegung gesetzt, als alle möglichen Wurfgeschosse von den Dächern und aus den Fenstern auf die Helme der Soldaten herunterprasselten, so daß die Schweizer in Deckung gehen mußten. Es war gut für Florenz, daß diese disziplinierte Truppe auf Befehle wartete, bevor sie zurückschlug. Sie kehrte geordnet in ihr Quartier zurück, und zugleich hörte auch der Regen von Ziegeln, Hausrat und Möbeln von den Dächern und Balkonen auf. Solche Zwischenfälle machten den Eindringlingen klar, daß sie sich auf die Gastfreundschaft der Florentiner nicht verlassen konnten und daß es gefährlich war, Auseinandersetzungen mit Gewalt zu unterdrücken.
Die Bedingungen, die die Berater des Königs den Vertretern der Signoria vorschlugen, waren allerdings unannehmbar. Die Florentiner beschränkten sich zunächst auf Einwände. König Karl konnte sich nicht beherrschen und rief: »Ergebt Euch, oder wir werden unsere Trompeten blasen!« Daraufhin sprang Piero Capponi auf. Er hielt das Papier, auf dem die Bedingungen standen, hoch, zerriß es wütend und brüllte zurück: »Dann blast! Und wir werden unsere Glocken läuten!« Er warf die Fetzen des Vertragsentwurfs auf den Boden, drehte sich hastig um und wollte den Raum verlassen. Offenbar war er entschlossen, seine Drohung sofort in die Tat umzusetzen. So weit durfte man es nicht kommen lassen. Jemand flüster-

*Schwere Geschütze der Armee Kaiser Karls V.
Kupferstich aus der Bildfolge »Einzug des Kaisers Karl V. und des Papstes Clemens VII. in Bologna am 24. Februar 1530« von Johann Nicolaus Hogenberg. Um 1530.*

te eindringlich auf den Monarchen ein. Karl brach die Spannung mit einem nervösen Lachen. Er versicherte Capponi, er habe es nicht ernst gemeint, und dieser setzte sich zögernd wieder an den Konferenztisch.

Schließlich einigte man sich auf vernünftigere Bedingungen. Sie enthielten Vorkehrungen für ein enges Bündnis zwischen Frankreich und Florenz und eine Entschädigung von 120000 Dukaten für die Invasoren. Dafür sollten die Florentiner die Herrschaft über Pisa, Livorno, Sarzana und Pietrasanta wiedererlangen, wenn die französische Armee ihr Ziel erreicht hatte.

Zwei Tage später, am 27. November, brachen die Franzosen von Florenz nach Rom auf. Im Gepäck des Königs befanden sich viele Schätze der Medici, die Kardinal Giovanni auf seiner Flucht zurückgelassen hatte. Den Wert der Beute, die der Franzose wegschleppte, hat man auf mindestens 7000 Dukaten geschätzt.

Der triumphale Zug des Königs durch Rom nach Neapel, wo er am 22. Februar 1495 einmarschierte, traf auf keinen Widerstand. Papst Alexander VI. unterschrieb alles, was man ihm vorlegte. Doch er dachte nicht daran, seine Versprechen zu halten. König Alfons II. von Neapel floh sofort aus Italien, als sich die feindlichen Truppen seinen Grenzen näherten. Am 12. Mai wurde Karl an seiner Stelle gekrönt. Dieser feierliche Akt war eigentlich alles, was er gewollt hatte – natürlich plünderte er die Stadt, wie jeder Eroberer. Seine großen Reden von früher, er wolle die Ungläubigen im Osten unterwerfen, hatte er über seinen Lustbarkeiten im Frühling von Neapel ganz vergessen. Schließlich zwang ihn die politische Entwicklung in Italien, mit den Schätzen, die er auf dem Marsch durch die Halbinsel angehäuft hatte, so rasch wie möglich nach Hause zurückzukehren.

Vor allem bildete sich jetzt eine Widerstandsbewegung. Der flüchtige König Alfons hatte seine Zeit im Ausland nicht verschwendet. Als Mitglied des Hauses Aragon war er an den spanischen Hof geeilt. Der größte Feldherr der Zeit, Gonzalo Fernandez de Cordoba, der sich bei der Vertreibung der Mauren aus Spanien ausgezeichnet hatte, erhielt die Erlaubnis Königin Isabellas, einen Feldzug zur Wiedereinsetzung des Hauses Aragon in Neapel zu führen. Sein Heer landete in Sizilien. Im Norden hatten sich der Papst und viele italienische Fürsten entschlossen, die Franzosen aus dem Land zu jagen.

Außerdem bahnte sich ein Ereignis an, dessen Auswirkungen auf die europäische Geschichte bis heute noch nicht voll erkannt worden sind. Es betraf die Medici nicht mehr als andere. Deshalb soll es hier auch nur kurz gestreift werden, obwohl es den Entschluß Karls, sein Unternehmen in Italien abzubrechen, sicher beeinflußt hat und damit indirekt auch die Pläne Pieros de' Medici. Die Armee König Karls wurde in Neapel von einer neuen Krankheit heim-

Soldaten Kaiser Karls V. braten im Feldlager einen Ochsen am Spieß.
Kupferstich aus »Einzug des Kaisers Karl V. und des Papstes Clemens VII. in Bologna am 24. Februar 1530« von Johann Nicolaus Hogenberg. Um 1530.

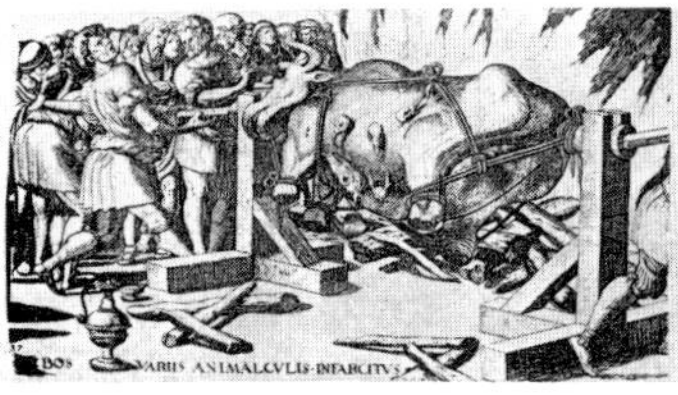

gesucht und dezimiert, die man Syphilis oder »Franzosenkrankheit« nannte. Man weiß nicht genau, ob die Erreger der *spirocheta pallida* schon lange auf dem Kontinent vorhanden gewesen sind, oder ob sie erst durch die Verbindungen, die Kolumbus in den letzten beiden Jahren zu Westindien hergestellt hatte, importiert waren. Jedenfalls konnten sich durch die Umtriebe und Ausschweifungen der fremden Truppen in Kampanien und die ungesunden Wohnverhältnisse der damaligen Zeit starke Anfälle von Fieber, quälende Kopfschmerzen, starke Schmerzen in den Gelenken, Geschwüre, scheußliche Wunden, Wahnzustände und Lähmungen schnell verbreiten. Der Tod hielt reiche Ernte. Diese Ereignisse besiegelten den Entschluß der Eroberer, Italien schnell zu verlassen. Zufrieden mit seiner Beute zog Karl nach Norden, um sich – wenn nötig – mit Waffengewalt nach Frankreich durchzuschlagen. Zu diesem Zeitpunkt muß sich Piero de' Medici ihm angeschlossen haben. Zweifellos hoffte Piero, mit Hilfe der französischen Truppen in Florenz wieder zur Macht zu gelangen.

Die Armee war bereits ohne Widerstand bis Siena gelangt, als sich die Signoria daran erinnerte, daß der König vertraglich noch immer ihr Verbündeter war. Savonarola wurde als Gesandter zu Karl geschickt und traf mit dem König in Poggibonsi bei Siena zusammen. Der Priester wiederholte seine Drohungen vom göttlichen Zorn.

Dem Dominikaner gelang es, sein Hauptziel zu erreichen. Die königlichen Truppen ließen Florenz liegen und wandten sich nach Westen gen Pisa. Erst als sie weiter nach Norden marschiert waren, mußten sie bei Fornovo in der Emilia, östlich von Parma und Reggio, zu den Waffen greifen. Zu den Truppen, die Venedig, die päpstlichen Staaten und sogar Mailand gemeinsam aufgebracht hatten – Ludovico fand, Karl habe ihn durch sein mildes Verhalten in Florenz betrogen –, stießen die des Königs Ferdinand von Spanien, der Neapel für Alfons zurückgewinnen wollte. Dazu kam noch ein Kontingent des sogenannten Königs von Rom, Maximilian von Habsburg. Er war der Sohn des Kaisers vom Heiligen Römischen Reich, der keineswegs ein französisches Italien wünschte. Dieses internationale Heer traf nun bei Fornovo auf die erschöpften Franzosen und Schweizer, die durch Syphilis und Fahnenflucht inzwischen auf 9000 Mann geschrumpft waren.

Die Verbündeten brachten dagegen 40000 auf. Sie hätten einen leichten Sieg erringen können, wären sie nicht militärisch so unfähig, untereinander uneins und beutelüstern gewesen. So kämpften sich die Franzosen in der Nacht des 6. Juli frei und flüchteten. Mitte Juli kamen sie nach Asti in Piemont, wo 20000 Schweizer Pikeniere zu ihnen stießen. Niemand wollte einen neuen Feldzug beginnen. Der König und seine Offiziere hatten reiche Beute gemacht und waren an Italien nicht mehr interessiert. Ein paar Tage später erreichte die Armee französisches Gebiet. Piero de' Medici hatte die

König Ferdinand von Spanien (1479–1516), hatte 1492 die Expedition des Christoph Kolumbus finanziert und damit ein neues Zeitalter eingeleitet. Als die in Neapel regierende Nebenlinie seines Hauses ausstarb, fiel ihm auch dieses Königreich zu.
Der Holzschnitt zeigt das gemeinsame Wappen von Ferdinand und Isabella. Kastell und Löwe sind die Zeichen Kastiliens, die senkrechten Pfähle und die Adler die von Aragon. Der Granatapfel unten spielt auf das 1492 zurückgewonnene Granada an. Das Motto »Tanto Monta« weist auf die Gleichberechtigung des Herrscherpaares hin.
Aus Garcias »Peregrina«. Sevilla 1498.

Truppen nicht begleitet. Nach seiner Niederlage in Poggibonsi war er nach Rom zur Familie seiner Frau zurückgekehrt und versuchte, seine Sorgen beim Spiel zu vergessen.

Nachdem die Medici nicht mehr in Florenz regierten, kehrte die Stadt zu ihren alten Experimenten mit der Verfassung zurück. Am 9. Dezember 1495 wurde der »Rat der Siebzig« aufgelöst und durch einen »Rat der Zwanzig« ersetzt. Aber da es keine Persönlichkeit gab, die ihn führen konnte, versagte diese Maßnahme. Im neuen Rat gab es nur zwei bemerkenswerte Männer. Piero Capponi war ein bewährter Soldat und hatte seinen Patriotismus und seinen Mut bereits bewiesen, als er öffentlich auf die Fehler Piero de' Medicis hinwies und sich Karl VIII. widersetzte. Francesco Valori war der Anführer bei der Plünderung des Palazzo Medici, nachdem das Staatsoberhaupt aus Florenz geflohen war. Allerdings war dieser kraftvolle Demagoge ebensowenig ein Staatsmann wie der kühne Capponi. Beide waren nicht fähig, ein großes Gemeinwesen zu verwalten oder die Uneinigkeit seiner Bürger unter Kontrolle zu halten.

Die einzige Persönlichkeit, die Einfluß auf die unruhige Bevölkerung hatte, war Girolamo Savonarola, der Prior von San Marco. Er unterdrückte die gefährlichsten Ausbrüche, aber es gelang ihm nicht, das Leben von Antonio di Bernardo zu retten. Dieser ehrenwerte Beamte hatte das Nationale Schuldbüro unter Piero de' Medici geleitet. Ihm schob man jetzt die Schuld an dem finanziellen Chaos zu; er wurde von der wütenden Menge ergriffen und an einem Fenster des Bargello erhängt.

Die Zelle von Girolamo Savonarola im Kloster San Marco in Florenz.

Es gab noch immer eine mächtige Medicipartei in der Stadt, die mit dem verbannten Piero in Verbindung stand. Aber sie operierte trotz Unterstützung von Rom und Venedig so vorsichtig, daß man ihre Mitglieder »Bigi« (die Grauen) nannte, da sie weder weiß noch schwarz zu sein schienen. Diese Gruppe wurde unerbittlich von einer anderen Partei verfolgt, hinter der Ludovico Sforza, der Herzog von Mailand, stand und die man wegen ihrer sinnlosen Gewalttätigkeit als »Arrabiati« (die Rabiaten) bezeichnete. Sie bestand fast ausschließlich aus Mitgliedern des alten Adels, der die Macht an sich reißen wollte, die so lange in den Händen der Medici gewesen war. Die »Arrabiati« haßten die frankophilen »Piagnoni« (Winseler), wie man die Anhänger Savonarolas nannte, die »Bigi« und die neue Volksherrschaft mit gleicher Wut.

Der Prior hatte sich erst kürzlich von der Kanzel des Doms über politische Grundsätze geäußert. Unter dem Druck der beunruhigten Signoria erschienen ihm jetzt wohl praktische politische Maßnahmen ratsam. Seine Vorschläge gingen in Richtung der venezianischen Verfassung, wogegen die Florentiner keine großen Bedenken hatten: Die meisten hatten die einzige stabile Republik in Italien stets bewundert.

Die Signoria beschloß, Savonarolas Plan eines »Großen Rates« nach venezianischem Muster einen Versuch zu gönnen. Wie in Venedig sollte ihm ein kleiner »Senat der Achtzig« beigegeben werden. Die Mitgliedschaft im Rat sollte auf Bürger beschränkt sein, die dreißig Jahre oder älter waren, ihre Steuern pünktlich zahlten und Beamte unter ihren Vorfahren hatten. Bei der ersten Wahl qualifizierten sich 3200 Einwohner der Stadt. Ein Drittel von ihnen sollte in den ersten sechs Monaten amtieren, das zweite Drittel in den darauffolgenden sechs Monaten und das letzte Drittel im nächsten halben Jahr. Der »Senat der Achtzig« sollte alle sechs Monate von allen Mitgliedern des »Großen Rates« gewählt werden, die dann jeweils über vierzig Jahre alt waren. Die Signoria behielt ihre Befugnisse, mußte allerdings die »Achtzig« mindestens einmal in der Woche konsultieren.

Savonarola war aktiv an der Formulierung der Gesetze beteiligt, die die neue Regierung erließ. Sie umfaßten eine Steuerreform, eine beschränkte politische Amnestie – das heißt, die Verbannung der gefährlichen Medici wurde nicht aufgehoben – und die Schaffung eines neuen Appellationsgerichts. Bei dieser letzten Verordnung gab es Schwierigkeiten. Der Dominikaner hatte vorgeschlagen, bei politischen und kriminellen Vergehen sollten die Berufungsverhandlungen vor einem Gericht aus achtzig oder hundert vom »Großen Rat« gewählten Männern stattfinden. Daraufhin legten alle, die gegen den Rat waren, einen Änderungsantrag auf den Tisch. Nicht nur ein Zehntel, forderten sie, der ganze Rat müsse diese Berufungen anhören. Durch diesen scheinbar demokratischen Vorschlag hofften sie, den Rat in Mißkredit zu bringen. Er war so groß, daß Fehlurteile in Berufungsfällen unvermeidlich schienen und er sich damit selbst vernichten würde. Zur Freude dieser schlauen Strategen und zum Kummer des ebenso schlauen Priors, der ihr Manöver fast sofort durchschaut hatte, wurde die Änderung angenommen und war damit Gesetz.

Savonarola begriff damals zum erstenmal, daß es nicht einfach war, in die Fußstapfen Lorenzos zu treten, den er ein paar Jahre zuvor so streng getadelt hatte. Aber der Priester ließ sich nicht entmutigen. Wahrscheinlich drängten ihn zu jener Zeit seine aufrichtige Liebe zu Florenz, seine Entschlossenheit, den Bürgern soziale Gerechtigkeit zu sichern und ihre christliche Frömmigkeit auf einem hohen Stand zu halten, sowie sein weltlicher Ehrgeiz. Selbstbewußt und resolut setzte er Maßnahmen durch, die bewundernswert waren – zum Beispiel die Einrichtung einer Handelskammer. Bei der Gesetzgebung geriet seine zweifellos große praktische Begabung nicht in Konflikt mit seinem religiösen Eifer. Aber als er sich in die Außenpolitik einmischte, erwies sich seine Besessenheit, mit der er in dem törichten und unmoralischen König von Frankreich den Erlöser der Menschheit sah, als Katastrophe. Man kann kaum glauben,

Savonarola, der Prior von San Marco, kümmerte sich nicht nur um das Seelenheil der Florentiner. Als Nachfolger von Lorenzo de' Medici, als der er sich sah, nahm er auch aktiv an den politischen Entscheidungen der Stadt teil. So ging zum Beispiel der Plan der Signoria, einen »Großen Rat« nach venezianischem Muster einzurichten, auf seine Anregung zurück. Savonarola beteiligte sich auch an der Formulierung der Gesetze und war entschlossen, den Bürgern soziale Gerechtigkeit zu sichern.
Ausschnitt aus einem Gemälde des 15. Jahrhunderts. National Gallery, London.

daß ein Mann von seinen geistigen Fähigkeiten sich im Charakter des Königs so getäuscht haben soll. Jedenfalls ergriff Savonarola in allen politischen Angelegenheiten die Partei Karls und Frankreichs, auch wenn alle anderen die persönliche Schwäche des französischen Monarchen klar erkannten.

Bis auf Livorno hatte der König die Versprechen, die er Florenz gegeben hatte, jedoch nicht gehalten. Pisa blieb weiter in den Händen der Verbündeten, die die Franzosen bei Fornovo fast geschlagen hätten. Pietrasanta war an Lucca verkauft worden. Sarzana und Sarzanello waren für einen guten Preis an Genua gegangen. Angesichts der Schamlosigkeit, mit der Karl die Verpflichtungen seines Vertrags mit Florenz ignorierte, wäre es logisch gewesen, wenn die Stadt sich der Allianz gegen Frankreich angeschlossen hätte. Trotzdem riet der Prior von San Marco der Signoria, die Rückgabe von Pisa zu verlangen, ehe man sich zu anti-französischen Schritten entschloß. Er wußte, daß die Allianz dieser Bedingung nie zustimmen würde, und er rechnete damit, die Republik auf diese Weise wieder in die Arme König Karls zurückzuführen. »Wenn Ihr zur Tugend zurückkehrt«, versprach Savonarola, »werde ich dafür sorgen, daß Ihr mit Pisa belohnt werdet.« Er kann damit nur gemeint haben, er werde den französischen König überreden können, die Verbündeten mit Gewalt aus Pisa zu vertreiben. Das war mehr als unwahrscheinlich, denn jeder wußte, daß Frankreich keinerlei Interesse an Italien hatte.

Aus dem französischen Krieg gegen Venedig. Holzschnitt aus Hans Burgkmairs (1473–1532) »Weisskunig«, 1509.

Immer mehr Florentiner begannen sich zu fragen, ob ihr großer Prediger wirklich der erleuchtete Prophet, der kluge Gesetzgeber und glühende Christ war, für den sie ihn gehalten hatten. Savonarola konnte immer noch die Massen mit seinen glühenden Reden zur Hysterie treiben. Aber kühlere Köpfe erkannten in seinen Predigten die Kunst des Demagogen. Auf andere Kritiker wirkte Savonarolas Stil beleidigend und seine Theologie suspekt. Bei den mächtigen religiösen Orden war er als unnötig strenger und autoritärer Priester verhaßt. Rom lehnte seine unverschämte Kritik am Betragen der Römer ab, die auch den Papst nicht schonte. Mailand und Venedig waren verärgert, weil der Prior Florenz von ihrem Bündnis gegen Frankreich ausgeschlossen hatte. Diese Ansichten teilten in Florenz ein halbes Dutzend Parteien. Auch ein paar Medicianhänger waren darunter, die aufgrund von Savonarolas Amnestiegesetz in die Stadt zurückgekehrt waren. Sie versuchten alles, um auch Piero de' Medici aus seiner römischen Verbannung zu erlösen. Die Feindseligkeit zwischen den Gegnern des Predigers und seinen Anhängern wurde immer unversöhnlicher.

Papst Alexander sah unter diesen Umständen einen günstigen Augenblick für den Versuch, Piero de' Medici wieder einzusetzen. Man stellte eine Armee auf, die unter dem Kommando von Pieros Schwager, Virginio Orsini, von Rom aus in die Toskana einmar-

Genua, die Hauptstadt Liguriens, wurde wegen seiner ausgezeichneten Lage, seines Wohlstandes und seiner Macht »La Superba« genannt.
Die Stadt entstand auf dem Boden einer antiken Siedlung, die 205 v. Chr. von den Karthagern zerstört wurde. Während der Kreuzzüge entwickelte sich die Republik Genua in Kämpfen mit Pisa zur führenden Seemacht im Mittelmeer.
1463 übernahm der Mailänder Francesco Sforza die Regierung, doch nach der Ermordnung Galeazzo Sforzas (1476) wurden die Mailänder wieder vertrieben. Genua war die Ausgangsbasis für die Kriegszüge des französischen Königs Karls VIII. gegen Neapel.
Kupferstich von Braun und Hogenberg aus »Beschreibung und Contrafactur der vornembster Stät der Welt«, 1574–1618.

schieren sollte. Die Truppen brachen nach Norden auf und gelangten bis Perugia, wo sie ihr Lager aufschlugen, um auf Verstärkung aus Bologna zu warten. In Florenz hatte Savonarola der Regierung und dem Volk inzwischen eingeredet, die Rückkehr eines Medici werde den moralischen und politischen Untergang der Stadt bedeuten. So bereiteten sich die Florentiner in aller Öffentlichkeit auf die Verteidigung der Republik vor. Die Bologneser erfuhren natürlich von diesen Maßnahmen und bekamen Bedenken, ob sie den Angriff auf eine Stadt wagen sollten, die sich wütend zu verteidigen und geschickt an ihren Feinden zu rächen pflegte. Sie dachten nicht mehr daran, Virginio Orsini Verstärkung zu schicken, und jagten Giuliano, Pieros 16jährigen Bruder, und Kardinal Giovanni de' Medici, der dort zu Giuliano gestoßen war, aus ihrer Stadt. Inzwischen lagen Virginios Truppen in Perugia und warteten vergeblich. Als das Geld zu Ende war, verließen die Soldaten ohne Sold das Heer. Orsini war gekränkt und bot in Neapel den Franzosen seine Dienste an. Piero de' Medici mußte wieder nach Rom flüchten.
Pieros Charakter war nie ein Beispiel an Redlichkeit gewesen; aber unter der Last der Schande dieser doppelten Ablehnung, zuerst von den Florentinern, dann von seinen Verbündeten, brach er völlig zusammen und gab sich einer Zügellosigkeit hin, die selbst die zynischen Römer schockierte. Lamberto dell' Antella, ein ehemaliger Mitarbeiter Pieros, der aus Abscheu über die Exzesse seines Herrn den Dienst quittiert hatte, beschreibt, wie Piero in dieser Zeit den Tag mit einem ungeheuren Mahl und mit viel Alkohol begann. Gewöhnlich zog er sich dann mit einer Hure zurück, je nach Laune einer männlichen oder weiblichen Geschlechts. Nach diesen Zerstreuungen folgten Glücksspiele bis zum Abend, dann zog er mit ein paar Genossen los und besuchte verschiedene verruchte Häuser und Tavernen in Rom, wo er seine Ausschweifungen bis zum Morgengrauen fortsetzte.
Aber trotz aller Rückschläge hat sich Piero doch etwas von seinem Mediceerstolz bewahrt. Der heruntergekommene Sohn Lorenzos des Prächtigen hat in jener Zeit ein Gedicht geschrieben, in dem es heißt, er sei entschlossen, eines Tages nach Florenz zurückzukehren und dort »niemandes Rat zu hören«.

Nach dem Tode Lorenzos (1492) war Girolamo Savonarola aus Ferrara (1452–1498) sieben Jahre lang der eigentliche Herrscher von Florenz.
Die Florentiner waren fasziniert von seinen Predigten, in denen er mit leidenschaftlichen Worten die Sünden auch der weltlichen Herrscher geißelte und zur Buße aufrief. Er prophezeite fürchterliche Katastrophen, falls die Bürger sich weigern sollten, seine Lehren zu befolgen und ihn »gegen jede Macht in Italien« zu verteidigen. Das waren Worte, die sich vor allem gegen die Medici richteten.
Als sich seine Prophezeihung vom baldigen Tode Lorenzos und Innozenz' (beide starben 1492) sowie König Ferdinands (gestorben 1494) erfüllten, schrieb man ihm unnatürliche Kräfte zu. Die Massen hingen an seinen Lippen und befolgten seine Worte. Aber Savonarola wandte sich auch gegen den Verfall der Sitten am Hof des Borgia-Papstes Alexander VI. und erhielt daraufhin Predigtverbot. Doch der Dominikaner hielt sich nicht daran und wurde 1497 exkommuniziert.
Ausschnitt aus einem Gemälde des Sano di Pietro (1408–1481) mit einer Versammlung von Gläubigen, die andächtig einer Predigt zuhören. Dom, Siena.

Natürlich sah Piero mit Genugtuung, wie die Unzufriedenheit der Florentiner Bevölkerung unter Savonarola wuchs. 1495 und 1496 gab es mehrere Anschläge auf das Leben des Priors. Ein schlechter Mann war er sicherlich nicht. Kaum jemand konnte zum Beispiel etwas gegen die Unnachsichtigkeit einwenden, mit der der Dominikaner Papst Alexander VI. und seine schändlichen Verbündeten anprangerte. Von ihrem Verhalten distanzierten sich bereits das katholische Frankreich, Deutschland, England und auch das ultrakatholische Italien, selbst das spanische Heimatland des Papstes. Alexander galt nicht nur als notorischer Schurke, sondern auch als teuflischer Schlaukopf. In der Anti-Savonarola-Partei glaubte man, der Kirchenhirte könne sie vielleicht von ihrem Erzfeind befreien. Sie schickten Abordnungen zu Alexander, die ihm schilderten, wie sehr der Prior von San Marco sich allmählich zu einem Ärgernis entwickle. Ihm sei zuzutrauen, so deuteten sie an, den Heiligen Vater vom Stuhl Petri zu stürzen und sich selbst darauf zu setzen.
Der Papst war beeindruckt. Mit der ihm eigenen Hinterlist lud er den Prior freundlich ein, nach Rom zu kommen. Er möge ihm erklären, warum er sich von Gott erleuchtet glaube. Savonarola erkannte darin eine List, ihn in den Kerkern von Sant'Angelo verschwinden zu lassen. Seinem erhabenen Briefpartner teilte er unterwürfig mit, er sei leider zu krank, um ihn aufzusuchen. Mit einer Schroffheit, die ihm ebenso eigen war wie die Schmeichelei, nahm Alexander dann einen drohenden Ton an. Im September verbot er dem Prior zu predigen, bis man seine Lehrsätze untersucht habe. Der Papst benutzte diese Gelegenheit auch, um der Signoria seine eigene politische Position deutlich zu machen. Er drohte der Regierung von Florenz mit Exkommunikation, falls sie weiterhin König Karl von Frankreich unterstützen sollte.
Diese Drohung war ein Schlag gegen Savonarola. Trotzdem fühlte er sich stark genug, das Predigtverbot zu mißachten. Er setzte seine Kanzelreden fort, bis er am 16. Oktober einen zweiten päpstlichen Bescheid im gleichen Sinne erhielt. Alexander hätte den ungehorsamen Priester leicht exkommunizieren können, wollte aber seinen Kritikern ein Beispiel seiner persönlichen Geduld liefern. Aus ähnlichen Motiven befolgte der Dominikaner diesen zweiten Befehl. Zumindest sah er voraus, daß es ihm nicht schaden konnte, dem Stellvertreter Christi demonstrativ zu gehorchen. Wie er erwartet hatte, kam Bewegung ins Volk, als er aufgehört hatte zu predigen. Beunruhigt wandte sich die Signoria an den Papst und bat, er möge sein Dekret wieder aufheben. Alexander verhielt sich zunächst vorsichtig. Er erklärte gütig, der Prior von San Marco möge die Fastenzeit mit einer Reihe von Kanzelreden begehen. So erschien Savonarola am 17. Februar 1496 vor einer riesigen Gemeinde auf der Kanzel des Doms. Er nannte keinen Namen, aber es war klar, daß seine Schmähungen dem Oberhaupt der Kirche galten.

Papst Alexander hielt es für angebracht, jedermann durch einen Akt scheinbarer Großzügigkeit gegenüber seinem unbarmherzigen Feind zum Schweigen zu bringen und den rebellischen Priester damit für immer ins Unrecht zu setzen. Er schickte den Superior des Dominikanerordens zum Prior und ließ ihm andeuten, er könne auf einen Kardinalshut hoffen, wenn er aufhöre, den Untergang der christlichen Kirche zu prophezeien. In einem solchen Amt, erklärte man ihm, könne er sich der vernünftigeren Aufgabe widmen, die Kirchenverwaltung zu reformieren – natürlich mit jeder Unterstützung des Heiligen Stuhls. Savonarola gab die Antwort in seiner nächsten Predigt: »Ich strebe weder nach einem Kardinalshut noch nach einer Bischofsmitra. Ich sehne mich nur, o Gott, nach dem, was Du Deinen Heiligen gegeben hast – nach dem Martyrium. Gib mir einen Hut, ich bitte Dich, einen roten Hut, aber rot von Blut!«

Damit waren die Karten auf dem Tisch. Ganz Italien verfolgte mit atemlosem Interesse den offenen Zweikampf zwischen Papst und Prior, und das übrige Europa sah gespannt zu. Hinter dem religiösen Streit lauerte die eher noch explosivere politische Situation. Florenz galt formal immer noch als Verbündeter Frankreichs, das die italienische Halbinsel verwüstet und Rom mit Verachtung behandelt hatte. Dabei verdächtigte die Signoria immer noch die den Franzosen feindlich gesinnte Liga, sie wolle den ungeheuerlichen Piero de' Medici wieder an das Staatsruder der Republik setzen.

In stillem Einverständnis mit Alexander unternahm die Liga im Oktober 1496 den kühnen Schritt, Maximilian I. – den damaligen Kaiser des Heiligen Römischen Reiches – nach Italien einzuladen. Der offizielle Grund war, Maximilian feierlich in Rom zu krönen. Aber in Wirklichkeit wollte sie Florenz zum Beitritt in die Liga zwingen. Durch die Belagerung Livornos übte der Kaiser Druck auf Florenz aus, während die venezianische Flotte den Hafen der Stadt blockierte. Piero Capponi, der beste florentinische General, war einen Monat zuvor gestorben, und die florentinischen Truppen mußten sich vor Pisa zurückziehen. Päpstliche Truppen bedrohten florentinisches Gebiet von Siena aus. Damals sah es so aus, als habe Savonarola das Spiel verloren; aber dann hatte er eine Glückssträhne.

Deutsche und Franzosen bei der Landung im Hafen von Livorno 1494.
Holzschnitt aus dem »Weisskunig« des Hans Burgkmair.

Am 30. Oktober veranstaltete er eine Sühneprozession, um den Himmel um Beistand für die geprüfte Stadt zu bitten, die von triumphierenden Feinden umgeben war und nicht mehr viel zu essen hatte. Während die Anhänger des Priors mit traurigem Gesang in ihren weiten Gewändern durch die Straßen zogen und den Spott weniger frommer Bürger auf sich zogen, stieg am Westtor der Stadt ein Kurier vom Pferd. Er überbrachte die Nachricht, daß mit Lebensmitteln beladene florentinische Schiffe die venezianische Blokkade während eines Sturms durchbrochen hatten und nun im Hafen von Livorno vor Anker lägen.

Maximilian, der im eigenen Lande Schwierigkeiten hatte, gab die Belagerung auf und kehrte nach Deutschland zurück. Das sinkende Ansehen des Priors stieg, als die Florentiner sahen, wie Savonarola sie mit Gottes Hilfe plötzlich aus ihrer verzweifelten Lage befreit hatte.

Energisch und geschickt wie immer trat der Papst zum Gegenangriff an. Er befahl den Dominikanerklöstern der Toskana und in Rom, sich unter einem römischen Vikar zu einer einzigen Gemeinde zusammenzuschließen. Das bedeutete, daß Savonarola als Prior

von San Marco dem neuen Vikar unterstellt gewesen wäre, der ihn höchstwahrscheinlich in die Provinz schicken würde, wo sein geistlicher Hochmut kirchlicher und weltlicher Macht weniger gefährlich sein konnte als in der toskanischen Hauptstadt. Aber Savonarola war genauso schnell und tatkräftig wie der Papst. Er schickte an Alexander einen formellen Einspruch mit dem Hinweis, er beabsichtige zu bleiben, wo er sei.
Der Heilige Vater fürchtete die religiöse Revolte des Dominikaners weniger als seinen politischen Einfluß auf die offiziell pro-französische, aber inoffiziell franzosenfeindliche Signoria von Florenz. So ließ er ihn auch nicht fallen in der Hoffnung, im neuen Jahr (1497) werde einer der Gegner des Priors *gonfalonier* werden. Doch das Gegenteil geschah. Francesco Valori, ein skrupelloser Demagoge, wurde für dieses Amt ernannt. Er begann sogleich, die Franziskaner zu verjagen, die gegen Savonarola waren. Wohlhabende Bürger erzürnte er durch eine gestaffelte Einkommensteuer. Außerdem setzte er das Alter der Kandidaten für den »Großen Rat« auf 24 Jahre herab und öffnete damit diese sonst so ernste Versammlung für einige Schreihälse und Hitzköpfe. Alle diese Maßnahmen traf er unter dem Mantel frommer Befolgung christlicher Grundsätze wie persönlicher Demut, Anstand und Gerechtigkeit für alle. Dazu bekannte sich auch so aufrichtig sein Meister, der dominikanische Prior.
Der schlaue Savonarola war aber über den politischen Überschwang seines Jüngers keineswegs begeistert. Er ahnte die Unruhen, die sich daraus ergeben könnten und die er mit seiner weltlichen Macht nicht niederschlagen konnte. Deshalb wollte er seinen moralischen Einfluß verstärken. Savonarola forderte von den Florentinern greifbare Beweise dafür, daß sie sich seine Predigten gegen materiellen Luxus zu Herzen genommen hätten. Laut Giorgio Vasari war es in Florenz schon lange Brauch, in der Karnevalszeit auf der Piazza Hütten aus Ästen und anderem brennbaren Material zu errichten. In der Nacht des Fastnachtsdienstags wurden diese Hütten dann angezündet, und die Leute tanzten um sie herum. Savonarola überlegte, aus diesem Treiben eine religiöse Zeremonie zu machen, und die Regierung unterstützte seinen Plan. Man schickte Gruppen von Kindern von Haus zu Haus, um alle Gegenstände einzusammeln, die asketische Menschen mit Weltlichkeit und Sünde in Verbindung bringen konnten. Manchmal gaben die Leute sie freiwillig heraus, aber oft jagten die empörten Hausbewohner die zudringlichen Jungen und Mädchen mit Schlägen davon; schließlich mußten bewaffnete Wächter die jugendlichen Sammler begleiten. Sie verlangten Brettspiele, Spielkarten, Würfel, Schachfiguren, Hand- und Fußbälle, Musikinstrumente, Masken, Perücken, Karnevalskostüme, Kosmetika, Lockenscheren, Haarnadeln, Nagelfeilen, Spiegel, Parfüm, Puder, Juwelen, durchsichtige Kleider, prächtige

Kaiser Maximilian I. (1459–1519). Nach seiner Vermählung mit Bianca Maria Sforza von Mailand im Jahre 1493 griff Maximilian aktiv in die italienische Politik ein. Als erster deutscher König nahm der Habsburger 1508 in Trient mit Zustimmung des Papstes den Kaisertitel ohne Krönung an.
Holzschnitt von Albrecht Dürer.

In der Nacht zum Fastnachtsdienstag 1497 fand in Florenz die »Verbrennung der Eitelkeiten« statt. Auf Savonarolas Geheiß wurden alle Gegenstände eingesammelt und verbrannt, die in seinen Augen sündig und weltlich waren. Neben Büchern, Spielen, Kosmetikartikeln und Bildern fielen auch wertvoller Schmuck und prächtige Gewänder den Flammen zum Opfer.
Die zeitgenössische Florentiner Mode, die sich durch Farbenfreudigkeit und Eleganz auszeichnete, konnte sicher nicht nach dem Geschmack des asketischen Dominikaners sein.
Ausschnitt aus einem Gemälde eines anonymen toskanischen Malers des 15. Jahrhunderts. Accademia, Florenz.

Gewänder und Schmuck aller Art, Brokate, Tapeten, Bilder, Skulpturen und Bücher. Manche der Gegenstände, die zusammenkamen, waren von Meistern aus kostbarem Material gefertigt. Viele der Bücher und Bilder waren zweifellos frivol, aber es waren auch sehr wertvolle darunter. Man errichtete aus ihnen auf der Mitte der Piazza della Signoria einen Kegel von etwa 20 Metern Höhe und 70 Metern Umfang. Dieser riesige Berg wurde am 7. Februar 1497 in der Nacht des Fastnachtsdienstags angezündet. Wie einige ägyptische oder mesopotamische Pyramiden bestand der Kegel aus sieben Stufen oder Ebenen, ein Symbol für die sieben Todsünden. Ganz unten lagen die Masken und Kleider vergangener Karnevalszeiten. Dann kamen die Bücher von heidnischen Autoren wie Anakreon, Aristophanes, Ovid, Lukian und von Christen wie Boccaccio, Pulci und sogar Petrarca. Auf den Büchern lagen die Toilettenartikel nebst Zubehör, dann Musikinstrumente und die Geräte für Sport und Spiel im Haus und im Freien. Noch weiter oben türmten sich Zeichnungen, Gemälde und Statuen mit nackten Figuren oder solchen in verführerischen Kostümen. Die Spitze der Pyramide bildeten Bildnisse von Göttern, Helden und Weisen der Antike aus Holz oder gefärbtem Wachs. Ganz oben saß eine groteske Gestalt mit Ziegenfüßen und einem langen, wilden Bart. Der einzelne Zuschauer in der Riesenmenge konnte sich aussuchen, ob er darin Pan, Satan oder den alten König Karneval sehen wollte.

Ein venezianischer Kaufmann hatte 22000 Gulden in bar für den ganzen Haufen geboten, aber sein Gebot wurde stolz abgelehnt. Allerdings fand diese Aktion des »schwatzenden Bruders«, wie Papst Alexander den Prior nannte, eine geteilte Aufnahme. Kultivierte Bürger waren betrübt über die Zerstörung von so viel Schönheit und Bildung, Ökonomen verurteilten die Vernichtung marktfähiger Ware. Viele besonnene Florentiner zweifelten wieder einmal an Savonarolas moralischem wie politischem Urteil. Man sprach oft von den glorreichen Tagen der Medici, als niemand es gewagt hätte, Kunstwerke zu verachten, geschweige denn zu verbrennen.

Wenig später wurde die Position des Priors weiter geschwächt. Am 28. April erschien Piero de' Medici überraschend mit einem Heer von etwa 1300 Mann vor den Toren der Stadt. Er war zweifellos auf einen Wink und mit dem Segen von Alexander VI. gekommen. Denn der Papst hoffte, Savonarola habe sich durch sein Fastenspektakel genügend geschadet und damit einen offenen Widerstand gegen seine Herrschaft über Florenz ermöglicht. Diese Hoffnung stützte sich auch auf den Umstand, daß der neue *gonfalonier* Bernardo del Nero insgeheim ein Medicianhänger war. Aber Bernardo war ein vorsichtiger Mensch und kannte seine Mitbürger. Die Tore wurden nicht geöffnet, und Piero wartete vergebens auf Anzeichen eines Volksaufstands zu seinen Gunsten. Als nichts geschah, mußte er sich nach Siena zurückziehen.

Dieses Fiasko trieb die Wut von Savonarolas Feinden auf die Spitze. Sie glaubten, der Dominikaner selbst habe den Zwischenfall arrangiert, um ihrem Ansehen zu schaden, indem er den Eindruck erweckte, sie hätten Piero zur Rückkehr in die Toskana ermutigt. Die neue Signoria, in der in jenem Monat kaum Freunde Savonarolas saßen, tat ihr Mißfallen kund und verbot ihm nach dem 5. Mai jede Predigt. Die Begründung war, daß große öffentliche Versammlungen einen Ausbruch der Pest begünstigten.

Am Himmelfahrtstag, dem 4. Mai, sollte Savonarola seine letzte genehmigte Predigt halten. Doch im Dom gab es einen Aufruhr. Eine Gruppe junger Männer hatte sich geschworen, Savonarola zu ermorden. Der Aufruhr sollte das Startsignal für den Attentatsversuch sein. Der Pater war aber über die Verschwörung informiert

und hatte sich darauf vorbereitet. Eine bewaffnete Wache seiner Anhänger, die sich unter die Gemeinde gemischt hatte, wehrte den Angriff ab und geleitete Savonarola, der seine Predigt erst zur Hälfte gehalten hatte, zurück nach San Marco. Dieser Vorfall überzeugte Alexander davon, daß er den Prior nun gefahrlos exkommunizieren konnte, ohne sich die wegen seiner sogenannten Geschäfte mit Piero de' Medici erzürnte Signoria endgültig zum Feind zu machen. Aber wie schon einmal wies Savonarola das Urteil öffentlich zurück. Außerdem erreichte er, daß die nächste Signoria, die im Juli ernannt wurde, fast nur aus seinen Anhängern bestand. Noch einmal schien sich die Schlacht zu Gunsten des Mannes aus Ferrara zu wenden.

Im August wurden Bernardo del Nero, Lorenzo Tornabuoni (aus derselben Familie, aus der auch Lorenzo de' Medicis Mutter stammte) und drei weitere Bürger der Oberschicht wegen verräterischer Verbindungen mit Piero de' Medici verurteilt. Francesco Valori bestand auf der Todesstrafe, und alle fünf Häftlinge wurden enthauptet. Praktisch waren sie wohl auch schuldig. Allerdings hatte es beim Prozeß ein paar Unregelmäßigkeiten gegeben, und Savonarola geriet in den Verdacht, dem Buchstaben des Gesetzes mit sträflicher Nachlässigkeit seinen Lauf gelassen zu haben. Seine Feinde wehrten sich und vereitelten wiederholt den Versuch seiner Partei, seine Exkommunikation wieder aufzuheben. Beide, die wachsende Medicifraktion und die gegen die Medici eingestellte Regierung, planten seinen Sturz.

Am Weihnachtstag predigte der Prior trotz des päpstlichen Banns im Dom und teilte sogar das Abendmahl aus. Dabei fiel auf, daß die Gemeinde kleiner schien als sonst bei diesem Anlaß. Am Fastnachtsdienstag 1498 wurde eine zweite »Verbrennung der Eitelkeiten« abgehalten, und diesmal wurden die Teilnehmer von der Menge laut beschimpft. Junge Leute der Anti-Savonarola-Partei lauerten einigen Männern auf und schlugen sie zusammen. Diese Stimmung fand auch bei den Märzwahlen für die Signoria ihren Niederschlag. Die Macht schien jetzt in den Händen der Feinde des Mönchs zu liegen.

Als der päpstliche Hof von dieser Entwicklung erfuhr, verkündete Alexander, er werde die toskanische Hauptstadt unter ein Interdikt stellen, wenn sie den rebellischen Dominikaner nicht auslieferte. Er wollte ihn in Rom zur Rechenschaft ziehen. Die Signoria fürchtete den Kirchenbann, aber sie hatte noch mehr Angst vor einem Aufstand, der ausbrechen konnte, wenn Savonarola seinen Feinden übergeben würde. Die Regierung wählte einen Kompromiß und verbot Savonarola zu predigen. Der unbezähmbare Mönch mußte sich fügen und verabschiedete sich am 18. März von seiner Gemeinde mit einer Kanzelrede, die ergreifend und drohend zugleich war. Zuerst aber hatte er Alexander auf seinem Thron zittern las-

sen, indem er Frankreich, Spanien, England und Ungarn aufrief, einen »Ökumenischen Rat« zusammenzurufen, um den Papst zu stürzen.
Die Franziskaner glaubten, der verhaßte dominikanische Rivale stehe nun mit dem Rücken zur Wand, und entschlossen sich zum letzten Schritt. Einer von ihnen, Francesco de Puglia, forderte den Prior heraus: Er solle die Wahrheit seiner Lehre durch die uralte Feuerprobe beweisen. Francesco erklärte sich bereit, neben dem Dominikaner durch die Flammen zu schreiten, der Überlebende solle dann als der wahre Mann Gottes gelten. Domenico Buonvicini da Pescia, Dominikaner und führender Kopf bei der »Verbrennung der Eitelkeiten«, erbot sich, Savonarolas Stelle einzunehmen. Aber er wurde verächtlich abgelehnt. Mit gleicher Verachtung wies dann Savonarola das ganze Gottesgericht als Beweis von Schuld oder Unschuld von sich.
Wahrscheinlich hätte die Sache hier ihr Ende gefunden, hätten sich die jüngeren und heftigeren weltlichen Feinde Savonarolas die Idee nicht zu eigen gemacht. Sie schrieen nach der Feuerprobe, von der sie sich einen Aufruhr versprachen, in dessen Verlauf man den Prior festnehmen oder umbringen konnte. Vielleicht teilte die Signoria diese Hoffnung. Jedenfalls genehmigte sie die Zeremonie und bestimmte dafür den 7. April als Termin. Aber Savonarola weigerte sich weiter, sich einer solch demütigenden Prozedur zu unterziehen. Und Francesco blieb ebenso fest entschlossen, mit keinem anderen als dem Prior durchs Feuer zu gehen. Man bestimmte deshalb zwei andere Mitglieder der rivalisierenden Orden für die Prüfung: Domenico Buonvicini als Ersatz für seinen Führer und Fra Giuliano Rondinelli an Stelle von Francesco da Puglia. Die Regierung erklärte, wenn Domenico in den Flammen umkäme, werde Savonarola verbannt. Was geschehen würde, wenn Giuliano unterlag, sagte sie nicht.
Diese dramatischen Vorkehrungen waren nichts als ein offizieller Deckmantel für einen rein politischen Schachzug und endeten mit einem Fehlschlag. Am festgesetzten Tag legten die Franziskaner, die sich jetzt vielleicht des Ausgangs nicht mehr so sicher fühlten, unverzüglich Protest ein. Sie behaupteten, Savonarola habe durch teuflische Zauberei Domenicos Gewänder feuerfest gemacht. Mitten in den zornigen Gegenklagen auf diese Anschuldigung hin versuchten die wildesten Elemente der Opposition gegen den Prior die Loggia dei Lanzi neben dem Palazzo Vecchio zu stürmen. Dort hatte sich der Dominikaner mit zweihundert Ordensbrüdern eingefunden, um das Geschehen zu beobachten. Diesen Angriff schlug Savonarolas persönliche Leibwache zurück. Dann erstickte plötzlich alles in einem Wolkenbruch, der die abergläubische Menge erschreckte. Kurz darauf erklärte die Signoria die Prüfung für beendet.

Leonardo da Vincis Interesse galt nicht nur dem Ideal des Schönen und der Harmonie, sondern auch der Darstellung des Häßlichen. Seine Zeichnungen gnomenhafter und abenteuerlich deformierter Gestalten (oben und links) sind ein überzeugendes Beispiel dafür. Diese Karikaturen erschienen als »Charakterköpfe« im Druck und waren in den nächsten Jahrhunderten fast das einzige bekannte Zeugnis seines Wirkens.

Obwohl Savonarola in dieser absurden und doch tragischen Scharade eine würdige Rolle gespielt hatte, warfen ihm seine Feinde Feigheit vor. Selbst seine Freunde fühlten sich von ihm betrogen. Man warf Steine nach ihm, als er die Piazza verließ, und er hätte San Marco kaum lebend erreicht, wenn seine Pikeniere den Mob nicht mit der blanken Waffe in Schach gehalten hätten. Am 8. April griff der Pöbel nun ebenso wütend und rachsüchtig, wie er einst hysterisch ergeben war, das Kloster an. Die Verteidigung unter Francesco Valori brauchte dringend Verstärkung. Valori ließ sich aus einem Fenster an der Rückseite des Klosters hinab und ging mutig auf die Suche nach bewaffneter Hilfe. Aber er wurde auf der Straße erkannt und buchstäblich auf der Schwelle seines Hauses in Stücke gehauen. Ein Armbrustschütze tötete auch seine Frau, die durch den Lärm alarmiert ans Fenster lief.

In dieser Nacht steckte eine wütende Menge, unter der sich wie immer bei solchen Gelegenheiten viele blutdürstige Marodeure befanden, denen es mehr ums Plündern als um religiöse oder politische Streitfragen ging, die Tore des Klosters in Brand. Als der wilde Haufen durch den Hof auf die Türen der Sakristei zustürmte, schwangen die unerschrockenen Mönche brennende Kerzen, Leuchter und schwere Kruzifixe mit solcher Wut, daß sie die Angreifer hinauswarfen, wo sie von anderen Mönchen mit Steinen und glühender Asche empfangen wurden, die von den Dächern fielen.

Ein paar Augenblicke schwankte die verwirrte Menge, und der kämpfende Klerus stimmte ein herausforderndes Triumphgeschrei an. Innerhalb von Minuten kam jedoch ein Bote von der Signoria mit dem Befehl, das Kloster habe sich zu ergeben. Selbst dann feuerten noch zwei Mönche, einer davon ein riesiger Deutscher, vom Hochaltar der Kirche mit Armbrüsten gegen die herandrängenden Laien und hielten sie in Schach, bis Savonarola persönlich in einer Seitentür erschien. Er winkte den überlebenden Verteidigern, ihm in die Bibliothek zu folgen, wo er gebetet hatte. Dort wurden er und Domenico Buonvicini vom Hauptmann der Wache des Palazzo Vecchio festgenommen. Fra Silvestro Maruffi, ein zweiter enger Gefährte des Priors, wurde am nächsten Tag verhaftet. Alle drei wurden im selben Kerker eingeschlossen, in dem einst Cosimo de' Medici mit seinen Wächtern Karten gespielt und über Bestechungsgelder verhandelt hatte.

Papst Alexander pries in Rom den »heiligen Eifer« der Franziskaner, sprach die Stadt vom Vergehen, ein Kloster gestürmt zu haben, frei und lobte die Signoria. Außerdem verlangte er, daß die drei Gefangenen nach ihrer Verurteilung nach Rom geschickt werden sollten. Der unglückliche König Karl von Frankreich, der einzige mächtige Bundesgenosse des Priors, war einen Tag vor der Gefangennahme Girolamo Savonarolas höchstwahrscheinlich an Syphilis gestorben.

Am 23. Mai 1498 wurde Girolamo Savonarola auf der Piazza della Signoria vor dem Palazzo Vecchio hingerichtet. Zuvor hatte er sich geweigert, an einer Feuerprobe teilzunehmen, einer Art Gottesgericht, das die Wahrheit seiner Lehre beweisen sollte. Bei mehreren Folterungen, die der Hinrichtung vorausgegangen waren, blieb Savonarola standhaft und bekannte sich nicht zur Ketzerei.
Die Verbrennung fand genau an der Stelle statt, an der die Florentiner im Jahr zuvor auf Savonarolas Befehl ihren weltlichen Besitz den Flammen geopfert hatten.
Zeitgenössisches Gemälde (Ausschnitt). Museo di San Marco, Florenz.

Am 9. April wurde der einst illustre Gefangene gefoltert. Aber man konnte kein klares Geständnis der Ketzerei, politischer Fehltritte oder Wahrsagerei aus ihm herauspressen. Bis zum Ende des Prozesses am 19. April wurde er immer wieder gefoltert, aber ohne Ergebnis. Man legte der Signoria ein gefälschtes Protokoll mit seinen Geständnissen vor, aber die Juristen waren damit nicht zufrieden. So wurde die Tortur mit der Streckbank und glühenden Kohlen vom 21. bis zum 25. April fortgesetzt, doch das Ergebnis blieb den Richtern immer noch höchst unklar.
Auch Fra Domenico schwor selbst nach noch schlimmeren Qualen dem Glauben an Savonarolas göttliche Erleuchtung nicht ab. Fra Silvestro brauchte man nicht zu foltern. Schon beim Anblick der Streckbank gab er jedes Verbrechen zu, das die Inquisitoren ihm unterstellten.

Bevor das Urteil der Todesstrafe vollstreckt wurde, gab es noch einen Aufschub. Die Signoria wollte die Verurteilten in Florenz leiden sehen, während der Papst darauf bestand, wenigstens offiziell bei der Hinrichtung seines alten Feindes vertreten zu sein, wenn er nun auch darauf verzichtete, daß das Spektakel in Rom stattfand. Schließlich entsandte er zwei Bevollmächtigte nach Florenz. Sie kamen am 20. Mai an und inszenierten einen dritten Scheinprozeß. Wieder wurde Savonarola gestreckt und gebrannt, aber er schwieg weiterhin. Am 22. Mai bestätigten die päpstlichen Gesandten das Todesurteil, und am nächsten Tag wurden die drei Gefangenen als »Häretiker und Schismatiker« auf der Piazza gehängt. Als sie tot waren, zündete man Reisigbündel am Fuße der Galgen an und verbrannte ihre Körper zu Asche, die dann vom Ponte Vecchio in den Arno geworfen wurde.

Es läßt sich nicht beweisen, ob der verbannte Piero de' Medici bei diesem Justizmord eine wichtige Rolle gespielt hat. Nachdem Karl VIII. endgültig beschlossen hatte, sich aus Italien zurückzuziehen, hatte Piero wiederholt versucht, die Herrschaft in Florenz an sich zu reißen; doch ohne Erfolg. Bei der augenblicklichen Stimmung in der Stadt konnten auch andere Sympathisanten der Medici wenig tun, um ihre Sache zu fördern. Die Tornabuoni und andere Nachkommen des Kreises um Lorenzo il Magnifico verhielten sich in dieser Zeit äußerst vorsichtig, wenn sie nicht die Signoria hinter sich wußten. Das war sie manchmal – aber nie in dem Maße, daß sie einem Medici die höchste Macht verschaffte.

Das Auftreten der Bigi (der Grauen) ist nur am Rande interessant, obwohl viele von ihnen, wie Bernardo del Nero, Medicianhänger waren. Sie gaben vor, für Savonarola zu sein, während sie in Wirklichkeit Pieros Rückkehr planten. Tatsächlich sollten Jahre vergehen, ehe man den Medici in den Straßen von Florenz wieder zujubelte. Und auch das geschah nur, weil sie von älteren Verwandten in die Stadt zurückgeholt wurden, die fähiger und gescheiter waren als sie selbst.

Zu den neuen Mediciherrschern sollte der verführerische Giovanni di Pierfrancesco nicht gehören. 1496 hatte ihn die Signoria als Gesandten nach Rom geschickt. Dort schleppte Katharina Sforza, Witwe zweier ermordeter Ehemänner und ausschweifend und rücksichtslos wie eine männliche *condottiere*, ihn bald als dritten Gemahl an ihren Hof in Imola. Ihrem Onkel Ludovico Sforza, dem Herzog von Mailand, sagte man, die Ehe sei nur geschlossen worden, um die rein physische Begierde der Dame nach diesem besonders begehrenswerten Mitglied des Hauses Medici zu befriedigen. Ludovico und die Venezianer waren über die Verbindung beunruhigt. Eine kriegerische Herrscherin wie Katharina, mit einem Medici als Mann fest in Imola und Forli in der Romagna etabliert, bedeutete eine Bedrohung der nördlichen Regionen Italiens.

Aber Giovanni starb 1498 im Geburtsjahr seines Sohnes. Ludovico atmete auf und verband sich mit Florenz, um seine Nichte vor venezianischen Angriffen zu schützen. Aber als Katharina im nächsten Jahr die Verlobung ihres Sohnes Ottaviano (aus ihrer ersten Ehe mit Riario) mit der Tochter des Papstes, Lucrezia Borgia, ablehnte, ließ der Papst seinen eigenen Sohn Cesare, der ein gefürchteter Heerführer war, mit einer überwältigenden Feldmacht gegen sie marschieren. Katharina schlug sich glänzend und wehrte sich heldenhaft gegen ihren fürchterlichen Feind – aber umsonst. Ihr jüngster Sohn Giovanni, so furchtbar wie seine Mutter, aber mit viel mehr Charme und Talent, sollte ein Medici werden, den man zugleich mehr liebte und fürchtete als irgendeinen anderen seit Lorenzo dem Prächtigen.

Die Rückkehr der Medici

Der Tod Girolamo Savonarolas hatte – trotz aller Heimtücke und Grausamkeit, die auf ihn folgten – die politische Situation in Florenz erheblich verbessert. Die Stadt schien befreit von den heftigen Emotionen, die so oft unter der Wucht der Anklagen des Mönchs gegen Fürsten und Prälaten zum Ausbruch gekommen waren. Nach außen unterhielt Florenz freundschaftliche Beziehungen zu Ludovico Sforza, dem fragwürdigen Despoten, und hatte sich mit dem ebenso unberechenbaren Papst Alexander VI. zumindest ausgesöhnt. Piero de' Medici schien sich damit zu begnügen, die Zeit bei Weingelagen in Rom totzuschlagen; jedenfalls sah man in ihm keine ernste Gefahr für die Stabilität der Florentiner Regierung. Pisa, das Piero verloren hatte, mußte für Florenz erst noch zurückgewonnen werden, aber niemand zweifelte daran.

Als Karl VIII. 1498 starb, wurde Ludwig XII. zum König von Frankreich gekrönt.
Der Holzschnitt aus dem »Weisskunig« von Hans Burgkmair zeigt Ludwig am Sarg seines Vorgängers.

Die Pläne für Pisa wurden jedoch zunächst von fremden Unternehmungen im Norden wie im Süden blockiert. Ludwig XII., der neue französische König, hatte durch seine Urgroßmutter etwas Viscontiblut in den Adern. Unter diesem Vorwand erhob er Anspruch auf das Herzogtum Mailand, und Alexander unterstützte ihn heimlich dabei. Der Papst brauchte die Schweizer Pikeniere der französischen Armee, die er in Rom beim Feldzug König Karls kennengelernt hatte. Diese Söldner sollten den Interessen von Cesare dienen, dem Lieblingssohn des Papstes. Eine Invasion Ludwigs in Italien paßte daher fabelhaft in seine Pläne.

Im Mai 1499 versuchte der tüchtigste General der florentinischen Republik, Paolo Vitelli, Pisa einzunehmen; aber er scheiterte. Die

Signoria war wütend über diesen Fehlschlag und warf Vitelli nicht nur Verrat im militärischen Sinn vor, sondern auch politische Verschwörung mit Venedig und Piero de' Medici, der inzwischen nicht mehr so harmlos schien, wie man angenommen hatte. Die Signoria ließ Vitelli foltern, und als kein Geständnis zu erpressen war, wurde der schweigsame General brutal enthauptet.
Im gleichen Monat Mai marschierten die Franzosen wieder über die Alpen, und im September vertrieben sie mit Hilfe Venedigs und des Papstes den Herzog Ludovico aus Mailand. Unterstützt von Kaiser Maximilian gewann Sforza das Herzogtum zurück, konnte es aber nur noch kurz halten. Im April 1500 erwog er eine zweite Flucht. Doch seine Schweizer Truppen verrieten ihn an die Franzosen, die ihn in den letzten acht Jahren seines Lebens gefangen hielten. Die Entfernung Ludovicos aus der italienischen Politik könnte man vielleicht als das glückliche Ende einer bewegten Karriere bezeichnen. Heutige Betrachter stufen seine Persönlichkeit oft günstiger ein als seine Zeitgenossen. Neben seinem angeborenen Hochmut und seiner unbeschreiblichen Unzuverlässigkeit in der Politik hat er sich doch so aufgeklärt und großzügig gezeigt, daß er Humanisten und Künstler förderte. Er verehrte Leonardo da Vinci und hat ihn 16 Jahre lang, bis zum Dezember 1499, unterstützt. So konnte das größte Genie der Zeit ein ungeheures Werk schaffen, das vielleicht noch umfangreicher wäre, wenn sein Schöpfer nicht so streng mit sich selbst gewesen wäre. Aber sonst läßt sich zugunsten Ludovicos nicht viel vorbringen. Vor allem zu Beginn seiner Laufbahn ist sein politischer Einfluß auf der Halbinsel verderblich gewesen.
Die Florentiner reagierten zufrieden auf seine Gefangennahme und sympathisierten mit den Franzosen. Der Dank für Ludovicos Hilfe bei der Belagerung von Pisa war vergessen. Dabei zog Florenz dann wenig Vorteil aus dem gestärkten französischen Bündnis. Ludwig XII. schickte zwar tatsächlich der Signoria ein Heer zu Hilfe, um Pisa zurückzugewinnen, aber seine Kommandeure machten insgeheim mit den Pisanern gemeinsame Sache und hatten nie die Absicht, den Feldzug zum Erfolg zu führen. Zum Zorn von Florenz wurden die Truppen bald abgezogen.
Inzwischen hatte Cesare Borgia die französischen Truppen, die auch ihm zur Verfügung standen, etwas erfolgreicher für seine Zwecke benutzt. Zuerst nahm er Imola, und auch Forli hielt unter Katharina Sforza nur eine Weile stand. Dann fielen Faenza, Rimini in der südöstlichen Romagna und schließlich Pesaro bei Urbino in den Marken. Er näherte sich Florenz und gab der Signoria zu verstehen, sie solle Piero de' Medici freiwillig wieder in die Regierung der Stadt einsetzen, sonst werde er sie dazu zwingen.
Der Borgia kann diese Drohung eigentlich nicht ernst gemeint haben. Als Mann der Tat verachtete er Piero wegen seiner mißlungenen Versuche, wieder an die Macht zu kommen, und verließ sich

In seinen zahlreichen Zeichnungen befaßte sich Leonardo da Vinci auch mit den Proportionen des menschlichen Körpers. Er tat dies nicht nur als Vorstudie zu Gemälden oder Fresken, sondern auch aus wissenschaftlichem Interesse an der Anatomie. Diese Zeichnungen Leonardos wurden zum Teil in zeitgenössische Ausgaben von Vitruvs »De architectura« übernommen.

»Anbetung der Könige«. Tafelbild von Leonardo da Vinci.
Leonardo hatte das Bild 1481 im Auftrag der Mönche von San Donato a Scopeto begonnen, aber nicht vollendet, als er im Alter von dreißig Jahren 1482 Florenz verließ, um nach Mailand zu gehen. Dort fand er in Ludovica Sforza einen neuen Gönner. Erst nach Pieros Vertreibung kehrte Leonardo vorübergehend nach Florenz zurück.
Leonardos Behandlung des Themas unterscheidet sich weitgehend von den üblichen Darstellungen. Die um Maria versammelten Gestalten strahlen nicht die konventionelle freudig-triumphierende Stimmung aus, sondern aus ihren Gesichtern spricht tiefe menschliche Erschütterung und fassungsloses Staunen über das bedeutungsvolle Geschehen. Die helle Silhouette der Jungfrau scheint über dem dunklen Grund zu schweben, der sie von den Anbetenden trennt. Uffizien, Florenz.

keineswegs auf ihn. Der Sohn des Papstes setzte aber in seiner gewohnten Art die zivilen Behörden von Florenz unter Druck. Er wußte, daß sie Angst vor ihm hatten, nicht nur vor dem erfolgreichem Heerführer, sondern auch vor dem Vertreter seines päpstlichen Vaters, mit dem sich Florenz keine Auseinandersetzung leisten konnte. Die Signoria beeilte sich dann auch, Cesare zu besänftigen, indem sie ihn bei einem jährlichen Sold von 36 Florin zum Generalhauptmann der Streitkräfte der Republik ernannte. Von Piero war keine Rede, sie verachteten ihn mittlerweile gründlich.
Die Herrscher von Florenz wußten inzwischen weder ein noch aus. Von den Borgias abgesehen, drohte tödliche Gefahr von außen; nicht von Piero, sondern von den anderen verbannten Medici, Kardinal Giovanni, dem Prior Giulio und dem jungen Giuliano, der leicht die wankelmütigen Gefühle der Florentiner erobern konnte. Giuliano hatte offenbar viel vom Charme der Medici geerbt, wenn auch seine Fähigkeiten noch nicht auf die Probe gestellt worden waren. Von Giovanni und Giulio hieß es jedenfalls, sie seien gescheit genug, um Giuliano als Ratgeber zur Seite zu stehen, falls es ihm an Intelligenz mangele. Außerdem waren ihre ehelichen Verbindungen mit der mächtigen und tatkräftigen Familie der Orsini in Rom eine starke Stütze.

Man wußte zudem, daß Vitellozzo Vitelli, der Bruder des im Vorjahr hingerichteten Generals, entschlossen war, den Tod seines Bruders zu rächen. Er hatte engen Kontakt mit Cesare und mit all jenen Medicianhängern, die zornig auf die gegenwärtige florentinische Regierung waren. Der Krieg gegen Pisa und die Subsidien an Ludwig XII. hatten die Staatskasse bereits erschöpft, noch bevor der Sold für Cesare beschlossen worden war. Wie die meisten großen Volksversammlungen weigerte sich auch der »Große Rat« hartnäckig, Ausgaben zuzustimmen, deren Verwendung ihm unklar war. Man begriff, daß der nur dreißig Kilometer entfernte Cesare Borgia eine schreckliche Gefahr war, aber in Situationen, die etwas mehr außenpolitischen Weitblick erfordert hätten, kam es fast nie zu einer Einigung. Die Mehrheit der Räte war nie über die Toskana hinausgekommen, sie kannte die Mentalität der »Fremden« nicht und wußte die Bedeutung von Vorgängen auf der übrigen Halbinsel nicht einzuschätzen. Auch die Venezianer verhielten sich in dieser Hinsicht merkwürdig zurückhaltend, aber sie konnten sich in dieser Phase der italienischen Geschichte demokratische Experimente leisten. Venedig, über Sümpfen und Lagunen erbaut, war militärisch fast uneinnehmbar. Florenz dagegen lag nach allen Seiten offen, war von despotischen Herrschern umgeben und in jeder Beziehung angreifbar.

Diese Situation führte dazu, daß Florentiner von aufrichtiger Gesinnung, Talent und Einfluß immer weniger bereit waren, sich politisch zu engagieren. Die Gerichtshöfe der Stadt waren bestechlich, allerlei Parteien schossen aus dem Boden, es wurde endlos geredet und nichts getan. Die Bigi zeigten jetzt offen ihre Sympathien für die Medici und forderten eine Rückkehr zu den politischen Prinzipien Lorenzos. Diese hatten praktisch zu einer plutokratischen Oligarchie geführt, zwar noch durch republikanische Formalitäten verschleiert, aber mit einem einzigen Führer. Im Schatten des ehrgeizigen Cesare und der verbannten Medici beschloß die Republik schließlich im Interesse ihrer Einheit, den *gonfalonier* in Zukunft auf Lebenszeit zu ernennen.

Mit Rankenwerk verzierter Marmorkamin der Renaissance. Dogenpalast, Venedig.

Am 1. November 1502 wurde Piero Soderini, der zu keiner bestimmten Partei gehörte, in dieses Amt gewählt. Er stammte aus einer alten Familie, die immer gegen Savonarola und die extremeren Demokraten gewesen war, aber er hatte persönlich stets an der Idee einer freien Regierung festgehalten, den »Großen Rat« respektiert und sich für die Verfassung eingesetzt. Sein Privatleben war ohne Tadel. Er war das Idealbild des besonnenen, ehrbaren Mannes mit etwas Vermögen oder einem soliden Geschäft, eines Bürgers, wie er zu allen Zeiten das Rückgrat blühender und selbstbewußter Staatswesen gebildet hat. Allerdings ließ sich diese Beschreibung auf das Florenz des ersten Jahrzehnts des 16. Jahrhunderts nicht anwenden. In einer verzweifelten finanziellen Lage und

durch Invasion von außen bedroht, durfte die Stadt nicht länger dem Ratschluß ihrer achtbaren, aber doch ziemlich engstirnigen Mittelklasse überlassen bleiben, selbst wenn der Mann an der Spitze sich auf hervorragende politische Fähigkeiten seiner Familie berufen konnte. Bald trieb die Oberschicht, mehr noch als die kleinen Geschäftsleute, mit Piero Soderini ihren Spott.

Trotzdem erwies sich der neue *gonfalonier* als fähiger Beamter. Wie jeder ordentliche Kaufmann wußte er mit Zahlen umzugehen, und es gelang ihm bald, ein gewisses Maß an Ordnung in das finanzielle Chaos der Republik zu bringen. Auch der Tod Papst Alexanders VI. im Alter von 72 Jahren am 18. August 1503 war ein großer Glücksfall für ihn. Vielleicht wurde Alexander vergiftet, höchstwahrscheinlich ist er der Malaria erlegen, die in Rom umging. Seit dieser Papst den Heiligen Stuhl ein paar Monate nach dem Tod Lorenzos des Prächtigen bestiegen hatte, war Florenz stets durch seinen territorialen Ehrgeiz und seine Intrigen gefährdet gewesen. Seine Angriffslust hatte sich besonders deutlich gezeigt, nachdem der Vatikan durch Karl VIII., den Verbündeten der Florentiner, gedemütigt worden war.

Noch ehe der Papst gestorben war, hatten Soderinis Reformen die Position der Republik sehr gestärkt. So konnte sie mit Cesare ganz anders umgehen, als dieser seine Erpressungen von Urbino aus erneuern wollte, das er gerade dem regierenden Herzog Guidobaldo da Montefeltro abgenommen hatte. Der Borgia ließ eine florentinische Delegation an seinen Hof in der eroberten Stadt kommen und teilte ihr mit, die Florentiner müßten ihre Regierungsform ändern, wenn sie weiter seine Freundschaft genießen wollten. Aber Soderinis Abordnung, zu der auch der 34jährige Niccolò Machiavelli gehörte, blieb kühl; sie wollten sehen, was sich machen ließe. Durch diese Worte unsicher geworden, beschränkte sich Cesare auf vage Drohungen einer fürchterlichen Rache, falls man ihm nicht umgehend gehorche. Danach kehrte er nach Rom zurück und erkrankte schwer. Nach seiner Genesung hatten seine neuerworbenen Gebiete den Besitzer gewechselt, und seine Macht in Italien war ohne seinen Vater zu Ende. Er ging nach Spanien, wo Alexander geboren war, und fiel 1507 in der Schlacht für den König von Navarra.

Diese Ereignisse waren eine große Erleichterung für Florenz. Am Ende des Jahres geschah etwas, das Soderinis Regierung weiterhin stärkte. Bei dem langen Streit zwischen Spanien und Frankreich um die Aufteilung des Königreichs Neapel vernichtete der überragende spanische Feldherr Gonzalo de Córdoba das französische Heer am Fluß Garigliano zwischen Latium und Kampanien fast völlig. Bei der übereilten Flucht über das reißende Gewässer sank Piero de' Medici, der bei den Franzosen diente, mit einer mit vier Kanonen überladenen Barke und ertrank in der starken Strömung.

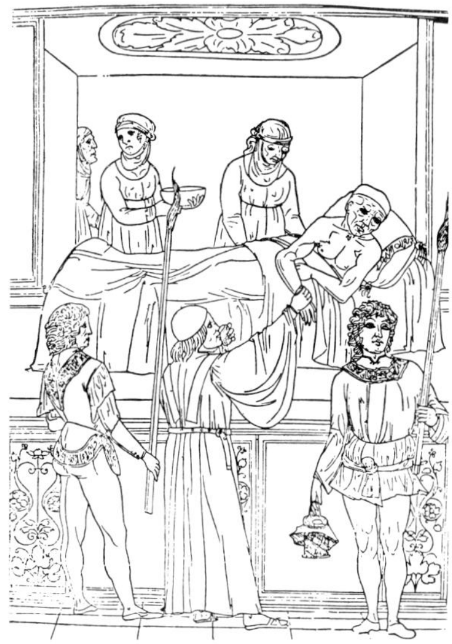

Der »Schwarze Tod«, die Pest, wütete auch im Italien der Renaissance. Florenz wurde mehrmals von einer großen Epidemie heimgesucht, bei der Tausende von Menschen hinweggerafft wurden. Boccaccio gibt in seinem »Decamerone« eine zeitgenössische Schilderung der Pest in Florenz. Die Abbildung zeigt einen Arzt, der einen Pestkranken behandelt. Um einer Infektion vorzubeugen, riecht er während der Behandlung an einem Apfel aus Bernstein. Holzschnitt aus »Fasciculus Medicinae«, Venedig 1500.

Weder in Florenz noch außerhalb war Piero ein guter Führer gewesen. Aber nachdem er die Stadt verlassen hatte, wirkte seine bloße Existenz als Sammelpunkt für alle, die mit den verschiedenen Florentiner Regierungen nach 1494 nicht zufrieden waren. Bei all seinen Schwächen war er doch ein Sohn des großen Lorenzo.
In Florenz selbst trat inzwischen eine ganz andere Persönlichkeit in den Vordergrund, ein echtes Genie. 1498, einen Monat nach der Hinrichtung Savonarolas, war ein kleiner schlanker Mann mit scharfen Gesichtszügen und schwarzen Augen zweiter Kanzler und Sekretär der Kanzlei des »Rats der Zehn« geworden. Niccolò Machiavelli lernte in diesen beiden Ämtern bald viel über Staatsgeschäfte des Inneren und Äußeren.
Man übertrug ihm wichtige Missionen in den Nachbarstädten, und Piero Soderini, der später seinen boshaften Witz zu spüren bekommen sollte, hielt viel von ihm. Er bat Niccolò um Rat, was gegen

den endlosen Krieg um Pisa zu tun sei. Der Sekretär schlug die Aufstellung einer florentinischen Miliz statt der unzuverlässigen und untüchtigen Söldnertruppen vor, die Machiavellis Ansicht nach in den Florentinern nur ihre Zahlmeister sahen und sich jederzeit bestechen ließen. Soderini zog ein langes Gesicht. Er wußte, daß die große Mehrheit seiner Mitbürger nur an Geschäften interessiert war und den Militärdienst verabscheute: seit fast zweihundert Jahren hatten sie keinen zu leisten brauchen. Aber schließlich beschloß der besorgte *gonfalonier*, der Idee seines glänzenden Untergebenen eine Chance zu geben. Er begann bei den Bauern, die am meisten unter dem Krieg gelitten hatten und deshalb bereit waren, ihre Felder selbst zu verteidigen. Am 3. Dezember 1506 erließ die Signoria ein Gesetz über die Wehrpflicht der Landbevölkerung. Ein starkes Heer wurde aufgestellt, das Machiavelli organisieren sollte.

Rund um die Republik war der Horizont nun heller geworden. Die

Die Mode der vornehmen Gesellschaft in der italienischen Renaissance ließ der Phantasie viel Spielraum: Kostbare Stoffe und prächtige Farben dominierten. Darin wetteiferten die Herren mit den Damen.
Gemälde mit dem Hochzeitszug des Boccaccio Adimari und der Lisa Ricasoli auf einem Cassone des frühen 15. Jahrhunderts. Accademia, Florenz.

Giuliano della Rovere (1443–1513) wurde von seinem Onkel Sixtus IV. zum Kardinal erhoben und 1503 durch Bestechung zum Papst Julius II. gewählt. Er konzentrierte sich während seiner Amtszeit auf die Wiederherstellung des Kirchenstaates und unternahm zahlreiche Kriegszüge.
1509 schloß er mit Ludwig XII. von Frankreich und Kaiser Maximilian I. die Liga von Cambrai und unterwarf Venedig. Doch zwei Jahre später tat er sich mit Venedig, Spanien und England zur Heiligen Liga zusammen und vertrieb die Franzosen aus Oberitalien.
Kupferstich eines unbekannten Meisters.

Borgia waren verschwunden, die Medici verhielten sich ruhig. 1509 kapitulierten die restlos ausgehungerten Pisaner vor Machiavellis neuer Miliz. Das war die große Stunde des Sekretärs. Am 8. Juni 1509 schrieb ihm einer seiner Kollegen in Florenz: »Hier sind alle ohne Ausnahme außer sich vor Begeisterung. Überall in der Stadt brennen Freudenfeuer, obwohl es erst Nachmittag ist. Stellt Euch vor, wie das erst in der Nacht sein wird! Wenn ich nicht befürchten würde, Euch zu eitel zu machen, würde ich sagen, daß Ihr die Dinge mit Euren Bataillonen so gut geregelt habt, daß Ihr allein das Glück des florentinischen Staates wiederhergestellt habt.«
Der neue Papst Julius war sehr kriegerisch und begann die Halbinsel mit seinen Eroberungsplänen in Unruhe zu versetzen. Als er Frieden mit den Venezianern schloß, rief er ganz Italien auf, die »Barbaren« – das heißt die Franzosen – von seinem Boden zu vertreiben. Ludwig XII. wollte keine bewaffnete Auseinandersetzung mit dem »Soldaten-Papst«.
Als dann Spanien, Venedig und Rom dem französischen König den Krieg erklärten und die Franzosen in der Schlacht von Ravenna sich nur mühsam halten konnten, hatte der Papst sein Ziel erreicht. Die Franzosen flohen über die Alpen, und ihre militärische Macht über Norditalien war erst einmal gebrochen.
Julius wandte dann seine Aufmerksamkeit Florenz zu. Er schickte ein Heer unter dem spanischen General und Vizekönig von Neapel, Ramón de Cardona, begleitet von Giovanni de' Medici und seinem Bruder Giuliano, und verlangte die Ausweisung Soderinis, die Erlaubnis für die Medici, als Privatleute zurückzukehren, und Entschädigungen von 100000 Florin. Der *gonfalonier* fühlte sich jedoch stark genug, um in herrischem Ton zu erklären, er werde sich keinerlei Ultimatum fügen. Cardona stürmte daraufhin Prato, trieb Machiavellis Miliz mit Leichtigkeit auseinander und erlaubte den siegreichen Veteranen, mit der Stadt zu machen, was sie wollten.
Die Italiener bekamen nun zum erstenmal eine Vorstellung von der »spanischen Wut«, die später allgemein bekannt werden sollte. Jedes Haus wurde ausgeraubt. Die männlichen Bewohner jeden Alters wurden grausam umgebracht. Frauen und Kinder wurden in den Kirchen, in die sie sich geflüchtet hatten, brutal gequält und vergewaltigt. Der zeitgenössische Chronist Jacopo Modesti bestätigt, daß die Nonnen der besetzten Klöster gezwungen wurden, die natürlichen wie unnatürlichen Begierden der Soldaten zu befriedigen. Mütter warfen ihre Töchter auf den Straßen in die Brunnen und sprangen ihnen nach. Männer durchschnitten sich selbst die Kehle. Mädchen stürzten sich von Balkonen und Dächern in den Tod. Das alles wütete zwölf Tage und Nächte lang.
Schließlich erlaubten die Medicibrüder geflüchteten Frauen, in ihren Quartieren unterzuschlupfen. Man kann sich vorstellen, in welchem Zustand die armen Frauen waren, als sie diese verspätete

Hilfe annahmen. Giovanni und Giuliano waren beide von Natur gutartig, und sie werden wohl nie die Schrecken vergessen haben, unter denen fremde Truppen ihre Familie in Florenz wieder an die Macht brachten.
Die Nachricht von der grausamen Plünderung Pratos rief Panik in der Hauptstadt hervor. Soderini wurde zum Rücktritt gezwungen. Er floh in die Verbannung, zuerst nach Siena und dann, um seinen päpstlichen Verfolgern zu entgehen, nach Castelnuovo, einem Hafen an der Ostküste der Adria. Die Regierung setzte 1512 die Medici wieder ein, schloß sich der Liga gegen Frankreich an, zahlte eine Abfindung von 150000 Florin und schloß ein Bündnis mit König Ferdinand von Spanien. Eine gewaltige physische Überlegenheit hatte dafür gesorgt, daß die Forderungen des Papstes mehr als erfüllt worden waren.
Am 1. September 1512 zogen Giuliano de' Medici und sein 20jähriger Neffe Lorenzo – der Sohn Pieros und Bruder von Clarice de' Medici, die mit Filippo Strozzi verheiratet war – in vollem Staat in Florenz ein. Die aristokratische Partei begrüßte sie mit dem Ruf »Palle!« Ein Adeliger namens Atonfrancesco degli Albizzi, dessen Familie in der Vergangenheit erbittert mit den Medici verfeindet war, nahm die beiden als Gäste in seinem Palast auf. Der taktvolle Giuliano gab seinem Neffen ein ausgezeichnetes Beispiel: Er vermied jeden Anschein, mehr sein zu wollen als ein normaler Bürger, und ließ sich sogar den Bart abnehmen, wie es in Florenz damals im Gegensatz zum französischen und den meisten anderen Höfen der Zeit Mode war. Giuliano wurde übrigens sofort aufgefordert, sich an einer Debatte über die zukünftige Verfassung der Republik zu beteiligen. Er stimmte zu, als das Amt des *gonfalonier* von lebenslänglicher Dauer wieder auf ein Jahr beschränkt wurde.
Vierzehn Tage später erschien Kardinal Giovanni de Medici. In seiner Begleitung befand sich ein junger, kräftiger Geistlicher, sein Vetter zweiten Grades Giulio. Er war ein Bastard des ermordeten Giuliano, des Bruders von Lorenzo dem Prächtigen. Die beiden Medici wurden von Filippo Strozzi aufgenommen, der sich bisher diskret im Hintergrund gehalten hatte. Die provisorische florentinische Regierung erklärte den Gästen, man habe von ihrem leichtlebigen Verwandten Giuliano mehr erwartet, als sich zahm mit Savonarolas wackliger Verfassung abzufinden. Giovanni gab zu, daß die Stadt sich in den letzten Jahren in einem traurigen Zustand von Schwäche, Korruption und Rechtlosigkeit befunden habe. Mit sanfter Selbstsicherheit machte er sich erst einmal daran, den »Großen Rat« aufzulösen, die Amtszeit des *gonfalonier* auf zwei Monate zu beschränken und auch zu anderen Maßnahmen zurückzukehren, die sich unter seinem Vater Lorenzo bewährt hatten. Da der heimgekehrte Medici niemanden hinrichten ließ und kein Vermögen beschlagnahmte, erhob die Bevölkerung keinen Einspruch.

Giuliano de' Medici, der Herzog von Nemours, regierte nur ein Jahr in Florenz. Dann mußte er seinem Neffen Lorenzo weichen. Später wurde er von seinem Bruder Papst Leo X. zum gonfalonier *der römischen Kirche ernannt. Porträt von Bronzino. Museo Medici, Palazzo Medici-Riccardi, Florenz.*

Im Zentrum von Raffaels berühmtem Fresko »Die Schule von Athen« sind die beiden größten Philosophen der Antike abgebildet. Aristoteles (rechts) hält seine »Ethik« in der Hand und Platon den »Timaios«. Sie diskutieren die Grundlehre ihrer Systeme. Aristoteles, in der Blüte der Jahre dargestellt, zeigt mit ausgestreckter Hand auf die Erde, während der ehrwürdige Greis Platon, in dem man ein Selbstporträt Raffaels zu erkennen glaubt, auf den Himmel weist.
Raffael begann seine Arbeit in Rom, als er knapp 25 Jahre alt war. Man vermutet, daß sein Landsmann Bramante ihn gerufen hatte.
Musei Vaticani, Stanza della Segnatura, Rom.

Der Kardinal hatte sich inzwischen mit 36 Jahren zu einem recht liebenswürdigen und fähigen Prälaten entwickelt. In Rom galt er als einer der wichtigsten Mäzene von Kunst und Literatur, und in seinem prächtigen Palast brachte er bald alle Bücher unter, die Savonarola zuvor in San Marco aufbewahrt hatte. Wie die meisten Medici liebte auch Giovanni die Musik und ging gern auf die Jagd, obwohl er im Sattel eine etwas schwerfällige Figur machte. Giulio, sein Freund und Vertrauter, diente ihm auch als Schatzkämmerer. Allerdings gelang es ihm nie, die Ausgaben seines überschwenglichen Vetters in Grenzen zu halten. Zu den Freunden Giovannis gehörte auch Raffael, der Venus und Cupido an die Wände des Baderaumes des Kardinals malte, ein Skandal für alle konservativen Christen.
Die Florentiner erkannten bald, daß Giovanni de' Medici der Stadt ein entschieden besserer Ratgeber sein würde als sein verstorbener Bruder. Bei allen öffentlichen Anlässen gab die Bevölkerung ihre Begeisterung darüber kund, daß man endlich zu den großen Tagen des toten Lorenzo il Magnifico zurückgekehrt sei.
Die Adeligen hatten am 1. September als erste »Palle!« geschrien, aber sie machten dann auch die ersten Schwierigkeiten. Ein junger klassischer Gelehrter aus vornehmer Familie namens Pietro Paolo Boscoli, für den die Zivilisation mit Brutus' Selbstmord geendet hatte, ließ eines Tages aus Versehen ein Stück Papier fallen. Ein Passant hob es auf, und man fand darauf eine Liste von 18 Namen, darunter den Niccolò Machiavellis und auch Agostino Capponis, der mit Boscoli eng befreundet war. Die Liste wurde der Signoria ausgehändigt und alle, die darauf standen, wurden verhaftet und gefoltert. Boscoli und Capponi gestanden, daß sie eine Verschwörung vorbereiteten, um Giuliano de' Medici und seinen Neffen Lorenzo zu ermorden. Machiavelli dagegen schwor, er wisse überhaupt nichts von dem Plan. Irgendwie gelang es ihm, die Inquisitoren von seiner Unschuld zu überzeugen. Boscoli und Capponi wurden am 22. Februar 1513 hingerichtet. Die anderen wurden zum Teil verbannt und ein paar, unter ihnen Machiavelli, als unschuldig entlassen.
Trotz der öffentlichen Erregung wußten Giuliano und sein Neffe, daß diese Verschwörung ihre Autorität nicht ernsthaft gefährdete. Die beiden Medici griffen deshalb zu den Mitteln, die schon der große Lorenzo angewandt hatte, um die überreizte Stadt zu beruhigen. Sie boten der Bevölkerung fast täglich festliche Zerstreuungen und ließen sich dabei selbst als Veranstalter dieser Lustbarkeiten und Schauspiele sehen.
Während Florenz unter den wachsamen Augen der Medici feierte, starb Papst Julius II. in aller Stille in Rom. Die Nachricht vom Tod des alten Kriegers erreichte Florenz am gleichen Tag, an dem Boscoli und Capponi hingerichtet wurden. Kardinal Giovanni de'

TIMEO

Giovanni de' Medici (1475–1521), der Sohn Lorenzos, wurde als Leo X. 1513 Nachfolger des »Soldaten-Papstes« Julius. Von seinem Vater hatte Giovanni viele gute Eigenschaften der Medici geerbt: Er war taktvoll und gutmütig, zurückhaltend und klug. Wie Lorenzo förderte er Kunst und Wissenschaft und verpflichtete die größten Geister der Renaissance nach Rom oder stellte sie in den Dienst seiner Familie. 1512 gelang es ihm, die Medici wieder nach Florenz zurückzuholen. Holzschnitt des 16. Jahrhunderts. Kupferstichkabinett, Bibliothèque Nationale, Paris.

Medici, der weithin als aussichtsreicher Kandidat für den verwaisten Papstthron galt, begab sich in Begleitung seines Vetters Giulio sofort nach Rom. Am 11. März 1513 wurde er tatsächlich gewählt und hieß von nun an Papst Leo X. Zweifellos rechneten die Wahlmänner mit seinem frühen Tod: Er war viel zu dick, und man wußte, daß er an Geschwüren und einer Fistel litt. Sie hätten sonst kaum für einen so jungen Mann gestimmt – er war erst 38.

Giovanni, der den Charme und viel von der List der Medici geerbt hatte, war außerdem umsichtig genug, um seinen Hauptgegner im Kampf um die Tiara zu bestechen. Es handelte sich um den Kardinal Soderini, den Bruder des zurückgetretenen *gonfalonier* von Florenz. Giovanni versprach Soderini, er werde im Fall seiner Wahl Piero Soderini aus der Verbannung zurückrufen und ihm gestatten, in Rom zu leben, nur nicht in Florenz. Die Liebenswürdigkeit des Medicikandidaten wirkte als angenehmer Kontrast zur Reizbarkeit des verstorbenen Julius, und so stimmte die Mehrheit des Heiligen Kollegiums zu seinen Gunsten.

Am 11. April wurde der neue Papst als erstes Mitglied des Hauses Medici auf dem Thron von St. Peter gekrönt. Bei der Prozession ritt Papst Leo das arabische weiße Schlachtroß, das ihn ein Jahr zuvor in der Schlacht von Ravenna getragen hatte. Der Herzog von Ferrara, der zu Papst Julius' Zeiten aus Rom hatte fliehen müssen, hielt den päpstlichen Steigbügel. Der Weg war mit Triumphbögen, Gobelins und Fahnen, die Straßenränder mit Blumen geschmückt. Altäre, von Priestern und Mönchen umgeben, waren in Abständen errichtet. Die antiken Straßen hallten wider von dem Ruf »Leone!« und »Palle!« Antike Statuen standen neben denen zeitgenössischer Künstler, Christus und Apollo warben um die Blicke der jubelnden Menge. Die Dekorationen waren geschmückt mit Wappen der Medici mit Löwen, Diamantringen und Federn, die *palle* spien Wasser und Wein. Die Gestalten von Merkur und Pallas Athene verhießen als Friedensgötter eine neue Epoche der Zivilisation, ein Goldenes Zeitalter.

Es sah so aus, als ob die Medici in dieser Ära wieder eine führende Rolle auf der Bühne Italiens spielen sollten. Papst Leo verlieh gleich die Kardinalswürde an seinen Vetter Giulio de' Medici und an seinen Neffen Innocenzo Cibo, den Sohn seiner Schwester Maddalena. Außerdem wurde Giulio zum Erzbischof von Florenz gemacht, wodurch der schlaue Geistliche Stimmrecht bei den Staatsgeschäften erhielt. Giuliano, Papst Leos Bruder, wurde *gonfalonier* der römischen Kirche, worüber er nicht glücklich war. Denn das war ein militärischer Posten, und Giuliano war ein friedliebender Mann. Der neue *gonfalonier* der Kirche hatte sich nun seinem Bruder in Rom anzuschließen, und damit wurde sein Neffe Lorenzo praktisch Oberhaupt der florentinischen Republik.

Papst Leo, der Begründer dieser neuen Herrlichkeit, trat sein Pontifikat mit ausgezeichneten Vorsätzen an. Er verzieh den Kardinälen, die das anti-julianische Konzil, erst in Pisa und dann in Mailand, veranstaltet hatten. Er setzte die Steuern herunter und führte ein paar dringend nötige kirchliche Reformen durch. Ein radikaleres Reformprogramm wäre ihm lieber gewesen, aber die Prälaten der römischen Kurie widersetzten sich so heftig, daß er seine Pläne fallenlassen mußte. Leos Kommentar zu diesem Anlaß war bezeichnend für ihn und seine Regentschaft: »Ich werde weiter über diese Sache nachdenken« sagte er, »um zu ermitteln, wie ich jedermann am besten zufriedenstellen kann.«

Leos Haupteigenschaft war seine Gutartigkeit. Er lächelte stets, er sprach ruhig und angenehm und – anders als der große Lorenzo – mit einer außerordentlich gepflegten und melodischen Stimme. Er war sehr taktvoll und vermied jede Kränkung. Er konnte Gesuche auf eine Weise ablehnen, daß die Antragsteller sich eher geehrt als beleidigt fühlten, und er war jedesmal aufrichtig betrübt, wenn er jemanden zurückweisen mußte. Bei aller angeborenen persönlichen Würde und gewissenhaften Erfüllung seiner religiösen Pflichten blieb dieser Mann stets menschlich und nahm den Leuten gern durch kleine Scherze ihre Befangenheit.

In der Außenpolitik verhielt sich Leo zurückhaltend und im allgemeinen klug. Seine Politik galt im ganzen als ehrlich, wenn er auch überzeugend lügen konnte, falls es dem Wohl der Kirche diente. Aus Rücksicht auf Ludwig XII. hatte er es zu Beginn seiner Herrschaft zunächst abgelehnt, der Liga von Mecheln beizutreten, in der Heinrich VIII. von England und Ferdinand II. von Spanien seit 1513 zusammengeschlossen waren. Als aber König Ludwig seine Franzosen gegen die Lombardei führte, lieh der Papst dem lombardischen Kommandeur Geld, um die Schweizer Pikeniere zu besolden. Die Schweizer entschieden dann die Schlacht von Novara in Piemont am 6. Juni gegen die Franzosen. Rom und Frankreich versöhnten sich: ein Triumph für Leos Diplomatie.

Der Papst war fasziniert von dem neuen Zeitalter. Dies zeigte sich auch bei seinem begeisterten Empfang für eine Gesandtschaft aus Portugal, die von Admiral Tristan da Cunha und seinen drei Söhnen angeführt wurde. Sie waren von persischen Reitern begleitet und brachten dem Papst afrikanische Leoparden, seltene Vögel aus Asien und vor allem den ersten Elefanten mit, den man seit dem römischen Kaiserreich in Italien zu sehen bekam.

Leo beauftragte Raffael, ein lebensgroßes Bild des Ungetüms »Hanno« auf die Wand zu malen, vor der man es begraben hatte. Der Papst selbst verfaßte eine grandiose Grabinschrift in Latein. Ganz Rom redete immer noch mit heimlichem Gelächter von diesem Ereignis, als plötzlich zahllose Exemplare eines gedruckten satirischen Pamphlets an allen Straßenecken feilgeboten wurden. Der Titel lautete: »Der Letzte Wille und das Testament des Elefanten«.

»Ein Weib von Veron oder Dietterichbern«. Figur aus »Hans Weigel's Trachtenbuch« von Jost Amman (1539–1591). Die Unterschrift unter dem Holzschnitt lautet:
»Und da jemandt wolt wissen gern
Wie Weiber zu Dietterichbern.
Geklaidt sind oder zu Veron
Der schaw nur dise Bildtnuß an.«

Der Verfasser war ein gewisser Pietro Aretino, damals noch Lakai in einem großen Palazzo.
Leo hatte Humor und lachte über diesen Witz. Als Florentiner hatte er auch nichts dagegen, wenn die pompösen Römer auf den Arm genommen wurden. Aretino vermutete ganz richtig, daß der Tod des Elefanten eine himmlische Gelegenheit war, Aufmerksamkeit zu erregen und nach oben zu kommen. Er rechnete fest mit positiven Reaktionen auf Hannos »Letzten Willen«.
Die gab es auch bald. Der Papst persönlich wollte den Witzbold in sein Haus aufnehmen. Pietro eilte, sich dem heiteren Stellvertreter Christi vorzustellen, und dieser fragte ihn im Scherz: »Was wollt Ihr lieber sein, *messere*, Vergil oder Camillo Querno, mein Hofdichter?«
»Eurer Heiligkeit Hofdichter natürlich«, antwortete Pietro ohne Zögern, »denn der darf mehr guten Glühwein im Castello im Juli trinken, als Vergil von Kaiser Augustus für 2000 katzbuckelnde ›Äneiden‹ und eine Million ›Georgica‹ bekommen hätte.«
Mit dieser listigen Antwort gab er Leo zu verstehen, er habe einen gelehrten Diener angeworben, jeder Förderung und Nachsicht würdig, der ebenso gern starken Alkohol trank wie der Papst selbst. In Wirklichkeit machte sich Pietro gar nicht so viel aus Wein, er war nie betrunken, er tat nur manchmal so, wenn es ihm günstig schien. Leo war von ihm begeistert, und so begann die seltsame und höchst erfolgreiche Karriere des Aretino unter einem Medici als Patron.

Nach dem Tod König Ludwigs XII. (1515) trat Franz I. seine Nachfolge an. Der neue König erhob sofort Anspruch auf das Königreich Neapel und fand die Unterstützung Papst Leos X. Franz I., zweiter von links, als einer der Heiligen Drei Könige. Holzschnitt aus »Les Grandes heures de la Vierge«, einem Stundenbuch, das 1543 in Paris erschien.

Die Aussöhnung des Papstes mit König Ludwig von Frankreich erledigte sich von selbst, als Ludwig am Neujahrstag 1515 starb. Sein Nachfolger, der junge flotte Franz I., war ein ganz anderer Herrschertyp. Der neue König erhob sofort Anspruch auf das Königreich Neapel, wobei Papst Leo ihn unterstützte. Leo hatte stets den Ruhm der Medici im Auge. Er wollte den spanischen Statthalter verdrängen und diesen Thron für Giuliano de' Medici gewinnen, den *gonfalonier* der römischen Kirche. Als weiteren Schritt in dieser Richtung arrangierte der Papst unauffällig Giulianos Heirat mit Filiberta, der Schwester von König Franz.
Allerdings erwies sich der französische Monarch als aggressiver, als der Papst angenommen hatte. Leo war sehr beunruhigt, als Franz in der Schlacht von Marignano östlich von Mailand am 13. September 1515 die bis dahin unbesiegten Schweizer in Diensten der Spanier und des Kaisers schlug. Der Papst beschloß, der vorrückenden französischen Armee und ihrem königlichen Feldherrn bis Bologna entgegenzueilen. Auf seinem Weg nach Norden blieb er vom 30. November an drei Tage in Florenz.
Der zeitgenössische Historiker Landucci schrieb später, Pracht und Aufwand der Vorbereitungen für den Empfang des ersten Florentiner Papstes wären ohne Beispiel. Keine andere Stadt der Welt, erklärte er, hätte sich ähnliches leisten können oder wollen. Einen

Papst Leo X. mit den Kardinälen Giulio de' Medici (links), dem späteren Papst Klemens VII., und Luigi de Rossi (rechts).
Leo war sehr auf die Wahrung und Mehrung der Macht seines Hauses bedacht und führte 1512 die Medici wieder nach Florenz zurück. Da er sich mehr auf die Regierung seines Kirchenstaates und die italienische und europäische Politik konzentrierte, vernachlässigte er die kirchlichen Aufgaben.
Um die Mittel für die von ihm geförderten Künstler, darunter Michelangelo und Raffael, und seine Prachtbauten (wie den Petersdom) aufzubringen, erneuerte er den Ablaßhandel. Damit forderte der weltlich gesinnte und irdischen Genüssen ergebene Mediceer die scharfe Kritik des Reformators Luther heraus.
Das Gemälde Raffaels, auf dem Leo beim Studium einer alten Handschrift abgebildet ist, wurde durch die symmetrische Komposition der drei Figuren vorbildlich für Gruppenbilder. Um 1518. Uffizien, Florenz.

Monat vorher begannen mehr als tausend Arbeiter und Handwerker an den Dekorationen zu arbeiten, sogar an den Feiertagen. Die Kirchen verwandelten sich in Werkstätten. Architekten, Maler und Bildhauer schufen Triumphbögen, Modelle berühmter Gebäude, allegorische Entwürfe und Statuen.
Bei der Konferenz in Bologna ging es zwischen Leo und Franz vor allem um das Schicksal des Herzogtums Urbino, das damals in Händen eines guten Freundes von Giuliano war, Francesco Maria della Rovere. Der Neffe des verstorbenen Julius II. war wie sein Onkel ein großer Krieger. Leo wünschte Urbino für seinen Neffen Lorenzo, der nominell bereits Florenz erhalten hatte, aber man kam in Bologna zu keiner Entscheidung.
Auf seinem Rückweg hielt sich der Papst vom 30. Dezember bis Ende Februar noch einmal in Florenz auf. Aber diesmal murrte die Bevölkerung darüber, der Papstbesuch habe die Lebensmittelpreise

zu sehr in die Höhe getrieben. Die Unzufriedenen stöhnten, der Heilige Vater hätte seine Geburtsstadt zumindest mit Getreideimporten unterstützen müssen. Es war das erste Mal, daß man mit Leo nicht einverstanden war. Auch die juwelenbesetzte Mitra im Wert von 10000 Dukaten, die er dem Domkapitel zum Geschenk machte, konnte den Rückgang seiner Popularität nicht ganz aufhalten.

Giuliano de' Medici war schon seit Monaten an Tuberkulose erkrankt und starb am 17. März 1516 in Fiesole. Er war vor der ungesunden Atmosphäre in Rom geflohen und hatte dort die gute Luft gesucht. Alles, was man über das Leben dieses vornehmen Menschen weiß – der einer der besten, wenn nicht überhaupt der fähigste Medici war –, hinterläßt einen sympathischen Eindruck. Sein Tod im Alter von 37 Jahren mutet fast ebenso tragisch an wie die Ermordung seines ebenso bewundernswerten Onkels und Namensvetters im Jahr 1478, dem Geburtsjahr des jüngeren Giuliano. Die Nachwelt mag sich mit der großartigen, wenn auch stark idealisierten Statue trösten, die Michelangelo von ihm im Auftrag des Papstes für Leos Grabmal in der Kirche San Lorenzo in Florenz geschaffen hat. Weit mehr als die konventionelle Rüstung gibt die nachdenkliche Haltung die Persönlichkeit eines der geliebtesten und glücklosesten Mitglieder des Hauses Medici wieder.

Eine der letzten Handlungen Giulianos war es, seinen Bruder Giovanni daran zu hindern, das Herzogtum Urbino einzunehmen. Guidobaldo da Montefeltro, Giulianos Gönner und Gastgeber während der Verbannungszeit in seiner Jugend, hatte den Besitz dem erwähnten Francesco Maria della Rovere vermacht, den schon sein kriegerischer Onkel Julius II. wegen seiner militärischen Fähigkeiten geschätzt hatte. Giuliano sah Schwierigkeiten kommen, falls Leo versuchen sollte, Francesco seines Erbes zu berauben. Wenige Tage nach dem Tod seines leidenden Bruders zitierte der Papst den Herzog nach Rom, damit er sich wegen Mordes verantwortete. Francesco befolgte den päpstlichen Befehl nicht. Er wurde exkommuniziert, und Leos Truppen besetzten seine Hauptstadt. Am 18. August machte der Papst seinen Neffen Lorenzo zum Herzog von Urbino.

Lorenzo di Piero de'Medici war wie sein Vater ein ausgezeichneter Reiter. Er glich dem verstorbenen Piero auch darin, daß er nie einen raschen Entschluß fassen oder energische Schritte unternehmen konnte. In der Politik beherrschte ihn daher seine dominierende Mutter, Alfonsina degli Orsini. Sie hatte ziemlich despotische Regierungsvorstellungen, die den dickköpfig-republikanischen Bürgern von Florenz nicht gefielen. Alfonsina betete ihren Sohn an und wollte unbedingt einen mächtigen Herrscher aus ihm machen, selbstverständlich einen absolutistischen.

Nach dem Kampf um Urbino stellte sich Leo dem vertriebenen

Rechts: Der von Lorenzo de' Medici schon in seiner Jugend geförderte Michelangelo war in erster Linie Bildhauer, obwohl er auch als Maler, Zeichner, Architekt und Dichter hervorragende Werke geschaffen hat. Von 1490–1492 hatte Michelangelo Gelegenheit, Lorenzos Sammlung antiker Skulpturen zu studieren, die im Garten der Medicivilla standen. Sie beeinflußten vor allem mehrere seiner frühen Werke.
Obwohl die Marmorskulptur »Der Sieg« nicht ganz vollendet wurde, gehört sie zu Michelangelos Meisterwerken. Palazzo Vecchio, Florenz.

Herzog persönlich im Feld, der sofort versuchte, seine Stadt wiederzuerobern. Unterstützt von spanischen und deutschen Söldnern, kämpfte sich Francesco dann 1517 in seine Hauptstadt zurück und vertrieb Lorenzo. Alle waren zufrieden – vielleicht sogar Lorenzo selbst –, nur nicht der Papst. Lorenzo war leichtsinnig, er interessierte sich viel mehr für Kunst, Literatur oder Musik als für den Krieg. Das Kämpfen hatte ihm gar keinen Spaß gemacht. Er war auch verwundet worden und weigerte sich deshalb, das Schlachtfeld wieder zu betreten.

Schließlich lösten finanzielle Umstände die Situation zugunsten Leos. Die unbezahlten fremden Söldner liefen auseinander, die feindlichen Parteien einigten sich. Der Papst und die Signoria von Florenz bezahlten Francesco Marias Schulden, und der zum zweitenmal abgesetzte Herzog ging nach Mantua. Er war der festen Überzeugung, seine loyalen Untertanen würden Lorenzo – einen Mann, der sich weder für Bücher noch für Artillerie begeistern konnte – bald verjagen.

Giovanni di Giovanni de' Medici, Katharina Sforzas Sohn von ihrem dritten Gatten (der dem jüngeren Zweig der Familie Medici angehörte und den sie 1496 in Rom geheiratet hatte), war nun 19 Jahre alt; beide Eltern waren tot.

Der junge Giovanni war bei der Eroberung von Urbino durch Lorenzos Truppen dabeigewesen. Zweifellos war von allen Offizieren im Stab des Medici dieser junge Neffe bei weitem der fähigste. Schon mit elf Jahren hatte er wie ein kleiner, aber schlanker und athletischer *condottiere* ausgesehen. Er lebte fast im Sattel und ritt meist im gestreckten Galopp. Er schwamm mitten im Winter durch den Fluß, ging auf die Jagd, überfiel Nachbardörfer und raubte durchziehende Reisende aus wie ein mittelalterlicher Ritter. Als Zwölfjähriger ging er zum erstenmal in ein Bordell, und im gleichen Alter brachte er seinen ersten Mann um. Nachdem sein Vetter Leo 1513 den Papstthron bestiegen hatte, probierte er alle Dirnen von Siena, Rom und Neapel aus. Mit 16 stieß er bei einem Turnier in Florenz acht Gegner vom Pferd.

1516 heiratete dieser erschreckende Jüngling Maria Salviati. Als junger Mann war der Vater des Mädchens, Giacomo, mit Lucrezia de' Medici verheiratet gewesen, der ältesten Tochter Lorenzos des Prächtigen. Lorenzo wollte damit die alten, engen Beziehungen zwischen den Salviati und den Medici neu knüpfen. Als Katharina Sforza 1509 starb, verfügte sie, Giovanni solle der Pflege von Lucrezia und Giacomo anvertraut werden. Giacomo wurde nie mit dem besonders eigensinnigen Buben fertig, aber Lucrezia war stärker und gewann einen Einfluß auf Giovanni, den sie nie verlor. Der Knabe war mit ihrer Tochter Maria fast gleichaltrig, und so schien es Lucrezia ganz natürlich, daß die beiden jungen Leute heiraten sollten. Giovanni behandelte das Mädchen stets höflich, aber er

»Der Traum der heiligen Ursula« von Vittore Carpaccio. Dieses Gemälde aus einer Folge von neun Bildern der Legende der heiligen Ursula für die Scuola di San Orsula in Venedig vermittelt vermutlich einen exakten Eindruck von einem Schlafzimmer, wie man es in den Palästen Venedigs im späten 15. und frühen 16. Jahrhundert finden konnte.
Das Zimmer ist, abgesehen von dem mit einem Baldachin überspannten Bett und dem gotischen Stuhl, nur einfach möbliert. Die beiden Vasen mit Nelken und Myrthen auf dem Fensterbrett sind eine Anspielung auf die bevorstehende Hochzeit. Um 1495. Accademia, Venedig.

dachte nicht daran, sie in die leidenschaftliche Intimität mit einzubeziehen, die er mit männlichen Freunden und weiblichen Gefährtinnen so ungebunden genoß.

Während des zweiten Feldzugs gegen Urbino im Frühjahr 1517 gab Lorenzo dem Giovanni di Giovanni de' Medici das Kommando über hundert Mann leichte Kavallerie. Es waren Korsen, von denen er später immer wieder schwor, ihr »düsterer Mut« mache sie zu den besten Soldaten der Welt. Diese Truppe zeigte sich unter seiner Führung Francesco Marias Armbrustschützen mehr als gewachsen, selbst im Appenin, und trug weitgehend zur Rückeroberung der Stadt bei.

Zum Abschluß verheiratete Papst Leo Lorenzo mit einer französischen Prinzessin. 1518 wurde Madeleine de la Tour d'Auvergne, eine Verwandte Franz' I., die Gemahlin von Lorenzo di Piero de' Medici. Je nach Charakter bemerkten die Hochzeitsgäste mit mehr oder weniger Mitgefühl, daß der Bräutigam bereits an den verheerenden Folgen der Syphilis litt. Im nächsten Jahr starb die unglückliche junge Frau bei der Geburt einer Tochter. Sie sollte unter dem Namen Katharina de' Medici in die Geschichte eingehen.

Wenige Tage nach Madeleines Tod starb auch Lorenzo. Als junger Mann hatte er sich unter dem Einfluß seines Onkels Giuliano mit der den Medici eigenen Zurückhaltung betragen. Aber nachdem Giuliano als *gonfalonier* der Kirche nach Rom gegangen war und Florenz ihm allein überlassen blieb, hatte sich Lorenzo wenig vorteilhaft entwickelt. Die Bürger kritisierten seine Prahlerei, Unverschämtheit und seinen Ehrgeiz, wofür zweifellos seine Mutter Alfonsina degli Orsini weitgehend verantwortlich war. Er hatte bestimmt keinen starken Charakter, aber er war auch wieder nicht so dumm, unerzogen, unehrlich oder egoistisch, wie seine Zeitgenossen behaupteten. Das merkwürdige Amt eines Ratgebers der Florentiner Regierung hatte er nur fünf Jahre innegehabt.
Kardinal Giulio de' Medici eilte sofort herbei, um die Lage abzuschätzen. Er war dazu bestimmt, einer der berühmtesten und kompliziertesten Repräsentanten der Familie zu werden, mit all den widersprüchlichen Zügen, die ihre Mitglieder von nun an auszeichneten. Trotz seiner unehelichen Geburt war er als Kind sofort in den Haushalt seines Onkels Lorenzo des Prächtigen und seiner Großtante Lucrezia Tornabuoni aufgenommen worden. Lucrezia war eine Frau von unantastbarer Tugend und großer Herzenswärme. Sie war intelligent und lebensklug. Giulio wuchs heran und erinnerte mit seinem angenehmen Benehmen und lebhaften Humor, auch mit seinen dunklen, stark ausgeprägten Gesichtszügen sehr an die attraktive Persönlichkeit seines ermordeten Vaters Giuliano. Eine gewisse Unberechenbarkeit und Gerissenheit trug ihm in seinem späteren Leben den Spitznamen »das Chamäleon« ein.
1519 war Giulio bereits einige Jahre der vertraute Berater seines Vetters Papst Leo X. gewesen. Die meisten Leute hatten von dem Kardinal den Eindruck, er sei ehrlich und fleißig, scheue keine Auseinandersetzung, und seine Frömmigkeit sei aufrichtig. Man fand ihn auch zugänglicher, großzügiger und kultivierter als die meisten aktiven Kirchenmänner von höherem Rang in dieser Zeit. Nach dem Tod des zweiten Lorenzo (di Piero) wurde Giulio bei den kritischen Florentinern bald beliebt. Er gab sich bescheiden, lebte einfach, hörte sich die Meinungen wichtiger Bürger aufmerksam an und beschränkte die Ausgaben der Staatskasse auf ein Minimum. Auf diese Weise hatte der Kardinal die Stadt bald besser unter Kontrolle als irgend jemand vor ihm seit Savonarolas Zeiten.
Auch waren die Florentiner eher bereit, sich mit Kardinal Giulio abzufinden, weil sie in ihm vor allem den Regenten für die kleine Katharina sahen, die Tochter Lorenzos. Machiavelli stand inzwischen wieder offiziell in Gunst und beriet den Kardinal in Verfassungsfragen. Dabei ging er davon aus, daß das letzte Wort über das erwünschte Maß an Freiheit die Medici – also Leo und Giulio – haben sollten. Solche Ansichten betonten zumindest den äußeren Aspekt des Republikanismus. Als Giulio fünf Monate später Flo-

König Franz I. von Frankreich (1494–1547). Zeitgenössischer Holzschnitt.
Franz schloß 1516 mit Papst Leo X. in Bologna ein Konkordat, das ihm das Besetzungsrecht in den französischen Bistümern einräumte. Damit festigte er die Macht der Krone und stärkte die Einheit seines Landes.

Um die Mittel für seine aufwendigen Bauvorhaben in Rom aufzubringen, griff Papst Leo X. auch auf Gelder aus dem Ablaßverkauf zurück. Das rief den Reformator Martin Luther (1483–1546) auf den Plan, der bereits 1517 in seinen 95 Thesen Stellung zu dieser Unsitte der römischen Kirche bezogen hatte.
Nachdem Luther 1520 die päpstliche Bulle »Exsurge Domine« öffentlich verbrannt hatte, wurde er im Jahr darauf von Leo X. exkommuniziert. Die Spaltung der Kirche konnte Leo dadurch jedoch nicht verhindern.
Martin Luther als Mönch. Holzschnitt von Lucas Cranach d. Ä. (1472–1553).

renz verließ, war die Stadt so ruhig, blühend und hoffnungsfroh wie je.

Zu dieser Zeit hatte Papst Leo Probleme, die für ihn dringender waren als die der florentinischen Republik. Vor allem sorgte sein gräßlicher junger Vetter Giovanni di Giovanni de' Medici nach seiner Rückkehr aus dem Krieg um Urbino für manchen Ärger. Er fing sogar mit jedem älteren Mann Streit an, der behauptete, etwas von Kriegführung zu verstehen. Er lebte verschwenderisch wie ein regierender Fürst. Es gab kaum eine Mahlzeit mit weniger als fünfzig Gästen, und in seinen Stallungen standen dreißig Pferde. Die sture Gewalt, mit der er endlose Streitereien auch mit ehrbaren Leuten vom Zaun brach, spottete jeder Beschreibung. Selbst vor Mord schreckte er dabei nicht zurück. Der junge Medici bekam zu spüren, daß alle gegen ihn waren, einschließlich seines Vetters Papst Leo. Er zitierte Giovanni im Frühjahr 1518 nach Rom, damit er sein Betragen rechtfertigte. Kurz darauf wurde er zu fünf Jahren Verbannung aus Florenz verurteilt.

Im Dezember kreuzte der Unruhestifter des Hauses Medici wieder in Florenz auf, schüchterte die Räte ein, hieb auf der Straße mit dem Schwert wild um sich und entschuldigte sich dann höhnisch. Er häufte Schulden an, schrieb Briefe an jedermann – außer an seine entsetzte Frau –, schickte dem besorgten Leo ein paar Falken als Geschenk und war ein solcher Wildling, daß der Papst ihn im März 1519 noch einmal nach Rom rief. Leo bezahlte seine Schulden und überließ ihm hundert Soldaten zum Drill, da es zur Zeit keinen Krieg gab, wo man ihn nützlich hätte beschäftigen können. Es wird erzählt, daß Giovanni einmal einen dieser furchtlosen Söldner zurechtweisen mußte und in seiner üblichen drohenden Art auf ihn zutrat. Der Bursche legte die Hand an sein Schwert: »Einen Schritt näher, Hauptmann, und Ihr seid tot!« Diese schnelle und brutale Reaktion begeisterte Giovanni derart, daß er den Soldaten auf der Stelle zum Kommandeur einer Kompanie beförderte.

Inzwischen waren König Ferdinand von Aragon und Kaiser Maximilian gestorben. Karl von Habsburg, ein junger Mann mit einer langen Nase, hängender Unterlippe und gespanntem, aber düsterem Gesichtsausdruck, wurde als Karl V. zum Kaiser des Heiligen Römischen Reiches gewählt. Zudem machte ein gelehrter deutscher Mönch namens Martin Luther von sich reden, indem er gegen den Ablaßhandel predigte. 1521 wurde er von Leo exkommuniziert.

Daneben mußte sich der Papst mit einem Schisma innerhalb des Vatikans auseinandersetzen. Man entdeckte eine Verschwörung unter jüngeren Kardinälen, die ihn umbringen wollten. Leo ließ den Anführer Alfonso Petrucci aus Siena hinrichten, warf mehrere andere Verschwörer ins Gefängnis und bestimmte an ihrer Stelle nicht weniger als 31 loyale neue Mitglieder für das Heilige Kollegium. Sein Ausdehnungsstreben befriedigte er dadurch, daß Florenz ihm

inoffiziell und Parma und Piacenza offiziell unterstellt wurden. Leo sah seine schlimmsten Befürchtungen bestätigt, als im Juni zwischen dem strengen jungen Kaiser Karl V. und dem hemmungslos ehrgeizigen König von Frankreich, der sich durch Karl um den Thron gebracht fühlte, Krieg ausbrach.
In diesem Kampf konnte Giovanni seinem Ruf als Held auf dem Schlachtfeld und als wütender Schreihals gerecht werden, der die älteren Generäle im Kriegsrat herunterputzte. Wie Horaz durchschwamm er einen Fluß in voller Rüstung, allerdings zu Pferde. Als er nach Mailand eilte, um sich mit den kaiserlichen Truppen zu vereinen, die die Stadt aus der Bedrängnis durch die Franzosen befreien sollten, stürzte sein Pferd inmitten einer Menge italienischer Flüchtlinge, die ihm entgegendrängten. Seinen Leuten weit voraus, überwand er diesen Widerstand ganz allein. Mailand wurde vor den Franzosen gerettet, und Francesco Maria Sforza, der zweite Sohn von Ludovico und als Herzog wieder eingesetzt, bedankte sich persönlich bei Giovanni de' Medici für den entscheidenden Beitrag zum Sieg.
Der Papst starb am 1. Dezember 1521 im Alter von 46 Jahren. Seine Förderung von Wissenschaft und Kunst, seine labile Gesundheit und sein früher Tod lassen Papst Leo X. als typischen Medici erscheinen. Die Humanisten hatten seine Wahl mit Begeisterung begrüßt, und er enttäuschte sie nicht, weder als Mäzen noch als Vorbild verfeinerter Lebensart. Jeder, der sich nur auf einige literarische Verdienste berufen konnte, fand an der Kurie seinen Platz, wenn er zufällig in Rom lebte. Rom entwickelte sich zum Brennpunkt des literarischen Lebens. Die besten Köpfe der Zeit wurden mit verschwenderischen Gehältern an die Universität von Rom gelockt, Leo war immer und in jeder Hinsicht freigebig. Das Studium der klassischen Archäologie wurde angeregt, als Leos Schützling Raffael vorschlug, nach sorgfältigen Untersuchungen der alten Gebäude und der klassischen römischen Autoren eine große Karte der antiken Stadt zu zeichnen.
Die stärkste Wirkung erzielte das leonische Zeitalter, wie man die Zeit von Leos Papsttum oft nennt, auf dem Gebiet der bildenden Kunst. Raffael (1483–1520) wurde mit allen Projekten betraut, die dem Papst besonders am Herzen lagen. Dazu gehörten auch die Fresken für den Vatikan, und Raffael ehrte den Papst, der ihm eine so wichtige und einträgliche Aufgabe anvertraut hatte, auf seine Weise. Im Zimmer des Heliodor gibt es ein Fresko, das Leo I. gegenüber dem Hunnenkönig Attila darstellt. Das Gesicht des Papstes ist ein Porträt Leos X. Die vatikanischen Fresken von Raffael spiegeln den Geist Leos und seiner Zeit wider, denn sie verbinden widerspruchslos christliche und heidnische oder klassische Themen und Figuren.
Auch Michelangelo war Leos Schützling, der mürrische junge Bild-

Auch Ulrich von Hutten, der Mitstreiter Luthers, hatte sich in mehreren Schriften gegen das Papsttum gewandt.
Als Leos indischer Elefant 1516 starb, hielt sich Hutten gerade in Italien auf. Den Tod des päpstlichen Elefanten nahm er zum Anlaß für einen verächtlichen Spottbrief an einen Freund:
»Ihr habt alle gehört, wie der Papst ein großes Tier hatte, einen Elefanten, den er hoch in Ehren hielt und sehr liebte. Ihr müßt wissen, daß dieses Tier nun tot ist. Als es krank war, war der Papst tief betrübt . . . Sie sagen, er hätte jedem, der den Elefanten geheilt hätte, fünftausend Dukaten gezahlt; denn er war ein besonders Tier und hatte eine ungeheure Nase; er kniete stets nieder, wenn er vor den Papst trat und trompetete laut die Silbe ›bar, bar, bar!‹«
Holzschnitt von Erhard Schön. Um 1520. Kupferstichkabinett der Staatlichen Museen Preußischer Kulturbesitz, Berlin.

»Anbetung der Heiligen Drei Könige«. Teil der »Krönung Mariä«. Altarbild von Raffael. Raffaello Santi (1483–1520) lernte zunächst bei seinem Vater und ging dann zu Pietro Perugino in die Lehre. Während seiner Florentiner Jahre nahm Raffael Einflüsse Leonardos, Michelangelos, Andrea del Sartos und Fra Bartolommeos auf, die er in seinen eigenen Stil integrierte. Die »Krönung Mariä« entstand 1503/04 für die Familienkapelle der Oddi in Perugia. Pinacoteca Vaticana, Rom.

hauer, den Lorenzo der Prächtige schon viele Jahre zuvor in seinen Haushalt aufgenommen hatte. Michelangelo hatte seine berühmtesten Arbeiten unter Leos Vorgänger Julius II. geschaffen, dessen heftiges Temperament seinem eigenen entsprach. In den Anfangsjahren von Leos Herrschaft war der Künstler noch mit der Ausführung von Julius' Grabmal beschäftigt. Später wurde der Bildhauer dann mit dem Entwurf monumentaler Grabmäler für die Familie Medici in der Kirche San Lorenzo beauftragt. Bildhauer haben aber im ganzen unter Leo keine so große Rolle gespielt.

In der Architektur war das anders. Bramante bekam den Auftrag, an der Basilika von St. Peter weiterzubauen, und als er 1514 starb, trat Raffael an seine Stelle. Bis zur Vollendung sollte es allerdings noch lange dauern, denn – wie sich nach seinem Tod zeigte – der verschwenderische Leo hatte die päpstlichen Kassen praktisch geleert. Seine Sorglosigkeit im Umgang mit Geld war zu seinen Lebzeiten so bekannt, daß römische Bankiers ihm manchmal bis zu vierzig Prozent Zinsen auferlegten, da sie unter Leo den Bankrott des Papsttums befürchteten.

Diese Bedenken waren auch berechtigt. Leos finanzielle Ansprüche erforderten, daß er seinem an sich aufrechten Charakter und dem Wohl der Kirche Gewalt antat. Sein riesiges Einkommen reichte nicht aus für all die großzügigen Geschenke an Freunde, Verwandte, Künstler, für seine kostspielige Hofhaltung, für Kriegskosten und vor allem den Feldzug gegen die Türken. Um zu Geld zu kommen, ließ sich Leo nicht nur auf ruinöse Darlehen ein, er verkaufte auch kirchliche Pfründen und ging in ganz Europa mit dem Ablaß hausieren. Zwar wurden diese Summen weitgehend für kirchliche

und religiöse Zwecke verwendet, aber die Methoden, mit denen sie aufgebracht wurden, nahmen große Teile Europas immer mehr gegen die römische Kirche ein; und diese Verbitterung war es, die Martin Luther auf den Plan rief.
Trotz dieser finanziellen Skandale wurden Leos gute Absichten und seine Frömmigkeit zu seinen Lebzeiten nie in Zweifel gezogen. Er konnte in wahrhaft italienischer Manier wohltätig und mitleidsvoll sein, wogegen er in der Politik mit List und Betrug arbeitete. Er war ein geschickter Diplomat, und am Ende seiner Herrschaft war das Papsttum zur dominierenden politischen Macht in Italien geworden. Trotzdem gelang es Leo ebensowenig wie Papst Julius II., die Halbinsel von fremden Eindringlingen zu befreien, und er fand auch nicht genügend Unterstützung, um es mit den angriffslustigen Türken aufzunehmen. Sein Glaube und seine Hingabe in religiösen Dingen waren beispielhaft und sein Privatleben frei von den sexuellen Exzessen anderer Päpste seiner Zeit. Aber sein Wunsch, allen gefällig zu sein, machte ihn blind gegenüber den wirklichen Bedürfnissen seiner Kirche. Leo versäumte die Reformen, die selbst damals noch den Bruch zwischen der nördlichen und der südlichen Hälfte der Christenheit hätten verhindern können. Selbst in Bereichen wie Kunst, Bildhauerei und Literatur, die ihm so sehr am Herzen lagen, zeigte er Ungeschick. Er war der großzügigste und verständnisvollste Mäzen, aber besonders viel verstand er davon nicht. Er wußte eine schöne Redewendung zu schätzen und hatte ungeheures Vergnügen an der Eleganz und dem Witz von Pietro Bembo und Poliziano, aber den Geist Machiavellis und die Größe Ariosts erkannte er nicht. Er förderte Raffael und belohnte ihn verschwenderisch, aber er machte sich wenig aus Leonardo da Vinci und begriff auch nicht das Genie Michelangelos.
Trotz dieser Mängel kann man Leo chrarakterliche und historische Größe nicht absprechen. Er war ein glücklicher Mensch und hatte den Wunsch, andere glücklich zu machen, so gut er es konnte. Er war es, der in Rom die Tradition des Mäzenatentums einführte, die im Florenz der Medici längst üblich war. Er gab damit der Welt ein Beispiel, das bald in ganz Europa nachgeahmt wurde. Das italienische Volk betrachtete ihn als einen der ihren und schätzte ihn so, wie er war. Als er starb, wurde er betrauert wie seit Jahrhunderten kein anderer Papst.
Alle waren untröstlich, selbst die Bankiers, denen Leo riesige Summen schuldig blieb, und die Kardinäle und Bischöfe, die ihre Karriere auf ihn gegründet hatten. Schäbige Geister vermerkten das Hinscheiden des Papstes allerdings in weniger schmeichelhaften, wenn auch denkwürdigen Worten. »Er gelangte auf den Thron wie ein Fuchs«, schrieb einer, »regierte wie ein Löwe und starb wie ein Hund.« Alfons von Ferrara, auf dessen Gebiete der Papst immer ein Auge geworfen hatte, war bei der Nachricht von Leos Tod au-

Porträt des Kardinals Pietro Bembo (1470–1547). Der Humanist und Dichter kam 1512 als Sekretär Leos X. nach Rom. Seine Gedichte in italienischer Sprache, in denen das Toskanische als Grundlage des Italienischen deutlich wird, haben die Entwicklung der italienischen Literatursprache wesentlich beeinflußt. Kupferstich von Enea Vico.

ßer sich vor Freude und ließ eine Medaille prägen, auf der stand, er sei *ex ore leonis* (aus dem Rachen des Löwen) befreit.
Solche Urteile sind bei einem so vielseitigen Mann wie Papst Leo X. zu grob vereinfacht. Er vereinte Tugenden in sich, die manchmal Fehler waren, und Fehler, die sich als Tugenden erwiesen. Der amerikanische Kulturhistoriker William Durant widmete diesem humanen Papst und Medici vielleicht die treffendste Grabinschrift: »Er war ein guter Mensch, den seine Tugenden ruiniert haben.«

Die meisten Italiener erwarteten, daß Kardinal Giulio de' Medici seinem Vetter als Papst nachfolgen werde, obwohl er erst 43 Jahre alt war. Er selbst war fest dazu entschlossen, nicht nur aus persönlichem Ehrgeiz, sondern auch als Florentiner Patriot. Zu Beginn des Jahres 1522 beobachtete er mit Besorgnis, daß sich die Anti-Medici-Partei im Norden die Verwirrung in Rom zunutze machte, als die Beratungen des Heiligen Kollegiums über die Nachfolge sich länger hinzogen als je zuvor. Außerdem wollten Giulios Gegner in Florenz die Habgier und Beschränktheit seines Stellvertreters Kardinal Passerini ausnutzten, um die Regierung zu stürzen, die gerade erst mit Erfolg eingesetzt worden war. Feindliche Truppen aus Perugia und Verbannte aus Urbino marschierten bereits nach Westen.
Noch schlimmer für Giulio war, daß die französischen Kardinäle und Kardinal Francesco Soderini fest entschlossen schienen, gegen ihn zu stimmen. Francesco stammte aus einer Familie, die den Medici in der Vergangenheit schon oft Widerstand geleistet hatte. Er sagte, ein Papst von illegitimer Geburt sei eine Schande für die Christenheit. Auch die älteren Kardinäle wünschten sich einen Papst, dessen Tod in absehbarer Zeit zu erwarten war, damit einer von ihnen die Nachfolge antreten konnte. Giulio war kerngesund und mittleren Alters und paßte schlecht in diese Pläne. In seiner Verzweiflung setzte er alles aufs Spiel. Mit allen Anzeichen der Selbstverleugnung schlug er einen völlig abwegigen Kandidaten vor. Nach dessen sicherer Ablehnung sollte er als würdigster aller Kardinäle gewählt werden.
Giulio war zutiefst gekränkt, als »sein Kandidat« Adrian von Utrecht tatsächlich die nötige Zweidrittelmehrheit der Stimmen erhielt. Der 63jährige Flame Adrian war aus niederem Stand zum Lehrer Karls von Habsburg aufgestiegen, der jetzt als Karl V. Kaiser des Heiligen Römischen Reiches war. Dieser hatte auch dafür gesorgt, daß Adrian Kardinal wurde.
Als sein Name vom Balkon des immer noch unvollendeten Doms von St. Peter verkündet wurde, verharrte die Menge unten auf dem Platz zuerst in erschrockenem Schweigen. Dann brach sie in schrilles Pfeifen und Schreien aus, ein Aufstand drohte. Einen Medici oder einen Colonna hätten sie bejubelt, auch mit einem Spanier

Der Dichter Angelo Poliziano, Freund Lorenzos und Hauslehrer seiner Kinder, mit Lorenzos Sohn Giuliano de' Medici. Ausschnitt aus dem Fresko »Der heilige Franziskus bestätigt Papst Honorius die Ordensregel« von Domenica Ghirlandaio. Das Fresko, auf dem auch Lorenzo und seine anderen Kinder dargestellt sind, entstand im Auftrag der Familie Sassetti um 1485 für deren Familienkapelle in Santa Trinità in Florenz.

Im Jahre 1508 zog Raffael auf Wunsch von Papst Julius II. nach Rom, um die vatikanischen Gemächer auszuschmücken. 1509 begann er mit den Wand- und Deckenmalereien der Stanza della Segnatura, *dem Saal der Unterzeichnung der Rechtsakte. Auf vier Medaillons hat Raffael die Tugenden dargestellt: Die Gerechtigkeit, Philosophie, Theologie und Poesie. Die allegorische Figur der Gerechtigkeit erinnert sehr an die Malereien von Raffaels Lehrer Perugino in der* Sala del Cambio: *Der ruhige und träumerische Gesichtsausdruck entspricht weder dem Amt der Gerechtigkeit noch dem Schwert, ihrem Attribut. Palazzi Vaticani, Stanza della Segnatura, Rom.*

oder sogar einem Franzosen hätten sie sich abgefunden. Aber ein Holländer! Der venezianische Gesandte schrieb nach Hause, er sei »wie betäubt« vom Ergebnis der Wahl und habe kaum seinen Ohren getraut. Die Kardinäle selbst schienen ihre Entscheidung sofort zu bereuen. Als sie nach der Proklamation St. Peter verließen, sahen sie nach den Worten des römischen Dichters Tebaldeo aus »wie Geister aus der Hölle, so weiß und verzerrt waren ihre Gesichter . . . Fast alle sind unzufrieden und bereuen bereits, einen Fremden und Barbaren gewählt zu haben, den Lehrer des Kaisers, der so gefährlich für die weltliche Macht des Papsttums ist.«
Aber es war nichts mehr zu ändern. Giulio de' Medici verließ Rom und begab sich sofort nach Florenz. Dort warb er Schweizer und deutsche Söldner an, die unter dem *condottiere* Guido Rangoni den Truppen entgegentreten sollten, die sich auf Siena zu bewegten, das erste Hindernis auf ihrem Marsch gegen die toskanische Hauptstadt. Die Sienesen, die den Medici damals wohlgesonnen waren, schlugen sich auf die Seite Rangonis, und gemeinsam verhinderten sie den Einmarsch, den Kardinal Soderini eingefädelt hatte. Dann ergriff Giulio wieder die Herrschaft über Florenz. Es fiel ihm nicht schwer, seine alte Position auszubauen, besonders nachdem er die

Verbannten in Urbino ausgesöhnt hatte. Ihren Anführer Francesco Maria della Rovere hatte er zum Generalhauptmann der florentinischen Armee ernannt. Diese ehrenvolle Stellung hätte aber auch Giovanni de' Medici gern eingenommen, der inzwischen ein erfahrener Soldat war. Der Feuerkopf – in der Geschichte vor allem als Giovanni delle Bande Nere (Giovanni mit den schwarzen Bändern) bekannt wegen der Binden, die er und seine Leute nach dem Tod von Papst Leo trugen – betrachtete sich selbst als den einzig in Frage kommenden Kandidaten. Abgesehen von den gegensätzlichen Temperamenten des wilden, jungen Giovanni und des besonnenen Giulio hatte es zwischen dem älteren und dem jüngeren Zweig des Hauses Medici immer schon Eifersucht gegeben. Giulio mußte mit Unbehagen erkennen, daß – abgesehen von der kleinen Katharina – die einzig legitimen Vertreter seines Geblüts auf Giovannis Seite der Familie zu finden waren. Der enttäuschte Papstkandidat hatte gute Gründe, weshalb er Giovanni delle Bande Nere nicht zum offiziellen Kommandeur der florentinischen Truppen machte. Wenn der junge Mann nicht kämpfte und focht, was er am liebsten tat, widmete er sich wenig erbaulichen Zerstreuungen: Er lief unermüdlich den Kurtisanen und Offiziersgattinnen in der munteren Garnisonsstadt Reggio in der Emilia nach. Laut Pietro Aretino, der Anfang 1523 dort zu Giovanni stieß, unterschieden sich diese Damen sehr vorteilhaft von den Weibern, mit denen sich die beiden jungen Leute in Rom vergnügt hatten. Pietro fand, die römischen Mädchen seien zwar sehr schön, hätten aber »die Gesichter von Engeln und die Herzen von Teufeln«. In Reggio dagegen »waren die Herzen aller mit Freude erfüllt. Denn der junge Führer hatte seinen Soldaten gerade eine freie Nacht gegeben. Fackeln loderten überall. Die Huren der Stadt waren in großer Zahl ins Lager gekommen . . . An den Sattelknäufen mancher Reiter hingen Weinflaschen, Schinken, Körbe voll Obst und selbst blökende Lämmer. Diese Lebensmittel hatten sie nichts gekostet, da sie jedermann im Umkreis von zehn Meilen ausgeraubt hatten. Manche Frauen der geplünderten Familien weinten und rauften sich die Haare, während ihre Ehemänner und Väter klagten und jammerten, man solle ihnen ihre Frauen, ihre Töchter und ihr Vieh zurückgeben. Aber die Bauern wurden mit dem Dolch oder der Hellebarde zurückgetrieben. Riesige Lagerfeuer glühten in den Eichenhainen. Im rötlichen Fackelschein schwankten die Schatten der Soldaten, die tranken, spielten oder sich der Liebe hingaben.«
Während Giovanni delle Bande Nere noch damit beschäftigt war, sich von seiner Enttäuschung zu erholen, entdeckte Kardinal Giulio de' Medici, daß er mit bloßer Liebenswürdigkeit und Entgegenkommen nicht alle Schwierigkeiten aus dem Weg räumen konnte. Eine Gruppe junger Intellektueller, meist treue Medicianhänger, war schließlich mit dem Regime des Kardinals so unzufrieden, daß

sie sich mit den Anti-Mediceern von Rom unter Kardinal Soderini zusammentaten und seine Ermordung planten. Wieder einmal scheinen Marcus Iunius Brutus und die rauhen Republikaner des alten Rom ihre Schatten geworfen zu haben. Machiavelli war unter den Florentinern, die die Verschwörung planten, und er sprach begeistert von den Attentätern gegen Julius Cäsar. Aber es ist nicht erwiesen, ob er überhaupt wußte, was die Rebellen, die alle jünger waren als er selbst, wirklich im Schilde führten.
Jedenfalls wurde die Verschwörung ruchbar, und einer der Anführer, Jacopo da Diaoceto, wurde festgenommen. Er gestand, daß er und seine Freunde Giulio töten wollten, weil er seinen feierlichen Schwur nicht gehalten habe, eine wahrhaft republikanische Regierungsform aufzubauen. Alle Verdächtigen bekamen ein gerechtes Verfahren, und nur Diaoceto wurde enthauptet. Andere, die nicht geflohen waren, wurden verbannt. Wie gewöhnlich hatte der Kardinal Milde walten lassen, und viele waren der Meinung, seine übertriebene Güte sei nicht zum Besten der Stadt. Aber Giulio ließ sich nicht beirren. Barmherzigkeit, glaubte er, unterscheide den Christen vom Heiden und den aufgeklärten Fürsten vom Despoten.

Ein Medicipapst als Gefangener des Kaisers: Klemens VII.

Kardinal Giulio de' Medici sollte bald Gelegenheit haben, seine Grundsätze auf einem viel weiteren Feld in die Tat umzusetzen. Am 14. September 1523 erfuhr ganz Rom mit Erleichterung vom Tod jenes strengen und reformwilligen Papstes Hadrian VI. Die Römer hatten Hadrian nie verziehen; erstens, weil er Papst war, und zweitens, weil er war, wie ein Papst sein sollte. Als er die geistlichen Pfründen abschaffte, von denen zahllose Bürger mit ihren Familien lebten, beschwor er ein wirtschaftliches Chaos über die Stadt herauf. Er hatte dem Handel mit Ämtern und der Bestechlichkeit der Kurienbeamten ein Ende bereitet. Den vielen Kardinälen und Bischöfen, die ihre Zeit bei römischen Festen vertrödelten, hatte er befohlen, in ihre Diözesen zurückzukehren und sich wie Christen zu benehmen. Wenn Gelehrte zu ihm kamen und um Unterhalt baten, schickte er sie nach Hause. Sie sollten sich eine anständige Arbeit suchen. Für unchristliche Betätigungen wie Kunst, Literatur, Musik und Karneval durften keine öffentlichen Gelder mehr ausgegeben werden. Er war ein Papst wie Gregor der Große, und Rom verzieh ihm das nie. Nach Hadrians Tod wurde sein Leibarzt in den Straßen als *liberator patriae* (»Befreier des Vaterlandes«) bejubelt.
Nach so viel Vorgeschmack vom Jenseits waren die Kardinäle des

Giulio de' Medici, der zweite Pontifex maximus *der Florentiner Familie. Als Klemens VII. regierte er von 1523–1534 in Rom. Porträtmedaillon des Jacopo de Strada aus »Epitome Thesauri antiquitatum«, Lyon 1553.*

Giuseppe Zocchis Zeichnung des Palazzo degli Uffizi bietet einen Blick auf die beiden Flügel des Gebäudes zum Palazzo Vecchio und zur Piazza della Signoria. Er hat die Ansicht perspektivisch etwas verschoben, um auch die Kuppel des Domes mit in das Bild einzubeziehen.
Die Uffizien wurden seit 1560 von Giorgio Vasari (1511–1574) im Auftrag Cosimos I. de– Medici (1519–1574) für den Stadtrat von Florenz als Verwaltungsgebäude (uffizi = *Amtsgebäude) errichtet. Nach dessen Tod wurde der Bau von Bernardo Guantalenti (1536–1608) im Jahre 1581 fertiggestellt. Doch entgegen seinen ursprünglichen Bestimmungen beherbergte das erste Stockwerk von Anfang an die Kunstsammlungen der Medici. Dieser Gedanke ging auf Cosimos Sohn Francesco I. (1541–1587) zurück.*

Konklave mehr als bereit, sich irdischen Dingen zuzuwenden, und ihre Wahl fiel auf den Mann, der in dieser Richtung das meiste zu versprechen schien: Giulio de' Medici. Der neue Papst, der den Namen Klemens VII. annahm, war erst 45 Jahre alt: ein schöner Mann, liebenswürdig, fromm, reich, gebildet, ein Bewunderer der Künste, der Literatur und Wissenschaft und im Umgang mit Fürsten erfahren. Rom begrüßte den neuen Medicipapst als eine Wiedergeburt Leos X. Die Herrschaft Klemens' sollte eine der ruhmreichsten werden, die die Kirche je erlebt hatte. Das erwartete man jedenfalls.

Als das Pontifikat von Klemens begann, war die Außenpolitik von den rivalisierenden Plänen Franz' I. von Frankreich und Kaiser Karls V. überschattet. Der Papst hatte den französischen Kardinälen zugesagt, Franz zu unterstützen und Karl vorsichtig zu behandeln. Bis dahin hatte er allerdings noch keine deutlichen Schritte in eine der beiden Richtungen unternommen. In Norditalien, in Neapel, in den Niederlanden und entlang der Pyrenäen fragten sich die französischen und spanischen Generäle immer noch vergeblich, was der undurchschaubare Pontifex maximus wohl als nächstes unternehmen werde. Wahrscheinlich wußte Klemens das selbst noch nicht. Er war vor allem mit der Zukunft von Florenz beschäftigt, wo er gerade erst die Macht der Medici neu begründet hatte. Francesco Guicciardini und Niccolò Machiavelli, damals die beiden scharfsinnigsten politischen Denker Italiens, drängten Klemens mit leidenschaftlichem Ernst, in öffentlichen Angelegenheiten eine freie und positive Haltung einzunehmen. Aber die Verfassung hinderte ihn daran. Endlose Ausflüchte blieben seine einzige Antwort auf die

Vielfältigkeit und die Gefahren internationaler Beziehungen. Sie sollten sein Verhalten während der nächsten vier Jahre prägen, bis er schließlich wie gelähmt darin erstarrte.

Außer Giovanni delle Bande Nere, dem »Großen Hauptmann« oder »Großen Teufel«, gab es keinen legitimen Vertreter der Familie, dem er die florentinischen Angelegenheiten hätte anvertrauen können. Aber Giovanni sprach mit seinem älteren Verwandten kaum mehr, weil Klemens gute Beziehungen zu Francesco Maria della Rovere unterhielt, den Hadrian VI. als Herzog von Urbino wieder eingesetzt hatte und der seit jeher ein Todfeind Giovannis war. Der »Große Teufel« besaß jedenfalls kein Talent für die zivile Verwaltung. Seine Umtriebe in den Straßen von Florenz und anderswo zeigten, daß er viel zu ungestüm war, als daß man ihm wichtigere Dinge als Pferde, Fußsoldaten und Kanonen hätte anvertrauen dürfen.

In dieser Situation lenkte eine florentinische Gesandtschaft, die der Papst womöglich selbst angeregt hatte, Klemens' Aufmerksamkeit auf zwei junge uneheliche Medicisprößlinge. Ippolito war der Sohn des liebenswürdigen und freizügigen Giuliano de' Medici, der 1516 gestorben war. Er war nun 13 Jahre alt, ein hübscher und intelligenter Bursche, aus dem in den richtigen Händen viel zu machen war. Der andere Knabe, Alessandro, galt offiziell als Sohn des zweiten Lorenzo di Piero de' Medici, des Usurpators von Urbino, war aber wahrscheinlich ein Sohn des Papstes Klemens. Er war ein Jahr älter als Ippolito und längst nicht so vielversprechend. Seine dunkle Haut, seine niedrige Stirn, die dicken Lippen und das stark gekräuselte Haar schienen das Gerücht zu bestätigen, seine Mutter habe »maurisches Blut« gehabt. Leute, die ihn gut kannten, betrachteten ihn jedenfalls als ein kleines böses Ungeheuer.

Die Mehrheit der Gesandtschaft war dafür, diese beiden Jungen als anerkannte Vertreter der Familie nach Florenz zu schicken, und zwar in der Begleitung des Kardinals Silvio Passerini, der die Stadt bis zu ihrer Volljährigkeit regieren sollte. Klemens wußte offenbar keinen Ausweg und stimmte diesem unbesonnenen Vorschlag zu. Vor allem war Passerini eine schlechte Wahl. Er hatte sich mit seiner Habgier und Flegelhaftigkeit bei den Bürgern bereits verhaßt gemacht, als er vom Oktober 1519 bis zum Januar 1522 den damaligen Kardinal Giulio de' Medici in Florenz vertreten hatte. Es gab aber keinen anderen Medici aus der älteren Linie, und der Papst war entschlossen, den berühmten Namen im Bewußtsein der Florentiner zu erhalten.

Als Alessandro im Sommer 1525 nach Florenz kam – Ippolito im Jahr davor –, war er auf die Rolle, die er zu spielen hatte, gründlich vorbereitet. Man sprach ihm sofort alle formellen Ehrentitel zu. Er durfte sich Magnifico nennen und erhielt seine Sitze in der Versammlung und im »Rat der Siebzig«. Die beiden jungen Medici

Porträt Kaiser Karls V. (1500–1558). Der Holzschnitt eines unbekannten Meisters zeigt den jugendlichen Karl, der bereits im Alter von 19 Jahren zum Kaiser gekrönt wurde. Das Monogramm Albrecht Dürers unten rechts ist eine Fälschung.

Guilio de' Medici (1478–1534), der Neffe Lorenzos, als Papst Klemens VII.
Der zweite Medicipapst wurde von seinem Vetter Leo X. zum Kardinal ernannt und 1523 zum Papst gewählt. Obwohl er über diplomatische Fähigkeiten verfügte, gelang es Klemens VII. nicht, die Macht des Papsttums zu festigen. Den schweren Aufgaben seines Amtes in der kritischen Zeit der beginnenden Reformation war er nicht gewachsen.
Porträt von Bronzino. Museo Medici, Palazzo Medici-Riccardi, Florenz.

benahmen sich gut. Die Situation der Parteien in der Stadt war aber mittlerweile so chaotisch, daß keine Fraktion sich stark genug fühlte, eine Revolution anzuzetteln. Die alten Medicianhänger hatten sich in zwei Gruppen gespalten. Die eine trat für einen Medici als Haupt einer straffen Oligarchie ein, die andere wollte einen solchen Mann lieber als erbliches Oberhaupt einer konstitutionellen Regierung. Eine dritte Partei dachte nur an ihren persönlichen Ehrgeiz. Nur ein Mann wie Giovanni delle Bande Nere hätte die gegensätzlichen Kräfte zusammenhalten können. Aber er kam wegen der Einstellung des Papstes dafür nicht in Frage.
Klemens hatte Angst vor Giovanni delle Bande Nere, und das mit gutem Grund. Im Herbst 1524 war Franz I. in die Lombardei einmarschiert. Bei Pavia geriet er schließlich am 25. Februar 1525 in eine Falle, wurde von spanischen und deutschen Truppen geschlagen, gefangengenommen und nach Spanien gebracht. Ein Jahr zuvor hatte Giovanni für die Generäle Kaiser Karls gefochten, aber sie hatten ihn seiner Ansicht nach nicht angemessen für seine Dienste bezahlt. Deshalb trieb er sich als Seeräuber in der Adria herum, um sich und seine Gefährten mit Beute zu versorgen. Giovanni zeichnete sich vor den anderen Piraten durch seine familiären Beziehungen und durch so hervorragende militärische Fähigkeiten aus, daß man ihn angesichts der immer gefährlicher werdenden Angriffe der Franzosen und Spanier bald als den einzig möglichen Retter Italiens ansah.
Beunruhigt durch die Zügellosigkeit seines jungen Vetters und unter hartem Druck der französischen Kardinäle schickte Klemens einen berittenen Boten an die Küste nach Fano. Er empfahl Giovanni, sich dem französischen König zur Verfügung zu stellen, der damals noch in Freiheit war. Zweifellos hoffte der Papst, mit dieser Geste seine offizielle Neutralität in der gegenwärtigen Auseinandersetzung zwischen Frankreich und Spanien um die weltliche Herrschaft über die Halbinsel zu beweisen. Außerdem konnte er durch diesen Schachzug ein unsympathisches und gefährliches Familienmitglied loswerden, ohne sich einer Kritik auszusetzen.
Giovanni nahm den Vorschlag des Papstes begeistert an. Er eilte sofort zu dem energischen und jovialen französischen Monarchen, mit dem er sich gut verstand. Als die entscheidende Schlacht von Pavia geschlagen wurde, lag der »Große Hauptmann« mit einer Kugel im Bein im Spital. Wäre er auf dem Schlachtfeld gewesen und hätte den ungestümen jungen Herrscher von Frankreich geführt, hätten sie gemeinsam die erfahrenen spanischen Kanoniere wahrscheinlich in die Flucht geschlagen. Nun mußte der König die Einsicht teuer bezahlen, daß man den Spaniern in der offenen Feldschlacht nur mit Kanonen beikam und nicht mit altmodischen Kavallerieattacken.
In der Erwartung, Franz und Giovanni würden gemeinsam die Spa-

nier und Deutschen aus Italien vertreiben, hatte Klemens den endlosen Forderungen des Kaisers nach Hilfsgeldern lange Zeit nachgegeben. Nach der Niederlage der Franzosen bei Pavia wurde ihm aber klar, daß er – wie der König – selbst ein Gefangener war. Er tat, was er konnte, um den Optimismus der Franzosen und Italiener zu stärken, aber mit geringem Erfolg. Im März 1526 einigte sich Franz dann mit dem Kaiser. Als Preis für seine Freilassung überließ er dem Heiligen Römischen Reich die wohlhabende Provinz Burgund. Wieder zurück in Frankreich, hatte der König nur eines im Sinn: sich für die Demütigung von Pavia zu rächen. So entstand die Liga von Cognac zwischen Frankreich, Venedig und den päpstlichen Staaten.

Der Papst stelle 10000 Mann auf, die Hälfte davon unter dem Kommando von Giovanni delle Bande Nere. Dazu kam noch ein beachtliches venezianisches Kontingent. Die gesamten italienischen Truppen standen unter dem Oberkommando seines alten Feindes, des Francesco Maria della Rovere, des wiedereingesetzten Herzogs von Urbino. Das Heer versammelte sich bei Marignano, einem strategisch wichtigen Dorf bei Mailand.

Der erste Angriff auf Mailand erwies sich als Fehlschlag. Eine kleine Armee von mutigen Mailändern und Spaniern drang aus den Mauern der Stadt, und Francescos Leute flohen in Panik. Giovanni fluchte auf den Herzog von Urbino und kämpfte tapfer weiter, bis er von Feinden fast eingeschlossen war. Dann sammelte er seine Soldaten und trat einen geordneten Rückzug an. Zu seinem größten Ärger gab es in diesem Sommer keine weiteren Kämpfe, und so zog er sich nach Mantua zurück, um sich mit den Damen der Stadt zu vergnügen. Aber bald stand er wieder vor Mailand. Tagsüber setzte er den kaiserlichen und den spanischen Truppen zu, nachts schrieb er an König Franz, damit er ihm Geld für seine Soldaten schicke.

Bald hatte Giovanni keine Gelegenheit mehr, sich um französisches Gold zu sorgen. Im Februar 1527 führte der Kommandeur der kaiserlichen Truppen in Mailand, der Konnetabel Karl von Bourbon – ein abtrünniger französischer Herzog –, seine Männer südwärts nach Piacenza und vereinigte sich dort mit den deutschen Söldnern. Es hieß, die Ewige Stadt sei ihr Ziel. Zwischen den kaiserlichen Haufen und der Hauptstadt der Christenheit stand allein Giovanni delle Bande Nere mit einigen tausend Mann. Als die Gegner bei Mantua aufeinandertrafen, wurde Giovanni von der ersten Salve der Kaiserlichen am rechten Bein getroffen und fiel bewußtlos vom Pferd. Daraufhin brachen seine Soldaten den Angriff sofort ab und zogen sich zurück. Der Verwundete wurde in ein benachbartes Dorf gebracht, wo man ihm das Bein abnehmen mußte. Ein paar Tage danach starb er so, wie er gelebt hatte: lachend und fluchend auf das Schicksal, das ihn in diese Lage gebracht hatte. Sein alter Zechkumpan Pietro Aretino begriff rasch, was der Tod des großen

»Der König brach bei seinem Anblick in einen Ruf des Erstaunens aus und konnte es nicht lange genug bewundern«, schrieb Benvenuto Cellini (1500–1572) über dieses Salzfaß, das er für Franz I. angefertigt hatte.
Links der Meeresgott Neptun mit dem Dreizack und ihm gegenüber die Allegorie der Erde. Der Untersatz dieser Goldschmiedearbeit auf Ebenholz zeigt Menschen- und Tiergestalten, die mit Edel- und Halbedelsteinen besetzt sind. Um 1539–1543. Kunsthistorisches Museum, Wien.

Im Kampf gegen die Franzosen fiel Giovanni delle Bande Nere 1527 bei Mantua. Nach seinem Tod schrieb Pietro Aretino, Giovannis alter Zechkumpan aus römischen Zeiten: »Ich wünschte, es wäre eine Lüge, wenn ich erkläre, daß Florenz und Rom noch erfahren werden, was es heißt, daß dieser Mann nicht mehr unter den Lebenden ist.« Porträt Aretinos nach einem Kupferstich von Marc Antonio Raimondi (um 1475–1527).

Soldaten bedeutete. »Ich wünschte, es wäre eine Lüge«, schrieb er, »wenn ich erkläre, daß Florenz und Rom noch erfahren werden, was es heißt, daß dieser Mann nicht mehr unter den Lebenden weilt.«

Aretino war kein schlechter Prophet. Sobald Giovannis Widerstand gebrochen war, versuchte die kaiserliche Armee Florenz einzunehmen. Doch ohne Erfolg. So wendeten sich die Truppen wieder gegen Rom. Dort war Papst Klemens in einer verzweifelten Lage. Er versuchte abwechselnd, zu einem Waffenstillstand mit dem Kaiser zu kommen und Geld aufzutreiben, indem er Kardinalshüte feilbot. Doch seine Mühe war vergeblich. Am 6. Mai standen die Männer des Bourbonen vor den Toren von Rom. Sie stürmten die Stadt unter schweren Verlusten. Karl von Bourbon kam selbst bei dem Angriff um, aber schließlich brachen sie durch und zerschlugen die Schweizer Garde des Papstes und die römische Miliz. Der Papst und die Kardinäle flüchteten in den uneinnehmbaren Turm von Sant'Angelo, aber das übrige Rom war der Gnade der Eindringlinge ausgeliefert. Kein Haus blieb verschont. Männer, Frauen und Kinder wurden rücksichtslos umgebracht. Nonnen wurden in den Klöstern zu Orgien gezwungen oder in die Lager als Lustobjekte der Soldaten geschleppt. Fast alle Kirchen wurden zerstört. Es brannte überall. Acht Tage lang wurde Rom geplündert, während Papst Klemens vom Turm von Sant'Angelo zusehen mußte, bis unter den Soldaten Kaiser Karls wieder Disziplin eintrat.

Der Kaiser selbst erfuhr in Spanien zu seiner großen Freude, daß Rom vor seinen guten Deutschen gefallen war; er gab allerdings auch seiner frommen Entrüstung über die brutale Behandlung der Stadt und ihrer Bevölkerung Ausdruck. Doch seine »Frömmigkeit« hinderte ihn nicht daran, die bedrängte Lage von Papst Klemens voll auszunutzen. Am 6. Juni 1527 zwangen seine Abgesandten den Papst, einen demütigenden Frieden zu unterzeichnen. Klemens mußte sich bereit erklären, eine riesige Entschädigung zu zahlen, Karl die Städte Piazenca, Parma und Modena sowie mehrere befestigte Burgen (einschließlich Sant'Angelo) abzutreten und so lange sein Gefangener zu bleiben, wie es dem Kaiser gefiel. Die römische Kirche schien kurz vor dem Zusammenbruch zu stehen. Ganz Europa – sogar jene, die über die Ungerechtigkeit der Kurie und die Sündhaftigkeit der Päpste klagten – erschrak über die brutale Vergewaltigung der Hauptstadt der Christenheit und die Erniedrigung, die ein christlicher Kaiser dem Stellvertreter Christi angetan hatte. Erasmus von Rotterdam, der bedeutendste Gelehrte seiner Zeit, gab die allgemeine Stimmung wieder, als er betrauerte, Rom sei »nicht nur der Tempel des christlichen Glaubens, der Beschützer edler Gemüter und die Heimat der Musen, sondern die Mutter der Völker . . . Wahrlich, dies ist nicht nur die Zerstörung einer einzelnen Stadt, sondern der Welt.«

Die florentinischen Verwandten wurden sofort in das Mißgeschick des unglücklichen Medicipapstes hineingezogen. Anfang 1527 waren die kaiserlichen Truppen in die Toskana eingedrungen. Der Herzog von Urbino beobachtete sie zwar scharf, aber er behinderte sie nicht. Am 26. April besuchte Kardinal Passerini mit den beiden Medicijünglingen Alessandro und Ippolito, die er auf ihre Herrschaft über Florenz vorbereiten sollte, das Lager des Herzogs. Als die streng republikanische Partei in Florenz ihre Abwesenheit bemerkt hatte, glaubte sie an eine Flucht. Man wiegelte die Bevölkerung auf, und wieder einmal hallten die Straßen von dem unheilvollen Gebrüll »popolo e libertà« wider. Aber die Medicianhänger hatten bereits einen Boten nach Urbino geschickt, und Passerini, der kein Feigling war, kehrte mit einer Abteilung Berufssoldaten unter Francesco Guicciardini sofort in die Stadt zurück. Seine Schützen bezogen Stellungen, von denen sie auf den Palazzo Vecchio feuern konnten. Aber erst trat Guicciardini vor und verhandelte mit den Aufständischen, die den Palazzo besetzt hielten. Nach seinen aufrichtigen und beredten Worten kapitulierten sie. Kardinal Passerini verzichtete dann auf schärfere Maßnahmen. Zweifellos hatte Guicciardini – dessen Bruder Luigi damals gerade *gonfalonier* war und sich auch im Palazzo befand – von Hinrichtungen abgeraten. Die Anführer erhielten lediglich Geldstrafen.
Soviel Milde bereitete Unbehagen in der Medicipartei. Die immer größer und lauter werdende Gruppe der Unzufriedenen konnte sich zu einem neuen Staatsstreich ermutigt fühlen. Als man in Florenz wenige Tage später erfuhr, daß Rom vor den neuen Barbaren gefallen war, entwickelte sich sofort eine starke Reaktion gegen die Medici. Nachdem Papst Klemens, das Oberhaupt der Familie und der eigentliche Herrscher von Florenz, in den Händen des Kaisers war, sahen die Florentiner nicht ein, weshalb sie sich weiter dem Regime eines unfähigen Kardinals und zweier Knaben fügen sollten. Passerini erkannte, daß seine Lage hoffnungslos war. Deshalb verließ er mit den beiden Medici eine Woche später die Stadt und ging nach Pisa, während Piero Capponi – aus dem Hause, das den Medici so oft Widerstand geleistet hatte – in der Stadt Lorenzos des Prächtigen eine Oligarchie errichtete.

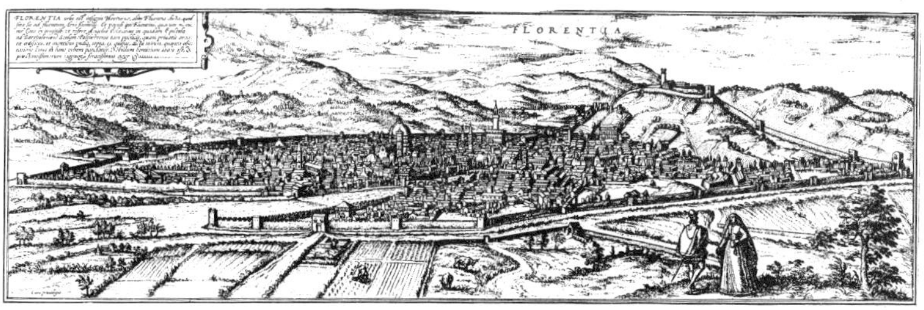

»Florentia Hetruriae metropolis, urbs omnium florentissima«. Kupferstich von Braun und Hogenberg aus »Beschreibung und Contrafactur der vornembster Stät der Welt«, 1574–1618.

Die »Verkündigung« des Lorenzo di Credi (1459–1537) vermittelt eine anschauliche Vorstellung von der Innenausstattung eines Raumes um 1500. Die Gestalten des Engels und Marias treten hinter der Architektur zurück. Die glatten Flächen der Wand werden von geraden und geschwungenen Gesimsen und Rahmen unterbrochen, die mit Weinranken, Palmetten und stilisiertem Blattwerk dekoriert sind. Der Ausgang in der Mitte führt in eine Säulenhalle, die den Blick auf die Landschaft freigibt. Um 1490/95. Uffizien, Florenz.

Bei dieser ganzen Angelegenheit hatten der reiche Bankier Filippo Strozzi und seine Frau Clarice de' Medici, die Tochter Pieros II., eine wesentliche Rolle gespielt. Strozzi neigte mehr dazu, Capponi zu unterstützen als sich auf die Seite der Medici zu schlagen. Er schickte etliche Male seine Frau zu Passerini und den Mediciknaben, wo sie ihre Haßtiraden losließ. Sie warf ihnen hochmütig die niedere Herkunft ihrer Mütter vor und verwies auf ihre eigene, absolut unangreifbare gesellschaftliche Stellung als letzte und legitime Vertreterin ihres bedeutenden Hauses. Für die schwache Haltung, die beide in ihrem verantwortungsvollen Amt zeigten, hatte sie nur bittere Verachtung übrig. Sie hätten kein Recht, schrie sie zum Schluß, im Palast von Lorenzo dem Prächtigen herumzusitzen, und je weiter sie sich vom Palazzo Medici entfernten, desto dankbarer würden ihnen alle anständigen Menschen sein. Schließlich befahl sie dem Kardinal und den Kindern – sämtlich Angehörige des »päpstlichen Bastards« – energisch, »ein Haus und ein Land zu verlassen, auf deren Besitz Ihr kein Recht habt, weder durch Geburt noch durch geistige Fähigkeiten«.

In diesem Strom aristokratischer Beredsamkeit gingen die letzten Proteste Passerinis und seiner Schützlinge Ippolito und Alessandro unter. Am 17. Mai ritten sie aus der Stadt, von Capponi und Strozzi begleitet. Strozzi hatte Anweisung, nicht von den Verbannten zu weichen, bis die Garnisonskommandeure von Pisa und Livorno die neue Regierung anerkannt hätten. Capponi kehrte nach Florenz zurück, ehe sie Pisa erreicht hatten. Kurz danach verschwand der junge Ippolito. Als Strozzi behauptete, er wisse nicht, wohin Ippolito gegangen sei, nahm man an, der Bankier – dessen bisexuelle Neigungen bekannt waren – habe sich in den hübschen jungen Mann verliebt und ihn als Belohnung für erotische Abenteuer entwischen lassen.

Ippolito tauchte bald wieder auf: in Rom. Etwa zwei Jahre später, nachdem Klemens das Lösegeld an Karl bezahlt hatte, machte man den jungen Medici zum Kardinal. Er starb im Jahre 1535, wahrscheinlich an Gift. Strozzi reiste zu seiner Gemahlin nach Florenz zurück, die im Palazzo Medici saß und mit aller Kraft gegen Capponi und für ihren Mann und ihre Söhne intrigierte. Aber der lebenslustige Bankier hatte keinen politischen Ehrgeiz. Als Capponi verlangte, er solle mit seiner Familie woanders hinziehen, widersetzte er sich nicht. Strozzi lebte dann auf dem Land und zum Schluß in Frankreich im Exil.

Trotz der Familientradition und der führenden Rolle, die Niccolò Capponi bei der letzten Vertreibung der Medici aus Florenz gespielt hatte, war er ursprünglich ein Anhänger der Medici. Er zeigt sich zurückhaltend bei den republikanischen Reformen und kehrte mehr oder weniger zu den Vorstellungen Savonarolas zurück. Er setzte den »Großen Rat« wieder ein, ebenso den »Rat der Achtzig«

und die sogenannten »Zehn des Krieges« mit einer Signoria aus acht Prioren, denen ein *gonfalonier* für ein Jahr vorstand.
Das neue Staatsoberhaupt ergriff keine Vergeltungsmaßnahmen gegen die Medicipartei. Capponi begann sogar einen versöhnlichen Briefwechsel mit dem gefangenen Papst in Sant'Angelo. Aber die Anti-Mediceer waren so empört über diese gehässige Haltung, daß sie das Mediciwappen von den öffentlichen Gebäuden rissen und die Wachsfiguren der Familie in der Kirche der Annunziata zerstörten. Trotzdem war Niccolòs sorgsamer Umgang mit Klemens ein kluger Schritt. Er glaubte an dessen Aussöhnung mit dem Kaiser und richtete danach seine Pläne aus.
Die stärkste Stütze des reformierten Regierungssystems waren die

Am 18. April 1506 legte Papst Julius II. den Grundstein für den völligen Neubau der Peterskirche in Rom. Aus diesem Anlaß schuf der Mailänder Goldschmied und Bildhauer Caradosso eine Medaille, deren Vorderseite den Papst zeigt. Münzkabinett, Staatliche Museen Preußischer Kulturbesitz, Berlin.

kleinen Händler gewesen, die Savonarolas Andenken in Ehren hielten. Die Gemäßigten der zahlreichen Medicianhänger, die jetzt stiller geworden waren, erkannten, daß es dem neuen *gonfalonier* aufrichtig darum ging, den Stadtfrieden zu erhalten; deshalb standen sie auf seiner Seite. Selbst die wenigen Vertreter des alten Adels, die noch lebten, fühlten sich unter Capponi wohler, dessen Familie älter und vornehmer war als viele der ihren. Sie zogen ihn jedem Demagogen und Emporkömmling vor. Andererseits zeigte sich die extreme Linke der Demokraten unversöhnlich gegen alle Reichen und vor allem gegen die Medici. Sie haßten Capponi und alles, was er vertrat. Diese »Verrückten«, wie man sie nannte, waren zahlenmäßig unbedeutend, aber zu ihnen gehörte eine Reihe fähiger und ehrgeiziger junger Männer, die aufgrund ihrer Energie und Eloquenz ziemlich viel Einfluß besaßen.

Inzwischen hatte sich Papst Klemens an Florenz um Hilfe gewandt. Der französische König hatte zwar versprochen, den Gefangenen mit Gewalt zu befreien, aber Klemens traute ihm nicht mehr. Franz hatte ihn schon einmal betrogen, als er nicht eingeschritten war, während die Deutschen und Spanier über Rom herfielen. Florenz war natürlich zu schwach, um allein wirkungsvolle militärische Hilfe anbieten zu können. Aber Capponi fand, ein offizieller Ausdruck der Sympathie mit dem eingekerkerten Heiligen Vater könne im Sinne der Republik vielleicht etwas mehr Klarheit darüber verschaffen, ob Franz oder der Kaiser am Ende den Streit gewinnen würden. Wenn Florenz bald zu einem Bündnis mit dem Kaiser käme, so dachte der *gonfalonier,* würde dieser als Gegenleistung für den Fortbestand der Republik eintreten; doch deren Ende sah er voraus, sollte Klemens mit oder ohne französische Hilfe die Freiheit wiedererlangen. So einigte man sich im Juni 1527 in Florenz, dem Kaiser mit einer Streitmacht von 4000 Mann Infanterie und 400 Reitern zu Hilfe zu kommen. 1528 belagerten die Franzosen Neapel. Doch die Pest und die kaiserlichen Truppen sorgten dafür, daß sie sich ergaben.

Inzwischen hatte Kaiser Karl, wie Niccolò Capponi vorausgesehen hatte, Papst Klemens entlassen, der sich nach Orvieto im westlichen Umbrien begab. Im Herbst war Klemens klar geworden, daß er sich mit der Befriedung Italiens durch den Kaiser abfinden mußte, der einen Papst zwar demütigen, aber niemals absetzen konnte.

Die Medicianhänger in Florenz schöpften frischen Mut, als der Papst wieder frei und so mächtig wie zuvor war. Die Republikaner in der Stadt bereiteten sich darauf vor, die Familie mit Waffengewalt wieder an die Macht zu bringen. Ein Schreiben aus Rom genügte dann, Capponi festzunehmen und ihn wegen Hochverrats anzuklagen. Im Urteil hieß es aber lediglich, er dürfe Florenz sechs Monate lang nicht verlassen, das heißt, man wollte ihn daran hindern, die Aufrüstung der Republik nach draußen zu verraten.

Ende Juni einigte sich Papst Klemens mit Karl auf Bedingungen, die für ihn selbst sehr günstig waren. Trotz seines formellen Bündnisses mit der Republik, die ihm gegen die Franzosen mit Truppen zu Hilfe gekommen war, versprach der Kaiser, die Medici wieder an die Macht zu bringen. Er schloß sogar einen Ehevertrag, der seine illegitime Tochter Margarethe dem ebenso illegitimen Alessandro de' Medici zur Frau gab. Alessandro war jetzt der einzige nichtgeistliche Vertreter des Hauses, nachdem man Ippolito im Vormonat zum Kardinal ernannt hatte. Auf diesen Vertrag folgte im August ein zweiter zwischen Frankreich und dem Kaiserreich. Zur Wut der florentinischen Republikaner verpflichtete sich König Franz darin, nichts gegen die geplante Wiedereinsetzung von Alessandro in Florenz zu unternehmen.

Die Peterskirche in Rom nach dem Entwurf des Bramante. Rückseite der Medaille, die anläßlich der Grundsteinlegung 1509 gegossen wurde. Münzkabinett, Staatliche Museen Preußischer Kulturbesitz, Berlin.

Das Ende der Republik

Francesco Carducci, der neue *gonfalonier,* war – soweit das bei einem Italiener des 16. Jahrhunderts möglich war – ein durch und durch demokratischer Politiker und Patriot. Er unternahm alles, um den vereinten Mächten von Papst und Kaiser zu trotzen. Francesco gab sich Mühe, die Medicipartei von seinen Ideen zu überzeugen, aber die Medici stellten politische Freiheit nicht mehr über persönliche Interessen. Ihre Anhänger waren geschlossen gegen Carducci.

Die Mehrheit der Bürger stand hinter Carducci. Die größte Gruppe waren die sogenannten »Frateschi«, die das Andenken Savonarolas bewahrten. Mit ihrer Unterstützung konnte der *gonfalonier* eine Zwangsanleihe aufnehmen und Getreidevorräte anlegen. Militärkommandeure waren Malatesta Baglioni und Stefano Colonna. Baglioni war aus Perugia und galt als unversöhnlicher Feind des Papsttums, seit Leo X. seinen Vater hatte hinrichten lassen. Colonna stammte aus der großen römischen Familie, die sich noch nie mit Klemens vertragen hatte.

Diese Vorbereitungen kamen nicht zu früh. Schon im Sommer 1529 befahl Kaiser Karl seinem Feldherrn Philibert von Oranien, Florenz anzugreifen. Als diese Nachricht in der Stadt bekannt wurde, schickte man sofort eine Gesandtschaft zum Kaiser, der damals in Genua hof hielt. Die Botschafter – Niccolò Capponi, Tommaso Soderini und Matteo Strozzi – traten vor Karl und baten nicht ohne Würde, die Republik von Florenz zu retten. Karl hörte sie höflich an, wie er es immer tat. Dann sagte er, von einem Wink der Hand begleitet: »Bringt Eure Sache vor Seine Heiligkeit, Papst

Die Belagerung von Florenz durch die Truppen Kaiser Karls V. im Jahre 1530. Papst Klemens VII., den Karl in der Engelsburg in Rom gefangen hielt, hatte nach seiner Flucht seine Pläne einer Machterweiterung aufgegeben. Sein Interesse konzentrierte sich jetzt darauf, Florenz von der republikanischen Herrschaft zu befreien und die Rückkehr seiner Familie vorzubereiten.
Im November 1529 gewann er Karl für einen Feldzug gegen Florenz. Die Stadt verteidigte sich tapfer – Michelangelo hatte unter anderem auf der Höhe von San Miniato moderne Bastionen zum Schutz gegen das feindliche Heer errichtet –, mußte aber nach mehrmonatiger Belagerung im August 1530 die Kapitulation unterzeichnen. Darin wurde auch die Rückkehr aller verbannten Mitglieder des Hauses Medici und ihrer Anhänger vereinbart. Im Juli des folgenden Jahres hielt Alessandro de' Medici Einzug in die Stadt.
Giorgio Vasari hat die Belagerung auf einem Fresko (hier ein Ausschnitt) festgehalten. Palazzo Vecchio, Saal Klemens' VII., Florenz.

Klemens.« Verzweifelt zogen sich die Abgesandten zurück. Strozzi und Soderini hatten nicht den Mut, mit diesem Mißerfolg vor ihre Mitbürger zu treten. Sie flohen: der eine nach Venedig, der andere nach Lucca. Nur Capponi machte sich auf den Weg nach Florenz, aber seine Gesundheit hatte beim Kampf um die Republik allzusehr gelitten. Er kam nur bis Castelnuovo in der nordwestlichen Toskana. Dort starb er am 18. Oktober. Seine letzten Worte waren: »Ach! In welches Elend haben wir unser Vaterland gestürzt!«
Am 29. September drang der Prinz von Oranien mit seinem Heer unter den Bannern Kaiser Karls und Papst Klemens' in die Toskana ein und besetzte rasch Cortona, Arezzo und den Oberlauf des Arno. Mitte Oktober kampierten die Truppen des Prinzen vor den Mauern von Florenz, wo ein zweites kaiserliches Heer zu ihnen stieß. Die Florentiner waren zum Kampf bereit, sie brannten sogar darauf. Doch sie waren vor allem Händler und Kaufleute, und so versuchten sie in letzter Minute, erst einmal zu verhandeln.
Rasch wurde eine Gesandtschaft zu Klemens nach Cesena in der südöstlichen Romagna geschickt. Der Papst erklärte huldvoll, er sei bereit, die gegenwärtige Regierung der Stadt fast unverändert zu erhalten, wenn die Florentiner seine Neffen als Bürger aufnähmen. Diese rasche Antwort erfüllte den *gonfalonier* Carducci mit Mißtrauen. Er befürchtete, die päpstlichen Zusagen wären in den Wind gesprochen, sobald Ippolito und Alessandro in die Stadt zurückgekehrt seien. Deshalb ließ er den Bericht der Delegation vorsichtshalber unterdrücken, damit die Signoria und die Räte nicht in Gefahr kamen, Klemens' Worten zu trauen. Am 24. Oktober begann dann die Belagerung von Florenz mit einem Bombardement der Kirche San Miniato südöstlich der Stadtmauern. Das Gebäude wurde mehrmals getroffen, erlitt aber keinen ernsten Schaden.
Wenn man die weitere Entwicklung betrachtet, erscheint Carduccis

Mißtrauen gegen Klemens begründet. Seit seinen entsetzlichen Niederlagen und Demütigungen war der Papst nicht mehr so wohlmeinend und vernünftig wie früher. Seine Unentschlossenheit hatte ihn viele kritische Situationen falsch einschätzen lassen. Jetzt war er nichts weiter als eine Marionette Karls, für den Regieren gleichbedeutend mit Diktatur war.
Im November traf sich der Kaiser mit dem Papst in Bologna. Auch Florentiner Gesandte machten ihre Aufwartung. Aber nun erklärte der Papst, er werde von Florenz nichts anderes als die bedingungslose Kapitulation entgegennehmen.
Im Dezember fielen Venedig, Genua, Mailand, Ferrara und Urbino an den Kaiser. Florenz stand nun allein. Zunächst hatten die Florentiner mit ihren militärischen Aktionen gegen die Belagerer Erfolg und schlugen etliche Angriffe der Truppen Philiberts zurück. In diesem Zusammenhang ist interessant, daß Carducci im Januar 1530 nicht als *gonfalonier* wiedergewählt wurde. Das Amt bekam Raffaello Girolami, ein Aristokrat und ehemaliger Medicianhänger, als überzeugter Republikaner aber jetzt ein Feind des Papstes. Er besaß weniger Energie als sein Vorgänger, woraus sich ablesen läßt, daß die Anti-Mediceer langsam die Kontrolle über die Stadt verloren.
Man weiß nicht, ob der Papst diese Veränderung bemerkt hat. Jedenfalls zog er seine Forderung nach bedingungsloser Kapitulation plötzlich zurück. Er deutete an, er sei bereit, über Bedingungen zu verhandeln. Wieder reiste eine Florentiner Delegation mit Verhandlungsvollmacht nach Bologna, doch sie kehrte am 7. Februar mit deprimierenden Nachrichten zurück: Der Papst und seine Kardinäle hätten sie verächtlich behandelt und nicht einmal angehört. Mit Karl war es ihnen auch nicht besser ergangen. Die Abgesandten konnten nichts weiter tun, als mit leeren Händen in ihre belagerte Stadt zurückzureiten.
In dieser schrecklichen Not schien die einzige Chance, Florenz zu retten, in den Händen Francesco Ferruccis zu liegen. Da man mit Klemens nicht weiterkam, faßte Ferrucci einen Plan, der zwar ebenso gewagt wie riskant erschien, aber doch Aussicht auf Erfolg verhieß. Er reiste in der Toskana herum und sammelte jeden Mann und jeden Soldaten auf, der mutig und willens war, für die Republik zu kämpfen. Er wollte das Lager des Prinzen von Oranien vor Florenz angreifen und die Kaiserlichen zwingen, die Belagerung aufzuheben. Aber seine Leute – 3000 Mann Infanterie und 500 Reiter waren inzwischen zusammengekommen – blieben nicht unbeobachtet und wurden bald vom Prinzen von Oranien mit einem Teil seines Heeres energisch verfolgt. Am 3. August 1530 trafen die beiden Armeen bei dem Bergdorf Gavinana aufeinander, und in allen Straßen wurde heftig gekämpft. Philibert selbst wurde dabei getötet. Trotz dieses Verlustes griffen die kaiserlichen Truppen Fer-

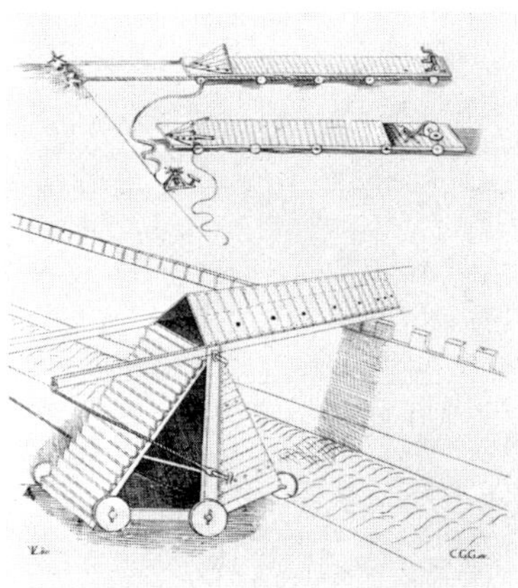

»Ingeniarius et pictor«, Ingenieur und Maler, wurde Leonardo da Vinci bereits in zeitgenössischen Dokumenten genannt. Seine genialen Erfindungen eilten seiner Zeit meist weit voraus, wenn sie auch zum Teil mehr spielerischen Charakter hatten. Unter seinen zahlreichen Entwürfen befinden sich auch solche für den Krieg. Die Abbildung zeigt zwei »Kriegsmaschinen«, darunter eine fahrbare Leiter zum Sturmangriff auf Festungen.

Michelangelo Buonarroti. Kupferstich von Giorgio Ghisi Mantuano (1520–1582).

rucci und seine Männer so heftig an, daß binnen kurzem 2000 tote Florentiner in den Dorfstraßen lagen. Ferrucci selbst wurde schließlich schwer verwundet, und die Truppen der Republik – oder was von ihnen geblieben war – flohen planlos. Blutend und halbtot wurde Ferrucci dann vor einen gewissen Fabrizio Maramaldo geschleppt, einen seiner persönlichen Feinde, der die kaiserliche leichte Kavallerie befehligte. Maramaldo geriet beim Anblick des florentinischen Kommandeurs so in Wut, daß er seinen Dolch zog und Ferrucci erstach. Ferruccis letzte Worte waren: »Warum bringt Ihr jemanden um, der schon tot ist?« Mit ihm starben die letzten Hoffnungen der Republik Florenz.

Die belagerte Stadt kämpfte inzwischen weiter. Bewundernd schreibt ein zeitgenössischer Chronist: »Die Läden waren geöffnet. Der Magistrat sprach Recht. In den Amtsstuben gingen die Geschäfte weiter. In den Kirchen wurde der Gottesdienst abgehalten. Die Plätze und Märkte waren voller Menschen. Es gab weder Raufereien zwischen den Soldaten noch Streit unter den Bürgern.« Trotz dieses Anscheins von Besonnenheit griff die Kriegspartei zu harten Maßnahmen. Lorenzo Soderini zum Beispiel wurde gehängt, nur weil er Verbindung mit einem Medicianhänger im kaiserlichen Lager hatte. Panik und Verzweiflung fingen an, die Urteilsfähigkeit der Regierung zu vernebeln. Man versteht nicht recht, wieso in dieser Atmosphäre ein Mann wie Malatesta Baglioni, dem man bereits verschiedentlich Verrat vorgeworfen hatte, Kommandeur der belagerten Truppen bleiben konnte. Der geborene Opportunist aus Perugia hängte sein Mäntelchen fröhlich nach dem Wind. Zu den einen sprach er von Freiheit, zu den anderen von Frieden, zu den dritten von den Tugenden des Papstes und zu einer vierten Partei von den Vorzügen der Oligarchie. Wenn seine Freunde ihn fragten, warum er stets mit einem Leibwächter im Rat erschien, antwortete er offen, er fürchte, sonst »zu springen wie Baldaccio«. Baglioni sollte dann wirklich zum Instrument des Untergangs von Florenz werden. In der Panik, die auf die Nachricht von Ferruccis Niederlage und Tod folgte, begann er gegen alle Anordnungen der Signoria offen mit den Kaiserlichen zu verhandeln. Als die republikanische Miliz von Florenz auf Befehl der Signoria versuchte, den Verräter gefangenzunehmen, richtete er seine Kanone auf sie. Der Kommandeur der Stadt und seine Soldaten meuterten, die kaiserlichen Streitkräfte waren übermächtig, und Florenz blieb keine Hoffnung. Schließlich ergab sich die halb verhungerte Stadt. Am 12. August wurden die Bedingungen der Kapitulation unterzeichnet. Darin wurde unter anderem eine Entschädigung von 80000 Florin und die Rückkehr aller verbannten Mitglieder des Hauses Medici und ihrer Anhänger vereinbart.

Am 5. Juli des folgenden Jahres zog Alessandro de' Medici in der Stadt ein. Am 6. Juli erklärte man ihn zum Oberhaupt der Republik, obwohl es die Republik nur noch dem Namen nach gab. 1532 wurde die Signoria abgeschafft und Alessandro zum *gonfalonier* auf Lebenszeit ernannt.

Die großen Zeiten von Florenz waren längst vorüber, aber das geistige Leben der Stadt war dennoch weiter gewachsen. Architekten wie Jacopo Sansovino, Raffael und Michelangelo haben alle in Florenz gearbeitet. Sie folgten auf Bramante, der in Urbino geboren war und vor allem in der Lombardei und in Rom wirkte. Er lebte bis 1514. Nach Verrocchio (1436–1488) arbeiteten Sansovino und Michelangelo als Bildhauer in der Stadt.

Zu Beginn seines Pontifikats hatte Klemens VII. die Sagrestia Nuova oder Neue Sakristei, den Anbau von San Lorenzo in Florenz, in Auftrag gegeben. Sie ist eines von Michelangelos Meisterwerken. Der Papst, der sonst über wenig Urteilsfähigkeit verfügte, bewunderte den Bildhauer sehr und behandelte ihn wie einen regierenden Fürsten. »Wenn Michelangelo kommt, um mit mir zu reden«, berichtete er, »setze ich mich immer und bitte ihn, das gleiche zu tun, denn ich bin sicher, er würde sich mit oder ohne meine Erlaubnis setzen.«

»Der Engel« von Andrea del Verrocchio. Lorenzo de' Medici war von der Eleganz dieser Terrakottaarbeit besonders begeistert. Louvre, Paris.

Die Sakristei ist ein einfaches, von Säulen unterteiltes Viereck mit einer schlichten Kuppel und sollte als Kulisse für die Statuen dienen, die für die Nischen vorgesehen waren. Sie ist auch als »Medici-Kapelle« bekannt und wurde 1524 fertiggestellt. Klemens wartete ungeduldig auf die Skulpturen. »Ihr wißt«, schrieb er an Michelangelo, »daß Päpste nicht mit einem langen Leben gesegnet sind, und Wir wünschen mehr als alles andere, die Kapelle mit den Grabmälern Unserer Angehörigen zu sehen oder wenigstens zu wissen, daß sie vollendet ist . . . So lange Wir leben, soll es Euch an Aufträgen und Lohn nicht fehlen.«

Von den sechs geplanten Grabmälern – für Lorenzo den Prächtigen, seinen Bruder Giuliano, Leo X., Klemens VII., den jüngeren Giuliano und Lorenzo di Piero de' Medici – wurden nur zwei, die für den jüngeren Giuliano und Lorenzo di Piero, jemals fertig. Man betrachtete sie als die Krönung der Renaissanceskulptur, so wie die Sixtinische Kapelle, die Michelangelo für Julius II. geschaffen hat, als Höhepunkt der Renaissancemalerei gilt. Die Statuen haben keine große Ähnlichkeit mit den beiden Medici. Michelangelo selbst sagt dazu: »Wen wird es in tausend Jahren interessieren, ob dies ihre Züge sind oder nicht?«

Nach dem Tod des großen Lorenzo arbeiteten Raffael, Botticelli, Filippino Lippi, Leonardo da Vinci, Perugino, Lorenzo di Credi, Piero di Cosimo und Fra Bartolommeo als Maler weiter. Nur in der Literatur waren die großen Namen nach Poliziano, Ficino, Pulci, Pico della Mirandola und Landino seltener. Auf dem Gebiet der Prosa wurden der Politiker Niccolò Machiavelli und der Historiker Francesco Guicciardini als erste berühmt und der universelle Künstler Michelangelo auf dem Gebiet der Poesie.

»Amor und die drei Grazien«. Ausschnitt aus den Fresken, die Raffael für die Villa Farnesina in Rom malte. In den von dicken Fruchtschnüren umrahmten Bogenzwickeln sind Szenen aus der Fabel der Psyche dargestellt. Um 1517/19.

Machiavelli und Guicciardini zählten zu den Bewunderern der Familie Medici und waren eng mit ihr verbunden. Der Florentiner Machiavelli begann seine Laufbahn im Jahr von Pieros Verbannung, 1494. Machiavelli war bereits ein erfahrener Diplomat und beschäftigte sich intensiv mit dem Leben Cesare Borgias, als die Medici wieder an Einfluß gewannen. Er trat allerdings erst 1513 in ihre Dienste, als Leo X. Papst wurde; seine Tätigkeit für die vorangegangene Regierung hatte ihm doch geschadet.

Machiavelli war ein echter Florentiner Demokrat. Er war überzeugt, daß die eigentliche Kraft eines Volkes in den Massen ruhe und nicht im Adel oder im Klerus. Doch glaubte er, daß man diese Energien nur unter autoritärer Kontrolle vorteilhaft nutzen könne. Dieses Prinzip hatten bereits die frühen Medici – von Cosimo bis Lorenzo dem Prächtigen – erkannt, aber sie hatten stets die republikanischen Formen gewahrt. Ihre Nachfolger – von Piero dem Zweiten bis Alessandro – waren nicht so weitsichtig gewesen.

Machiavelli wollte sein bedeutendstes Werk, *Il principe* (»Der Fürst«) einem Medici widmen, aber die damaligen Vertreter der

Michelangelos Arbeiten für die Medicikapelle in San Lorenzo, die zwischen 1521–1534 entstanden, gelten als Höhepunkt der Renaissanceskulptur. Ursprünglich waren sechs Grabmäler geplant, doch nur zwei wurden fertiggestellt: das für Lorenzo de' Medici, Herzog von Urbino, und das für Giuliano, Herzog von Nemours (links).
Giuliano, der in der Nische über den Personifikationen von Tag und Nacht thront, soll die Tat darstellen. Auf Porträttreue kam es dabei Michelangelo nicht an. »Wen wird es in tausend Jahren interessieren«, sagte er, ob dies ihre Züge sind?«
Sagrestia Nuova, San Lorenzo, Florenz.

Familie trauten ihm noch nicht. Trotzdem hatte er genügend Einfluß bei Leo und Klemens, um sie dazu zu bringen, ein gewisses Maß an Autonomie für die Republik von Florenz ins Auge zu fassen. Als Kardinal Giulio de' Medici, der spätere Klemens VII., die Herrschaft über die Stadt übernahm, bat er Machiavelli um Rat. Zunächst antwortete der Politiker und Philosoph mit einer methodischen Abhandlung »über die Kriegskunst« und legte darin die Mittel dar, durch die seiner Ansicht nach eine Republik stark genug gemacht werden konnte, um ihre Unabhängigkeit zu erhalten. Was für ein überzeugter Demokrat er war, sieht man daran, daß er nationale Truppen über Söldner stellte und die Infanterie über die Artillerie. In einer flammenden Schlußrede forderte er die Mediciherrscher auf, ganz Italien auf diese Weise von seinen kleinlichen Tyrannen zu befreien.
Dann schrieb er eine Geschichte von Florenz bis zum Jahre 1492, die Klemens gewidmet ist. Er befreundete sich mit einem anderen Historiker, Francesco Guicciardini, der immer ein loyaler Mediciananhänger gewesen war. Es konnte kaum einen größeren Gegensatz geben als zwischen dem kühlen, kritischen Intellektuellen Guicciar-

dini, der moralisch ein Zyniker war, und einem Mann wie Machiavelli, der in seinen Theorien zwar als Zyniker erschien, aber ausgesprochen edler Gefühle fähig war. Die beiden waren 14 Jahre auseinander, doch leider endete diese vielversprechende Verbindung zweier verschiedener Temperamente, als der ältere Machiavelli im Sommer 1527 plötzlich im Alter von 58 Jahren starb.

Die Ideen Guicciardinis wie Machiavellis entsprachen den Herrschaftsvorstellungen der späten Medici wenig. Vor allem verabscheute Guicciardini den weltlichen Ehrgeiz von Leo und Klemens. Sein Ideal war das Savonarolas: ein Freistaat nach venezianischem Muster. Machiavelli war für die Republik der alten Römer. Guicciardini sah zwar ein, daß das damalige System der Medici wenig besser war als Tyrannei, aber er trat stärker dafür ein, als es seiner Überzeugung eigentlich entsprach.

Die »Bucolica« oder »Hirtengedichte«, Vergils früheste Gedichtsammlung, entstand zwischen 42 und 49 v. Chr. Diese Gedichte, in denen Vergil mit Theokrit in einen poetischen Wettstreit tritt, hatten schon in der Antike eine außerordentliche Wirkung erzielt. In der Renaissance wurden sie ins Italienische übersetzt.
Titelholzschnitt aus der Übersetzung von Bernardo Pulci und anderer Humanisten der Ausgabe von 1494.

Nun zu den Malern dieser letzten Phase der florentinischen Republik (1492–1530): Botticelli wurde in seinem späteren Leben unter Savonarolas Einfluß ein religiöser Fanatiker und gab die Malerei aus Überzeugung fast ganz auf. Er wäre deshalb verhungert, hätten ihn nicht die Medici der jüngeren Linie, Giovanni di Pierfrancesco und sein Neffe Pierfrancesco di Lorenzo, unterstützt. Er starb 1510.

1493 kehrte sein Schüler Filippino Lippi aus Rom nach Florenz zurück. 1496 malte er für die Kirche San Donato eine »Anbetung der Könige«. Auf diesem Altarbild erkennt man die Porträts von Pierfrancesco de' Medici und verschiedener anderer Mitglieder der jüngeren Linie (es hängt heute in den Uffizien). Der Dominikaner Fra Bartolommeo malte etwa im Alter von zwanzig das beste erhaltene Porträt Savonarolas und verfiel dann völlig dem Einfluß des asketischen Priors. Wie Lorenzo di Credi warf er alle seine Aktstudien auf den »Scheiterhaufen der Eitelkeit«. 1513 – lange nach Savonarolas Tod – nahm er sie wieder auf. Damals malte er seinen heiligen Sebastian, der so viel männliche Pracht und Schönheit ausstrahlte, daß die Damen, die in San Marco ihre Sünden beichten wollten, in Verwirrung gerieten. Oft mußten die Patres von ihren schönen Büßerinnen hören, das Gemälde habe sie erst zu ihren Ehebrüchen inspiriert, die sie unter Tränen beichteten. Das eindrucksvolle Werk wurde deshalb aus der Kirche entfernt und schließlich an den französischen König Franz I. verkauft.

Jacopo da Pontormo (1494–1556), ein Schüler Andrea del Sartos, malte mehrere ausgezeichnete Porträts von Cosimo de' Medici für dessen Zelle im Kloster von San Marco, wo man eines heute noch sehen kann. Pontormo hat auch Kardinal Ippolito de' Medici gemalt (heute in den Uffizien), außerdem schuf er Fresken für die Medicivilla in Poggio a Caiano mit prunkvollen Szenen. Von seinem Schüler Agnolo Allori, genannt Bronzino (1503–1572), finden sich in den Uffizien ebenfalls mehrere gute Porträts der Familie

sowie von Dante, Petrarca und Boccaccio. Er wurde Hofmaler des Großherzogs Cosimo I.
Zu Beginn des 16. Jahrhunderts ging die kulturelle Eigenständigkeit Florenz' ihrem Ende zu. So wie damals, als der erste Medicipapst Leo X. die Florentiner Renaissance nach Rom getragen hatte, um sie zum Allgemeingut der Menschheit zu machen. Es hatte eine Zeit gegeben, als Maler wie Fra Angelico und auch noch Botticelli Meisterwerke schufen, die untrennbar mit der Stadt und ihrem geistigen Fluidum verwachsen waren. Es waren florentinische Werke, in Florenz gemalt, von Florentinern gefördert und zur Erbauung der Florentiner bestimmt. Jene Zeiten waren vorbei. Genies wie Michelangelo, Leonardo und Raffael waren nicht an eine bestimmte Stadt gebunden und haben wohl überall Hervorragendes geleistet, ob in Florenz, Rom, Mailand, Venedig oder anderswo.
Die Entwicklung der Literatur verlief weniger harmonisch und wurde oft von äußeren Einflüssen unterbrochen. In einem Jahrhundert – etwa von Dante über Petrarca, Boccaccio bis zu Lorenzo dem Prächtigen – schrieben die Florentiner wenig Typisches, ausgenommen vielleicht die lebendigen Erzählungen Franco Sacchettis (1335–1410), eines Epigonen Boccaccios. Ende des 15. Jahrhunderts hatten die Autoren um Lorenzo – Pulci, Poliziano und auch Lorenzo selbst – eine einzigartige Heiterkeit und Eleganz erreicht, die sich wohltuend von der künstlichen und rethorischen Prosa Ficinos oder auch Pico della Mirandolas abhob. Die Originalität Machiavellis und Guicciardinis als Begründer wissenschaftlicher Geschichtsschreibung und vielleicht noch von Machiavellis Komödie *Mandragola* steht als einziges literarisches Erscheinungsbild aus Florenz dem Genie des Epikers Ariost gegenüber, der in Ferrara arbeitete.
Am Beispiel des Florentiner Bildhauers Benvenuto Cellini (1500–1571) wird deutlich, wie sich im 16. Jahrhundert die Kultur von Florenz in andere Zentren verlagerte. Nach 1519 lebte Cellini im wesentlichen in Rom, wo er dem Papst während der tragischen Ereignisse von 1527 treu blieb. Er wurde dann nach Florenz zurückgerufen, nachdem die Signoria und der Papst politisch auseinandergeraten waren. Später lebte er in Mantua, Neapel und wieder in Rom, ehe er nach Florenz zurückkehrte. Er hat überall gearbeitet und alles, was er schuf, war vor allem von Cellini und nicht eigentlich florentinisch. Seine römischen Werke dienen dem Ruhme Roms und nicht dem seiner Vaterstadt.
Starke Persönlichkeiten, vor allem jene vieler Medici, kühne Experimente in politischer Theorie, immer wieder von mediceischer Praxis beeinflußt, künstlerische und literarische Leistungen, von fast allen Mitgliedern dieser Familie gefördert, haben Florenz eine kulturelle Bedeutung verliehen, wie sie damals kein anderes Gemeinwesen erreicht hat. Es ist eine seltsame Geschichte von höchstem

Francesco Petrarca (1304–1374) steht am Beginn der italienischen humanistischen Bewegung. Seine italienischen und lateinischen Dichtungen und vor allem seine moralphilosophischen Schriften wirkten weit über seine Zeit hinaus.
Bildnis Petrarcas. Aus der Schule Bellinis. Galleria Borghese, Rom.

Triumph und moralischem Fall, im Grunde eine tragische Geschichte.
Stolze politische Ideale wurden nie verwirklicht. Der unaufhörliche Kampf um die Freiheit von staatlicher Tyrannei führte zu nichts, da die Mentalität der Florentiner nicht kühl genug war, um unabhängig zu bleiben. Im allgemeinen zeigten sich die Bürger immer wieder genauso selbstsüchtig und egoistisch wie die anderen Italiener ihrer Zeit, die dann durch Despoten unterdrückt wurden. Rivalitäten, Fehden und Verschwörungen richteten eine Regierung nach der anderen zugrunde. Weder der Takt Cosimos und Lorenzos des Prächtigen noch die unerbittliche religiöse Strenge Savonarolas konnten die Florentiner zu moralischer Disziplin und wahrer staatsbürgerlicher Gesinnung erziehen.

5 Der Niedergang
(1530–1743)

Alessandro de' Medici, der Sohn eines Papstes

Alessandro de' Medicis Einzug in Florenz am 5. Juli 1531 stand unter einem ungünstigen Stern. Die Stadt war zerstört – von Kaiser Karl V. –, und ihre Verfassung und Gesetze waren auf Befehl Papst Klemens' VII. geändert worden. Alessandro war inzwischen zwanzig Jahre alt und mit Margarethe verlobt, der elfjährigen, unehelichen Tochter des Kaisers. Bei seinem Einzug umklammerte seine Hand ein Dokument mit der Unterschrift Karls V., das ihn und seine Nachkommen zu erblichen Herrschern von Florenz bestimmte. Karl war vorsichtig genug hinzuzufügen, die bisherige Verfassung – also die vielfach geänderte – müsse in Kraft bleiben. Vielleicht war er, der stets Wert auf gutes Benehmen legte, von der ziemlich unfeinen Erscheinung seines zukünftigen Schwiegersohns nicht sehr angetan, vielleicht hatte man ihm auch Gerüchte über dessen unmoralischen Lebenswandel zugetragen.
Die Absichten des Kaisers waren 1531 nicht ganz durchsichtig, um so deutlicher wurden sic im Jahr darauf. Im April 1532 erklärte Papst Klemens mit Karls Zustimmung das förmliche Ende der sogenannten Republik von Florenz, die in Zukunft »Herzogtum Toskana« heißen solle. Damit war Alessandro Herzog der Toskana geworden. Außerdem sollten die Ämter der Prioren und des *gonfalonier* abgeschafft und durch den Erbherzog, einen »Rat der Zweihundert«, einen Senat mit 48 Mitgliedern und ein »inneres Kabinett« von drei Bürgern ersetzt werden. Diese drei waren Baccio Valori, bisher ein treuer Medicianhänger, der sich allerdings 1535 zu den republikanischen Verbannten schlagen sollte, ferner Francesco Vettori, der 1523 gegen die Versuche, Kardinal Passerinis Befugnisse einzuschränken, opponiert hatte, und schließlich der Historiker und Patriot Francesco Guicciardini. Sie alle besaßen im Grunde nur eine Scheinautorität. Die wirkliche Macht lag in den Händen von Papst Klemens VII.

»Einzug Kaiser Karls V. und des Papstes Klemens VII. in Bologna am 24. Februar 1530«. Kupferstich aus einer Bildfolge des Johann Nicolaus Hogenberg.

Unter diesen Umständen waren die neuen Beamten der Florentiner Regierung angenehm überrascht, in Alessandro einem ziemlich gutmütigen und hilfsbereiten jungen Mann zu begegnen. Da war keine Spur jener arroganten Gleichgültigkeit der Politik gegenüber, wie sie zum Untergang seines Großvaters, Pieros des Zweiten, geführt hatte. Auch konnten sie jene angeblichen, unangenehmen Charakterzüge nicht entdecken, deretwegen ein Zeitgenosse ihn als »bösen, reizbaren Bastard« bezeichnet hatte. Der Knabe war bestimmt kein Narr, so fanden sie, und in Gesellschaft mangelte es ihm auch keineswegs an der Gewandtheit und Liebenswürdigkeit eines echten Medici. Daß Klemens in seinen jungen Jahren genauso vielversprechend erschienen war, vergaßen sie dabei. Ein oder zwei Jahre hatten Kabinett, Senat und »Rat der Zweihundert« deshalb das Gefühl, sie würden mit Alessandro ziemlich reibungslos auskommen können. Man schickte positive Berichte über die Lage an den Vatikan, der seinerseits eine private Korrespondenz voller wohlwollender Ermahnungen mit Alessandro unterhielt.

Alessandro mag selbst das Gefühl gehabt haben, vor seinen Wagen gespannt zu sein. Als der Papst am 25. September 1534 starb, folgte ihm Kardinal Alessandro Farnese als Paul III. Herzog Alessandro de' Medici war damit von der Kontrolle seines besorgten Verwandten befreit und fing an, Farbe zu bekennen. Er schockierte Florenz, indem er sexuelle Orgien veranstaltete, wie man sie damals – im Gegensatz zu vielen anderen italienischen Städten, vor allem Rom – in der Stadt noch nicht erlebt hatte. Guicciardini war von diesem Verhalten besonders abgestoßen. Er und andere führende Bürger setzten sich mit Kardinal Ippolito de' Medici in Verbindung, um mit ihm einen möglichen Regierungswechsel zu besprechen.

Die Kirche San Giovanni (links) und der Palazzo Medici-Riccardi. San Giovanni Evangelista oder San Giovanni degli Scolopi war der Hauptsitz der Jesuiten in Florenz. Das Gebäude ist im 16. Jahrhundert begonnen und im 17. Jahrhundert nach Plänen von Ammanati beendet worden. Der Palazzo Medici war der erste große Familienpalast der Renaissance. Er wurde 1444–1460 von Michelozzo für Cosimo den Alten erbaut. Um 1517 fügte Michelangelo das Eckgewölbe hinzu, das ursprünglich den Eingang zur Loggia bildete. 1659 erwarb die Familie Riccardi den Palast, der heute das Museo Medici beherbergt. Gegenüber, auf der anderen Seite der Via Carvour, ist die Ecke des Palazzo Panciatichi zu sehen. Zeichnung von Guiseppe Zocchi, die seiner Folge von Kupferstichen mit Ansichten der Stadt Florenz (1744) vorausging.

Diese Entwicklung ermutigte einige unzufriedene Florentiner Verbannte in Rom, sich um den jungen Prälaten zu scharen und beim Kaiser zu beschweren. Sie beklagten sich besonders über Alessandros Willkür seit dem Tode von Klemens und über seine sexuellen Ausschweifungen. Ippolito teilte Karl V. mit, er sei bereit, die Regierung von Florenz inoffiziell zu übernehmen, wie es auch Kardinal Giulio getan habe, ehe er zum Papst gewählt wurde. Dem Kaiser, der sich ständig in Geldnöten befand, bot man eine beträchtliche Bestechungssumme an, falls er dem Regierungswechsel zustimmte.
Der Monarch befand sich damals (1535) in Tunis, um die Muselmanen am weiteren Vordringen zu hindern. Seine Antwort ließ deshalb auf sich warten. Ippolito machte sich nun auf die Reise, ihn aufzusuchen. Unterwegs erkrankte er plötzlich und starb nach wenigen Tagen. Es gab damals ein Gerücht, Kardinal Ippolito sei in Alessandros Auftrag vergiftet worden, der von dem Komplott zu seinem Sturz gewußt haben muß.
Als der Kaiser später nach Neapel kam, gewährte er den Florentiner Verbannten eine Audienz. Nachdem sie ihm die Situation geschildert hatten, zitierte er Alessandro sofort nach Neapel, damit er sich dort gegen die Vorwürfe verteidigte. Der Herzog gehorchte, aber er war klug und vorsichtig genug, um seinen geheimen Gegner Guicciardini mitzunehmen. Der ehrgeizige Historiker war von dieser Ehre sehr geschmeichelt. Deshalb glaubt er, seiner Karriere sei am besten gedient, wenn er den mächtigen Herrscher Europas über die Launen eines Mannes beruhigte, der seit langem mit Margarethe, der illegitimen Tochter des Kaisers, verlobt war.
Natürlich hatte der Kaiser nicht die Absicht, seinen zukünftigen Schwiegersohn in aller Öffentlichkeit als gewissenlosen Schurken hinzustellen. Nachdem Karl Guicciardinis kühle und elegante Zurückweisung der Anklage angehört hatte, versprach er lediglich, er werde einen kaiserlichen Minister nach Florenz schicken. Dieser sollte dafür sorgen, daß das Verhalten des Angeklagten in Zukunft keinen Vorwand mehr für bösartiges Gerede bieten werde. Guicciardini hatte Karl – der ihm dabei sehr entgegenkam – gänzlich davon überzeugt, daß man Alessandro übel verleumdet habe.
Die herzogliche Gesellschaft kehrte triumphierend nach Florenz zurück, und Alessandro, offenbar in der Überzeugung, diese Begnadigung bedeute Absolution zukünftiger Sünden, führte nur noch ein ausschweifendes Leben. Zu seinem Entzücken fand er im jüngeren Zweig der Familie einen gleichgesinnten Partner, einen gewissen Lorenzino di Pierfrancesco de' Medici, der Alessandro als Kuppler und Kumpan seiner Laster wie gerufen kam.
Dieser Lorenzino war ein schlanker, lüsterner und ziemlich devoter junger Mann von 21 Jahren, der aber scharfsinnig und entschlossen seine persönlichen Ziele verfolgte. Von seiner Mutter Maria Soderi-

Porträt Kaiser Karls V. Holzschnitt von Giovanni Britto nach einem Gemälde von Tizian.

Im Jahre 1536 starb Erasmus von Rotterdam in Basel. Er hat die Bewegung des europäischen Humanismus entscheidend beeinflußt. Seine Pamphlete gegen Entartungen von Theologie und Kirche spielten in der vorbereitenden Phase der Reformation eine wichtige Rolle. Doch seine Auseinandersetzung mit Luther führte später zum Ende der engen Verbindung zwischen Reformation und Humanismus.
Holzschnitt von Albrecht Dürer, 1526.

ni, der Tochter des standhaften Republikaners Tommaso Soderini, hatte Lorenzino einen abgründigen Haß gegen jede Tyrannei geerbt. Mit seinem Vater Pierfrancesco de' Medici dem Jüngeren hatte er nichts als den geachteten Namen und eine Reihe berühmter Verwandter gemeinsam. Zusammen mit der unzweifelbaren Intelligenz des jungen Mannes hatte dieses Erbe in Lorenzino starke Ressentiments erzeugt. Er sah in Florenz auf dem Gipfel von Macht und Ruhm einen jungen Medici, der nur halb so viel Verstand besaß wie er und dazu noch illegitim war, während er selbst ein unbekannter, unbemittelter Junge war. Stolz wie alle in seiner Familie, schmollte er erst vor sich hin und ging dann zum Angriff über.

Das Studium der Antike in Rom hatte in Lorenzino einen heftigen Abscheu gegen jede erbliche Autorität erregt. Solche Gefühle kamen 1530 zum Ausdruck, als er versuchte, die steinernen Überreste römischer Größe, Statuen und andere Denkmäler, die in der Heiligen Stadt noch standen, zu zerstören. Wie Alkibiades lief er nachts herum und entstellte oder stürzte diese Bildwerke von ihren Sokkeln, die in seinen Augen Darstellungen eines sündhaften Imperialismus waren. Er wurde festgenommen und vor Papst Klemens gebracht. Kardinal Ippolito de' Medici, kaum drei Jahre älter als der 16jährige Delinquent, entschuldigte diese Tat großmütig als jugendlichen Überschwang. Aber der Papst war nicht entzückt; er verbannte den Sünder nach Florenz.

Lorenzino gefiel nicht, was er in der Stadt seiner Väter vorfand. Er kannte Alessandro seit langem, da er mit ihm und Ippolito bereits im römischen Palazzo Medici zusammengelebt hatte. Der zornige junge Student der antiken Literatur verachtete die Beschränktheit seines entfernten Verwandten. Lorenzino ging es noch mehr um die gesellschaftliche Stellung, die ihm nach Rang und Begabung seiner Ansicht nach zustand, als um Freiheit und Gerechtigkeit auf der ganzen Welt. Er war sogar überzeugt, daß dieses Ideal nur zu schaffen war, wenn er jene Stellung erreicht hatte. Deshalb beschloß er zunächst, mit allen – auch den gemeinsten – Mitteln die Gunst und Zuneigung seines unfeinen, aber herzoglichen Medicivetters zu erlangen.

Um 1532 kamen die beiden jungen Männer – der intellektuelle Fanatiker und der vom Sex Besessene – prächtig miteinander aus. Alessandro wußte, daß er physisch ebenso Herr über Lorenzino war wie über jeden Mann und jede Frau in Florenz. Er wunderte sich deshalb überhaupt nicht, wieso ein Mann, der stundenlang Cicero und Machiavelli zitieren konnte, sich so um seine Sympathie bemühte, der er seit seiner Ankunft in Florenz noch nie ein Buch aufgeschlagen hatte. Einen so ergebenen und einfallsreichen Komplizen konnte er für seine Schurkereien gut gebrauchen.

Ihre Vertrautheit ging so weit, daß Lorenzino es wagte, dem Herzog offen zu gestehen, er habe Kontakt mit den anti-mediceischen

Verbannten in Rom; aber nur, wie er sagte, um ihre Pläne kennenzulernen und zu vereiteln. Er hatte sie tatsächlich ausgehorcht und herausgefunden, daß sie Alessandro zwar alle haßten, so wie Ippolito und der neue Farnese-Papst Paul III., sich aber nicht auf eine Methode zu seiner Beseitigung einigen konnten. Sie trauten auch ihrem Partner nicht, einem »treulosen Medici«, von dem sie wußten, wie arm er war und wie wenig Einfluß er bei der geheimen Gruppe republikanischer Florentiner hatte. Auch gefielen ihnen gewisse Geschichten nicht, wie sie allmählich über Lorenzinos unmoralisches Verhalten als Kuppler des Herzogs in Umlauf kamen. Dies trug nur noch zu einer größeren Verbitterung Lorenzinos bei, und er schloß daraus, daß er von diesen ängstlichen Streithähnen nichts zu erwarten hatte. Er mußte also alleine handeln.
Zu dieser Zeit entschied sich der muntere Ippolito in Rom plötzlich, die unbefriedigende Situation in Florenz zur Entscheidung zu bringen. Tizian hatte ihn mit Streitkolben, Schwert und Helmbusch gemalt, mit dem vorstehenden schwarzen Bart und den harten Gesichtszügen und dem strengen Blick des geborenen Soldaten, der er so viel lieber gewesen wäre als der höfliche und gebildete Geistliche, den die meisten in ihm sahen. Dieser ungewöhnliche Kardinal hatte das Zaudern der Verbannten einfach satt und wollte sich nun selbst mit dem ganzen Gewicht seiner starken Persönlichkeit dem Kaiser stellen, dem zukünftigen Schwiegervater des schurkischen Despoten, den er und Klemens der Stadt Florenz aufgezwungen hatten. Doch auf der Reise zu Karl starb Ippolito an Gift.
Als Lorenzino von Ippolitos plötzlichem tragischem Tod hörte, ergriff ihn höchster Zorn, den er aber in Alessandros Gegenwart unter der schlauen, lächelnden Maske des Kupplers verbarg. Er war sicher, daß der Herzog den gefährlichen Ippolito hatte vergiften lassen, und er entschloß sich, zu den äußersten Mitteln zu greifen. Lorenzino war überzeugt, daß jeder anständige Mann in Italien – abgesehen von Karl V. und Francesco Guicciardini – die Tat, die er plante, gutheißen würde.
Im Frühjahr 1536 stattete Karl V. Florenz einen offiziellen Besuch ab und versicherte die Bürger seines guten Willens und seiner besten Absichten für ihr zukünftiges Wohl. Im Juni kam seine Tochter Margarethe an, um den Herzog zu heiraten. In ihrer Begleitung befanden sich einige der Florentiner Verbannten, denen der Kaiser, wie versprochen, verziehen hatte. Im Lauf der Festlichkeiten wurde auch eine Komödie von Lorenzino aufgeführt. Das Stück war zwar eine bloße Nachschöpfung alter römischer Vorbilder, aber Alessandro war ganz ausgelassen. Er brüllte vor Lachen und gratulierte dem Autor überschwenglich.
Der Rest des Jahres verging in Florenz ohne größere Veränderungen. Die beiden Wüstlinge, Lorenzino und der Herzog, blieben unzertrennlich. Sie schwelgten bei den Gelagen im Palast, überfielen

Tiziano Vecellio, genannt Tizian (um 1477?–1576).
Der Schüler Giovanni Bellinis stand lange Zeit unter dem Einfluß seines Freundes Giorgione. Nach dessen Tod und dem Ableben von Leonardo und Raffael leitete Tizian eine neue Epoche der abendländischen Malerei ein, die am Übergang von der Renaissance zum Barock stand. 1530 traf er Kaiser Karl V. in Bologna und malte ihn. Drei Jahre später ernannte ihn Karl zum Hofmaler und adelte Tizian. Seit dieser Zeit genoß der Künstler fast fürstliche Verehrung von seinen Zeitgenossen.
Porträt des Tizian Vecellio von August Caracci (1515–1601?).

1537 ermordete Lorenzino de' Medici den Herzog Alessandro, seinen Verwandten und Gönner. Das Motiv der Tat ist unklar, jedenfalls gelang es Lorenzino dadurch nicht, die Macht in Florenz an sich zu reißen.
Zur Erinnerung an die Ermordung ließen die aus ihrer Heimatstadt vertriebenen Florentiner eine Medaille prägen. Die Republikaner feierten ihn als Tyrannenmörder.

Klöster und stürmten Privathäuser auf der Suche nach Liebesabenteuern. Ein Skandal nach dem anderen kam ans Licht, aber niemand wagte es, ein Wort zu sagen.
In der Nacht vom 6. Januar 1537 in der Karnevalszeit begleitete Lorenzino den Herzog zu seinem eigenen, verhältnismäßig bescheidenen Quartier neben dem Palast und ließ ihn dort allein mit dem Versprechen, bald mit einer gewissen Dame zurückzukehren. Alessandro, der wie gewöhnlich eine Menge Wein getrunken hatte, schlief bald ein. Als Lorenzino nach kurzer Zeit wiederkam, war er nicht von einer Dame begleitet, sondern von einem professionellen Meuchelmörder, den man Scoronconcolo oder »den Nußknacker« nannte.
Mit Dolch und Degen gingen beide auf ihr Opfer los, bis es leblos zusammensank. Die Mörder zogen Bettlaken über die blutige Leiche. Lorenzino befestigte daran einen Zettel mit einer Zeile aus der *Aeneis* des Vergil: »Möge die Vaterlandsliebe die Ruhmessucht besiegen!« Dann flohen die beiden Attentäter gemeinsam nach Venedig.
Lorenzino hatte wie alle Männer seiner Familie eine gute Erziehung genossen. Wie in klassischer Zeit galt auch im Italien der Renaissance ein Mann als gebildet, wenn er einen guten Schriftsatz verfassen konnte. Der fleißige junge Medici war dafür genügend intelligent und geübt. Seine spätere *Apologie* ist mit beträchtlichem Talent und Wortschatz geschrieben und war wahrscheinlich aufrichtig gemeint. Wie so viele Gelehrte der Klassik vor und während seiner Zeit war er wohl völlig davon überzeugt, daß es patriotische Pflicht sei, einen grausamen Autokraten zu ermorden. Für ihn war es nicht ehrenrührig, Alessandros Zerstreuungen zu organisieren und seine Verbrechen zu rühmen, um jeden Verdacht der Gegnerschaft zu vermeiden. Dazu kam sein Ehrgeiz oder zumindest der Wunsch, sich einen großen Namen zu machen. Er wußte, daß er mehr Anspruch auf die Nachfolge hatte als der einzige andere Kandidat, sein 18jähriger Vetter Cosimo. Trotzdem hatte er gute Gründe, um als Mörder des regierenden Herzogs die Rache Cosimos fürchten zu müssen. Deshalb hatte er wohl auch beschlossen, die Stadt für eine Weile zu verlassen.
Mit Alessandros Tod war die ältere Linie der Medici – abgesehen von Katharina, der legitimen Tochter des verstorbenen Lorenzo, des Herzogs von Urbino – erloschen. Aber Katharina war schon seit drei Jahren mit dem Herzog von Orléans und späteren König Heinrich II. von Frankreich verheiratet. Als führender Vertreter der jüngeren Linie kam nach Lorenzino niemand außer Cosimo in Betracht, denn Alessandro war ohne legitime Nachkommen gestorben. Vielleicht hat der einfallsreiche Verfasser der *Apologie* auch geglaubt, er könne Cosimo überlisten, ablenken oder gar vergiften.

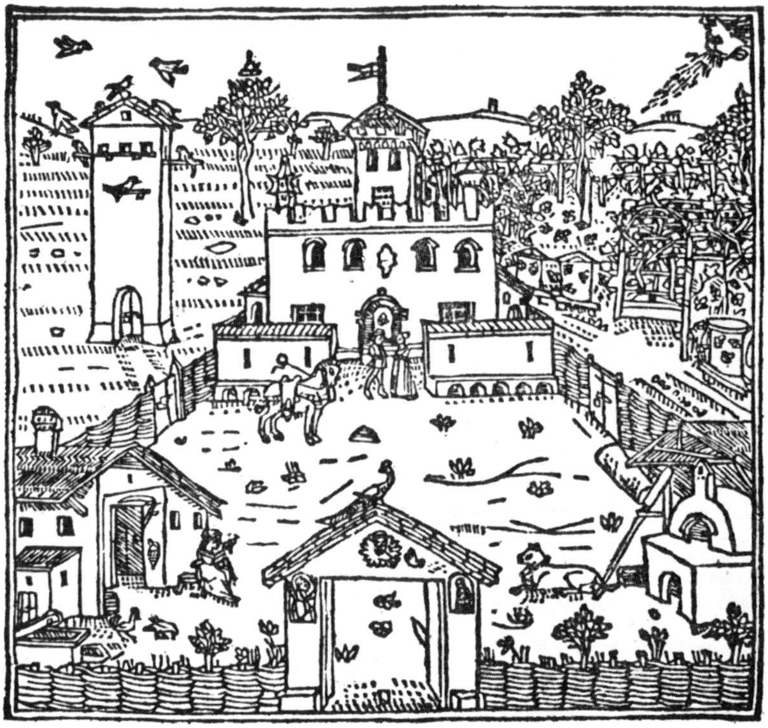

Wie schon Cosimo der Alte benutzte auch Cosimo I. die Medicivilla in Trebbio bei Florenz als Zuflucht vor der Betriebsamkeit in der Stadt.
Titelholzschnitt aus Piero Crescentios »De agricultura«. Venedig 1495.

Doch es sollte anders kommen. Guicciardini und der Senat setzten sich für Cosimo als Nachfolger ein, der zudem in der Trebbio-Villa der Medici in den Hügeln von Mugello nahe bei Florenz leicht greifbar war. Niemand träumte davon, die Republik wieder aufleben zu lassen.

Cosimo I., Großherzog der Toskana

Die Thronbesteigung Cosimo de' Medicis als Herzog der Toskana schien für eine Gruppe Florentiner Republikaner eine günstige Gelegenheit, zu einem Schlag auszuholen, um die neue Autokratie durch ein liberaleres Regime zu ersetzen. Diese Republikaner, von denen die meisten aus Florenz verbannt waren, stellten eine beachtliche Streitmacht von etwa 4000 Mann Infanterie und 300 Reitern auf, dazu ein starkes französisches Kontingent. Unter Piero Strozzi (Filippos Sohn) und Bernardo Salviati marschierte dieses Heer im Juli 1537 in die Toskana ein.

Alessandro Farnese (1468–1549) als Papst Paul III.
Um die Macht des Papsttums zu stärken, begünstigte Paul abwechselnd Kaiser Karl V. und Franz I. im Kampf um Oberitalien. Als Mäzen der Künste beauftragte er Michelangelo mit dem Weiterbau der Peterskirche.
Porträt aus Jacopo de Stradas »Epitome Thesauri antiquitatum«, Lyon 1553.

Die Regierung des neuen Herzogs nahm die Herausforderung sofort an. Man brachte eilig eine Armee aus fremden Söldnern, Deutschen und Spaniern der kaiserlichen Truppen und Florentinern zusammen. Sie standen unter dem Kommando Alessandro Vitellis und zogen dem Heer der Republikaner entgegen. Am 1. August stießen beide bei Prato nordwestlich von Florenz aufeinander. Cosimos Männer erfochten einen glänzenden Sieg, und eine Reihe führender Republikaner wurde gefangengenommen.

Strozzi hatte den gleichen Fehler begangen wie alle, die Florenz anzugreifen versuchten. Er war davon ausgegangen, die Stadt sei unter Cosimo unruhig und unglücklich, und die Nachricht von einem republikanischen Aufruhr werde eine Revolte gegen die Mediciherrschaft auslösen. Doch nichts dergleichen geschah. Nach der zügellosen Tyrannei des Herzogs Alessandro erschien den Florentinern die kurze Herrschaft Cosimos als ein Muster an Tüchtigkeit. Als er den Thron bestieg, hielt man ihn für einen jungenhaften Nichtsnutz, der nur an Sport und Spiel interessiert war. Aber kaum hatte er die Macht in den Händen, als er die Zügel der Regierung straff anzog. Seine Feinde mußten bald begreifen, daß er wirklich der Sohn von Giovanni delle Bande Nere war. Zu seinen ersten Handlungen gehörte die Verbannung der Bürger, die in Verdacht geraten waren, gegen die herzogliche Autorität zu sein.

Dieselbe Strenge traf auch die republikanischen Gefangenen des 1. August, unter denen junge Männer aus guten Familien waren, die früher ein gutes Verhältnis zu Cosimo hatten. Man brachte sie nach Florenz zurück und sperrte sie im Bargello ein. Dann wurde an vier aufeinanderfolgenden Tagen jeweils einer im Hof öffentlich enthauptet. Am 20. August wurden auch sein Sohn Baccio Valori und sein Neffe hingerichtet. Dagegen schonte das Staatsoberhaupt das Leben des guten alten Schurken Filippo Strozzi, der mit seinem Geld schon so vielen Florentinern großzügig geholfen hatte. Allerdings blieb der Bankier hinter Gittern.

Der Palazzo Strozzi und der übrige Familienbesitz wurde, soweit er greifbar war, von Cosimo beschlagnahmt. Am 18. Dezember fand man den unglückseligen Filippo, der in Florenz noch immer beliebt war, tot in seiner Zelle. In seiner Brust steckte ein Schwert, und neben ihm lag ein Papier, auf dem die Worte Vergils geschrieben standen: »Exoriare aliquis nostris ex ossibus ultor« (»Ein Rächer wird aus unseren Knochen auferstehen«). Diese Notiz scheint darauf hinzudeuten, daß Filippo freiwillig starb. Trotzdem behaupten spätere Chronisten, die gegen die Medici eingestellt waren, daß er auf Cosimos Befehl umgebracht wurde.

Viele haben das Verhalten des neuen Herzogs in diesem Fall kritisiert, das an die Grausamkeit seines Vaters erinnerte, als er ebenso jung war. Ein unparteiischer zeitgenössischer Beobachter dürfte nichts Besonderes dabei gefunden haben. Die Gefangenen waren vogelfreie Verräter, die geplant hatten, die rechtmäßige Florentiner Regierung mit Gewalt zu stürzen. Hätte man sie freigelassen, hätten sie es höchstwahrscheinlich wieder versucht. Ihre gefährlichsten Führer stellten selbst im Gefängnis eine ernste Drohung dar. Bei dem moralischen Klima, das im 16. Jahrhundert in Italien herrschte, mußte man einfach erwarten, daß ein junger Mann, der zu harten Maßnahmen neigte, auf eine solche Herausforderung mit Todesurteilen reagierte.

Während der übrigen langen Herrschaft Cosimos läßt sich eine deutliche Verbesserung seines Charakters erkennen. Besonders gütig war er nie, aber er wurde verständiger. Trotzdem war Cosimo für viele anfänglich, als er erbarmungslos seine Ziele verfolgte, die Personifikation von Machiavellis »Fürst«. Guicciardini, der gehofft hatte, den Herzog beherrschen zu können, mußte einsehen, daß dies aussichtslos war. Er zog sich aus dem öffentlichen Leben zurück, beschwor weiter seine Treue zu Cosimo und starb 1540 über seinen Büchern.

Cosimo und sein »Machiavellismus« waren inzwischen so gefürchtet, daß sofort das Gerücht umging, er habe den listigen alten Politiker vergiften lassen, weil er immer wieder die herzogliche Autorität gefährdet habe. Seit den Experimenten der Alchemisten im Mittelalter war von Gift die Rede, und wenn ein berühmter Mann oder eine Frau plötzlich überraschend starben, dachte man an nichts anderes. Doch Cosimo hatte keinen Grund, dem Historiker Guicciardini – den er recht gut kannte – einen rebellischen Charakter zu unterstellen.

Cosimo hielt vielleicht nicht viel von Gift, aber er zögerte damals nicht, andere für sich den Dolch ziehen zu lassen. Seine *bravos* durchstreiften fremde Städte auf der Suche nach jedem, der zu laut von der Tyrannei in Florenz redete. Lorenzino in Venedig stand zum Beispiel in dem nicht unbegründeten Verdacht, er plane ein Komplott gegen seinen entfernten Vetter. Er wurde 1547 im Alter von 32 Jahren ermordet.

Nach seinem Sieg über die Republikaner nahm Cosimo sich vor, seine Stellung beim Kaiser zu festigen. Zuerst bat er Karl um die Hand von Alessandros junger Witwe Margarethe. Dieser Wunsch wurde hochmütig abgelehnt, also wandte sich der Herzog an den nächsten mächtigen Mann in kaiserlichen Diensten, Pedro von Toledo, den Vizekönig von Neapel. Dieser Herrscher hatte eine einzige Tochter namens Eleonora, die 17 Jahre alt war. Eleonora war ein ansehnliches junges Mädchen, vornehm gesonnen und klug, bei der eine reiche Mitgift zu erwarten war. Pedro stimmte zu, und die Hochzeit fand Anfang 1539 in San Lorenzo in Florenz statt.

Der Herzog siedelte dann vom Palazzo Medici – der ihm in seinen Augen zu wenig Schutz bot – in den Palazzo Vecchio über, der einer Festung glich. Er ließ seine Leibwache aus Schweizer Pikenie-

Nach der Ermordung Alessandros durch Lorenzino nutzte dessen 18jähriger Vetter Cosimo I. (1519–1574) die Verwirrung, um die Macht in Florenz an sich zu bringen. Er wurde der erste Großherzog der Toskana. Er war ein grausamer Diktator, der selbst vor Verhaftungen, Folterungen und Morden nicht zurückschreckte, um die Ordnung in Florenz wiederherzustellen. Unliebsame Gegner schickte er ins Exil. Trotzdem erlebte Florenz zu seiner Zeit noch einmal eine kulturelle Blüte. Gemälde von Bronzino (Ausschnitt). Gemäldegalerie, Kassel.

ren in der »Halle der Gerechtigkeit« unterbringen, die der Architekt Orcagna im 14. Jahrhundert erbaut hatte und die an den Palazzo angrenzt. Cosimo und Eleonora wohnten in den nächsten zehn Jahren im Palazzo Vecchio.

Ansicht der Piazza della Signoria mit dem Reiterstandbild Cosimos I. de' Medici. Mosaikrelief aus pietra dura, *Kristall und Gold von Gaspare Mola (um 1580–1664). Im Vordergrund die Reiterstatue Cosimos I. von Giovanni da Bologna, die vor 1594 entstand. Dahinter der Palazzo Vecchio, an dessen Vorderfront der »David« Michelangelos und die Statuen des »Herkules« und »Cacus« von Bandinelli stehen. Daran schließen sich die Uffizien an und rechts die Loggia dei Lanzi. Die Statuen sind aus Gold, die Gebäude aus Kristall mit einer sgraffittoartigen Versilberung. Der Himmel und Teile des Sockels vom Reiterstandbild sind aus Lapislazuli, der andere Teil des Sockels aus Achat und Heliotrop. Das Pflaster auf der Piazza Signoria ist aus kleinen Quadraten in grünem Jaspis und Karneol zusammengesetzt, die durch goldgerahmte Streifen voneinander getrennt sind.*
Nach einem noch erhaltenen Vertrag sollte Meister Bernardino Giorgio (d. i. Gaffuri) »ein Oval mit der Perspektive des Pferdes vom Platz mit seiner Umgebung und seinen Schätzen übernehmen . . . und zwar für einen Preis von 150 Scudi«. Die Arbeit wurde aber nicht von Gaffuri ausgeführt, sondern von dem Mailänder Gaspare Mola, der unter Ferdinand I. de' Medici Münzprägemeister war.
Museo degli Argenti, Palazzo Pitti, Florenz.

Nach einem Waffenstillstand von vier Jahren lebten die Streitigkeiten zwischen Karl V. und Franz I. 1542 wieder auf. Cosimo warf sich sofort auf die Seite des Kaisers und stellte dem Souverän reiche Geldmittel zur Verfügung, über die der Herzog seit seiner Heirat mit Eleonora verfügte. Karl begann, diesen fähigen Zahlmeister allmählich als seine Hauptstütze in Italien zu betrachten: Wieder einmal hatte mediceisches Genie Geld statt Waffen und Diplomatie sprechen lassen. 1544 wurde ein neuer Waffenstillstand zwischen den beiden Gegnern unterzeichnet. Der Kaiser war Cosimo so dankbar, daß er seinen Herrschaftsbereich erweiterte.
1546 schlugen Cosimos Truppen einen feindlichen Anmarsch aus Lucca zurück, den Piero Strozzi angeführt hatte. Cosimo selbst ging nicht ins Feld. Trotz seiner entschlossenen und bestimmten Art war er kein Soldat. Er wollte seine Pläne nicht gefährden, indem er eine Gefangenschaft oder Niederlage riskierte.
In das Jahr 1547 fiel der Tod dreier bedeutender Persönlichkeiten – Franz I., Heinrich VIII. von England und Martin Luther. Die Macht Kaiser Karls wuchs beträchtlich und mit ihr die Cosimos. Gemeinsam machte es den beiden klugen Köpfen keine Schwierigkeit, die reaktionären Pläne Papst Pauls III. zu durchkreuzen. Der Papst fühlte sich durch die Beschlüsse des Konzils von Trient 1545

und durch den Tod Martin Luthers ermutigt, kirchliche Reformen, wie sie die liberalen Geistlichen forderten, zu verhindern.
Zwei Jahre später konnte Cosimo dem Kaiser wieder einmal zu Hilfe kommen, indem er Siena befriedete. Dort war man gegen den Kaiser aufgestanden und hatte seine spanische Garnison aus der Stadt vertrieben. Der Herrscher von Florenz überredete den Kaiser sogar dazu, die alte, republikanische Regierungsform in Siena wiederherzustellen, nur sollte eine Garnison unter einem kaiserlichen Offizier wieder bestehen bleiben. Diese staatsmännische Tat war zwar als Idee eher zynisch, zeigte aber doch, daß Cosimo – teilweise vielleicht unter dem Einfluß seiner klugen Frau – bereits begonnen hatte, sich zu einem klugen und weitsichtigen Herrscher zu entwikkeln, obwohl er erst 29 Jahre alt war.
Anfang 1550 fühlte sich der Herzog so sicher im Sattel, daß er einen Auszug aus dem Palazzo Vecchio plante. Er ließ am Nordwesthang des Boboli-Berges, südlich des Arno, mit den Arbeiten für einen neuen Palazzo beginnen. Auf dem Gelände am Fuß des Berges lag das immer noch unvollendete Landhaus, das Luca Pitti 1459 während der ausklingenden Herrschaft Cosimos des Alten begonnen hatte. Das Gebäude wurde nun fertig gebaut und heißt heute immer noch Palazzo Pitti, obwohl es mit den ursprünglichen Entwürfen von Brunelleschi aus dem Jahr 1440 für Luca Pitti wenig zu tun hat. Der neue Palast wurde in den nächsten zweihundert Jahren der Mediciherrschaft in Florenz stark erweitert. Der massive Bau, den man heute sieht, enthält nur einen kleinen Mittelteil, den noch Cosimos Architekt Ammanati erbaut hat. Der Herzog überwachte persönlich die Anlage der prächtigen Gärten hinter dem Haus.
Was weiterhin für Cosimos Persönlichkeit spricht, die von manchen Historikern vielleicht zu düster beurteilt wurde, war sein Interesse an Archäologie: Er sammelte etruskische und ägyptische Altertümer. Die florentinischen Künstler Giorgio Vasari und Agnolo Allori, genannt Bronzino, die an seinem Hof lebten, beauftragte er, Bilder, Skulpturen und Keramiken zu sammeln, von denen einige früher den Medici gehörten und die nun auf andere Familien verstreut waren. Nach den Worten seines Kollegen Vasari hat Bronzino »alle großen Männer des Hauses Medici gemalt, von Giovanni di Bicci und Cosimo dem Alten bis zur Königin von Frankreich, Katharina de' Medici, und in der Linie Lorenzos, des Bruders von Cosimo dem Alten, bis zum Herzog Cosimo und seinen Kindern«. Von Eleonora hat Bronzino eines seiner besten Porträts gemalt. Vielleicht war sie es auch, die Cosimo zu dieser kulturellen Aktivität angeregt hat.
Politisch wurde inzwischen deutlich, daß Cosimo die ganze Toskana unter seine starke Herrschaft bringen wollte. Besonders energisch ging er mit Siena und Lucca um. Obwohl Siena 1548 von Cosimo so großzügig behandelt worden war, blieb die Stadt Florenz ge-

Marmorstatue des Herzogs Cosimo I. de' Medici als Bacchus. Die Figur von Valerio Cioli (1529–1599) steht über einem Brunnen am Eingang der Boboli-Gärten, deren Ausbau Cosimo I. plante und durchführte, als er den Palazzo Pitti 1549 kaufte.

genüber so feindselig wie eh und je und diente damals den verbannten Republikanern als Zufluchtsort. König Heinrich II. von Frankreich, Ehemann der Katharina de' Medici, machte sich nicht viel aus Cosimo und stiftete deshalb 1552 die Sienesen dazu an, nochmals gegen die spanische Garnison zu revoltieren. Es gelang ihnen auch, die Spanier zu vertreiben, und sie nahmen dafür zum zweitenmal eine französische Garnison in Kauf. Cosimo wandte sich sofort an Karl V., und Heinrich verlangte ungeniert von beiden Hilfstruppen für die Wiedereroberung Sienas. Der Kaiser, der seinem Konkurrenten Heinrich zuletzt nicht recht gewachsen war, erschrak bei der Vorstellung, der französische König und der toskanische Herzog könnten sich einigen. Karl schickte Cosimo eilig ein gemischtes Heer aus Deutschen, Schweizern und Spaniern unter dem Kommando eines fähigen *condottiere,* des Markgrafen von Marignano, zu Hilfe.

Siena wurde von Piero Strozzi, inzwischen Marschall von Frankreich, zusammen mit dem französischen General Blaise de Montluc, verteidigt. Auf der Suche nach Verstärkung für die Stadt geriet Strozzi bei Marciano in eine Falle. Er floh, um sich nicht ergeben zu müssen. Als schließlich sogar Frauen und Kinder die Mauern von Siena verteidigten, da von 40000 Mann nur noch 6000 am Leben waren, ergaben sich die hartgesottenen Sienesen, die seit dem 11. Jahrhundert stolze Republikaner waren.

Cosimo behandelte die Stadt mit beachtlicher Großmut und ließ Piero Strozzi nach Frankreich entkommen. Für die Eroberung Sienas erhielt der Markgraf von Marignano vom Kaiser den Orden vom Goldenen Vlies. Er mußte die Auszeichnung auf dem Sterbebett entgegennehmen, denn er war im November 1555 auf dem Weg nach Norden plötzlich zusammengebrochen.

Ein Jahr später dankte der Kaiser des Heiligen Römischen Reiches ab. Er vererbte sein Reich seinem Sohn Philipp II. und seinen Titel seinem Bruder Ferdinand. Alles in allem hatte Karl V. mehr Stärke als Schwäche gezeigt. Er war ein zwar etwas unentschlossener, doch maßvoller Herrscher und erstklassiger Heerführer. Neben seiner Vorliebe für Musik verehrte er den Maler Tizian. Karl V. mag zwar neben seinem brillanten Gegner Franz I. blaß gewirkt haben, dafür aber war er menschlicher und gewissenhaft: Sein Lebensinhalt war der Ruhm seines Reichs. Nach seiner Abdankung zog sich Karl in ein spanisches Kloster zurück, wo er 1558 starb.

Als Cosimos älteste Tochter Maria 1557 mit 16 Jahren starb, kurz bevor sie den Erben des Herzogs Ercole d'Este II. von Ferrara heiraten sollte, war das nur der erste Schicksalsschlag, der den erfolgreichen und tüchtigen Herrscher von Florenz ereilen sollte.

Die zweite Katastrophe war allgemeiner Art: Der Arno trat mitGewalt über die Ufer und verwandelte Florenz in ein Meer von Schlamm, das an manchen Stellen bis zu acht Meter tief war. Bis

Cosimo I. de' Medici. Büste von Benvenuto Cellini (1500–1571). Der Goldschmied und Bildhauer Cellini lernte bei Michelangelo Bandinelli in Florenz und ging 1537 an den Hof Franz' I. nach Frankreich. Später kehrte er in seine Heimatstadt Florenz zurück und trat in den Dienst Cosimos I. Sein besonderer Ehrgeiz galt der Monumentalplastik, mit der er seinen Lehrer Bandinelli zu übertrumpfen suchte. Museo Nazionale, Florenz.

Eleonora von Toledo (1522–1562), die Gemahlin Cosimos I., mit ihrem Sohn Giovanni. Die Tochter des Vizekönigs Pedro von Neapel brachte eine reiche Mitgift in die Ehe, mit der Cosimo I. auch seine zahlreichen Aufträge an Künstler und seine imposanten Bauten finanzierte. Dieses Porträt von Agnolo Allori, genannt Bronzino, gehört zu den besten Arbeiten des Künstlers. Das prächtige Gewand, das die Herzogin trägt, ist vermutlich ihr Hochzeitskleid. Als man ihr Grab 1857 öffnete, fand man Eleonora in diesem Gewand bestattet. Den Knaben an ihrer Seite hat man früher für ihren Sohn Garzia gehalten. Uffizien, Florenz.

auf den Ponte Vecchio wurden alle Brücken hinweggeschwemmt. Cosimo ergriff energische Maßnahmen, um das Elend der Bevölkerung zu lindern. Er half mit Lebensmitteln und Unterkünften und sorgte später für die Wiederherstellung des ursprünglichen Zustands. Die neue Brücke Santa Trinità, die Cosimo dem herzoglichen Architekten Ammanati in Auftrag gab, ist noch heute ein Meisterwerk.
Diese Unglücksfälle stimmten Cosimo milder; er war nicht mehr der rücksichtslose, kalte und ehrgeizige Despot, der gnadenlos gegen Widersacher vorging. In dieser Verfassung hat Herzog Cosimo zweifellos die Bedingungen des Vertrages von Câteau-Cambrésis von 1559 begrüßt, der den Kampf zwischen Spanien und Frankreich um die Herrschaft über Italien beendete. Die Unterzeichner – Heinrich II. einerseits und Philipp II. von Spanien und Elisabeth von England andererseits, die damals Spanien unterstützte – einig-

Mit dem Frieden von Câteau-Cambrésis wurde 1559 der Kampf zwischen Spanien und Frankreich um die Herrschaft über Italien beendet. Auf der Seite Spaniens unterzeichnete auch Elisabeth I. von England den Vertrag.
Im Rahmen Ihrer Heiratspolitik, mit der sie einen Ausgleich zwischen protestantischen und französischen Königshäusern anstrebte, wollte Katharina ihren Sohn, Herzog Heinrich von Anjou, mit Königin Elisabeth von England verheiraten; doch zu dieser Eheschließung kam es nicht.
Porträt Elisabeths von England von Crispin de Basso (um 1540–vor 1629).

ten sich, daß Spanien den Süden Italiens erhalten sollte sowie einige Gebiete des Nordens. Cosimo als zuverlässigster Bündnispartner Spaniens sollte über Mittelitalien bestimmen.
Der Vertrag festigte Cosimos Position, aber es sollten noch weitere gute Nachrichten für den Herzog folgen. Pius IV., der neue Papst, war gerade gewählt worden. Es war Kardinal Giovanni Angelo Medici, ein Bruder des verstorbenen *condottiere,* des Markgrafen von Marignano. Der Sohn einer bürgerlichen Familie aus Venedig war mit den Medici nicht verwandt; aber er träumte von einer Verbindung mit den fürstlichen Medici von Florenz und behauptete öffentlich, seine Familie sei stammesverwandt mit diesen. Cosimo wußte genau, daß diese Behauptung falsch war, aber er widersprach ihr nicht, da er seine eigenen Pläne hatte. Er hielt es in keiner Weise für ratsam, den neuen Papst in irgendeiner Weise zu kränken. Deshalb fand man einen willigen Genealogen, der die Familie des Papstes im Stammbaum der Medici unterbrachte. Der Papst war entzückt, und Cosimo lächelte zufrieden.
Cosimo bezweckte mit dieser Komödie, daß Papst Pius ihm den Titel eines Großherzogs der Toskana verlieh, wodurch er als regierender Fürst anerkannt war. Als einfacher Herzog war er nicht mehr als ein Vasall des Kaisers, wenn auch ein wichtiger. Der neue Kaiser Ferdinand I. würde sicher Bedenken haben, Cosimo in den Rang eines Großherzogs zu erheben, aber ein Papst, der theoretisch noch höher stand als selbst der Kaiser, brauchte es nicht so genauzunehmen.
1560 besuchte der Großherzog in spe seinen neuen »Verwandten« im Vatikan. Ganz im Geiste Cosimos des Alten sorgte er dafür, daß der Heilige Vater ihm den Titel von sich aus anbot – Pius wußte genau, daß sein Gast der bedeutendste Fürst der Halbinsel war. Trotzdem tat Cosimo so, als habe der Papst nur gescherzt. Mit einem höflichen Lächeln wechselte der Besucher das Thema. Er wollte noch etwas Zeit gewinnen. In Europa war zu jener Zeit zwar Frieden, aber Cosimo hielt einen neuen Krieg zwischen Spanien und Frankreich für unvermeidlich. Als Führer einer starken Armee sah er deshalb für sich bessere Aussichten, daß seine Forderung nach einem höheren Rang erfüllt werde. Mit dem Papst auf seiner Seite glaubte Cosimo, sich in aller Ruhe auf die Förderung der engsten Verwandten eines zukünftigen Großherzogs konzentrieren zu können. Es gelang ihm, seinen 17jährigen Sohn Giovanni zum Kardinal zu machen, so wie es dem großen Lorenzo mit seinem Giovanni geglückt war, dem späteren Papst Leo X. Cosimo hoffte, die Namensgleichheit werde sich als gutes Omen erweisen. Aber schon wurde sein Glück wieder durch eine Reihe von Katastrophen getrübt.
Zuerst starb seine Tochter Lucrezia, die mit dem Herzog von Ferrara verheiratet war, im Alter von 17 Jahren. Dann wurden im Ok-

tober 1562 seine Frau Eleonora und seine Söhne Kardinal Giovanni und der 15jährige Garcia von einer Malariaepidemie hinweggerafft.
Von nun an ging es mit Cosimo bergab. Das zeigt eine seiner Handlungen aus dem Jahr 1566, die von schierem Ehrgeiz bestimmt war. Der fanatische Papst Pius V., der im Jahr zuvor auf den milden Pius IV. gefolgt war, hatte sich in eine Verfolgung der Protestanten gestürzt, die ebenso grausam war wie das, was die heidnischen römischen Kaiser gegen die frühen Christen unternommen hatten. Einer der Führer der italienischen Reformierten, ein Florentiner aus guter Familie und treuer Medicianhänger namens Carnesecchi, war unter Klemens VII. päpstlicher Geheimsekretär gewesen. Ein paar Jahre nach dem Tod des Papstes (1534) hatte er sich in Frankreich zum Protestantismus bekannt. Er muß weit über fünfzig gewesen sein, als Papst Paul IV. ihn im Jahr 1557 zum »widerspenstigen Ketzer« erklärte. Carnesecchi war so klug, sich an den Hof von Katharina de' Medici zu flüchten und erst nach dem Tod Pauls IV. nach Florenz zurückzukehren. Unter der sanften Amtsführung von Pius IV. wurde er dann einer der vertrautesten Freunde und Ratgeber Cosimos.
Als Pius V. Papst wurde, machte Carnesecchi dem Herzog unter anderem den Vorschlag, Kaiser Maximilian II. zur Einberufung eines ökumenischen Konzils in Deutschland zu veranlassen, um damit

Gegen die Gicht, die Familienkrankheit der Medici, waren die Ärzte der Renaissance ebenso machtlos wie heute.
Die Abbildung zeigt einen Arzt am Bett eines Gichtkranken. Keramik des Luca della Robbia. Ospedale, Pistoia.

Cosimo I. wollte die ganze Toskana unter seine Herrschaft bringen. So schickte er auch mit Unterstützung Kaiser Karls V. ein Heer nach Siena, das von den Franzosen besetzt war. Nach einer langen Belagerung, bei der fast alle Einwohner ihr Leben lassen mußten, ergab sich die Stadt. »Cosimo studiert den Schlachtplan zur Eroberung von Siena«. Links die allegorischen Figuren der Geduld und der Wachsamkeit, rechts die Vorsicht, die Standhaftigkeit und das Schweigen. Dekkengemälde von Giorgio Vasari, um 1555. Saal der Fünfhundert, Palazzo Vecchio, Florenz.

den wütenden Angriffen des Papstes auf abtrünnige Christen entgegenzutreten. Der Plan schien vernünftig, aber Cosimo unternahm nichts, da er immer noch durch päpstliche Gunst Großherzog werden wollte. Doch es kam noch schlimmer: Als Pius V. im Sommer 1566 die Auslieferung Carnesecchis an die Inquisition verlangte, übergab der Herzog ihm den »Ketzer«. Der unglückliche alte Mann wurde in Rom von einem geistlichen Gericht verurteilt und im Oktober bei lebendigem Leibe verbrannt.

Wie Carnesecchi vorausgesagt hatte, brach in Frankreich bald ein Bürgerkrieg aus. Die Niederlande erhoben sich gegen Spanien, und sowohl England unter Elisabeth als auch Deutschland unter Maximilian griffen in den allgemeinen Konflikt ein. Auch Cosimo hatte diese Situation vorausgesehen. Die Verwirklichung seiner langgehegten und rastlos vorangetriebenen Pläne schien endlich nahe. Pius V. machte den Herrscher von Florenz zum Großherzog der Toskana, und er wurde 1570 vom Papst in Rom gekrönt. Spanien und Deutschland weigerten sich zwar, den neuen Titel des Medici anzuerkennen, aber Frankreich und England taten es sofort, und auch die anderen europäischen Staaten folgten bald ihrem Beispiel.

Damit gehörte Großherzog Cosimo zu den souveränen Herrschern, die den Kontinent regierten. Am Ziel seiner Wünsche angelangt, überließ Cosimo nun die Regierung seines Großherzogtums fast ganz seinem Sohn Francesco, der bald seine geringen Fähigkeiten unter Beweis stellen sollte. Der Vater zog sich in sein Landhaus nach Castello zurück und heiratete wieder – sehr zum Verdruß der Familie. Seine Braut, eine Frau bescheidener Herkunft namens Camilla Martelli und bisher seine Geliebte, verursachte ihm endlose Schwierigkeiten durch ihre Aufdringlichkeit und die finanziellen Forderungen ihrer zahlreichen Verwandten. Sie selbst brachte manchmal ihren sonst so beherrschten Gatten durch ihre Selbstsucht und Nachlässigkeit zum Weinen. Die neue Großherzogin war einfach zu grob, um für Cosimos Melancholie Verständnis zu haben.

Drei Jahre später, die angefüllt waren mit würdelosem häuslichen Streit und Cosimo immer mehr von seinen Verwandten entfremdeten, starb der Großherzog am 21. April 1574 im Alter von 55 Jahren. Vor dem Glanz seiner Krönung durch Pius V. war er viel glücklicher gewesen als in der Zeit danach.

Trotz aller guten Eigenschaften war Cosimos Wesen im Grunde kalt und grausam. Etwas von der politischen Geschicklichkeit und Klugheit seiner Familie ließ jedoch auch er erkennen. Wie Cosimo der Alte und Lorenzo der Prächtige erhob er Männer von niederer Herkunft, aber erwiesenen Fähigkeiten in wichtige Stellungen. Wie sein Vater Giovanni delle Bande Nere konnte er besser mit einfachen Menschen umgehen als mit arroganten Großgrundbesitzern. Er bestand zwar auf ihrer Anwesenheit bei Feierlichkeiten, hielt jedoch stets Abstand. Mit den anderen sprach er gern und offen, aber einen Rat nahm er von keiner Seite an.

Man darf nicht vergessen, daß Cosimo 1537 an der Spitze eines kleinen, bis dahin schlecht regierten und unbedeutenden Staates stand, der von Spanien abhängig war. Die Hauptstadt war durch die lange Belagerung von 1530 halb zerstört, das Land vom Krieg verwüstet und die Gesellschaft durch fünf Jahre Tyrannei unter Alessandro de' Medici demoralisiert. Als Cosimo 37 Jahre später starb, war das Großherzogtum eine ausgedehnte und blühende Region, hatte seine eigenen mächtigen Land- und Seestreitkräfte, Handel, Industrie und Landwirtschaft gediehen, die Städte waren wieder aufgebaut, die Gesetze erneuert, die Menschen wohlhabend geworden. Diese Entwicklung hatte sich unter der eisernen Hand eines Mannes vollzogen, der weder großzügig noch großmütig war und Liebenswürdigkeit und Rücksicht auf andere nicht kannte.

Der Großherzog hatte weder die geistigen Interessen Cosimos des Alten noch Lorenzos des Prächtigen. Er war sich aber bewußt, daß ein mächtiger Staat nicht ohne gelehrte Männer, gut ausgebildete Beamte und ebenso qualifizierte Architekten und Ingenieure existieren kann. Deshalb erweckte er auch, wie einst Lorenzo, die früher berühmte Universität von Pisa wieder zu neuem Leben. Er

Reiterstandbild des Großherzogs Cosimo I. de' Medici von Giovanni da Bologna (1529–1608). Bologna, der bedeutendste Bildhauer Italiens nach dem Tode Michelangelos, entwickelte die italienische Renaissanceskulptur zur Freifigur, wie es die Kunsttheorie des Manierismus erforderte. Das Denkmal entstand zwischen 1587 und 1594. An den Flachreliefs am Sockel sind die bedeutendsten Ereignisse im Leben des Großherzogs dargestellt. Piazza della Signoria, Florenz.

kümmerte sich um die staatlichen Archive und baute viele zerfallene Gebäude wieder auf.
Nach fast 250 Jahren glänzender Leistungen bedeutete die Zeit von Cosimos Herrschaft (1537–1574) auch das Ende der Renaissance in Italien. Schon mit Cosimos Thronbesteigung verschwand das glänzende geistige Klima von Florenz. Man ist versucht zu sagen, es sei in dem Gebrüll des Mobs im Hof des Bargello untergegangen, als am 20. August 1537 die Köpfe der 16 prominenten Republikaner rollten. Verantwortungsvolle Bürger von Florenz konnten nicht mehr stolz sein auf einen Staat, der von nun an geistig, wenn auch nicht politisch, unter den Mächten Italiens eine untergeordnete Stellung einnahm. Wollten sie Stolz empfinden, mußten sie an andere Zeiten zurückdenken.
Vielleicht fühlte sich der Durchschnitt der Bevölkerung unter der starken und unantastbaren Regierung Cosimos I., dem ersten Großherzog der Toskana, wirklich wohler und glücklicher. Aber die Stadt, einst der Ruhm der Christenheit, baute nun an den Türmen des Gebäudes europäischer Kultur nicht mehr weiter.

Katharina de' Medici und die Hugenottenkriege

Katharina de' Medici (1519–1589). Porträtmedaillon von Nicolo Nelli (tätig um 1560/70).

1533 hatte Papst Klemens VII., der seine Pflichten als Oberhaupt des Hauses Medici stets sehr ernst nahm, die Heirat von Katharina, Tochter Lorenzo de' Medicis, des Herzogs von Urbino, mit dem Bruder des französischen Thronerben arrangiert. Wie es damals üblich war, kümmerte sich Klemens dabei weder um das Wohl des jungen Mädchens noch um die Wünsche des zukünftigen Bräutigams. Er dachte nur an sein politisches Ziel, König Franz I. in Italien gegen den anmaßenden Kaiser Karl V. zu stärken. Etwas Familienstolz mag wohl auch dabei gewesen sein, denn es geschah nicht alle Tage, daß der König von Frankreich ein Mädchen als Schwiegertochter annahm, das mit dem Papst verwandt war.
So wurde die kleine Katharina – wie man sie nannte – mit Heinrich, dem Herzog von Anjou, vermählt. Alles sah nach Glück und Glanz und einer vielversprechenden Zukunft aus, aber dieser Schein trog. Trotz ihres guten Willens, ihrer beachtlichen Intelligenz und ihres Charmes war Katharina bei den Franzosen nicht beliebt. Sie fanden, Prinz Heinrich habe unter seinem Stand geheiratet. Am Hof wurde sie kühl behandelt, das Volk nahm kaum Notiz von ihr und gab ihr den verächtlichen Beinamen »die Italienerin«. Katharina wurde das Opfer endloser skurriler und absurder Anklagen, man warf ihr alles vor, was den Leuten nördlich der Alpen – manchmal

»Papst Klemens VII. verheiratet seine Nichte Katharina de' Medici mit Heinrich, dem Sohn des französischen Königs Franz I.«. Die Trauung fand am 28. Oktober 1533 in der Kathedrale von Marseille statt.
Deckengemälde im Saal Klemens' VII., Palazzo Vecchio, Florenz.

zu Recht – als Praxis regierender italienischer Familien erschien: Hexerei, sexuelle Besessenheit und Mord.
Die neue Herzogin von Anjou blieb in den ersten zehn Jahren ihrer Ehe kinderlos, und das vertiefte die allgemeine Abneigung gegen sie nur noch. Der Herzog selbst verschwendete seine durchaus begrenzten Kräfte in Gesellschaft seiner ständigen Mätresse, der alternden, aber immer noch hinreißenden Diane de Poitiers. Katharina ihrerseits liebte ihn sehr. Aber sie blieb lange Zeit als verhaßte, passive und doch wachsame Beobachterin der seltsamen Szenerie um sie herum mit typisch mediceischer Klugheit und Selbstbeherrschung im Hintergrund des höfischen Lebens.
Dieses Schicksal hatte sie eigentlich nicht verdient. Als letzte legitime Nachkommin des älteren Zweigs der Medici war sie ausgesprochen vielseitig begabt. Sie las gern, aber ebenso gern ging sie auch auf die Jagd oder tanzte. Sie liebte die Kunst, vor allem Architektur, ebenso sehr wie die Ausübung politischer und gesellschaftlicher Macht. Sie hatte Freude an glänzenden Festlichkeiten, ernster Unterhaltung und persönlichem Luxus. In alledem war sie ihrem Urgroßvater sehr ähnlich, Lorenzo dem Prächtigen. Aber im Grunde war sie ebenso kühl veranlagt wie ihre Zeitgenossin Elisabeth von England.
1536 starb plötzlich Heinrichs älterer Bruder Franz, Thronerbe und Herzog von Orléans, der immer kränklich gewesen war. Wie meist in solchen Fällen wurde sofort davon geredet, die 17jährige Katharina habe ihn vergiftet, um ihrem Mann den Thron zu sichern. Weder der König noch sonst jemand glaubte dieser Verleumdung, aber die Aussicht, Königin von Frankreich zu werden, machte »die Italienerin« nur noch unbeliebter.

Mit dem Tode Alessandros (1537) war die ältere Linie der Medici ausgestorben. Lorenzo de' Medici, der Herzog von Urbino, hatte keine männlichen Erben. Seine einzige Tochter Katharina hatte 1533 Heinrich von Orléans geheiratet, den späteren König Heinrich II. von Frankreich. Porträt Heinrichs II. von Enea Vico. Um 1550.

1543 entfiel endlich der Vorwurf der Unfruchtbarkeit, der in Hofkreisen bereits zu Gerüchten über eine Scheidung geführt hatte. In diesem Jahr gebar sie Heinrich, der seinem Bruder als Herzog von Orléans gefolgt war, einen Sohn. Es war der spätere König Franz II. von Frankreich und Ehemann Maria Stuarts, der Königin von Schottland. Katharina brachte danach rasch nacheinander nicht weniger als zehn weitere Kinder zur Welt. Als Phänomen kannte man die plötzliche Fruchtbarkeit einer Frau nach zehn unfruchtbaren Jahren natürlich, trotzdem entstand allerhand grundloses Gerede. Man vermutete, daß das fortgeschrittene Alter Diane de Poitiers' etwas damit zu tun hatte. Jedenfalls war ein wichtiges Hindernis, das gegen Katharina auf dem Thron einer Königin von Frankreich sprach, beseitigt.

Als Franz I. im Jahre 1547 starb, bestieg Heinrich den Thron. Er war 29 Jahre alt, Diane de Poitiers war bereits 48. Doch sie zog ihn immer noch in ihren Bann, und der König wich fast nie von ihrer Seite. In dieser Zeit war sie die eigentliche Herrscherin von Frankreich. Katharina, nur dem Namen nach Königin, trat noch weiter in ihren Schatten als damals als Herzogin. Die unverbesserliche Diane war ebenso boshaft wie schön und machte sich die Situation zunutze, um »die Kaufmannstochter«, wie sie Katharina nannte, gönnerhaft zu behandeln. Diane agierte als oberste Amme, wenn die königlichen Kinder geboren wurden, und nahm dann huldvoll die Komplimente des Arztes für ihr Geschick und ihre Güte entgegen. Heinrich bezahlte ihr tatsächlich ein Gehalt »für die guten, rühmlichen und angenehmen Dienste, die sie Unserer teuren und geliebten Gefährtin, der Königin, erwiesen hat«.

Seine Frau, so verbittert sie auch gewesen sein mag, ertrug diese Situation mit vorbildlicher Geduld. Contarini, der venezianische Gesandte, schrieb an den Dogen: »Zu Beginn der Regierung konnte die Königin diese Liebe des Königs zur Herzogin von Valentinois (diesen Titel hatte Heinrich Diane verliehen) nicht ertragen. Aber später fand sie sich aufgrund der dringenden Bitten des Königs damit ab.« Sogar einige Franzosen empfanden jetzt Sympathie für Katharina. Als Marschall Tavannes eines Tages mit ihr sprach, erbot er sich, der Herzogin die Nase abzuschneiden, wenn die Königin es ihm erlaube. Katharina war klug genug, den Vorschlag als Scherz abzutun. Sehr viel später, 1559, im Todesjahr ihres Mannes, zeigte Katharina in einem Brief an ihre älteste Tochter Elisabeth, damals Königin von Spanien, wie sehr ihr dieser Skandal zu Herzen gegangen war. »Du hast mich in früheren Tagen so zufrieden gesehen, wie du jetzt bist, im Glauben, daß ich nie eine andere Sorge gehabt hätte als die, vom König, deinem Vater, nicht so geliebt zu werden, wie ich es gewünscht hätte. Er hat mich zweifellos mehr geehrt, als ich es verdiente. Aber ich liebte ihn so sehr, daß ich ständig Angst hatte, ihn zu kränken, wie du wohl weißt.

Im Jahre 1547 starb König Franz I. von Frankreich. Sein Sohn Heinrich II. (1519–1559) wurde sein Nachfolger. Seine Frau Katharina de' Medici war nur dem Namen nach Königin. In Wirklichkeit regierten Heinrichs Geliebte Diane de Poitiers und sein Günstling, der Konnetable Anne de Montmorency, in Frankreich. Doch Katharina ertrug die Situation mit vorbildlicher Geduld. Bildnis Heinrichs II. (Ausschnitt) von einem anonymen Künstler. Das Gemälde ist von einem Porträt des François Clouet im Louvre inspiriert. Musée Condé, Chantilly.

Obwohl die »Italienerin« Katharina de' Medici von den Franzosen nie recht akzeptiert wurde und nach dem Tode Heinrichs II. in einer politischen Krisenzeit regierte, verlor sie nicht ihre Lebenslust. Sie tanzte gern, ging auf die Jagd und veranstaltete rauschende Feste. Hier ist sie (unten rechts sitzend) neben ihrem Sohn Heinrich III. als Zuschauerin bei einem musikalischen Drama mit Ballett-einlagen zu sehen.
Kupferstich von Jacques Patin aus Baldassarino de Belgiojosos »Balet Comique de la Royne«, Paris 1582.

Nun hat Gott ihn von mir genommen . . . so denke an mich und laß mich dir als Warnung dienen, der Liebe deines Mannes nicht allzu sehr zu vertrauen.«

1552 brach Krieg aus. Auf der einen Seite stand Frankreich und auf der anderen das Kaiserreich und fast ganz Italien. Heinrich führte ein Heer nach Deutschland, ernannte aber nicht, wie sonst üblich, die Königin während seiner Abwesenheit zur Regentin. Diane de Poitiers wollte wie bisher in dieser Zeit regieren. Einer der Höflinge berichtete dem Konnetabel von Frankreich, Anne de Montmorency, Katharina habe, als sie von dieser neuen öffentlichen Beleidigung erfahren habe, nur gelächelt. Obwohl es dem König nicht gefallen habe, so sagte sie, ihr das Amt zu gewähren, das ihr zustehe, so habe sie doch nicht die Absicht, ihn zu bitten, das ihr geschehene Unrecht wiedergutzumachen. Sie hoffe aber, daß der königliche Befehl (die Ernennung Diane de Poitiers' zur Regentin) nicht veröffentlicht werde, damit die Achtung des Volks vor der Königin nicht leide.

1557 wurde der Konnetabel von Frankreich in der Schlacht von St. Quentin vom Herzog von Savoyen, der für Spanien kämpfte, entscheidend geschlagen. Montmorency selbst geriet in Gefangenschaft. Die Nachricht löste Panik in Paris aus. Katharina war fast die einzige, die Mut und praktischen Menschenverstand bewies. Sie sprach zum Parlament und forderte, daß das Königtum energisch verteidigt und dazu umfangreiche Subsidien geleistet würden. Die Abgeordneten jubelten ihr begeistert zu. Von Diane de Poitiers weiß man nur, daß sie ihre Koffer packte und aufs Land floh. Eine Zeitlang legte sich das nationale Mißtrauen gegenüber Katharina. Sie habe wie eine echte Französin gehandelt, hieß es, und nicht wie die Italienerin niedriger Herkunft, für die man sie gehalten habe. Auch auf Heinrich, der damals in der Champagne war, machte dies großen Eindruck, und er behandelte sie in den nächsten beiden Jahren bis zu seinem Tod 1559 mit mehr Respekt.

Am 24. April 1558 wurde Katharinas ältester Sohn Franz mit der damals 15jährigen Maria Stuart verheiratet. Schon 1548 war dieses besonders hübsche und temperamentvolle Mädchen, eine Tochter des schottischen Königs Jakob V., mit Franz verlobt worden. Bei den Hochzeitsfeierlichkeiten wurde Heinrich während eines Fechtturniers von einem Captain Montgomery aus der königlich-schottischen Garde getroffen. Die Lanze war ihm in die Schläfe gedrungen. Zehn Tage später starb er.

Katharinas ältester Sohn bestieg als Franz II. den Thron, und die Königinmutter griff sofort nach der Macht, die man ihr zu Lebzeiten ihres Mannes vorenthalten hatte. Der junge König war zwar nach dem Gesetz seit seinem 14. Geburtstag erwachsen, war aber noch zu sehr Kind, um regieren zu können. Katharina standen zwei Brüder im Wege, Franz und Karl von Guise, deren Nichte Maria

Stuart mit dem jungen Franz verheiratet und somit Königin von Frankreich war. Das kindliche Königspaar mußte geführt werden, und die Brüder Guise waren herzlich gern dazu bereit. Franz, Herzog von Guise, bemächtigte sich deshalb der Armee, und Kardinal Karl von Lothringen kümmerte sich um die Außenpolitik. So wurde Katharina in dem Augenblick, als sie auf der Schwelle zur Macht stand, wieder einmal von anmaßenden Emporkömmlingen beiseite gestoßen. Und wieder suchte sie mit mediceischer Vorsicht, zunächst Zeit zu gewinnen.

Nicht nur Katharina haßte die Anmaßung der Brüder Guise, auch die »Hugenotten«, die französischen Protestanten, waren ihre erbitterten Gegner. Je mehr Anhänger die Hugenotten unter den Aristokraten gewannen, desto kühner wurden sie. Allmählich gingen sie sogar zu offenem Widerstand über. Gefangene wurden mit Gewalt befreit und Verurteilte auf dem Weg zum Schafott gerettet. Man faßte einen Plan, um das Schicksal der Protestanten mit Gewalt zu ändern. Ein protestantischer Adliger namens La Renaudie wollte die Brüder Guise angreifen und den König entführen. Das Komplott wurde aber entdeckt und eine Reihe von Verschwörern ergriffen und hingerichtet. Auch stellte sich heraus, so wurde jedenfalls behauptet, Louis de Condé, der jüngste der königlichen Prinzen, sei an der Verschwörung beteiligt gewesen. Die Guisen wagten daraufhin, ihn vor ein Gericht aus ihren Parteigängern zu stellen und zum Tode zu verurteilen. Katharina, der ganze Adel und in der Tat ganz Frankreich waren entsetzt. Inmitten dieses Aufruhrs griff das Schicksal ein. Am 5. Dezember 1560 starb Franz II. plötzlich. Sein Tod bedeutete das Ende der Guiseherrschaft, und niemand versuchte mehr, das neue Glaubensbekenntnis zu unterdrücken. Katharina hielt ihre Zeit nun endlich für gekommen.

Der junge König hatte kaum seinen letzten Atemzug getan, als die Königinmutter den neuen König, den zehnjährigen Karl IX., zu sich in ihre Gemächer nahm und die königliche Macht in ihre Hände. Karl war so kränklich und schwächlich wie sein älterer Bruder. Zudem hatten die Guisen ihn vernachlässigt, und er fühlte sich deshalb mehr zu seiner Mutter hingezogen als Franz. So half die Natur Katharina endlich zur Regentschaft, und die Situation änderte sich umgehend und von Grund auf. Sie ließ den Guisen ihre Stellungen und Ehrenämter, um sie nicht feindselig gegen den neuen König zu stimmen, aber die tatsächliche Macht hielt Katharina allein in Händen.

Als Regentin befahl Katharina die sofortige Freilassung des Prinzen von Condé. Dann ernannte sie Antoine von Bourbon, König von Navarra, zum Oberkommandierenden des französischen Heeres und Michael l'Hôpital zu ihrem Kanzler und ersten Ratgeber.

Auf Befehl des neuen Königs, den Katharina beherrschte, und auf den Rat des Kanzlers wurden für die Protestanten günstige Edikte

Beim Tode seines Bruders Franz II. (1560) war Karl IX. erst zehn Jahre alt. Er war ebenso kränklich und schwächlich wie sein Bruder. Das war für Katharina die willkommene Gelegenheit, die Regentschaft für ihren Sohn zu übernehmen.
Kupferstich des Nürnbergers Mathias Zündt.

Mit der Ermordung des Hugenottenführes Gaspard de Coligny am 24. August 1572 begannen die blutigen Ausschreitungen in der »Bartholomäusnacht«. Kupferstich von Michiel Jansz van Mierevelt.

erlassen. Die Hugenotten durften ihrem Glauben auf dem Land frei dienen, und die bisher verhängten Strafen wurden unter der Bedingung ausgesetzt, daß sie die Katholiken nicht behinderten.

Frankreichs Hoffen und Sehnen galt dem Frieden unter der toleranten Herrschaft der Regentin, als sich ein Komplott zusammenbraute, das den Staat in noch gefährlichere Unruhen stürzen sollte. Die beiden Guisebrüder veranstalteten in der kleinen Stadt Vassy unter den Protestanten ein Blutbad, das die französischen Religionskriege auslöste.

Der erste der Hugenottenkriege dauerte ein Jahr. In dieser Zeit beherrschten die Hugenotten fast ganz Südfrankreich, sie zerstörten Kirchen und zerschmetterten Heiligenstatuen mit religiösem Eifer. Auch die Katholiken waren nicht müßig. Mit der Gewißheit bewaffnet, Gott sei auf ihrer Seite, schlachteten sie in Paris im Sommer 1562 etwa 800 Hugenotten ab, Männer, Frauen und Kinder. Die beiden Heere trafen schließlich am 19. Dezember in Dreux aufeinander. 6000 Mann wurden getötet. Montmorency, der Kommandeur der Katholiken, wurde von den Hugenotten gefangengenommen, während Condé, der Heerführer der Protestanten, von den Katholiken verwundet wurde und in ihre Gefangenschaft geriet. Nach den ersten Berichten schien sich ein Desaster für die königliche Armee abzuzeichnen, und Katharina kommentierte die Situation in ihrer gewohnten, kaltblütigen Art: »Gut, gut. Wir werden in Französisch zu Gott beten müssen.«

Katharina bemühte sich unermüdlich um Frieden. Sie arrangierte eine Zusammenkunft zwischen Montmorency und Condé und überredete beide, den Konflikt mit dem Edikt von Amboise vom 19. März 1563 zu beenden. Die Bedingungen waren eine Enttäuschung für die Protestanten und eine Beleidigung für die Katholiken. Die Wolken des Bürgerkriegs verdunkelten immer noch den Himmel von Frankreich, auch wenn das Volk offiziell als befriedet galt.

Giovanni Correr, der venezianische Gesandte, der bald Katharinas Vertrauen erwarb, hat ihre Schwierigkeiten in jenen turbulenten Jahren lebhaft geschildert. »Ich weiß nicht«, schrieb er nach Venedig, »welcher Fürst in einer Zeit solcher Verwirrung keine Fehler gemacht hätte. Eine Frau, eine Ausländerin ohne verläßliche Freunde, in ständiger Angst, und nur von Leuten umgeben, die ihr nie die Wahrheit sagen, ist in einer noch schlimmeren Lage. Ich war oft überrascht, daß sie in ihrer Bestürzung nicht der einen oder der anderen der beiden Parteien nachgab, ein Weg, der zum sicheren Untergang ihres Reiches geführt hätte. Sie allein hat die königliche Majestät gerettet, die es in Frankreich noch gibt.«

Beim dritten Ausbruch des Bürgerkriegs fiel im März 1569 der Prinz von Condé, und die Auseinandersetzung wurde immer dramatischer. Vandalentum machte sich breit.

Die Pariser Bevölkerung war vorwiegend katholisch und verfluchte Katharina wegen ihrer Protektion des »reformierten Glaubens«. Sie forderte die Erlaubnis, die Hauptstadt verlassen und in eine Gegend ziehen zu dürfen, wo sie ihrer Religion dienen könnte, ohne den Ketzereien der Hugenotten ausgesetzt zu sein. Katharina erschrak über diese rebellische Sprache und zog sich mit dem jungen König Karl IX., den man inzwischen gekrönt hatte, zurück.

Im Oktober 1569 wurde Admiral Coligny in der Schlacht von Moncontour nordöstlich von La Rochelle besiegt. Im August 1570 gelang es der Regentin, den Vertrag von Saint-Germain durchzusetzen, der günstige Bedingungen für die Protestanten enthielt – zum größten Unwillen Philipps von Spanien und der Mehrheit der französischen Katholiken. Aber Katharina gab die Hoffnung nicht auf. »Ich werde mich nicht wieder aufhalten lassen«, schrieb sie. »Ich will zeigen, daß Frauen viel ehrlicher entschlossen sind, dieses Königreich zu bewahren, als die Männer, die es in seinen gegenwärtigen, elenden Zustand gestürzt haben.«

Diesen Entschluß behielt sie auch im Auge, wenn sie die Heiraten ihrer Kinder arrangierte. Damit wollte sie erbitterte Feinde aussöhnen. Ihr Ziel war ein Bündnis des französischen Königshauses mit protestantischen Herrschern, und damit sollte der Geist der Toleranz wieder in Frankreich einziehen. Karl IX., als regierender König von Frankreich, konnte natürlich keine Protestantin heiraten. Für ihn wurde eine katholische Prinzessin ausgewählt: Elisabeth von Österreich, die Tochter des Kaisers Maximilian II.. Aber Katharinas nächsten Sohn, Herzog Heinrich von Anjou, konnte man mit Elisabeth von England verloben, während die königliche Prinzessin Margarete von Valois von ihrer Mutter für Heinrich, den neuen, protestantischen, König von Navarra bestimmt wurde.

Der erste dieser Pläne wurde bald verwirklicht. Im November heiratete König Karl Elisabeth von Österreich. Aber die langen Verhandlungen mit der englischen Königin scheiterten schließlich, vor allem, weil der Papst sich einmischte. Pius V. befürchtete, daß Frankreich rasch protestantisch werden könnte, falls der schwache Herzog von Anjou die schlaue und entschlossene Elisabeth heiraten sollte. Zwei Jahre vergingen, bis die Hochzeit von Margarete mit Heinrich von Navarra beschlossen werden konnte, denn Pius wandte sich auch gegen diese Heirat einer katholischen Prinzessin mit einem ketzerischen König. Im August 1572 fand sie in Paris im Beisein einer großen Versammlung der Vertreter beider Konfessionen statt. Beide Parteien waren in Wirklichkeit mit der Heirat nicht einverstanden. Alle Protestanten verließen demonstrativ die Kirche, als die Messe als Teil des Hochzeitsritus begann. Der neue Herzog von Guise, Heinrich, sah in dem ebenfalls geladenen Admiral Coligny den gemeinen Mörder seines Vaters und war entschlossen, ihn bei der ersten Gelegenheit umzubringen.

Am 18. August 1572 fand in Notre-Dame in Paris die Trauung der katholischen Prinzessin Margarete von Valois mit dem hugenottischen König Heinrich von Navarra statt.
Die Hochzeit bildete den Auftakt für die blutigen Übergriffe auf die Hugenotten. Das Ereignis ist deshalb auch unter dem Namen »Pariser Bluthochzeit« in die Geschichte eingegangen.
Oben: Heinrich IV. von Navarra (1553–1610). Unten: Margarete von Navarra, geborene Valois (1553–1615). Porträtmedaillons aus Jacopo de Stradas »Epitome Thesauri antiquitatum«, Lyon 1553.

Am 22. August 1572 wurde Coligny in einer Straße in der Nähe des Louvre durch Schüsse an Hand und Arm verwundet. Der Schütze war ein Anhänger der Guisen. Dieses Attentat führte zur berühmten Bartholomäusnacht, der »Pariser Bluthochzeit«. Im Morgengrauen des 24., am St. Bartholomäustag, begannen bewaffnete Gruppen katholischer Adeliger mit ihrem Gefolge in den Straßen zu patrouillieren und die Bürger zur Ausrottung aller Hugenotten aufzufordern. Gleichzeitig führte der Herzog von Guise ein Bataillon zum Hause des verwundeten Admirals. Katharina hatte zwar eine starke Wache zu seinem Schutz aufgestellt, aber die Männer wurden von ihren Gegnern überrascht. Sie drangen in Colignys Zimmer ein, brachten ihn um und stürzten die Leiche aus dem Fenster.

Danach ging das Abschlachten der Protestanten erst richtig los, die meisten wurden im Schlaf überrascht und konnten sich nicht wehren. Die Straßen waren überfüllt vom Pariser Pöbel, der sich mit Begeisterung an der Suche nach den verhaßten Ketzern beteiligte. Opfer, die sich auf die Dächer der Häuser geflüchtet hatten, wurden hinuntergestürzt. Nach späteren Schätzungen sollen insgesamt

etwa 2000 Hugenotten bei dem Massaker ums Leben gekommen sein.
Viele Historiker haben Katharina vorgeworfen, sie sei mit der Ermordung Colignys und der darauffolgenden Schlächterei zumindest einverstanden gewesen. Zwar waren sie und ihre Kinder alle Katholiken, aber ihre ganze Laufbahn als Regentin und Königinmutter beweist, wie sehr sie eine friedliche Koexistenz der beiden rivalisierenden christlichen Gemeinschaften wünschte. Sie muß gewußt haben, daß ihr geduldiges Versöhnungswerk von mehr als einem Dutzend Jahren umsonst gewesen wäre, hätte sie zugelassen, daß der Führer der Katholiken den Führer der Protestanten in einem privaten Racheakt umbrachte. Angesichts der Macht der Reformierten außerhalb von Paris hätte nur ein Narr davon träumen können, ein plötzliches Massaker unter den Hugenotten in der Hauptstadt werde dem Katholizismus den entscheidenden Sieg bringen. Man braucht nur an Katharinas politischen Scharfsinn und ihren angeborenen Abscheu gegen mörderische Grausamkeit zu denken – Züge, in denen sie ihrem Urgroßvater sehr ähnlich war –, um eine Theorie in Zweifel zu ziehen, die sich leicht auf religiöses Vorurteil zurückführen läßt. Sogar Jules Michelet (1798–1874), der hugenottischer Abstammung war und Katharina de' Medici haßte, spricht sie von jeder Mitschuld an den Ereignissen frei. Prosper Mérimée (1803–1870), ein ebenso bedeutender französischer Autor, schrieb ein meisterliches Werk über diese Epoche, seine *Chronique de Charles IX.* von 1829, und tritt noch stärker für Katharinas Unschuld ein. »Genügt nicht der Angriff auf Coligny«, fragt er, »der zwei Tage vor dem Blutbad von St. Bartholomäus stattfand, um die Idee einer Verschwörung zu widerlegen? Warum den Anführer vor dem allgemeinen Massaker töten? War nicht eine solche Tat gerade dazu geeignet, die Hugenotten zur Wachsamkeit zu ermahnen?«
Die Pläne der Königinmutter waren jedenfalls nach der Bartholomäusnacht zum Scheitern verurteilt. Zunächst war es ihr gelungen, das Leben des neuen Prinzen von Condé, des Königs von Navarra, und ihres Kanzlers de l'Hôpital zusammen mit dem einiger anderer führender Hugenotten zu retten, indem sie sie im Louvre einschloß oder ihre Häuser bewachen ließ. Aber sie konnte nicht verhindern, daß der Bürgerkrieg erneut ausbrach. Er wurde ein ganzes Jahr lang bis zum Juli 1573 ausgefochten – mit derselben Grausamkeit wie zuvor. Dann wurde ein vorläufiger Waffenstillstand ausgehandelt, der sogenannte »Frieden von La Rochelle«, der den Protestanten, die auf dem Schlachtfeld erfolgreicher als ihre Gegner gewesen waren, mehr Vorteile brachte.
Im Februar 1574 begann der Konflikt von neuem. Im Mai starb Karl IX. und hinterließ eine Tochter, die nur fünf Jahre alt wurde. Sein Nachfolger wurde sein Bruder Heinrich III., Katharinas Lieblingssohn. Heinrich war nicht dumm, aber träge und exzentrisch.

Die Hochzeit von Katharina de' Medicis Tochter Margarete von Valois mit dem protestantischen Heinrich von Navarra sollte die beiden französischen Religionsparteien miteinander aussöhnen. Doch noch während der Trauung, die am 18. August 1572 in Notre-Dame in Anwesenheit auch der protestantischen Führer stattfand, schlug der lang aufgespeicherte Haß in blutige Taten um.
In einem fürchterlichen Massaker wurden sechs Tage später 2000 Hugenotten niedergemacht. Die meisten schliefen noch und konnten sich kaum wehren. Haustüren wurden gesprengt, und die Bewaffneten stürmten die Räume wie Hundemeuten. Sie hieben um sich und rannten ihre Waffen in die Leiber wehrloser Männer, Frauen und Kinder. Die Opfer, tot oder nur verwundet, wurden aus den Fenstern und von den Dächern auf die Straße geworfen.
Viele Historiker sehen in der Königinmutter Katharina de' Medici die Urheberin dieser brutalen Schlächterei. Doch ihre Schuld ist nicht eindeutig erwiesen, sie widerspricht sogar ihrer vorangegangenen Versöhnungspolitik zwischen Katholiken und Protestanten.
»Die Bartholomäusnacht«. Ausschnitt aus einem Gemälde von François Dubois d'Amiens. Vor dem dreistöckigen Haus rechts steht der König vor dem enthaupteten Leichnam von Admiral Coligny, während sich Katharina im Hintergrund (vor dem burgartigen Gebäude) über einen Haufen Toter beugt. Musée Cantonal des Beaux-Arts, Lausanne.

Seine Liebesbriefe an die Prinzessin von Condé schrieb er mit seinem Blut. Als sie starb, trug er überall auf seiner Kleidung bis zu den Schuhbändern kleine Silberornamente in Form von Totenschädeln, und eine Woche später machte er Louise de Vaudemont einen Heiratsantrag, einem Mädchen, das er erst einmal gesehen hatte. Er trat nicht nur in die Sekte der sogenannten Flagellanten ein, deren Büßertum damals um Avignon blühte, sondern bestand darauf, daß auch seine Mutter und alle Hofdamen dasselbe taten. Unmittelbar nach seiner Krönung in Reims am 13. Februar 1575 heiratete er Louise de Vaudemont. Sie war nur die Tochter eines Grafen, wurde aber als »Weiße Königin« bei ihren Untertanen, bei Katholiken wie Protestanten, sehr beliebt. Auch Katharina, die den König immer wieder vertrat, mochte sie sehr.

Der Kampf gegen die Ketzer ging weiter. Die Anhänger der alten Religion begriffen nicht, wie die Königinmutter die Andersgläubigen tolerieren konnte. Ihre nachsichtige Haltung entsprang zweifellos ihrem mediceischen Erbe, eine Tradition, die nur Klemens VII. mit seinem verheerenden Ehrgeiz durchbrochen hatte. Katharina ließ zum Beispiel die Inquisition, die damals in den katholischen Ländern ihren Höhepunkt erreicht hatte, in Frankreich nicht zu. Flüchtlinge fanden, wenn sie wollten, bei der Medici Schutz vor Verfolgung.

Katharina de' Medici zeigte sich nach dem Blutbad der Bartholomäusnacht tolerant gegenüber den protestantischen »Ketzern«. Sie verhinderte zum Beispiel die Inquisition in Frankreich und bot Verfolgten Lutheranern und Hugenotten Schutz. Doch noch 25 Jahre nach dem Tod von Martin Luther (1547) wurden die Religionskriege in Frankreich mit unverminderter Heftigkeit geführt. Porträt Martin Luthers. Holzschnitt von Lucas Cranach.

Kein Medici gehörte jemals einem anderen Glauben als dem Katholizismus an, und so sollte es auch bleiben. In der Mitte des 16. Jahrhunderts war es für die Philosophen und die Intellektuellen der Renaissance – für Pico della Mirandola zum Beispiel – eigentlich weder schwierig noch gefährlich, die traditionelle Toleranz mediceischer Katholiken auf Menschen anderer Glaubensrichtung zu übertragen, ob sie nun Mohammedaner, Juden, Griechisch-Orthodoxe oder Lutheraner waren. Moslemische, jüdische und christliche Kaufleute hatten sich stets miteinander vertragen. Sobald sich die ursprünglich heidnischen Wurzeln des Humanismus im frühen 15. Jahrhundert im europäischen Bewußtsein festgesetzt hatten, konnte kein Papst mehr Italien oder gar Europa für große Kreuzzüge entflammen. Es paßte nicht mehr in den Stil der Zeit, das Christentum mit dem Schwert zu verbreiten. Niemand dachte daran, die gelehrten und höflichen Byzantiner zu verfolgen, als sie nach Italien kamen, um über religiöse Koexistenz zu diskutieren. Führende katholische Theologen wie Erasmus von Rotterdam hatten lange Zeit selbst an Luther ihre Freude. Erst als die Protestanten die Fahne der politischen Revolution über Mitteleuropa hißten und damit ihre Reihen einem massenhaften Zustrom von ausgebeuteten Bauern und um ihren Sold betrogenen Söldnern öffneten, gab es für Katholiken und Protestanten keine Gnade mehr.

Die Brutalität der Religionskriege, die im anspruchsvollen Frankreich ebenso primitiv geführt wurden wie in den unentwickelten

Gebieten im Osten des Kontinents, verzögerte die weitere Entwicklung der Zivilisation um hundert Jahre. Aus dem Meer von Blut und Vernichtung, das sich von den Pyrenäen bis zum Baltikum erstreckte, ragte Katharina de' Medici, die Nachfahrin einer Familie, deren Mitglieder längst ihren moralischen und geistigen Glanz von einst verloren hatten, bis zu ihrem Lebensende als einzig sichtbarer Fels der Vernunft hervor. Kein Wunder, daß Freunde wie Feinde ihr übernatürliche Kräfte zuschrieben.

Die Feierlichkeiten des Friedens von Beaulieu (April 1576) boten Heinrich III., über dessen homosexuelle Neigungen es nie Zweifel gegeben hat, Anlaß zu höchst ungewöhnlichem Benehmen. Er empfing seine Gäste im Schloß von Chenonceaux als Dame verkleidet, mit Juwelen im Haar, mit Ohrringen und einem Perlenhalsband. Alle männlichen Höflinge mußten seinem Beispiel folgen. Die Damen durften zwar nackte Schultern und ihre langen Haare tragen, sonst aber sollten sie sich wie Männer kleiden. Dieses Spiel dauerte jedoch nicht lange. Der Herzog von Guise bildete die »Katholische Liga« und berief 1577 eine Versammlung der Generalstände ein, um für »eine einzige Religion« zu stimmen. Er hatte damit zunächst nur vorübergehend Erfolg.

Katharina war nun fast sechzig Jahre alt und ungeheuer dick geworden. Trotzdem tanzte sie und ging auf die Jagd, sprach so geistreich wie immer, tat ihre schwere Regierungsarbeit und war bei zunehmendem Zynismus immer noch höchst ungeduldig. Auch ihr Humor hatte sie in all den harten Jahren nicht verlassen. Als sie erfuhr, daß die Hugenotten ihre größte Kanone, die so schwer war, daß man sie fast nicht bewegen konnte, die »Königinmutter« nannten, brach sie in lautes Gelächter aus. Als sie ein anderes Mal hörte, wie boshaft ein paar Landstreicher über sie redeten, die unter ihren Fenstern auf der Straße eine Gans brieten, rief sie vergnügt zu ihnen hinunter: »So schlimm kann ich ja nicht sein, denn diesen schönen, fetten Braten habt ihr mir zu verdanken!«

Im August 1578 kam die »Katholische Liga« wieder gefährlich in Bewegung. Katharina begab sich auf eine Friedenstour durch den Süden ihres Königreichs, wo die katholische Sache am stärksten vertreten war. Rheuma und Übergewicht machten ihr inzwischen jede Bewegung zur Qual, die Sänfte rüttelte, und die Regenfälle im Frühjahr und Herbst, die glühende Hitze im Sommer machten ihr sehr zu schaffen. Im Winter wurde sie manchmal eingeschneit und verhungerte halb, außerdem war sie stets in Gefahr, von der Pest heimgesucht zu werden. Jeder fand, daß sie sich vergeblich plagte, und doch brachte sie im Februar 1579 eine weitere Vereinbarung zwischen Katholiken und Hugenotten zustande, nach der beide Parteien versuchen sollten, friedfertig miteinander zu leben.

In Montpellier war sie besonders verhaßt; ein Aufstand schien unvermeidlich. Trotzdem berichtete sie dem König: »Alle waren in

Mit Heinrich III. (1551–1589), dem dritten Sohn Katharinas, erlosch das Haus Valois. Katharinas Lieblingssohn wurde Nachfolger seines Bruders Karl als König von Frankreich. Der intelligente, aber etwas exzentrische König, der sich gern als Dame verkleidete und Schmuck trug, versuchte vergeblich, während der Hugenottenkriege die Stellung des Königshauses zu festigen.
Porträt Heinrichs III., König von Frankreich und Polen. Ende des 16. Jahrhunderts.

einer freundlicheren Stimmung, als ich hätte erwarten dürfen. Man hat mir gesagt, meine ungezwungene Haltung habe sie im Vertrauen bestärkt, daß es keinen Krieg geben werde.«
Aus der Dauphiné, weit im Landesinnern östlich der Rhône, schrieb sie an die Herzogin d'Uzès in Paris: »Wenn die Pest nicht wäre, würde ich Euch über Euer Gut berichten. Aber das ganze Land um Uzès ist so vergiftet, daß man sagt, die Vögel fallen tot vom Himmel, wenn sie darüberfliegen. Wir haben zwei Nächte in Zelten geschlafen . . . meine eigene Gesundheit hält sich gut, abgesehen von einem lästigen Katarrh, der sich bald in Ischias verwandelte. Er hindert mich nicht am Gehen, aber ich bin nicht besonders gut zu Fuß und muß gelegentlich auf einem Maultier reiten. Ich glaube, der König würde lachen, wenn er mich sehen könnte . . .«
Solche Briefe, rührend in ihrem ermattenden Mut und dem Wunsch nach Verständnis, konnte keine »Teufelin« schreiben. Bald darauf war Katharina in der Picardie, der nördlichsten Provinz Frankreichs, und wieder hatte ihre Friedensmission Erfolg. Trotzdem begann im März 1580 ein siebter Bürgerkrieg, der acht Monate dauerte. Dann folgten vier Jahre nationaler Erschöpfung und Unruhen, in denen es aber nicht zu offenen Feindseligkeiten kam.
Als im Juni 1584 der vierte Sohn der Königinmutter starb, der Herzog von Alençon, blieb nur Heinrich von Navarra als Thronerbe übrig; denn Louise de Vaudemont hatte ihrem perversen Dandy von Ehemann keine Kinder geboren. Im Juli des folgenden Jahres brach der sogenannte Krieg der drei Heinriche aus – Heinrich III., Heinrich von Navarra und Heinrich, der Herzog von Guise. Diese Zusammenballung an Mißgeschick führte dazu, daß Katharina sich eine Zeitlang aus der Politik zurückzog. Aber als wieder ein deutsches Heer in Frankreich einmarschierte, unternahm sie einen letzten Versuch, die Nation zur Vernunft zu bringen. Sie traf sich mit Heinrich von Navarra in Cognac, etwa 75 Kilometer südöstlich von La Rochelle; aber sie konnte ihn nicht bewegen, entschiedener vorzugehen. Verzweifelt kehrte Katharina nach Paris zurück, wo sie die »Katholische Liga« an der Spitze einer Revolutionsregierung vorfand.
Im Mai 1588 belagerte der Herzog von Guise die Königin, die Königinmutter und Heinrich III. im Louvre. Nachdem dem König die Flucht gelungen war, ließ sich seine unerschrockene Mutter in einer Sänfte aus dem Schloß tragen. Den Wachen der Liga sagte sie, sie wolle zum Herzog. Sie passierte eine Barrikade nach der anderen, die wachhabenden Soldaten traten beiseite, um ihren Zug durchzulassen. So gelangte sie durch die Stadt und schließlich auch vor den Herzog. Sie konnte ihn tatsächlich überreden, sie nach Chartres zu begleiten, um die Lage mit Heinrich III. zu besprechen. Es wurde auch eine Abmachung unterzeichnet, aber diesmal erhielt die Liga praktisch die alleinige Macht über Frankreich.

Obwohl Katharina de' Medici um eine Aussöhnung zwischen Katholiken und Hugenotten bemüht war – was sich unter anderem an der Heiratspolitik ihrer Kinder ablesen läßt –, ist sie als Anstifterin zum Blutbad der »Bartholomäusnacht« in die Geschichte eingegangen.
Katholische wie protestantische Historiker haben sie als bedenkenlose Verräterin und Mörderin geschildert, als eine Hexe, die an allen Katastrophen schuld war, die Frankreich in der zweiten Hälfte des 16. Jahrhunderts heimgesucht haben. Doch man sollte dabei nicht vergessen, daß es gerade die verhaßte »Italienerin« war, die nach dem frühen Tod ihres Mannes Frankreich regierte und die Krone für ihre schwächlichen Söhne rettete.
Katharina de' Medici. Ausschnitt aus einer Votivtafel von Léonard Limousin. Sainte-Chapelle, Paris.

Katharina de' Medici. Porträt aus Jacopo de Strada »Epitome Thesauri antiquitatum«, Lyon 1553.

Mit 69 Jahren und erschöpft von so viel Mühe, Angst, Enttäuschung und privaten Schwierigkeiten, zog sich die Königinmutter in das königliche Schloß von Blois an der Loire zurück. Sie war bereits vom Tod gezeichnet, und der Hof, auch der Herzog von Guise, versammelte sich um sie. Heinrich III. fühlte sich nun endlich frei, nach seinem eigenen Willen zu handeln. Er gab seiner Leibwache, die aus seinen engsten Freunden bestand, entsprechende Befehle. Dann ließ er den Herzog in sein Schlafgemach rufen. Als der Führer der Katholiken den Korridor zu der königlichen Zimmerflucht entlangschritt, schlossen sich ein paar der Wachen hinter ihm zusammen und zogen ihre Schwerter: So starb der Herzog von Guise.

Als Katharina davon erfuhr, war sie entsetzt über diese sinnlose Bluttat ihres Lieblings. Sie konnte in ihrer Schwäche nur erwidern, das werde er sein Leben lang bereuen. Dann erhob sie sich in einem letzten Aufbäumen von Mut und Verzweiflung und befahl ihren Dienern, sie zu Kardinal Bourbon in das Gefängnis zu bringen, wo er auf Heinrichs Befehl saß. Der gealterte Geistliche, ein Verwandter des Königs von Navarra, dachte aber nicht daran, seine sterbenskranke Besucherin zu trösten. Er wiederholte nur den alten Vorwurf, sie selbst habe zwei Religionen in einem Land geduldet, und damit sei sie mitschuldig an der Ermordung des Herzogs und an den langen, schrecklichen Religionskriegen. Katharina war tief betrübt über die Ungerechtigkeit dieser Anklage und sah voller Entsetzen die Rache kommen, die die Katholiken an Heinrich für seinen Verrat üben würden. Ein paar Tage später befiel sie hohes Fieber, dem sie am 5. Januar 1589 erlag.

Kaum eine bedeutende Frau der Geschichte ist so ungerecht verleumdet worden wie Katharina de' Medici. Die Archive mit ihrer Korrespondenz und die der venezianischen Gesandtschaft blieben den Gelehrten noch dreihundert Jahre nach ihrem Tod verschlossen. In dieser Zeit wurde sie von katholischen und vor allem von protestantischen Historikern als bedenkenlose Verräterin und Mörderin dargestellt, als eine Hexe, die an allen Katastrophen schuld war, die Frankreich in der zweiten Hälfte des 16. Jahrhunderts heimgesucht haben. Ihr Urgroßvater Lorenzo, dem sie in vieler Hinsicht glich, wurde ähnlich beurteilt. Die Vorwürfe gegen diese beiden hochintelligenten Herrscher erwuchsen aus ihrer Weigerung, in den politischen Auseinandersetzungen ihrer Zeit die Rolle des Starren, Unbeugsamen zu spielen. Wenn Autoren sich mit der Vergangenheit beschäftigen, dann finden sie Unparteilichkeit weniger ergiebig als Fanatismus, dramatische Kontraste zwischen Schwarz und Weiß sind ihnen lieber als die Zwischentöne, die im öffentlichen wie im privaten Leben bedeutender Persönlichkeiten den wirklichen Hintergrund bilden.

Wer Lorenzo und Katharina objektiver zu beurteilen versucht, erkennt, daß sie vor allem konsequente Idealisten waren. Lorenzo wollte seine Geburtsstadt an der Spitze des kulturellen Fortschritts halten. Das war zweifellos ein höheres Ziel als der Patriotismus seiner Großenkelin, die sich darum bemühte, eine interne Fehde in ihrer Wahlheimat beizulegen. Aber vielleicht sollte die Hingabe, mit der »die Italienerin« rein französischen Interessen diente, doch höher eingeschätzt werden als die Bemühungen ihres Vorfahren um den kulturellen und politischen Fortschritt seiner Vaterstadt Florenz. Es gibt kaum einen Zweifel, daß die Tochter Lorenzo de' Medicis ihr ganzes Leben der Sache ihres unzulänglichen französischen Gatten und seiner Söhne gewidmet hat.

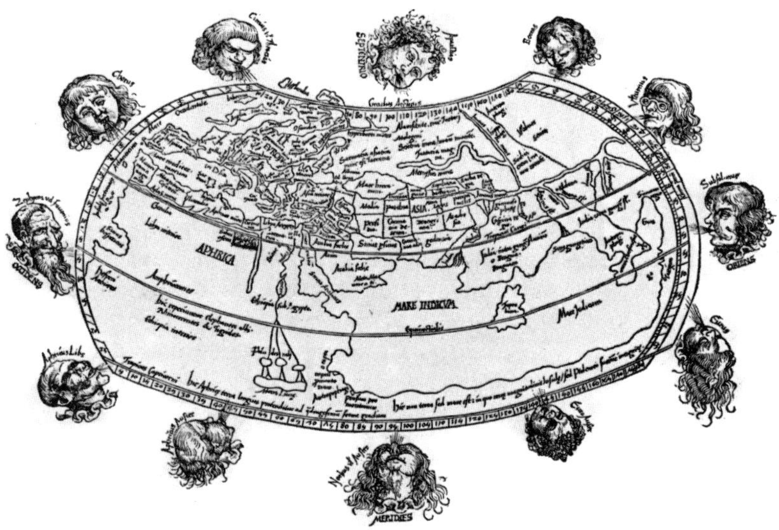

Das geographische Weltbild wurde auch noch in der Renaissance durch die acht Bücher der »Geographie« des Griechen Claudius Ptolemäus (um 100–160) bestimmt. Die nach seinen Angaben entstandenen Weltkarten wurden häufig kopiert.
Die hier abgebildete »Weltkarte« enthält noch viele Einzelheiten, die durch die großen Entdeckungsreisen bereits überholt waren.
Aus Gregor Reischs »Margarita Philosophica«, Freiburg 1503.

Die religiöse Krise, mit der sic so plötzlich konfrontiert wurde, nahm Ausmaße an, wie man sie im späteren Mittelalter nie erlebt hatte. Sie spaltete die gesamte französische Nation. Niemand außer Katharina hätte sich eine andere Lösung als die mit Waffengewalt vorstellen können. Sie allein bemühte sich, jedem der beiden Gegner auf halbem Weg entgegenzukommen. Als Lohn empfing sie von ihren Zeitgenossen – von Katholiken wie Protestanten – nichts als Flüche und Verleumdungen.

Heinrich IV., der vielleicht der bedeutendste französische König war, kannte die Probleme genau, denen Katharina gegenüberstand. Er beurteilte sie daher nachsichtig: »Ich frage, was hätte eine Frau tun können, verlassen, wie sie war, nach dem Tod ihres Mannes, mit fünf kleinen Kindern und mit zwei Familien in Frankreich, die nach der Krone griffen ... War sie nicht gezwungen, seltsame Rollen zu spielen, um mal den einen und dann den anderen zu täuschen, auch um ihre Söhne zu schützen, die nacheinander unter der weisen Führung dieser scharfsinnigen Frau regiert haben? Ich bin überrascht, daß sie keine größeren Fehler gemacht hat.«

Ein Jahrhundert der Masken:

Francesco de' Medici, der ungeliebte »Tyrann«

Francesco de' Medici, der neue Großherzog der Toskana, hatte Cosimos mißtrauischen, haltlosen und despotischen Charakter geerbt. Seinem Hof gegenüber war er genauso arrogant wie Cosimo, aber er war für die Untertanen nicht so zugänglich wie sein Vater und hatte weder den Mut noch die Entschlußkraft, um für die weitere Unabhängigkeit der Toskana zu sorgen. Gegenüber seinem Schwager Kaiser Maximilian II., der Österreich regierte, wie Philipp II. von Spanien gegenüber benahm er sich wie ein Vasall. Er ging sogar so weit, den Toskanern harte Steuern aufzuerlegen, um für Philipp – der ein noch größeres Reich zu regieren hatte als Maximilian – das nötige Kapital aufzutreiben.

Die Venezianerin Bianca Cappello blieb auch nach Francesco de' Medicis Heirat mit Johanna von Österreich seine Geliebte. Bianca war eine ungewöhnlich hübsche und kluge Frau, die schließlich – nachdem sie Francesco einen Sohn geschenkt hatte – seine Frau wurde. Kupferstich des 19. Jahrhunderts.

Francesco interessierte sich allerdings mehr als sein Vater für Wissenschaft und Bildung. Er förderte die Literatur und war leidenschaftlich der Chemie ergeben – das allerdings wohl mehr wegen des »Steins der Weisen«, den die Alchemisten seiner Zeit immer noch suchten, um daraus Gold zu machen. Auch gab er dem Bildhauer, den man in Italien Giovanni da Bologna nannte und der als gebürtiger Flame in Florenz lebte, den Auftrag für die Marmorgruppe »Der Raub der Sabinerinnen«. Die Skulptur wurde 1583 vollendet und steht heute in der Loggia dei Lanzi. Zu den übrigen Aufträgen Giovannis gehören eine schöne Bronze von Cosimo I. zu Pferde und vor allem der bronzene, auf einem Fuß stehende Merkur im Nationalmuseum von Florenz. Weitere kulturelle Beiträge von Francesco waren die Gründung der Gemäldegalerie der Uffizien, ursprünglich ein Auftrag von Cosimo I. an Vasari, und das Medici-Theater.

Während seiner Herrschaft wurde 1582 die Accademia della Crusca von Florenz eröffnet. Der etwas seltsame Name dieser literarischen Einrichtung – *crusca* heißt »Kleie« oder »Spreu« – bezieht sich wahrscheinlich darauf, daß die Mitglieder der Akademie sich ironisch als das Ergebnis des von der Hülse getrennten Korns – auf die Reinheit ihrer Sprache bezogen – betrachteten. Das *Vocabula-*

rio della Crusca, das die Florentiner Schule 1612 in Venedig veröffentlichte, legte das Toskanische als Mustersprache zugrunde, das man in Florenz im 14. Jahrhundert geschrieben hatte – also etwa die Sprache Boccaccios und der Historiker Giovanni, Matteo und Filippo Villani. Später sollte die Accademia della Crusca ihre Selbständigkeit verlieren und sich mit zwei älteren Gesellschaften verbinden, den »Apatici« oder »Unparteiischen« und der Akademie von Florenz.

Francesco und seine Verwandten genossen das erotische Treiben, das damals an den meisten Höfen herrschte. Wegen angeblichen Ehebruchs wurde seine Schwester Isabella von ihrem Mann Paolo Giordano degli Orsini, Herzog von Bracciano, erwürgt. Ihr Bruder Pietro ermordete seine Frau aus demselben Grund. Francesco selbst hatte schon seit der Zeit vor seiner Heirat mit Johanna die schöne und ehrgeizige Venezianerin Bianca Cappello ausgehalten, die er später auch heiraten sollte. Die vielleicht amüsanteste Episode unter den Liebesabenteuern dieses Hofes betraf seine älteste Tochter Eleonora. Francesco wollte sie mit Vincenzo Gonzaga, dem Erben des Herzogs von Mantua, verheiraten, aber er wollte dem habgierigen Herzog nicht mehr als 100000 Kronen als Mitgift zugestehen. Ein anderer Herr, der Herzog von Parma und Piacenza, bot 300000 Kronen, wenn Gonzaga seine Enkelin Margherita Farnese heiraten würde, was dann auch geschah. Er war 19, sie 14. Nach ein oder zwei Tagen hieß es – und der bisexuelle Vincenzo gab das auch zu –, die Ehe sei nicht wirklich vollzogen worden. Vincenzo sagte, es habe an dem Mädchen gelegen. Sie wurde deshalb untersucht und für normal befunden, aber körperlich sei sie noch nicht in der Lage, richtigen Geschlechtsverkehr zu haben.

Die Zeit verging, aber an Margheritas Unvermögen änderte sich nichts. Der Herzog von Mantua begann, sich wegen der Nachfolge Sorgen zu machen. Er war entschlossen, einen Enkel zu haben, der die Gonzaga-Linie fortsetzen sollte, und außer Vincenzo gab es niemanden, der diese Pflicht hätte erfüllen können. Nach erschöpfenden Untersuchungen berichtete sein Hofarzt, eine lebensgefährliche Operation sei nötig, um Margherita fruchtbar zu machen. Aber der Herzog war ein humaner Mann und beschloß statt dessen, die immer noch jungfräuliche Schwiegertochter unverzüglich nach Parma zurückzuschicken. »Ihre eigenen Leibärzte sollen sie kurieren«, rief er verdrossen.

Die Ärzte von Parma hatten auch nicht mehr Glück als ihre Kollegen in Mantua. Man wollte die Ehe annullieren, aber nun gab die Familie Farnese dem Vincenzo die Schuld. Er sei ein Sodomit und zu normalem Beischlaf nicht fähig. Das Mädchen bestätigte unschuldig, daß sie sich zu unnatürlichem Verkehr mit ihrem Mann bereitgefunden habe. Schließlich sprach Papst Gregor XIII. das Urteil. Auf der einen Seite, sagte er, habe er keinen Zweifel an Vin-

Während der Herrschaft Francesco de' Medicis wurde 1582 die Accademia della Crusca *in Florenz gegründet. Sie bemühte sich vor allem um die Pflege der italienischen Sprache. Vorbild war das Toskanische, wie es im 14. Jahrhundert der Historiker Villani und Giovanni Boccaccio in seinen Novellen geschrieben hatten.*
Porträt des Boccaccio. Kupferstich von Enea Vico. Um 1550.

cenzos Fähigkeit zu normaler ehelicher Intimität, und von der absoluten Notwendigkeit, die Dynastie von Mantua fortzusetzen, sei er ebenso überzeugt. Andererseits sei ebenso klar, daß Margherita zu diesem Ziel nicht von Nutzen sei. Sie sollte deshalb ins Kloster gehen, was die Auflösung ihrer Ehe bedeutete, und Vincenzo sollte wieder heiraten.

Daraufhin nahm der Herzog von Mantua das Gespräch mit Francesco de' Medici wegen Eleonora wieder auf. Der Großherzog erklärte, er werde Eleonora eine Mitgift von 300000 Kronen geben, aber sie erst an dem Tag auszahlen, an dem Margherita den Schleier nähme. Im Oktober 1583, zweieinhalb Jahre nach ihrer Hochzeit, wurde das unglückliche Kind, bitterlich weinend, Benediktinerin. Francesco und sein jüngerer Bruder, Kardinal Ferdinand de' Medici, stellten inzwischen eine neue Bedingung, ehe sie in die Heirat zwischen Eleonora und Vincenzo zulassen wollten: Vincenzo müsse seine Männlichkeit an einer Jungfrau beweisen, aber vor Zeugen.

Nach heftigen theologischen Auseinandersetzungen in Rom stimmten Gregor und die Gonzagas schließlich zu. Der Gesandte Mantuas in Ferrara fand in der Stadt eine geeignete Jungfrau, die Tochter der Witwe eines römischen Architekten. Der Herzog von Ferrara erlaubte aber nicht, daß seine Untertanin in Mantua zur Schau gestellt würde. Schließlich wurde eine illegitime Albizzitochter namens Giulia, zwanzig Jahre alt und das schönste Mädchen im Florentiner »Waisenhaus der Frömmigkeit«, für diese Prüfung be-

»Hochzeitstafel«. Gemälde von Sandro Botticelli.
Die Damen und Herren der Hochzeitsgesellschaft sitzen sich an getrennten Tischen gegenüber, während in der Mitte das kostbare Geschirr aufgebaut ist. Privatsammlung.

stimmt, die in Venedig stattfand. Beim ersten Versuch mißlang Vincenzo der Beischlaf mit Giulia, weil er eine Verdauungsstörung hatte. Aber etliche Tage später gelang es ihm überragend – laut Aussage eines Zeugen, der sein Geschlecht befühlte.

Trotzdem behauptete Giulia zum Erstaunen aller, sie sei noch immer Jungfrau. Ein dritter Versuch fand statt, und diesmal gab es an Vincenzos Erfolg keinen Zweifel. Das Mädchen gestand, daß sie beim zweitenmal gelogen hatte, weil sie gern eine weitere Demonstration von Vincenzos Meisterschaft erleben wollte. Sie sagte sogar, sie hoffe, schwanger zu sein, und wie sich später zeigte, war sie es tatsächlich auch.

Ende April 1584 wurde Eleonora de' Medici mit Vincenzo Gonzaga in Mantua verheiratet. Kardinal de' Medici besuchte am nächsten Morgen das Brautgemach und konnte nach eigenem Augenschein berichten, daß der Bräutigam die nächste Jungfrau defloriert hatte, allerdings nicht vor Zeugen. Der Großherzog zahlte die letzte Rate der vereinbarten Mitgift aus. Er gab auch einem römischen Musiker namens Giuliano 3000 Kronen, damit er die schwangere Giulia heiratete.

Das Schicksal einer anderen Eleonora, der Gattin Pietros, des jüngsten Bruders des Großherzogs, war in sehr viel düstereren Farben gemalt. Sie war eine Nichte der ersten Frau Cosimos I., Eleonora di Toledo, und trug deren Namen. Pietro war ein nichtswürdiger, liederlicher Mensch, er hatte bald genug von seiner Braut und amüsierte sich anderswo. Daraufhin verliebte sich Eleonora in einen recht anständigen jungen Mann, einen gewissen Bernardino Antinori. Bernardino hatte aber das Pech, im Streit auf der Straße einen Mann zu töten, und wurde nach Elba verbannt. Einer seiner Briefe an Eleonora fiel Francesco in die Hände. Der unglückliche Liebhaber wurde sofort nach Florenz zurückgerufen und am 20. Juni 1576 hingerichtet.

Am 11. Juli empfing Eleonora von Pietro eine Nachricht, sie solle ihn in der Medici-Villa in Cafaggiolo treffen. Nachdem er dort mit ihr zu Abend gegessen hatte, soll er plötzlich sein Schwert gezogen und sie getötet haben. Auf jeden Fall weiß man, daß ihr Leichnam in derselben Nacht in San Lorenzo beigesetzt wurde. Aber als man die Leiche 1608 exhumierte, war sie in unversehrtem Zustand, einbalsamiert und ohne jede Spur einer Verletzung.

Der Leibarzt Karls V. und Philipps II. von Spanien, Andrea Vesalius (1514–1564), gilt als der Begründer der modernen Anatomie. Er sah in der Autopsie den einzigen Weg, zu zuverlässigen Erkenntnissen über den menschlichen Körperbau zu gelangen. Holzschnitt aus Vesalius' »De humani corporis fabrica«, 1543.

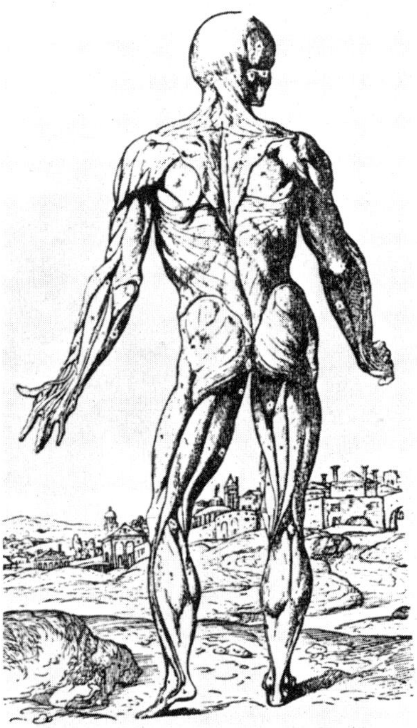

Während ihres Begräbnisses war verkündet worden, sie sei an einem Herzanfall gestorben, aber Francesco schickte Pietro sofort außer Landes und nach Spanien, wo er 1604 starb – ebenso verachtet wie in Florenz.

Fünf Tage später kam Isabella, Francescos Schwester, bei einer ähnlich tragischen Gelegenheit um. Sie war eine gescheite, hübsche junge Frau und überall beliebt. 1576 war sie 34 Jahre alt und seit 18 Jahren mit dem Oberhaupt der Familie Orsini verheiratet, mit Paolo Giordano, dem Herzog von Bracciano. Er war viel älter als Isabella und hatte sie stets vernachlässigt, weil er in Vittoria Accoramboni verliebt war, die Frau eines Francesco Peretti und eine hinreißende Schönheit. Der Herzog ließ sich von Vittoria überreden, ihren Mann und Isabella zu beseitigen, um den Liebenden den Weg zum Altar frei zu machen. Isabella erfuhr von diesem Plan und wollte zu ihrer gastfreundlichen Cousine Katharina de' Medici nach Frankreich flüchten, die ihren Empfang sofort vorbereitete. Aber noch ehe Isabella aufbrechen konnte, wurde sie von ihrem Mann in sein Landhaus bei Empoli westlich von Florenz gerufen. Nach den gesellschaftlichen Regeln der damaligen Zeit konnte eine Ehefrau, die auch nur das Geringste auf ihren Ruf hielt, einen solchen Befehl ihres Gemahls nicht verweigern. Also reiste Isabella los, die wahrscheinlich wußte, daß sie in ihren Tod ging. Orsini empfing sie herzlich und bestand nach dem Abendessen darauf, sich mit ihr allein in das Schlafgemach zurückzuziehen. Das Zimmer war verdunkelt. Ihr Mann beugte sich vor, als wollte er sie küssen, ließ aber statt dessen eine Schlinge um ihren Hals gleiten und erwürgte sie nach heftigem Kampf. Später entdeckte man eine Öffnung in der Decke, durch die man die Schlinge herabgelassen hatte. Als offizielle Todesursache wurde Schlaganfall genannt. Auch Isabella wurde in San Lorenzo beigesetzt, aber es fiel auf, daß ihr Körper von blauen Flecken entstellt war. Bald darauf ließ Orsini Vittorias Mann in Rom ermorden. Sie selbst hatte ihre Zustimmung gegeben.

Papst Gregor XIII. wollte aber die Heirat der beiden sündigen Liebenden nicht zulassen. Orsini widersetzte sich ihm und veranstaltete die verbotene Zeremonie. Zusammen mit seinem Gefolge wehrte er sich gegen die päpstlichen Soldaten, die die Meuchelmörder festnehmen sollten. Vittoria wurde eingekerkert, konnte aber fliehen. Von da an lebte das Verbrecherpaar zusammen in Bracciano auf dem Besitz des Herzogs, etwa dreißig Kilometer nordwestlich von Rom, aber außerhalb der Gerichtsbarkeit des Papstes. Nachdem Gregor 1585 gestorben war, kehrten sie nach Rom zurück, wo sie zu ihrem Entsetzen erkannten, daß der neue Papst Sixtus V. ein Onkel von Vittorias ermordetem Ehemann war. Sie konnten nur noch ihr Leben retten, Paolo floh nach Venedig, Vittoria nach Padua. Wenig später starb Paolo in Verzweiflung über den Niedergang seiner Familie, die einmal die mächtigste von Rom gewesen war. Er hatte Vittoria alles vermacht, was ihm an Vermögen geblieben war, und aus diesem Grund wurde sie von seinem nächsten Blutsverwandten umgebracht, von Ludovico degli Orsini. Weder er noch irgendein anderes Mitglied des ehemals gefürchteten Hauses spielte in der römischen Politik jemals wieder eine Rolle.

1578 starb Johanna von Österreich, Gemahlin des Großherzogs Francesco, eines natürlichen Todes im Alter von 31 Jahren. Sie hatte ihrem Mann sechs Kinder geboren, von denen nur Eleonora, die Vincenzo Gonzaga angetraut werden sollte, und Maria überlebt hatten. Francesco trauerte eine angemessene Zeit, dann heiratete er 1579 Bianca Cappello, die schon seit 15 Jahren seine Geliebte war. Bianca war eine ungewöhnliche und begabte Frau, selbst in einer Zeit, der es nicht an kühnen jungen Frauen mit Verstand und Schönheit fehlte. In eine reiche und aristokratische venezianische Familie hineingeboren und schließlich Gemahlin eines Florentiner Herrschers, der bei seinen Untertanen ausgesprochen unbeliebt war, fand sie sich einer Menge übler Nachrede ausgesetzt. Denn Venedig war nun schon seit über hundert Jahren der erbitterte Rivale von Florenz. Außerdem hatte Francescos Bruder Ferdinand sie von Anfang an gehaßt, weil er in ihr eine Konkurrentin für den Thron des Großherzogtums sah. Er war zwar Kardinal, hatte aber nie die kirchlichen Weihen empfangen und hätte deshalb diese Würde für sich beanspruchen können.

Bianca führte in ihrem neuen Rang ein einfaches und bescheidenes Leben, aber sie war bei den Bürgern von Florenz, die ihrem »Tyrannen« Francesco dies Glück nicht gönnten, niemals beliebt. Sie warfen ihr vor, seinen einzigen Sohn Filippo 1582 vergiftet zu haben, obwohl der Knabe eines ganz natürlichen Todes gestorben war. Ihr Schwager, Kardinal Ferdinand, der in Rom lebte und sich mit Francesco nicht vertrug, nannte sie eine »Hexe«, die in den Laboratorien seines Bruders Zauberkünste erlernt habe. Trotz aller Mühe gelang es ihr bis zu Francescos Tod im Jahr 1587 nicht, den

Bianca Cappello war jahrelang die Geliebte Francesco de' Medicis, ehe er sie 1579 nach dem Tode Johannas von Österreich heiratete. Während Johanna keine männlichen Erben in die Welt gesetzt hatte, »schenkte« Bianca ihrem Francesco bereits 1576 einen Sohn. Dabei griff sie zu einer List. Sie suchte in Florenz drei ledige und schwangere Frauen. Dann simulierte sie neun Monate lang Übelkeit, bis eine der drei einen Sohn geboren hatte. Jetzt setzten bei Bianca die Wehen ein, und sie schickte ihren Arzt in den Keller, um einen erlesenen Wein zu bringen. Als Francesco von seinem Landhaus zurückkehrte, war er Vater geworden und hatte einen Erben. Erfreut über das Wunder der Geburt, nannte er seinen Sohn Antonio, da er überzeugt war, der Heilige hätte seiner Geliebten bei der Geburt »seines« Sohnes beigestanden. Über die List Biancas hat er zeitlebens nichts erfahren. Anonymes Porträt der Bianca Cappello in der Medicivilla Poggio a Caiano.

Der Palazzo degli Uffizi mit Blick auf den Turm des Palazzo Vecchio.
Das dreigeschossige Gebäude besteht aus drei Trakten, die sich um einen langgestreckten Hof legen, der die Piazza della Signoria mit dem Arno verbindet. Obwohl die Uffizien ursprünglich als Verwaltungsgebäude für den Stadtrat von Florenz geplant waren, nahmen sie von Anfang an die Kunstsammlung der Familie Medici auf. Den Grundstock des heutigen Museums, das über die größte Sammlung der italienischen Renaissancemalerei verfügt, bilden Werke aus der Sammlung der Medici. Nach dem Erlöschen der Dynastie (1737) kamen Erwerbungen der Großherzöge aus dem Hause Habsburg-Lothringen und des italienischen Staates dazu.

feindseligen Kardinal und einzigen Erben der Großherzogswürde friedlich zu stimmen.
In den 13 Jahren, da der Großherzog Francesco (1574–1587) über Florenz herrschte, veränderte sich die Stadt wenig im Vergleich zur Regierungszeit seines Vorgängers und Vaters, des ersten Großherzogs Cosimo. Im ganzen geriet Florenz immer mehr ins Abseits, und die Rolle, auf die Francescos Vorfahren die Stadt so lange und so sorgfältig vorbereitet hatten, war ausgespielt. Als Herrscher war

Francesco nicht schlechter als manche seiner Vorgänger und besser als manche, die nach ihm kamen.

Maria de' Medici, die unglückliche Königin

Beim Tod des Großherzogs im Jahre 1587 hatte das zweite noch lebende Kind von Francesco und Johanna von Österreich das Alter von 14 Jahren erreicht. Maria war klein, untersetzt und kontaktarm und glich ihrer habsburgischen Mutter mehr als ihrem Medicivater. Jedenfalls hatte sie seine geistigen Interessen nicht geerbt, höchstens seinen despotischen Charakter, der allerdings ihr Leben lang verdeckt blieb, da sie skrupellosen und listigen Favoriten ausgeliefert war. Eine davon war Leonora Dori. Trotz ihrer schwachen Gesundheit, schlechten Figur, den Flecken im Gesicht und ihrer etwas koboldhaften Erscheinung schien Leonora jeden zu faszinieren, der ihr begegnete. Mit diesem Talent hatte sie wahrscheinlich auch irgendwie den Weg in das Haus Medici gefunden und von da in das sonst so verschlossene Herz Marias. Bei der ersten Begegnung konnte sich niemand Leonora entziehen, aber es gab viele Leute, die diese Verzauberung später bereuten.

Jugendbildnis Maria de' Medicis (1573–1642) von Agnolo Bronzino. Uffizien, Florenz.

Mit 16 wohnte Maria mit Leonora und allen anderen Würdenträgern in San Lorenzo in Florenz der Beisetzung der französischen Königin Katharina de' Medici bei. Leonora sagte später, es gäbe keinen Grund, warum Maria bei einiger Klugheit nicht eines Tages Katharinas Thron einnehmen sollte. Der Großherzog, Onkel Ferdinand, neige auch zu dieser Ansicht, deutete Leonora an. Tatsächlich schienen solche Pläne nicht abwegig zu sein. Heinrich III. war ein paar Monate nach dem Tod seiner Mutter Katharina ermordet worden, wie sie es vorausgesagt hatte. Er war kinderlos geblieben und hatte Heinrich von Navarra zu seinem Nachfolger bestimmt. Dieser Monarch war zwar schon mit der schönen, gebildeten und sexuell freizügigen Margarete von Valois verheiratet, sollte aber gerade wegen ihrer Unfruchtbarkeit von ihr geschieden werden.

Ferdinand fand diese Möglichkeit sehr interessant und setzte sich mit allen Betroffenen in Verbindung. Er versprach Heinrich von Navarra jede finanzielle Unterstützung gegen die »Katholische Liga«, die seinen Thronanspruch bestritt. Außerdem ließ Margarete ihren Mann wissen, sie werde sich nur dann scheiden lassen, wenn er die Medicierbin heirate und nicht, wie er damals wollte, seine viel attraktivere Mätresse Gabrielle d' Estrées. Er gab keine klare Antwort, denn er dachte damals an die Eroberung von Paris, das er seit zwanzig Jahren, seit der blutigen Bartholomäusnacht von 1572, nicht mehr betreten hatte. »Paris«, so faßte er seinen Beschluß in Worte, »ist eine Messe wert.« Anfang 1594 konvertierte der ehemalige kluge Vorkämpfer der Hugenotten zum Katholizismus und wurde Heinrich IV. Zum Zorn Ferdinands, Leonoras und Marias – die inzwischen 26 Jahre alt war – kündigte er fünf Jahre später seine Heirat mit Gabrielle an. Innerhalb eines Monats starb die junge Frau bei ihrer ersten Niederkunft, ohne Heinrichs legitime Frau geworden zu sein.

Nach einem weiteren Liebesabenteuer mit Henriette d'Entragues wurde König Heinrich IV. am 5. Oktober 1600 mit Maria de' Medici getraut, wobei sich Heinrich vertreten ließ. Maria war zwanzig Jahre jünger als er und sprach kaum ein Wort Französisch, das in der Toskana als die »Sprache der Ketzer« galt. Endlich hatte die Zielstrebigkeit Ferdinands, Leonoras und Marias selbst über alle Hindernisse gesiegt. Peter Paul Rubens, der damals 23 Jahre alt war, wohnte der Zeremonie im Gefolge des Herzogs von Mantua bei. Er hat gewiß mit Interesse die üppigen Formen und den zarten hellbraunen Teint der neuen Königin von Frankreich wahrgenommen. Zwanzig Jahre später sollte er die Höhepunkte ihres Lebens zu ihrer großen Freude in 24 allegorischen Gemälden darstellen, die heute im Louvre zu sehen sind.

Diese Ruhmesszenen begannen mit ihrer Reise von Florenz nach Livorno und von dort zu Schiff nach Marseille. Heinrich befand sich damals auf einem siegreichen Feldzug im Herzogtum Savoyen und hatte wissen lassen, er werde sie in Lyon erwarten, wo sie Anfang November ankam. Von da an wurde die Reise in aller Pracht fortgesetzt. Galeere und Kutsche glitzerten von Gold, Edelsteinen und kostbaren Gobelins. Seiden und Satin, die ein Vermögen gekostet hatten, schimmerten und raschelten um die stattliche Hauptfigur, deren untersetzte Figur unter ihren luxuriösen und weiten Gewändern halb verborgen blieb. Maria konnte sich wirklich nicht beklagen und war hingerissen von der Art, wie man ihrer leidenschaftlichen Liebe zu äußerem Glanz Genüge tat.

Trotz dieses hoffnungsvollen Anfangs verlief die erste Begegnung zwischen König und Königin von Frankreich etwas verwirrend. Heinrich hatte bereits von einer Galerie im Schloß, wo sie zu Abend aß, auf sie herabgespäht und einem Begleiter anvertraut, er fände sie alles andere als schön. Sein Kennerauge war von ihrem dummen Gesicht, ihrem schweren Körper und ihrer mangelnden Lebhaftigkeit enttäuscht. Aber als Kenner wußte er auch, daß sich hinter solchen Äußerlichkeiten manchmal ein interessantes Temperament verbarg, und so war er gespannt auf ihre nähere Bekanntschaft. Er befahl deshalb, Maria habe ihn sofort allein in ihrem Schlafgemach zu erwarten. Die würdig und extravagant gekleidete Königin, die bisher an die auf Hochglanz polierte Förmlichkeit des großherzoglichen Hofs gewöhnt war, sah zu ihrem Erstaunen einen

Im Jahre 1589, als Heinrich III. von Frankreich starb, wurde in Paris ein Pamphlet veröffentlicht, das ihn der Hexerei verdächtigte. Als die Truppen der Heiligen Liga 1586 Vincennes eingenommen hatten, fanden sie unter anderem auch zwei Satyrfiguren aus vergoldetem Silber, die je ein Gefäß halten. »Darin waren unbekannte Drogen . . . als Opfergaben benutzt. Und was das Widerwärtigste war, sie standen vor einem goldenen Kreuz, in das in der Mitte ein Stück des Heiligen Kreuzes eingelassen war.«
Aus »Les Sorcelleries de Henry de Valois«, Paris 1589.

»Die Vermählung der Prinzessin Maria de' Medici ›per procuratorem‹ mit König Heinrich IV. von Frankreich«.
Die Hochzeit Marias fand 1600 statt. Das Gemälde von Peter Paul Rubens (1577–1640) aus den Skizzen zu seinem Medici-Zyklus entstand 1622–1625. Alte Pinakothek, Bayerische Staatsgemäldesammlungen, München.

ziemlich ungepflegten, kleinen und schlecht angezogenen Burschen hereinstürzen, mit gesträubtem weißen Bart und glühenden Blikken. Heinrich rannte auf sie zu und küßte sie leidenschaftlich auf den Mund. Es lag nicht nur an dieser unkonventionellen Annäherung, die offenbar sofort zum Beischlaf überleiten sollte, daß sie ihm ohnmächtig in die Arme sank. Der König wusch sich nur selten, sein Körper stank gewaltig, und der Geruch hatte Maria betäubt, wie sie später bemerkte.
Als Maria wieder zu sich kam, war Leonora, die sie nach Frankreich begleitet hatte, gerade dabei, sie zu Bett zu bringen. Heinrich hatte das Zimmer verlassen. Die Herzogin von Nemours und die Marquise von Guercheville, beide Hofdamen, teilten ihr fröhlich mit, ihr neuer Gemahl laufe draußen auf dem Gang auf und ab »wie ein Raubtier im Käfig«. Sie taten alles, um sie über sein Wesen zu beruhigen – er sei stürmisch, kein Zweifel, aber er verehre Frauen so sehr, daß er ihre Gefühle bestimmt nie verletzen werde.

Muskelprotz und gerupfter Hahn

Wie die Damen prophezeit hatten, kniete er ein paar Minuten später vor ihrem Bett und bat sie um Verzeihung. Aber schon im nächsten Augenblick erschreckte er sie wieder zutiefst, indem er verkündete: »Nun, je schneller wir einen Erben für den Thron von Frankreich machen, desto besser.« Damit begann er ohne die geringste Rücksicht auf Sitte und Anstand, sich so rasch wie möglich seines Wamses und seiner Beinkleider zu entledigen.

In den nächsten Tagen schien der König strahlender Laune. In körperlicher Hinsicht war er mit seinem maulfaulen Ehegespons recht gut bedient, und er sagte in seiner üblichen Offenheit zu Freunden, wenn sie nicht sein Weib wäre, hätte er sie gern als Geliebte. Trotzdem fand er bald, er brauche Abwechslung. Nachdem er die Königin herzlich umarmt hatte, ritt er nach Paris zur ränkesüchtigen Henriette d'Entragues, die schon vor Maria seine Geliebte gewesen war.

Maria – oder Marie de' Medici, wie man sie in Frankreich nannte – beriet sich mit ihrer Favoritin und folgte ihm gemächlich. Leonora war es schon lange vorher gelungen, sich von der vornehmen Familie Galigai adoptieren zu lassen und deren Namen anzunehmen. Während der Reise von Florenz nach Paris hatte sie sich außerdem mit einem gewissen Concini verlobt, dem Neffen von Ferdinands Staatssekretär, einem hübschen und berechnenden Schuft. Er und Leonora verstanden und schätzten einander in jeder Hinsicht. Concini war ein überzeugter Homosexueller und viel mehr am Verstand seiner Verlobten interessiert als an ihrem Körper. Diese beiden skrupellosen Abenteurer heirateten bald und begannen durch ihre Beherrschung der schwachen Königin einen katastrophalen Einfluß auf die französische Politik auszuüben.

In Paris stellte Heinrich bei einem Empfang in Gegenwart seines ganzen Hofes Henriette, die er zur Marquise de Verneuil erhoben hatte, gelassen seiner Gemahlin vor. »Diese Dame war früher meine Mätresse«, bemerkte er sanft zu Maria. »Jetzt wünscht sie nichts mehr, als Euer Gnaden niedrigste Dienerin zu sein.« Maria de' Medici war von Kindheit an zur Selbstbeherrschung erzogen worden, die ihr bei ihrem lethargischen Temperament nicht schwer fiel. Sie starrte gleichgültig auf das gebeugte Haupt der knicksenden Marquise, das der König mit der Geste eines alten vertrauten Freundes noch etwas tiefer drückte, bis es fast den Saum der königlichen Krinoline berührte. Aber auch Henriette war durch die harte Schule der Hofetikette gegangen. Sie küßte den Rock ihrer Rivalin, wie es sich für eine Bittstellerin gehörte, stand auf und fing mit Maria wie mit einer engen Freundin zu lachen und zu schwatzen an. Ihre modischen französischen Scherze waren an die innerlich wütende Florentinerin verschwendet, aber nach Heinrichs offener Grobheit verfehlte ihre gelassene Haltung nicht ihre Wirkung.

Hand, Kralle, Fuß

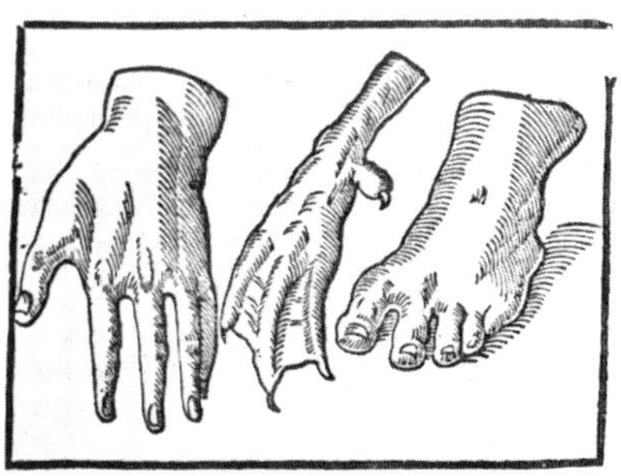

Der König war außer sich vor Freude, als die Königin Ende September 1601 einen Sohn gebar, den zukünftigen Ludwig XIII. Fast noch mehr Freude zeigte er, als die Marquise de Verneuil fast gleichzeitig mit einem männlichen Säugling niederkam. Er sorgte dafür, daß Henriettes Säugling im Louvre aufgezogen wurde, wo es bereits genügend illegitime Nachkommen Heinrichs gab. Henriette zettelte sofort eine Reihe von Intrigen an, um ihren Sohn zum Thronerben zu machen. Im nächsten Jahr gebar Maria dem König eine Tochter, die Elisabeth getauft wurde. 1604 führte ein neues Komplott der unermüdlichen Marquise – die dabei von Philipp III. von Spanien unterstützt wurde, der sich des gefährlich freidenkerischen Königs von Frankreich zu entledigen hoffte – zu einem Hochverratsprozeß gegen sie und ihre Familie. Das Beweismaterial ließ keinen Zweifel an der Schuld der Verschwörer, aber Heinrich ließ schließlich die Todesurteile in lebenslange Haftstrafen umwandeln. Die meisten Häftlinge kamen aber bald wieder frei, und Henriette selbst konnte sich 1605 wieder ungehindert bewegen.

Bald darauf führte ein lächerlicher Zwischenfall zur Versöhnung des verliebten Souveräns und seiner eleganten Mätresse, die er manchmal ein »dürres, gelbhäutiges Stück Ware« nannte. Eines Tages setzte die königliche Kutsche mit dem König und der Königin, ihrem kleinen Sohn Ludwig und ein paar Höflingen auf der Fähre über die Seine nach Neuilly über, als der Wagen umfiel und in den Fluß stürzte. Heinrich war ein guter Schwimmer und gelangte leicht ans Ufer, warf sich aber sofort wieder in den Fluß, um Maria zu retten. Er sah, wie einer seiner Lakaien sie an ihren dicken blonden Haaren hochhielt und ihre geblähten Röcke sie zunächst am Untergehen hinderten, während sie den schreienden und strampelnden Dauphin in den Armen hielt. Niemand hatte bei diesem Bad Schaden erlitten. Die Marquise von Verneuil bat darum, von ihrem königlichen Liebhaber empfangen zu werden, um ihm zu seiner Rettung zu gratulieren. Er gewährte ihr in Gegenwart einiger Diener, aber ohne die Königin, eine Audienz. Bald lachte er Tränen über Henriettes Kommentar zu dem Vorfall: Sie schob ihn auf das Konto von Marias Neigung zum Alkohol, von der bisher noch niemand etwas geahnt hatte. Die »fette Bankierstochter« erfuhr natürlich innerhalb weniger Stunden alles über die Unterhaltung. Ihre feinen florentinischen Manieren hatten in der neuen Umgebung bereits nachgelassen, und sie geriet außer sich vor Wut. Sie schrie, sie werde ihre Gemächer nicht wieder verlassen, bis Paris von »dieser Hure« befreit sei. Der König gehorchte und schickte seine kesse Gespielin auf ihr Landgut zurück. Aber schon nach ein paar Tagen schrieb er ihr und bat um Fortsetzung ihres Verhältnisses.

Unter endlosem Gezänk zwischen Heinrich und seiner Gemahlin blieb es bei dieser seltsamen Situation. Der König zeigte sich weiter in seine Frau verliebt, zweifellos aufrichtig, und sie bescherte ihm regelmäßig Nachwuchs. 1606 brachte die Königin eine Tochter

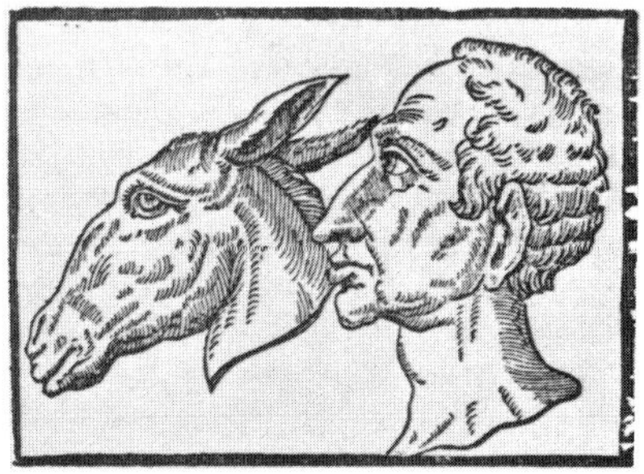

Eselskopf und Menschenkopf

Giovanni Battista della Porta (1535–1558) aus Neapel verfaßte eine »Magia naturalis« in zunächst vier Büchern, die er später auf zwanzig erweiterte. Sie ist eine Sammlung von Merkwürdigkeiten aus allen Gebieten der Naturwissenschaft, in der durch Gegenüberstellung verblüffende Ähnlichkeiten und Parallelitäten gezeigt werden, die wider die Vernunft sprechen. So spiegelt das Werk eine das 16. und 17. Jahrhundert kennzeichnende Geisteshaltung, die gegen die alles bestimmende Rationalität gerichtet war.

Bereits hundert Jahre zuvor hatte Lorenzo de' Medici geschrieben: »Man sieht doch manchmal in den luftigen Wolken mannigfaltige und seltsame Gestalten von Tieren und Menschen . . .«

Holzschnittillustrationen zu »De humana physiognomia« von Giovanni Battista della Porta, 1583.

Der Florentiner Agnolo Bronzino (1503–1572) wurde Hofmaler der Medici und herzoglicher Porträtist, nachdem er 1539 an den Zurüstungen zu Ehren der Eleonora von Toledo, der Gemahlin Cosimos I., beteiligt war und sie zusammen mit seinem Sohn Giovanni porträtierte. Neben seinen zahlreichen Porträts malte Bronzino auch sinnliche Bilder wie diese »Allegorie«.
Giorgio Vasari schrieb darüber in seinen »Lebensbeschreibungen«: »Er machte ein Gemälde von einzigartiger Schönheit, das nach Frankreich zum König Franz gesandt wurde. Auf ihm war eine nackte Venus mit Cupido zu sehen, der sie küßt; außerdem noch das Vergnügen auf der einen Seite und das Spiel mit anderen Liebesgöttern und auf der anderen die Gier, die Eifersucht und andere Leidenschaften der Liebe.«
National Gallery, London.

Christine zur Welt, 1607 einen Sohn Heinrich, der mit vier Jahren starb, 1608 kam Gaston und 1609 schließlich Henriette. Inzwischen gebar Henriette, die Marquise de Verneuil, einen Sohn, den sie ebenfalls wie den legitimen Prinzen Gaston nannte, und ein Mädchen, das wie Heinrichs verstorbene Mätresse Gabrielle hieß. Maria konnte gegen diese absurde und ziemlich ominöse Namensgebung nichts tun. Kein Wunder, daß der toskanische Botschafter mit hochnäsigem Abscheu an seinen Großherzog schrieb, der Louvre mit all den fruchtbaren Mätressen des Königs wirke eher wie ein Bordell als wie ein Schloß.
Ferdinand glaubte nicht ohne Grund, Maria sei im wesentlichen an diesem Zustand schuld. Katharina war mit ihrem Mann Heinrich II. und Diane de Poitiers in einer ähnlich problematischen Lage.

Die jetzige Königin hätte der Demütigung von Anfang an vorbeugen können, meinte der Großherzog, wenn sie sich wie Katharina um Verständnis für ihren königlichen Ehepartner bemüht hätte. Aber Ferdinands Ermahnungen blieben ohne Wirkung. Er starb am 7. Februar 1609, verbittert darüber, daß es seiner Nichte nicht gelang, ihrer Stellung als Medici und Königin eines Landes gerecht zu werden, das Heinrich durch seine Siege zur mächtigsten Nation Europas gemacht hatte.

Heinrichs Ehrgeiz ging aber über das Schlafzimmer weit hinaus. Der französische Monarch wollte nichts Geringeres als Vereinigte Staaten von Europa schaffen, wobei in dem unversöhnlichen Haß zwischen Katholiken und Protestanten das Haupthindernis zu liegen schien. Doch als Kommandant einer offenbar unbesiegbaren Armee glaubte er, diesen Zwiespalt überwinden zu können. Auf die Drohungen Philipps III. von Spanien antwortete er einmal: »Eines Tages, Ihr werdet sehen, werde ich die Messe in Mailand hören, in Rom zu Mittag speisen und zu Abend in Eurer Königreichfiliale von Neapel soupieren.«

Als Heinrich IV. im Mai 1610 in die Niederlande einmarschieren wollte, sah Maria ihre Chance gekommen; sie bestand darauf, als Königin von Frankreich gekrönt zu werden. Dies geschah am 13. Mai mit atemberaubender Pracht. Zum erstenmal seit vielen Jahren strahlte ihr stumpfes, sonst ausdrucksloses Gesicht bei dieser Zeremonie, die im Freien stattfand. Die Krönung war die größte Freude ihres Lebens und sollte es auch bleiben.

Heinrich selbst war in der Folgezeit von einer außerordentlichen Unruhe beseelt. Eines schönen Nachmittags beschloß er, in einer offenen Kutsche mit einigen seiner Höflingen auszufahren. Obwohl er und seine engsten Vertrauten wußten, daß der König nicht nur im Ausland, sondern auch in Frankreich entschlossene Feinde hatte, lehnte Heinrich eine ständige Leibwache ab.

In der engen Rue de la Ferronerie wurde die Kutsche von einem Heuwagen aufgehalten. Ein kräftiger, rotbärtiger Kerl sprang, ehe ihn jemand daran hindern konnte, auf die königliche Kutsche zu, riß die Tür auf und stach dreimal auf den König ein. Dann stand er da und starrte auf den Körper am Boden, Blut tropfte vom Metzgermesser in seiner Hand. Man schaffte den sterbenden König und seinen seltsam apathischen Mörder eilig weg.

Die Regentin, die gerade in ihren Gemächern majestätisch zwischen ihren Italienern saß, wurde blaß unter ihrem Rouge, als sie wirre Schreie und Trampeln auf der Straße und der Treppe hörte. Da stürmten Sully, der Kanzler, Praslin, der Hauptmann der königlichen Wache, und der achtjährige Ludwig ins Zimmer. Maria keuchte: »Der König?« Sully richtete sich auf, legte seine Hand auf die Schulter des weinenden Knaben und antwortete feierlich: »Madame, hier steht der König!« Dann fügte er die traditionelle Formel

Die Ermordung Heinrichs IV. am 14. Mai 1610 durch François Ravaillac in der Rue de la Ferronerie in Paris.
Der Mörder, Laienbruder in einem Kloster der Feuillants, handelte unter religiösen Wahnvorstellungen und wurde zum Tode verurteilt und von Pferden zerrissen.
Illustration aus J. L. Gottfridi »Historische Chronica«, 1674.

Margarete von Valois, die erste Gemahlin König Heinrichs IV. von Frankreich. Ihre Ehe wurde, weil sie kinderlos blieb, für ungültig erklärt. Ihre Nachfolgerin Maria de' Medici brachte schon im zweiten Jahr ihrer Ehe einen Sohn zur Welt, den zukünftigen König Ludwig XIII.
Porträtmedaillon Margaretes von Crispin de Passe (um 1540–vor 1629).

hinzu: »Le Roi est mort. Vive le Roi!« (»Der König ist tot. Es lebe der König!«)
Es gibt verschiedene Versionen über die Hintergründe dieses Meuchelmordes. Der Häftling selbst, Ravaillac, bestand auch bei der Folter darauf, niemand habe ihn angestiftet, er habe nur seinen Visionen gehorcht. Er starb eines grausamen Todes. Vier Pferde, an die man seinen Körper gefesselt hatte, rissen ihn in Stücke.
Als die verwitwete Regentin wieder an die Öffentlichkeit trat, zeigte sie zum allgemeinen Erstaunen ein geradezu fieberhaftes Interesse für Politik. Mehr als von jedem Franzosen ließ sie sich von dem Abenteurer Concini, Leonoras Mann, zusammen mit dem päpstlichen Legaten und den spanischen und österreichischen Botschaftern beeinflussen, die insgeheim alle über Heinrichs Tod jubelten. Concini waren politische oder religiöse Ideale völlig gleichgültig. Er beschäftigte sich mit Staatsgeschäften nur, um sich zu bereichern, und riet Maria daher auch nur Dinge, die zu seinem eigenen Vorteil waren. Diesen Vorteil sah er auf der Seite der Katholiken, deren Sache nun rasch gedieh, nachdem der einzige geniale Mann, der sich auf weltlichem Gebiet ihren Auswüchsen entgegengestellt hatte, beseitigt worden war. Zu Concinis Erfolgen in diesem Sinne gehörte die Verlobung Ludwigs XIII. mit der spanischen Infantin Anna von Österreich, der Tochter Philipps III., im Jahr 1612. Daneben das Verlöbnis Elisabeths, der ältesten Tochter der Regentin, mit dem zukünftigen König Philipp IV. von Spanien.
Leonora, die langjährige Vertraute Marias, war ihrem Wesen nach eine kompromißlose Realistin. Sie hatte längst begriffen, daß es nicht genügte, amüsant zu sein, wenn sie und ihr Ehemann, der Marschall Concini, nach oben kommen wollten. Deshalb beschloß sie schon früh, sich in ihrem abergläubischen Zeitalter als Hexe Furcht und Respekt zu verschaffen. Unter anderm tat sie, als fiele sie in Trance und könne sich mit allmächtigen Partnern aus anderen Welten unterhalten. Sie verfügte über einen ganzen Apparat von Methoden, um Leute einzuschüchtern, die sie beeinflussen wollte. Vergeblich sprachen die Ärzte von Hysterie und die kirchlichen Doktoren vorsichtig vom Phänomen dämonischer Besessenheit. Leonora wußte stets, wie weit sie gehen durfte und wann sie ein ganz anderes Wesen zeigen mußte, um diese Diagnosen zu widerlegen. Wenn die Ärzte gefährlich zu werden schienen, griff sie zu Erpressung oder Bestechung oder überlistete sie einfach. Vor allem wußte jeder, daß sie die Favoritin der Königin war, und niemand wollte bei Maria de' Medici in Ungnade fallen. Mit diesen Methoden regierte Leonora eine Zeitlang Frankreich.
Rein politisch betrachtet hätte die Lage ernster sein können. Die Stabilität des Landes litt inzwischen weniger unter der Unvernunft der Königin als unter den fanatischen Protestanten in Kreisen der Aristokraten und höheren Staatsbeamten. Die Beamten wurde

Leonora unter diesem oder jenem Vorwand allmählich los und ersetzte sie durch fähige und weltlich gesinnte katholische Geistliche. Sie erkannte bald, daß zu den klügsten und taktvollsten dieser Priester ein gewisser Armand Jean du Plessis de Richelieu gehörte, Sohn eines treuen Dieners Heinrichs III. sowie Heinrichs IV.
Aber nicht alles ging gut. Leonoras Pläne wurden ständig durch den übertriebenen Ehrgeiz ihres Mannes behindert, den nicht nur die protestantischen Fürsten, sondern auch der junge König selbst und viele Bürger haßten. Das schadete auch der Beliebtheit der Königinmutter, wie man sie jetzt offiziell nannte, denn man gab Maria an allem die Schuld. Eines Tages plünderte ein wütender Mob das Haus von Concini und warf ein Porträt Marias aus dem Fenster. Daraufhin beschloß der 16jährige Ludwig, sich gegen die Favoriten seiner allzu nachgiebigen Mutter durchzusetzen.
Am 24. April 1618 ließen ein paar Freunde Ludwigs den Marschall

Maria war die zweite Medici, die Königin von Frankreich wurde. Heinrich IV. war zwar von ihrem etwas einfältigen Gesicht und ihrem plumpen Körper wenig angetan, er vermutete jedoch hinter solchen Äußerlichkeiten ein interessantes Temperament. Und obwohl er sie häufig betrog, vor allem mit seiner Favoritin Henriette de Verneuil, liebte der König seine Frau.
Wie Katharina wurde sie bald Witwe und mußte die Regentschaft für ihren Sohn Ludwig XIII. führen. Doch die »unglückliche« Königinmutter wurde bald von diesem abgeschoben und später sogar in Compiègne gefangengehalten. Sie flüchtete schließlich ins Ausland und starb nach einer langen Irrfahrt 1642 in Köln.
Kupferstich von Anton van Dyck (1599–1641).

in die Falle gehen, indem sie die Eingangstür eines Zimmers im Louvre hinter ihm und vor der Nase seiner Begleitung schlossen. Als Concinis Hand nach dem Schwertgriff zuckte, schossen sie ihn mit Pistolen nieder und gaben ihm, als er zusammenbrach, mit der blanken Waffe den Todesstoß. Als Ludwig davon erfuhr, rief er laut: »Jetzt bin ich König!« Er weigerte sich, seine Mutter zu sehen, entließ Richelieu wegen zu großer Nachsicht gegen die Protestanten und machte es dann ironischerweise genauso wie Concini: Er förderte die Katholiken wo er nur konnte.

Ludwig schickte seine Mutter in ihr Schloß in Blois an der Loire in der Hoffnung, daß sie dann keinen Schaden mehr anrichten könne. Das Abschiedsgespräch zwischen Mutter und Sohn ist überliefert:

Ludwig: »Madame, ich möchte Euch nun von der Last der Staatsgeschäfte befreien. Es ist Zeit, daß ich Euch diese Bürde abnehme. Denn ich werde nicht zulassen, daß es jemand anderes tut. Aber ich werde Euch immer mit dem Respekt behandeln, den man einer Mutter schuldet. Ihr werdet in Blois von mir hören. Adieu, Madame. Hört nicht auf, mich zu lieben, und Ihr werdet einen guten Sohn an mir haben.«

Maria: »Sire, ich bedaure, als Regentin nicht in Übereinstimmung mit Euren Wünschen gehandelt zu haben. Aber ich tat mein Bestes und ich bitte Euch, mich in Zukunft als Eure demütige und bescheidene Mutter und Dienerin zu betrachten.«

Zum erstenmal nach vielen Jahren umarmte sie den streng blickenden jungen Mann, aber er erwiderte ihre Umarmung nicht. Dann schritt er zurück, verbeugte sich tief und verließ den Raum. Nachdem sich die Tür hinter ihm geschlossen hatte, brach die Königinmutter, die nun nicht mehr Regentin war, in Tränen aus. Richelieu, der alles erfahren hatte, folgte ihr mit der ihm eigenen Zurückhaltung in der letzten Kutsche einer langen Prozession von Fahrzeugen.

Marias Günstling, der Marquis d'Ancre Concini, war während der Regentschaft der Königinmutter eine Zeitlang der wirkliche Herrscher Frankreichs. Auf seine Initiative gingen auch die Verlobungen Ludwigs XIII. mit Anna von Österreich und Marias ältester Tochter Elisabeth mit dem späteren König Philipp IV. von Spanien zurück.
König Philipp IV. von Spanien (1605–1665) von Peter Paul Rubens.

Sobald Maria ausgedient hatte, wurde Leonora, die sie nicht nach Blois hatte begleiten dürfen, wegen Hexerei der Prozeß gemacht. Sie verteidigte sich meisterhaft, aber Ludwig war seit langem entschlossen, sich ihrer ein für allemal zu entledigen. Leonora wurde im Alter von 41 Jahren des Verrats, der Ketzerei und der Veruntreuung öffentlicher Gelder für schuldig befunden und auf der Place de la Grève enthauptet. Ihre Leiche wurde verbrannt.

Die Königinmutter war entsetzt über die Hinrichtung ihrer lebenslänglichen Freundin und erfuhr, daß gewisse Herren – die Herzöge von Epernon, Montmorency und Guise vor allem – über die Strenge des Königs ebenso empört waren wie sie und ihr bei der Rückeroberung der Macht helfen wollten. Als Ludwig sich weigerte, sie im Februar 1619 an der Hochzeit ihrer Tochter Christine mit dem Prinzen von Piemont, dem Erben des Herzogs von Savoyen, teilnehmen zu lassen, war die Zeit reif. In der Nacht des 21. Februar befestigte man eine Strickleiter am Fensterbrett ihres Schlafgemachs in Blois. Richelieu half ihr hinauszuklettern, und einer ihrer Stallmeister dirigierte ihre Füße. In tiefster Finsternis und bei schneidender Kälte erwies sich diese Operation und der Abstieg der schwerfälligen, ebenso furchtsamen wie entschlossenen Gefangenen, die fest in einen großen Mantel gegürtet war, als äußerst mühselig. Als sie den Boden erreicht hatte, fiel sie fast in Ohnmacht. Wachtposten, die in geringer Entfernung vorbeizogen, pfiffen durch die Zähne und riefen scherzhaft ermutigende Worte herüber. Sie glaubten, ein paar Burschen versuchten, eine dicke Frau zu entführen. »Sie halten mich für eine Hure«, schnaufte die Königinmutter dankbar, während ihre Retter sie zu einer wartenden Kutsche drängten, die sofort in rascher Fahrt in Richtung auf d'Epernons Güter losfuhr. Richelieu, der Stallmeister und ein halbes Dutzend anderer Herren zu Pferde begleiteten sie.

Bald wußte das ganze Land, daß Maria verschwunden war und wo sie sich voraussichtlich aufhielt. Der König marschierte gerade mit einem Heer in die Provence, ließ sich aber vom Herzog de Luynes überreden, erst mit Richelieu zu verhandeln. Das Ergebnis der Verhandlungen war, daß die Königinmutter zum Gouverneur von Anjou ernannt wurde. Anfang September trafen sie und Ludwig zu einer formellen Versöhnung zusammen und tauschten protokollarische Umarmungen aus.

Jahre politischer Wirren folgten in Frankreich. Maria und der König, der Herzog de Luynes, der Marquis de Vitry, der Prinz von Condé, der inzwischen aus dem Gefängnis entlassen worden war, und die kleine blonde, diktatorische Königin, Anna von Österreich, kämpften um die Macht. Wie Katharina de' Medici in der zweiten Hälfte des vorangegangenen Jahrhunderts, bemühte sich Richelieu allein um Frieden und machte sich damit immer mehr verhaßt. Ende 1622 wurde er zum Kardinal ernannt. Unter seinem strengen Regiment verloren die schlimmsten Feinde Marias nach und nach an Einfluß. Er erreichte schließlich, daß Maria zum Staatsrat zugelassen wurde, wo sie einen guten Eindruck machte, weil sie stets genau das tat, was Richelieu ihr vorher geraten hatte. 1624 trat er auf Befehl des Königs selbst diesem Kabinett bei. Ludwig hatte sich endlich davon überzeugt, daß der Geistliche ein wahrer Patriot war und wahrscheinlich der beste Politiker, den Frankreich je besessen hatte.

Wie weit die religiöse Intoleranz unter Richelieu zurückgegangen war, zeigte sich an der Heirat, die Ende des Jahres zwischen Henriette, Marias dritter Tochter, und dem protestantischen Prinzen von Wales zustande kam. Der Kardinal wollte eine Vorherrschaft der Habsburger in Europa unbedingt verhindern und glaubte, daß eine Allianz zwischen Frankreich und England die österreichisch-spanischen Pläne durchkreuzen werde.

Kardinal Armand Jean du Plessis Richelieu (1585–1642). Kupferstich von Philippe de Champaigne. Richelieu unterstützte zunächst die Politik der Königinmutter Maria de' Medici, die ihn 1616 zum Staatssekretär ernannte. Später vermittelte er im Streit zwischen Maria und ihrem Sohn Ludwig XIII. Doch 1630 entzweite er sich mit der Medici, um deren politischen Einfluß auszuschalten.

»Begegnung Annas und Joachims an der Porta Aurea« von Filippino Lippi, 1497. Statens Museum for Kunst, Kopenhagen.

Während der Belagerung von La Rochelle, das wieder von rebellischen Hugenotten besetzt war, konnte Maria in Abwesenheit Ludwigs offiziell in ihre alte Stellung als Regentin zurückkehren. Sie und der Kardinal, auf dessen Macht die Königinmutter allmählich eifersüchtig wurde, standen nun drei unverhohlen feindseligen Kräften gegenüber, Spanien, Österreich und England, die alle darauf drangen, die Einheit Frankreichs zu zerstören. Aber auf den britischen Schiffen, die zur Unterstützung vor La Rochelle lagen, brach eine Epidemie aus, und im Oktober ergab sich die Stadt den Truppen des Königs. Richelieu wurde von fast allen wichtigen Männern bewundert und war nun praktisch Alleinherrscher in Paris. Er war sich seiner Position bewußt, verhielt sich aber trotzdem vorsichtig.
Die Königinmutter begriff damals häufig nicht, wie rasch seine Stimmung wechseln konnte. Sie begann erneut mit ihm zu streiten, und 1630 war das Verhältnis zwischen beiden zum Zerreißen gespannt. Als er eine private Unterhaltung zwischen Maria und dem König störte, verlor sie die Beherrschung. Eine Mischung aus französisch-italienischen Beschimpfungen sprudelte nur so aus ihr heraus. Richelieu fiel vor ihr auf die Knie und bat um Vergebung. Ludwig vermittelte. Er tadelte seine Mutter vorsichtig, befahl aber auch Richelieu, den Raum zu verlassen. In diesem Augenblick

glaubte sie, an diesem stolzen Kirchenmann und ihrem körperlich und seelisch kranken Sohn vorbei sei es nur noch ein kleiner Schritt, um die wirklich große – worunter sie eine absolut despotische verstand – Königin zu werden, die sie immer hatte sein wollen.
Wie gewöhnlich irrte sich Maria. Der König gab einem seiner Kumpane, Claude de St. Simon, bestimmte Befehle und ging dann nach Versailles. Richelieu war überzeugt, daß seine Karriere zu Ende war. Er ging nach Le Havre, von wo er nach England flüchten wollte. Inzwischen erhielt er die Nachricht, er habe sich sofort seinem Souverän in Versailles zur Verfügung zu stellen.
Der König hätte bei dieser Zusammenkunft nicht entgegenkommender sein können. Er sagte seinem Besucher, er sei rückhaltlos von dessen Genie und unerschütterlichen Loyalität überzeugt. Der bedeutendste Minister, den Frankreich je gehabt habe, müsse unbedingt an der Spitze der Staatsgeschäfte bleiben. Der Kardinal war sehr erleichtert und leistete sich die kühne Antwort, er könne das Land nicht richtig regieren, solange Maria de' Medici in Paris sei. Ludwig stimmte mürrisch zu, daß seine Mutter keinerlei politischen Verstand habe und versprach, darüber nachzudenken.
Er begann damit, daß er Marias mächtigste Anhänger verbannte, ins Gefängnis warf oder hinrichten ließ. Maria war entsetzt, wurde jedoch in die Enge gedrängt. Schließlich erklärte sie dem erstaunten Minister, sie habe ihn nie vom König trennen wollen, nur von den Staatsgeschäften lösen. Dann brach sie in Tränen aus. Der Kardinal versicherte der verstörten Frau feierlich, nachdem er ihr 14 Jahre treu gedient habe, sei er immer noch bereit, alles zu tun, um ihr Wohlwollen zurückzugewinnen.
Die Versöhnung hielt nicht lange an. Bald ermutigte die unverbesserliche Königinmutter ihren Sohn Gaston, einen jungen Mann mit wenigen Vorzügen, Frankreich in Unruhe zu versetzen, indem er nach der Krone griff. Danach verlor der Kardinal die Geduld und änderte seine Taktik. Er beschloß, ihrer Einmischung ein für allemal ein Ende zu bereiten. Er sprach mit dem König und erklärte ihm besorgt, Maria begünstigte Gaston zum Nachteil ihres ältesten Sohnes und legte dokumentarische Beweise für ihre Machenschaften vor. Schließlich rief er Gott als Zeugen an, daß er zurücktreten werde, falls sich die Königinmutter jemals wieder in Paris blicken ließe. Ludwig war längst selbst davon überzeugt, daß seine Mutter eine öffentliche Gefahr darstellte.
Nach einer tränenreichen Ansprache an Ludwig und das Parlament, bei der Maria erklärte, sie sei in allen Punkten, die Richelieu ihr vorwerfe, absolut unschuldig, er hingegen plane ihre Ermordung, eilte die Königinmutter – wie Ludwig es vorausgesehen hatte – nach Brüssel und unter die Obhut der dortigen Herrscherin, der Infantin Isabella (einer Enkelin der Katharina de' Medici).

Das Ende von Marias Geschichte erweckt nur Mitleid mit einer törichten und eigensinnigen, aber eigentlich nicht bösen Frau. Man hat ihr außergewöhnliche »mediceische List« und das Talent zur Intrige vorgeworfen. Aber ihre Verschwörungen und Pläne wurden immer von anderen erfunden und ausgeführt, erst von den Concini und später von spanischen und österreichischen Beamten. Die Geschichten über ihre Ehebrüche und ihre Grausamkeit sind reine Erfindung. Sie war von Natur aus keusch und hat nie versucht, jemanden direkt umzubringen. Sie mußte zugrunde gehen, weil sie für die Macht nur den Hunger und nicht die Fähigkeiten mitbrachte und sich mit dem bedeutendsten Politiker ihrer Zeit nicht arrangieren konnte.

Als Regentin ihres Sohnes Ludwig XIII. war Maria de' Medici ohne Glück. Nach der Ermordung ihres Günstlings Concini war sie zuerst dem Herzog de Luynes ausgeliefert. Als sie sich später mit dem mächtigen Kardinal Richelieu überwarf, mußte sie ins Ausland fliehen. Auf ihrer ruhelosen Irrfahrt durch Europa kam sie 1638 auch nach Holland.
»Einzug der Maria de' Medici in Amsterdam«, 1638. Kupferstich von Jan Martsen de Jonghe (um 1600–nach 1640).

Am 12. August 1631 warf Ludwig ihr Hochverrat vor, ließ ihre Person ächten und beschlagnahmte ihren Besitz. Maria lehnte die Einladung ihres Neffen, des Großherzogs Ferdinand II. der Toskana, ab, sich in Florenz niederzulassen. Sie reiste unglücklich in den Niederlanden umher, wo ihre Gegenwart der spanischen Regierung peinlich war, da sie eine Quelle möglicher ernsthafter Verstimmung mit Frankreich bildete.
Im Juni 1633 erfuhr Kardinal Richelieu, daß Maria in Gent krank darniederlag. Er sandte ihr ein paar freundliche Worte, worauf sie bitter antwortete, sie ziehe seine Beschimpfungen seinen Komplimenten vor. Trotzdem hatte sie im nächsten Februar soviel Heimweh nach Paris, daß sie ihm schrieb, er möge ihr vergeben und die Vergangenheit begraben. Der Kardinal antwortete nicht. Als sie ihm noch einmal schrieb, riet er ihr lediglich, sich zu überlegen, ob sie nicht doch in die Toskana gehen wolle.
Im Oktober 1534 verließ sie ihr Sohn Gaston, der einige Zeit mit ihr in den Niederlanden verbracht hatte, und folgte einer höflichen

Einladung des Kardinals in die französische Hauptstadt. Richelieu wollte ihn aus größerer Nähe beobachten können. Seine Mutter bombardierte den König mit Briefen und flehte ihn an, ihr zu erlauben, Gaston nachzureisen, aber Ludwig antwortete ausweichend. Sie konnte nur mit steigenden oder sinkenden Hoffnungen beobachten, wie Richelieu höchst selbstbewußt den Spaniern trotzte, wie seine Truppen bei einem Einmarsch in die Niederlande geschlagen wurden, und wie die Sieger Paris bedrohten, wenn auch vergeblich. 1638 gewannen die Franzosen die Oberhand, und die verbannte Königinmutter fürchtete, sie werde ihr erstes Opfer sein, wenn sie die Niederlande besetzten. Sie floh nach London, wo sie mit einer sicheren Zuflucht bei ihrer Tochter Henriette rechnete, der Gemahlin des englischen Königs Karl I.

Aber der Protestant Karl hatte Schwierigkeiten mit seinem Parlament und machte seiner katholischen Schwiegermutter klar, daß er sie nur seiner Frau zuliebe aufnahm. Der ungeliebte Gast nahm die Korrespondenz mit Ludwig und dem Kardinal in den unterwürfigsten Tönen wieder auf. An Richelieu schrieb sie: »Ich habe die Vergangenheit vergessen. Ich möchte nur, daß wir Freunde sind. Ich wäre so glücklich, wenn Ihr geruhen würdet, mir die große Gunst meiner Rückkehr nach Frankreich zu erweisen.« Obwohl sie vermieden hatte, Paris zu erwähnen, war der König nicht besänftigt. Wieder empfahl er ihr Florenz als geeigneten Aufenthaltsort. Richelieu hätte vielleicht nachgegeben, aber er erfuhr, daß Maria in geheimen Unterhaltungen wieder von einer zweiten Regentschaft sprach, und so sah er immer noch eine Gefahr in ihr.

Inzwischen wurden die Unruhen in London gegen Karl immer heftiger; teilweise richteten sie sich auch gegen Maria. Sie wurde im Parlament als *persona non grata* heftig angegriffen und begann, sich vor Attentaten zu fürchten. Auch der Tod von Rubens – der sie in seinem berühmten »Medici-Zyklus« verewigt hatte – am 30. Mai 1640 in Antwerpen deprimierte sie. Er war beinahe der einzige Freund, den sie noch hatte. Im August 1641 verließ sie die britische Hauptstadt, wo sich die Feindseligkeiten gegen König und Königin in einen offenen Bürgerkrieg zu verwandeln drohten.

Die unglückliche Königinmutter wußte nicht, wohin sie sich wenden sollte. Frankreich wollte sie nicht haben. Selbst König Philipp IV. von Spanien wünschte sie nicht mehr in seinen Niederlanden zu sehen. Ihr Stolz erlaubte ihr nicht, als verschmähte Königin und Mutter in die Toskana zurückzukehren. Schließlich fand sie in Köln einen bescheidenen Unterschlupf. Der Erzbischof zeigte christliches Mitgefühl mit einer Frau, deren Ehrgeiz nicht ihren Stand, aber ihre Fähigkeiten überschritten hatte. Dort starb sie am 3. Juli 1642 im Alter von 69 Jahren, eine altersschwache und unglückliche Frau, die bis zuletzt glaubte, das Schicksal habe sie zu einer großen Königin bestimmt.

Nach dem Tode Ludwigs XIII. (1643) lenkte Kardinal Mazarin (1602–1661) die Geschicke Frankreichs bis zum Regierungsantritt Ludwigs XIV. Kupferstich von Claude Mellan (1598–1688).

Ein Zwischenspiel: Ferdinand I., Cosimo II. und Ferdinand II.

Auf den Großherzog Francesco de' Medici, Maria de' Medicis Vater, war sein Bruder Ferdinand gefolgt. Als Francesco im Sterben lag, hatte sich Kardinal Ferdinand beeilt, seine kirchlichen Würden abzulegen, um dafür den großherzoglichen Thron eintauschen zu können. Diese Hast hatte weniger mit übertriebenem Ehrgeiz zu tun als mit seiner Überzeugung, er müsse, wenn überhaupt, dann sofort Anspruch auf sein Erbe erheben. Bianca Cappello, die zweite Frau des verstorbenen Ferdinand, hatte sich schon seit Jahren bemüht, Ferdinand als Thronerben auszuschalten. Diese Gefahr war allerdings nicht ernst zu nehmen, wie sich erwies, denn Bianca war in der Politik zu unerfahren, als daß ihre Pläne jemals Frucht getragen hätten. Trotzdem blieben ihre Intrigen – die Ferdinand immer sofort durchschaute und durchkreuzte – für den nervösen Ferdinand eine Quelle der Beunruhigung. Sobald der Thron verwaist war, verlor er keine Zeit, um seinen Anspruch anzumelden und sich als unbestrittener Herrscher der Toskana zu etablieren. Wahrscheinlich war es reiner Zufall, daß Bianca fast unmittelbar nach seiner Inthronisation starb, und trotz anderslautender Gerüchte wird wohl die Malaria und nicht der Dolch die Großherzoginwitwe der Toskana hinweggerafft haben.

Ferdinands fast krankhafter Haß auf Bianca zu Lebzeiten und selbst nach ihrem Tod ist der einzige dunkle Fleck in seiner sonst bewundernswerten Laufbahn als Großherzog. Wie seine Vorfahren war er ein großzügiger Mäzen der Künste – allerdings gab es zu seiner Zeit wenig große Kunst oder Künstler, die zu fördern sich lohnte. Seine bemerkenswerteste Leistung auf diesem Gebiet ist die Gründung der Villa Medici in Rom, die er mit antiker Malerei und köstlichen Skulpturen ausstattete.

Als Staatsmann reformierte Ferdinand I. die Justizverwaltung und bemühte sich sehr um die Innen- und Außenpolitik. In der Hafenstadt Livorno duldete er Juden und Ketzer. Unter Ferdinands aufgeklärter Politik der Bevölkerung gegenüber gedieh die Stadt noch mehr. Er erweiterte auch die Hafenanlagen und ließ einen Kanal von Livorno nach Pisa bauen. Im Gegensatz zu der Bequemlichkeit und der Selbstgerechtigkeit seines Vorgängers bewies Ferdinand auch in Industrie und Handel seinen praktischen Verstand.

Die Förderung von Livorno zahlte sich vor allem im Ausbau der toskanischen Flotte aus, die 1607 eines der Hauptnester der Piraten an der sogenannten Berberküste, Bona in Algerien, aushob. Im nächsten Jahr erfochten die toskanischen Kriegsgaleeren einen glänzenden Sieg über die türkische Flotte, nahmen neun Schiffe, 700 Gefangene und Schätze im Wert von zwei Millionen Dukaten.

*Porträt des Herzogs Cosimo II. de' Medici (1590–1620) von Lucas Kilian.
Der Sohn Ferdinands I. liebte den Luxus und machte sich nicht viel aus Kunst und Wissenschaft. Trotzdem war er es, der Galileo Galilei vor Verfolgungen schützte und ihn von der Universität Padua nach Florenz zurückrief. Zu Ehren Cosimos II. nannte Galilei die von ihm entdeckten Satelliten des Planeten Jupiter »Mediceische Sterne«.*

Ferdinand hatte nicht einmal als Kardinal geistliche Gelübde abgelegt und heiratete 1589 Christine von Lothringen, die Lieblingsenkelin Katharina de' Medicis. Der Großherzog verstand sich stets gut mit Christine oder Cristina, wie man sie in Italien nannte. Cristina wurde eine untadelige Großherzogin. Bei ihrer Heirat mit dem ehemaligen Kardinal war sie erst 22 Jahre alt. Als Ferdinand 1609 starb, überlebte sie ihn um viele Jahre. Sein ältester Sohn war damals 19 und folgte ihm als Cosimo II. auf den Thron.
Unter der Herrschaft von Großherzog Ferdinand I. begann Florenz auch wieder auf geistiger Ebene von sich reden zu machen, und zwar in der Person des Galileo Galilei (1564–1642). Er war in Pisa geboren und stammte aus einer vornehmen, aber verarmten Florentiner Familie. In Galileos Jugend schien es eher, er werde die Musik oder Malerei zu seinem Beruf machen und nicht die Wissenschaft. Erst nachdem er den Willen seines Vaters erfüllt und die Universität von Pisa mit dem medizinischen Examen abgeschlossen hatte, begann er in Florenz Vorlesungen über Mathematik zu halten. 1586 veröffentlichte er einen Aufsatz, in dem er seine Entdeckung des hydrostatischen Gleichgewichts beschrieb. Die Arbeit machte ihn in ganz Italien bekannt. Seine weiteren Leistungen auf dem Gebiet der Astronomie und Philosophie haben nur insofern etwas mit der Geschichte der Medici zu tun, als Galilei fast sein ganzes Leben in der Toskana verbrachte. An seinem Triumph und an seinem Scheitern war kaum ein Medici persönlich beteiligt, abgesehen von Cosimo II., der Galileo manchmal vor der Verfolgung durch kirchliche Fanatiker schützte, und von Ferdinand II. in den letzten Jahren seines Lebens. In der damaligen Zeit fand man die Kunst sehr viel aufregender und wichtiger als Maschinen und das Jonglieren mit Zahlen und mathematischen Formeln.
Cosimo II. interessierte sich wie sein Vater für alles, was mit der Seefahrt zu tun hatte, aber es lag ihm nichts an Handel und Finanzen. Ferdinand hatte die Medicibanken im Ausland noch persönlich überwacht, aber sein Sohn überließ diese Mühe anderen. Cosimo II. war seinem Onkel Francesco in seiner Neigung zum Luxus sehr ähnlich, dabei war er viel umgänglicher als Francesco und machte sich nichts aus Wissenschaft oder Kunst. Am liebsten ließ er sich Schauspiele vorführen. Trotzdem ist es sein oder seiner Ratgeber Verdienst, Galileo von der Universität Padua, wo er den Lehrstuhl für Mathematik innehatte, nach Florenz zurückgerufen zu haben. Er hatte in diesem Jahr Satelliten des Planeten Jupiter entdeckt, die er zu Ehren Cosimos, der seine frühen Vorlesungen vor der Florentiner Akademie besucht hatte, »mediceische Sterne« nannte.
Der Großherzog gab Galileo die Sinekure eines Hofphilosophen und -mathematikers, damit Galileo seine astronomischen Forschungen in Frieden fortsetzen konnte. Diese brachten ihn aber in Schwierigkeiten mit dem Vatikan. In einem Brief vom 4. August

Bereits im Jahre 1119 war in Bologna die erste europäische Universität gegründet worden, bald darauf wurden auch in Parma, Modena, Padua, Neapel, Siena und anderen italienischen Städten Universitäten errichtet. Die Lehrveranstaltungen gliederten sich in die Vorlesung (lectio), *bei der Texte gelesen und kommentiert wurden, und das sich daran anschließende Streitgespräch* (disputatio).
Eine Gruppe von Studenten aus einem Fresko von Benozzo Gozzoli mit Szenen aus der Legende des heiligen Augustus. Die Arbeit entstand zwischen 1463 und 1467 für San Agostino in San Gimignano.

1597 – also während der Herrschaft des Großherzogs Ferdinand – hatte er dem deutschen Astronomen Johannes Kepler (1571–1630) mitgeteilt, er glaube zwar, daß Nikolaus Kopernikus (1473–1543) recht habe, wenn er die Sonne zum festen Mittelpunkt des Kosmos erkläre; aber er, Galileo, habe Angst, ausgelacht zu werden, wenn er seine Ansicht der italienischen Öffentlichkeit mitteile. Aber es war nicht die Öffentlichkeit, die Galileo zu fürchten hatte. 1616, nach Ferdinands Tod, verurteilten die Theologen des Inquisitionsgerichts den Lehrsatz, daß die Sonne sich nicht bewege und die Erde täglich um sie kreise, als ketzerisch. Papst Paul V. verbot daraufhin Galileo, der damals in Rom war, diesen Lehrsatz zu »vertreten, zu lehren oder zu verteidigen«. Galileo gehorchte und kehrte für sieben Jahre stillen Studiums nach Florenz zurück.

In dieser Zeit starb Cosimo II., der erst 31 Jahre alt war (1620). Als Herrscher war er ein ziemlicher Versager, ohne jedoch dem Glück und Wohl der Toskaner zu schaden, das die weisen Maßnahmen Cosimos I. und Ferdinands I. begründet hatten. Nach Cosimos Tod – sein ältester Sohn und Nachfolger, der spätere Ferdinand II., war erst zehn Jahre alt – führten die Großherzoginnen Cristina und Magdalena (Cosimos französische Mutter Christine und seine Witwe Magdalena von Habsburg) die Regierung weiter. 1627, als Ferdinand 17 war, gab man ihm die großherzogliche Macht, die er allerdings zuerst mit den beiden Großherzoginnen und, offiziell, mit seinen vier jüngeren Brüdern Giancarlo, Matthias, Francesco und Leopoldo teilen mußte.

Während der schrecklichen Pest von 1630 bewies Ferdinand II. sehr viel Mut und erließ manche nützliche Verordnung, um den Opfern zu helfen und die Wiederholung solcher Ereignisse in Zukunft zu vermeiden. Aber im Gegensatz zu seinen Vorgängern geriet er unter starken kirchlichen Einfluß. Als der letzte Herzog von Urbino gestorben war, ließ Ferdinand ohne Protest zu, daß Papst Urban VIII. dieses toskanische Herzogtum an sich brachte. In Florenz sah man immer mehr Priester, und viele von ihnen stiegen in hohe Staatsämter auf – ein revolutionärer Vorgang, den Cosimo I. nie zugelassen hätte.

Deshalb konnte man von Ferdinand auch nicht erwarten, daß er Galilei schützte, als der große Astronom, inzwischen fast 70, im Februar 1633 vor die Inquisition geschleppt wurde. Als Galilei 1632, im gleichen Jahr, in dem Ferdinand offiziell als Großherzog eingesetzt wurde, in seiner Schrift über das ptolemäische und kopernikanische Weltsystem seine Lehre wiederholte, wurde er in einem zweiten Prozeß 1633 unter Androhung der Folter zum Widerruf gezwungen. In den letzten acht Jahren seines Lebens hütete er sich, nochmals mit dem Heiligen Offizium in Konflikt zu geraten. Erst später ist die Legende entstanden, man habe ihn gefoltert, und er

»*Das Martyrium des heiligen Petrus*«.
Das Frühwerk Filippino Lippis (1457–1504) steht noch ganz unter dem Einfluß von Masaccio. Um 1481–1483 malte er die Fresken in der Brancacci-Kapelle von Santa Maria del Carmine in Florenz, die Masaccio begonnen hatte. Der Beifall, den diese Arbeiten fanden, veranlaßte den 17jährigen Lippi, aus dem Karmeliterorden auszutreten.

habe mit dem Fuß aufgestampft und gerufen: »Eppur, si muove!« (»Und sie bewegt sich doch!«)
Die großherzogliche Familie sorgte sich damals weniger darum, ob sich die Erde bewegte oder nicht. Sie brauchte einen Thronerben. Die Großherzogin Vittoria della Rovere, eine hochnäsige und arrogante Dame, hatte mit ihren beiden ersten Geburten kein Glück. 1639 gebar sie einen Knaben, während sie selbst die Pocken hatte. Der Säugling lebte nur ein paar Stunden. 1641 brachte sie nach fürchterlichen Wehen ein Mädchen zur Welt, das gleich nach der Taufe starb. Unter diesen Umständen waren die Aussichten auf einen Erben wenig rosig, zumal sich der Großherzog lieber mit anmutigen jungen Männern beschäftigte als mit den ohnehin fragwürdigen Reizen seiner frigiden Gemahlin. Aber im August des nächsten Jahres brachte die Großherzogin endlich einen gesunden Knaben zur Welt, den die glücklichen Eltern Cosimo tauften.
Ferdinand war froh, seine unangenehmen ehelichen Pflichten los zu sein, und wandte sich erfreulicheren Tätigkeiten zu. Er hatte eine natürliche politische Begabung, und es gelang ihm, sein Land geschickt und ruhig durch alle Gefahren zu steuern, die von Österreich, Frankreich und Spanien drohten.
Seine sonstigen Amüsements waren allseits bekannt. Nach der Geburt Cosimos konzentrierte er seine Gefühle auf die Person eines jungen Grafen, den hübschesten seiner vielen schönen Pagen. Ferdinand war zu ehrlich, um Vittoria dieses Verhältnis zu verschweigen, aber er nahm Rücksicht auf ihre Stellung und verhielt sich nach außen stets wie ein liebender Gatte. Wie alle Italiener hatten

Der Maler Giovanni Bellini beim Orgelspiel auf der Terrasse seines Palastes.
Holzschnitt aus »Macrobii Opera«, Venedig 1513.

auch die Toskaner nichts dagegen einzuwenden. Sie konnten die Schwächen des Fleisches verstehen. Vittorias eisige, verächtliche Haltung, nachdem sie Ferdinands Flirt mit dem Pagen entdeckt hatte, machte sie bei ihren Untertanen verhaßt.
Ferdinands Mutter, die Großherzogin Maria Magdalena, war auch nicht toleranter als seine Frau. Eines Tages stürmte sie seine Gemächer und händigte ihm voller Zorn eine lange Liste prominenter Florentiner Homosexueller aus. Sie verlangte die sofortige Bestrafung dieser für Christen unerträglichen Sünder. Ferdinand, der selbst recht fromm war, nahm die Liste und las sie still, dann griff er ruhig nach einer Feder und fügte seinen eigenen Namen hinzu.
»Seid nicht albern«, mahnte seine Mutter. »Ihr wißt genau, daß Ihr Euren Namen nur hinzugesetzt habt, um diese schuldigen Schurken vor der verdienten Strafe zu bewahren. Ich werde aber dafür sorgen, daß sie den Lohn bekommen, den sie verdienen.«
»Und was soll dieser Lohn sein, Signora?«
»Das Feuer«, knurrte die Großherzogin. »Sie müssen alle zu Asche verbrannt werden.«
»Sehr gut. Es soll sein, wie Ihr wünscht.«
Dann warf der sanfte Ferdinand das Papier in die Flammen des offenen Kamins und wandte sich wieder an seine Mutter.
»Ihr seht, Signora – Euer Urteil ist bereits vollstreckt.«
Nach der Staatskunst und seinem jungen Freund liebte Ferdinand II. am meisten das Geld. Sir John Reresby, ein Engländer, der 1654 die Toskana besuchte, schrieb: »Er findet es nicht unter seiner Würde, den Kaufmann zu spielen, und seine große Sparsamkeit läßt ihn nicht ohne Grund als den reichsten Fürsten von Italien erscheinen, wobei es, ich meine seine Sparsamkeit, als Beispiel genügt, daß er mit seinem Koch persönlich aushandelt, wie viele Fleischportionen er ihm wöchentlich für seine Tafel liefern soll, so daß die meisten seiner Diener nicht verpflegt werden« – das heißt, für ihr Essen selbst bezahlen müssen.
Die Sparsamkeit des Großherzogs bezog sich allerdings nicht auf die öffentlichen Feste. Er wußte, daß man sie von ihm erwartete, und bot dem Volk alles: Feuerwerk, Wagenrennen, Vorführungen mit Pferden und Windhunden, Fußball, Turniere, Prozessionen und andere Schauspiele. Mythologische Fantasien wurden entworfen und gespielt, oft mit Musikbegleitung, Rezitationen mit allen möglichen Theatereffekten fanden statt. Springbrunnen spien Wein. Konzert und Tanz, Drama und Gesang, Illuminierungen und nächtliche Regatten ergötzten die Bürger.
Ferdinand selbst ging am liebsten auf die Jagd, aber er fischte auch gern und spielte Boccia.
So viel Fröhlichkeit gefiel den Toskanern sehr. Doch unter Ferdinand II. lebten auch Kunst, Wissenschaft und Literatur wieder auf. Die Komponisten leichter Musik, die Freskenmaler mit ihren aus-

gelassenen Szenen, die Architekten, die mit Perspektive und *chiaroscuro* (Helldunkel) zauberten, waren ebenso beliebt wie produktiv. Zu den herausragenden Namen zählte Luca Giordano (1632–1705), ein Neapolitaner, der in rasender Eile Bilder von Giulio Romano, Raffael und Michelangelo kopieren konnte. Wissenschaftler und Ingenieure zeigten ihre Erfindungen – von Barometern und Thermometern bis zu Teleskopen. Die Dichter schrieben ihre Oden und Sonette auf Bestellung, aber von all diesen Leistungen ist weniger erhalten geblieben als aus Zeiten lebensbedrohender Unsicherheit und Gewalt. Bezeichnend für Ferdinands Regierungszeit als fünfter Großherzog der Toskana ist ein exzentrischer Maler namens Giovanni da San Giovanni. Halb gelähmt von der Gicht saß er in einer Wanne, während er seine Fresken schöner Jünglinge malte, Allegorien und Mythen wie »Die Vertreibung der Wissenschaften aus Griechenland« und einmal auch einen Satyr, in dem man mühelos Ferdinands Lieblingszwerg Ghianni erkennen konnte, an einen Baum gefesselt, wie er von einer Schar Nymphen kastriert wird.

Seinen ersten großen Auftrag als Maler erhielt Michelangelo von Papst Sixtus IV., für den er die Decke in der Sixtinischen Kapelle in Rom ausmalte.
Michelangelo arbeitete von 1508 bis 1512 an den Fresken, auf denen in neun rechteckigen Bildern Ereignisse aus dem 1. Buch Mose erzählt werden.
Giorgio Vasari berichtet in seinen »Lebensbeschreibungen« über die Arbeiten: »Er führte die Arbeit unter großer Anstrengung aus, das Gesicht nach oben gekehrt, wodurch er sich die Augen also verdorben hatte, daß er mehrere Monate lang nur von unten nach oben Briefe lesen und Zeichnungen betrachten konnte. Und ich kann Zeugnis ablegen, was das sagen will, da ich fünf große Zimmerdecken im Palast des Herzogs Cosimo gemalt habe.«
»Die Sintflut«. Cappella Sistina, Rom.

Ein weiterer neapolitanischer Maler, der mehr in Erinnerung geblieben ist als Giovanni, war Salvator Rosa, den Ferdinands Bruder Kardinal Giancarlo de' Medici Ende der vierziger Jahre des 17. Jahrhunderts von Rom nach Florenz holte. Er blieb etwa neun Jahre in der toskanischen Hauptstadt, und die lustigen, leichtsinnigen Florentiner werden seine wilden, melodramatischen Landschaften und Schlachtenbilder mit einigem Befremden betrachtet haben.
Die Vielseitigkeit und Produktivität dieser beiden Künstler und vieler anderer, von denen man außerhalb Italiens fast nichts mehr weiß, zeigen die ungewöhnliche, wenn auch oberflächliche Vitalität

Kaiser Augustus gründete an der Stelle einer alten etruskischen Siedlung die römische Kolonie Seana Iulia, das heutige Siena. Die Stadt liegt inmitten einer toskanischen Hügellandschaft und hat noch heute ihr überwiegend gotisches Gesicht bewahrt. Im Mittelpunkt der Stadt, deren altes Straßennetz mit seinen Brunnen und Stadttoren noch fast unversehrt erhalten ist, liegt der Dom. Aus Braun und Hogenberg »Beschreibung und Contrafactur der vornembster Stät der Welt«, 1574–1618.

der damaligen Zeit. Naturforscher und Ärzte schrieben Lyrik in kompliziertem Versmaß. Dichter beschäftigten sich mit Chemie, Maler mit Theaterpossen. Dieser sprühende Elan war etwas ganz anderes als das Kränklich-Morbide, das dem 17. Jahrhundert Italiens oft von Autoren zugeschrieben wird, die vom Glanz der Renaissance geblendet sind. In den zweihundert Jahren davor herrschten vermutlich ebenso viel grobe Sinnlichkeit, Bigotterie und prätentiöser Unfug wie zwischen 1600 und 1700 und wahrscheinlich eher noch mehr Pedanterie und Vetternwirtschaft. Das 17. Jahrhundert stellte die vorangegangenen an Überschwenglichkeit und Lebenslust, an der Vielzahl von Vergnügungen und Persönlichkeiten weit in den Schatten. Die Gesellschaft sprühte vor Leben, da sie endlich frei war von den erbitterten Parteikämpfen und Eifersüchteleien, wie sie die Tage von Cosimo dem Alten und seiner Nachfolger beschattet hatten. Wenn ein Gemeinwesen nicht groß genug ist, um sich eine Nation zu nennen, und nicht klein genug, um sich von der kleinkarierten Tyrannei einer aus Inzucht bestehenden Gesellschaft aushöhlen zu lassen, ist eine gemäßigte Despotie – ein Ziel, das selten erreicht wird – immer noch das Beste.
Ferdinand II. war trotz seiner religiösen Orthodoxie an wissenschaftlicher Forschung genauso interessiert wie sein Großonkel Francesco. Er förderte alle Projekte weiter, die unter Cosimo II. einst begonnen wurden. Ganz Italien und besonders Florenz teilte die neue Neigung in Europa, sich mehr den Geheimnissen der Natur als denen der Kunst zu widmen. So wurden Mitte des 17. Jahrhunderts bereits die ersten Grundsteine für die spätere »Aufklärung« gelegt.
1657 gründete der zukünftige Kardinal Leopoldo de' Medici eine Akademie, in der die der Familie verbundenen Wissenschaftler ihre geistigen Auseinandersetzungen ausfochten. Sie bestand aus zehn Mitgliedern, und der Großherzog und seine Familie wohnten meist

den Sitzungen bei, die im Palast stattfanden. Kompromißlose Florentiner Intellektuelle, die nichts glaubten, was sie nicht sehen und berühren konnten, diskutierten hier immer wieder über hebräische und christliche Autoritäten, selbst über Heiden wie Aristoteles und den arabischen Arzt Avicenna. Die Wunder, die damalige Weltreisende verkündeten, wurden mit dem gleichen Selbstbewußtsein untersucht. Leider bestand diese Akademie nur zehn Jahre, da die Mitglieder so erbittert stritten, daß sie sich untereinander verfeindeten. Die Gesellschaft löste sich allmählich auf, vor allem, nachdem Leopold nach Rom gegangen war, um den Kardinalshut zu empfangen. Zusammen mit dem Planetarium, das ursprünglich 1593 für Ferdinand I. erbaut worden war, blieben Winkelmesser, Quadranten, Gefäße, Röhren, Thermometer, Mikroskope, Magneten und Teleskope dem Staub und den Spinnweben überlassen. Immerhin hatte Ferdinand II. gedanklich einen Weg eingeschlagen, der die Zivilisation der weiteren Jahrhunderte beherrschen sollte.

Ferdinand hätte seinem ältesten Sohn Cosimo gern eine wissenschaftliche Erziehung mitgegeben, aber Vittoria della Rovere, seine mürrische und bigotte Gemahlin, war aus religiösen Gründen dagegen. Um des lieben Friedens willen fügte er sich ihren Vorurteilen, und Cosimo wurde von einem ebenso fanatischen wie mittelmäßigen Theologen, Volumnio Bandinelli aus Siena, unterrichtet. Doch der Knabe hatte vorerst andere Interessen: Er schoß wie ein Alter und traf mit seiner Spielzeugbüchse die Gänse im Flug und die Wildschweine im Lauf.

Aus dem Jahr 1659, als der Thronerbe des Großherzogtums 17 Jahre alt war, berichtete allerdings der Gesandte von Lucca: »Der Prinz zeigt Symptome einer einzigartigen Frömmigkeit . . . die Melancholie, die ihn beherrscht, geht über alles Übliche hinaus, und darin unterscheidet er sich von seinem Vater. Der Großherzog ist zu allen Leuten liebenswürdig, er lacht gern oder macht einen Witz, aber den Prinzen sieht man nie lächeln. Die Menschen sehen darin eine Neigung zu Herrschsucht und Unzugänglichkeit und versprechen sich nichts Gutes davon.« Aus Mädchen machte sich Cosimo offenbar nichts. Er haßte das Tanzen und ließ in der Musik nur Kirchenchoräle gelten. Er machte mehrere Pilgerfahrten, ging jeden Tag zur Messe und las viele fromme Bücher.

An diesem Punkt in Cosimos Entwicklung trennte sich sein Vater von seinem hübschen Pagen, der zweifellos kein Kind mehr war, und nahm seine ehelichen Pflichten wieder auf. 1660 gebar die Großherzogin noch einen Sohn, Francesco Maria, aber Ferdinands letzte Lebensjahre wurden von der düsteren Zurückhaltung seines älteren Sohns überschattet, der sich ausschließlich mit Märtyrern und Wundern, mit mittelalterlicher Scholastik und dem Problem des Seelenheils beschäftigte. Obwohl der Großherzog ein aufrechter Christ war, wäre es ihm fast lieber gewesen, wenn Cosimo Gian-

carlo, dem ältesten seiner drei noch lebenden Onkel, geglichen hätte, einem Lebenskünstler und Kunstkenner, der ein ausschweifendes Leben führte. Auf dem Porträt von Sustermans sieht dieser Medici mit seinen langen Locken und dem kecken, schiefsitzenden Hut wie ein typischer »Kavalier« seiner Zeit aus. 1655 stand Kardinal Giancarlo de' Medici mit Vergnügen der brillanten, ungestümen und diktatorischen Königin Christine von Schweden bei, als sie nach ihrem Übertritt zum katholischen Glauben nach Rom kam und sich sofort in luxuriöse Zerstreuungen stürzte. Papst Alexander VII. war empört über den Skandal und befahl Ferdinand, seinen allzu lebenslustigen Bruder nach Florenz zurückzurufen.
Dort veranstaltete der unverbesserliche Kardinal weitere Orgien in der längst entschlafenen Platonischen Akademie Lorenzos des Prächtigen und verwandelte ihre feierlichen Wandelgänge und Haine in eine Phantasmagorie von Grotten, Fontänen, gigantischen Statuen und exotischen Pflanzen, die er nach seinen zahlreichen Favoritinnen nannte. Eine von ihnen hieß Ceparella (»kleine Wurzel«). Sie starb bald, aber offenbar hat sie auch nach ihrem Tod noch sinnlich auf ihren Liebhaber gewirkt. Dem Bericht des Küsters zufolge, der für ihre Gruft zuständig war, kam der Kardinal, um noch einen letzten Blick auf ihre Leiche zu werfen. Er stieg in den Sarg und befahl dem Mann, den Raum zu verlassen.
Der Großherzog hatte Angst vor seinem unkonventionellen Bruder, der auch tödliche Rache üben konnte. Ein Bursche namens Luca – auch einer von Ferdinands Lieblingspagen – war einmal Rivale des Kardinals in einer sexuellen Affäre. Er wurde dann mit anderen Gästen zu einem Abendessen auf einem Inselchen in den Gärten der Akademie eingeladen. Als die Nacht hereinbrach und die Gesellschaft sich zerstreute, wanderte Luca mit einem Freund zu einer Brücke, die das Inselchen mit der Umgebung verband. Er war schon sehr betrunken, fiel ins Wasser und ertrank. Giancarlo tat, als sei er über den Unfall außer sich, aber nur wenige Florentiner waren bereit, an seine Unschuld zu glauben.
Einen größeren Gegensatz als zwischen Giancarlo und seinem grämlichen jungen Neffen, dem zukünftigen Cosimo III., konnte es kaum geben. Ferdinand fand es an der Zeit, etwas zu unternehmen. Vielleicht, so meinte er, würde die Ehe einen Menschen aus ihm machen. Ferdinand hatte schon immer gut mit Ludwig XIV. von Frankreich gestanden, an dessen Hof man nach Sängern aus der Toskana ganz wild war. Er erfuhr von einer reizenden Nichte Ludwigs XIII. namens Marguérite-Louise, der Tochter des Herzogs Gaston d'Orléans. Die schmeichelhaften Schilderungen von Marguérite-Louise, die er zu lesen bekam, beeindruckten ihn sehr. Doch dann stellte sich heraus, daß die Mitgift der französischen Prinzessin nicht befriedigend war. Ihr Vater Gaston starb am 2. Februar 1660 und hinterließ nichts als Schulden. Außerdem warnte seine Witwe

Fabio Chigi aus Siena als Papst Alexander VII. (1655–1667). Kupferstich von Cornelius Visscher.

Der Palazzo Pitti. Der Bau wurde 1457 von dem Architekten Luca Fancelli für Lorenzos Freund Luca Pitti begonnen. Der Elisabethanische Reisende Henry Wotton bezeichnete ihn als »prachtvollsten Bau der christlichen Welt«.
Ein knappes Jahrhundert später (1549) verkaufte die Familie den Palast an Eleonora von Toledo, die Gemahlin des Herzogs Cosimo I. de' Medici. Cosimo begann sofort mit dem weiteren Ausbau und Umarbeiten und ließ die Boboli-Gärten hinter dem Palast anlegen.
Zeichnung von Giuseppe Zocchi. Vorstudie zu seiner Kupferstichsammlung mit Ansichten der Stadt Florenz, die 1744 erschien.

Ferdinand. Ihre Tochter, so sagte sie, sei mit 15 Jahren bereits so an die Freizügigkeit und Zerstreuungen des französischen Hofes gewöhnt, daß sie sich in Italien eher langweilen werde. Aber der zu jener Zeit mächtige Staatsmann Kardinal Mazarin, der die Unterstützung des Großherzogtums Toskana für seine Ambitionen auf den Papstthron brauchte, bestach die Herzogin von Orléans und ihre Freunde, den Mund zu halten. Am 24. Januar 1661 wurde der Ehekontrakt unterzeichnet.
Dann starb Mazarin am 9. März. Die Herzogin begann sofort erneut, sich der Heirat zu widersetzen. Sie förderte hemmungslos eine Liebesbeziehung, die ihre eigenwillige Tochter mit ihrem 18jährigen Vetter Karl von Lothringen begonnen hatte. Aber Ludwig XIV. setzte sich durch, und so fand schließlich am 17. April im Louvre die Ferntrauung statt. Cosimo, der in Florenz mit Masern im Bett lag, ließ sich durch den Herzog von Guise vertreten. Marguérite-Louise reiste mit Tränen in den Augen nach Florenz.
Am 15. Juni begegnete die noch immer schmollende junge Französin zum erstenmal ihrem Gatten in Empoli westlich von Florenz. Beide Parteien hielten sich an die strengsten Anstandsregeln: Cosimo, weil er von Natur nicht leicht aus sich herausging und außerdem seine Masern noch nicht ganz überwunden hatte, und seine Braut, weil sie von ganzem Herzen wünschte, jetzt in Frankreich zu sein. Vielleicht ging der Rat des Arztes, das junge Paar möge vorläufig wegen Ansteckungsgefahr auf ehelichen Verkehr verzichten, auf ihre Anregung zurück.
Am 20. Juni um sieben Uhr morgens begannen in Florenz die Krönungsfeierlichkeiten. Niemals war seit dem Besuch Papst Leos X. in der Stadt solche Pracht in Italien entfaltet worden. Teile der bebau-

ten Fläche und Mauern waren abgerissen worden, um für eine neue Prachtstraße mit symbolischen Darstellungen rechts und links und für ein neues Tor Platz zu machen. Überall erhoben sich neue Säulenhallen und Triumphbögen, und auf der Piazza San Gallo errichtete man ein Theater, von dem aus das Publikum der eigentlichen Krönung beiwohnen konnte.
Die Prinzessin trug ein besticktes Kleid aus silbernem Stoff und einen Kopfputz aus Spitzen. Eine Kette von Diamanten, zwischen denen vierzig konische Perlen hingen, war auf die Robe aufgenäht. Zwei Perlen, so groß wie kleine Taubeneier, hielten den Stoff auf den Schultern zusammen. Nach der prachtvollen Krönung im Theater setzte sich die Prozession zum Dom in Bewegung, an der Spitze die zwölf Stabträger des Senats in zinnoberroten Livreen und die Pagen des Großherzogs. Markgrafen, geistliche Würdenträger, Pagen, Herolde und Reitknechte folgten paarweise reitend in azurblauem Samt, in Grün und Purpur und Gold. Dann kamen die Schweizer Garden in zwei verschiedenen Scharlachtönen und endlich Cosimo auf einem prächtigen Pferd, mit Edelsteinen an seinem Wehrgehänge, seinem Schwert, seinem Brokatwams und selbst an seinen goldenen Sporen. Hundert Bewaffnete in Medicirot scharten sich um ihn. Dahinter sah man die Prinzessin ganz in Weiß und Silber in einer offenen Sänfte, die von zwei weißen Maultieren mit ebensolchen Schabracken getragen wurde. Darauf saßen zwei engelhafte Kinder in Weiß und Gold, 32 junge florentinische Edelleute trugen den schweren, goldenen, mit Perlenfransen besetzten Baldachin. Dann folgten die Herzogin von Angoulême und die Gräfin von Belloy in einer Kutsche mit dem Wappen von Frankreich, die

Auch im 17. Jahrhundert verstanden es die Florentiner und die Medici, glänzende Feste zu feiern. Der Kupferstich von Stefano della Bella (1610–1664) zeigt ein Festbankett, das Carlo de' Medici in Florenz gab.

Lilie in Topasen ausgeführt, und dem der Toskana, den mediceischen Rubinen auf einem Grund von Lapislazuli. Den Schluß bildeten 300 Kutschen mit dem Adel von Florenz.
Beim Einzug in die Kathedrale besprengte der Bischof von Fiesole Braut und Bräutigam mit Weihwasser, während zwölf Chöre das »Te Deum« sangen. Cosimo führte Marguérite-Louise zum Hochaltar, der von Gold funkelte. Weihrauch füllte die große Kirche. Der Bischof riß mit seiner leidenschaftlichen Rede fast die ganze Gemeinde zu Tränen hin. Als der Großherzog und die Großherzogin nach vorn zu dem jungen Paar schritten, ging jedes andere Geräusch im endlosen Jubel der Bevölkerung und dem Krachen der Gewehrsalven unter.
Marguérite-Louise hatte die Zeremonie trotz ihrer Vitalität sehr angestrengt. Erst am Abend des 22. Juni konnte man das fürstliche Paar zum Hochzeitslager führen. Die Großherzogin Vittoria überreichte der Braut persönlich das Nachtgewand. Die Bettpfosten waren aus massivem Silber und mit verschiedenfarbigen Edelsteinen verziert. Dieser üppige äußere Rahmen scheint auf den Bräutigam nicht sonderlich anregend gewirkt zu haben, denn er benahm sich anschließend äußerst ungeschickt. Sein Versagen entschuldigte er mit seiner gerade überstandenen Krankheit.
Am 18. Juli wurde Nicolas Fouquet, der Finanzminister Ludwigs XIV., informiert, der Prinz habe »nur dreimal bei ihr gelegen, und wenn er nicht hingeht, schickt er einen Kammerdiener, um Madame zu sagen, daß sie nicht auf ihn warten soll. Die französischen Damen und Kammerzofen sind über diese Methode, Komplimente zu erweisen, sehr erstaunt. Der Prinz und die Prinzessin sprechen überhaupt nicht miteinander. Madame findet das Leben hier sehr seltsam.«
Die Streitigkeiten zwischen Cosimo und der Prinzessin begannen bereits in der zweiten Nacht. Sie verlangte, alle herzoglichen Juwelen sollten ihr als ihr persönliches Eigentum ausgehändigt werden. Cosimo weigerte sich so höflich wie möglich und erklärte, dies seien Erbstücke des Hauses Medici und müßten für künftige Generationen bewahrt werden. Marguérite-Louise schimpfte laut und stahl später kaltblütig so viele davon, wie sie in die Finger bekommen konnte. Die Juwelen schickte sie nach Frankreich. Ihre Kuriere wurden allerdings eingeholt und mußten die Beute wieder herausrücken.
Die Prinzessin, so entschied Cosimo, brauche Unterhaltung und Ablenkung, um auf andere Gedanken zu kommen. Die erstaunlichsten und phantasievollsten Lustbarkeiten begannen, darunter auch Cosimos persönliche Spezialität, ein nächtliches Ballett zu Pferde in den Boboli-Gärten. Alle gaben sich die größte Mühe, die verwöhnte Prinzessin bei guter Stimmung zu halten, und manchmal war sie ja auch so charmant und ausgelassen, wie es ihrem Wesen

Ludwig XIV. (1638–1715) als Knabe. Porträt von Claude Mellan.
Ludwig wurde schon im Alter von fünf Jahren König und wuchs unter der Regentschaft seiner Mutter Anna von Österreich auf.

»Das Pflügen«. Marmorrelief von Andrea Pisano. Museo dell'Opera del Duomo, Florenz.

entsprach. Aber Marguérite-Louise blieb trotzdem eine starke Belastung für ihren Ehemann und für die Toskaner.
Um diese Zeit erschien plötzlich Karl von Lothringen in Florenz. Ferdinand, der nichts von Karls früherem Verhältnis zu Cosimos Frau wußte, empfing ihn äußerst höflich. Die Liebenden trafen dann ein paarmal ungestört zusammen, aber diese Begegnungen können kein reines Vergnügen gewesen sein. Beide hatten Unangenehmes zu berichten – Karl hatte sich mit Ludwig XIV. überworfen, der ihn daraufhin verbannte.
Als Karl Florenz verlassen hatte, um sein Glück in militärischen Abenteuern zu suchen, schickte Marguérite-Louise ihm glühende Liebesbriefe. Karl antwortete in amüsanten und gefühlvollen Versen. Eine seiner Liebesbeteuerungen wurde aufgefangen, und Ferdinand und Cosimo lasen sie mit schmerzlicher Entrüstung. Doch sie sagten der Prinzessin nichts von ihrer Entdeckung, überwachten aber von nun an ihre gesamte Korrespondenz. Unerwünschte Briefe wurden vernichtet oder zurückgeschickt. Die Mutter der Prinzessin beklagte sich bei Ludwig XIV. über diese Behandlung, aber der König lehnte es ab, sich einzumischen. Zwischen dem Hause Medici und der Prinzessin brach ein offener Krieg aus, in dem die scharfe Zunge der jungen Dame einen Sieg nach dem anderen davontrug.
Kardinal Giancarlo hätte Marguérite-Louise vielleicht von ihrer Langeweile erlösen können, aber er hatte anscheinend keine Lust dazu. Friedlichere Damen waren ihm lieber. Im Januar 1663 starb er, worüber Ferdinand erleichtert war. Je älter er wurde, desto zügelloser und skrupelloser war sein Leben. Einmal hatte er einen überführten Mörder begnadigt, um als Lohn mit dessen Frau zu schlafen, die besonders schön war. Zweifellos hat sein Lebensstil viel dazu beigetragen, daß der Kardinal bereits mit 52 Jahren starb. Ferdinand wollte wieder einen zweiten Kardinal in der Familie haben. Sein 68jähriger Onkel Carlo war bereits senil, und so sorgte er dafür, daß sein 46jähriger Bruder Leopoldo im gleichen Jahr den roten Hut empfing.
Am 9. August 1663 gebar Marguérite-Louise einen Sohn, der Ferdinand getauft wurde. Sie erholte sich nur langsam von der Geburt, da sie bis zum letzten Augenblick nicht aufs Reiten verzichtet hatte. Cosimo war erleichtert, denn nun war seine Nachfolge gesichert. Er kümmerte sich jetzt noch weniger um sie, entließ jedoch noch mehr von ihrem französischen Personal. Selbst Ludwig XIV. begriff nun, daß die Ehe, die er so stark befürwortet hatte, sich immer schlimmer entwickelte.
Immerhin gefiel die hübsche, witzige und energische Pariserin den meisten Florentinern besser als ihr übellauniger Mann. Cosimo beschloß, eine Zeitlang nach Venedig zu gehen, damit seine Popularität nicht noch weiter sank. Als er an seinem Geburtstag, dem

7. August 1664, zurückkehrte, war die Stimmung der beiden schlimmer denn je. »Sie hat ihrem Ehemann gesagt«, so schrieb der venezianische Gesandte, »daß sie sich ins oberste Stockwerk des Palastes zurückziehen wolle.«
Ferdinand teilte sie außerdem mit, sie betrachte Cosimo nicht als ihren Mann und wolle nicht länger von ihm »belästigt« werden.
Schließlich verfiel Marguérite-Louise auf das wirksamste Mittel, ihrem frommen Mann das Leben schwer zu machen. Sie erklärte, nur in einem Kloster könne ihr Seelenheil gerettet werden, da man sie zur Ehe gezwungen habe und sie deshalb in Sünde mit einem Mann lebe, den sie nicht als ihren legitimen Ehemann betrachte. Cosimos Theologen wiesen vergeblich auf die Schwächen dieses Arguments hin. Allein bei dem Gedanken fiel Cosimo in Schwermut. Ein anderer Mann hätte vielleicht zu trinken begonnen, er aber verbrachte die meiste Zeit mit Essen.
1665 fiel Marguérite-Louise etwas Neues ein. Sie wandte sich an den Großherzog und erklärte, sie wünsche das normale Eheleben wieder aufzunehmen. Cosimo vergaß seine Qualen sofort und nahm seine reuige Frau mit Freuden wieder auf. König Ludwig schrieb damals: »Das Beste, was ich von Euch hören konnte, war die Nachricht von Eurer Versöhnung mit meinem Vetter, dem Prinzen der Toskana und seiner Familie.« Zunächst bezauberte die Prinzessin dann alle Welt mit ihrer Liebenswürdigkeit und Anmut. Als sie dann zum zweitenmal schwanger wurde, fing sie sofort an, in vollem Galopp über Land zu reiten, ganz offensichtlich mit dem Ziel, ihrem Zustand ein Ende zu bereiten, der zu ihren luxuriösen Neigungen nicht paßte. Sie nahm eine Zeitlang kein Essen zu sich und brach dann mit einer schweren Grippe zusammen. Doch sie erholte sich noch rechtzeitig genug und gebar am 11. August 1667 eine Tochter: Anna Maria Ludovica. Als sie an Pocken erkrankte, wurde ihr das ganze Haar abgeschnitten. Kaum war sie wieder aus dem Bett, vergoß sie Ströme von Tränen und verfluchte Cosimo als die Ursache aller Leiden. Ihr unglücklicher Mann floh auf seines Vaters Rat ein zweites Mal ins Ausland. Er bereiste Österreich, Deutschland und die Niederlande. Im Mai 1668 kehrte er nach Florenz zurück, fand aber seine unberechenbare Frau genauso unversöhnlich vor. Sie weigerte sich, ihn zu sehen. Es hieß, sie plane heimlich nach Paris zurückzukehren.
Cosimo konnte nichts tun als wieder eine Reise anzutreten. Im September segelte er nach Barcelona. Er fuhr durch Spanien und Portugal, schiffte sich dann nach England ein, um später nach Frankreich zu reisen und den König aufzusuchen. Am französischen Hof machten sein mediceischer Ernst und seine Liebenswürdigkeit großen Eindruck.
Zweifellos hatte sich der Erbe des Großherzogs auf den ausgedehnten Reisen, die seiner Frau seine Gegenwart ersparen sollten, sehr

»Der trunkene Noah« von Andrea Pisano (1295–1349). Pisano war von 1336–1343 Baumeister des Florentiner Doms. Für die Sockelzone des noch von Giotto begonnenen Campanile schuf er eine Reihe von sechseckigen Marmorreliefs mit Szenen aus der Genesis sowie Personifikationen des Handwerks und der Freien Künste. Mit diesen Arbeiten, die sich heute im Dommuseum befinden, sind Pisanos Darstellungen auf der Bronzetür des Baptisteriums verwandt. Museo dell'Opera del Duomo, Florenz.

Reiterporträt König Ludwigs XIV. von Peter Stevens.

gebessert; aber die Veränderung wird kaum von Dauer gewesen sein. Cosimo schied vom Sonnenkönig in bestem Einvernehmen. Nach vier Monaten in Paris hatte er besser begriffen, wie er mit seiner französischen Gemahlin umzugehen hatte. Zurück in Florenz, veranstaltete er ein Ballett für sie, wie er es in Paris gesehen hatte. Marguérite-Louise tanzte die Hauptrolle in Cosimos Inszenierung, und plötzlich sah es am florentinischen Hof sehr viel heiterer aus.
Diese neuen Freuden wurden jedoch bald durch den Tod des Großherzogs Ferdinand II. im Jahr 1670 unterbrochen. Trotz all seiner Schwächen wurde Ferdinand von der toskanischen Bevölkerung sehr betrauert; auch die Fürsten Europas bedauerten seinen Tod aufrichtig. Er war ein tüchtiger Staatsmann, ein verständnisvoller und weiser Herrscher und ein wirklich guter Mensch gewesen. Seine Fehler, die er stets als erster erkannte, schadeten nicht dem Wohl des Staates, und seine Tugenden genügten, um ihm die Achtung aller zu verschaffen – von den Frauen seiner eigenen Familie abgesehen.

Dunkle Wolken über Florenz: Cosimo III.

Cosimo III. hatte die Frömmigkeit, aber nicht die wissenschaftlichen Interessen seines Vaters geerbt. Ferdinand II. hatte einige politische und diplomatische Siege errungen. Er hatte im ganzen ökonomisch gewirtschaftet, er hatte die äußerst schwierige Frau seines Sohnes mit Geduld ertragen und so die mediceische Erbfolge gesichert. Zur Zeit seines Todes fielen jedoch Schatten auf die Toskana. Die Steuerlasten, die Konkurrenz der Engländer und Niederländer in Handel und Gewerbe, der übergroße Einfluß von Priestern und Mönchen, die Vermehrung der Nonnenklöster, Pest und Malaria wirkten zusammen, um die Zukunft des Großherzogtums zu verdunkeln.
Am Ruder des toskanischen Staatsschiffes stand jetzt ein stumpfsinniger Pietist, den seine lebhafte Frau so unerträglich langweilig fand, daß sie bei den Krönungsfeierlichkeiten kaum ein Lächeln zustande brachte. Aber wenn Marguérite-Louise auch nicht lächeln konnte, so konnte sie doch im Spiel um die Macht intrigieren, was sofort ihre Schwiegermutter auf den Plan rief. Vittoria hatte sich nie viel Zeit für die launenhafte Französin genommen, die sie wiederum zu Unrecht als unzüchtige Heuchlerin verleumdet hatte. Aber die Großherzoginwitwe begann jetzt, da ihr Sohn an die

Spitze des Staates stand, sich für die Politik und Verwaltung zu interessieren.
Cosimo nahm Vittorias Einmischung hin. Er hatte zunächst tatsächlich die Absicht, gewissenhaft zu regieren und das Finanzsystem zu reformieren, um den wirtschaftlichen Niedergang des Landes aufzuhalten; aber er war dieser Pflichten bald müde und ließ sich alle Augenblicke von Vittoria beraten. So übernahm sie allmählich die Regierung, während er immer mehr Zeit bei seinen Andachten zubrachte. Marguérite-Louise sah bald ein, daß sie gegen die ernste alte Dame nicht ankam, die sich in Diplomatie und Geschäft immer mehr wie eine mächtige Äbtissin verhielt. Als dann auch noch der Geheime Rat in den Privatgemächern von Vittoria zu tagen begann, gab die erbitterte Gemahlin Cosimos III. den Kampf auf.
Inzwischen hatte auch Ludwig XIV. genug von seiner widerspenstigen Cousine, die ihn mit Briefen bombardierte, in denen sie sich beschwerte, daß Cosimo und sein Hof ihr zu wenig Zerstreuung boten. Ende 1672 war die Großherzogin schließlich so angewidert, daß sie das Äusserste wagte. Sie schrieb an Cosimo:
»Ich habe bis jetzt getan, was ich konnte, um Eure Freundschaft zu gewinnen, und es ist mir nicht gelungen. Je mehr Rücksicht ich auf Euch genommen habe, mit desto mehr Verachtung habt Ihr mich behandelt. Ich habe lange Zeit versucht, das zu ertragen. Aber es übersteigt meine Kräfte. Ich habe deshalb einen Entschluß gefaßt, der Euch nicht überraschen wird, wenn Ihr bedenkt, wie gemein Ihr fast zwölf Jahre mit mir umgegangen seid. Ich erkläre, daß ich nicht länger mit Euch leben kann. Ich bin die Quelle Eures Unglücks wie Ihr die des meinen. Ich bitte Euch, einer Trennung zuzustimmen, damit mein Gewissen und das Eure zur Ruhe kommen können. Ich werde Euch meinen Beichtvater schicken, um es mit Euch zu besprechen, und werde hier die Befehle Seiner Majestät (Ludwig XIV.) erwarten, dem ich geschrieben und ihn um die Erlaubnis angefleht habe, in Frankreich in ein Kloster eintreten zu dürfen. Ich bitte Euch um dasselbe und versichere Euch, daß ich die ganze Vergangenheit vergessen werde, wenn Ihr mir diese Gunst erweist.«
Cosimo antwortete umgehend und mit strenger Würde: »Ich weiß nicht, ob Euer Unglück größer gewesen sein kann als das meine. Obwohl jedermann den vielen Zeichen von Achtung, Rücksicht und Liebe, die ich Euch zwölf Jahre lang unermüdlich erwiesen habe, Gerechtigkeit widerfahren ließ, habt Ihr sie stets mit äußerster Gleichgültigkeit hingenommen. Ich erwarte den Beichtvater, den Ihr schicken wollt, um zu hören, was er mir von Euch zu sagen hat. Ich werde ihn mit meinen eigenen Gefühlen bekannt machen. Bis dahin habe ich angeordnet, daß Eure Hoheit in diesem Haus jeden Respekt erfahren sollen, der Euch zusteht.«
In Wirklichkeit war Cosimo außer sich vor Zorn über ihre Unver-

»Donna Velata« (Ausschnitt). Dieses berühmte Porträt wurde noch im 19. Jahrhundert als die Arbeit eines unbekannten Künstlers angesehen, heute gilt es als Meisterwerk Raffaels aus seiner römischen Zeit. Das Gesicht wird von einem zarten Schleier wie von einer Muschel umhüllt. Um 1513. Palazzo Pitti, Florenz.

Vorderansicht der Peterskirche in Rom nach Michelangelos Plan. 1546 wurde Michelangelo Nachfolger von Sangallo als oberster Bauleiter. Er griff wieder auf Bramantes Idee eines Zentralbaus zurück, indem er auf sämtliche Ecktürme, Umgänge und Kapellen verzichtete. Der Tambour der Kuppel wurde noch zu seinen Lebzeiten gebaut, während die Rippenkugel nach seinem Entwurf und dem Vorbild von Santa Maria del Fiore in Florenz 1588/90 von della Porta und Fontana errichtet wurde.

schämtheit. Sein Großvater Cosimo I. hätte eine solche Großherzogin vielleicht heimlich ermorden lassen, aber Cosimo III. hielt nichts davon, Probleme auf solche Art zu lösen. Der »Respekt«, den er in seinem Brief erwähnt, bestand darin, daß er seine Frau in Poggio a Caiano so gut wie eingesperrt hielt. Sie durfte das Haus nur für kurze Ausritte oder Spaziergänge verlassen und wurde dabei von Soldaten bewacht. Niemand konnte die Villa ohne Cosimos persönliche Erlaubnis betreten. Gesellschaften fanden nicht mehr statt, und Marguérite-Louise durfte nur durch den Premierminister mit Cosimo in Verbindung treten.

Nachdem auf Ludwig von beiden Seiten ein Bombardement von Schreiben niedergegangen war, entsandte der französische König im Frühjahr 1673 den Bischof von Marseille, um mit Cosimo und seiner Gemahlin zu sprechen. Der Geistliche war ein Mann von Welt und suchte die Dame zuerst auf. Sie schien entzückt, ihn zu sehen, aber wann immer er in den folgenden Tagen versuchte, das Gespräch auf ernste Dinge zu lenken, wurde er von Geigenspielern unterbrochen, dem Gesang von Marguérite-Louise selbst, Tänzen oder sonstigen Lustbarkeiten. Trotzdem sagte er später zu Cosimo, unter dem frivolen äußeren Benehmen der Großherzogin verberge sich »eine ganz außerordentliche Festigkeit«. Schließlich gab seine männliche Vernunft doch weiblicher Kompromißlosigkeit nach. Er warnte die Großherzogin der Toskana nur noch, daß die Reue, ihre Kinder verlassen zu haben, sie für den Rest ihres Lebens verfolgen werde und daß sie von Ludwig in Zukunft nichts als Feindseligkeit zu erwarten habe. Dann verließ er die Villa, berichtete Cosimo vom Scheitern seiner Mission und fuhr nach Versailles zurück.

König Ludwig war zutiefst beunruhigt, als der Bischof ihm die Lage schilderte. Er konnte unmöglich die Kirche bedrängen, eine Ehe zu annullieren, die er selbst befürwortet hatte. Doch Cosimo und seine Frau schienen beide fest zur Trennung entschlossen.

Schließlich war es dann so weit. Die Großherzogin verließ Poggio a Caiano, wo Cosimo sie festgehalten hatte. Von ihren Kindern soll sie sich ziemlich gefühllos verabschiedet haben. Sie trat dann in ein Pariser Kloster ein. Den meisten Toskanern tat es leid, ihre brillante und lebhafte Großherzogin zu verlieren, und sie betrachteten sie von nun an als das Opfer des kalten Gemüts ihres Mannes.

Der Großherzog versuchte seiner Unbeliebtheit entgegenzuwirken und seiner angeborenen Neigung zum Prunk nachzugeben. Er lebte jetzt viel luxuriöser als früher. Seine Tafel bog sich unter dem schweren Gewicht teurer ausländischer Speisen, und Cosimo wurde ungeheuer dick und stand nur noch unsicher auf den Beinen. Der Hof war bald berüchtigt für seine extravagante Üppigkeit.

Gleichzeitig steigerte sich Cosimos sture Religiosität. Er fing an, Juden und andere »Ketzer« unnachsichtig zu verfolgen. Wissenschaftler und Philosophen schätzten sich glücklich, wenn man sie nur an die Botschaften im Ausland schickte, anstatt sie zu bestrafen, zu foltern oder einzukerkern. Die Armut und Verachtung, unter der die Florentiner Intellektuellen während seiner Herrschaft zu leiden hatten, war im übrigen Europa bald ebenso berüchtigt wie die vulgären Sitten, die sich hinter der prunkvollen Hofhaltung verbargen.

Cosimo begann allmählich, sein Weib tatsächlich zu vermissen. Er bot ihr durch einen vertrauten Gesandten an, sie wieder in ihre Macht und Unabhängigkeit einzusetzen. Marguérite-Louise aber lehnte den Vorschlag verächtlich ab; offenbar hatte sie begonnen, sich wieder auf ihre alte, verrückte Art zu amüsieren. Als die Äbtissin dagegen protestierte, daß sie mit Wächtern und Reitknechten tanzte und spielte, erklärte sie der aristokratischen alten Dame, sie werde das Kloster anzünden, wenn noch mehr solche Beschwerden kämen. Am 3. Juni 1680 sah es so aus, als habe sie tatsächlich diese Absicht. Der Korb ihres Lieblingshundes, der nahe am Herdfeuer stand, ging plötzlich in Flammen auf. Statt ihre Diener anzuhalten, das Feuer zu löschen, befahl ihnen die Großherzogin, um ihr Leben zu rennen. Das Kloster brannte zwar nicht ab, aber die Äbtissin war gewarnt. Sie verlangte von Cosimo die Genehmigung für den Bau einer zusätzlichen Zisterne, um vor zukünftigen Zwischenfällen dieser Art geschützt zu sein. Der Großherzog beklagte sich zornig bei Ludwig – die Ablehnung seines jüngsten Versöhnungsangebots durch seine Frau hatte ihn bis ins Mark getroffen –, und der König verbot der Urheberin solcher gefährlicher Scherze, seinen Hof zu besuchen, wie sie es kürzlich getan hatte.

Marguérite-Louise schwieg eine Zeitlang. Dann schickte sie Anfang 1681 einen langen Brief an Cosimo, in dem sie ihm vorwarf, er nähme Ludwig absichtlich gegen sie ein. »Es vergeht keine Stunde und kein Tag«, schrieb sie, »ohne daß ich wünsche, daß jemand Euch aufhängt . . . Wir werden beide bald zur Hölle fahren, und ich werde die Qual erleiden, Euch dort zu treffen . . . Dort werde ich jeder möglichen Ausschweifung nachgehen, nur um Euch zu mißfallen . . . Es wird Euch nie gelingen, mich zu ändern . . . Gebt acht, falls ich jemals zurückkehren sollte, denn wenn ich es tue, werdet Ihr von meiner Hand sterben . . .«

Der Großherzog war über diese Haßtirade so entsetzt – über die König Ludwig nur in Gelächter ausgebrochen war –, daß er zum Entzücken der Schreiberin erkrankte. Sie verkündete sofort, sie werde nach Florenz zurückkehren, sobald der Patient tot sei, und ihren geliebten Bürgern zeigen, was – wie zu Zeiten Ferdinands II. – eine gute Regierung sein könne. »Guter Geschmack und Philosophie«, rief sie giftig, »werden dann an die Stelle der Heuchelei treten!« Diese Hoffnungen wurden jedoch durchkreuzt, denn Cosimo hatte die Stirn, sich von seinem Gallenanfall zu erholen.

Seine Ärzte verordneten ihm eine vegetarische Diät, und der gefrä-

Innenhof der Basilika Santa Croce mit der Pazzi-Kapelle.
Santa Croce, die größte der Franziskanerkirchen, wurde 1294 von Arnolfo di Cambio begonnen. Zwischen 1307 und 1330 war auch Giotto am Bau beteiligt. Die Pazzi-Kapelle (begonnen 1430) ist ein Meisterwerk des Brunelleschi. Sie wurde richtungsweisend für den Architekturstil der Renaissance.

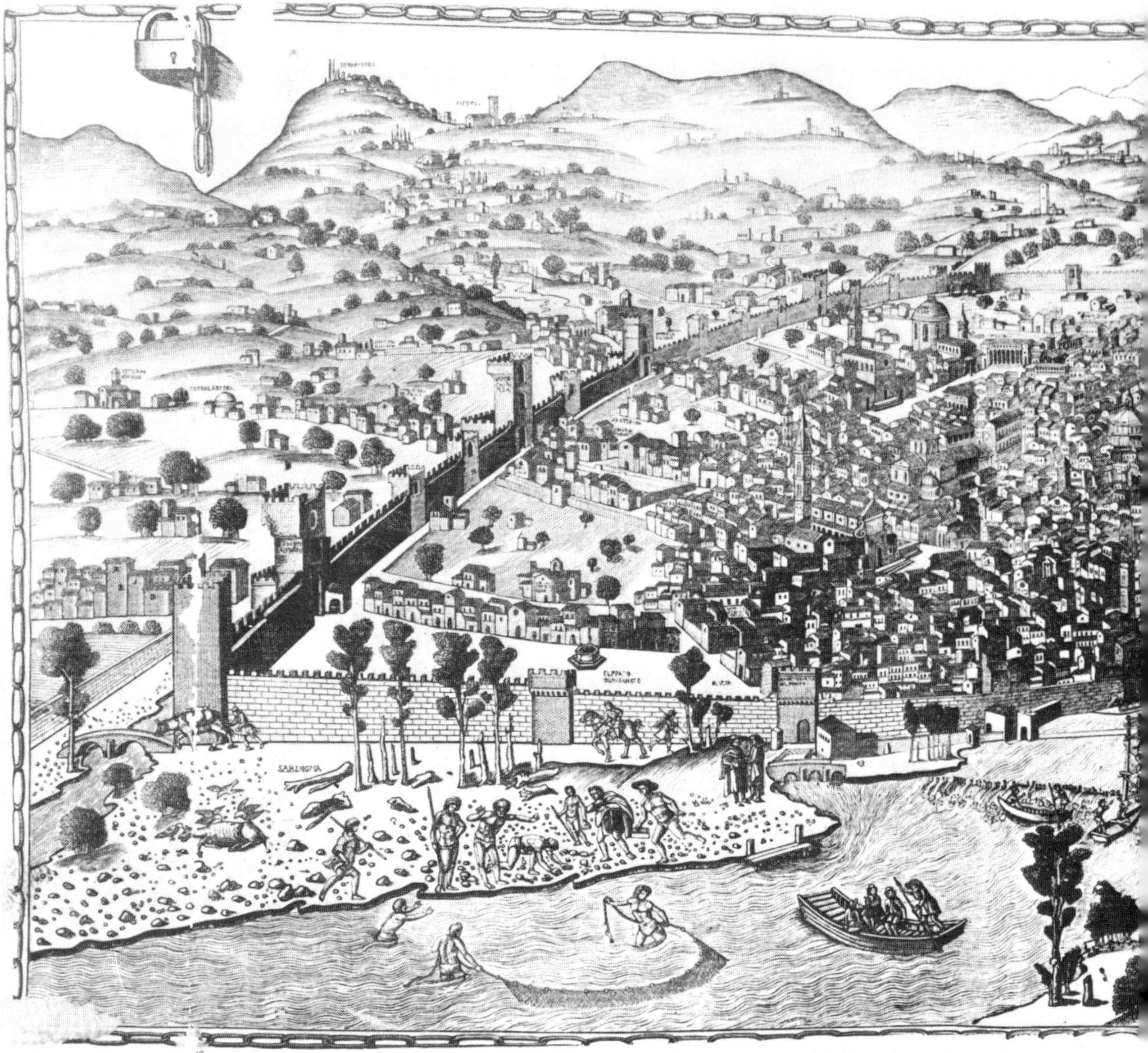

Eine Kette mit Vorhängeschloß rahmt diese große Ansicht von Florenz inmitten der toskanischen Hügellandschaft. Der Holzschneider, der sich selbst rechts unten zeichnend verewigt hat, zeigt die

ßige Rekonvaleszent begann sich mit Botanik zu beschäftigen. Er zog indische, amerikanische und asiatische Pflanzen in seinen Gärten. Außerdem ritt er auf Anraten seiner Ärzte wieder zur Jagd aus. Doch bei seinen Ausflügen achtete er streng darauf, daß ein Kloster in der Nähe war, wo er sich frommer Andacht widmen konnte.

Die jüngeren Medici in Florenz führten ein ganz anderes Leben als ihr korpulenter, übellauniger und frommer Herrscher. Prinz Ferdinand, inzwischen ein gut aussehender junger Mann von zwanzig Jahren, der Pferde und Musik liebte, führte die muntere und skeptische neue Generation an. Er sang und spielte die Harfe mit beachtlichem Talent. Sein Interesse an der Skulptur dehnte er auch auf

Stadt halb aus der Vogelperspektive. Das einzige Exemplar dieses Holzschnittes (vor 1482 entstanden) befindet sich im Kupferstichkabinett der Staatlichen Museen, Berlin.

Die Medicivilla Poggio a Caiano. Die Villa liegt knapp zwanzig Kilometer von Florenz entfernt. Sie war einst im Besitz der Familie Strozzi, die sie an Lorenzo den Prächtigen verkaufte.
Die gewundenen Treppen, die vom Garten zur ionischen Halle führen, sind eine Zutat des 17. Jahrhunderts.

den lebendigen menschlichen Körper aus, allerdings gefielen ihm junge Knaben besser als Mädchen. Unter den älteren Medici verehrte er besonders seinen Onkel Francesco Maria, den Bruder des Großherzogs, der damals 28 Jahre alt war.
Inmitten dieses lustigen Lebens zeigte sich der junge Ferdinand nicht gerade begeistert, als sein Vater von Heirat zu sprechen begann. Er war aber bereit, ein paar der Prinzessinnen, die Cosimo vorschlug, in Betracht zu ziehen, vorausgesetzt, daß man ihn zuerst nach Venedig reisen ließ, damals das Mekka aller empfindsamen jungen Männer. Politisch gesehen schien die Prinzessin Violante Beatrice von Bayern am vielversprechendsten, die Tochter des bayerischen Kurfürsten. Ferdinand hatte nichts gegen sie einzuwenden, aber er dachte zunächst nur daran, endlich nach Venedig zu kommen, wo er sich mit einem jungen Kastratensänger namens Cecchino einließ.
Das nächste Heiratsproblem betraf Cosimos 18jährige Tochter Anna Maria Ludovica. Sie war der Liebling ihres Vaters, aber geeignete Prinzen hielten sich zurück. Sie befürchteten, sie könne das Wesen ihrer berüchtigten Mutter geerbt haben. Anna war zu jener Zeit auch sehr für jede Zerstreuung zu haben, lachte ein bißchen zu laut und zu oft, aber mehr ließ sich bis dahin nicht über sie sagen. Was Gian Gastone betraf, der jetzt 16 war und als »anmutig, gelehrig, bescheiden und fleißig« galt, so scheiterten alle Ehevorschläge, weil Cosimo die gebotene Mitgift für zu mager hielt.
Anfang 1688 kehrte Ferdinand in Begleitung Cecchinos aus Venedig zurück und fand Cosimos Florenz ebenso langweilig wie es seine

Mutter tat. Er beklagte sich, die Bevölkerung bestehe im wesentlichen aus einem Abschaum von Mönchen und Nonnen, halbbekehrten Huren, abtrünnigen Türken und Juden und Bettlern aller Art. Er haßte den Anblick dieser verarmten Massen, die ewig religiöse Platitüden vor sich hin wimmerten. Die Florentiner ihrerseits mochten Cecchinos Anblick nicht. Selbst der sanfte Cosimo lehnte den weibischen Sänger ab. Der Großherzog bemühte sich, die Heirat mit Prinzessin Violante zu beschleunigen. Er hoffte, sein Sohn werde sich dann von dem Venezianer lösen. Am 24. Mai 1688 wurde der Ehevertrag in München unterzeichnet. Marguérite-Louise war nicht gefragt worden. Als sie davon erfuhr, schickte sie einen wütenden Brief an Cosimo. Als Ludwigs Beichtvater eine Abschrift zu lesen bekam, glaubte er, der Brief stamme von einer Verrückten, »einer Furie aus der Hölle«.

Violante von Bayern verließ München nach einer Ferntrauung Ende November. Ferdinand stieß ein paar Meilen vor Florenz zu ihr. Das ernste kleine bayerische Mädchen verliebte sich auf der Stelle in ihn, aber ihr gelangweilter und hochnäsiger Gemahl erwiderte diese Gefühle nicht. Wie viele Homosexuelle konnte auch er sich zu Frauen hingezogen fühlen, aber Violante war ihm einfach zu bieder. Der Großherzog dagegen mochte die ruhige und sanfte Art der Kleinen, die so ganz anders war als Marguérite-Louise im gleichen Alter. Außerdem stellte er befriedigt fest, daß sie »sehr zur Frömmigkeit neige«.

Prinz Ferdinand behandelte Violante anfangs mit der erforderlichen Höflichkeit, aber bald konnte er sie kaum noch ertragen. Ob es ihm je gelang, seine ehelichen Pflichten zu erfüllen, weiß man nicht. Das Paar blieb jedenfalls kinderlos. Ferdinand beschäftigte sich sofort mit den Bauplänen für ein Opernhaus in Pratolino. Er überwachte selbst das Malen der Kulissen und die Konstruktion der Bühnenmaschinerie. Das hatte er in Venedig gelernt, damals die berühmteste Opernstadt Italiens. Auf der Bühne von Pratolino, die im dritten Stock der dortigen Villa Medici eröffnet wurde, wurden fünf musikalische Dramen von Alessandro Scarlatti aufgeführt, der zu dieser Zeit in Neapel lebte. Aus dieser Zusammenarbeit erwuchs eine umfangreiche Korrespondenz zwischen dem Komponisten und dem Prinzen, aber die Partituren sind leider nicht mehr erhalten.

Im Juni 1689 erhielt Cosimo einen Brief von der unversöhnlichen Großherzogin, in dem sie ihm die Verpfändung ihres Schmuckes mitteilte: »Man muß sich auf alles von mir gefaßt machen, wenn man mich zum Äußersten treibt. Kurz, ich will mein Geld und werde mich nicht ruinieren lassen, indem der Großherzog es verschwendet. Wenn er ein gutes Gewissen hätte, würde er mir nicht all dies Unrecht antun. Er bestiehlt mich, und das ist gewiß schlimmer als Straßenräuberei, weil er dabei nicht einmal sein Leben riskiert.«

»Es gibt viele Florentiner, die in der Kunst der Musik Bemerkenswertes geleistet haben«, schrieb ein Autor des 14. Jahrhunderts. Auch im Kreise der Familie Medici wurde die musikalische Unterhaltung besonders gepflegt. Holzschnitt aus Luigi Pulcis »Morgante Maggiore«, einem Epos aus dem Kreis der Karlssagen. Florenz 1500.

Sie wandte sich auch an ihren Sohn Ferdinand, allerdings keineswegs in anmaßendem Ton. Dieser antwortete kühl: »Ich bedaure, daß ich nichts tun kann, was meinen erhabenen Vater betrifft. Auch ich bin in einer derart mißlichen Lage, daß ich aus der Not eine Tugend machen muß und nichts zu vergeben habe als mein Herz.«

Der Streit zwischen Vater und Sohn betraf Cosimos übertriebene Begünstigung des Klerus, dem er überall in der Toskana Pfründen einrichtete. Auch hatte er zu diesem Zweck Steuern erhoben, die seine Untertanen an den Rand des Ruins brachten. Schließlich wurde ihm klar, daß er sparsamer wirtschaften mußte, wenn er nicht mit seinem Volk zugrundegehen wollte. Ferdinand weigerte sich, seine Ausgaben einzuschränken, und der verzweifelte Vater wandte sich an den verhaßten Cecchino, der liebenswürdigerweise einen Kompromiß zustande brachte. Der Prinz versprach, seinem Vater in allem zu gehorchen, wenn man ihm eine feste Apanage für seinen Privatgebrauch zugestand.

Im Juni 1689 hatte es zwischen Cosimo und Kaiser Leopold I. protokollarische Unstimmigkeiten gegeben, weil der Kaiser dem Herzog von Savoyen Privilegien eingeräumt hatte, wie sie sonst nur Königen zustanden. Der Großherzog beschwerte sich in Wien darüber, daß man einen Herzog, der nicht einmal ein Großherzog war, über seinen Kopf hinweg befördert habe. Um den empfindlichen Florentiner zu beruhigen, bot Leopold eine Heirat zwischen Anna Maria Ludovica de' Medici und dem Kurfürsten Johann Wilhelm von Pfalz-Neuburg an. Der Bruder der Königinnen von Spanien und Portugal sowie der Kaiserin schien keine schlechte Wahl zu sein. Im April 1689 wurden Anna Maria und Kurfürst Johann Wilhelm getraut. Unglücklicherweise hatte sich der Bräutigam kurz zuvor die Syphilis zugezogen, was man aber erst später entdeckte.

Daraufhin erließ Cosimo im Oktober ein Dekret gegen sexuelle Ausschweifung. Es begann: »In Anbetracht dessen, daß es Vergewaltigungen, Abtreibungen und Kindstötung fördert, wenn junge Männer in Häuser eingelassen werden, wo sie sich mit Mädchen der Liebe hingeben und an Türen und Fenstern schäkern ... ist nicht nur Jünglingen und Mädchen, sondern auch ihren Vätern, Müttern und Verwandten verboten, das Liebestreiben in Häusern oder an Türen oder Fenstern zuzulassen.« Für solche Vergehen wurden schwere Strafen und Gefängnis angedroht. Aber selbst das war dem strengen Großherzog nicht genug. Ein junger Sodomit wurde auf seinen Befehl sogar enthauptet, und ein junger Mann, der eine Ehe geschlossen hatte, die Cosimo mißfiel, wurde lebenslänglich eingesperrt.

Inzwischen breitete sich unter den Bürgern von Florenz, die von ihrem fanatischen Großherzog mal geplündert, mal geplagt wurden, die Kriminalität aus. Die Zahl der schweren Vergehen stieg sprung-

Rechts: Vase aus Sardonyx (einem Achat) mit Deckel und vergoldeter Silberfassung.
Die Vase aus der Sammlung Lorenzo de' Medicis ist eines der bedeutendsten erhaltenen Beispiele für römische Steinschneidekunst. Das elegante längliche Gefäß stammt vielleicht aus der augusteischen Zeit. Das wertvolle Material in den Farben Himmelblau und Violett weist eine eigenartige helle Faserung auf, die der Vase einen noch kostbareren Eindruck verleiht. Die reich gestaltete Montur trägt im Fuß eingraviert das mediceische Wappen. Sie ist in die Zeit des Großherzogs Francesco I. (1541–1587) zu datieren.
Museo degli Argenti, Palazzo Pitti, Florenz.

haft an, grausame Strafen wurden verhängt. Die Schuldigen wurden oft zu Tode gefoltert oder kastriert. Auch das Niveau der Kultur und der Zivilisation in Florenz, das einmal den Ton in der Welt angab, sank auf die tiefste Stufe.

Auch die Großherzogin machte durch ihr unwürdiges Betragen und einen Streit mit der Äbtissin wieder einmal von sich reden. Sie mußte sich in das Kloster von St. Mandé außerhalb des Pariser Zentrums zurückziehen und durfte abends nicht mehr ausgehen. Tag und Nacht wurde sie von zwei Bedienten bewacht, einem Mann und einer Frau. Marguérite-Louise wußte bald zu berichten, daß St. Mandé ein »geistliches Bordell« sei und überredete den Erzbischof von Paris, ihr die Leitung anzuvertrauen. Dann lebte sie mit einem neuen Liebhaber zusammen, Fra Bonaventura, einem entlaufenen Mönch. Cosimo machte sie einige Zeit keine Schwierigkeiten mehr.

Die Frage der Erbfolge dagegen bereitete dem Großherzog beträchtliche Sorgen. So sehr Cosimo auch zum Allmächtigen flehte, Prinzessin Violante blieb unfruchtbar. In ihrer Verzweiflung wandte sich Violante dem Prinzen Gian Gastone zu. Er gab sich damals romantisch und melancholisch, vergrub sich in sein Studium der Antike und stand stets im Schatten seines hübschen Bruders, den alle verwöhnten, weil sie hofften, er werde seinen grämlichen Vater an der Spitze des Staates bald ablösen. Gian Gastone und Violante schlossen sich zusammen, aber keinem von beiden war offenbar an einer intimeren körperlichen Beziehung gelegen.

Im März 1694 starb die Großherzoginwitwe Vittoria della Rovere. Die gewichtige alte Dame hatte ihren Sohn zu der Brutalität und zu dem Fanatismus ermutigt, die seine Regierung kennzeichneten. Ihr Einfluß hielt auch nach ihrem Tode an. Ihr persönlicher Besitz wurde einem frivolen Lebemann anvertraut, Kardinal Francesco Maria, Cosimos jüngerem Bruder, der ihn für Gian Gastone verwalten sollte.

Die Verheiratung Gian Gastones wurde nun dringend. Der ältere Sohn schien keinen Erben zu liefern, doch das Haus Medici mußte fortbestehen. Cosimo beriet sich mit seinem Lieblingskind, der syphilitischen, aber energischen Anna Maria Ludovica, nun Kurfürstin von der Pfalz. Sie schlug die reiche deutsche Witwe Anna von Sachsen-Lauenburg vor, die Verbindungen zu den höchsten Kreisen hatte. Doch diese Dame zeigte sich zunächst wenig geneigt.

Zu jener Zeit unternahm Prinz Ferdinand eine Reise nach Venedig. Er fand, daß er eine Abwechslung brauchte, und suchte sie in der Lagunenstadt, wo er seinen sexuellen Appetit auf ein weibliches Wesen konzentrierte. Zufällig war die schöne Patrizierin, die er sich aussuchte, auch eine Favoritin des Herzogs von Mantua. Der war gutmütig genug, um Ferdinand zunächst freie Bahn zu lassen. Aber die Dame wollte sich zuerst auf nichts einlassen. Ferdinand ver-

stärkte seine Werbung, bis die Festung endlich nachgab. Ein paar Wochen später war dem Prinzen klar, weshalb der Herzog von Mantua sich so kollegial gezeigt hatte: Er bekam die Syphilis, wurde ärztlich behandelt und schenkte dann seine Liebe einer Sängerin namens La Bambagia. Sehr zu Cecchinos Mißvergnügen nahm er dieses liebenswürdige Geschöpf mit nach Florenz.

Dort war inzwischen die Heirat zwischen Gian Gastone und der Witwe von Sachsen-Lauenburg doch noch vereinbart worden, und im Juli 1697 wurde das Paar vom Bischof von Osnabrück getraut. Es reiste nach Reichstadt in Böhmen in Annas baufälliges Schloß.

Gian Gastone begriff schon nach kurzer Zeit, weshalb sich sein Vorgänger in drei Jahren zu Tode gesoffen hatte. Die häßliche Schloßherrin redete ohne Unterlaß. Sie kommandierte ihren Mann herum, mal mit Flüchen, mal mit Tränen, oder sie beging kleine Betrügereien – nur zu ihrem Vergnügen. Die jüngste Braut der Medici stammte zwar aus einem regierenden Haus, aber sie war eine richtige Bäuerin und konnte einen Städter wie Gian Gastone nur zutiefst anwidern. Verwirrt nahm ihr Gemahl Beziehungen zu einem Lakaien auf, Giulio Dami, der zu seinem florentinischen Gefolge gehörte und ebenso hübsch wie skrupellos war.

Kurz nach Gian Gastones Eheschließung wurde in den Niederlanden ein Frieden zwischen Frankreich und dem Kaiserreich unterzeichnet. So wie Ferdinand und Gian Gastone war fast ganz Italien in das Netz österreichischer Heiratspolitik gegangen, und Cosimo mußte eine enorme Summe aufbringen, damit der Kaiser den gestiegenen Anforderungen der Verwaltung seiner riesigen Herrschaftsbereiche nachkommen konnte. Zum erstenmal ermächtigte Papst Innozenz XII. den Großherzog, den bisher verschonten Klerus zu besteuern. Diese Maßnahme rief natürlich heftigen Widerstand bei der privilegierten Priesterschaft hervor. Dann kam wie ein Donnerschlag die Nachricht, die kaiserlichen Rechtsgelehrten hätten die Toskana zum Lehen des Heiligen Römischen Reichs erklärt. Der Großherzog zahlte sofort 150000 Kronen an Wien, und die Proklamation wurde wieder aufgehoben.

Damit waren Cosimos Schwierigkeiten aber noch nicht zu Ende. Im Dezember beklagte sich Gian Gastone bitterlich bei seinem Onkel Francesco Maria über sein schauderhaftes Dasein »zwischen den Hütten« von Reichstadt. Im Frühjahr 1698 floh er nach Aachen, um seine kurfürstliche Schwester zu besuchen, die dort Bäder gegen ihre Unfruchtbarkeit nahm. Anna Maria Ludovica hatte bereits zwei Fehlgeburten erlitten und sich bei ihrem gutartigen, aber unverbesserlich untreuen Gemahl wieder mit Syphilis infiziert. Gastone vertraute ihr an, er habe längst die Hoffnung aufgegeben, sein Ungeheuer von Weib zu schwängern, obwohl sie ihn ständig mit ihrer tierischen Geilheit verfolge. Dann reiste er verkleidet und un-

ter dem Namen eines Markgrafen von Siena nach Paris weiter. Als er schließlich seiner Mutter begegnete, tat Marguérite-Louise, als kenne sie ihn kaum.
Cosimo war inzwischen verärgert darüber, daß sein Sohn die gewaltige Deutsche vernachlässigte, die zu heiraten man ihn gezwungen hatte. Er befürchtete, der deprimierte Ehemann könne bald unter den Einfluß seiner halbverrückten Mutter geraten, und so drohte er Gastone so lange, bis er sich zur Rückkehr entschloß. Aber der junge Mann nahm sich Zeit und reiste über die Niederlande, wo die Medici seit Ferdinand II. stets beliebt gewesen waren.
Nach ein paar Tagen einer lauwarmen Versöhnung in Reichstadt fing der häusliche Streit von neuem an. Angewidert floh der Prinz ein zweites Mal, ging aber diesmal in Begleitung von Giuliano Dami nur nach Prag. Dort verwandelte sich Gian Gastone, der mit seinen traurigen Augen, seinem schlanken Körper und seiner zarten Haut bereits den französischen Hof bezaubert hatte, in einen aufgeblasenen, liederlichen Mann. Dami bekehrte seinen Herrn endgültig zur Homosexualität; Wein, Würfelspiel und Karten besorgten den Rest. Gastone war ein verwöhnter Aristokrat gewesen, jetzt nahm er die Sitten eines verkommenen Wüstlings an. Er trieb sich nun in all jenen deutschen Städten herum, in denen es besonders lasterhaft zuging. Nur ab und zu kehrte er nach Reichstadt zurück aus Furcht, die Verwandten seiner Gemahlin könnten ihn enteignen.
Großherzog Cosimo wurde von der Sorge um seinen Nachfolger allerdings durch eine Situation abgelenkt, die für Italien von größerer Bedeutung war. Der geistesschwache und kinderlose König Karl II. von Spanien lag im Sterben. Ludwig XIV. und der Kaiser

Die toskanische Stadt Siena um die Mitte des 14. Jahrhunderts. Ausschnitt aus Ambrogio Lorenzettis (um 1319–1348) »Die Auswirkungen des Guten Regimentes«.
Das Bild vermittelt einen plastischen Eindruck von der Architektur einer italienischen Stadt im Mittelalter. Es wurde in seiner Vollkommenheit im Laufe der Frührenaissance von kaum einem anderen Stadtporträt übertroffen. Palazzo Pubblico, Siena.

bemühten sich Tag und Nacht, daß die Herrschaft über Spanien an ihre jeweilige Familie fiel. Cosimo wußte nicht recht, wen er unterstützen sollte. Er reiste nach Rom, um sich mit dem Papst zu beraten. Innozenz XII. vertrat eine eindeutige Meinung. Er erklärte grob, er wünsche keinesfalls die österreichischen Habsburger – zwar Katholiken, aber mit dem protestantischen Erzfeind Wilhelm III. von England verbündet – als Herren der spanischen Gebiete Italiens. Dann ernannte der Papst Cosimo in Anerkennung seiner priesterhaften Demut und Frömmigkeit zum Domherrn der Basilika von San Giovanni in Laterano.

Die Berater des spanischen Königs schienen derselben Ansicht wie der Papst zu sein; denn als Karl II. am 1. November 1700 starb, stellte sich heraus, daß er seinen Thron und das ausgedehnte spanische Reich dem Enkel des französischen Königs, Philipp von Anjou, vermacht hatte. Für den Rest des Jahrhunderts mußte Spanien, wie ein spanischer Beobachter schrieb, jedesmal »Gott segne Euch!« rufen, wenn Frankreich nieste.

Österreich nahm diese Regelung allerdings nicht widerspruchslos hin: Gleich nach dem Tod Karls brach der Spanische Erbfolgekrieg aus. Anfang 1701 marschierte Prinz Eugen von Savoyen an der Spitze einer österreichischen Armee in Italien ein. Er umzingelte Mantua und eroberte dann Parma und Ferrara. Im Januar 1702 nahm er den französischen General Villeroi gefangen, aber gewaltige Verstärkungen aus Frankreich unter dem Herzog von Vendôme vertrieben Eugen aus dem Gebiet von Mantua.

Wilhelm III. von Oranien, König von England. Kupferstich von J. Houbraken (1698–1780). Nach dem Einfall der Franzosen in Holland 1672 wurde Wilhelm zum Führer des Widerstandes gegen Ludwig XIV. von Frankreich und die französische Übermacht in Europa.

Der Krieg verlagerte sich dann auf Ungarn und Bayern, wo Eugen dem Herzog von Marlborough begegnete, der Österreichs englische Verbündete befehligte. Die beiden großen Militärs wurden persönliche Freunde. Zusammen schlugen sie am 13. August 1704 bei Höchstädt eine der stärksten Armeen, die Frankreich je in Deutschland hatte einmarschieren lassen. Cosimo hatte damals gerade die sechzig überschritten.

Im Mai 1705 starb Kaiser Leopold. Zu den Plänen seines Nachfolgers Joseph I. gehörte auch die Einverleibung der Toskana. Er ging davon aus, daß Cosimo nicht mehr lange zu leben hatte. Joseph hatte gehört, der großherzogliche Erbe, Prinz Ferdinand, verbringe seine wachen Stunden meist im Bett, da er an Gedächtnisstörung leide. Außerdem schien klar, daß der nächste Sohn, Gian Gastone, ein moralisches und physisches Wrack war und völlig unfähig zu regieren. Joseph rechnete damit, daß man nach dem Aussterben der Medici die Toskana wirtschaftlicher regieren und in eine höchst einträgliche Provinz des Habsburger Reichs verwandeln könne. Derzeit konnte jedermann sehen, daß das Land dem Ruin entgegensteuerte.

1705 kehrte Gian Gastone für einen kurzen Besuch nach Florenz zurück. Es ging ihm um Geld – wie allen anderen auch. Die Stadt

war anscheinend bankrott, und das war wohl der wahre Grund, weshalb Cosimo die unzugängliche Prinzessin Anna von Sachsen-Lauenburg seit vielen Jahren angefleht hatte, sich mit ihrem Gatten in der großherzoglichen Hauptstadt niederzulassen und sich an den Kosten zu beteiligen. 1704 hatte sie geäußert, sie werde das vielleicht in zwei Jahren in Betracht ziehen, nachdem gewisse Verhandlungen um ihre Ländereien und ihre Stellung in Böhmen zu Ende geführt seien. Solange sei ihre Anwesenheit in der Heimat unumgänglich. Diese Versprechungen wurden jedoch nach einem Ereignis widerrufen, das sich 1707 in Prag in Gegenwart des Erzbischofs abspielte. Papst Klemens XI. sandte den Erzbischof von Prag zu der übellaunigen Anna, damit er sie auf ihre unmißverständliche Christenpflicht hinwies, nach Florenz zu ziehen. Aber sie antwortete in einem ihrer typischen Ausbrüche tränenreichen Zorns, ihr Gemahl sei »vollkommen impotent«, und sie denke nicht daran, sich der Gefahr auszusetzen, von seiner blutdürstigen Verwandtschaft ermordet zu werden. Diese Szene war für Gian Gastone die letzte Rettung. Er verließ Böhmen kurz darauf und ging nach Florenz. Er sah seine Frau nie wieder und versuchte auch nicht, persönlich mit ihr in Kontakt zu treten. Die Dame ihrerseits blieb die nächsten dreißig Jahre ihres Lebens in Böhmen und lebte als Einsiedlerin auf ihren Gütern, bis der Tod sie 1741 erlöste.

Gian Gastone trug wenig dazu bei, das Leben in Florenz zu bereichern. Tagsüber sah man ihn selten in der Öffentlichkeit, und wenn er sich nachts gelegentlich in den Tavernen herumtrieb, war er stets von seinem geliebten Giuliano Dami begleitet. Manchmal sagte

Großherzog Cosimo II. de' Medici kniet vor einem Altar. Reliefmosaik in pietra dura *mit Edelsteinen und emailliertem Gold von Giovanni Bilivert und Orazio Mochi, 1619.*
Cosimo II. hatte dieses Relief in Auftrag gegeben, um es der Mailänder Kirche San Carlo Borromeo für einen Altar aus massivem Gold zu schenken. Die Arbeit wurde in der Werkstatt des Großherzogs hergestellt. Der Maler Giovanni Bilivert fertigte die Zeichnung für das Relief an, das von Mochi ausgeführt wurde. Der Rahmen stammt aus dem späten 18. Jahrhundert. Hinter dem knienden Cosimo ist Santa Maria del Fiore zu erkennen mit dem Campanile.
Museo degli Argenti, Palazzo Pitti, Florenz.

oder tat er Dinge, daß die Leute ihn für verrückt hielten. Eines Tages zum Beispiel ließ er ein großes Bündel mit gedruckten Balladen an der Tür eines bedeutenden Juristen ablegen und befahl dem Anwalt, sie sorgfältig zu lesen und zu studieren. Ein andermal kaufte er einem Bauern, der Besen verkaufte, seinen ganzen Vorrat ab und schickte ihn an die Stadtverwaltung »zum zukünftigen Gebrauch«. Diese verschmitzten Aktionen verraten, daß im Wahnsinn des Prinzen mehr Methode war, als man zunächst vermuten konnte. Wenn eine Koryphäe der Justiz erfuhr, wie die gewöhnlichen Menschen reden und was sie wichtig oder interessant finden, konnte das immerhin dazu führen, daß sie seine Vorstellungen von Gerechtigkeit im guten Sinne revidierte. Auch ein gründlicher Hausputz hätte der korrupten Stadtverwaltung nichts schaden können, und das hatte der Besenkäufer wohl auch sagen wollen. Sein Humor erinnert an den Zynismus Cosimos des Alten vor 250 Jahren. Weder Unglück noch Verzweiflung haben den charakteristischen Witz der Medici jemals völlig auslöschen können.
Inzwischen behandelte der ehrgeizige Joseph I. den sechzigjährigen Cosimo mit brutaler Offenheit. Er wies den Großherzog an, österreichische Truppen in die Toskana hereinzulassen. Denn es schien sicher, daß die Bevölkerung beim Tod des beliebten, inzwischen lebensgefährlich erkrankten Prinzen Ferdinand ihre letzte Hoffnung schwinden sehen, sich erheben und ihren derzeitigen strengen und vom Klerus beherrschten Tyrannen absetzen würde. Von diesem zynischen Hohn zur Verzweiflung getrieben und immer noch leidenschaftlich beherrscht von der Vorstellung, die Linie der Medici fortsetzen zu müssen, tat der fromme alte Autokrat einen Schritt, der ganz Europa erstaunte. Er befahl seinem Bruder Kardinal Francesco Maria, damals fünfzig Jahre alt und der Inbegriff eines alternden Playboys, den Papst um Dispens von seinen kirchlichen Würden zu bitten und eine Frau zu nehmen. Der Geistliche wehrte sich mit allen Kräften dagegen; jedermann wußte, daß er mehr zur Päderastie als zum Umgang mit Frauen neigte. Trotzdem empfand er es schließlich als seine Pflicht nachzugeben. Denn als Medici wußte er, daß Familienrücksichten vorrangig waren. Die Chronisten behaupten, man habe ihn danach nie mehr lächeln sehen.
Seine Nichte, die Kurfürstin, die offenbar wegen ihrer entschlossenen Haltung bei all ihren Schicksalsschlägen jeder mochte, ermutigte den Kardinal scherzhaft. »Gebt auf Euch acht«, schrieb sie, »und versucht, Eure Frau zu befriedigen. Wenn Ihr das tut, werdet Ihr Euch bald viel besser fühlen.« Sie warnte ihn allerdings auch, er solle Seitensprünge bis zur Geburt des »kleinen Vetters« meiden. Der halbe Kontinent schien die Vorbereitungen des unglückseligen Bräutigams auf seine ehelichen Pflichten zu beobachten.
Als Gemahlin des Kardinals wurde Eleonora Gonzaga ausgewählt, 21 Jahre alt und Tochter des letzten Erbes der berühmten Familie,

die einst über Mantua geherrscht hatte. Die Ärzte erklärten, sie sei ideal zur Fortpflanzung geeignet. Groß und wohlproportioniert, äußerlich attraktiv und vollkommen gesund, wirkte sie lebhaft und hatte ausgezeichnete Manieren. Trotzdem stöhnte der ehemalige Kardinal, als er sie sah. Er fürchtete nicht ohne Grund, die Ehe mit diesem Weib werde seine ohnehin geschwächte Gesundheit zugrunde richten. Man weiß nicht genau, ob er Syphilis hatte, aber er litt ganz bestimmt unter Gicht, Schnupfen, Verdauungsstörungen und Fettleibigkeit.

Auch Eleonora schauderte, als sie ihren zukünftigen Mann zum erstenmal erblickte. Solange er Kardinal war, hatten sein watschelnder Gang, seine galligen Augen, sein vortretender Wanst und seine unreine Haut keine besondere Rolle gespielt. Aber seine Braut war entsetzt über seine körperlichen Unzulänglichkeiten. Nach der Zeremonie ließ sie sich nicht von ihm umarmen. Man flößte ihr Liebestränke ein, und Priester redeten ihr gut zu; aber es half nichts. Schließlich erklärte sie zum Entsetzen ihrer Ratgeber, sie fürchte, sich an einer »schändlichen Krankheit« anzustecken. Man muß dem dicken Francesco Maria zugute halten, daß er Eleonora nicht drängte. Er begriff, daß er es mit einer intelligenten jungen Frau zu tun hatte und erklärte Eleonora statt dessen, seine berühmte Familie, der die Italiener so viel zu verdanken hätten und die sich ihrer eigenen Familie gegenüber stets freundlich verhalten habe, sei zum Aussterben verurteilt, wenn sie ihre Hilfe verweigere. Er sprach mit viel Takt und Charme, gab seine eigenen Schwächen offen zu und entfaltete eine Überredungskunst, die des großen Lorenzo würdig gewesen wäre. So fügte sich Eleonora Gonzaga schließlich. Auch sie gehörte zu einer verlöschenden alten Dynastie, und deshalb hatte sie Verständnis für seine Argumente. Viele männliche Gonzaga waren auf dem Schlachtfeld gefallen, um das Familienerbe zu verteidigen, das so erbärmlich zusammengeschmolzen war. Sie beschloß, ihrem großen Beispiel zu folgen, soweit das eine Frau konnte.

Die Ehe wurde also vollzogen, aber danach ging Eleonora jeder sexuellen Intimität aus dem Wege. Sie begann zu trinken, behauptete immer wieder, sie sei krank, dann tanzte sie wieder bis zum Umfallen. Es gab kein Anzeichen einer Schwangerschaft, und Francesco Maria kränkte sich nach allem, was er durchgemacht hatte, um den Wunsch seines älteren Bruders zu erfüllen, so sehr, daß er zwei Jahre später in den Armen eines maurischen Geliebten an der Wassersucht starb.

Diese Nachricht stürzte Cosimo in tiefste Enttäuschung. An einer der Säulen der Medicigräber in San Lorenzo fand man einen Zettel angeschlagen, darauf stand:

Tot ist der Wassersüchtige (Francesco Maria)
Krank ist der Asthmatische (Gian Gastone)

Die Kriege im Italien des 16. Jahrhunderts wurden oft nicht durch zahlenmäßige Übermacht oder eine überlegene Taktik entschieden, sondern durch die Technik der Waffen.
Auf diesem Holzschnitt aus Niccolò degli Agostinis »Li successi bellici« (Venedig 1521) ist die Belagerung von Padua dargestellt. Neben den althergebrachten Waffen des Rittertums wie Armbrust, Speer und Schild sind bereits fahrbare Geschütze aus Gußeisen zu sehen, aus denen mit Steinkugeln gefeuert wurde. British Museum, London.

Kränker der Hektische (der schwindsüchtige Syphilitiker Ferdinand)
Geblieben ist der Ketzer (der militant orthodoxe Cosimo).

Damit wurde Cosimo humoristisch als Rebell gegen die Kirche dargestellt. Der Vierzeiler, typisch für florentinischen Witz, wie er in den Tagen der Republik berühmt gewesen war, stieß eigentlich nur im letzten Wort hart zu. Von diesen vier Medici war allein Cosimo wegen seiner religiösen Bigotterie in der Stadt wirklich verhaßt.
Im Mai 1711 starb Kaiser Joseph, und der Spanische Erbfolgekrieg wurde allmählich mit weniger Heftigkeit geführt. Auf der Friedenskonferenz drängte Cosimo darauf, daß seine Tochter, die Kurfürstin Anna Maria Ludovica, Alleinherrscherin über das Großherzogtum werden sollte, falls sie ihn und seine Söhne überlebte. Aber die Engländer und Niederländer protestierten dagegen. Sie meinten, die angeheirateten männlichen Verwandten der Medici könnten sich ermutigt fühlen, Ansprüche zu erheben, weil sie nur eine Frau sei. Schließlich wurde die Frage der toskanischen Nachfolge verschoben.
Die lebhafte und ehrgeizige Kurfürstin hatte sich, als sie älter wurde, der Politik zugewandt. Sie beschloß, sich selbst um das Großherzogtum zu bewerben. Die deutschen Fürsten unterstützten sie, aber der neue österreichische Kaiser Karl VI., der erst 26 war, wollte Anna Maria das Erbe nur überlassen, wenn er es selbst nach ihrem Tod antreten dürfe. Im Vertrag von Utrecht verzichtete er dann aber auf diese Bedingung. Es wurde ein Kompromiß gefunden, nach dem die Kurfürstin die Rechte und Pflichten einer Vasallin der Toskana unter dem Kaiserreich erhielt.

Das Stadtbild von Perugia im 16. Jahrhundert. Links die Porta Marzia und rechts daneben San Ercolano.
Gemälde eines unbekannten Meisters.

Am 30. Oktober 1713 starb Prinz Ferdinand. Von seinen fünfzig Lebensjahren war er 18 krank gewesen; während der letzten vier hatten ihn epileptische Anfälle gequält. Violante pflegte ihn hingebungsvoll bis zum Schluß und wurde dabei selbst bettlägerig. Ferdinand war von Natur ein pessimistischer Ästhet gewesen; er war homosexuell veranlagt und keineswegs fromm; die meisten Priester betrachtete er als gerissene Heuchler. Marguérite-Louise hatte ihm ihre Ruhelosigkeit vererbt, Cosimo seine angeborene Melancholie. Ferdinand verstand viel von Kunst, besonders von Musik. Er erwarb Madonnen von Raffael, Andrea del Sarto und Parmigianino. Er förderte auch zeitgenössische Maler und veranstaltete 1705 in Florenz die erste öffentliche Gemäldeausstellung. Der Prinz war auch mit einigen guten Dichtern seiner Zeit befreundet, die man in Italien heute noch liest. Sein ernsthaftestes Interesse galt jedoch der Musik; er spielte Harfe und andere Saiteninstrumente, wahrscheinlich auch Geige, und Scarlatti und Händel waren nur zwei unter vielen bedeutenden Komponisten, die er nach Florenz einlud. An der Oper beschäftigte er ganze Bataillone von Mitarbeitern und Kritikern. Er scheint die verfeinerte, geschmeidige Komödie mehr geschätzt zu haben als die im Formalen erstarrte Tragödie, die im 18. Jahrhundert so beliebt war. Jedenfalls warf er Scarlatti, der darüber sehr entrüstet war, seine Feierlichkeit vor.
Als Anna in Reichstadt von Ferdinands Tod erfuhr, informierte sie den Hof, daß sie nun in die Toskana kommen wolle. Die fünfjährige Abwesenheit ihres Mannes hatte sie offenbar ihre Lage als verlassene Ehefrau überdenken lassen. Dabei werden wohl weniger ihre Gefühle für Gian Gastone eine Rolle gespielt haben als die Erkenntnis, daß ihm als Thronanwärter des Großherzogtums eine politisch größere Bedeutung zufiel. Er hingegen erklärte durch seinen Bevollmächtigten, er wolle nie wieder das Geringste mit der »unmöglichen« Hexe zu tun haben und teile ihr mit, er dächte nicht daran, sie zu empfangen, falls sie nach Florenz käme.
Am 26. November 1713 erklärte Cosimo seine Tochter, die Kurfürstin Anna Maria Ludovica, zu seiner und Gian Gastones Nachfolgerin. Karl VI. sagte ihrem Mann erzürnt, der Großherzog habe kein Recht, so etwas zu tun. Ludwig XIV. dagegen beglückwünschte den toskanischen Despoten, der somit die jahrhundertelange Herrschaft seiner Familie aufrecht erhalte. 1714 wurde Cosimo auch durch die Verlobung Philipps V. von Spanien mit Elisabeth Farnese erfreut. Sie war eine Urgroßnichte des Großherzogs Ferdinand II., des Vaters des gegenwärtigen Herrschers. Der grimmige alte Bannerträger der letzten Medici wird sich gesagt haben, daß Österreich es sich nun zweimal überlegen müsse, ehe es in die Toskana einmarschierte und eine Königin von Spanien gegen sich aufbrachte. Cosimo wollte jedenfalls weder eine spanische noch eine österreichische Toskana.

»Le Roi soleil«. Porträtmedaillon des jugendlichen Ludwig XIV. von Nicolas Mignard. König Ludwig XIV. (1643–1715) übernahm nach der Regentschaft seiner Mutter Anna von Österreich 1661 die Regierung Frankreichs.

Im Juni 1716 starb Kurfürst Johann Wilhelm von Pfalz-Neuburg an der Krankheit, die damals so viele treue Anbeter der Venus dahinraffte. Mit typisch mediceischer Klugheit blieb Anna Maria Ludovica noch ein Jahr in Düsseldorf, packte aber schon alle ihre beweglichen Schätze zusammen und schickte sie nach Florenz. Prinzessin Violante, die Musterwitwe, und das ziemlich trunksüchtige Überbleibsel von Francesco Maria de' Medici, Eleonora Gonzaga, hatten dort zwei verschiedene Hofhaltungen. Ironischerweise bewohnte die tugendhafte Violante die Villa Lapeggi, die früher der Lustbarkeit des dicken Kardinals gedient hatte.

Gian Gastone hielt sich wie immer von aristokratischem Umgang so fern wie möglich, nur für seine alte Freundin Violante machte er eine Ausnahme. Er widersprach ihr deshalb auch, als sie beschloß, vor der Ankunft Anna Maria Ludovicas in Florenz in ihr heimatliches München zurückzukehren. Violante befürchtete nämlich, sie könne mit dieser zwar angenehmen, aber energischen Dame aneinandergeraten. Denn Violante hatte als Gemahlin des Prinzen Ferdinand einst eine höhere Stellung in der Stadt innegehabt als die Kurfürstin. Gian Gastone jammerte, seine Schwester sei schon eitel genug, und ein kleiner Dämpfer könne ihr nicht schaden. Cosimo war derselben Ansicht, und so wurde Violante als Gouverneur der Stadt Siena eingesetzt.

Die Kurfürstin erreichte Florenz am 22. Oktober 1717. Ihr Vater, der seinen Liebling seit 26 Jahren nicht gesehen hatte, begrüßte sie mit einem Überschwang, den ihm niemand zugetraut hätte. Sie nahm sofort das Gebaren einer Großherzogin an und mißachtete bei den unvermeidlichen Begegnungen der beiden Damen die Etikette. Seit dem Tod Prinz Ferdinands war die kleine Bayerin nicht mehr die demütige und gefällige Dienerin von einst. Sie bestand im Gegenteil unerschütterlich auf ihren Rechten, und so ergab sich zwischen der Prinzessin und der Kurfürstinwitwe ein ausgesprochen gespanntes Verhältnis.

Der Streit zwischen Cosimo und dem Kaiser um die Frage, wer nach dem Tod der kinderlosen Anna Maria Ludovica die Toskana regieren solle, ging inzwischen weiter. Zum Schaden des Großherzogs stellte sich der Viererbund von 1718 zwischen Österreich, Frankreich, den Niederlanden und England (dem später auch Spanien und Savoyen beitraten) auf den Standpunkt, daß ohne Rücksicht auf irgendeinen Nachfolger der Kurfürstin die Toskana juristisch ein Lehen des Kaiserreichs sei. Erschöpft vom endlosen und hoffnungslosen Ringen, das Fortbestehen seiner Familie zu sichern, ließ Cosimo sich weiter in die Abgründe religiösen Fanatismus fallen. Er entfernte in Florenz alle unbekleideten Statuen aus den Galerien und von den Straßen und Plätzen, da seine priesterlichen Ratgeber behaupteten, sie regten die Bevölkerung zu Todsünden wie Unzucht und Sodomie an.

Seit der Erfindung des Buchdrucks in der Mitte des 15. Jahrhunderts fanden die gelehrten Werke der Humanisten und die Klassiker der Antike, deren Werke zum Teil auch in volkssprachlichen Übersetzungen erschienen, rasche Verbreitung. Die Auflagen der frühen Drucke betrugen nur etwa 200–400 Stück, doch bereits zu Beginn des 16. Jahrhunderts kam es auch zu Auflagen von mehreren tausend.
Blick in eine Buchdruckerwerkstatt um die Mitte des 17. Jahrhunderts. Holzschnitt von Abraham von Weerdt.

Im September 1721 starb die unbezähmbare Marguérite-Louise im Alter von 76 Jahren. Daß ihr unter den Umständen ihrer Ehe bis ans Lebensende die Freiheit genommen war, hatte sie manchmal fast zum Wahnsinn getrieben. Dann beging sie gemeinste Betrügereien und nahm die abscheulichsten Masken der Heuchelei an. Trotzdem gehörte Marguérite-Louise in den kurzen positiven Intervallen ihres Lebens zu den anregendsten Frauen ihrer Zeit.
Bezeichnend für sie war auch ihr letzter Schritt, als sie ihr ganzes Vermögen einem entfernten Verwandten hinterließ und nicht ihren Kindern, wie sie versprochen hatte. Cosimo gewann es in einem mühseligen Verfahren für die Kinder zurück. Aber dieser Schritt hinderte ihn nicht daran, dem Gedächtnis der Verstorbenen einen feierlichen Gottesdienst in San Lorenzo zu widmen, an dem außer Anna Maria Ludovica und dem Großherzog selbst alle überlebenden Medici teilnahmen.
Im gleichen Jahr trat Spanien seine Feudalrechte in Italien an Österreich ab. In Zukunft konnte in der Toskana also nur regieren, wer dem Kaiserreich genehm war. Cosimo protestierte natürlich, aber ohne den geringsten Erfolg. Seinen Sohn Gian Gastone schien der allgemeine Abstieg der Familie geradezu zu beflügeln. Er übernahm die Regierungsgeschäfte seines Vaters und fand teilweise auch seinen früheren Witz und seine Gutartigkeit wieder. Mit dem typischen, trockenen Humor eines Medici stellte er fest, er fühle sich wie ein König in einem Lustspiel.
Eine der letzten Amtshandlungen Cosimos III. war ein Beschluß, der die Einkommensteuer erhöhte. Er starb im Oktober 1723 nach einer Herrschaft von 53 Jahren. Kein anderer Medici war jemals so lange oder, anders gesagt, so verhängnisvoll lange an der Macht

gewesen. Nie hatte eine solche Finsternis über Florenz gelegen, und nie war es vom Ausland mit solcher Verachtung behandelt worden wie unter seiner Regierung. Aber Leute, die ihm keinen Gehorsam schuldeten, hielten ihn stets für einen bewundernswerten Souverän – höflich, keusch und ein Inbegriff der Ehrenhaftigkeit. In seiner rücksichtslosen Barbarei in religiösen Fragen sah man damals nicht so sehr die Kehrseite schierer Tyrannei; doch dieser maßlose Starrsinn war es, der das Land zugrunde richtete.

Gian Gastone, der Letzte der Medici

Der Engländer Harold Acton vergleicht in seinem Buch über die letzten Medici Cosimo III. mit König Georg III. von England und Gian Gastone mit Georg IV. Die Parallele ist in der Tat frappierend. In beiden Fällen folgte auf einen stumpfsinnigen Reaktionär mit freimütigen Manieren ein übersättigter Herrscher, hinter dessen zur Schau getragener Lässigkeit und Liederlichkeit sich Schläue und ein gutes Herz verbargen. Jedenfalls erlebte Florenz während der 14 Jahre von Gian Gastones Regierung das letzte, helle Aufflakkern einer Kerze, die unter Cosimo fast erloschen war. Zur Erleichterung aller trat an die Stelle der bisherigen Reglementierung und dumpfen Resignation der Bürger plötzlich ein Gefühl von Freiheit und Leben. Eine vernünftige Sparsamkeit an höchster Stelle statt Cosimos unaufhörlichem Leichtsinn sorgte für eine Einschränkung der sinnlosen Ausgaben. Die nüchterne Prinzessin Violante mit ihrer heiteren Klugheit war ihrem gehemmten Schwager, der sie stets geschätzt hatte, eine starke Stütze. Eleonoras Neigung zum Alkoholismus hatte weniger Einfluß auf ihn, als man hätte erwarten sollen. Seine Schwester Anna Maria Ludovica, die er immer noch haßte, weil sie ihn in das Bett der Anna von Sachsen-Lauenburg gezwungen hatte, der »Hexe« von Reichstadt, ignorierte er mehr oder weniger. Die Kurfürstin, die ihre Hoffnungen auf die Erbfolge aufgeben mußte, verlor immer mehr an persönlichem Reiz und zog sich auf den üblichen Trost zurück, der damals stolzen Frauen übrigblieb: das Gebet und die Gesellschaft der Priester.

Aber die Zeit verging, und der neue Großherzog ließ sich immer weniger in der Öffentlichkeit sehen. Er zog die Einsamkeit in Gesellschaft eines guten Tropfens vor. Seine Verachtung gegenüber der Kirche mit all ihrer Entfaltung von äußerlichem Pomp war berüchtigt. Allerdings senkte er auch den Getreidepreis, setzte die Steuern herab und gab den Armen Arbeit. Die Niedergeschlagenheit der Toskaner begann einem bescheidenen Glück zu weichen.

»Es gibt keine Stadt«, schrieb Montesquieu 1728, »wo die Menschen in weniger Luxus leben als in Florenz ... mit einer Blendlaterne für die Nacht und einem Schirm für den Regen besitzt man alles, was man braucht ... Die Straßen sind mit breiten Steinen so gut gepflastert, daß man sehr bequem zu Fuß gehen kann. Der Premierminister des Großherzogs, der Marchese von Montemagni, saß in seiner Eingangstür und baumelte mit den Beinen ... Als ich mit meiner kleinen Lampe und meinem Schirm ausging, dachte ich mir, daß auch die alten Medici das Haus eines Nachbarn in dieser Weise verlassen haben müssen. Florenz wird sehr sanft regiert. Niemand kennt den Prinzen und seinen Hof, und niemand nimmt von ihnen Notiz. So entsteht der Eindruck, als sei dieses kleine Land in Wirklichkeit ein großes.«
Auf dem Gebiet der Außenpolitik erleichterte Gian Gastones Temperament ihm die Einsicht, daß es das beste sei, wenn er Österreich und Spanien allein miteinander streiten ließe – auch um die Toskana. Montesquieus abschließendes Urteil über ihn, »ein guter Fürst, aber faul«, scheint zutreffend, obwohl man seinen Hang zur Päderastie nicht so ohne weiteres übergehen kann. Er wurde zuletzt so übermächtig, daß Gian Gastone anfangs wochenlang, dann monate- und schließlich jahrelang mit seinen Favoriten im Bett blieb. Das führte dazu, daß sein erster Lustknabe Giulio Dami allmählich zum eigentlichen Herrscher der Toskana wurde. Er veranstaltete in Florenz die Orgien, bestimmte, wer und wie man sich dem Bett des Großherzogs nähern durfte, steckte Aufträge ein und beging öffentlich Unterschlagungen. Bedauerlicherweise hat der Genueser Genremaler Alessandro Magnasco (1667–1740), den Gastone ein paar Jahre im Palazzo Pitti aushielt, sein Talent nie auf ein Porträt seines Gastgebers verwandt. Der aufgeschwemmte, schlaftrunkene Eremit

Gian Gastone de' Medici zog sein bequemes Bett im Palazzo Pitti der aufreibenden Arbeit des Politikers vor. Zusammen mit fröhlichen Zechkumpanen und gefälligen Lustknaben feierte er ausgelassene Feste und verließ oft monatelang nicht den Palast.
Nach seinem Tod war der Palazzo Pitti eine Zeitlang Residenz der italienischen Königsfamilie. Heute beherbergt er eine Gemäldegalerie und auch das Museo degli Argenti, in dem sich viele Schätze aus der Sammlung der Medici befinden. Die Abbildung zeigt die Rückfront des Palazzo Pitti.

inmitten seiner hüpfenden und Grimassen schneidenden Vogelscheuchen beiderlei Geschlechts wäre ein fabelhafter Gegenstand für ein künstlerisches Meisterwerk gewesen.
Nur manchmal durchdrang der Humor des letzten Medici das Zwielicht einer Persönlichkeit, die nie – wie sein Vater oder seine Mutter – stark genug gewesen wäre, um sich gegen das Schicksal zu wehren. Gastone versank einfach darin und drang nur noch gelegentlich mit einem Scherz an die Oberfläche. Wenn seine Kumpanen in seinem Schlafgemach um ihn versammelt waren, rief er sie mit den klingenden Namen seriöser Räte oder angesehener Matronen auf. Er befahl ihnen, pompöse Stellungen einzunehmen und einander feierlich zuzutrinken. Dann rief er einem der stämmigsten Bettler zu: »Nun, Herr Marquis, wie sagt Euch die Marquise dort drüben zu? Ihr bewundert sie, nicht wahr? An die Arbeit! Schmeißt sie um!« Die schamlosen, hoch bezahlten Zuhälter und Dirnen brauchten keine zweite Aufforderung. Unter Gelächter feuerte sie der Großherzog mit wilden Rufen an. Solche Szenen, von den Teilnehmern genüßlich weitererzählt, wurden zum Stadtgespräch.
Prinzessin Violante versuchte, diese Lustbarkeiten zu unterbinden. Sie veranstaltete für ihren Schwager formelle Bankette mit hochwohlgeborenen Damen, die für ihren Geist und ihre Schönheit berühmt waren. Bei seiner aufrichtigen Achtung der Prinzessin bemühte er sich bei solchen Anlässen um gutes Benehmen, aber manchmal wälzte er sich auch in seinem Sessel herum, fluchte, rülpste, erbrach sich und wischte sich seine sabbernden Lippen mit der Perücke ab. Violante und ihre Freunde standen dann auf und verließen den Raum, damit die Diener des Großherzogs ihn zu seiner Kutsche schleppen konnten. Kein Wunder, daß es in seinem Schlafgemach wie in einer Kerkerzelle roch und daß man es parfümieren mußte, wenn wichtige ausländische Besucher erwartet wurden.
Unter Cosimo III. benahm sich das mittlere Bürgertum von Florenz noch ziemlich steif, aber die französischen Bräuche, die Gian Gastone einführte, änderten das bald. Der Großherzog selbst interessierte sich nicht für die gekünstelten Possen der vornehmen Leute. Er fühlte sich bei Gaunern und Gesindel viel wohler, wo Flaschen und Gläser herumflogen, wo beim Küssen Blut floß und man in einer Umarmung leicht erwürgt werden konnte. Ein- oder zweimal wäre Gian Gastone in einem solchen mörderischen Tumult fast ernsthaft verletzt, wenn nicht getötet worden, hätten seine Wachen nicht eingegriffen. Sie wußten, daß man sie ohne Federlesens gehängt, ans Rad geflochten oder gevierteilt hätte, wäre er bei einem solchen Krawall umgekommen.
Im Mai 1731 starb Prinzessin Violante. Sie war die einzige Frau, für die Gastone jemals echte Gefühle gezeigt hatte. Trotzdem zog er es vor, bei seinen Gespielen in seinem Gemach zu bleiben als dem Begräbnis beizuwohnen.

Blick durch die Via Cerretani auf den Palazzo Strozzi (links). Die Via Cerretani, die an der Piazza del Duomo beginnt, teilt sich dort in drei Abzweigungen, wo die Skulptur »Herkules und der Zentaur« steht. Die Hauptabzweigung führt zur Piazza Santa Maria Novella. Die Skulptur, ein Werk des Giovanni da Bologna, wurde 1600 dort aufgestellt und fand endlich – nach mehreren Verlegungen – im 19. Jahrhundert ihren ständigen Platz vor der Loggia dei Lanzi. Der Palazzo Strozzi ist auch unter dem Namen Palazzo delle Cento Finestre (Palast der Einhundert Fenster) bekannt. Die meisten Häuser an der rechten Seite sind Neubauten nach alten Vorbildern. Zeichnung von Giuseppe Zocchi, vor 1744.

Im gleichen Jahr wurde, wie es schien, das Problem der Erbfolge in der Toskana endgültig gelöst. Der noch unmündige Don Carlos, Sohn Philipps V. von Spanien, sollte das Großherzogtum unter Kaiser Karl VI. zum Lehen erhalten, mit Gian Gastone als Regenten bis zu seiner Regierungsfähigkeit. »Ich bin erfreut«, bemerkte der Großherzog, »daß man mir die Ehre erweist, mich zum Vormund dieses jungen Mannes zu machen. Aber ich finde, daß ich gleichzeitig selbst unter Vormundschaft stehe.« Damit spielte er auf die spanische Garnison an, die im Oktober in die Stadt eingezogen war, um die Florentiner mit ihrem zukünftigen Herrscher vertraut zu machen. »Hier bin ich«, meinte Gian Gastone, »ein alter Kerl von sechzig und trotzdem Vater eines so großen Knaben!« Selbst als man seine Familie zutiefst erniedrigte, konnte er der Gelegenheit zu einem Witz nicht widerstehen, während alle seine Vorfahren über diese Knechtschaft entsetzt gewesen wären.
Als Don Carlos im Dezember 1731 in Livorno ankam, erkrankte er sofort an den Pocken. Florenz erreichte er erst Anfang März 1732 und machte dort durch seine jugendliche Heiterkeit und seinen Lerneifer einen guten Eindruck. Er glich auch mehr seiner italienischen Mutter als seinem französischen Vater. Er hatte wenig von spanischer Grandezza an sich, um so mehr dafür seine Soldaten. Die Bürger, die so lange ohne Leitbild gewesen waren, nachdem sie Gian Gastone kaum noch zu sehen bekamen, bereiteten dem Knaben einen stürmischen Empfang. Auch dem neuen »Vormund«, dem aufgedunsenen alten Wrack, das Stunde um Stunde, Tag und Nacht auf seinem Ruhebett lag, schien Carlos sehr zu gefallen. Er schenkte dem Knaben einen mit Samt gepolsterten, von zwei Eseln

Rechts: Sandro Botticellis »Die Geburt der Venus« gehört zu den berühmtesten Gemälden, die in der Blütezeit der italienischen Renaissance entstanden. Das Bild wurde für Lorenzo di Pierfrancesco de' Medici um 1485 gemalt. Es hing in seiner Residenz in der Villa di Castello zusammen mit Botticellis »Frühling« und vielleicht auch der »Minerva mit dem Zentauren«.
Der allegorische Gehalt spiegelt den Rahmen der neuplatonisch-humanistischen Bildung wieder, in dem der junge Medici von Poliziano und Ficino erzogen wurde. Lorenzo der Prächtige hatte mit der Gründung seiner Platonischen Akademie *der antiken Mythologie zum Durchbruch verholfen.*
Die meergeborene Göttin verkörpert ein Schönheitsideal, das zugleich sinnlich und jungfräulich wirkt. Ihr sanft modellierter Körper scheint im Stehen zu schweben und wird vom Atem der Windgötter (Polizianos zefiri amoroso *und* zefiri lascivi*) zur keuschen Gestalt des Frühlings hinübergetragen, die einen blumengeschmückten Mantel bereithält.*
Uffizien, Florenz.

gezogenen Wagen und einen goldverzierten Sonnenschirm. »Mit diesem Federstrich«, murmelte der Sechzigjährige, als er die Toskana dem Sohn Elisabeth Farneses überschrieb, »habe ich gerade einen Erben bekommen. Und das ist mir in 34 Ehejahren nicht gelungen.«
Er wurde immer liebenswürdiger; je schwächer seine Gesundheit wurde, desto stärker trat seine angeborene Sanftheit wieder hervor, die Enttäuschung und Mißgeschick so lange verdeckt hatten. Alles erheiterte ihn, vor allem die feierlichen Szenen politischer und dynastischer Ereignisse; obwohl diese Vorgänge langweiliger und überflüssiger waren als je zuvor in Europa und ihnen die Kraft fehlte und die dramatische Vielfalt, die jahrhundertelang die turbulente Geschichte der Renaissance geprägt hatten. Als sich die unumstrittene Autokratie überall auf dem Kontinent durchsetzte, strahlte sie zwar einen barocken Glanz auf die Kunst und Literatur aus, aber in der Politik zwang die Wucht der Gegenreformation den Katholiken leere Überspanntheiten auf bei ihrem Versuch, die ehrwürdigen Inhalte der Kirche vor den Attacken der Protestanten aus dem Norden zu schützen.
Die Mittelmeerwelt hatte ihre Freiheit verloren, ihre bedeutenden Persönlichkeiten waren hilflos der Herrschsucht einiger weniger Familien ausgesetzt, und was blieb, war ein zynisches Sichabfinden mit theoretisch internationalen, aber praktisch landespolitischen Zänkereien. Die Konferenzen und Eheschließungen, die Verträge und selbst die Kriege spielten sich zwar alle wie anspruchsvolle Rituale ab, sie führten aber zu nichts. Trotzdem haben solche Krisenzeiten stets auch ihren Nutzen. Sie setzen Zeichen für soziale Veränderungen, die gegen Ende des 18. Jahrhunderts der gesamten Zivilisation ein neues Gesicht verleihen sollten.
In einer solchen Zeit konnte die Zufriedenheit der Toskana und Gian Gastones mit dem neuen Erben Don Carlos nicht von Dauer sein. 1733 starb König August II. von Polen. Sein Nachfolger August III. war eine Marionette Rußlands, was den beiden großen Rivalen um die Vorherrschaft in Europa – den französischen Bourbonen und den kaiserlichen Habsburgern in Österreich – die Gelegenheit bot, die Throne Italiens unter ihrer Familie neu zu verteilen. Nach den Verträgen, die in Turin und im Escorial von Madrid unterzeichnet wurden, sollte Stanislaus Lescyński, der Schwiegervater König Ludwigs XV., statt August III. den polnischen Thron besteigen, und Don Carlos sollte die Toskana gegen Neapel und Sizilien eintauschen. Nach Gian Gastones Tod sollte die großherzogliche Krone dann an Carlos' jüngeren Bruder Philipp fallen, der auch Parma bekommen sollte. Mailand war für den König von Sardinien bestimmt und Savoyen für Frankreich.
Aber keine der beiden Parteien war zufrieden; bald brach der Krieg aus, und Italien wurde wie immer zum Schlachtfeld für Frankreich

und Österreich. Die beiden Nationen bekämpften sich im Norden der Halbinsel, aber es kam wenig dabei heraus.
1735 schloß man Frieden, und nach dem neuen Vertrag war man sich einig, daß Franz I., Herzog von Lothringen und Schwiegersohn Kaiser Karls VI., nach Gian Gastones Tod die Toskana regieren solle. Franz sollte deshalb als Gastones Erbe Großherzog und als Gemahl der zukünftigen Kaiserin Maria Theresia Kaiser des Heiligen Römischen Reiches werden. 1740 starb Kaiser Karl, und Maria Theresia folgte ihm auf den Thron. Aber Franz konnte erst 1745, nach dem Österreichischen Erbfolgekrieg, den Kaiserthron besteigen.
Weder Franz von Lothringen noch Gian Gastone beobachteten diese Entwicklung mit Vergnügen. Beide Herrscher waren als Politiker bescheiden. Franz hatte nicht den Wunsch, sein Herzogtum Lothringen zu verlassen, und Gian Gastone hätte, soweit es ihm überhaupt um das Medicierbe ging, lieber den hübschen Don Carlos, seinen bisherigen Zögling, als Nachfolger gesehen. Carlos hätte die Toskana zumindest nicht den Österreichern überlassen. Der alte Großherzog brummte wieder einmal einen Scherz über die Art, wie man über seinen Besitz verfügte. »Vielleicht könnten der König

von Frankreich oder der Kaiser von Österreich die Güte haben«, murmelte er, »einen anderen Erben für mich zu zeugen, da die Aussichten der beiden ersten, an die sie gedacht haben, unbefriedigend erscheinen.«
Tatsächlich waren die geplanten Lösungen für die betroffenen Gebiete stark umstritten. Die Spanier weigerten sich, aus der Toskana abzuziehen, und Gian Gastone bestand hartnäckig darauf, kein Untertan des Kaisers habe einen legalen Anspruch auf das Großherzogtum. Man kam zu keiner allseits annehmbaren Entscheidung. Endlich ließen sich die Spanier im Januar 1737 zum Abzug überreden; sie hatten anderswo genug zu tun. Ein österreichisches Kontingent trat an ihre Stelle, schwor aber Gastone gehorsam die Treue. Im Juni schrieb der Prinz von Craon, der Franz in Florenz vertrat, über das letzte Oberhaupt des Hauses Medici an seinen Herrn:
»Ich fand diesen Fürsten in einer erbarmungswürdigen Lage. Er konnte sein Bett nicht mehr verlassen. Sein Bart war lang und seine Bettücher und seine Wäsche sehr schmutzig. Sein Augenlicht war trüb und geschwächt, seine Stimme leise und stockend. Im ganzen wirkte er wie ein Mann, der kaum noch einen Monat zu leben hat.«
Trotzdem konnte Gian Gastone gelegentlich noch unangenehm lebendig werden. Er verfluchte seine Schwester, die Kurfürstin, wenn sie sein Schlafgemach betreten wollte; dann wurde er wieder sanft und ließ ihr sagen, sie könne ihn jederzeit besuchen. Das tat sie auch und ermahnte ihn nicht sehr taktvoll, er solle sich etwas christlicher betragen. Der Sterbende war schon so schwach, daß er auf ihre Predigten nichts mehr erwidern konnte. Er war bereit, einen Priester kommen zu lassen, dem er beichtete und von dem er auch die Sakramente empfing.
Den frommen Männern, die um sein Bett standen, erschien dieser Gesinnungswandel ganz aufrichtig. Sie berichteten später, der Kranke habe den Allmächtigen aus eigenem Antrieb angefleht, ihm seine schändlichen Sünden zu vergeben. Er habe die letzte Ölung demütig und dankbar empfangen und angeordnet, daß alle Geistlichen, die geholfen hätten, seine Seele vor der Verdammnis zu retten, angemessen belohnt werden sollten. Alle Anwesenden waren über die Anzeichen ernster Frömmigkeit, die von diesem vornehmen Büßer ausging, zu Tränen gerührt. Am frühen Nachmittag des 9. Juli 1737 entschlief Gian Gastone friedlich.
Der Prinz von Craon übernahm sofort im Namen des Herzogs Franz von Lothringen die Toskana. Er teilte der Kurfürstin mit, ein Rat, der sich aus ihm selbst und vier Florentinern – zwei Geistlichen und zwei Laien – zusammensetzte, werde das Großherzogtum vorläufig regieren. Franz kämpfte zu dieser Zeit auf dem Balkan gegen die Türken und traf erst am 20. Januar 1739 in Florenz ein. Der verstorbene Großherzog hatte zwar die Verwaltung verab-

scheut, aber in den Pausen zwischen seinen Orgien doch ein gewisses Maß an Vernunft und Verantwortungsgefühl bewiesen. Er hatte die zügellose Macht, mit der Cosimo III. den Klerus verhätschelt hatte, eingeschränkt. Er hatte intellektuelle Bestrebungen gefördert. Er hatte zugelassen, daß in Italien die Werke bedeutender Wissenschaftler des 17. Jahrhunderts wie die des Provenzalen Pierre Gassendi und seines etwas früheren italienischen Zeitgenossen Galilei verbreitet wurden. Durch ein Edikt von 1735 hatte Gian Gastone auch die Verfolgung seiner jüdischen Untertanen untersagt, die so oft Opfer seines Vaters gewesen waren. Er hatte die schlimmsten Steuern, die sein Vater eingeführt hatte, ebenso herabgesetzt wie die Staatsverschuldung. Solange Gastone nominell an der Macht war, ging es den Armen, den Handwerkern und Händlern, besser. Zweifellos trauerte man trotz all ihrer Fehler der Mediciherrschaft nach. 1739 schrieb der französische Gelehrte Charles de Brosse: »Die Toskaner würden zwei Drittel ihres Besitzes hergeben, um die Medici wiederzubekommen, und das letzte Drittel, um die Lothringer loszuwerden. Sie hassen sie, wie die Mailänder die Piemontesen hassen. Die Lothringer mißbrauchen sie und, was schlimmer ist, sie verachten sie.«
Obwohl Franz ihr den Posten der Regentin angeboten hatte, lehnte die Kurfürstin ihn ab und blieb weiter völlig isoliert im Palazzo Pitti wohnen. Sie gab ein schweigsames Bild der Frömmigkeit und Würde ab und beschäftigte sich, wenn sie nicht in der Kirche war oder zu Hause Andacht hielt, mit der Vollendung des Familiengrabmals, das Großherzog Ferdinand I. begonnen hatte und das später aus Geldmangel nicht fertig geworden war. Im Februar 1743 starb sie ziemlich plötzlich als letzte ihres Geschlechts. In ihrem Testament vermachte die alte Frau, die ihr Dasein als Anna Maria Ludovica de' Medici begonnen hatte, Florenz die größte Sammlung von Kunstwerken, die es damals auf der Welt gab. Cosimo der Alte hatte sie einst begonnen, und sie war bis zum letzten Lebensjahr Gian Gastones immer weiter gewachsen. Anna Maria bestimmte, daß kein Stück jemals die Stadt verlassen dürfe, damit sich alle Völker bis in alle Zukunft an den Schätzen der Kunst erfreuen könnten.

»Der wunderbare Fischzug Petri«. Kartonzeichnung von Raffael, 1514–1516.
Papst Leo X. hatte Raffael den Auftrag gegeben, die alten Teppiche, die die unteren Wandflächen der Sixtinischen Kapelle schmückten, durch neue zu ersetzen. Doch Raffaels Arbeit ging verloren, die Kartons wurden erst später von Rubens in Brüssel aufgefunden und gingen in den Besitz König Karls von England über. Kensington Museum, London.

Epilog

Mit dem Tode der Kurfürstin Anna Maria Ludovica de' Medici erlosch die jüngere Linie der Medici ebenso endgültig wie die ältere 1537 mit der Ermordung Alessandro de' Medicis. Dann fiel Florenz – wie ganz Italien – an die Österreicher und Spanier, und der Name Medici war im Rat der Großen nicht mehr zu hören. Die Familie hatte Florenz fast drei Jahrhunderte lang regiert. In der ersten Hälfte dieser Zeit hatten die Stadt – und die Medici – ihre höchste Blütezeit erlebt. Durch das Geschick und die Weisheit der großen Medici der älteren Linie hatte sich die Hauptstadt der Toskana von einer reichen, aber langweiligen Provinzstadt weiterentwickelt, bis sie sich an Glanz, Leistung und Ruhm neben das Athen des Perikles stellen konnte. Aber Florenz sollte nicht weiter gedeihen, sondern zu den Toten zurückkehren, und während der letzten anderthalb Jahrhunderte mediceischer Herrschaft schwanden Stadt und Familie in Genußsucht, Luxus und Zügellosigkeit dahin. Bernardo Segni, ein Florentiner des 16. Jahrhunderts, schrieb die Schlußworte der Geschichte von florentinischer Größe:
»Florenz hätte mächtig sein können, hätte es gute Gesetze gehabt, um sich nach ihnen zu richten. Aber das gelang ihr nie. Die Stadt hat nie eine Verfassung wirklich angenommen, ob republikanisch oder monarchistisch. Aber nur das hätte sie stark machen können. Innerlich stets gespalten, war sie zu einem niedrigeren Rang verurteilt, während sie vereint ihren Ruhm und ihr Reich erhalten und vermehrt hätte. Aber so erhoben sich unfähige Volksregierungen und noch schlimmere kleine Potentaten, so daß die Stadt nicht in der Lage war, den Ruhm zu nähren und wachsen zu lassen, der die Seelen der Menschen dieses Landes belebt.«
Aber Klio, die Muse der Geschichte, ist ein launisches Geschöpf und lebt vom Paradoxen. Lange bevor Florenz und die Medici unter dem kraftlosen Schwanken der sechs Nachfolger Cosimos I. in Vergessenheit gerieten, breitete sich der Umschwung, der in dieser

Stadt und unter ihrer Ägide eingeleitet worden war, über ganz Europa aus. Die Völker, die tausend Jahre lang keine anderen Wandlungen erfahren hatten als jene, die sich aus dem Kleinkrieg und dem engstirnigen Ehrgeiz ruheloser Fürsten ergaben, atmeten neue Luft. Diese Revolution bedeutete nichts Geringeres als das Erwachen des europäischen Geistes.
Die Ideale des Florenz des 15. Jahrhunderts durchdrangen ganz Italien bis über die Alpen hinaus. Sie hinterließen geistige und materielle Veränderungen, die die alte Welt stürzen und eine neue begründen sollten. Neue Erkenntnisse wurden verbreitet, antike Ideale in Frage gestellt, die Bevölkerungen wuchsen, und gleichzeitig konzentrierte sich der Reichtum auf die herrschende Gesellschaftsschicht. Eine Reaktion war unvermeidlich – sie mußte zur Lebzeit des letzten Medici ihren Anfang nehmen. Und so schwemmte ein ungeheurer geistiger, wirtschaftlicher, gesellschaftlicher und politischer Umbruch die alte Ordnung Europas hinweg. Eine Periode des Wiederaufbaus und der Festigung folgte, und dann begann der ganze Zyklus von neuem und dauert bis in unsere Zeit fort.
Den großen Männern des Hauses Medici und ihrer Stadt Florenz verdanken wir zumindest das Modell dieser Revolution. Sie ist, wenn man so will, das mediceische Erbe der modernen Welt.

Anhang

Zeittafel

Politik	Kunst und Kultur	
Florenz erhält eine demokratische Verfassung; die »größeren« Gilden entreißen dem Adel die Macht		*1282*
In Florenz wird das Amt eines *gonfaloniere della giustizia* (Bannerträger der Gerechtigkeit) eingeführt		*1293*
	Giovanni Pisano beginnt die Arbeiten an der Kanzel im Dom zu Pisa. Dante, der bereits 1301 aus der Stadt geflohen ist, wird als Gegner der päpstlichen Partei in Abwesenheit zum Tode verurteilt. Das Urteil wird nie vollstreckt	*1302*
	* Francesco Petrarca	*1304*
Der päpstliche Hof wird nach Avignon verlegt		*1309*
Kaiser Heinrich VII. wird von den Ghibellinen nach Italien gerufen. Er belagert erfolglos das von den Guelfen beherrschte Florenz		*1310–1313*
	Dante beginnt mit seiner *Divina commedia*	*1311*
	* Giovanni Boccaccio	*1313*
	Der Palazzo Vecchio wird in Florenz vollendet. Arnolfo di Cambrio begann mit dem Bau 1298	*1314*
	Giotto di Bondone, genannt Giotto,	*1315–1320*

	Politik	Kunst und Kultur
		malt in der Peruzzi-Kapelle in Santa Croce die Fresken *Leben des hl. Franziskus und der beiden Johannes*
1321		† Dante Alighieri
1329	Pistoia wird Florenz angeschlossen	
1330–1335		Andrea Pisano, Sohn von Giovanni Pisano, führt die Arbeiten an der südlichen Bronzetür am Baptisterium aus
1333		Der Bargello wird ausgebaut
1334		Giotto beginnt den Campanile des Domes in Florenz
1337		† Giotto di Bondone Die Kirche Orsanmichele wird neu ausgebaut
1345	Die Banken der Bardi und Peruzzi, die große Anleihen nach England gegeben hatten, gehen bankrott	
1347	Die Familie Strozzi wird aus Florenz verbannt	
1348	In Mittelitalien und besonders in Florenz brechen Pestepidemien aus	
1349		† Andrea Pisano
1351	* Gian Galeazzo Visconti, Herzog von Mailand	
1353		Boccaccio vollendet seinen *Decamerone*
1373		† Francesco Petrarca
1375		† Giovanni Boccaccio
1377	Papst Gregor XI. kehrt von Avignon nach Rom zurück	* Filippo Brunelleschi
1378	Salvestro de' Medici wird *gonfaloniere* von Florenz. Aufstand der »Ciompi«, der Wollschläger, in Florenz	* Lorenzo Ghiberti
1383		* Masolino da Panicale
1386		* Donatello
1387		* Fra Angelico

Politik	Kunst und Kultur	
† Salvestro de' Medici (* um 1336)		*1388*
* Cosimo der Alte, Sohn von Giovanni di Averado de' Medici		*1389*
	† Antonio Pucci	*1390*
* Lorenzo di Giovanni de' Medici Giovanni di Averardo de' Medici leitet die römische Niederlassung der Medicibank		*1395*
	* Michelozzo di Bartolommeo	*1396*
	* Pisanello (Antonio Pisano)	*1397*
Florenz verliert in der Textilindustrie und im Bankwesen an Bedeutung	* Luca della Robbia	*1399*
* Francesco Sforza	* Masaccio	*1401*
	Ghiberti beginnt die Arbeiten an der ersten Bronzetür des Baptisteriums in Florenz	*1403*
Innozenz VII. wird Papst	* Leon Battista Alberti	*1404*
Pisa wird von Florenz erobert	* Fra Filippo Lippi	*1406*
Konzil von Pisa; Alexander V. wird Gegenpapst, die Päpste Benedikt XIII. und Gregor XII. werden abgesetzt		*1409*
	* Andrea del Castagno	*1410*
Gian Maria Visconti, Herrscher von Mailand, wird ermordet. Filippo Maria Visconti wird sein Nachfolger		*1412*
* Piero *il Gottoso* de' Medici		*1416*
	Brunelleschi vollendet das Modell des Doms in Florenz	*1418*
	* Piero della Francesca * Benozzo Gozzoli	*1420*
Giovanni di Averardo de' Medici wird zum *gonfaloniere* von Florenz gewählt	Brunelleschi übernimmt die Leitung des Baus von San Lorenzo	*1421*
* Federigo da Montefeltro, Herzog von Urbino		*1422*

	Politik	Kunst und Kultur
1427	Giovanni di Averardo de' Medici führt eine Steuerreform ein	Masaccio malt das Trinitätsfresko in Santa Maria Novella in Florenz
1428		Brunelleschi vollendet die Pazzi-Kapelle in Santa Croce in Florenz † Masaccio
1429	† Giovanni di Averardo de' Medici Cosimo der Alte wird sein Nachfolger als Führer der Volkspartei	* Antonio del Pollainolo
1431		* Andrea Mantegna
1432		* Luigi Pulci
1433	Auf Veranlassung von Rinaldo degli Albizzi wird Cosimo de' Medici aus Florenz verbannt	Donatello vollendet seinen bronzenen *David* in Florenz * Marsilio Ficino
1434	Cosimo der Alte kehrt aus dem Exil nach Florenz zurück	Filippo Lippi vollendet das Tafelbild *Madonna betet das Kind an*
1435		Leon Battista Alberti behandelt in seinem Werk *Über die Malerei* Probleme der Perspektive
1436		* Andrea del Verrocchio Der Dom in Florenz wird geweiht. Fra Angelico malt die Fresken im Kloster San Marco in Florenz
1437		Della Robbia vollendet Kanzel im Dom
1438–1442	Im Konzil, das 1439 von Ferrara nach Florenz verlegt wird, scheitert Vereinigung mit der Ostkirche	
1444	Cosimo der Alte gründet die *Biblioteca Medicea Laurenziana*	* Sandro Botticelli Michelozzo beginnt den Bau des Palazzo Medici
1446		Della Robbia vollendet Reliefs im Dom in Florenz. Baubeginn des Palazzo Rucellai
1446		† Filippo Brunelleschi
1447	Ende der Viscontiherrschaft in Mailand	† Masolino da Panicale
1449	* Lorenzo der Prächtige	* Domenico Ghirlandaio
1450	Francesco Sforza wird Herzog von Mailand	† Antonio Pisanello
1451		* Christoph Kolumbus * Amerigo Vespucci

Politik	Kunst und Kultur	
Friedrich III. wird als letzter deutscher Kaiser in Rom gekrönt	* Girolamo Savonarola * Leonardo da Vinci Ghiberti beendet die Arbeiten an der Paradiestür des Baptisteriums in Florenz	*1452*
* Giuliano de' Medici, jüngster Sohn Pieros Mohammed II. erobert Konstantinopel. Ende des Hundertjährigen Krieges zwischen England und Frankreich Ende des Oströmischen Reiches	Donatello vollendet das erste lebensgroße bronzene Reiterdenkmal des päpstlichen Feldherrn Gattamelata	*1453*
	Donatello kehrt nach Florenz zurück * Angelo Poliziano	*1454*
	† Fra Angelico † Lorenzo Ghiberti Castagno führt die Fresken in SS. Annunziata in Florenz aus	*1455*
	Alberti beginnt die Fassade von Santa Maria Novella in Florenz. Paolo Ucello vollendet das Bild *Schlacht von San Romano.* Castagno vollendet das Reiterbildnis des Niccolò da Tolentino im Dom von Florenz	*1456*
	† Andrea del Castagno * Filippino Lippi, Sohn des Filippo Lippi * Vittorio Carpaccio	*1457*
Papst Pius II. besucht Cosimo den Alten in Florenz	Cosimo der Alte gründet in Florenz die *Accademia Platonica.* Baubeginn des Palazzo Pitti. Benozzo Gozzoli beginnt mit den Fresken in der Kapelle im Palazzo Medici	*1459*
	Donatello arbeitet an der Bronzekanzel in San Lorenzo in Florenz * Andrea Sansovino	*1460*
	† Domenico Veneziano	*1461*
† Giovanni de' Medici	* Pico della Mirandola	*1463*
† Cosimo der Alte Piero de' Medici (*il Gottoso*) wird Herrscher von Florenz	Piero della Francesca vollendet die Fresken in San Francesco in Arezzo	*1464*

	Politik	Kunst und Kultur
1465		* Erasmus von Rotterdam Piero della Francesca porträtiert Federigo da Montefeltro und seine Gemahlin Verrocchio vollendet den bronzenen *David*
1466	Luca Pittis Verschwörung in Florenz mißlingt, er wird aber begnadigt † Francesco Sforza	† Donatello
1467	* Giovanni de' Medici, Sohn von Pierfrancesco de' Medici	
1468		Della Robbia fertigt die Bronzetür der neuen Sakristei des Domes in Florenz
1469	Lorenzo der Prächtige wird Stadtherr von Florenz Lorenzo de' Medici heiratet Clarice Orsini † Piero *il Gottoso* de' Medici	† Fra Filippo Lippi * Niccoló Macchiavelli
1470		* Pietro Bembo entscheidet Durchsetzung des Toskanischen als ital. Schriftsprache
1471	* Piero der Unglückliche, Sohn Lorenzos des Prächtigen Sixtus IV., ein Gegner der Medici, wird Papst	
1472		Verrocchio vollendet das Medicigrabmal in der Alten Sakristei in Florenz † Leon Battista Alberti * Fra Bartolommeo † Michelozzo di Bartolommeo
1473		* Nikolaus Kopernikus
1474		* Ludovico Ariost Marsilio Ficino veröffentlicht seine *Theologia Platonica*
1475	* Giovanni de' Medici, der spätere Papst Leo X.	* Michelangelo Buonarroti Botticelli vollendet das Werk *Mars und Venus* † Paolo Ucello
1476	† Galeazzo Sforza wird ermordet * Giovanni de' Medici	

Politik	Kunst und Kultur	
	* Tiziano Vecelli, genannt Tizian	*1477*
* Giulio de' Medici, der spätere Papst Klemens VII. Pazzi-Verschwörung gegen die Medici; Giuliano wird im Dom von Florenz ermordet		*1478*
Lorenzo erreicht bei Ferrante in Neapel einen Friedensschluß. Spanien bekommt Sizilien	† Antonio Rosselino	*1479*
Lorenzo der Prächtige verkündet eine neue Verfassung für Florenz		*1480*
Ferrara-Krieg		*1481–1484*
	† Agostino di Duccio	*1481*
† Federigo da Montefeltro	† Luca della Robbia Savonarola tritt in das Kloster San Marco ein	*1482*
	* Raffaelo Santi * Martin Luther	*1483*
† Papst Sixtus IV. Innozenz VIII. wird Papst	† Botticelli vollendet die *Geburt der Venus* † Luigi Pulci	*1483*
Maximilian I. wird zum deutschen König gewählt	Pico della Mirandola veröffentlicht *De hominis dignatate (Über die Menschenwürde)* * Jacopo Sansovino * Andrea del Sarto	*1486*
	Verrocchio vollendet das Reiterdenkmal Colleonis † Andrea del Verrocchio	*1488*
	Vittore Carpaccio malt Szenen aus dem Leben der heiligen Ursula in Venedig Michelangelo kommt in den Palazzo Medici	*1490*
	Botticelli vollendet 92 Federzeichnungen zu Dante Alighieris *Divina commedia*	*1491*
† Lorenzo der Prächtige Alexander VI. wird Papst	* Pietro Aretino † Piero della Francesco Kolumbus entdeckt Kuba und Haiti	*1492*
Maximilian I. wird deutscher Kaiser		*1493*

	Politik	Kunst und Kultur
1494	Karl VIII. zieht in Italien ein und erobert Neapel. Die Medici werden vertrieben, und Savonarola regiert in Florenz. Pisa befreit sich von Florenz	† Ghirlandaio † Angelo Poliziano † Giovanni Pico della Mirandola
1495	Savonarola erhält Predigtverbot von Papst Alexander VI. Karl VIII. wird Sieger in Neapel. Reichstag zu Worms	Dürer besucht Italien
1496		Michelangelos erster Aufenthalt in Rom
1497	Giovanni de' Medici heiratet Katharina Sforza. Savonarola wird exkommuniziert	
1498	* Giovanni delle Bande Nere † Karl VIII. Ludwig XII. wird König † Savonarola wird auf der Piazza Signoria verbrannt	
1499	Frankreich erobert Mailand	† Marsilio Ficino
1500	* Karl V.	Michelangelo vollendet die *Pietà* * Benvenuto Cellini
1502	Pietro Soderini wird *gonfaloniere*	Filippino Lippi vollendet die Fresken in der Strozzikapelle in S. Maria Novella
1503	† Piero de' Medici, der Unglückliche † Alexander VI. Julius II. (Giuliano della Rovere) wird Papst	Michelangelo vollendet den *David*
1503	Neapel wird spanisches Vizekönigreich	
1504		† Filippino Lippi
1505		Michelangelo wird von Papst Julius II. nach Rom gerufen
1506		† Andrea Mantegna Leonardo da Vinici malt *Mona Lisa*
1507		Palazzo Strozzi in Florenz vollendet
1508–1512		Michelangelo malt die Sixtinische Kapelle in Rom aus

Politik	Kunst und Kultur	
Kaiser Maximilian I. schließt mit Frankreich, Spanien und dem Papst die Liga von Cambrai gegen Venedig	Raffael malt die Stanzen im Vatikan aus	*1508*
Florenz schließt sich der Liga von Cambrai an		*1509*
	† Sandro Botticelli	*1510*
Papst Julius II. schließt Frieden mit Venedig * Alessandro de' Medici, illegitimer Sohn von Papst Klemens VII.	* Giorgio Vasari	*1511*
Spanien verhilft den Medici wieder zur Herrschaft in Florenz. Florenz wird Herzogtum	Macchiavelli wird verbannt Raffael vollendet Bildnis von Julius II.	*1512*
† Papst Julius II. Papst Leo X. wird sein Nachfolger	Macciavelli veröffentlicht *Il Principe*	*1513*
* Lorenzino de' Medici	* Andrea Vesalius	*1514*
Leo X. ernennt Lorenzo de' Medici zum Herzog von Urbino † Ludwig XII. von Frankreich Franz I. wird sein Nachfolger und erobert Mailand	Raffael wird erster Architekt von St. Peter	*1515*
	Erasmus veröffentlicht die erste Ausgabe des griechischen Neuen Testaments in Latein † Giovanni Bellini Michelangelo vollendet den *Moses*	*1516*
Martin Luther schlägt am 31. Oktober seine 95 Thesen an der Schloßkirche zu Wittenberg an	† Fra Bartolommeo	*1517*
	Raffael vollendet das Bildnis Leos X.	*1518*
* Katharina de' Medici * Cosimo I. Karl V. wird zum Kaiser gewählt	† Leonardo da Vinci	*1519*
Leo X. erläßt gegen Luther die Bulle *Exurge Domino*	† Raffael	*1520*
Wormser Edikt Verteidigungsbündnis wird zwischen Kaiser und Papst geschlossen Mailand wird von spanisch-deut-	Die Platonische Akademie wird aufgelöst	*1521*

	Politik	Kunst und Kultur
	schem Heer besetzt † Leo X.	
1522	Spanisch-deutsche Besetzung von Genua	
1523	Karl V. schließt Verträge mit Venedig und Papst Hadrian VI. † Papst Hadrian VI. Papst Klemens VII. (Giulio de' Medici) wird sein Nachfolger	† Pietro Perugino † Luca Signorelli Tizian vollendet *Bacchus und Ariadne*
1525	Karl V. besiegt Pavia und beendet französische Vorherrschaft in Italien. Franz I. wird gefangengenommen. Spanischer Sieg in Mailand	
1526	† Giovanni delle Bande Nere Friede zwischen Kaiser Karl V. und Franz I. in Madrid. Frankreich verzichtet auf Mailand, Genua, Asti und Neapel. Heiliger Bund zwischen Klemens VII., Venedig, Florenz und Mailand	
1527	Plünderung Roms durch kaiserliche Truppen Karls V. Florenz errichtet eine Republik; die Medici werden gestürzt. Allessandro und Ippolito de' Medici werden aus der Stadt vertrieben	† Macchiavelli
1527–1530	Letzte florentinische Republik	
1528		† Albrecht Dürer * Paolo Veronese
1529	Türkische Belagerung in Wien. Friede von Cambrai beendet Krieg zwischen Karl V. und Franz I. Karl V. bekommt Italien. Friede von Barcelona zwischen Kaiser und Papst. Frankreich verliert Flandern und Artois	† Andrea Sansovino
1530	Florenz kapituliert vor kaiserlich-päpstlichen Heer. Ende der Republik Florenz. Rückkehr der Medici nach Florenz. Kaiserkrönung Karls V. in Bologna	
1531	Allessandro de' Medici wird Herzog von Florenz	† Andrea del Sarto

Politik	Kunst und Kultur	
Katharina de' Medici heiratet Heinrich II. * Wilhelm von Oranien	† Ludovico Ariosto Tizian vollendet Bildnis Karls V.	*1533*
† Papst Klemens VII. Paul III. (Allessandro Farnese) wird sein Nachfolger	Erste Ausgabe der vollständigen Bibelübersetzung Luthers Francesco Guicciardini vollendet seine *Storia d'Italia,* die erste Geschichte Gesamtitaliens	*1534*
† Allessandro de' Medici läßt Ippolito ermorden. Spanische Vorherrschaft in Italien. Karl V. erobert Tunis † Herzog Francesco Sforza ohne Erben		*1535*
Franz I. besetzt Savoyen	† Erasmus von Rotterdam	*1536*
† Allessandro de' Medici wird von Lorenzino ermordet. Cosimo I. wird Nachfolger. Karl V. ernennt Cosimo I. als erblichen Herzog. Cosimo I. besiegt ein Heer von Florentiner Verbannten unter Führung von Filippo Strozzi		*1537*
Karl V. und Franz I. beenden den 3. Krieg mit Suleiman II. um Mailand Cosimo I. heiratet Eleonora von Toledo		*1538*
	Michelangelo vollendet die Fresken *Jüngstes Gericht* in der Sixtinischen Kapelle	*1541*
	Cosimo I. erneuert die Universität in Pisa	*1542*
Konzil von Trient vertieft Kluft zwischen Katholiken und Protestanten		*1545–1563*
	† Martin Luther Michelangelo entwirft Kuppel von St. Peter	*1546*
† Franz I. von Frankreich Heinrich II. wird sein Nachfolger	† Pietro Bembo Michelangelo übernimmt die Bauleitung in Rom	*1547*
† Lorenzino de' Medici	* Giordano Bruno	*1548*
Cosimo I. führt Krieg gegen Siena		*1550–1555*

	Politik	Kunst und Kultur
1550		Vasari vollendet seine *Lebensbeschreibungen*
1554	Cosimo I. besiegt Pietro Strozzis Heer	
1555	Die von Florenz beherrschten Städte bekommen das allgemeine Florentiner Bürgerrecht. Florenz besiegt Siena	
1556	Karl V. dankt ab und überläßt seinem Bruder Ferdinand I. das Reich	† Pietro Aretino
1558	† Karl V.	
1559	Friede von Câteau-Cambrésis. Frankreichs Einfluß auf Italien wird beendet	
1560	† Franz II. Katharina de' Medici übernimmt die Regentschaft	
1562–1598	Hugenottenkriege in Frankreich	
1564	† Ferdinand I. Maximilian II. wird sein Nachfolger. Francesco de' Medici, später Großherzog der Toskana, heiratet Johanna von Österreich	† Michelangelo Buonarroti * Galileo Galilei
1568–1648	Niederländischer Freiheitskampf	
1570	Cosimo I. wird Großherzog der Toskana	
1571		† Benvenuto Cellini * Johannes Keppler
1572	Bartholomäusnacht in Paris	
1573	* Maria de' Medici	
1574	† Karl IX. † Cosimo I. de' Medici Francesco de' Medici wird sein Nachfolger	† Giorgio Vasari
1576	† Maximilian II.	† Tizian
1578	† Johanna von Österreich Francesco heiratet seine Geliebte Bianca Cappello	
1585	* Kardinal Richelieu 8. Hugenottenkrieg unter Heinrich III.	

Politik	Kunst und Kultur	
† Francesco I. de' Medici Ferdinand I. wird Großherzog der Toskana		*1587*
Heinrich III. geht zu den Hugenotten über		*1588*
† Heinrich III. wird ermordet Heinrich IV. wird sein Nachfolger † Katharina de' Medici Ferdinand I. de' Medici heiratet Christine von Lothringen		*1589*
Heinrich IV. nimmt katholischen Glauben an, nachdem er Hugenottenführer war		*1593*
	Giovanni da Bologna vollendet das Reiterdenkmal Cosimos I. in Florenz † Tintoretto	*1594*
Edikt von Nantes unter Heinrich IV. Ende der Hugenottenkriege		*1598*
Heinrich IV. heiratet Maria de' Medici	† Giordano Bruno als Ketzer verbrannt	*1600*
* Kardinal Mazarin	† Giovanni da Bologna	*1602*
† Ferdinand I. de' Medici Cosimo II. de' Medici wird sein Nachfolger		*1609*
† Heinrich IV. wird von Katholiken ermordet Ludwig XIII. wird König von Frankreich Maria de' Medici übernimmt die Regentschaft		*1610*
† Cosimo II. de' Medici Ferdinand II. de' Medici wird Großherzog der Toskana. Maria Magdalena von Österreich und Christine von Lothringen übernehmen die Regentschaft		*1620*
† Maria de' Medici		*1624*
Richelieu wird leitender Minister Ludwigs XIII.	Rubens malt Maria de' Medici-Zyklus für den Palais du Luxembourg	*1625*
* Ludwig XIV.		*1638*

	Politik	Kunst und Kultur
1642	† Kardinal Richelieu Kardinal Mazarin wird sein Nachfolger	† Galileo Galilei
1643	† Ludwig XIII. Ludwig XIV. wird König von Frankreich Anna von Österreich übernimmt Regentschaft	
1661	† Kardinal Jules Mazarin Ludwig XIV. wird absoluter Herrscher	
1670	† Ferdinand II. de' Medici Cosimo III. wird Großherzog der Toskana	
1715	† Ludwig XIV.	
1723	† Cosimo III. de' Medici Gian Gastone de' Medici wird sein Nachfolger	
1735	Vertrag von Wien. Herzog Franz Stephan bekommt das Großherzogtum Toskana	
1737	† Gian Gastone de' Medici, letzter männlicher Erbe der Medici	
1743	† Anna Maria Ludovica, die letzte weibliche Erbin der Medici	

Die Medici in der bildenden Kunst

Der folgende Katalog gibt einen Überblick über die Bildnisse der Medici auf Werken der bildenden Kunst (Gemälde, Fresken, Skulpturen, Denkmäler, Medaillen, Graphik). Er erhebt keinen Anspruch auf Vollständigkeit; verschiedene anonyme Werke konnten nicht zugeschrieben werden, und das Standortverzeichnis mag den einen oder anderen Fehler aufweisen. Nicht aufgenommen wurde die Serie von 24 Miniaturbildnissen der Mediceer (Format 15,8 × 12,2 cm) von Agnolo Bronzini in den Uffizien und im Palazzo Medici-Riccardi. Ein * hinter dem bezeichneten Werk bedeutet, daß es sich nicht um ein Einzelporträt handelt, sondern um ein Gruppenbild, auf dem auch der betreffende Medici dargestellt ist. Zusammenstellung des Kataloges: Ingo F. Walther.

Dargestellte Person	Werk	Künstler	Standort	Seite
Allessandro (1511–37)	Gemälde	Vasari	Palazzo Medici-Riccardi, Florenz	
	Gemälde	Pontormo	Pinacoteca, Lucca	
	Gemälde	Bronzino	Privatsammlung, Heidelberg	
	Statue	Bandinelli	Palazzo Vecchio, Florenz	
	Münze		Victoria and Albert Museum, London	
Anna (1616–76)	Gemälde	Sustermans	Palazzo Pitti, Florenz	
Anna Maria Ludovica (1667–1743)	Gemälde	N. Cassana	Palazzo Pitti, Florenz	
	Gemälde (2)	G.F. Douven	Palazzo Pitti, Florenz	
	Gemälde*	Sustermans	Museo Stibbert, Florenz	
	Medaille	G. Fortini	Museo Nazionale, Florenz	
	Büste	G. Grupello	Düsseldorf	
Bianca Cappello	Gemälde	Bronzino	Palazzo Pitti, Florenz	
	Gemälde	Bronzino	Uffizien, Florenz	
	Gemälde	Bronzino-Schule	Pinacoteca, Lucca	
	Gemälde	Bronzino-Schule	Poggio a Caiano	325
	Gemälde*	Allori	Palazzo Medici-Riccardi, Florenz	
	Gemälde	Allori	Uffizien, Florenz	
	Stich			320

Dargestellte Person	Werk	Künstler	Standort	Seite
Christine von Lothringen	Gemälde	S. P. di Gaeta	Palazzo Medici-Riccardi, Florenz	
	Gemälde	Sustermans	Galleria Corsini, Florenz	
Clarice Orsini	Gemälde		National Gallery, Dublin	133
	Medaille	M. Soldani?	British Museum, London	
Claudia (1604–48)	Gemälde	Sustermans	Poggio a Caiano	
Contessina de' Bardi	Büste	Donatello	Museo Nazionale, Florenz	
Cosimo der Alte (1389–1464)	Gemälde	Ghirlandaio	Palazzo Pitti, Florenz	
	Gemälde	Pontormo	Uffizien, Florenz	
	Gemälde	Bronzino	Palazzo Medici-Riccardi, Florenz	49
	Gemälde*	Botticelli	Uffizien, Florenz	47, 169
	Gemälde*	Vasari	Palazzo Vecchio, Florenz	56
	Fresko*	Vasari	Palazzo Vecchio, Florenz	106
	Fresko*	Gozzoli	Palazzo Medici-Riccardi, Florenz	
	Relief	Verrocchio	Staatliche Museen, Berlin	85
	Miniatur	Hs. d. Cherico	Laurenziana, Palazzo Medici-Riccardi, Florenz	
	Kamee		Uffizien, Florenz	
	Medaille	N. di Spinelli		
	Münze		Münzkabinett, Berlin	
	Federzeichnung	Passignano	Albertina, Wien	
Cosimo I. (1519–74)	Gemälde	R. Ghirlandaio?	Palazzo Medici-Riccardi, Florenz	
	Gemälde	Pontormo	Palazzo Medici-Riccardi, Florenz	
	Gemälde	F. und J. Ligozzi	Palazzo Vecchio, Florenz	
	Gemälde	Vasari	Palazzo Medici-Riccardi, Florenz	
	Gemälde (2)	Bronzino	Uffizien, Florenz	
	Gemälde	Allori	Museo Stibbert, Florenz	
	Gemälde	Bronzino	Staatliche Museen, Berlin. Repliken: Lucca, New York, Accademia und Palazzo Pitti (Florenz)	
	Gemälde	Bronzino	Gemäldegalerie, Kassel	295
	Gemälde	Bronzino	Palazzo Medici-Riccardi, Florenz	
	Gemälde	Bronzino	Albertinum, Dresden. Repliken: Rom, Wien und Florenz	
	Gemälde	Bronzino	Accademia, Florenz. Repliken: Berlin, Kassel, New York, Lucca, Rom usw.	
	Gemälde (2)	Bronzino	Palazzo Pucci, Florenz	
	Gemälde (2)	Bronzino	Palazzo Pitti, Florenz	
	Gemälde	Bronzino	National Gallery, London	
	Gemälde	Bronzino	Pinacoteca, Lucca	
	Gemälde	Bronzino	Metropolitan Museum, New York	
	Gemälde	Bronzino	Turin	
	Gemälde	Bronzino	Kunsthistorisches Museum, Wien	
	Gemälde	Bronzino	Galleria Borghese, Rom	
	Gemälde	Kopie n. Bronzino	Pinacoteca Estense, Modena	
	Fresko*	Vasari	Palazzo Vecchio, Florenz	302

Dargestellte Person	Werk	Künstler	Standort	Seite
	Büste	Cellini	Museo Nazionale, Florenz	298
	Reiterstatue	G. da Bologna	Piazza della Signoria, Florenz	303
	Statue	V. Cioli	Boboli-Gärten, Florenz	297
	Statue	Bandinelli	Palazzo Vecchio, Florenz	
	Statue	G. da Bologna	SS. Annunziata, Florenz	
	Mosaikrelief	G. Mola	Palazzo Pitti, Florenz	296
Cosimo II.	Gemälde	Bronzino	Palazzo Pitti, Florenz	
(1590–1620)	Gemälde	Sustermans	Poggio a Caiano	
	Gemälde	Sustermans	Galleria Corsini, Florenz	
	Gemälde	Sustermans	Uffizien, Florenz	
	Grabmal		San Lorenzo, Florenz	369
	Reliefmosaik	Mochi	Palazzo Pitti, Florenz	342
	Stich	Kilian		
Cosimo III.	Gemälde		Palazzo Pitti, Florenz	
(1642–1723)	Gemälde		Palazzo Medici-Riccardi, Florenz	
	Gemälde	G. G. Zumbo		
	Gemälde	Sustermans	Galleria Corsini, Florenz	
	Büste	G. B. Foggini	Schloß, Donaueschingen	
	Büste	G. Fortini	Port Sunlight	
	Medaillon	F. Sengher	Museo degli Argenti, Florenz	
	Kamee	G. A. Torricelli	Museo dell' Opificio delle Pietre Dure, Florenz	
	Medaille	F. della Valle	Museo Nazionale, Florenz	
	Medaille	M. Soldani	Galleria Estense, Modena	
Eleonora I. v. Toledo	Gemälde	Bronzino	Palazzo Vecchio, Florenz	
	Gemälde (2)	Bronzino	Uffizien, Florenz	299
	Gemälde	Bronzino	Staatliche Museen, Berlin	
	Gemälde	Bronzino	Albertinum, Dresden	
	Gemälde	Bronzino	Wallace Collection, London	
	Gemälde	Bronzino	Kunsthistorisches Museum, Wien	
Eleonora (1565–1611)	Gemälde	Pulzoni	Palazzo Pitti, Florenz	
Ferdinand I.	Gemälde	Bronzino	Palazzo Medici-Riccardi, Florenz	
(1549–1606)	Gemälde	Bronzino	Palazzo Pitti, Florenz	
	Gemälde	Bronzino	Uffizien, Florenz	
	Gemälde*	Bronzino	Prado, Madrid	
	Gemälde (2)	Bronzino	Pinacoteca, Lucca	
	Gemälde	S. Pulzone	Palazzo Pitti, Florenz	
	Denkmal	G. Bandini	Livorno	
	Denkmal	S. Francavilla	Arezzo	
	Reiterstatue	G. da Bologna und P. Tacca	Piazza dell'Annunziata, Florenz	
Ferdinand II.	Gemälde	Sustermans	Palazzo Corsini, Florenz	
(1610–70)	Gemälde	Sustermans	Palazzo Pitti, Florenz	
	Gemälde	Sustermans	Poggio a Caiano	
	Gemälde	Sustermans	Uffizien, Florenz	

Dargestellte Person	Werk	Künstler	Standort	Seite
	Büste	G. B. Foggini	National Gallery, Washington	
Ferdinand (1663–1713)	Gemälde	Sustermans-Schule	Galleria Fiorentine, Florenz	
	Gemälde	Sustermans	Museo Stibbert, Florenz	
	Gemälde	N. Cassana	Palazzo Pitti, Florenz	
	Büste	G. B. Foggini	Schloß, Donaueschingen	
	Büste	Bernini	Museo Nazionale, Florenz	
Francesco I. (1541–87)	Gemälde	Veronese	Palazzo Pitti, Florenz	
	Gemälde	Bronzino	Palazzo Pitti, Florenz	
	Gemälde	Bronzino	Palazzo Rospigliosi, Rom	
	Gemälde	Bronzino	Uffizien, Florenz	
	Gemälde	Allori	Palazzo Medici-Riccardi, Florenz	
	Wachsbild	Cellini	Museo Nazionale, Florenz	
	Münze	P. de Pastorini	Victoria and Albert Museum, London	
Francesco (1614–34)	Gemälde	Sustermans	Poggio a Caiano	
Garzia (1547–62)	Gemälde	Bronzino	Uffizien, Florenz	
	Gemälde	Bronzino	Palazzo Pitti, Florenz	
	Gemälde	Bronzino	Privatsammlung, London	
	Gemälde	Bronzino	Pinacoteca, Lucca	
	Gemälde	Bronzino	University Galleries, Oxford	
Giancarlo, Kardinal (1611–63)	Büste	G. B. Foggini	Victoria and Albert Museum, London	
Gian Gastone (1671–1737)	Gemälde		Uffizien, Florenz	
	Gemälde		Palazzo Pitti, Florenz	
	Büste		Uffizien, Florenz	
	Medaille	Pieri	Victoria and Albert Museum, London	
	Medaille	L. M. Weber	Museo Nazionale, Florenz	
	Medaille	F. della Valle	Museo Nazionale, Florenz	
	Medaille	M. Soldani	Museo Nazionale, Florenz	
Ginevra degli Albizzi	Fresko*	Ghirlandaio	S. Maria Novella, Florenz	99
Giovanni di Averardo (1360–1429)	Gemälde	Bronzino	Palazzo Medici-Riccardi, Florenz	43
	Gemälde	Z. Strozzi	Palazzo Medici-Riccardi, Florenz	
Giovanni di Cosimo (1421–63)	Gemälde	Bronzino	Palazzo Medici-Riccardi, Florenz	
	Gemälde*	Botticelli	Uffizien, Florenz	84,130,169
	Büste	M. da Fiesole	Museo Nazionale, Florenz	
Giovanni di Pierfrancesco (1467–98)	Gemälde	Vasari	Palazzo Medici-Riccardi, Florenz	
	Gemälde	Vasari	Palazzo Vecchio, Florenz	
Giovanni, später Papst Leo X. (1475–1521)	Gemälde*	Raffael	Uffizien, Florenz	255
	Gemälde*	F. da Empoli	Casa Buonarroti, Florenz	
	Gemälde	Fr. del Tadda	Palazzo Medici-Riccardi, Florenz	
	Gemälde*	Rubens	?	
	Gemälde	A. del Sarto	Museo Nazionale, Neapel	
	Fresko*	Raffael	Musei Vaticani, Rom	

Dargestellte Person	Werk	Künstler	Standort	Seite
	Fresko*	Vasari	Palazzo Vecchio, Florenz	
	Fresko*	Vasari	Palazzo Vecchio, Florenz	
	Fresko*	Ghirlandaio	Santa Trinitá, Florenz	132
	Miniatur	E. C. Weser	Albertinum, Dresden	
	Aquarell		Albertina, Wien	
	Kamee		Uffizien, Florenz	
	Statue	D. Aïmo	S. Maria in Aracoeli, Rom	
	Statue	Bandinelli	Palazzo Vecchio, Florenz	
	Zeichnung	J. da Empoli	Uffizien, Florenz	
	Zeichnung	Raffael	Galleria Corsini, Florenz	
	Stich		Bibliothèque Nationale, Paris	252
Giovanni delle Bande Nere (1498–1526)	Gemälde	Tizian	Uffizien, Florenz	
	Gemälde	Vasari	Palazzo Vecchio, Florenz	
	Büste	Sangallo	Museo Nazionale, Florenz	
	Denkmal	Bandinelli	Piazza San Lorenzo, Florenz	
	Statue	Bandinelli	Palazzo Vecchio, Florenz	
	Münze	Cattaneo	Victoria and Albert Museum, London	
Giovanni, Kardinal (1543–62)	Gemälde	Sustermans	Poggio a Caiano	
Giovanni (1567–1621)	Gemälde*	Bronzino	Uffizien, Florenz	299
Giuliano (1453–78)	Gemälde	Botticelli	Staatliche Museen, Berlin	134
	Gemälde	Botticelli	Gallery of Art, Washington	
	Gemälde*	Botticelli	Uffizien, Florenz	169
	Gemälde*	Botticelli	Uffizien, Florenz	170
	Gemälde	Bronzino	Palazzo Medici-Riccardi, Florenz	
	Büste	Verrocchio	National Gallery of Art, Washington	148
	Büste	Pollaiuolo	Museo Nazionale, Florenz	155
	Medaille	B. di Giovanni	Victoria and Albert Museum, London	
Giuliano, Herzog von Nemours (1479–1516)	Gemälde	Raffael	früher Slg. Huldschinsky, Berlin	
	Gemälde	Bronzino (Kopie nach Raffael)	Uffizien, Florenz	249
	Fresko	Ghirlandaio	Santa Trinitá, Florenz	264
	Grabmal	Michelangelo	San Lorenzo, Florenz	283
	Medaillon (2)		Staatliche Museen, Berlin	
Giulio, später Papst Klemens VII. (1478–1534)	Gemälde	Bronzino	Palazzo Medici-Riccardi, Florenz	270
	Gemälde	Botticelli	Staatliche Museen, Berlin	
	Gemälde	S. del Piombo	Museo Nazionale, Florenz	
	Gemälde	Vasari	Accademia, Bologna	
	Gemälde*	Vasari	Palazzo Vecchio, Florenz	305
	Gemälde*	Raffael	Uffizien, Florenz	255
	Gemälde*	Fr. del Tadda	Palazzo Medici-Riccardi, Florenz	
	Gemälde	Sebastiano	Galleria Nazionale, Neapel	
	Gemälde*	Sebastiano	Parma	
	Medaille	B. Cellini	Münzkabinett, Gotha	

Dargestellte Person	Werk	Künstler	Standort	Seite
	Medaille	N. di Spinelli		
	Münzen (3)		Parma, Modena, Bologna	
	Zeichnung	Heemskerek	Kusthalle, Hamburg	
	Stich	J. de Strada		267
	Stich	J.N. Hogenberg		287
Ippolito, Kardinal (1511–35)	Gemälde	Tizian	Palazzo Pitti, Florenz	
	Gemälde	Carucci	Palazzo Pitti, Florenz	
	Gemälde	Pontormo	Uffizien, Florenz	
	Gemälde	Sebastiano	verschollen	
	Medaille	Lombardi	verschollen	
Isabella, Tochter Cosimos I.	Gemälde	Bronzino	Nationalmuseum, Stockholm	
	Gemälde	Bronzino	Uffizien, Florenz	
	Münze	Poggini	Victoria and Albert Museum, London	
Johanna von Habsburg	Gemälde		Uffizien, Florenz	
Katharina (1519–89)	Gemälde	Pourbus	Uffizien, Florenz	
	Gemälde	Albrier	Versailles	
	Gemälde		Louvre, Paris	
	Gemälde		Uffizien, Florenz	
	Gemälde		Palazzo Pitti, Florenz	
	Gemälde		Versailles	
	Gemälde		Poggio a Caiano	
	Votivtafel	Limousin	Sainte-Chapelle, Paris	317
	Fresko*	Vasari	Palazzo Vecchio, Florenz	305
	Miniatur	Fr. Clouet	Kunsthistorisches Museum, Wien	
	Grabmal	G. Pilon	Abteikirche, St. Denis	
	Stich	N. Nelli		304
	Stich	J. de Strada		318
Katharina Sforza	Gemälde	Vasari	Palazzo Vecchio	
Laudomia, Tochter Lorenzos d.J.	Gemälde	Bronzino	Palazzo Pitti, Florenz	
Leopold, Kardinal (1617–75)	Gemälde		Uffizien, Florenz	
	Büste	G.B. Foggini	Uffizien, Florenz	
	Büste	G.B. Foggini	Staatliche Museen, Berlin	
Lorenzino (1514–48)	Medaille		Victoria and Albert Museum, London	
	Medaille			292
	Stich		Biblioteca Nazionale, Florenz	
Lorenzo di Giovanni (1395–1440)	Gemälde	Bronzino	Uffizien, Florenz	
Lorenzo der Prächtige (1449–1548)	Gemälde*	Veneziano	New York Historical Society, N.Y.	97
	Gemälde	Bronzino	Palazzo Medici-Riccardi, Florenz	126
	Gemälde	Vasari	Uffizien, Florenz	182
	Gemälde	H. Delaborde	Versailles	
	Gemälde	Bronzino-Schule	Uffizien, Florenz	163

Dargestellte Person	Werk	Künstler	Standort	Seite
	Gemälde		Gemäldegalerie, Prag	
	Gemälde	Masaccio	verschollen	
	Gemälde*	Botticelli	Uffizien, Florenz	170
	Gemälde*	Botticelli	Uffizien, Florenz	169
	Gemälde*	Botticelli	Uffizien, Florenz	153
	Gemälde*	Fr. del Tadda	Uffizien, Florenz	
	Fresko*	G. da San Giovanni	Palazzo Pitti, Florenz	
	Fresko*	Vasari	Palazzo Vecchio, Florenz	
	Fresko*	Ghirlandaio	Santa Trinitá, Florenz	131
	Fresko*	Gozzoli	Palazzo Medici-Riccardi, Florenz	118
	Fresko*	O. Vannini	Palazzo Pitti	
	Büste	Verrocchio	National Gallery of Art, Washington	
	Büste	Verrocchio (?)	Museo Nazionale, Florenz	
	Gipsbüste		Staatliche Museen, Berlin	
	Terrakottabüste		Staatliche Museen, Berlin	
	Totenmaske	Verrocchio	Palazzo Medici-Riccardi, Florenz	207
	Denkmal	Grazzini	Florenz	
	Kamee		Uffizien, Florenz	
	Medaille	G. di Giovanni	Victoria and Albert Museum, London	155
	Medaille	Fiorentino	Museo Nazionale, Florenz	109
	Medaille	Pollaiuolo	Museo Nazionale, Florenz	
	Medaille	N. di Spinelli		
	Zeichnung	Vasari	Uffizien, Florenz	
Lorenzo der Jüngere (1463–1503)	Medaille		Museo Nazionale, Florenz	
Lorenzo, Herzog von Urbino (1492–1519)	Gemälde	Bronzino	Palazzo Medici-Riccardi, Florenz	
	Gemälde		Versailles	
	Gemälde	Kopie n. Raffael	Uffizien, Florenz	
	Gemälde	Replik n. Raffael	Montpellier	283
	Grabmal	Michelangelo	San Lorenzo, Florenz	
	Medaille	F. da San Gallo		
	Münze		Victoria and Albert Museum, London	
Lucrezia, Tochter Cosimos I.	Gemälde	Bronzino	Palazzo Pitti, Florenz	
Lucrezia Tornabuoni	Gemälde	Botticelli	Städel, Frankfurt am Main	96
	Gemälde*	Botticelli	Uffizien, Florenz	170
	Fresko*	Ghirlandaio	Santa Maria Novella, Florenz	
Margarethe von Österreich	Gemälde	A. Moor	Staatliche Museen, Berlin	
Margherita, T. Cosimos III.	Gemälde	Sustermans	Poggio a Caiano	
Marguérite von Orléans	Gemälde		Uffizien, Florenz	
	Medaille	A. F. Selvi	Museo Nazionale, Florenz	
Maria (1573–1642)	Gemälde	Rubens	Prado, Madrid	
	Gemälde-Zyklus	Rubens	Louvre, Paris	

Dargestellte Person	Werk	Künstler	Standort	Seite
	Ölskizzen	Rubens	Alte Pinakothek, München	329
	Gemälde	Bronzino	Uffizien, Florenz	327
	Gemälde	S. Pulzone	Palazzo Pitti, Florenz	
	Gemälde	Sustermans	Schloß Gripsholm	
	Gemälde	N. de Keyser	National-Gallerie, Berlin	
	Gemälde	Th. de Keyser	Mauritshuis, Den Haag	
	Gemälde	J. Wildens	Brüssel, Museum	
	Gemälde	M. Vroom	Gemäldegalerie, Dresden	
	Gemälddde (5)	Fr. Pourbus d. J.	Rijksmuseum (Amsterdam), Louvre (Paris), Albertinum (Dresden), Hampton Court	
	Grisaille	van Dyck	Alte Pinakothek, München	
	Deckengemälde	Ch. A. Duran	Louvre, Paris	
	Zeichnung	Rubens		
	Stich	van Dyck	Louvre, Paris	335
	Stich	J. M. de Jonohe		340
Maria Magdalena von Habsburg	Gemälde	Sustermans	Poggio a Caiano	
Maria Salviati	Gemälde	Vasari	Palazzo Vecchio, Florenz	
	Gemälde	Pontormo	Uffizien, Florenz	
Matthias (1613–67)	Gemälde	Sustermans	Palazzo Pitti, Florenz	
Pierfrancesco (1431–77)	Gemälde	Vasari	Palazzo Vecchio, Florenz	
	Gemälde	Bronzino	Uffizien, Florenz	
	Altarbild*	Filippino Lippi	Uffizien, Florenz	
Piero (1416–69)	Gemälde	Bronzino	National Gallery, London	
	Gemälde*	Botticelli	Uffizien, Florenz	169, 206
	Gemälde	Bronzino-Schule	Uffizien, Florenz	
	Fresko*	Gozzoli	Palazzo Medici-Riccardi, Florenz	124
	Büste	M. da Fiesole	Museo Nazionale, Florenz	120
Piero (1471–1503)	Gemälde	Bronzino	Palazzo Medici-Riccardi	209
	Fresko*	Ghirlandaio	Santa Trinitá, Florenz	
	Büste	Verrocchio	Museo Nazionale, Florenz	
	Miniatur		Neapel	
	Grabmal		Montecadsino	
Violante von Bayern	Gemälde		Uffizien, Florenz	
	Medaille	B. Permoser	Museo degli Argenti, Florenz	
	Medaille	A. Montauti	Museo Nazionale, Florenz	
Vittoria della Rovere	Gemälde	C. Dolci	Palazzo Pitti, Florenz	
	Gemälde	C. Dolci	Galleria Palatina, Florenz	
	Büste	G. B. Foggini	National Gallery, Washington	
	Büste	G. A. Torricelli	Conservatorio della Quiete, Florenz	
	Medaille	M. Soldani	Galleria Estense, Modena	

Bibliographie

Ady, C. M.: *Lorenzo dei Medici and Renaissance Italy.* London 1955
Alazard, J.: *L'art italien de l'ère baroque au XIX siècle.* Paris 1960
Alberti, L. B.: *Il trattato della pittura e dei cinque ordini architettonici.* Lanciano 1913
Albertini, R. von: *Das florentinische Staatsbewußtsein im Übergang von der Republik zum Prinzipat.* Bern 1955
Allodoli, E.: *I Medici.* Florenz 1929
Andrieux, M.: *Les Médicis.* Paris 1958
Antal, F.: *Florentine Painting and its Social Background.* London 1947
Anziani, N.: *Della biblioteca medico-laurenziane di Firenze.* Florenz 1912
Armstrong, E.: *Lorenzo de' Medici und Florence in the Fifteenth Century.* London 1896
Baccini, G.: *Le ville medicee di Cafaggiolo e di Trebbio in Mugello.* Florenz 1897
Bailly, A.: *La Florence des Médicis.* Paris 1944
Barfucci, E.: *Lorenzo de' Medici e la società artistica del suo tempo.* Florenz ²1964
Barincou, E.: *Niccolò Machiavelli.* Reinbek 1958
Baron, A.: *The Crisis of the Italian Renaissance.* Princeton 1955
Benedeni, B.: *Il carteggio della Signoria di Firenze e dei Medici coi Gonzaga.* Rom 1962
Bérence, F.: *Laurent le Magnifique, ou la Quête de la Perfection.* Paris 1949
Bérence, F.: *La Renaissance Italienne.* Paris 1951
Berenson, B.: *The Florentine Painters of the Renaissance.* London 1896
Bergstraesser, A.: *Lorenzo de' Medici.* Frankfurt 1936
Berti, I.: *Il principe dello studiolo. Francesco I dei Medici e la fine del Rinascimento fiorentino.* Florenz 1967
Berti, L.: *Florenz. Geschichte der Kunst.* Königstein 1976
Bezold, F. V.: *Aus Mittelalter und Renaissance.* München 1918
Biagi, G.: *The Private Life of the Renaissance Florentines.* London 1896
Bizzarri, E.: *Il Magnifico Lorenzo.* Verona 1950
Block, W.: *Die Condottieri.* Berlin 1913
Blunt, A.: *Artistic Theory in Italy 1450–1600.* Oxford 1940
Bode, W. von: *Bertoldo und Lorenzo de' Medici.* Freiburg 1925

Bode, W. von: *Florentiner Bildhauer der Renaissance.* Berlin 1902
Booth, C.: *Cosimo I.* Cambridge 1921
Brandi, K.: *Die Renaissance.* (Propyläen Weltgeschichte Bd. 4). Berlin 1932
Brion, M.: *Laurent le Magnifique.* Paris 1937
Brion, M.: *Die Medici. Eine Florentiner Familie.* Wiesbaden ³1977
Brion, M.: *Machiavel.* Paris 1948
Brion, M.: *Savonarola.* Paris 1948
Brion, M.: *Le Pape et le Prince. Les Borgia.* Paris 1953
Bromfield, J. G.: *De Lorenzino de Médici à Lorenzaccio.* Etude d'un thème historique. (= Etudes de littérature étrangère et comparée, 64). Paris 1972
Brucker, G. A.: *The Society of Renaissance Florence. A Documentary Study.* New York 1971
Brucker, G. A.: *Florentine Politics and Society 1343–1378.* Princeton 1962
Buck, A.: *Der Platonismus in den Dichtungen Lorenzo de' Medicis.* Berlin 1936
Burckhardt, J.: *Die Kultur der Renaissance in Italien.* Wien/Leipzig 1939 (erste Ausg. 1860)
Burdach, K.: *Vom Mittelalter zur Reformation.* Halle 1893
Burke, P.: *Culture and Society in Renaissance Italy 1420–1540.* London 1972
Buser, B.: *Lorenzo de' Medici als italienischer Staatsmann.* Leipzig 1879
Buser, B.: *Die Beziehung der Mediceer zu Frankreich während der Jahre 1434–1494.* Leipzig 1879
Caggese, R.: *Firenze dalla decadenza di Roma al Risorgimento d'Italia.* Florenz 1913
Camerani, S.: *Bibliografia Medicea.* Florenz 1940
Camugliano, G. N. di: *The Chronicles of a Florentine Family 1200–1400.* 1933
Canestrini, G.: *La Scienza e l'arte di stato descarta dagli atti ufficiali della Republica Fiorentina e dei Medici.* Florenz 1862
Capasso, A.: *Tre saggi sulla poesia italiana del Rinascimento Boiardo, Lorenzo, Ariosto.* Genua 1939
Cappelli, A.: *Lettere di Lorenzo de' Medici.* Modena 1863
Capponi, G.: *Storia della Republica di Firenze.* Florenz ²1875
Carbonara, C.: *Umanesimo e Rinascimento.* Turin 1944
Carocci, G.: *La Villa Medicea di Careggi.* Florenz 1888
Castelnau, A.: *Les Médicis.* Paris 1879
Cavalcanti, G.: *Istorie Fiorentine.* 2 Bde. Florenz 1838–1839
Ceccherelli, A.: *I libri di mercatura della Banca Medici.* Florenz 1913
Cecchi, E.: *Lorenzo il Magnifico.* Rom 1949
Chabod, F.: *Machiavelli and the Renaissance.* London 1958
Chamberlin, E. R.: *The Bad Popes (Leo X., Clemens VII.).* New York 1969. (Dt. Übers. v. H. u. K. Nikolai u. d. T. *Unheilige Päpste.* Tübingen/Stuttgart 1971)
Chastel, A.: *Art et Humanisme à Florence au temps de Laurent le Magnifique.* Paris 1961
Chastel, A.: *Italienische Renaissance. Die Ausbildung der großen Kunstzentren in der Zeit von 1460–1500.* (Universum der Kunst, Bd. VII). München 1965
Chastel, A.: *Der Mythos der Renaissance. 1420–1520.* Genf 1969
Chastel, A.: *Italienische Renaissance. Die Ausdrucksformen der Künste in*

der Zeit von 1460–1500. (Universum der Kunst, Bd. VIII). München 1966
Ciasca, R.: *L'arte dei Medici e speziali nella storia e nel commercio fiorentino dal secolo XII al XV.* Florenz 1927
Cipolla, C.: *Money, Prices and Civilization in the Mediterranean World, Fifth to Seventeenth Century.* Princeton 1956
Cochrane, E.: *The Late Italian Renaissance.* 1970
Cochrane, E.: *Florence in the Forgotten Centuries 1527–1800.* Chicago 1973
Collison-Morley, L.: *The early Medici.* London 1935
Condivi, A.: *Leben des Michelangelo.* Wien 1874
Cremer, E.: *Lorenzo de' Medici. Staatsmann, Mäzen, Dichter.* Frankfurt/M. 1970
Croc, B.: *Un condottiere italiano del 1400.* Bari 1934
Cruttwell, M.: *Verrocchio.* London 1904
Dacos, N./Giuliano, A./Pannuti, U.: *Il tesore di Lorenzo il Magnifico.* Catalogo della mostra, Palazzo Medici-Riccardi, Florenz 1972. Florenz 1973
Dami, B.: *Giovanni Bicci de' Medici nella vita politica 1400–1429.* Florenz 1899
Dami, B.: *Un demagogo del secolo XIV. Salvestro de' Medici.* Hrsg. Seeber. Florenz 1899
Davidsohn, R.: *Geschichte von Florenz.* 4 Bde. Berlin 1896–1927
Deiss, J. J.: *Captains of Fortune: Profiles of Six Italian Condottieri.* Gollancz 1966
Di Napoli, G.: *L'immortalità dell'anima nel Rinascimento.* Turin 1963
Di Pino: *La poesia di Lorenzo dei Medici.* Florenz 1952
Doren, A.: *Studien aus der Florentiner Wirtschaftsgeschichte.* Stuttgart 1907
Doren, A.: *Deutsche Handwerker und Handwerksbrüderschaften im mittelalterlichen Italien.* Berlin 1903
Doren, A.: *Italienische Wirtschaftsgeschichte.* Jena 1934
Doren, A.: *Die Florentiner Wollentuchindustrie.* Stuttgart 1901
Doren, A.: *Das Florentiner Zunftwesen vom 14.–16. Jahrhundert.* Stuttgart 1908
Dorini, U.: *I Medici e i loro tempi.* Florenz 1947
Ewart, J.: *Cosimo de' Medici.* London 1899
Fabbri, M.: *Alessandro Scarlatti e il Principe Fernando de Medici.* Florenz 1961
Fabroni, A.: *Laurentii Medicis Magnifici Vita.* Pisa 1784
Fasano Guarini, E.: *Lo stato mediceo di Cosimo I.* (= Archivio dell'Atlante storico italiano dell' età moderna. Quaderno 1). Florenz 1973
Felice, B.: *Donne Medicee avanti il Principato.* (Rassegna Nazionale CXLVI und CXLIX, 1905/6)
Ferbach, M.: *Cosimo I. de' Medici, Vasari und Michelangelo.* (Abhandlungen des Instituts für Michelangelo-Forschung. II, A, 1). Wien 1960
Ferguson, W. K.: *The Renaissance in Historical Thought.* Boston 1948
Ferrai, L. A.: *Lorenzino de' Medici e la Società cortigiana del Cinquecento.* Mailand 1891
Ferrara, M.: *Prediche e scritti di Savonarola.* 1930
Ferrari, M: *Les fêtes de la Renaissance.* Paris 1956
Ferrari, M.: *La Congiura dei Pazzi.* Rom 1945
A. A. Filaretes Tractat über die Baukunst, hrsg. von W. von Oettingen. Wien 1890

Fiori, F. G.: *Lorenzo il Magnifico.* Florenz 1937
Flamini, F.: *La lirica toscana del Rinascimento anteriore ai tempi del Magnifico.* Pisa 1891
Franco, M.: *Sonetti, di M. F. e di Luigi Pulci, a cura di Filippo de' Rossi.* Florenz 1759
Gage, J.: *Life in Italy at the Time of the Medici.* Batsford 1968
Gamba, C.: *Italian Humanism: Philosophy and Civil Life in the Renaissance.* Oxford 1965
Garin, E.: *Die Kultur der Renaissance.* (Propyläen Weltgeschichte, Bd. 6). Berlin/Frankfurt/Wien 1964
Garsia, A.: *Il Magnifico e la Rinascità.* Venedig 1928
Geiger, L.: *Renaissance und Humanismus in Italien und Deutschland.* Berlin 1892
Gengaro, M. L.: *Umanesimo e Rinascimento.* Turin 1948
Gentile, G.: *Il Pensiero italiano del Rinascimento.* Florenz 1940
Ghisi, F.: *Feste musicali della Firenze medicea (1548–1589).* Florenz 1939
Giachetti, C.: *Bianca Cappello. La leggenda e la storia.* Florenz 1936
Gilbert, F.: *Machiavelli and Guicciardini: Politics and History in Sixteenth Century Florence.* Princeton/London 1965
Giovanni, G.: *Sàggi sulla architettura del Rinascimento.* Mailand 1931
Goldthwaite, R. A.: *Private Wealth in Renaissance Florence. A Study of Four Families.* Princeton 1968
Gotti, A.: *Vita di Michelangiolo.* Florenz 1875
Grioli, D.: *La Roma di Leone X.* Mailand 1938
Gromore, G.: *L'architecture de la Renaissance en Italie.* Paris 1922
Grote, A.: *Florenz.* München 1965
Guarnieri, G.: *Dai Medici ai Lorena nel Granducato toscano.* Pisa 1970
Guasti, C.: *La Cupola di Santa Maria del Fiore.* Florenz 1875
Guicciardini, F.: *Carteggi.* Rom 1954–1964
Guicciardini, F.: *Storie fiorentine.* Bari 1931
Gutkind, C. S.: *Cosimo de' Medici.* New York 1938
Gutkind, C. S.: *Frauenbriefe der italienischen Renaissance.* Heidelberg 1928
Hay, D.: *Geschichte Italiens in der Renaissance.* Stuttgart 1962
Haydn, H. C.: *The Counter-Renaissance.* New York 1950
Heilmann, M.: *Florenz und die Medici. Ein Begleiter durch das Florenz der Renaissance.* Köln 1968
Héritier, J.: *Katharina von Medici.* Dt. Ausg. bearb. v. C. Dericum. Stuttgart 1964
Hess, A.: *Les medailleurs de la Renaissance, Florence et les Florentins.* Paris 1891
Hettner, H.: *Italienische Studien zur Geschichte der Renaissance.* Braunschweig 1875
Heyck, E.: *Die Mediceer.* Bielefeld 1897
Heydenreich, L. H.: *Italienische Renaissance – Beginn und Entfaltung. 1400–1460.* (= Universum der Kunst, Bd. XIX). München 1972
Holzhausen, W.: *Studium über den Schatz des Lorenzo il Magnifico.* Florenz 1929
Horsbrough, E. L. S.: *Lorenzo the Magnificent and Florence in the Golden Age.* London 1908
Jacob, E. F. (Hrsg.): *Italian Renaissance Studies.* London 1960
Jacolo, E. F. (Hrsg.): *Italian Renaissance Studies. A tribute to the late Cecilia*

Mary Ady. London 1960
Jourcin, A.: *Les Médicis*. (= Grandes Dynasties d'Europe). Lausanne 1968
Kaden, H.: *Lorenzo de' Medici*. Leipzig 1941
Kristeller, P. O.: *Studies in Renaissance Thought and Letters*. Rom 1956
Kühn-Steinhausen, H.: *Anna Maria Luisa de' Medici, elettrice palatina*. (Biblioteca degli eruditi e dei bibliofili, 94). Florenz 1967
Labande, E. R.: *L'Italie de la Renaissance, Duecento-Trecento-Quattrocento*. Paris 1954
Landucci, I.: *Ein florentinisches Tagebuch 1450–1516*. Hrsg. M. Herzberg. Jena 1912–13
Lavedan, P.: *Histoire de l'Urbanisme, Renaissance et Temps Modernes*. Paris 1941
Lazzareschi, E.: *Relazioni fra il Magnifico Lorenzo e la Signoria di Lucca*. (Rinascità IV, 19, 1941)
Lebey, A.: *Essai sur Laurent de Medicis*. Paris 1900
Levantini-Peroni, G.: *Lucrezia Tornabuoni*. Florenz 1886
Lipari, A.: *The Dolce Stil Nuovo according to Lorenzo di Medici; Study of his poetic Principio etc*. New Haven 1936
Loth, D.: *Lorenzo the Magnificent*. London 1930
Lucas-Dubreton, J.: *So lebten die Florentiner zur Zeit der Medici*. Stuttgart 1961
Lungo, I. del: *Gli Amori del Magnifico Lorenzo*. Florenz 1923
Lungo, I. del: *Florentia uomini e cose del Quattrocento*. Florenz 1897
Lungo, I. del: *Un Viaggio di Clarice Orsini nel 1485*. Bologna 1868
Luz, P. de: *Histoire des Papes*. Paris 1960
Machiavelli, N.: *Geschichte von Florenz*. Wien 1934
Maguire, Y.: *The Private Life of Lorenzo the Magnificent*.1936
Maguire, Y.: *The Women of the Medici*. London 1927
Mahon, D.: *Studies in Seicento Art and Theory*. London 1947
Malaguzzi Valeri, F.: *Leonardo da Vinci e la scultura*. Bologna 1922
Manciati, A.: *Note sulla personalità e sull'arte di Lorenzo de' Medici*. Orvieto 1969
Mancini, G.: *Vita di Leon Battista Alberti*. Florenz 1882
Mangin, U.: *Les deux Lippi*. Paris 1932
Mansuelli, G. A.: *Galleria degli Uffizi. Le sculture*. Rom 1958
Marchini, G.: Baptisterium und Dom zu Florenz. Königstein ^{2}1976
Marcotto, G.: *Un mercante fiorentino e la sua famiglia nel secolo XV*. Florenz 1881
Martelli, M.: *Studi Laurenziani*. Florenz 1965
Martin, A. von: *Soziologie der Renaissance*. Stuttgart 1932
Martines, L.: *Lawyers and Statecraft in Renaissance Florence*. Princeton/London 1968
Martines, L.: *The Social World of the Florentine Humanists. 1390–1460*. Princeton/London 1963
Mastellone, S.: *La reggenza di Maria de' Medici*. Pref. di R. Mousnier. (Biblioteca di cultura contemporanea 76). Messina/Florenz 1962
Maulde de la Clavière, R. de: *La Diplomatie au temps de Machiavel*. Paris 1892
Medici, Lorenzo il Magnifico de': *Dichtungen*. Bremen 1940
Medici, Lorenzo il Magnifico de': *Tutte le Opere*. Mailand 1958
Mee, C. L. jr.: *Lorenzo de' Medici and the Renaissance*. New York 1969

Meglio, G. di: *Carlo V e Clemente VII. Dal carteggio diplomatico.* Mailand 1970
Meltzing, O.: *Das Bankhaus der Medici und seine Vorläufer.* Leipzig 1906
Milanesi, G.: *Nuovi documenti per la Storia dell'arte toscana.* Florenz 1901
Minor, A. C. / Bonner, M.: *A Renaissance Entertainment. Festivities for the Marriage of Cosimo I, Duke of Florence, in 1539.* Columbia, Miss. 1968
Mirandola, G. P. della: *Ausgewählte Werke.* Hrsg. A. Liebert. Jena 1905
Misciatelli, P.: *Personnaggi del Quattrocento italiano.* Rom 1914
Molho, A.: *Florentine Public Finances in the Early Renaissance, 1400–1433.* (= Harvard Historical Monographs. LXV). Cambridge, Mass. 1971
Molho, A.: *Social and Economic Foundations of the Italian Renaissance.* New York/London/Sydney/Toronto 1969
Monnier, P.: *Le Quattrocento.* Paris 1901
Montani, G.: *Gli organismi finaziarii della Repubblica di Firenze.* Rimini 1886
Morandini, A.: *Bibliografia Laurenziana* (Arch. Stor. It., 1, 1949)
Morassi, A.: *Il Tesoro dei Medici.* Mailand 1963
Morisani, O.: *Michelozzo architetto.* Mailand 1951
Müntz, E.: *Les collections d'Antiques formées par les Medicis au XVIe siècle.* Paris 1888
Murray, P. u. L.: *Die Kunst der Renaissance.* Zürich 1965
Mutini, C. (Hrsg.): *La Cultura a Firenze al tempo di Lorenzo il Magnifico.* Bologna 1970
Nagler, A. M.: *Theatre Festivals of the Medici 1539–1637.* New Haven 1964
Nitti, F.: *Leone X e la sua politica secondo documenti e carteggi inediti.* Florenz 1892
Nordström, J.: *Moyen Age et Renaissance.* Uppsala 1929
Olschki, L.: *Bildung und Wissenschaft im Zeitalter der Renaissance in Italien.* 1922
Operti, P.: *Il Condottiere. Vita di Bartolomeo Colleoni.* Turin 1957
Orsi, P.: *Signorie e Principati* (1300–1350). Mailand 1900
Palmarocchi, R.: *Lorenzo de' Medici.* Turin 1941
Palmarocchi, R.: *La politica italiana di Lorenzo de' Medici. Firenze nella guerra contro Innocenzo VIII.* Florenz 1933
Panella, A.: *Storia di Firenze.* Florenz 1949
Parigi, L.: *Lorenzo dei Medici, Cultore della Musica.* Florenz 1954
Passerini, G. L.: *Curiosità storico-artistiche fiorentine.* Florenz 1866
Perrens, F. T.: *Histoire de Florence.* Paris 1877–1888
Piccolomini, E.: *Della libreria medicea privata.* In: »Archivio Storico italiano« 1874–75
Picotti, G. B.: *La giovinezza di Leone X.* Mailand 1927
Picotti, G. B.: *La jeunesse de Léon X.* Paris 1931
Pieraccini, G.: *La stirpe dei Medici di Cafaggiolo.* Florenz 1924
Poggi, G.: *La giostra medicea del 1475 e la »Pallade« del Botticelli, »L'Arte«.* Mailand 1902
Poliziano, A.: *Della Congiura dei Pazzi.* A cura dei A. Perosa. Florenz 1954
Poliziano, A.: *Poesie.* Florenz 1929
Poliziano, A.: *Das Tagebuch des Polizian.* Jena 1929
Pope Hennessey, J.: *Italian Renaissance Sculpture.* London 1958

Pope Hennessey, J.: *Italien High Renaissance and Baroque Sculpture.* London 1963
Portigliotto, G.: *I Condottieri.* Mailand 1935
Pucci, E.: *I Medici. Gloria del mondo.* Florenz 1968
Pucci, E.: *Savonarola.* Hrsg. Vallecchi. Florenz 1946
Pulci, L.: *Lettere.* Hrsg. S. Bongi. Lucca 1886
Pulci, L.: *Morgante.* Venedig 1812
Randolph, G.: *Florentine Merchants in the Age of the Medici.* Cambridge, Mass. 1932
Rastrelli, M.: *Storia d'Alessandro de' Medici primo duca di Firenze.* Hrsg. Benucci. Florenz 1871
Renard, G.: *Histoire du travail à Florence.* Paris 1913–14
Renaudet, A.: *Laurent de Médicis.* (Hommes d'Etat II). Paris 1937
Renaudet, A.: *Machiavel.* Paris 1956
Reumont, A. von: *Lorenzo de' Medici il magnifico.* Leipzig 1874
Reymond, M.: *La sculpture Florentine.* Florenz 1900
Rho, E.: *Lorenzo de' Medici.* Turin 1932
Ricci, P. G. / Rubinstein, N.: *Censimento delle lettere di Lorenzo di Piero de' Medici.* Florenz 1964
Ridolfi, R.: *Studi savonaroliani.* Florenz 1935
Rizzatti, M. L.: *Lorenzo il Magnifico.* (I Grandi della storia). Mailand 1970
Robb, N. A.: *Neoplatonism of the Italian Renaissance.* London 1935
Robiony, E.: *Gli ultimi dei Medici.* Florenz 1905
Rochon, A.: *La jeunesse de Laurent de Médicis (1449–1478).* Paris 1963
Rodocanachi, E.: *La première Renaissance, Rome au Temps de Jules II et de Léon X.* Paris 1912
Rodolico, N.: *Nel quinto centenario di Lorenzo il Magnifico.* (Arch. Stor. It. 1949, Disp. II). Florenz 1955
Roover, R. de: *The Rise and Decline of the Medici Bank.* Cambridge, Mass. 1963
Roscoe, W.: *The Life of Lorenzo de' Medici.* London 1895
Roscoe, W.: *Life and Pontificate of Leo the Tenth.* Liverpool 1805
Rossi, L.: *Il Quattrocento.* Mailand 1949
Rössler, H.: *Europa im Zeitalter von Renaissance, Reformation und Gegenreformation 1450–1650.* München 1956
Rowdon, M.: *Lorenzo the Magnificent.* London 1974
Rubinstein, N.: *The beginnings of political thought in Florence.* London 1942
Rubinstein, N.: *The Government of Florence under the Medici 1434 to 1494.* Oxford 1966
Rubinstein, N.: *Florentine Studies. Politics and Society in Renaissance Florence.* London 1968
Saitta, G.: *La filosofia di M. Ficino.* Messina 1923
Saltini, G. E.: *Della morte di Francesco I de' Medici e di Bianca Cappello.* In: »Arch. Stor. It.« XVIII. 1863
Salvini, R.: *Tutta la pittura del Botticelli.* Mailand 1958
San Giusto, L. di: *Lorenzo il Magnifico.* Florenz 1927
Sapori, A.: *Studi di storia economica medioevale.* Florenz 1940
Schevill, F.: *History of Florence.* New York 1961
Schevill, F.: *The Medici.* New York 1960
Schiaparelli, A.: *La casa fiorentina e i suoi arredi nei secoli XIV e XV.*

Florenz 1908
Schillmann, F.: *Florenz und die Kultur Toskanas.* Wien 1938
Schnitzler, J.: *Savonarola.* Leipzig 1910
Schottmüller, F.: *Wohnungskultur und Möbel in der italienischen Renaissance.* Stuttgart ³1956
Segni, B.: *Storie fiorentine dall'anno 1527 al 1555.* Florenz 1857
Semerau, A.: *Die Condottieri.* Jena 1909
Semprini, G.: *Pico della Mirandola.* Todi 1921
Semprini, G.: *I Platonici italiani.* Mailand 1926
Sieveking, K.: *Die platonische Akademie in Florenz.* Göttingen 1812
Sieveking, K.: *Die Geschichte der platonischen Akademie in Florenz.* Hamburg 1844
Sismondi, S. de: *A History of the Italian Republics.* 1832
Sorbelli, E. A.: *La scomunica di Lorenzo de Medici in un raro incunabulo romano.* Bologna 1937
Spini, G.: *Cosimo I de' Medici e l'indipendenza del principato mediceo.* Florenz 1945
Spunda, F.: *Geschichte der Medici.* München 1944
Stahl, B.: *Adel und Volk im Florentiner Dugento.* Köln 1965
Staley, E.: *The Tragedies of the Medici.* London 1924
Stange, C.: *Die Dichtungen des Lorenzo il Magnifico.* Bremen 1940
Sturm, S.: *Lorenzo de' Medici* (Twayne's World Authors Series, 288). New York 1974
Supino, I. B.: *Il Medagliere Mediceo del Museo Nazionale di Firenze.* Florenz 1899
Symonds, J. A.: *Renaissance in Italy.* London 1900
Tagebuch (1477–1479) mit vierhundert Schwänken und Schnurren aus den Tagen Lorenzos des Großmächtigen und seiner Vorfahren. Hrsg. A. Wesselski. Jena 1929
Tateo, F.: *Lorenzo de' Medici e Angelo Poliziano.* (Letteratura italiana Laterza, 14). Bari 1972
Tenenti, A.: *Firenze dal comune a Lorenzo il Magnifico. 1350–1494.* Mailand/Mursia 1970
Tenhove, N.: *Memoirs of the House of Medici from its origins to the death of Francesco.* Bath 1797
Thode, H.: *Michelangiolo und das Ende der Renaissance.* Berlin 1912
Thomas, G.: *Les Révolutions politiques de Florence.* Paris 1887
Tinti, M.: *Il Nobilio fiorentino.* Mailand 1929
Toffanin, G.: *Il Cinquecento.* Mailand 1929
Toffanin, G.: *Il secolo senza Roma.* Bologna 1943
Torre, A. della: *Storia dell'Accademia Platonica di Firenze.* 1902
Trapesnikoff, T.: *Die Porträtdarstellungen der Mediceer des 15. Jahrhunderts.* Straßburg 1909
Trollope, Th. A.: *A History of the Commonwealth of Florence.* London 1865
Truc, G.: *Florence et les Medicis.* Paris 1936
Truc, G.: *Léon X et son siècle.* Paris 1941
Ugolini, L.: *Lorenzo il Magnifico.* Turin 1959
Ugolini, P. (Hrsg.): *Un'altra Firenze. L'epoca di Cosimo il Vecchio. Riscontri tra cultura e società nella storia fiorentina.* Florenz 1971
Ullmann, B. L. / Stadler, P. A.: *The Public Library of Renaissance Florence.*

Niccolò Niccoli, Cosimo de' Medici and the Library of San Marco (Medioevo e umanesimo, 10). Padua 1972
Valeri, A.: *L'italia nell'età dei principati, dal 1343 al 1516.* Mailand 1949
Valori, N.: *Laurentii Medicei vita.* Florenz 1756
Vasari, G.: *Lebensbeschreibungen der ausgezeichnetsten Maler, Bildhauer und Architekten der Renaissance.* Hrsg. E. Jaffé. Berlin 1913
Vaughan, H. M.: *The Medici Popes.* 1908
Venturi, A.: *A Short History of Italian Art.* London 1926
Vespasiano da Bisticci: *Lebensbeschreibungen berühmter Männer des Quattrocento.* Hrsg. P. Schubring. Jena 1914
Villari, P.: *Fra Girolamo Savonarola.* Florenz 1898
Violini, C.: *Lorenzo il magnifico. La vita, la politica, l'arte, gli amori.* Mailand 1937
Volpi, G.: *Un cortigiano di Lorenzo il Magnifico.* (Giornale storico della letteratura ital., XVII). Turin 1891
Wackernagel, M.: *Der Lebensraum des Künstlers in der Florentinischen Renaissance. Aufgaben und Auftraggeber, Werkstatt und Kunstmarkt.* Leipzig 1938
Warburg, M. A.: *Bildniskunst und florentinisches Bürgertum, Domenico Ghirlandaio in S. Trinità; die Bildnisse des Lorenzo de' Medici und seiner Angehörigen.* Leipzig 1907
Welliver, W.: *L'impero fiorentino.* Florenz 1957
Williamson, H. R.: *Catherine de' Medici.* London 1973
Williamson, H. R.: *Lorenzo the Magnificent.* London 1974
Wind, E.: *Pagan Mysteries in the Renaissance.* London 1958
Wittkower, R.: *Architectural Principles in the Age of Humanism.* London 1949
Young, G. F. *Die Medici.* München 1950
Young, G. F.: *I Medici.* 2 Bde. Florenz 1965/1969
Zeller, J.: *Italie et Renaissance.* Paris 1863

Bildnachweise

Schutzumschlag (Vorderseite): Scala, Florenz. Vorsatzpapier (vorne): Bayerische Staatsbibliothek, München. Seite 24/25: Mondadoripress, Segrate-Milano. Seite 30: Verlag Müller und Schindler, Stuttgart (aus der vollständigen Faksimile-Ausgabe von Braun und Hogenberg »Beschreibung und Contrafactur der vornembster Stät der Welt. 1574–1618«). Seite 39: ENIT Staatliches Italienisches Fremdenverkehrsamt, München. Seite 44: siehe Seite 30. Seite 62: ENIT, München. Seite 80: ENIT, München. Seite 91: siehe Seite 30. Seite 92: Mondadoripress, Segrate-Milano. Seite 93: Mondadoripress, Segrate-Milano. Seite 110: ENIT, München. Seite 118: Mondadoripress, Segrate-Milano. Seite 134: Staatliche Museen Preußischer Kulturbesitz, Berlin (Foto: Jörg P. Anders). Seite 163: Mondadoripress, Segrate-Milano. Seite 229: siehe Seite 30. Seite 273: siehe Seite 30. Seite 283: ENIT, München. Seite 326: ENIT, München. Seite 329: Bayerische Staatsgemäldesammlungen, Alte Pinakothek, München. Seite 348: siehe Seite 30. Seite 357: ENIT, München. Seite 359: ENIT, München. Seite 360/361: Mondadoripress, Segrate-Milano. Seite 381: ENIT, München.
Alle übrigen Aufnahmen: Piper Verlagsarchiv, Andreas Roth, Dorothea Schwarzhaupt und privates Kunstarchiv Kraft von Toggenburg.
Bei der Zusammenstellung des Bildmaterials arbeiteten mit: Angela Bischoff, Gabriele Brucker, Dorothea Schwarzhaupt, Ulrike Tontsch und Kathrin Weiske.

Berichtigung: Das italienische Wort *gonfaloniere* (Bannerträger), die Bezeichnung für das Stadtoberhaupt, ist im Buch irrtümlich mit *gonfalonier* wiedergegeben. Wir bitten den Fehler, den wir versehentlich aus der amerikanischen Originalausgabe übernommen haben, zu entschuldigen.

Register*

* Die Zahlen in halbfettem Druck beziehen sich auf Abbildungen

Stammbaum der Medici

Die ältere Linie

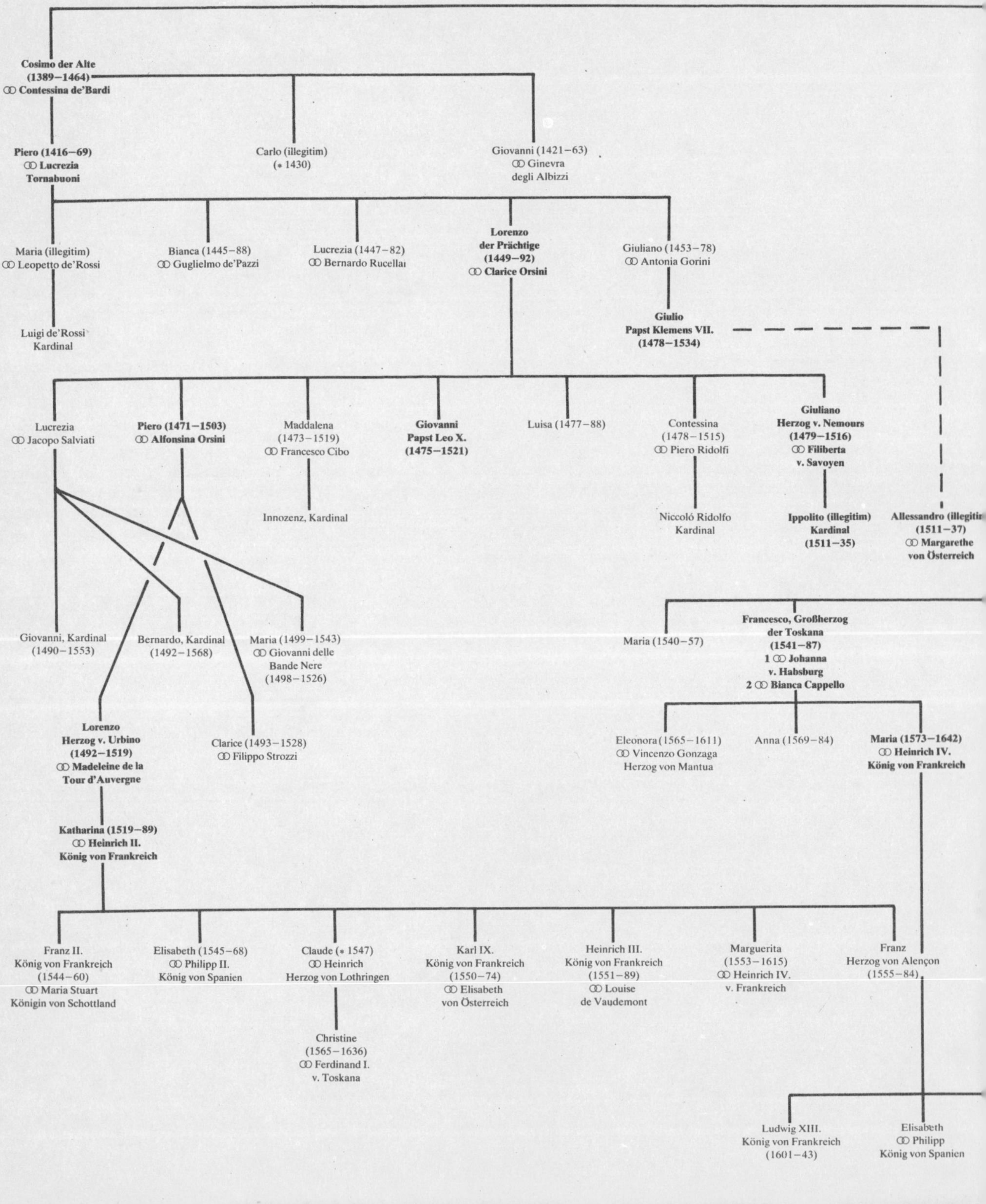